일을 되찾자

일을 되찾자

좋은 시간을 위한 공동자원체계의 시각

2019년 6월 28일 초판 1쇄 발행
2019년 12월 6일 초판 2쇄 발행

지은이   장훈교

편집   최인희 김삼권 조정민
디자인   이경란
인쇄   도담프린팅
종이   타라유통

펴낸곳   나름북스
펴낸이   임두혁
등록   2010.3.16. 제2014-000024호
주소   서울 마포구 월드컵로 15길 67(망원동) 2층
전화   (02)6083-8395
팩스   (02)323-8395
이메일   narumbooks@gmail.com
홈페이지 www.narumbooks.com
페이스북 www.facebook.com/narumbooks7

ISBN 979-11-86036-47-1 93300
값 20,000원

이 도서의 국립중앙도서관 출판예정도서목록(CIP)은 서지정보유통지원시스템 홈페이지
(http://seoji.nl.go.kr)와 국가자료공동목록시스템(http://www.nl.go.kr/kolisnet)에서
이용하실 수 있습니다. (CIP제어번호: CIP2019023689)

장훈교 지음

일을
되찾자
좋은 시간을 위한
공동자원체계의 시각

나름북스

목 차

들어가며 :

임금노동 패러다임을 넘어-
새로운 공동자원체계의 시각

　노동의 위기라는 진단은 이미 낡은 것이 되었다. 왜냐하면 이 진단은 이제 과학의 영역이 아니라 상식의 영역에 속하기 때문이다. 노동하려는 의지와 능력을 갖추고 있음에도 모든 사람이 고용되지 못하는 불완전고용不完全雇傭이란 개념을 평범한 시민이 모두 이해하는 것은 아닐 수 있다. 그러나 다수의 시민은 1997~98년 경제 위기를 계기로 퍼진 다양한 형태의 불안정 노동과 실업을 직접 경험하고 있다. 개념을 통해서가 아니라 일상생활에서 직접 현재의 위기와 만나는 것이다. 1990년대 중후반 이전까지 실업은 하나의 예외상태였다. 그러나 1990년대 중후반 이후 실업과 불안정 노동은 한국 시민의 정상 상태가 되었다. 이런 변경 과정은 매우 많은 고통을 동반하는 것이었다. 사내하청, 파견, 임시, 계약직, 간접고용, 특수고용 등으로 분할되는 불안정 노동이 단지 고용 형태의 차이만을 의미하는 것은 아니기 때문이다. 조정환의 언급처럼, "불안정 노동은 가난, 불안, 억압, 갈등, 도망, 천대, 질병, 노숙, 자살 등의 고통스러운 경험들을 수반한다(조정환, 2011: 311)." 실업은 더 말할 것도 없다. 문제의 심각성은 이런 실업과 불안정 노동의 정상 상태화가 한국 경제의 침체로부터 발생하는 일시적이고 예외적인 특성이 아닐 가능성이 농후하다는 점이다. 만약 이 현상이 국면의 특징이 아니라 그보다 심층 구조의 차원에서 발생하는 문제라면, 현 노동의 위기에 대한 진단과 해법은 현재보다 더욱 심층의 차원에서 담대하게 제안되어야 할지도 모른다.

현재 노동의 위기에 관한 다양한 대안이 제안되고 있지만, 이 대안들은 대부분 임금노동을 필수 불가결한 전제로 바라보거나 혹은 임금노동 그 자체가 도덕적으로 바람직하다는 전제 위에 구축되어 있다. 대안들의 구체적인 진단과 해결책은 모두 다르지만, 노동의 위기를 고용의 위기로 바라보고, 고용의 확장과 강화를 통해 문제를 해결하려 한다는 점에서 모두 일치한다. 이런 경향은 자유민주주의의 중심 이념 스펙트럼인 좌파와 우파 모두에게서 나타난다. 임금노동 문제의 해결을 위한 좌와 우의 대안은 정책 체제policy regime의 차원에선 구별되지만, 임금노동 패러다임을 공유한다는 점에서 같은 지평 안에 있다. 물론 대안으로 제시되는 정책 체제의 차이는 임금노동의 역사적 유형을 달리할 정도의 내적 차이를 만들어낸다는 점에서, 무시될 수 없을 뿐만 아니라 매우 중요하다. 하지만 임금노동 패러다임은 임금노동을 넘어 노동의 대안을 구축하려는 모든 시도를 봉쇄하는 효과를 발휘하기도 한다. 이런 봉쇄는 모든 이들의 자유와 평등이 임금노동과 강력하게 결합해 있는 "노동사회"라는 일종의 전체 사회의 자기이상이 작동하는 국면에선 큰 문제가 되지 않고, 구체적인 문제에 대한 구체적인 해결의 방향을 모색하는 실천적인 '자기 제한'으로 작동할 수 있다.

노동사회란 "임금노동을 통해 조직된 사회work-based society"로 폴 랜

섬Paul Ransome은 "사람들이 임금노동을 그들의 중심 생활 관심사로 여기는 사회의 유형"(Ransome, 2005: 15)으로 정의한 바 있다. 이런 정의에 기초할 때, 노동사회는 노동에 부과하는 사람들의 의미, 폴 랜섬의 용어로 말한다면 '노동-중심성work-centredness'(Ransome, 2005: 21)이 노동사회의 핵심이 된다. 노동-중심성이란 "여가나 친구 혹은 가족과의 시간을 보내는 활동 등 다른 활동에 비교하여 노동이 한 개인의 삶에서 일반적인 중요성"(Parboteeah&Cullen, 2003: 137)을 지니는 것을 말한다. 이런 정의에 반대하지 않는다. 다만 나는 노동의 중심성에 접근할 때 사람들이 노동에 부과하는 개인적 의미의 차원에서뿐만 아니라 그 중심성을 생산하는 구조의 차원에서 동시에 노동사회가 규정되어야 한다고 본다. 노동 중심성의 강도는 같은 노동사회 내에서도 그 노동사회가 형성되는 과정에 개입하는 국가의 역할, 산업화 과정, 교육제도, 계급을 포함한 계층분화, 노동조합의 힘과 역할 등에 따라 다르기 때문이다. 이런 점에서 강수돌이 규정한 "노동이 대중적 삶의 전형적 패턴으로 안착한 사회이며 노동을 통해 자본과 권력이 세상을 장악하는 사회"(강수돌, 2007: 247)라는 노동사회 개념이 보다 와 닿는다. 내가 강조하고 싶은 것은 동료 시민들의 삶에 있어 노동의 중심성(Ransome) 혹은 노동의 전형성(강수돌)뿐만 아니라 이를 생산하는 전체 사회의 '지배' 관계다. 그래서 나는 노동사회를 전체 사회를 구성하는 한 부문으로서의 임금노동이 오히려 전체 사회를 지배하는 부문으로 작동하는 사회라는 관점에서 접근한다. 크라이시스 그룹이 말한 "노동에 의해 지배되는 사회"(크라이시스그룹, 2000: 107)는 이 점에서 나에게 노동사회의 또 다른 정의처럼 느껴진다. 노동사회는 노동이 전체사회의 질서를 부과하는 중심 원리로 작동하여 동료 시민의 삶을 노동이 지배하는 사회다. 따라서 노동사회란 단지 노동을 하는 이들이 맺는 관계의 관계가 아니다. 노동사회라는 개념을 통해 우리는 임금노동의 내적 구조에서 임금노동과 전체 사회와의 관계로 그 질문의 중심을 옮길 수 있다.

자유민주주의와 노동사회의 결합은 노동사회와 모든 이를 위한 자유와 평등이라는 자유민주주의의 이상을 강력하게 결합했다. 그런데 현재 중요한 점은 이런 노동사회라는 자기이상이 더 이상 작동할 수 있는가라는 질문에 직면하고 있다는 점이다. 그 핵심 이유는 우리 사회가 모든 이들을 위한 임금노동이 더는 불가능한 어떤 국면에 접어들었다는 징후가 나타나고 있기 때문이다. 현대 자본주의는 고용의 창출이 아닌 고용의 배제를 통해 작동하는 것처럼 보인다. 이를 전통적인 접근에선 실업이라고 불렀지만, 현재 국면에선 실업의 개념이 실제 현실과 일치하지 않는다. 전통적인 실업 개념은 일종의 '예비' 개념을 내포한다. 곧 불경기를 지나 호경기가 되면 다시 임금노동 안으로 통합될 것이라는 전망을 그 전제로 한다. 그러나 현재의 실업은 이와 다르다. 자본의 생산력 발전 자체가 고용 규모의 축소를 요구하면서, 임금노동으로 통합될 수 있는 인구도 점점 더 축소되고 있기 때문이다. 이제 실업은 점점 더 자본으로부터의 영구적 배제 상태를 지시하는 개념이 되고 있다. 한 번 실업은 사실상 영구적 실업이다. 이런 상황을 기술하기 위해 일부 학자들은 '잉여剩余'라는 개념을 불러오기 시작했다. 비비안느 포레스테Viviane Forrester가 『경제적 공포』에서 실업 상황을 "쓸모없는 잉여 존재"로의 전락(포레스테, 1997: 28)이라고 말했던 것처럼.[1]

---

1   사스키아 사센Saskia Sassen은 이런 잉여인구의 확장 과정을 축출逐出, expulsion 과정의 결과로 바

이런 조건에서 임금노동에 기반을 둔 모든 이들의 자유와 평등이란 약속은 오늘 하나의 '이상'이 아니라 판타지 곧 '환상'으로 작동하고 있다. 이 환상이 해체되지 않는 이유는 환상 그 자체를 자신의 전제로 하고 있기 때문이다. 임금노동을 과거와 같이 모든 이들의 노동으로 보편화할 수 있다는 환상에 근거해, 임금노동에 기반을 둔 모든 이들의 자유와 평등의 실현이라는 '자기이상'을 도출해낸다. 마리아 미즈는 그래서 이 환상 자체를 '허구적 환상'이라고 비판한 바 있다(미즈 외, 2013: 321). 허구적 환상을 통해 실재에 접근할 때, 우리에게 남는 결과는 무엇일까? 비비안느 포레스테는 이 질문에 다음과 같이 말한 바 있다. "많은 사람들이 이미 알고 있는 바이지만, 삶의 참담한 모습만이 그 어리석은 질문들에 대한 해답이 될 수 있을 것이다(포레스테, 1997: 10)." '잉여존재'로의 전환, 그 결과는 삶의 파괴이기 때문이다.

이에 따라 우리는 변화한 조건에 적합한 새로운 전체 사회의 자기이상을 구축해야 한다. 그러나 임금노동을 넘어 대안적인 노동 모델을 모색하려는 시도가 민주주의 내부에서 근본적으로 봉쇄되어 있어, 문제의 해결은 언제나 허구적 환상 주위를 맴돌고 있다. 이런 상황은 분배보다는 고용을 통해 문제 해결을 모색해온 한국의 전통적 국가 운영 모델로 인해 더욱 강화된다. 자본주의 노동시장이 본격적으로 만들어지기 시작한 1960년대 이후부터 국가의 주요 전략은 분배보다 고용 우위였다. 즉 고용 그 자체의 확대가 다른 모든 정책보다 우선시되었다. 이와 같은 정책 체제는 민주주의로의 이행 이후에 일정한 변화를 동반하기는 했지만, 고용의 신화 자체를 무력화할 정도

라보아야 한다고 제안한 바 있다(사센, 2016).

의 변화는 만들어내지 못했다. 오히려 전체 사회에 퍼져 있는 고용의 신화를 동원해 노동시장의 자유화를 촉진하는 정책들이 추진되기 시작했다. 이는 고용을 더욱 불안정하게 만들었다. 또한 고용 창출 능력이 있다는 이유 하나만으로 자본은 국가로부터 지원받을 뿐만 아니라 전체 사회에 대한 지배력을 더욱 확산하고 있다. 고용이 모든 이의 자유와 평등의 전제가 될 때, 고용 창출 능력을 보유한 자본은 전체 사회에 자신의 질서를 부과할 수 있는 전략적 헤게모니hegemony 능력을 강화할 수 있기 때문이다. 그러나 그 결과는 해고의 일반화였다. 이 때문에 임금노동을 넘어 대안적인 노동 모델을 모색하려는 시도는 고사하고, 자유민주주의가 허용하는 수준까지 임금노동에 대한 권리를 확장하려는 사유와 실천마저 우리 사회에선 봉쇄되고 있다. 자본의 헤게모니가 확장되면서 확보되어 있던 임금노동에 대한 권리마저 축소되거나 와해되는 국면이다.

이런 상황은 현재 발생한 위기에 대한 효과적이고 능동적인 개입 모델을 발견하는 데 큰 장애를 만들고 있다. 고용 중심의 대안은 분배할 수 있는 의미 있는 고용 자체가 매우 제한적이라는 사실을 숨길 뿐만 아니라(자마니·브루니, 2015: 295~296), 오히려 나쁜 고용의 창출을 통해 현재 노동의 위기를 격화시키고 있기 때문이다. 2018년 10월 정부가 발표한 고용 쇼크에 대한 응급처방보다 이를 더 잘 보여주는 사례를 찾기는 힘들다. 정부는 고용 상황의 심각성을 인정하면서 5만 9천 개 일자리 창출 대책을 발표했지만, 이는 대부분 3~6개월 미만의 단기 일자리뿐이었다.[2] 더욱 우려되는 것은 이에 따라 고용을 둘

---

2 방준호, "3~6개월짜리 일자리 5만 9천 개, 고용 쇼크에 '응급처방'", 한겨레, 2018. 10. 24.

러싼 노동 내부의 분화가 더욱 격화되고 갈등 또한 고조되는 것이다. 2017년 하반기 이후, 우리는 비정규직의 정규직 전환 요구를 정규직에 대한 역차별의 시각에서 접근하는 일련의 경향이 퍼지고 있음을 목격한다.[3] "비정규직의 정규직화"가 1990년대 후반 이후 한국 노동운동의 중심 요구였다는 점을 상기할 때, 이는 매우 중요한 균열이 발생하고 있음을 의미한다. 고용은 더 이상 우리 사회의 자기이상으로 작동하지 않는다. 고용은 사회통합보다는 사회분열의 매개이며, 자유와 평등보다는 자기 파괴와 불평등의 확산을 요구한다.

따라서 고용 중심의 대안으로는 현재 발생하는 나쁜 노동의 급속한 확산과 이에 기반을 둔 노동하는 시민의 몰락이라는 문제를 해결할 수 없음이 분명해지고 있다. 현실적으로 보였던 임금노동 패러다임 기반 정책 체제가 오히려 비현실적이 되어간다. 이에 지금까지 하나의 환상으로 취급받아 정책 체제 외부로 추방되었던 전망 곧 임금노동 패러다임을 넘어 노동을 근본으로부터 다시 사유하고, 해결해야 한다는 제안이 현실적 대안으로 고려될 가능성이 부상했다. 현실과 환상의 이런 역전 가능성은 놀라운 것이지만, 이는 아직 말 그대로 하나의 가능성일 뿐이다. 그런데도 우리에겐 현재 열리고 있는 이 국면에 능동적이고 효과적으로 개입해야 할 분명한 이유가 있다. 노동사회의 유기적 위기organic crisis 국면이 한편으론 동료 시민의 삶을 파괴하지만, 다른 한편으론 노동사회의 자유와 평등보다 한 걸음 더 나아간 새로운 자유와 평등을 위한 가능성 역시 열어주기 때문이다. 지

---

3 이에 대해서는 다음 기사를 참조했다. 유하라, ""비정규직 정규직화 반대" 새로운 논란, 청년 정규직들의 반발, 왜?", 레디앙, 2017. 12. 8. URL: http://www.redian.org/archive/117159 검색일 : 2017년 12월 30일

금 우리에겐 봉쇄되어 있던 임금노동 패러다임 이후의 대안노동을 전체 사회의 자기이상으로 구축하기 위한 담대한 전망 구축visioning 작업이 필요하다.[4]

칼 폴라니가 『거대한 전환』이나 『인간의 살림살이』에서 보여준 것처럼 노동은 상품이 아님에도 상품화된 '허구적 상품'이다. 왜냐하면, "노동은 인간의 별칭에 불과"(폴라니, 2017: 96)함에도 노동시장이 노동을 인간과 분리해 하나의 독립된 상품인 것처럼 다루었기 때문이다. 허구적 상품으로서의 노동에 근거해 가격을 매개로 노동의 공급과 수요를 다루는 노동시장이 확대되었고, 이 노동시장이 노동사회의 기본 토대가 되었다. 노동사회에서 노동의 위기는 곧바로 삶의 위기로 전환된다. 조정환은 "고용 문제의 본질은 삶의 안전을 보장하는 것에 있다"(조정환, 2011: 315)고 말한 바 있다. 바꿔 말하면 고용이 보장되지 않는다면 삶은 보장되지 않는다. 하지만 삶을 방어하고자 하는 순간 노동이 전체 삶을 송두리째 삼켜버린다. 모든 것은 노동에 종속된다. 그 결과는 삶의 상실이다. 노동사회에서 삶이란 상실과 파괴 사이의 스펙트럼 어딘가에 존재한다. 이는 노동사회가 노동과 삶의 분리에 기초해 작동하고 있음을 말한다. 노동사회의 유기적 위기는 이런 분리를 더욱 극단적으로 몰아가고 있다. 따라서 우리가 노동과 삶의 새로운 결합을 지향하는 대안을 모색한다고 할 때, 핵심은 바로 이런 노동의 허구적 상품화를 어떻게 넘어설 수 있는가에 있다.

---

4 비록 결론과 제안은 부분적으로 다르다고 하더라도 같은 문제의식을 지닌 한국 연구자들이 이미 존재한다. 특히 '문화사회'의 개념을 중심으로 노동사회를 넘어서기 위한 다양한 지적 실천을 전개해온 《문화과학》이 대표적이다. 강내희(1998; 1999)의 글은 그 주장을 잘 정리하고 있다. 그 외에도 다양한 연구자들이 있다. 내가 참조한 연구로는 박영균(2010), 한동우(2016), 이성백(2010), 문강형준(2006) 등이 있다.

'공동자원체계(commons)로서의 일'[5]은 이런 요구에 응답하기 위해 고안된 하나의 작업 개념이다. 공동자원체계로서의 일이란 동료 시민이 공동의 필요를 충족하기 위해, 자신의 능력을 타자와 교류할 수 있는 공동의 자원으로 전환하고 동료 시민과 함께 일을 조직하는 체계를 말한다. 이 작업 개념은 임금노동 이후의 노동을 시장의 필요가 아닌 인간 그 자체의 필요를 실현하는 활동이란 관점에서 고찰하도록 유도한다. 작업 개념의 정의가 함축하는 바를 이해하고자 할 때, 먼저 요청되는 것은 노동이 왜 아니라 왜 '일'이 작업 개념의 중심 범주로 등장하였는가를 이해하는 일이다. 공동자원체계로서의 일은 일과 노동을 구별하고, 노동을 일의 하위 범주로 규정한다. 노동을 포기하거나 배제하지 않고 그로부터 탈주하지도 않으며 노동을 일의 하위 범주로 제한한다는 관점이 이 연구의 기본 출발점이다. 일과 노동의 이런 구별은 본 연구에서 중요하다. 노동과 일을 구별하는 이들은 대부분 노동을 임금노동과 동일시하지만, 나는 그보다는 포괄적인 정의를 활용한다. 노동은 경제 활동에 투입되는 인간 능력의 구현 과정이다.

---

5   '제주대학교 공동자원과 지속가능사회 연구센터' 동료 중 일부는 'commons'를 공용共用자원(최현, 2016) 또는 공동자원으로 번역하고 있다. 나는 이 책 이전까지는 공통자원으로 번역했었다. 여기서는 공동자원으로 번역하는데, 제주대 동료들은 "Common Pool Resources"를 공동(관리)자원으로 번역하기도 했다. 공동자원보다 공통자원이 더 우월한 번역이라고 보지 않는다. 그렇다고 공동자원이 공통자원이란 역어의 문제를 완전히 해결한다고도 보지 않는다. 공동共同이나 공통共通 모두 어떤 관계를 맺는다는 의미인데, 내가 보기에 공동은 "함께"라는 의미가 강하고, 공통은 관계를 맺은 이들에게 속한다는 의미가 강한 것처럼 보인다. 무엇보다 자원이란 역어는 'commons'가 자원으로 환원되지 않는 관계를 포함한다는 측면에서 부적절하다. 이번엔 그런 문제를 해결하기 위해 'commons'를 '공동자원체계'로 번역한다. 이 개념은 'commons'를 자원 그 자체보다 하나의 체계로 접근한다는 의미가 들어 있다. 여기서 내가 '공동자원'이란 역어를 선택한 이유는 공용자원은 '공동의 이용'에 초점을 맞춘 개념이고, '공동자원'은 이용뿐만 아니라 그 자원을 생산하는 행위도 포함하는 보다 포괄적인 규정이기 때문이다. 그리고 이는 공동의 자원(common resources)과 연계되어 있다는 의미를 내포한다. 그런데도 만족할 수 있는 번역이 아니란 점엔 모두가 동의할 것이다.

이에 반해 일은 무엇을 이루기 위해 인간이 특정 장소와 시간에 행하는 활동을 말한다. 노동은 일 안에 포함되지만, 일은 노동으로 환원되지 않는다. 우리는 일의 범주를 통해 인간의 경제를 포함하지만, 그것으로 환원되지 않는 차원에서 삶의 안전을 다룰 수 있게 된다. 인간의 경제는 삶의 안전의 필수적인 차원이지만 인간의 삶은 경제 그 이상의 차원을 요구한다. 인간의 경제와 분리되기 어려운 노동 개념이 포착하지 못하는 바로 이 차원을 '일'의 범주가 포착할 수 있다.

그런데 노동사회는 노동과 일 범주를 역전시켜 제도화했다. 일의 하위 범주인 노동이 오히려 상위 범주가 되어 일을 그 하위 범주로 종속시키는 역전이 일어난 것이다. 이는 노동사회에서 모든 일이 임금 노동 없이 이루어질 수 없는 조건 때문에 일어났다. 이는 두 가지 의미였다. 일은 노동을 준비하는 과정 혹은 노동과 연결되기 위한 '또 다른 노동'으로 나타나거나 노동과 연결되지 않는 일의 경우 그 자체로 독립적인 의미를 부여받지 못했다. 공동자원체계로서의 일이라는 작업 개념은 이처럼 노동사회에서 역전된 일과 노동의 관계를 재역전시킨다는 의미를 담는다. 이는 곧 '일'이 노동으로부터 풀려나 그 자체의 독립적인 의미를 얻는 동시에 그 안으로 노동을 포함하는 방향으로 일을 재구성한다는 의미다. 공동자원체계라는 개념은 이 재구성 과정이 어떤 원리에 기초해 이뤄져야 하는가를 탐구하는 역할로 호출된 것이다.

문제는 공동자원체계 개념 자체가 아직 안정적이지 않다는 점이다. 공동자원체계의 중요성이 다시 확인되면서, 이를 다루는 다양한 접근법이 등장했다. 이 안엔 아나키스트와 신자유주의, 네오케인스주의자, 보수주의자, 급진민주주의자 등 정치스펙트럼을 구성하는 거의 모든 진영이 포함되어 있다. 이것만이 아니라 공동자원체계 개념을 활용한 또 다른 개념들로의 확장도 나타나고 있다.[6] 포괄되는 진영의 범위가 넓어질수록 그리고 연관 개념의 확장이 이루어질수록 공동자원체계가 무엇인가를 둘러싼 경합은 더욱 혼란스럽게 나타나고 있다 (Caffentzis&Federici, 2013: i92). 특히 국내에선 'commons'에 대한 합의된 번역어도 존재하지 않는다.[7] 그러나 이런 혼란이 공동자원체계 개념의 폐기나 포기를 직접적으로 요구하는 것은 아니다. 이런 혼란은 공동자원체계가 여전히 탐구할 영역이 많음을 보여주는 하나의 징후로 해석되어야 한다.

이런 혼란에도 이 연구 진행에 필요한 수준의 공동자원체계 정의를 제공하는 두 집단이 존재한다. 하나는 엘리너 오스트롬Elinor Ostrom을 경유해 학문집단 안에서 발전한 정의이며, 다른 하나는 사회운동 부문에서 발전시켜온 공동자원체계에 관한 또 다른 정의다. 두 정의는 일정한 공통성이 있지만, 때론 간극과 균열 혹은 모순과 불일치를 포함하기도 한다. 물론 이런 인식이 나만의 것은 아니다. 정영신은 공동자원체계에 접근하는 자원관리 패러다임과 정치생태학적 패러다임이 존재한다고 지적한 바 있고(정영신, 2016), 조지 카펜치스George

---

6 연관 개념의 확장 중 많은 이가 주목하는 개념은 "반反공동자원체계"anticommons와 "반半공동자원체계"semicommons이다. "반反공동자원체계"란 Frank Michelman의 개념으로 다른 사람들의 허가를 획득할 수 없어 어떤 누구도 이용할 수 없는 자원을 말한다. "반半공동자원체계"란 사적 재산과 공유재산이 혼합된 자원체계를 말한다. 이에 대한 개괄로 Lee Anne Fennell(2009)을 참조했다.

7 그런데도 이를 위해 노력하는 학자들이 있다. 대표적인 것은 'commons'를 공용자원 또는 공동자원으로 번역해온 최현(2017)이다. 그러나 번역 그 자체를 반대하는 학자들도 존재한다. 번역할 때, 'commons'에 있는 어떤 요소들이 계속 빠져나간다는 것이다. 나는 번역을 해야 한다는 입장이다. 박사논문부터 '공통자원'이란 단어를 선택해 사용하고 있는데, 이에 만족하는 것은 아니다.

Caffentzis는 자본주의를 보완하는 공동자원체계와 자본주의를 넘어서고자 하는 공동자원체계를 구별한다(Caffentzis, 2004). 비록 구별의 척도와 그 목적은 다르지만, 이들은 모두 엘리너 오스트롬의 공동자원체계 연구를 한쪽으로 하고, 그에 대항하거나 혹은 그와는 다른 방향에서 공동자원체계를 정의하는 또 다른 경향이 있다고 주장하는 공통성이 있다.[8] 또한 그 중심에 사회운동이 존재한다는 인식도 같다. 따라서 엘리너 오스트롬의 연구와 사회운동 부문의 인식으로 공동자원체계의 정의를 양분하는 것은 그 자체로 완전히 새로운 것이 아니며, 자의적인 것 역시 아니다. 두 집단 혹은 두 부문 간에 존재하는 불일치가 공동자원체계를 둘러싼 혼동의 일부 원인이란 점은 분명하다. 내겐 이런 불일치를 해소할 역량이나 의도가 있지 않다. 다만 작업 개념의 중심에 위치한 공동자원체계를 보다 안정적으로 다루기 위해 이에 대한 정리 과정을 거쳐야만 한다. 이런 정리 과정은 공동자원체계의 관점에서 현재까지 이루어진 연구를 분석하고 진보시키는 관점을 수립하는 데도 필수적이다.

공동자원체계에 대한 학문적 접근은 우리 시대의 거인 중 하나인 엘리너 오스트롬의 연구를 통해 질적 발전을 이룩했다. 오스트롬(2010)은 『공유의 비극을 넘어Governing the commons』라는 기념비적 저작을 통해 전 세계의 다양한 지역공동체들이 일정한 조건 아래 자신들의 공동자원체계를 지속시키는 데 성공하고 있음을 보여주었다. 오스트

---

8   조지 카펜치스는 자신의 분류에서 엘리너 오스트롬을 네오-하딘주의자Neo-Hardinian로 규정하고, 그의 연구를 "자본주의와 공동자원의 양립compatibility of capitalism with commons" 유형으로 파악했다(Caffentzis, 2004: 19). 그의 이런 분류는 물론 논쟁적이다. 자본주의와의 관계도 그렇지만 무엇보다 그를 네오-하딘주의자로 파악할 수 있는지가 더욱 그렇다.

롬의 주요 관심은 이처럼 성공한 지역공동체들에 나타난 제도 양식의 규칙성을 추출하는 데 있었다(오스트롬, 2010: 1장). 오스트롬은 "디자인 원리design principle"라는 이름으로 그 규칙성을 정리했다. 디자인 원리의 핵심은 자원을 공동으로 이용하는 이들이 직접 오랜 시간에 걸쳐 그 원리 자체를 만들어 왔다는 점이다. 이를 통해 오스트롬은 지역공동체들이 "국가 또는 시장과 유사하지 않은 제도들에 의존하여 장기간 성공적으로 자원체계를 운영"(오스트롬, 2010: 22)할 수 있음을 보여주었다.

오스트롬은 연구를 수행하는 과정에서 공동자원체계의 관습적 이해와 구별되는 분석 방법을 발전시켰다. 공동자원체계는 원래 중세 유럽의 장원莊園 제도를 구성해온 공용지公用地, the commons를 가리키던 말이었다. 공용지는 영주 직영지나 농민 보유지와 달리 장원 공동체 전체가 공동으로 관리하고 이용하던 장소였다. 이런 공용지의 개념은 현대 영어권에 그 흔적이 남아 있다. 그런데 일상생활에 남은 공용지의 개념은 그 원형인 토지와 분리되어 더 폭넓게 활용되고 있었다. 오스트롬과 그 동료들은 그래서 "'Commons'란 용어가 일상 언어생활에선 공동으로 소유하거나 공동으로 이용하는 측면을 포함하는 재산 제도뿐만 아니라 다양한 자원과 시설을 가리킨다"(Ostrom et al, 2002: 18)고 파악했다. "Commons"는 다양한 자원뿐만 아니라 그 자원을 둘러싼 제도를 포괄하는 용어로 일반적으로 통용되고 있었다.

그런데 오스트롬은 공동자원체계에 내재한 자원의 차원과 그 자원을 둘러싼 인간의 규칙 제도화 과정을 분리해 접근할 것을 제안한다(Ostrom et al, 2002: 18). 자원과 제도를 이처럼 구별하는 이유는 자원이 다양한 제도와 결합할 가능성을 열어두는 동시에 그러한 제도의 창안 과정에 어떤 영향을 미치는가를 파악하기 위한 것이 었다. 여기엔 공동자원체계를 특정한 제도체계와 결합해 있는 자원으로 파악할 경우, 현실에 존재하는 공동자원체계에 대한 보다 발전된 연구를 진행하기 어렵다는 현실적인 이유도 포함된 것으로 보인다(Ostrom et al, 2002: 14). 이 과정을 통해 등장한 개념이 공동이용자원common-pool resources이라는 새로운 개념이다. 공동이용자원이란 이용감소성substractability of use의 정도는 높지만, 해당 자원체계의 잠재적인 편익으로부터 이용자들을 배제하기가 어려운 유형의 자원을 말한다(Ostrom, 2005: 24). 이는 기존 재화goods의 유형 분류에서 드러나지 않던 공동자원체계에 귀속된 공동의 자원 속성을 경제학의 대상으로 다룰 수 있도록 해주는 동시에, 그 재화의 속성에 들어맞는 제도의 디자인을 발전시킬 수 있는 길을 열어주었다.[9] [10] 오스트롬이 그의 동료들과 토론을 통해 발전시킨 재화의 유형 분류는 다음과 같다(Ostrom, 2005: 24).

---

[9] 오스트롬의 이런 기여에도 불구하고 그의 자원 유형화엔 문제들이 있다. 이 문제를 해결하기 위한 가장 혁신적인 시도 중 하나는 최현의 '배제성' 재정의다. 이에 대해선 최현(2013)을 참고하자. 이 논의는 6장에서 간략하게 소개한다. 최현의 핵심적인 비판은 자원과 인간의 관계가 사회적으로 구성되며 그에 따라 역사적으로 변형된다는 것이다. 이와 유사한 주장을 제기한 외국 학자 중 참고한 이는 Johannes Euler(2015: 8)이다.

[10] 여기에서 강조하고 싶은 것은 자원과 제도를 분리하고자 하였던 오스트롬의 의도는 그가 말하는 '행위 상황action situation'의 구조를 파악하기 위한 것이었고, 잠재적 수혜자의 배제성과 이용감소성 외에도 행위 상황을 규정하는 다른 생물리적 자원의 속성이 존재한다는 점이다. 오스트롬은 자원의 크기나 단위자원의 이동성, 단위자원의 저장 등 다양한 요소들이 영향을 미친다고 파악하고 있었다(Ostrom, 2005: 26).

[표1] 재화의 유형 분류

재화의 네 유형Four type of goods		이용의 감소성Subtractability of use	
		높다	낮다
잠재적 수혜자의 배제 어려움	높다	공동이용자원common-pool resources: 지하수 유역, 호수, 관개 체제, 어장, 숲 등	공공재화public goods: 공동체의 평화와 안전, 국가안보, 지식, 소방, 날씨 예보 등
	낮다	사적재화private goods: 음식, 옷, 자동차 등	요금재화toll goods: 극장, 민간클럽, 주간보호센터

엘리너 오스트롬뿐만 아니라 오스트롬 이후의 연구는 이와 같은 재화의 유형 분류에 기초해, 어떤 유형의 사회적 실천이 공동이용자원의 지속가능성을 보장하는가에 초점을 맞췄다. 그 해답은 주로 집합행동의 제도 디자인 문제로 귀결되었다. 우리가 오스트롬의 연구에서 기억해야 할 것은 두 가지다. 하나는 공동자원체계가 공동자원체계가 자원 그 자체를 가리키는 경우도 있지만, 때론 자원과 제도의 이중결합체를 가리키기도 했다는 점이다. 다른 하나는 오스트롬과 그의 동료들이 공동자원체계에 내재한 혼란을 걷어내기 위해 자원과 제도의 결합을 해체해 자원의 차원은 공동이용자원에 할당하고, 이 자원을 둘러싼 제도의 차원은 분리해 연구하고자 했다는 점이다. 이때 자원은 그 속성이 크게 변하지 않는 주어진 조건이 된다. 따라서 모든 관심은 주어진 조건에서 제도 형성과 변화의 문제가 된다. "그런 점에서 지속적이고도 확고한 자원관리 시스템을 구축하기 위해서는 어떤 결정 능력과 협조적 관리 전략이 필요한지 확실하고 명확하게 파악하는 것이 중요"(헤스·오스트롬, 2010: 46)했고, 이를 위해선 자원과 인간의 제도 디자인을 분리해 고찰해야 했다.

이런 각도에서 본다면 공동자원체계는 공동이용자원 관리의 한 결과일 뿐, 보편적인 결과일 수 없다. 그러나 공동자원체계가 공동이용자원을 둘러싼 체제라는 인식이란 점에서 공동자원체계와 공동이용자원은 내적으로 강력하게 연결되어 오스트롬 분석틀에 존재하는 것으로 보인다. 나는 최소한 오스트롬과 그의 동료 연구자들이 공동재산자원common property resources과 공동이용자원을 구별하고 난 이후부터, 1990년대 중후반 이후 정보공동자원체계운동information commons movements에 영향 받아 지식과 정보의 문제에 더욱 천착하는 중간 시기까지 오스트롬 분석틀에서 공동자원체계를 구성하는 유일한 자원 형태로 공동이용자원만을 인정했다고 생각한다. 이는 부분적으로 오스트롬과 그의 동료들이 주로 연구했던 대상 자원이 삼림, 토지, 어장, 수자원과 같은 자연 자원체계였다는 점과도 깊게 연관되어 있다. 그러나 그 이후의 오스트롬 분석틀은 공동이용자원만으로 한정되지 않는 그와 다른 자원 속성을 지니지만, 전통적인 자연 공동이용자원들과 공동의 집합행동 문제를 보유하는 자원 일반으로 확장되는 성향을 보인다. 이 점에서, 1990년대 중후반을 경유하며 사회운동 부문에서 발전한 공동자원에 대한 새로운 시각과 오스트롬의 분석틀은 만날 가능성이 열려 있다.

1990년대 중후반부터 공동자원체계를 대안 사회의 또 다른 원리로 발전시키고자 노력해온 사회운동 부문에선, 공동자원체계와 공동이용자원의 명시적인 분리가 발생한다. 오스트롬 자신도 이를 인지하고 있었다. 정보공동자원체계 운동의 등장 과정을 고찰하면서, 오스트롬은 이 운동과 그에 내재한 공동자원체계에 관한 새로운 시각이 "천연 공동자원 연구 문헌에서 나온 파생 연구가 아니라", "반사유화

운동과 지식의 개방 및 수용 운동"을 그 뿌리로 한다며 매우 흥미로 워했다. "다시 말해 민주주의와 자유에 대한 열망"이 새로운 공동자 원의 시각 배후에 존재한다고 본 것이다(헤스·오스트롬, 2010: 41). 사 회운동 부문은 공동자원체계를 매우 폭넓은 의미로 해석하는 방향 으로 나아갔다. 1990년대 중후반부터 신자유주의적 전지구화에 저항 하는 대항운동이 전 세계 다양한 장소에서 본격적으로 출현했다. 국 가와 자본의 이른바 "강탈에 의한 축적"(하비, 2005: 132)에 직면해, 이 운동들은 자신들의 자원과 제도 등을 전통적인 국가와 자본의 방식 과는 다른 방식으로 유지 존속할 수 있고 발전시킬 수 있음을 보여주 어야 했다. 조지 카펜치스가 예로 들었던 것처럼, 사파티스타의 "만 인에게 모든 것을, 우리 자신을 위해서는 무無를everything to all, nothing for ourselves"과 같은 구호[11]나 반세계화운동의 "이 세상은 판매용이 아니 다"와 같은 구호가 이 운동을 상징했다(카펜치스, 2018: 19). 공동자원 체계라는 개념은 바로 이런 전 지구적 대항운동의 필요 때문에 재발 견되었다(Klein, 2001). 재발견된 공동자원체계의 개념은 무엇보다 인 류의 역사에 근거를 두고 있었다. 또한 현대에는 약화하거나 소멸했 지만, 우리 모두의 전통과 문화 속에 존재하는 비공식적인 규칙들이 나 지금과는 다른 방식으로 구조화되어 있던 공식 법과 제도들에 근 거를 두고 있었다.

---

11 이 구호는 원래 사파티스타가 2016년 새해를 맞아 전 세계의 투쟁하는 인민들에게 보낸 메 시지의 제목이었다. 원문은 여기서 확인할 수 있다. Subcomandante Insurgente Moisés and Subcomandante Insurgente Galeano, 2016.1.5.,"EVERYTHING FOR EVERYONE, NOTHING FOR OURSELVES", Loveandragemedia.org URL: https://loveandragemedia. org/2016/01/05/%EF%BB%BFeverything-for-everyone-nothing-for-ourselves-a- new-years-message-from-the-zapatistas/ 검색일: 2018년 10월 8일

고대 로마법은 그중 하나였다(박태현·이병천, 2016: 294). 고대 로마법은 사물을 지금과는 다른 방식으로 분류하였는데, 그 분류 안엔 사적 소유의 대상이 될 수 없는 사물들이 존재했다(Rose, 2003). 그 사물 유형 중 하나가 바로 '레스 코뮤네스res communes'였다. 레스 코뮤네스는 자연의 법에 따라 인류 공동의 자산으로 모든 이들에게 공통의 권리를 부여하는 사물이다. 이 안엔 공기, 흐르는 물, 바다, 모든 강 등이 포함된다. 이와 함께 역사적으로 실재했던 공동자원체계는 또 다른 원천이 되었다. 공용지common land의 전통을 지녔던 영국의 역사는 그중 가장 많은 이가 참고하는 사례였는데, 공용지는 지역공동체의 구성원들이나 지주에 종속된 농민들이 관습적으로 함께 이용하는 공동자원으로 지역공동체 전체의 최소 생존을 보장하는 역할을 했다. 자신의 생존에 필수적인 자원들은 비록 다른 이의 소유라 하더라도 완전히 사유화할 수 없다는 역사적 공동자원의 관습뿐만 아니라 모든 이에게 공동의 자산으로 상속되었기 때문에 공통의 권리로 보장되어야 한다는 윤리다. 이의 재발견은 공동자원체계를 상품에 대항하는 강력한 윤리적 대상일 뿐만 아니라 역사적으로 실재했던 그리고 실재할 수 있는 대안으로 부상시켰다.

물론 모든 운동이 이 개념을 인지하고 전략적으로 활용한 것은 아니었다. 하지만 그 운동들을 공동자원체계를 둘러싼 운동으로 해석할 때, 분명한 전략적 이점이 있었다. 무엇보다 국가와 자본의 강탈로부터 해당 자원과 제도를 방어할 수 있는 강력한 정당성을 운동에 부과할 수 있었다. 공동자원체계는 공동체 구성원 모두에게 귀속된 공동의 이용체계이기 때문에, 이를 특정 개인이나 집단만을 위한 자원으로 변형하는 과정은 그 자체로 정당화될 수 없었다고 본 것이다. 특히 공용지의 역사에서 확인되는 것처럼, 토지의 소유와 무관하게 해당 지역 구성원들이 자신의 생존을 위해 필요한 최소한의 것들을 취할 권리를 인정했고, 관습법의 역사는 이런 인식의 정당성을 확인해주는 것으로 규정되었다. 피터 라인보우Peter Linebaugh의 마그나카르타The Magna Carna에 관한 재해석은 바로 이 지점에서 전 세계적 명성을 얻었다(라인보우, 2012). 흥미로운 점은 '특수지역권'이란 형태로 우리나라 민법 제302조에도 이와 같은 내용을 가진 법조문이 존재한다는 점이다(김영희, 2018: 362).[12] 이것만이 아니다. 한국 민법엔 공동소유共同所有 규정을 다양하게 두고 있기도 하다.[13] 이런 요소가 한국에서 공동자원체계를 외국의 맥락이 아닌 자신의 맥락에서 고려할 수 있는 근거가 되고 있다. 비록 형식화된 법조문이라고 하더라도, 지역공동체 공통의 필요 충족을 위한 공동자원체계의 이용이 관습적으로 옹호되었다는 점을 보여주기 때문이다.

또한 공동자원체계의 해체 과정은 정당화될 수 없을 뿐만 아니라 해당 자원과 제도가 바로 그런 공동자원의 속성을 더욱 강화하는 방향으로 발전해야 한다는 당위적인 요청도 공동자원체계 운동 안에 포함할 수 있었다. 단지 자원과 제도의 방어 개념이 아닌 국가와 시장의 전통적 이분법을 넘어 공동의 필요를 충족하는 대안의 체계로 공동자원체계가 다시 정의된 것이다. 이는 분명 20세기 국가사회주의의

---

12 많은 이가 '특수지역권'의 기원을 일본 민법 제294조 입회권에 있다고 본다. 김영희에 따르면, 우리 민법 제302조는 공동소유 부분에 규정되어 있지 않지만, 학설은 특수지역권자들이 총유한다고 보아 공동소유와 연결해 다룬다고 한다(김영희, 2018: 162).

13 김영희의 지적처럼 이는 매우 특이한 것이다. 우리 민법은 대륙법계 민법으로 분류되는데, 대륙법계 민법들은 공동소유에 우호적이지 않기 때문이다(김영희, 2018: 158).

몰락 이후 직면했던 대안의 부재라는 전 지구적 공통 인식과도 밀접하게 연결된 현상이었다. 완전 자유경쟁 시장의 대안으로 국가의 중앙통제경제가 작동할 수 없음이 증명된 이후, 공동자원체계가 공백을 채워줄 기획으로 급부상한 것이다. 이뿐만이 아니다. 공동자원체계는 각기 다른 장소에서 진행되고 있는 투쟁을 전 지구적 강탈에 의한 축적 과정에 대항하는 보편적 투쟁의 맥락에서 인식할 가능성을 열어주었다. 원자화되고 파편적인 장소에서 일어난 각 투쟁의 보편성 지평을 공동자원체계가 열어줌으로써, 신자유주의적 지구화에 대항할 또 다른 지구화의 경로를 상상할 수 있게 했다.

사회운동 부문은 공동자원체계를 활용해 자신이 직면한 문제와 이 문제를 발생시킨 구조를 매우 단순하게 이분법적으로 도식화할 수 있었다. 한편에는 자본의 전 지구적 운동과 국가의 약탈이 존재하며, 다른 한편엔 이에 대항하는 전 지구적 인민의 공동자원체계 운동이 존재한다. 공동자원체계의 인클로저enclosure of commons는 이 구조가 발생한 원인을 설명하는 개념이었다. 원래 인클로저란 15세기 중엽 이후, 주로 영국에서 일어난 공용지가 사유지로 전환된 사건을 말한다. 공동자원체계 패러다임은 그 개념을 빌려와 공동자원체계의 상품 전환 과정에서 국가와 자본의 폭력적인 개입을 비판하고자 했다.[14] 사회운동 부문은 과거의 인클로저와 구별해 이를 '새로운 인클로저new

---

14 더 정확하게 설명한다면 공동자원 패러다임을 공유하는 학자들 내에서 '인클로저'를 모두 동일하게 해석하고 있는 것은 아니다. 어떤 이들은 '사유화privatization'로, 어떤 이들은 "상품화commodification", "시장화marketization"로, 또 어떤 이들은 비시장 조건으로부터의 "분리separation"로, 또 어떤 이들은 "본원적 축적primitive accumulation"과 "약탈에 의한 축적accumulation by dispossession"으로, 또 다른 이들은 "배제exclusion"로 설명하기도 한다. 인클로저를 둘러싼 다양한 접근은 Alvaro Sevilla-Buitrago(2015)를 참조했다.

enclosure'라고 부르기도 한다(Midnight, 2010). 과거의 인클로저가 토지와 농민의 분리 현상에 집중했다면, 새로운 인클로저는 토지와 농민의 분리를 포함해 다양한 방식으로 진행된다. 이는 부분적으로 국가와 자본의 "강탈에 의한 축적"이 다양한 방법으로 진행되었기 때문이기도 하다. 여기엔 원주민이 관리하던 공동의 토지 약탈부터, 수자원 민영화나 주택·의료와 같은 국가의 공공서비스 축소 과정도 포함된다. 사회운동 부문은 이런 개별적이고 우연적인 사건들에 질서를 부여할 수 있는 개념의 하나로 "공동자원체계의 인클로저"를 선택했고, 그에 따라 공동자원체계 개념은 전통적인 토지의 개념이나 학문적인 접근에서 주로 이용하던 공동이용자원과는 다른 유형의 자원들을 포괄하는 방향으로 발전해 나갔다.

그 확장의 방향은 다양하지만, 그 안의 경향은 다음 세 가지로 요약할 수 있다. 각각은 모두 공동이용자원과는 다른 방식으로 공동의 자원common resources을 파악한다. 첫 번째는 공동의 이용을 위한 단위자원들의 집합 혹은 단위자원들의 축적을 위한 경향이 폭발적으로 급증했다는 점이다. 신자유주의적 전지구화의 과정은 역설적으로 지역화를 하나의 대안으로 제시하는 운동 경향을 발생시켰다. 지역화는 전통적인 국가와 시장의 외부에 위치한다고 여겨지던 공동체운동과 특권적 관계를 맺었는데, 공동체운동은 자신의 발전 과정에서 공동의 자원을 형성하고 확대 재생산하려는 경향이 강했다. 무엇보다 지역공동체엔 자연으로부터 물려받은 자원체계나 공동체 전체 구성원을 위해 작동하는 제도체계가 없는 경우가 많았다. 이런 자원체계를 만들기 위해 공동체운동은 각 개인의 자원을 하나의 집합으로 만들고, 그 집합을 공동의 자원으로 운영하는 방식을 발굴하고 확산시

컸다. 공동체운동은 공동자원체계 운동의 가장 강력한 토대로 존재한다.

두 번째는 모든 동료 시민에게 보장되어야 할 공공자원과 서비스의 방어 운동 경향이다. 이는 부분적으로 강탈에 의한 축적이 공공자원의 축소 내지 민영화로 귀결된 것에 대한 반작용이었다. 그러나 단지 이것만은 아니었는데, 유럽의 경우 과거의 사회국가로 되돌아갈 수 없다는 현실 인식이 결합했기 때문이다. 곧 공공자원과 서비스의 약탈에 대항해 이를 방어하지만, 과거와 같은 국가 관료제에 기반을 둔 공급자와 이용자의 분할을 넘어서려는 요구가 이 경향 안에 녹아 있었다. 이런 의미에서 공동자원체계는 공공 부문의 민영화에 대항하는 민주화 프로젝트의 다른 이름이었다. 이 과정에서 공동자원체계는 동료 시민의 기본 생활 안전을 보장하는 대안 프레임으로 발전한다. 따라서 공동자원체계의 목록 안엔 이전에 포함되지 않았던 공공 부문의 자원과 서비스가 포함된다. 음식, 에너지, 주택, 지식, 정보, 교통 등 자원의 목록은 계속 확장되고 있다.

공동체의 자산 형성과 새로운 유형의 시민 보장 필요성이 앞 두 경향이라면, 마지막 경향은 정보통신기술의 발전과 함께 나타난 디지털 공동자원체계Digital Commons에서 분명하게 나타나는 경향이다. 모든 이의 자유로운 접근을 허용한 분산혁신distributed innovation 방식으로 만들어진 일부 소프트웨어는 자신을 공동자원체계로 규정하고, 그 결과물 또한 모든 이가 자유롭게 접근할 수 있는 자원으로 남도록 이전에 볼 수 없던 새로운 유형의 라이선스 시스템licence system을 고안했다. 이런 라이선스 시스템은 이후 폭발적으로 확장되어 디지털네트워크에 참여하는 이들의 활동을 조정하는 기본 규약으로 제도화되었다. 만약 이런 라이선스 시스템이 없다면 현재와 같은 전 지구적 네트워크의 확장은 불가능했을지도 모른다. 이와 같은 디지털 공동자원체계가 중요한 이유는 이 체계가 표방하는 '자유로운 접근open access'과 오스트롬 등의 경제학자가 규정한 공동이용자원의 규정이 일정한 긴장 관계에 있을 수 있기 때문이다. 공동이용자원이 사실 G. 하딘Garret Hardin의 분석처럼 모두에게 개방된 관리되지 않는 공동자원이 비극을 가져온다는 점을 떠올릴 때, 이런 불일치는 중요한 함의를 지닌다.

G. 하딘은 1968년 《사이언스Science》에 「공동자원체계의 비극The Tragedy of the commons」이란 논쟁적인 논문을 발표한다. 하딘은 이 논문에서 모두에게 개방되어 있는 공동자원체계의 자유는 모두를 황폐하게 할 것이라고 경고했다.[15] 하딘은 "모두에게 열려 있는 목초지를 마음속에 그려보라Picture a pasture open to all"고 주문한 뒤, 그 목초지에 존재하는 "공동자원체계의 자유가 모두를 파멸로 이끈다Freedom in a commons brings ruin to all"고 주장한다(Hardin, 1968: 1244). 하딘에게 "open to all", 곧 자유로운 접근은 주장의 기본 전제다. 하지만 엘리너 오스트롬은 이는 단지 관리되지 않은 공동자원체계의 비극일 뿐이라고 대응했다. 그래서 자유로운 접근[16]은 공동이용자원의 관점에선 "관리의

---

15 사실 G. 하딘이 이 논문을 통해 주장하고자 한 바는 이 수준 이상의 것이다. 하딘은 토마스 맬서스Thomas Malthus로부터 영향을 받았고, 맬서스 파국으로 불리는 인구 증가 문제 해결을 모색하는 과정에서 이 논문을 발표했다. 이런 점에서 그의 핵심 주장은 인간 개체 조절에 있으며, 이런 입장은 군비경쟁과 핵전쟁 배경 국면에서 특정한 입장을 용인하는 것이었다. 하딘의 1968년 논문의 배경과 그 맥락에 대한 설명으론 김영희(2008: 181~186)를 참조하자.

16 이 부분에 관해 김선필은 흥미로운 연구결과를 발표했다. 김선필은 하딘의 공동자원은 실제로는 생산수단을 소유한 이들에게만 개방된 공간임에도, 마치 모든 이에게 개방된 공간인 것처럼 자신을 표상한다고 비판한다. 그는 하딘이 자본가의 공간재현을 자신의 은유에 도입했다고

부재"와 동의어로 인식될 수 있다. 왜냐하면, 관리되는 공동자원체계
는 필연적으로 이용의 경계를 규정하기 위한 배타성을 띨 수밖에 없
기 때문이다. 실제로 하딘은 1998년 《사이언스》에 「"공동자원체계의
비극" 확장」이라는 짧은 글을 기고했는데, 여기서 자신이 공동자원체
계 앞에 "관리되지 않은unmanaged"이라는 형용사를 빼먹는 중대한 실
수를 했다고 인정했다(Hardin, 1998). 하딘의 인정은 모두에게 개방된
자유로운 접근이 관리의 부재와 동일한 의미라는 분석을 강화한다.

　그런데 전 지구적으로 분산된 다원적인 이용자이자 생산자들은 자
신들의 디지털 공동자원체계에 자유로운 접근을 허용하면서도, 그 체
계의 지속가능성을 보장하기 위한 라이선스 시스템을 창안해내는 데
성공했다. 곧 자유로운 접근과 공존하는 관리의 방식이 가능할 수 있
다는 점을 디지털 공동자원체계는 보여준다. 그러나 공동이용자원의
규정과 완전히 대립하는 것은 아닌데, 대기와 같은 전 지구적 공동이
용자원global common-pool resources의 경우 모든 인류에게 자유로운 접근이
허용되어야 하면서도, 그 자유로운 접근에서 발생하는 문제를 해결하
기 위한 거버넌스 체제의 구축이 중요한 문제로 인식될 수 있기 때문
이다. 월드와이드웹을 오스트롬이 공동이용체계자원으로 규정했다
는 것은 이 점에서 중요하다. 따라서 디지털 공동자원체계나 전 지구적
공동이용자원 모두에 내재한 자유로운 접근이라는 문제설정이 공동자
원체계와 대립하는 것은 아니다(Angelis, 2016: 146). 그리고 바로 이 때
문에 공동체나 국가를 통해 규정되는 배타적인 동료 시민의 집단과 달

본다. "하딘이 묘사한 목초지는 실제로는 가축주들에 의해 울타리 쳐진 클럽재이지만, 겉으로
는 누구에게나 열려 있는 공유지로 묘사되는 공간, 즉 자본가들에 의해 고안된 추상 공간이었
던 것이다."(김선필, 2014: 181)

리 모든 인류의 자유로운 접근이 보장된 그리고 보장되어야 할 자원과 제도들도 공동자원체계 안으로 통합될 수 있었다. 그 예는 인터넷, 예술, 문화, 과학 등이며 이로 인해 전 인류에게 공통으로 귀속된 유산 전체도 공동자원체계 안에서 다룰 수 있는 길을 열었다.

이런 각도에서 본다면 사회운동 부문의 접근에서 볼 때, 공동자원체계란 재화의 한 유형이라기보다는 인간의 필요 충족을 보장하는 방식에 대한 새로운 이해를 제공하고, 그 방향으로 나아가는 실천을 추동해내기 위한 하나의 시각perspective이라고 할 수 있다. 동시에 공동자원체계는 국가의 약탈과 자본의 축적 논리에 대항해 구성해야 할 전망vision 역할을 했다. 공동자원체계의 운영에 필수적인 자기조직화self-organization와 협력을 통한 필요 충족 시스템의 운영, 그리고 소유와 분리된 이용, 보다 확장적으로는 내재한 다른 수단에 의한 삶의 방식(Euler&Gauditz, 2016: 2)은 운동의 이념과 무관하게 현실을 보완하거나 전환하는데 필요한 전망과 시각을 제공하며 운동을 추동했다. 그 결과 사회운동 부문이 다루는 공동자원체계 안엔 학문적인 접근에서 공동이용자원common pool resources으로 분류하지 않는 다양한 자원이 포함된다. 현대 공동자원체계 담론과 실천전략에 많은 영향을 미치고 있는 P2P재단의 공동자원체계에 대한 정의는 이런 경향을 가장 분명하게 보여주는 예일 것이다. P2P재단은 "공동자원체계란 우리가 공동으로 이용하는 모든 것"(P2P, 2015:1)이라고 선언했다. 여기에선 자원의 관점으로부터 출발해 공동자원체계가 규정되는 것이 아니라 공동으로 이용하는 인간의 실천이라는 관점에서 공동자원체계가 규정되는 역전이 발생한다. 그리고 바로 이 때문에, 사회운동 부문의 공동자원체계에 대한 인식은 학문적인 접근에서 다루는 공동자원체계의 개념과 분리된다. 그 핵심적인 분리지점은 사회운동의 공동자원체계가 공동이용자원을 전제하지 않는다는 점이다. 공동자원체계에 대한 사회운동 접근이 전제하는 자원의 유형은 경제학이 분류하는 자원의 네 가지 유형 중 하나로서 공동이용자원이 아니라 그보다 더욱 포괄적인 의미의 공동의 자원common resources이다. 그리고 공동의 자원을 규정하는 것은 자원 자체의 내적 속성이라기보다는 그 자원을 공동으로 이용하기로 결정한 인간의 실천이며, 그 필요다.

하지만 현실을 바라보는 하나의 시각이자 현실을 넘기 위한 전망으로 사회운동이 제시한 이와 같은 공동자원체계 접근 방식의 약점은 비교적 분명하다. 우선 현실의 공동자원체계 다수는 국가나 시장과 밀접하게 연관되어 그 안에 존재하기 때문에, 현실과 시각 사이에는 간극과 균열이 존재한다. 이는 전망의 실현도 매우 불투명하게 만든다. 전망 또한 국가나 시장과의 복잡한 관계 속에서 구성될 수밖에 없기 때문이다. 현재까지 전개된 공동자원체계 기반 시각과 전망은 이런 복잡성을 때로 지나치게 단순화시킨다. 이 때문에 공동자원체계를 낭만화하거나 이상화하지 말아야 한다는 요구가 계속 나온다(Bresnihan, 2016: 160: Wall, 2014: 90). 공동자원체계는 자본주의 생산의 새로운 양식과 보완하거나 공존할 수 있으며, 더욱더 나쁜 경우는 공공영역에서 국가의 후퇴를 정당화하는 신자유주의 통치성의 일부로 작동할 수도 있다는 점을 우리는 인정해야 한다. 데렉 월Derek Wall의 말처럼, "공동자원체계는 유토피아가 아니다"(Wall, 2014: 90). 그러나 이 말은 확장되어야 한다. 단지 국가와 시장의 관계에서만이 아니라 공동자원의 운영체계 안에 이미 불평등과 배제, 부정의가 내재할 수 있기 때문이다. 공동자원을 실질적으로 운영하고 관리하지만, 그 자원을 통제하는 남성의 지배 때문에 권리를 인정받지 못하는 여성의 문제(Aier, 2011)는 그 대표적 예다. 이 문제는 공동자원을 단지 국가와 시장 외부라는 관점에서 옹호하지 않고, 공동자원의 필요조건 중 하나인 공동체를 권력과 지배의 관계에서 접근해야 할 필요성을 제기한다. 즉 공동자원체계가 그 자체로 모든 이의 평등과 자유를 보장하는 것은 아니다. 그럼에도 나는 사회운동이 발전시켜온 이와 같은 시각과 전망 하에 공동자원체계에 접근한다. 공동자원체계에 입각한 시각이 우리에게 주어진 질서를 비판할 방법론을 열어줄 뿐만 아니라 현재 만들고 있는 다양한 대안의 종합 가능성을 열어줄 것이라 보기 때문이다. 그러나 이를 위해선 공동자원체계 기반 사회운동과 공동이용자원 연구가 만나야만 한다. 공동자원체계 기반 사회운동은 둘 사이의 간극과 균열을 인정하면서, 공동이용자원 연구가 구축한 연구 성과로부터 교훈을 얻어야 한다.

학문적 접근과 사회운동 접근 사이에 불일치가 존재하는 것이 사실이지만, 공동이용자원을 공동의 자원 중 하나로 포괄할 수 있다면 둘을 대립 관계가 아닌 다루는 대상 범위 차이의 문제로 전환할 수 있을지도 모른다. 곧 사회운동 부문의 문제의식을 포기하지 않으면서도, 그 안으로 학문적 접근이 발전시킨 성과를 포함할 대안이 존재할 수도 있다. 그리고 이는 실제로 오스트롬과 그의 동료들이 부상하는 공동자원체계 운동에 대응하는 방식이기도 했다. 동료 시민들의 공동자원체계에 대한 새로운 인식과 감각을 부정하기보다는, 그 인식과 감각을 존중하면서 기존 공동자원체계와 새로운 공동자원체계의 공통점을 발견하고, 문제 해결에 어떤 기여를 할 수 있는지 고민했기 때문이다(헤스·오스트롬, 2010). 이런 융합 과정은 공동이용자원을 포함하지만, 그로 환원되지 않는 공동자원체계 유형에 대한 발견으로 우리를 이끈다. 이를 통해 다원적이고 중첩된 형태로 존재하는 현실의 공동자원체계를 보다 입체적으로 파악할 가능성이 열린다.

비록 현재 수준에서 불완전하다고 하더라도 이와 같은 문제설정에 기초해 공동자원체계 재정의에 필요한 기본 요소들을 나열할 수 있다. 우선 공동자원체계는 공동의 자원과 그 자원을 둘러싼 인간의 집합행동 문제와 연관되어 있다. 이에 따라 특정 문제를 내포한 자원체계라는 오스트롬의 문제설정 계승이 필요하다. 그러나 이때 공동의 자원은 비배제성과 이용감소성이란 척도에 의해 구획되는 재화의 한 범주가 아니라 인간의 필요를 공동 충족할 필요성이 제기되는 자원 유형으로 다시 정의된다.

공동의 필요를 공동으로 충족해야 할 필요성으로 인해 해당 자원이 필요한 동료 시민들의 연합에선 필요를 정의하고 충족하는 방법을 둘러싸고 집합행동의 문제가 발생한다. 이는 '공동성'의 조직화 문제다. 곧 공동의 자원을 관리하고 형성할 집합적 주체가 존재해야 하고, 그 주체들은 공동의 자원을 지속해서 형성 관리할 뿐만 아니라 그와 연관된 동료 시민들의 문제를 조정할 수 있는 특정한 조직화 양식을 보유하고 있어야 한다. 이때 공동성의 조직화 문제를 단지 동료 시민 간의 문제 조정 과정으로 환원하지 않는 것이 중요하다. 여기엔 시민과 시민의 관계뿐만 아니라 시민과 자원의 관계가 포함되어야 하며, 그 관계 안엔 단지 주어진 자원의 관리와 이용뿐만이 아니라 자원의 생산과 재생산 전반이 포괄된다. 이런 공동의 필요를 충족하는 자원의 형성과 동료 시민 관계의 조직화 과정은 특정한 도덕철학의 원리를 따라 안내되거나 혹은 시민윤리와 연관되어 있다. 이상의 논의를 단순하게 도식화하면 다음과 같다. 공동자원체계는 ① 공동의 자원 ② 시민연합civic association ③ 공동자원 만들기commoning ④ 도덕철학 혹은 상식이나 공통감각common sense이란 4요소의 관계를 통해 규정된다.[17] 공동자원체계는 이 4요소가 결합해 작동하며, 각 요소의 구조 안에 다른 요소의 역할이 들어 있는 유기적인 전체로 나타난다. 이런 시각은 전통적인 자연 공동자원의 범위를 넘어서는 동시에 오스트롬이 제안한 공동이용자원의 범위를 넘어 공동자원체계의 개념을 확장한다는 의미에서 새롭게 부상하고 있는 "새로운 공동자원체계"New commons(Hess, 2008)의 패러다임 안에 위치한다고 볼 수 있다. "새로운 공동자원체계"의 개념과 범위를 둘러싼 혼란이 존재하지만, 나는 새로운 공동자원체계가 사회운동의 발전에 기여하는 바를 적극적으로 인정하고, 이를 다시 공동자원체계 연구의 기초로 삼는 선순환 관계를 구상할 때라고 본다.[18]

---

17 미셸 바우웬스와 바실리스 코스타키스는 공동자원체계가 기본적으로 네 개의 상호 연관된 구성요소를 지닌다고 말한 바 있다. ① 자원(물질적이거나 비물질적인, 재생 가능하거나 소모되어 없어지는 자원) ② 자원을 공유하는 공동체(사용자, 관리자, 생산자, 공급자) ③ 공동재화의 사회적 재생산이나 보존을 통해 만들어지는 사용가치 ④ 사람들의 자원 접근을 관리하는 규칙과 참여방식의 소유체제(바우웬스·코스타키스, 2018: 81). 이와 같이 구성요소를 발견하는 접근은 새로운 공동자원의 시각을 주장하는 이들에게서 공통적으로 나타나는 방법 중 하나로, 대부분 유사하지만 연구자의 관점에 따라 다른 요소가 추가되기도 한다. 바우웬스와 코스타키스는 자원과 가치를 구별하여, 가치를 독립적 요소로 인정했다. 이 구별이 유의미한가에 관해선 추가 검토를 진행하지 못했으나 후속 연구를 위해 기록을 남긴다. 다만 바우웬스와 코스타키스가 사용가치를 강조한 것은 공동자원체계가 상품이 아니라 사용가치를 생산한다고 보았기 때문으로 보인다(바우웬스·코스타키스, 2018: 85). 나는 이 부분이 "공동자원 만들기commoning"라는 행위 안에 포함된 요소라고 본다.

18 한국 상황에서 이는 특히 중요하다. 한국에선 공동자원 사회운동과 공동자원 학술연구가 거의 동시에 등장하고 있다. 그러나 운동이 보다 확장된 패러다임에 기초하는 데 반해, 학술연구는 신제도주의 주류 공동자원 연구 패러다임 안에서 움직인다. 물론 그와는 다른 방향에서 공동자원을 활용하는 연구들도 확산되고 있다. 자연 관리에 대해선 제주대학교 공동자원과 지속가능사회 연구센터가 연구를 축적하고 있다. 그 외의 대상으로 영역 확장을 시도한 연구

● 이때 공동자원이란 단지 '공동이용자원'만을 의미하는 것이 아니라 보다 포괄적인 '공동의 자원'(공동자원)을 의미하는데, 공동의 자원을 생산하거나 재생산하는 방법에 따라 다음의 표와 같은 유형으로 분류할 수 있다. 이 분류는 공동자원이 형성되는 방법과 그 자원의 속성이 결합해서 이루어진다. 공동자원의 형성 방법은 자원의 속성과 분리될 수 없다. 자원의 속성이 중요한 이유는 오스트롬이 이미 밝혀준 바와 같이 그것이 공동자원을 형성하는 조건이기 때문이다. 이 부분을 삭제해버리면 공동자원의 형성에서 직면하는 문제들을 해명하는 데 난점이 있다. 자원의 속성에 부합하지 않는 실천은 시도될 수 있지만, 지속될 수 없다. 우선 공동의 자원은 그 자체로 단위자원resource unit 재생산 체계를 지닌 자원과 그렇지 않은 자원, 즉 인간에 의해 끊임없이 단위자원이 충당되어야 하는 자원으로 구별할 수 있다(Angelis, 2016: 127). 바꾸어서 말한다면 해당 자원을 자기(재)생산할 수 있는 자원체계resource system의 능력이 중요하다. 이는 마시모 드 안젤리스Massimo De Angelis가 제안한 구별법으로 공동의 자원 형성 과정에 내재한 중요한 차이를 인식할 수 있게 해준다. 그런데 여기에 또 다른 척도를 결합할 수 있는데, 그것은 바로 이 두 유형의 공동자원에 존재하는 이용의 확장 능력이다. 이용의 한계 유무는 공동자원을 만드는 데 필수적인 규범 정립 과정에서 중요한 역할을 한다. 샬럿 헤

들이 있다. 기후시스템을 공동자원으로 규정한 박태현·이병천(2016), 민법과 공동자원의 관계를 고찰한 김영희(2018), 돌봄과 공동자원의 관계에 대해선 백영경(2017), 돌봄과 공동자원 그리고 생태적 전환의 문제를 한살림 지역살림운동을 통해 살펴본 홍덕화(2018), 공동자원을 통해 마을활동가들의 인식 유형화를 시도한 윤찬흠·홍백의(2017), 인천에서 등장하는 도시운동을 커먼즈의 관점에서 접근할 것을 제안하는 이희환(2018), 혁신체제를 위한 새로운 아젠다로서 커먼즈를 고찰한 이일영(2017) 등이 있다. 특히 도시공동자원urban commons의 이론을 다룬 황진태(2016)의 논문은 일독을 권한다.

스와 엘리너 오스트롬은 전통적 공동자원체계와 현대 사회에서 급부상하고 있는 지식 공동자원체계의 핵심 차이 중 하나로 이용감소성이 존재하지 않는 것을 넘어 "유익한 지식을 더 많은 사람들이 공유하면 할수록 공동의 이익은 더 증가"(헤스·오스트롬, 2010: 27~28)한다는 점을 들었다. 이렇게 말해도 좋다면 '이용증가성'이 존재한다. 이용감소성과 이용증가성 모두를 공동자원의 유형 안에 포괄하기 위해선 자원체계의 확장 능력이라는 척도를 도입할 필요가 있다. 확장 능력이 낮은 자원체계는 한계가 고정되어 있고, 이로 인해 한계 내에서 자원체계를 이용하는 문제에 직면할 가능성이 높다. 그 반대로 확장 능력이 높은 자원은 이용의 규모가 확장될수록 자원체계가 확장되기 때문에, 전혀 다른 문제와 직면할 가능성이 있다. 이런 두 척도에 따라, 공동의 자원을 구별해 보면 다음과 같다. 이때 두 척도는 하나의 스펙트럼이기 때문에, 각 척도는 강도의 문제일 뿐 엄밀한 의미의 유무有無, 있고 없음의 문제는 아니다.

[표2] 공동자원의 유형 분류

		자원체계의 확장능력	
		높다	낮다
자원체계의 재생산	낮다	공동접근자원	공동집적자원
	높다	공동상속자원	공동이용자원

공동이용자원은 자원체계의 재생산 능력이 높지만, 그 이용엔 한계가 있다. 곧 확장능력이 없거나 제한되어 있다. 이로 인해 단위자원의 이용에 한계가 존재할 수밖에 없다. 재생산 능력의 한계를 넘어서

는 단위자원 이용은 자원체계 자체를 파괴할 수도 있기 때문이다. 여기엔 "Common pool resource"로 불리던 자원들이 모두 포함된다. 자연자원뿐만 아니라 인공자원들도 포함된다는 점이 중요하다. 연안 어장이나 공동목장뿐만 아니라 교통체계 등도 공동이용자원이 될 수 있다. 샬럿 헤스와 엘리너 오스트롬은 각 가정에 존재하는 냉장고를 공동자원체계 중 한 유형으로 제시한 바 있는데(헤스·오스트롬, 2010: 26), 냉장고와 같이 자원 규모가 작고 사용자 수가 적은 자원체계도 공동이용자원이 될 수 있다. 이는 전통적인 공동이용체계자원과 다른 점이다. 자연자원을 다뤘던 전통적인 공동이용자원은 다수가 사용하고 상대적으로 큰 규모를 가진 자원체계였기 때문이다.

공동집적자원은 자원체계의 재생산 능력이 낮고 이용의 한계가 있는 공동자원이다. 이런 유형의 공동자원은 단위자원들의 집적을 통해 공동의 자원을 구성하는 방식으로 존재한다. 집적을 통해서만 공동의 자원이 존재할 수 있기 때문에 이용 때마다 공동자원은 감소한다. 집적의 보완 없이는 단위자원이 재생산되지 않으므로 보완이 없다면 공동자원은 소멸한다. 이런 공동자원의 대표 유형엔 함께 즐기는 음식이 있다. 만들어온 음식을 함께 즐길 때, 그 음식은 공동의 자원이 된다. 이 공동의 음식은 이용 때마다 바로 소비되기 때문에, 음식을 인위적으로 계속 생산하지 않는 이상 곧 소멸한다.

자원을 재생산하는 자원체계가 존재하지 않음에도, 이용의 한계가 없는 공동자원이 존재할 수도 있다. 오픈소프트웨어Open software가 그 유형이다. 오픈소프트웨어는 다양한 참여자가 협력해 생산하는데 사실상 이용에 한계가 없다. 이 같은 공동자원의 유형을 공동접근자원으로 유형화해보았다. 이와 달리 자원체계가 존재하여 그 자체로 단위자원들을 재생산하지만, 이용의 한계가 없는 공동자원들도 존재한다. 언어와 문화, 노래와 음악, 지식 등 이미 이전부터 존재해오던 자원체계들이 그 대부분으로, 더욱 풍부하게 만들 수 있다. 이를 공동상속자원으로 이름 붙인 이유는 이 자원 범주의 대부분이 우리 모두에게 일종의 선물로 주어진 공동상속의 자원이기 때문이다.

이 네 유형이 모든 공동자원의 형성 과정을 포함한다거나 혹은 분명한 경계를 지닌 명확한 범주들로 구성되었다고 말하기는 현재 시점에서 어렵다. 데이비드 볼리어David Bolier가 말했던 것처럼, 어쩌면 "공동자원의 종류가 너무 다양해서 그것을 하나의 고정된 보편 원칙의 틀안에 모두 집어넣는 것은 사실상 불가능"(볼리어, 2010: 65)할지도 모른다. 혹은 그런 범주체계를 구성하는 작업 자체가 각 공동자원의 독특한 특성을 부정하는 결과를 가져올지도 모른다. 그러나 한 가지 장점은 공동이용자원 외에 공동자원의 형성 방법이 존재한다는 것을 보여줄 수 있고, 동시에 공동자원에 포함되는 재화의 종류가 전통적인 재화의 유형 분류를 따르지 않는다는 걸 확인할 수 있게 돕는다는 점이다. 공동자원은 전통적인 재화의 종류를 횡단하는데, 그 이유는 공동의 필요를 충족하는 데 어떤 자원이 필요한가를 결정하고 이를 생산하거나 재생산하는 인간의 실천이 그 중심으로 진입하기 때문이다. 모든 유형의 자원이 상품화되어 사적 재화가 될 수 있는 것처럼, 모든 유형의 자원은 그 자원과 인간의 관계에 따라 공동자원으로 전환될 수 있다. 다시 말해 인간의 필요와 분리된 독립적인 자원의 분석만으로 공동의 자원을 규정할 수 없다. 동일한 자원이라 하더라도 어떤 관계 안에서 이용되는가에 따라 때론 나의 서재를 채우는 사적 재화가 될 수 있지만, 때론 공공도서관의 구성단위가 될 수도 있고, 때론 동료 시민과 돌려보고 토론하는 공동의 자원이 될 수도 있다.

● 공동자원을 형성하는 시민연합의 범위와 그 이용이 귀속되는 시민연합의 범위에 따라 다양한 유형의 공동자원체계가 가능하다. 이 둘은 일치할 수도 일치하지 않을 수도 있다. 그 범위에 따라 나는 공동자원체계를 다음의 세 범주로 나눈다. ① 공동체-공동자원체계 ② 공공-공동자원체계 ③ 개방-공동자원체계. 공동체-공동자원체계는 특정 시민연합이 생산하고, 동일 시민연합이 이용하는 공동의 자원체계다. 공공-공동자원체계는 모든 동료 시민에게 보편적으로 보장되어야 할 공동자원체계로, 그 생산 과정은 동료 시민의 합의에 따라 이루어진다. 모든 동료 시민이 공공-공동자원체계의 생산과 재생산의 과정에 참여한다는 점에서, 공동체/공공 공동자원체계는 생산과 이용 연합이 동일하다. 이에 반해 개방-공동자원체계는 공동체와 국가의 경계를 넘어 모든 인류에게 자유로운 접근과 이용이 보장된 자원체계를 말한다. 개방-공동자원은 생산 집단과 이용 집단이 같을 수도 있고 그렇지 않을 수도 있다. 이런 접근이 시민연합 자체를 권력의 빈 공간으로 바라보는 것은 아니라는 점을 강조한다. 그러나 공동자원체계와 연결된 시민연합은 그 권력 관계에 도전하고, 자신을 변형하는 내부 동력을 공동자원체계로부터 끌어올 수 있다.

● 공동자원체계의 유형은 '공동자원 만들기'란 실천의 결과이다. '공동자원 만들기'는 연결되어 있지만, 분석적으로 구별 가능한 두 차원으로 나뉠 수 있는데 그것은 ① 공동의 자원을 형성하는 차원과 ② 그 공동의 자원을 둘러싼 동료 시민들의 관계를 조직화하는 차원

이다. 요하네스 오일러Johannes Euler는 '공동자원 만들기'를 "필요를 충족하고자 하는 동료들의 자기조직화된 공동-(재)생산과 조정"(Euler, 2015: 21)이라고 정의한 바 있는데, 내 정의는 이와 크게 다르지 않다. 자원의 (재)생산과 동료 시민의 조정이 두 축이기 때문이다. 자원의 동원 혹은 자원의 유지와 존속을 위한 활동은 다른 동료 시민과의 관계 조직 활동과 긴밀하게 연결될 수밖에 없기 때문에, 두 차원은 연결되어 있다. 그러나 자원 그 자체를 동원하고 지속시키는 문제로 환원되지 않는 동료 시민 간의 조정 문제 차원이 존재하기 때문에, 두 차원은 방법적으로 구별될 수 있다. 공동의 규칙과 규범을 확립하는 과정은 자원을 동원하는 문제와 구별해 접근할 때, 보다 효율적으로 그 구조를 파악할 수 있다. 공동자원체계에 내재한 공동생산의 차원은 바로 이 과정에 동료 시민들이 동등하게 참여하는 것을 말한다. 공동자원체계의 중요한 특징 중 하나는 그 자원이 공동의 필요 충족을 위한 공동의 자원이기 때문에, 생산과 재생산 활동의 책임을 동료 시민들이 공유한다는 것이다. 그 방식은 동료 시민들의 상호조정을 통해 다양하게 나타날 수 있는데, 공동생산의 원리가 공동자원 만들기의 핵심 원리라는 점은 중요하다.

비록 현재까지 '공동자원 만들기commoning'의 개념은 필요성에 비해 구체적인 내용의 발전이 매우 제한적이지만, 공동이용자원을 둘러싼 집합행동의 조직화 연구로부터 "공동자원 만들기"에 필요한 다양한 교훈을 얻을 수 있다. 공동자원 만들기를 파악할 때 주의할 점은 이것이 만드는 행위의 주체인 특정 시민연합civic associaton의 내부 행위 조정만을 의미하는 것은 아니라는 점이다. 이는 두 가지 의미인데, 하나는 인간과 자원의 관계 혹은 더욱 포괄적인 의미에서 인간과 자연의 관계가 그 전제가 된다는 점이다. 인간과 자연의 관계는 인간과 인간의 관계를 규정하는 중요한 지평이 된다. 다른 하나는 공동의 자원이 연계된 다양한 맥락과 상호작용의 결과 때문에, 한 시민연합 내부 구성원들의 협력과 합의만으로 공동자원을 구성할 수는 없다는 점이다. 공동자원의 운영엔 다른 시민연합뿐만 아니라 전체 동료 시민과의 공동조정 문제가 포함된다. 곧 다원적이고 중첩적인 시민연합의 문제가 존재한다. 따라서 공동자원 만들기는 자연과 인간의 상호작용뿐만 아니라 인간과 인간의 상호작용을 포함하며 그 평면은 다원적이고 중첩적인 활동이 된다. 이 부분에서도 거버넌스나 다중심 접근 방법을 발전시키고 있는 공동이용자원 연구로부터 많은 부분을 배울 수 있다.

● 공동이용자원 접근과는 다른 방식으로 공동자원체계를 정의하는 이들은 데이비드 볼리어와 유사하게 ① 자원resources ② 공동체community ③ 관리management 또는 규칙rules&norms의 3요소에 집중해 왔다. 그러나 이는 전통적인 공동자원체계에 일부분 적용될 수 있지만, 지식이나 정보처럼 현대에 새롭게 부상한 공동자원체계 설명에 한계를 지닌다는 비판이 제기되었다. 이에 스테판 메레츠Stefan Meretz는 그 대안으로 ① 자원 ② 공동자원 만들기commoning ③ 산출물products로 구성된 공동자원체계 정의를 제안했다(Euler, 2016: 99).[19] 이 규정은 공동자원체계를 새로운 무엇인가를 생산하는 관점에서 접근할 때 유용한 측면이

---

19 Meretz, S. 2012, "Die dopplten commons", Retrieved on Dec. 12, 2013 from 검색일: 2018년 10월 22일

있었다. 그러나 데이비드 볼리어의 규정이나 스테판 메레츠의 규정 모두 역사 속에 실재했던 공동자원체계에서 공동의 윤리 혹은 그에 기반을 둔 도덕철학을 배제한다는 문제에 노출된다. 이는 체계화된 담론의 형태로 존재한다기보다 E. P. 톰슨의 표현을 빌린다면, 법과 인민의 실천 경계에 위치하는 관습으로 존재한다(Thompson, 1993: 97). 그 관습의 핵심 내용은 공동자원체계가 무엇보다 약자弱者, 곧 구체적이고 다양한 관계 속에서 약자로 존재하는 집단이나 개인에게 열려 있는 자원체계라는 것이다. 피터 라인보우는 빈민의 생계 자급권을 위해 영국 대헌장과 함께 만들어졌던 삼림헌장을 복원했다(라인보우, 2012). 인민에게 공통의 권리common right로 존재하던 이 권리로 인해 인민은 국가와 무관하게 주어진 자원들을 활용할 권리가 보장되었다. 그리고 이것이 바로 공동자원체계의 '공동'에 내재한 도덕철학적 윤리다. 빈민과 같이 힘없는 이들도 접근할 수 있기에 공동의 자원이며, 그들을 배제할 수 없기 때문에 공동의 자원인 것이다. 이런 원리는 한국에도 존재한 관습이었으며, 그 흔적은 '특수지역권'의 형태로 한국 민법 체계 안에 각인돼 있기도 하다. 특수지역권은 특정 지역에 거주하는 모든 이가 소유와 무관하게 이용할 수 있는 토지에 대한 권리였다. 이 권리가 보장된 이유는 이것이 없을 때 약자들의 삶을 방어할 수 없었기 때문이다. 일본의 공동자원 연구자인 미츠마타 가쿠는 이를 공동자원의 '약자 보장' 기능이라고 말한 바 있다(가쿠, 2017).

약자와의 우선적이고 특권적인 동맹 관계 유지를 위한 시민연합의 윤리가 지속될 때에만 그것이 공동자원체계가 될 수 있다. 공동자원체계가 약자를 배제할 때, 그것은 사실상 공동의 자원이 아니라 강자들만의 자원이 되기 때문이다. 이는 인민의 공동체에 관습적으로 존재해온 윤리이자 정의의 원리다. 소유 관계는 권력 관계이지만, 공동자원체계는 그 권력 관계 안에 있는 동시에 그 외부에 있어야 한다. 그것이 인민의 정의다. 어떤 소유도 인민의 삶을 보장하기 위한 필요충족을 배제할 수 없는 것이다. 인민은 바로 이 공동성의 윤리를 통해 자신의 삶과 다른 타자들의 삶을 방어하는 고유의 관계를 형성했다. 이때 윤리는 단지 특정 공동체의 구성원인 약자에게만이 아니라 공동체의 외부에도 적용된다. E. P. 톰슨은 공동자원에 대한 권리가 없는 이들도 공동자원을 통해 자신의 생계를 유지하곤 했다고 말한 바 있다(Thompson, 1993: 177). 곧 약자로 존재하는 이들은 공동자원체계를 통해 자신의 존재를 방어하고 유지할 권리와 기회를 보장받았다. 약자가 보장받는다는 것은 모든 이가 보장받는다는 것이다. 그리고 바로 여기서 공동자원체계의 고유한 속성이 나온다.

공동자원체계에 대한 현재까지 나의 연구를 도식화하면 다음과 같다.

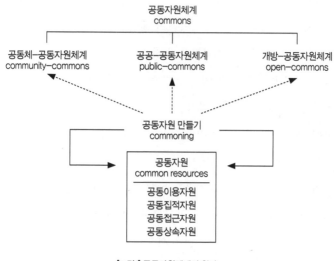

[그림1] 공동자원체계의 원리

이미 일군의 학자들과 활동가들이 공동이용자원이나 공동자원체계 시각으로 노동에 접근하려 노력했다. 폴 버킷Paul Burkett은 마르크스의 노동일 분석을 고찰한 『Marx and Nature』 10장에서 마르크스가 공동이용자원Common-Pool Resources의 관점에서 노동력을 바라보았다고 분석한 바 있다. "사회 재생산과 발전의 관점에서 볼 때, 노동력은 비록 탄력적이라고 하더라도 분명한 자연적 한계를 지닌 하나의 공동이용자원"(Burkett, 1999: 138)으로 마르크스의 노동일 분석에 나타난다는 것이다. 버킷에 따르면 마르크스는 노동일의 지나친 확장이 단지 노동자 개인의 노동력을 착취하는 것뿐만 아니라 전체 사회의 재생산과 발전을 위해 필수적인 활력vital force 또한 착취한다고 보았다. 폴 버킷은 이를 근거로 마르크스가 노동력을 공동이용자원으로 보았다고 분석했다.

톰 워크Tom Walker는 폴 버킷을 따라, "돈을 받는 일인지 받지 않는 일인지와 무관하게, 일을 수행하는 능력은 본질적으로 사회적인 협력 활동의 결과"로 바라보아야 한다고 말한다. 이와 같은 일을 수행하는 능력은 상품보다는 공동이용자원의 관점에서 더 잘 이해될 수 있다는 것이 톰 워커의 주장이다(Walker, 2013). 또한 톰 워커는 공동이용자원과 공동자원체계의 구별을 짧게 언급한 적이 있다. 그에 의하면, "노동력을 공동이용자원으로 바라보는 것 자체가 자동적으로 일을 공동자원체계로 관리하는 결과를 낳지는 않는다." 이 언급은 공동이용자원과 공동자원체계를 구별하는 본 연구의 분석과 일치하는 동시에 공동이용자원에서 공동자원체계로 나가는 경로를 상상할 수 있게 한다.

노동 혹은 인간의 능력을 공동자원체계로 접근하는 보다 직접적인 고찰은 힐러리 웨인라이트Hilary wainwright에서 발견된다. 웨인라이트는 노동을 공동자원체계로 바라보는 인식의 등장을 패러다임 전환paradigm shift이라는 관점에서 고찰한다. 웨인라이트에 의하면 이런 패러다임의 부상은 한편으론 노동의 상품화에 대응하는 것이기도 하고, 다른 차원에선 노동의 재생산에 구조화된 젠더분업을 넘어서는 문제와 연결되어 있다. 공동자원체계의 원리와 노동을 결합하여 두 문제에 대응하기 위한 급진적인 운동이 나타났다는 것이다. 웨인라이트는 그런 의미에서 공동자원체계로서의 노동 패러다임이 '이중전환double transformation'의 특징을 지닌다고 본다.

　노동과 공동자원체계 패러다임 안에 재생산노동과 공동자원체계의 결합 차원이 존재한다는 힐러리 웨인라이트의 지적은 매우 중요하다. 노동의 허구적 상품화를 넘어선다는 것은 곧 재생산노동 그 자체의 변형 과정도 포함되어야 함을 의미하기 때문이다. 실비아 페데리치Silvia Federici는 전 지구적 신자유주의의 공세 속에서 다양한 국가의 여성들이나 노인들이 "재생산의 공동체화the communalizing of reproduction"라는 방식으로 자신이 직면한 위기에 대응하는 과정을 보여주었다고 주장한 바 있다. 여성과 노인들은 공동자원체계의 방어와 확장을 위한 주체인 동시에 이 과정에서 여성들의 재생산노동은 공동자원체계화commonization된다.[20] 나의 관점에서 본다면, 페데리치의 주장에서 재생산노동은 공동자원체계를 창출하는 또 다른 공동자원체계로 나타난다.

20　이 부분은 다음을 참조했다. Art & Education, 2015. 4. 16, "Silvia Federici: Women, Reproduction, and the Construction of Commons", artandeducation.net

중요한 점은 단지 재생산노동의 공동자원체계화에 멈추는 것은 아니라는 점이다. 페데리치는 "이런 노력들은 더욱 확장되어야 한다. 이는 우리의 일상생활을 재조직하고, 비착취적인 사회적 관계를 창조하는 데 반드시 필요한 작업"(페데리치, 2013: 213)이라고 강조한다. 이런 문제의식은 노동 그 자체의 모델을 임금노동에서 재생산노동 모델로 전환하자는 제안으로까지 나아간다. 단지 페데리치만은 아니다. 마리아 미즈는 재생산노동 그 자체 안에서 임금노동을 대체하는 대안적인 노동의 원리를 도출해낸다. 미즈는 노동시간과 자유시간의 이분법 자체가 남성 노동의 기획이라고 비판하면서, 노동과 자유의 대안적인 융합의 원리가 재생산노동에 존재한다고 말한다(미즈, 2014). 노동과 자유의 이분법을 넘어선다는 것은 기존의 성별 분업 혹은 생산노동과 재생산노동의 구별과 경계를 넘어 노동을 다시 정의하는 출발점이 된다. 이들의 제안 모두에서 대안노동의 원리는 공동자원체계를 방어, 창출, 확장하는 과정과 결합한다. 또한 이런 기획은 자본주의를 넘어서는 대안체계 구축의 방향으로 급진화하며 이를 위해 필수적인 공동자원체계의 확장에 대한 요구로 다시 귀결된다.

덧붙여 웨인라이트의 분석에서 주목할 점은 공동자원체계로서의 노동 패러다임이 노동과 삶 관계의 전복을 요구한다고 본 점이다. 웨인라이트는 기존 패러다임은 노동을 좋은 삶을 위한 도구로 바라보는 반면에, 공동자원 패러다임에선 노동 그 자체를 좋은 삶의 일부로 통합한다고 본다. 그리고 바로 이 점이 공동자원체계로의 노동 패러다임을 급진적으로 만드는 중요한 이유 중 하나라고 웨인라이트는 말한다(Wainwright, 2013: 3). 나는 웨인라이트의 모든 주장에 동의한다. 나의 책은 어떤 의미에서 웨인라이트가 제기한 문제 안으로 한 걸음 더 들어가기 위한 노력의 산물일지도 모른다.

이에 반해 다리오 아젤리니Dario Azzellini는 노동이 공동자원체계로 규정될 수 있다는 자신의 주장에 따라, 유럽과 라틴아메리카에서 나타난 노동자들의 회사 재생worker-recuperated company 운동을 분석한 바 있다. 다리오 아젤리니의 연구는 단지 하나의 시각으로 제안되었던 노동 공동자원체계 논의를 구체적인 경험과 연결해 더 안정적인 기반 위에서 향후 연구가 진행될 수 있도록 그 기초를 제공한 것으로 보인다. 폴 버킷으로부터 톰 워커, 웨인라이트 그리고 다리오 아젤리니를 관통하는 공통성이 존재한다. 이들은 모두 "인간의 창조 능력은 개인적인 선물이 아니라 집합적인 사회적 역량"(Azzellini, 2016: 5)이라고 본다. 그런데 노동의 상품화 과정은 이와 같은 인간의 집단적이고 사회적인 역량의 활동인 노동을 한 개인의 속성으로 전유해버린다. 그래야만 노동시장에서 노동력의 교환이 가능하기 때문이다. 노동의 상품화 자체가 공동자원체계의 인클로저enclosure of commons라고 볼 수 있는 이유다. 다리오 아젤리니는 이를 근거로 노동은 공동자원체계라고 주장하면서, 노동을 다루는 가장 좋은 방식은 바로 이런 공동자원체계의 속성에 맞는 집합적인 관리양식을 찾는 것이라고 말한다(Azzellini, 2016: 3~5). 나의 관점에서 본다면, 아젤리니는 공동자원체계를 단지 자원의 한 유형으로 바라보았다고 분석할 수 있지만, 이 부분에서의 핵심은 그것이 아니다. 노동을 공동자원체계와 연결하는 그의 문제의식이 더욱 중요하다.

이들의 연구는 일상생활 유지에 필요한 노동을 공동자원체계 시각에서 접근할 가능성을 보여준 것으로, 공동자원체계 연구와 공동자원체계 기반 대안운동의 범위 확장에 기여했다. 그런데 이처럼 노동을 공동자원체계로 규정할 때 발생하는 변화는 무엇인가? 이것이 핵심이다. 아젤리니의 주장처럼 공동의 자원은 그에 적합한 대안 제도의 창출과 운영을 요구한다. 공공자원이 국가를, 상품이 시장을 전제하는 것처럼 하나의 자원이 공동의 자원으로 규정될 때, 공동의 자원은 국가나 시장과는 다른 대안 제도를 전제하기 때문이다. 그 제도 창출의 일반 원리는 자기조직화self-organization다. 곧 노동을 공동자원체계로 규정할 때 임금노동 패러다임에서 봉쇄되어 있던 일과 노동의 자기조직화라는 대안적 원리와 그 방법 모색이 요구된다.

또한 공동자원 패러다임은 원리의 구체화를 위한 안내 역할을 할 수 있다. 공동자원 패러다임이 공유하고 있는 ① 제도적 다양성institutional variety ② 디자인 원칙Design principles ③ 다중심 거버넌스polycentric governance 등은 노동의 자기조직화 규범과 규칙을 고안하는 데에 일정한 통찰력을 제공할 수 있다. 이런 각도에서 본다면 폴 버킷, 톰 워커, 힐러리 웨인라이트, 마리아 미즈, 실비아 페데리치 등의 연구자들은 노동 혹은 노동력을 공동자원체계로 파악했지만, 이를 자기조직화하기 위한 규범과 규칙의 확립에 대해선 언급하지 않고 있다. 아젤리니의 연구는 노동 공동자원체계화의 구체적인 형태를 공장 노동자 자주관리에서 발견하지만, 이는 공동자원 패러다임이 전통적인 노동의 자주관리 프로젝트 이상을 요구한다는 점에서 한계가 있다. 공동자원 패러다임의 다중심 거버넌스 원리는 우리가 일괴암적 거버넌스monolithic governance 모델을 넘어설 것을 요구한다. 공장과 같은 노동 현장의 자기거버넌스self-governance 모델은 분명 필요하고 노동의 공동자원체계화를 위한 하나의 층위로 존재할 수 있다. 그러나 다양한 규모와 층위에 적합한 다중심적인 거버넌스 모델 또한 요구되며, 여기에 국가와 시장의 역할 및 그것과의 결합 문제까지 포괄된다.

나는 이들의 연구를 존중하고 그에 의존하면서, 다음과 같은 방식으로 '일'을 공동자원체계로서 바라본다. 공동자원체계로서의 '일'이라는 작업 개념에는 개별 자원의 집합이라는 의미의 공동의 자원(공동집적자원)과 개별 자원을 생산하는 공동의 시스템이라는 의미의 공동의 자원(공동이용자원), 그리고 공동으로 상속받은 체제에 참여해 함께 만들어가는 공동의 자원(공동상속자원) 등 서로 다른 세 차원의 공동자원 유형이 연결되어 있다. 일은 인류사회의 역사와 문화를 거치며 구축된 공동의 시스템으로서 인간 능력에 그 기반을 둔다(공동상속자원). 많은 이가 주장하는 것처럼 능력은 각 개인의 고유한 차원을 지니지만, 고유성으로 환원할 수 없는 보편성과 특수성이 있으며 이 안엔 자연과의 물질적 상호과정뿐만 아니라 역사와 문화를 통해 연계된 타자들과의 협력, 그리고 사회구조의 영향 또한 존재한다. 따라서 인간의 능력은 그 자체가 하나의 시스템이다. 이런 관점에서 볼 때 일은 공동의 자원시스템을 실제로 활용하는 실천이다. 하지만 그 자원체계에는 이용의 한계가 있는데 인간의 신체를 통해 구현되기 때문이다(공동이용자원). 이 한계가 활용의 현실태를 제약한다. 일은 각 개인에게 고유한 일로 나타날 수도 있지만, 집단을 위한 공동의 일이나 전체 사회를 위한 보편의 일로 나타나기도 한다. 이때 일은 집단이나 전체 사회 공동의 필요를 충족하기 위한 공동의 실천으로 나타나며, 그 구성은 각 개인의 결합 혹은 각 개인의 능력을 하나의 집합으로 구성해 실제 활용하는 과정으로 이루어진다(공동집적자원). 공동의 자원으로서의 일이란 바로 이를 가리킨다. 바꿔 말하면, 일은 공동의 필요를 충족하기 위해 공동의 자원으로 조직될 수 있으며, 활용 양식은 공동의 자원시스템 곧 인간의 능력시스템에 기초한 각 개인 능력의 연합association of capacity으로부터 나온다.

일을 이처럼 공동의 자원으로 규정할 때, 반드시 다른 개인과의 결합 문제가 발생한다는 점은 중요하다. 이 때문에 공동의 자원으로서의 일을 창출하기 위해서는 일 그 자체뿐만 아니라 동료 시민의 결합을 조정하는 사회적 조직화 양식이 필요하다. 반대로 말하면, 공동의 필요 충족을 위해 사회적으로 동원할 수 있는 대상으로 일이 규정된다는 의미이기도 하다. 공동자원체계는 이런 사회적 조직화의 원리를 밝히는 데 도움을 줄 수 있다. 현재까지 많은 이들이 언급한 바에 의하면, 일은 공동의 일인 이상 시민연합 구성원 모두에게 참여 기회가 보장되어야 하며, 분배는 민주적으로 결정되어야 한다. 곧 공동의 일은 한 개인이나 특정 집단의 일이 아니라 전체의 일이며, 조직화는 공동의 일을 하는 모든 개인의 공동 결정에 기초해야 하고, 운영은 기본적으로 공동 운영 방식으로 이루어져야 한다. 곧 공동의 자원으로서 일은 공동의 결정에 기초해 공동으로 관리되는 공동의 일이다. 이는 그 결정과 운영에 영향을 받은 이들이 그 결정 과정과 운영 과정에 참여할 수 있어야 한다는 민주주의 원리 적용의 결과다.

이는 공동자원체계를 통해 '일'에 접근하려는 노력이 약자들과의 관계에서 고찰되어야 한다는 의미이기도 하다. 일을 공동자원체계로 규정할 때, 그 일은 자본이나 국가가 아닌 무엇보다 약자의 필요 충족을 위한 활동이 되어야 한다. 동시에 이는 약자의 참여를 통해 작동할 수 있는 방식으로 조직되어야 한다. 임금노동은 표준과 비표준의 경계를 설정해 노동에 적합한 신체를 지닌 남성 노동자 외의 동료 시민을 비표준 영역에 할당하고 위계를 부여하는 방식으로 노동사회

를 조직했다. 여성과 장애인, 그리고 외국인노동자는 노동사회 내 신
체의 위계를 직접 예증하는 존재들이다. 공동자원체계로서의 일은
약자를 위한 일의 구성뿐만 아니라 바로 그 약자들이 비위계적인 평
등의 연대를 실현하는 방식을 요구하며, 오직 이 과정을 통해서만 일
은 약자를 포함한 모든 이의 공동자원체계로 작동할 수 있다.

그러나 민주주의의 원리는 언제나 경계를 요구하며, 공동의 자
원 구성 과정에 참여하는 내부와 그 외부로 분할된다. 시민연합civic
association이란 바로 이와 같은 공동의 자원 구성 과정에 참여하는 동
료 시민들의 연합 혹은 사회적 조직화의 주체를 말한다. 여기에서 말
하는 연합이 전통 공동체와 같지 않음을 이해해야 한다. 혈연이나 지
연 혹은 문화나 언어처럼 상대적으로 안정적이고 지속적인 관계에 의
해 구획되는 전통 공동체와 달리 공동자원체계의 연합은 공동의 자
원 구성에 참여하는 이들의 결사체로서, 다원적 개인들의 협상에 따
른 조정 과정을 통해 등장한다. 바로 이 특징으로 인해 공동자원체
계로서의 일은 전통적인 국가와 시장의 이분법 외부에서 동료 시민의
능력과 시간을 결합해 공동의 일을 수행하는 제3의 방법으로 나타난
다. 국가가 일을 중앙으로 집중한 다음 재분배하는 방식으로 조직하
는 반면, 시장은 일을 각 개인의 소유로 환원해 시장에서 교환하는
방식으로 결합시킨다. 그러나 공동자원체계로서의 일은 시민연합을
구성하는 다원적인 동료 시민의 참여와 그들의 협상을 통한 조정으
로 운영된다. 당연히 이 시민연합은 다원적이고 중첩적인 형태로 존
재할 수 있으며, 국가와 시장과 결합해 내부 운영 양식을 변화시키는
형태로 작동할 수도 있다. 곧 시민연합을 통한 일의 조직화라는 방식
이 전통적인 국가와 시장의 이분법 외부에 위치한다고 해서, 시민연

합 그 자체가 국가나 시장과 구별되는 공동체 부문에 한정될 이유는 없다. 이는 국가나 시장이 전적으로 시민연합의 성격을 취할 수 있는 가 혹은 그것이 어떻게 가능한가라는 도전적인 질문으로 우리를 이 끈다. 이상의 논의를 간략하게 도식화하면 아래와 같다.

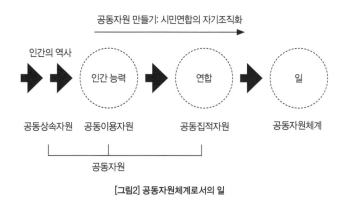

[그림2] 공동자원체계로서의 일

일을 공동자원체계로 바라보는 시각이 지금 우리에겐 익숙하지 않 다. 노동은 개인의 의지에 따라 자유롭게 교환되는 상품이라는 인식 이 지배적이므로 자본이 아닌 동료 시민에 의해 결합되는 노동이란 설정은 매우 낯설다. 그러나 동시에 낯익은 것이기도 한데, 왜냐하면, 우리는 노동이 단지 내 의지만이 아닌 동료들과의 상호조정을 통해 이뤄지는 공동의 실천이라는 점을 잘 알기 때문이다. 이른바 업무 효 율성의 관점에서 제기되는 '팀워크team work'의 중요성은 우리의 노동이 최소한 팀워크와 분리될 수 없음을 보여준다. 또한 더욱 복잡하고 어 려워진 문제의 해결을 위해 협업協業이 필요하다. 곧 노동의 조직화를 위한 다양한 기술의 습득과 훈련이 요구되며, 이는 노동의 조직화 그 자체가 또 하나의 노동임을 보여준다. 이 노동의 핵심은 다원적이고 분산적인 각 개인의 노동력을 문제 해결의 방향으로 집중시키는 데 있는데, 이 노동이 지속 가능하기 위해서는 동료 간의 사회적 신뢰와 협력의 제도화가 필요하다. 우리 노동의 다수는 이미 동료들과의 상호조정을 통한 공동자원체계로서 구성돼 있다.

또한 우리가 노동만으로 삶을 영위하지 않는다는 점을 기억해야 한다. 공동의 일을 해결하기 위한 다양한 협력이 일상적으로 진행된다. 상호부조相互扶助로 알려진 사회적 관계는 여전히 이의 강력한 사례다. 이웃이나 친구, 친족 혹은 공동체의 친밀한 구성원들을 돕기 위해 우리는 다양한 형태의 관습적 규칙들을 부과해왔다. 이는 단지 공동체 단위에서만이 아니라 일정한 시민적 의무를 동반하는 관계의 영역에서도 발생한다. 동네 주민의 골목길 관리라든가, 다세대주택의 쓰레기 관리 규칙과 분담, 자치 관리 활동이나 어려운 이웃을 돕기 위한 자발적 실천의 동원 등에서도 공동의 일은 나타난다. 비록 보험 상품의 등장 및 진화와 같은 일상생활의 상품화commodification of everyday life 과정이 가속화되어 일상적 협력 중 상당 부분이 노동시장을 포함한 상품시장과 연결되지만, 우리의 삶은 여전히 공동자원체계로서의 일에 많은 부분 의지하고 있다.

이는 단지 현대 일상생활의 상황만은 아니다. 공동자원체계의 역사를 돌아보면 일과 노동, 그리고 공동체는 매우 밀접하게 연결돼 있었다. 공동체의 자원이나 부의 분배 과정에 참여하기 위해서는 일과 노동의 공동체 조정 과정을 수용해야만 했다. 존 버드는 『나에게 일이란 무엇인가』라는 책을 통해 15세기 영국에서 노동은 공동체에 권리가 있는 공공의 자원으로 여겨졌다고 한 바 있다(버드, 2016: 265). 영국 이외의 다른 전통 공동체에서도 구성원의 일과 노동을 조직하는 권리가 공동체에 존재했다. 한국의 마을 공동노동인 '울력'이 그 대표 모형이라고 할 수 있다. '울력'은 "공동체적 성격을 강하게 갖고 있는 마을의 노동력 동원 형태"(정근식·김준, 1995: 141)로, 주로 마을 공동 사업의 추진을 위해 구성원들에게 부과되었고 관리는 마을에 의해 이루어졌다. 마을은 울력 참가와 분배에 관한 다양한 형태의 규율을 발전시키며 면제의 기준과 면제자는 마을총회 등을 통해 결정한다. 단지 이런 형태만 존재한 것은 아니다. 제주엔 '수눌음'이라는 노동 교환체계가 존재한다(김자경, 2017; 이지치, 2013). '수눌음'은 자신의 필요 충족에 요구되는 노동을 조직하기 위해 다른 이의 노동 곧 '손'을 빌리는 규약체계다. 빌린 손은 자신의 손을 다음 기회에 빌려주는 것으로 갚는다. 이는 완전한 등가교환체계가 아닌 공동체 구성원의 처지와 조건에 맞게 유동적으로 조율되는 특징을 가진다. 부르는 이름은 비록 다르더라도, 이와 같은 공동노동이나 공동체 내부의 노동 교환체계는 공동자원 형성이나 관리가 필요했던 인류 역사 대부분의 지역 공동체에서 나타난다.

그러나 전통 공동체에 존재했던 이런 공동의 노동 자체를 '미화'할 생각은 없다. 공동의 일 혹은 전체 공동체의 공동자원체계로서의 일이라는 자체가 공동체 구성원의 인신 통제를 요구할 수밖에 없는 낮은 생산력 수준의 반영이고, 그 과정에 종속과 억압이 내재하기 때문이다. 혹은 전통 공동체의 노동은 상식과 달리 공동의 논리만을 통해 작동한 것이 아니라 역사적 변형 과정에서 다양한 유형의 사적 이해관계를 포함하는 방향으로 변화하는데, 이 과정에서 가난한 인민의 노동을 착취하는 성격을 띠기도 한다. 공동체 이데올로기로 각 개인의 노동력을 시장교환보다 더 낮은 가격에 동원하는 기제로 이용하기도 했기 때문이다. 안승택은 이런 구조가 "농촌 공동노동으로부터 단독노동의 이탈을 가속화"(안승택, 2009: 69)시켰다고 분석한 바 있다. 다만 내가 주목하는 것은 공동자원체계의 역사 속에서 공동체를 위한 일과 노동은 그 자체로 또 하나의 공동자원체계로 파악할 수 있다는 점이다. 곧 공동자원체계의 지속을 위해 일과 노동의 공동자원체계화commonification가 요구되었고, 이를 통해 공동체의 유지뿐만 아니라 개인의 생활 안전을 동시에 유지하는 구조가 존재했다.

이런 관점에서 본다면 임금노동의 등장은 일과 노동의 탈공동자원체계화de-commonification 과정과 연결되어 있으며, 그 과정에서 일이 노동 안으로 통합되는 현상이 나타났다고 볼 수 있다. 어떤 의미에서 공동자원체계로서의 일이라는 작업 개념은 탈공동자원체계화de-commonization된 일과 노동을 다시 공동자원체계화하기 위한 목적으로 고안된 것이다. 이와 같은 원리를 통해 임금노동과는 다른 방향에서 인간 공통의 부를 생산하는 대안적인 일과 노동의 패러다임을 구체화할 수 있을지도 모른다. 그러나 이를 위해선 과거 전통 공동체에 내재한 인신 구속과 억압을 넘어서야 한다. 동시에 근대 임금노동이 창출한 개인의 자유와 구별되는 또 다른 자유의 창안 과정과 일과 노동에 관한 공동자원체계 시각이 결합해야 한다. 바꿔 말하면 노동의 공동자원체계로의 전환이 더욱더 깊고 확장된 자유의 창안과 연결될 때에만 탐구가 정당화될 수 있다.

각 개인의 일과 노동을 공동자원체계로 결합시키는 것은 공통의 필요를 담지하는 동료 시민들이다. 곧 일과 노동의 결합 주체가 나를 포함한 동료 시민의 연합association이다. 공통의 필요를 충족하기 위한 연합은 모든 연합 시민의 참여에 기반을 둔 민주적 공동조정을 통해 작동해야 한다. 임금노동을 넘어 공동자원체계로 노동을 전환하는 기획은 바로 이 때문에 그 자체에 민주주의 기획을 내포한다. 임금노동에 대한 권리에 기반을 둔 자유민주주의와 비교한다면, 이런 기획은 민주주의와 일과 노동을 직접 결합한다는 점에서 자유민주주의와 구별된다. 하지만 자유민주주의에 내재한 모든 이의 자유와 평등의 원리를 재구성한다는 의미에서 자유민주주의의 원리 자체의 급진화radicalization를 지향한다. 이것이 바로 상품에서 공동자원체계로 노동과 일을 전환하는 프로젝트를 급진민주주의 프로젝트의 범주 안에서 사유하고 실천하자고 제안하는 이유다.

그러나 이런 제안과 접근이 대안적인 자기이상으로 작동하더라도, 현실과 유리된 채 달성하기 힘든 목표를 추구하는 당위적이고 추상적인 접근이라는 비판이 가능하다. 곧 유토피아주의라는 비판이 존재할 수 있는데, 실제로 그런 위험이 내재해 있음을 인정하는 일은 매우 중요하다. 유토피아의 필요성을 인정하는 일과 유토피아주의는 다르다. 유토피아는 또 다른 질서로서의 해방 가능성에 근거해 해방에 대한 희망을 촉발한다. 『굿 라이프』의 저자 바르바라 무라카의 말을 인용한다. "유토피아에는 삶의 형태를 바꾸는 기능이 있다. 세상에 없는 곳을 향한 시선은, 비록 이상적일 뿐이라고 하더라도 하나의 공간을 열어주며, 그 공간 속에서 사람들은 다른 미래를 상상할 뿐 아니라 그것을 갈망하기 시작하고 그것을 이루기 위해 능동적으로 노력하려는 의지를 갖는다. 그런 뜻에서 유토피아는 현실을 바꾸는 하나의 길일 수 있다(무라카, 2016: 24)." 그러나 유토피아주의는 바로 그 해방으로의 근본주의적 회귀로 인해 현실 문제에 관한 다양하고 능동적이며 구체적인 대안을 고려하지 못하게 만든다. 무라카는 그래서 유토피아의 "긴 그늘"을 이야기했다. 유토피아는 "실제 삶의 조건들에 눈멀게 하고 모든 저항의 시도를 싹부터 짓밟을 수도 있다(무라카, 2016: 29)." 따라서 대안적인 자기이상을 구축하는 과정은 유토피아에 대한 열망은 간직하면서도 유토피아주의로 귀결되지 않는 험난한 과정이다. 만약 그렇다면 삶을 위한 공동자원체계로서의 일은 유토피아를 호출해 봉쇄된 노동 대안 구조에 파열을 내면서도 현실의 고통과 공감하는 대안의 구체화로 나아갈 수 있지 않을까?

답은 정해져 있지 않다. 그러나 앙드레 고르의 언급은 우리가 어디서 출발할지 고민하는 데 도움을 준다. "문제 제기 방식이 문제해결 방법을 결정짓는다."(고르, 2011: 26) 곧 문제 제기 방식을 달리한다면 임금노동 패러다임의 해결 방법이나 결과와는 다른 방향에서 우리의 문제를 인식하고 해결할 가능성을 찾게 될 것이다. 그래서 지금 우리에게 필요한 일은 바로 그 가능성을 불러내기 위해 다른 방식으로 문제를 제기하는 것일지 모른다. 비록 불가능하다고 판명 나더라도, 그 불가능성을 탐구해 자유를 확장할 현실의 한 걸음을 확보하기 위해.

1장
노동하는 시민과 자유민주주의

1945년 9월 8일 미국 제24군단이 인천에 상륙했다. 1948년 8월 15일 대한민국 정부 수립 전까지 3년간의 미군정 기간에 한국 자유민주주의의 원형이 만들어졌다. 미군정은 남북한의 극심한 이념적 군사적 대립 속에서 자유민주주의를 한국 체제와 제도 건설의 공식 이념으로 구조화했다. 그리고 바로 이때 한국 노동관계의 원형 또한 만들어졌다. 미군정은 자신들의 자유민주주의에 대한 이해와 본국인 미국 노동정책의 영향 아래서 한국의 노동 문제를 관리하고자 했다. 이는 노동 영역에서 '민주적인 조직democratic organization'은 허용하되, 그 허용 범위를 순수한 경제 투쟁의 영역으로 한정한다는 원칙으로 나타났다. 즉 노동조직을 정치와 분리하는 것이 중요했다. "그중에서도 특히 공산주의적 경향의 배제"(조순경·이숙진, 1995: 85)는 대원칙이었는데, 이는 한국 상황에서 매우 중대한 것이었다.

자본주의 기반의 자유민주주의 국가를 건설하고자 했던 미군정이 당시 직면한 핵심 과제는 두 가지였다. 우선 미군정은 해방 이후 국가 건설을 둘러싸고 조선공산당 그리고 전평(조선노동조합전국평의회)과

치열하게 대립할 수밖에 없었다.[21] 조선공산당은 인민국가 모델을 제안했고[22] 전평은 이를 수용했다. 그런데 "조공과 전평의 목표인 인민국가는 남한 내 유일한 합법적 정부를 자처하며 자본주의국가를 건설하려 했던 미군정으로서는 수용할 수 없는 것이었다(조돈문, 2011: 113)." 동시에 체제 대결에서 승리하려면 미군정이 통치하는 남한 지역에서의 안정, 특히 물질생활을 안정시킬 생산의 발전과 통제가 무엇보다 필요했다. 이런 두 가지 필요는 미군정의 주체적인 조건과 맞물려 노동조합의 경제투쟁은 허용하되 정치투쟁은 배제하는 구조를 만들어냈다. 그러나 미군정의 정치투쟁 분리 원칙은 조공과 전평으로부터 노동조합의 분리, 인민국가 노선이나 공산주의혁명 노선으로부터 노동조합의 분리였다는 점에서 그 자체로 정치적 선택이자 다른 수단에 의한 정치투쟁과 노동조합의 결합이었다. 이는 미군정이 전평과[23] 대한노총(대한독립촉성노동총동맹)을 차별적으로 대응했다는 사실에서 직접 확인된다. 미군정은 전평은 좌익정치집단이, 대한노총은 극우 집단이 구성한 조직으로 파악하고 있었다. 유혜경은 한 연구에서 미군정이 전평은 극심하게 탄압한 반면, "대한노총은 미군정에 의해서 체계적으로 육성되었다는 느낌"을 받았다고 쓴 바 있다(유혜경,

---

21 해방 전후 좌·우파 진영의 국가건설론에 대해서는 김용달(2013)을 참조했다.

22 해방 직후 남한 내 조선공산당의 정치노선 혹은 혁명전략에 대해선 이미 상당한 연구들이 존재한다. 이 부분에선 일반적으로 1945년 8월 박헌영이 발표한 이른바 '8월 테제'와 1946년 이루어진 남한 조선공산당의 노선변화가 중요한 계기로 알려져 있다. 해방 직후 공산주의자들의 혁명론에 대해서는 이완범(2008)을 참조했다.

23 미군정과 전평의 관계에 대해서는 이혜숙(1986), 정해구(1989), 김용철(2013)을 참조했다. 특히 한국 보수적 노동정치의 역사적 기원을 일제 식민지배와 미군정 통치 유산의 관점에서 바라본 김용철(2013) 연구를 추천한다.

2008: 283).

미군정의 전평 배제와 탄압 과정은 노동조합의 정치투쟁과 공산주의혁명이 동일시되는 구조를 만들었다. 어쩌면 바로 여기에서 한국 노동과 국가의 원형적인 관계가 구성되었다고 말할 수 있을지도 모른다. 그 이후 노동은 국가 건설을 위해 경제적으로 동원되어야 할 대상이면서도 국가안전을 위해선 반드시 탈정치화되어야 할 대상으로 규정되었기 때문이다. 또한 남과 북의 군사적 대립으로 인해 노동은 언제나 국가 내부의 또 다른 국가로 발전할 잠재적 가능성이 있다고 파악되었다. 이는 노동이 한국의 국가형성 단계부터 정치의 원리보다는 내전의 원리에 종속되었다는 것을 의미한다. 그 결과 노동은 민주주의의 문제가 아닌 군대와 경찰의 문제가 되었다. 물론 여기엔 일제 강점기의 역사 또한 반영되어 있다. 일본제국주의는 노동법을 제정하지 않고 「치안유지법」의 차원에서 노동 문제를 다루었기 때문이다.

이와 같은 노동과 국가 관계의 원형은 미군정이 제정한 노동관계 법령에도 영향을 미쳤다. 미군정 법령은 크게 두 시기로 구별할 수 있다. 전반기는 1946년 중반까지 미군정의 이름으로 법령을 공포했던 시기이며, 후반기는 '남조선과도입법의원'이 개원한 1946년 12월 12일 이후 1948년 대한민국 정부 수립 직전까지의 시기다. 남조선과도입법의원은 미군정 하의 남조선입법기관이다. 전반기에 공포된 미군정 법령 제14호, 제19호, 제34호, 제97호, 제112호, 제121호 등에 노동 관련 내용이 포함되어 있다. 후반기의 노동 관련 법률들은 남조선과도입법의원의 이름으로 공포되었는데, 그중 법률 제4호, 남조선과도정부 노동부령 제1호, 제2호, 제3호, 제4호 등이 노동 관련 법률 조항이다.

미군정 노동 관련 법률의 특징은 개인의 노동에 대한 권리는 일정하게 보장한 반면, 집단노동관계법은 그 범위를 축소하거나 주변화했다는 점이다. 노사관계에 관한 법률은 개별적 노사관계 법률과 집단적 노사관계에 관한 법률로 나뉜다. 개별적 노사관계 법률이 각 개인의 노동자가 사용자와 맺는 노동계약관계를 규정하는 법률이라면, 집단적 노사관계에 관한 법률은 노동단체의 조직과 운영 및 노동단체와 사용자 또는 사용자 단체와의 협의나 교섭 등의 관계를 규정하는 법률이다. 각 개인으로서의 노동자는 사용자와의 계약 상황이나 노동조건에서 압도적인 열세에 놓여 있으므로, 노동법의 무게 중심이 바로 집단 노사관계에 관한 법률에 존재한다고 할 수 있다. 이 법률 규정을 통해 노동과 자본의 집단 대 집단 협상 원리가 규정되기 때문이다. 그런데 바로 이 부문을 주변화한 것은 체제에 도전할 가능성이 있는 노동운동의 공간을 축소하기 위해서였다.

이는 한국 노동법의 원형이 된 1953년 노동법에도 유지 존속된다. 1953년 3월 8일 노동조합법, 노동쟁의조정법, 노동위원회법이 공포/실시되었고, 5월 10일에는 근로기준법이 공포되었다(장상환, 1999: 178). "그리하여 미군정시대의 노동관계 법령은 효력을 상실하고 새로이 제정된 노동법제에 의해 노사관계가 규율되게 된 것이다(고용노동부, 2008: 25)." 1948년 만들어진 헌법 제18조가 노동3권(단결, 단체교섭, 단체행동의 자유)과 이익균점권 등을 보장한 데 이어, 1953년 만들어진 노동4법은 대한민국 정부에 의해 만들어진 최초의 노동법이었다. 흥미로운 점은 한국 법제사의 측면에서 볼 때 "헌법 외에 집단노동법이 가장 먼저 제정"되었다는 점이다(배인연, 2015: 161). 이는 그만큼 노동 문제가 국가건설 단계에서 중대한 문제였음을 반증하는 것이다. 1953년 이 네 개의 법률은 당시 일본의 노동입법을 모방하고 이에 기초해 미국의 노동법상 제도[24]를 수용하는 혼합적 법제라는 분석이 지배적이었다(장상환, 1999: 178). 그러나 최근엔 일본과 한국의 헌법과 집단노동법상 내용의 차이를 들어 일본 법제의 단순한 모방이라 보기 어렵다는 주장이 있다(배인연, 2015).

일본 법제와 형식적인 유사성은 발견되지만, 그 내용은 일부 외국 법제의 영향 속에 일제 강점기부터 진행되어온 한국 노동운동의 역사와 미군정의 경험이 투영되었다는 것이다(배인연, 2015: 218). 이흥재는 『노동법 제정과 전진한의 역할』(2010)에서 '전진한 의원의 노력과 헌신을 기초로 1953년 노동법이 현실에 근거한 독자적인 노력의 산물'이라고 말한 바 있다. 실제로 "일본 노동법이나 한국의 미군정기 노동법령은 모두 1945년 제2차 세계대전 종전 후 미국이 일본과 한국을 점령한 상태에서 만들어졌다"(손낙구, 2010: 373). 특히 일본의 노동조합법은 '일본판 와그너 법'이라 불릴 정도로, 미국의 '와그너 법'에 영향을 많이 받은 것으로 알려져 있다(신광영, 1989: 187). 그러나 미군정의 노동 법령과 1953년 노동법은 미국 와그너 법이나 일본의 노동법과 결정적인 차이가 있었는데, 그것은 단위노동조합을 기업별 노조로 제한한 점이다. 이런 차이가 한국의 노동운동과 노동사회에 막대한 영향을 끼쳤음은 분명하다.

「노동조합법」은 단체협약 체결 단위를 공장, 사업장, 기타 직장으로 한정함으로써 노동조합 연합단체의 체결권을 인정하지 않았다. "이로써 산업별 교섭과 산업별 협약 등 기업을 뛰어넘는 노동조합 활동은

---

24 구해근(2002: 54)은 1953년 노동법의 모델을 미국의 와그너 법Wagner Act으로 보았다.

실질적으로 배제되었다(손낙구, 2010: 371)." 그 결과 1953년 이후 한국의 노동체제는 기업별 노동조합체제로 귀결되었다. 이는 한국 노동체제에 중대한 영향을 미쳤다. 손낙구에 의하면 "기업별 노조는 다른 조직 형태와는 뚜렷이 구별되는 독특한 특징을 띠고 있다." 기업 단위 노동조합의 구성은 기업에 소속된 정규직 노동자로 한정되어 비정규직이나 실업자 등은 노동조합으로부터 배제된다. 또한 기업 노동조합이 단위 노조이기 때문에, 기업 단위를 넘어서는 문제에 공동으로 대응하기 위한 계급역량의 조직이 매우 어렵다. 반대로 말한다면, 단일 기업 기반으로 문제에 대응해야 하므로 전체 산업구조 및 자본주의 체제의 문제보다는 기업 내부의 경제적인 권익 확보를 중심으로 활동하게 된다. 그 결과 노동조합은 경제투쟁 중심으로 운영되기 쉽다(손낙구, 2010: 380).

그리고 다른 중요한 특징은 국가 혹은 정부의 행정관청이 노동조합 운영 및 노사쟁의에 직접 개입할 수 있었다는 점이다. 집단적 노사관계의 원리에선 노동자와 자본가가 동등한 위치에서 계약이나 교섭에 임해야 하는데, 「노동쟁의조정법」이나 「노동조합법」 그리고 「노동위원회법」엔 모두 국가의 개입에 의한 중재, 혹은 운영 취소, 조사 등이 있다. 이는 국가 운영 전략이나 그 관리방식에 노동조합 및 노동에 대한 권리가 종속될 수 있음을 의미한다. 이런 국가에 의한 노동쟁의 조정방식은 1945년 미군정에 의해 도입된 제도였다. 노동쟁의를 허용하는 대신, 노동쟁의를 미군정이 강제로 조정하기 위해 만들어진 것이다(배인연, 2015: 181). 그리고 현재까지 매우 강력한 영향을 끼치며 남아 있는 제도 중 하나다.

이 노동4법의 입법 경위 중 특기할 만한 것은 노동4법이 1953년 7

월 정전협정 이전 입법되었다는 점이다. 이는 한국전쟁 와중에 노동법의 조속한 제정이 필요할 정도로 노동 문제가 국가적인 문제로 부상했음을 의미한다. 전쟁은 극단적인 노동의 위기를 초래했다. 인플레이션, 산업시설의 파괴 그리고 피난민의 증대로 대규모 실업난이 발생했다. 1951년 '정치파동'이 보여주는 것처럼 정치제도는 불안정했을 뿐만 아니라 자유민주주의 국가의 기본 법질서가 전쟁 상황 및 이승만 정권체제에 의해 유린당했다. 이런 조건에서 노동법 질서가 지켜진다는 것은 불가능했다. 따라서 전쟁 중 노동자의 상황은 더욱 열악해졌고 노동 문제 해결을 위한 장치는 작동할 수 없었다. 이에 다양한 노동쟁의가 발생했는데 그 대표적인 예가 1951년 3월 부산 '조선방직 쟁의'다. 조선방직에서 일어난 부당한 해고와 인권유린에 대항하여 노동자들이 두 차례의 파업을 일으켰지만, 기업주와 당국에 의해 무자비한 탄압을 받게 되었다. 그러나 이 투쟁은 노동 문제를 전국적인 문제로 부상시키는 계기가 되었고, 1953년의 노동4법은 바로 이런 상황의 반영이라고 할 수 있었다(고용노동부, 2008: 24~25). 노동 문제의 법적 보장 없이는 전쟁은 물론 국가 운영의 안정성을 확보할 수 없는 조건이 창출된 것이다.

또 다른 시각에서 본다면 이는 전쟁을 매개로 형성된 노동과 국가의 관계를 보여준다. 1953년 노동4법과는 또 다른 시각에서 노동과 국가, 전쟁의 관계를 보여주는 제도 혹은 법이 바로 '전시근로동원' 혹은 '전시근로동원법'이다. 전시근로동원법은 휴전을 앞둔 1953년 7월부터 시행된 법으로, "전쟁 완수 또는 재해복구에 필요한 중요업무에 종사케 하기 위하여 국민의 근로를 동원"할 목적으로 만들어진 법이다(이상의, 2009: 296). 이 법이 있기 전부터 국가의 전시 노무 동원은 존재했다. 그 원형은 일본에 의해 진행된 '징용'이라고 할 수 있다. 그런데 해방 이후 발생한 한국전쟁 과정에서 국가에 의한 인민의 동원 과정이 발생하자 인민은 이를 '징용'이라 불렀다. '노무 동원'은 국가가 이를 부르는 이름이었다. 이름만 달라졌을 뿐 인민의 처지에서 징용의 구조는 해체되지 않고 계속되고 있었다. 국가는 한국전쟁 과정에서 총 30만 명 이상을 동원했는데 이들은 동원 과정뿐만 아니라 동원 이후에도 개인과 가족의 삶 전체를 파괴당하는 고통에 직면해야 했다.[25] "동원자들이 대부분 30대 후반 이후의 연령층으로 한 가정의 가장이었다는 점에서 노무 동원과 이에 따른 인적 피해는 고스란히 가족 등 민중들에게 부과"되었기 때문이다(이임하, 2003: 55).[26]

중요한 점은 이런 전시근로동원이 한국전쟁 이후에도 사라지지 않고 1962년 박정희 정권의 '국토건설단'으로 되살아났다는 것이다. 이와 같은 전시근로동원이 중요한 이유는 국가와 노동과의 관계를 상징적으로 보여주는 동시에 일제하 '징용'의 구조가 전시동원체제를 매개로 한국 자본주의 산업화 과정에 관철되고 있음을 보여주는 예이기

---

[25] 이임하(2003)에 의하면, 한국전쟁 기간 중 노무 동원 문제는 1990년대 이전까지 주목받지 못했다고 한다. 그 이유의 분석은 다양한데, ① 노무 동원이 주로 전투 지원 활동이어서 그 활동이 표면적으로 드러나지 않았고 ② 동원된 이들이 대부분 사회적 약자라 자신의 목소리를 내기 쉽지 않았기 때문이라고 이임하는 말하고 있다. 이런 현상의 또 다른 이유 중 하나는 군대와 민간인의 관계에 대한 인식에 있었다. "대부분 일본군 장교 출신들인 군 지휘관들이 전쟁 중 민간인의 동원을 군인의 당연한 권리인 양 여기며 아무런 법적 근거도 없이, 또 법적 근거가 있다 해도 그 규정을 무시하면서 동원을 하고 피동원자에 대한 신상기록조차 남기지 않은 점"(이임하, 2003: 54)을 기억해야 한다.

[26] 이임하(2003)는 동원과정에서의 불공정성이 한국사회의 부패구조를 만든 역사적 원인이라고 분석한다. 이 주장은 기억할 만하다. 국가는 국민 모두에게 의무를 다하라고 요구했지만, 이 의무의 분배는 힘없고 돈 없는 민중의 몫이었다. 지배계급은 이런 동원과정으로부터 자신을 면제하고자 했고, 이런 면제과정이 지배계급의 도덕적 무책임과 부패를 만들어낸 것이다.

때문이다. 이 점에서 '전시근로동원법'이 폐지된 것이 1999년 2월이라는 점은 시사하는 바가 크다(이상의, 2009: 293). 전쟁은 모든 법과 제도의 효력을 일시 중지시키는 예외상태다. 그런데 이와 같은 예외상태는 오직 국가에 의해서만 규정될 수 있다. 이런 점에서 한국에서의 노동은 언제나 국가의 의지에 따라 예외적으로 동원될 수 있는 대상이었다. 그 과정에서 노동에 대한 권리는 정지된다. 정전이라는 또 다른 전쟁 상황은 노동 문제의 법적 보장을 요구하면서도 동시에 그 법적 보장의 예외상태를 계속 호출하는 구조가 되었다. 이는 법과 현실의 괴리를 의미하는 것이었고, 이에 따라 노동법을 둘러싼 매우 역설적인 힘의 관계가 만들어졌다.

법과 현실의 괴리가 더욱 컸던 이유는 노동법이 이와 같은 한국의 현실을 반영해 만들어진 것이 아니라 외국 헌법과 노동법제의 영향 속에서 형성되었기 때문이다. 노동법을 관통하는 사회적 구조를 형성한 미군정의 노동정책은 모국인 미국의 노동법 영향 아래에 있었고, 헌법상에 보장된 노동3권은 프랑스 헌법의 영향을 받은 것으로 추정된다(배인연, 2015:218). 형식과 일부 내용에서 일본의 영향을 받은 것도 분명하다. 부분적으로 한국의 노동법에 한국 노동운동의 요구와 국가의 노동 통제라는 전략적 필요가 반영되었다고 하더라도, 이와 같은 외국 헌법과 노동법제는 한국의 현실보다 진일보한 노동 보호와 안전의 요구를 담고 있었다. 그러나 지금 여기에서 중요한 것은 한국 노동법의 모법이 어느 나라의 무슨 법인가가 아니다. 그보다는 노동 법제 자체가 국내와 국외의 상호작용 과정을 통해 구성되며, 이 과정에서 구체적인 내용의 차이가 존재한다고 하더라도 일정한 패러다임을 공유하는 형식으로 각국의 노동법이 형성된다는 점이 중요하다.

노동법이 존재하기 위해서는 구체적인 노동과는 다른 추상적인 노동이 존재해야 하며, 동시에 모든 노동이 아니라 계약 관계를 지닌 노동이 존재해야 한다. 노동법이 19세기 이후 등장할 수 있었던 이유는 바로 이런 조건들이 충족되었기 때문이다. 그런데 노동법엔 이런 조건들뿐만 아니라 노동의 인격성을 보호하고자 하는 시도가 동시에 담겨 있다. 비록 타자의 명령에 종속된 임금노동이라도 노동자를 법의 주체로 인정하고 그 권리를 부여하고자 하는 법의 원리가 노동법 안에 존재한다(쉬피오, 2017: 5~8). 노동법의 원리를 구현하는 구체적인 정도는 국가마다 다를 수 있지만, 이와 같은 패러다임 자체를 거부할 수는 없었다. 이는 두 가지 점에서 중요한 의미를 가진다. 하나는 자본주의가 요구하는 끊임없는 노동의 사물화 경향에 대항해 노동의 인격화를 방어할 수 있는 요소가 노동법 안에 존재했다는 점이다. 다른 하나는 바로 자유민주주의가 노동의 인격화 요구를 내부에 통합할 가능성을 지닌 제도였다는 점이다.

　이와 같은 노동법의 기본 패러다임은 유럽에서 만들어졌다. 유럽 노동법은 "로마법 전통과 게르만법 전통이라는 서로 다른 문화적 전통으로부터 자양분"(쉬피오, 2017: 14)을 얻었다. 알랭 쉬피오Alain Supiot가 『노동법비판』에서 밝힌 것처럼, 유럽의 많은 나라에서 노동계약은 교환 개념과 인격 관계 개념이 결합한 개념이었다(쉬피오, 2017: 25). 이 구조가 중요한 이유는 작업장 공간 민주화의 조건뿐만 아니라(박제성, 2017: iii) 시장교환과 계약의 대상으로서의 노동과 질적으로 구별되는 공공성 차원 확보 가능성이 존재했기 때문이다. 19세기 후반 급속하게 발전한 산업자본주의가 노동계급의 조직화를 자극(뤼시마이어 외, 1997: 180)했고, 1920년에 이미 다수의 유럽 국가가 민주주의

체제였다. 그러나 1870년엔 유럽에서 오직 스위스만이 민주주의국가라고 할 수 있었다. 민주화 과정에서 조직된 노동계급의 힘은 그 자체로 민주주의의 추동력 중 하나였고, 민주화 과정을 매개로 노동계급은 유럽 자유민주주의 내부에 노동의 인격성에 기초한 법적 주체로서의 노동자 권리 방어 내용을 써넣었다. 이런 특성은 전후 유럽 사회민주주의가 부상하며 더욱 강화되지만, 그 가능성이 이미 노동법, 노동계급, 자유민주주의의 결합 구조 안에 있었다는 점은 중요하다. 알랭피쉬오가 말했던 것처럼, '노동에서의 안전'에서 출발한 노동의 요구는 '노동에 의한 안전' 요구로 진화하며, '노동에 의한 안전'은 노동자의 생존을 넘어 노동자의 생활 안전뿐만 아니라 그 이상의 역할을 하는 방향으로 나아갈 수 있었기 때문이다(쉬피오, 2017: 94~104).

물론 자본주의 노동체계가 반드시 자유민주주의로 귀결될 어떤 이유도 없었다. 자본주의 임금노동은 독재나 파시즘 혹은 권위주의 등과도 결합할 수 있었기 때문이다. 곧 자본주의 노동체계와 자유민주주의라는 두 체계의 결합은 우연적이었고 불일치와 모순, 적대와 균열에 개입한 정치적 실천의 결과일 뿐이다. 이 정치적 실천은 분명 노동운동과 노동정당의 성장에 기반을 둔 것이었지만, 한쪽으론 파시즘과 나치즘 그리고 독재에 대항하고 다른 한쪽으론 20세기 사회주의 운동과 국가에 대항하는 자본의 이중투쟁 또한 포함하고 있었다. 이런 점에서 자본주의 임금노동과 자유민주주의의 결합은 자본과 노동의 타협 산물이었고, 노동법은 그 구체적인 제도 형태라고 볼 수 있다. 이에 따라 자유민주주의에선 노동이 파괴할 수 없는 자본의 자유 영역도 존재하지만, 그 반대로 자본과 국가가 파괴할 수 없는 노동의 인격성과 법적 주체로서의 노동자의 영역이 제도 형태로 국가 내에 각인될 수 있었다.

그 결과 자본주의 임금노동은 자유민주주의가 약속한 자유와 평등 실현의 구조적 전제가 되었고, 동시에 자유민주주의는 자본주의 임금노동을 확대재생산하는 조건이 되었다. 자유민주주의와 자본주의 임금노동 사이에 유기적인 순환 관계가 구성된 것이다. 헌법에 규정된 노동에 대한 권리와 의무, 그리고 노동법, 노동과 연결된 다양한 국가 제도와 시민사회의 구성은 그 제도적인 실체였다. 울리히 벡Ulich Beck은 유럽의 전후 민주주의를 노동과 자유의 결합에 기반을 둔 "노동민주주의"(벡, 1999: 43)라는 관점에서 분석한 바 있다. 노동민주주의 하에서 모든 인민은 두 주체 위치의 융합으로 나타난다. 자유민주주의가 보장하는 보편 권리와 의무의 담지자로서의 '시민'과 노동의 주체로서의 노동자. 울리히 벡은 이런 두 주체 위치가 융합된 유럽 자유민주주의 하의 인민을 "노동하는 시민"이라 칭하고, 유럽의 자유민주주의는 바로 이 "노동하는 시민"이라는 전제 위에서 작동해왔다고 말했다(벡, 1999: 43).

바꿔 말한다면 노동민주주의란 임금노동과 자유를 분리할 수 없게 만드는 구조였다. 임금노동 없이는 자유민주주의가 보장하는 정치적 자유의 권리 또한 그 의미를 상실하기 때문이다. "물질적 안정 없이는 정치적 자유란 없다"는 단순한 진리를 반영(벡, 1999: 43)하는 것도 사실이지만, 이는 현대 자유민주주의의 핵심 특성을 보여주는 중요한 전제로 받아들여야 한다. 고대 민주주의와 비교하면 이 점은 더 분명해진다. 고대 민주주의는 노예의 노동과 시민의 자유라는 분할을 통해 작동했다. 이런 점에서 고대의 자유는 노동으로부터 자신을 면제하는 과정의 산물이라고 볼 수 있다. 그런데 현대의 자유민주주의는 바로 이런 노예와 주인 관계의 철폐를 전제로 한다. 이와 동시에 노동은 모든 시민의 의무이자 권리가 되었다. 달리 보면 노동과 시민권의 통합이라고 말할 수 있다. 곧 근대의 자유는 자유와 노동의 결합 위에서만 작동한다. 이 때문에 노동의 상실은 곧 자유의 상실로 연결된다. 유럽 자유민주주의와 자본주의 임금노동의 유기적 순환 관계는 바로 이런 노동과 자유의 분리 불가능성에 기반을 둔다.[27] 물론, 이때 노동이 계약을 통해 타인을 종속한다는 점에서, 노동과 자유의 분리 불가능성은 이율배반의 원천이 된다(피쉬오, 2017: 141). "임금노동을 종속노동과 동일시하는 것은 모든 유럽 국가의 법제가 가진 공통적인 특징"(피쉬오, 2017: 142)이기 때문이다.

비록 노동과 시민의 결합 강도가 국가마다 다르고 전후 유럽 사회민주주의 모델만큼 강하지 못했다고 하더라도, 이와 같은 노동민주주의의 속성은 노동법과 노동계급의 투쟁, 그리고 자본과 노동의 타협을 매개로 19세기 후반에서 20세기 초중반 유럽 자유민주주의의 구조 그 자체에 각인된 하나의 특성으로 볼 수 있다. 세계 최초로 노동권을 포함한 1919년 독일 「바이마르헌법」 159조는 이를 보여주는 하나의 상징이다. 그리고 독일 바이마르헌법은 실제로 많은 국가에 영향을 미쳤다. 유럽에서 출발했지만, 단지 유럽만을 위한 특성으로 남지 않았다. 이런 노동민주주의의 속성은 영국 이주 식민지였던 미국 자유민주주의에도 존재한다. 비록 유럽의 노동자들보다 유리한 조건

---

27 이런 노동과 자유의 이분법은 그 자체로 문제가 있다. 신분 관계에서 계약관계로의 노동 유형의 전환을 근거로 기계적으로 노동과 자유의 관계를 파악하기 때문이다. 이런 이분법은 노동과 자유의 관계를 은폐하거나 혹은 지나치게 단순하게 바라보도록 만든다(버거, 2015: 66). 그런 위험에도 노동과 자유의 융합은 매우 중대한 사건으로 기억해야 한다.

은 아니었지만, 미국의 노동계급 또한 자본계급과 타협하며 자유민주주의 내부에 유럽과는 다른 강도의 노동민주주의 속성을 부과할 수 있었다. 일본과 한국의 노동법 원형인 미국의 와그너 법은 그 대표적인 사례라고 할 수 있다. 와그너 법은 비록 제2차 세계대전 이후 제정된 태프트-하틀리 법에 따라 대폭 수정되었지만, 노동자의 단결권과 단체교섭권에 일대 전진을 이루어냈다. 이를 통해 미국 노동운동의 획기적인 발전이 있었다.

중요한 점은 1, 2차 세계대전 종료 이후 신생 독립국들에 부과된 자유민주주의의 모델이 바로 이런 노동민주주의의 속성을 그 내부로 통합한 자유민주주의 모델이었다는 점이다. 물론 전 지구적 냉전체계 아래 도입된 자유민주주의 모델이 반공주의와 결합하면서 그 내적 원리의 현실적인 적용은 왜곡되거나 제약될 수밖에 없었다. 그런데도 노동민주주의의 속성 자체를 완전히 제거한 채 자유민주주의를 도입할 수는 없었다. 이런 조건에서 자유민주주의는 체제 구축과 제도건설을 뒷받침하는 '공식 이념'으로 존재하지만, 그 실현 과정은 이념이나 법과 분리되는 구조일 수밖에 없었다. 한국 또한 마찬가지였다. 최장집은 한국 자유민주주의와 현실의 이런 괴리를 설명하기 위해 '조숙한 민주주의'라는 표현을 사용한 바 있다. 이는 성숙하지 않은 한국인이 너무 빨리 민주주의와 만났다는 의미가 아니다. 최장집의 표현처럼 "그보다는 한국에서 민주주의 제도의 최초 도입이 국내 정치세력의 주도로 이루어진 것이 아니라는 점을 강조"(최장집, 2005a: 71)한 것으로 봐야 한다.

현실과 법의 불일치는 현실과 헌법의 불일치에서 그 정점에 도달한다. 미군정이 도입한 자유민주주의 기반 위에서 1948년 수립된 정부는 제헌헌법을 제정했다. 그런데 이 제헌헌법에는 제17조 "모든 국민은 근로의 권리와 의무를 지닌다. 근로조건의 기준은 법률로써 정한다. 여자와 소년의 근로는 특별한 보호를 받는다"는 조항과 제18조 "근로자의 단결, 단체교섭과 단체행동의 자유는 법률의 범위 내에서 보장한다. 영리를 목적으로 하는 사기업에 있어서는 근로자는 법률이 정하는 바에 의하여 이익의 분배에 균점할 권리가 있다"는 조항이 포함되어 있었다. 또한 생활 유지와 무능력자에 관한 보호의 조항인 제19조는 "노령, 질병, 기타 근로능력의 상실로 인하여 생활유지의 능력이 없는 자는 법률이 정하는 바에 의하여 국가의 보호를 받는다"고 말하고 있다. 이처럼 제헌헌법 중 제17조, 제18조, 제19조가 노동 관련 조항이다(강성태, 2012: 3). 이 헌법 조항들은 과거 일본제국 헌법과 독일의 바이마르헌법을 모방했거나 프랑스 헌법으로부터 영향을 받은 것이다. 모법이 무엇이든 헌법은 국가의 능력이나 당시 노동 현실보다 앞선 요구를 수용하고 있었다. 당연히 현실과 괴리될 수밖에 없었고 헌법은 단지 형식으로만 존재했다. 헌법 혹은 자유민주주의 제도와 현실 사이의 이러한 괴리 속에서 실질적인 국가 정체성은 반공주의에 기초해 부여되었다. 이 때문에 과거부터 현재까지 현실을 지배하는 한국의 최고법은 헌법이 아니라 1948년 12월 제정된 '국가보안법'이라고 보아야 한다(최장집, 2005a: 77).

이처럼 법과 현실이 괴리된 자유민주주의 구조 아래, 노동법을 둘러싸고 국가와 노동운동의 입장이 바뀐 것은 어떤 의미에서 자연스럽다. 국가는 노동법을 자신의 국가 운영 전략과 일치시키기 위해 계속 변경하거나 노동법의 예외상태를 창출하고자 했다. 김동춘이 지적한 것처럼 "법이 경제 현실보다 선행하여 외국의 것을 수입한 경우 정부나 사용자는 끊임없이 법을 위반"하지 않을 수 없기 때문이었다(김동춘, 2006: 271). 그 결과 "1961년 군사정권 이후는 그러한 진보적인 내용을 갖고 있는 법 자체를 끊임없이 개악하는 방향으로 나아갔다."(김동춘, 2006: 271)

이와는 반대로 현실과 분리된 "노동법의 제정과 공포는 노동운동의 형식적 가능성을 부여"할 수 있었다(장상환, 1999: 178). 노동법은 냉전 반공주의에 의한 그 왜곡에도 불구하고, 알랭 쉬피오가 말하는 '공통의 영향력influences communes'에 한국의 노동을 노출할 수밖에 없었다. 이때 공통의 영향력이란 "근로계약 속에 임금 교환의 비재산적 차원을 고려하는 근로자성의 지위를 삽입"하는 것이고, 이를 실행할 집단 관계의 제도화 또는 노동자의 신체적 보호에 관한 조치 등을 인정해야 함을 말한다(쉬피오, 2011: 34). 그래서 공식 이념으로서의 자유민주주의가 부과하는 '형식'의 제약과 노동법으로 열린 '공통의 영향력'으로 인해 노동에 대한 권리와 의무의 형식체계가 제도화될 수 있었다. 반공주의에 기반을 둔 권위주의적 실천이 그 부분을 파괴한다면 다시는 자유민주주의로 자신을 규정할 수 없는 한계 영역이 존재하기 때문이다. 비록 제한적이었지만, 노동법이 보장하는 노동운동의 공간이 존재했고 노동운동은 바로 이 공간을 활용해 노동법의 준수와 적용을 요구하는 투쟁을 전개할 수 있었다. 노동법을 위반하는 국가와 노동법의 준수를 요구하는 노동운동이라는 역설 구조는 이렇게 등장했다.

이런 조건에서 한국의 정치적 지배양식은 자유민주주의에 내재한 노동민주주의의 요소를 완전히 파괴하는 대신, 국가의 경제성장 동력이라는 경계 내에 한정하는 방식으로 동원했다. 이를 매개하는 개념은 '시민의 권리'가 아니라 '국민의 의무'였다. 즉 한국의 정치적 지배양식은 "노동하는 국민"은 통합하지만, "노동하는 시민"은 배제하는 방식으로 자유민주주의 내 노동민주주의의 구조를 변형한 것이다. 한국 또한 자유민주주의의 제도화가 이루어진 해방 이전부터 자본주의 노동시장과 임금노동이 등장했다. 한국에서의 임금노동 등장 시기는 논쟁의 대상이지만, 1930년대 일본제국주의의 군사병참기지 전략과 맞물려 임금노동이 확장되기 시작했다는 점은 분명하다. 하지만 당시에도 전체 농업 인구가 전체 인구의 70% 이상이었다는 점과 "일부의 도시노동자를 제외하면 광산이나 토목공사장에 일하던 대부분의 노동자들이 농사일과 병행하는 반농반노적인 성격"[28]이었다는 점을 기억한다면, 임금노동은 전체 사회 일부에 불과했다고 말할 수 있다. 그런데도 해방 이후 열린 이른바 '해방공간'에 임금노동계급 기반의 강력한 노동운동과 노동정당이 존재했다. 그러나 해방과 한국전쟁을 거치며 노동운동과 노동정당은 미군정 및 대한민국 정부와의 충돌 과정에서 조직화한 폭력을 통해 철저하게 파괴되었다. 이후 1960~70년대 군부 권위주의체제에 의한 자본주의 산업화가 본격화되었다. 이런 상황은 두 가지 기본 조건을 만들어냈다. 하나는 자본주의 임금노동에 대립하는 대안노동의 지향과 원리가 한국전쟁을 거치며 완전히 소멸했다는 점이고, 다른 하나는 자본주의 산업화 과정에 필수적인 노동의 동원과정에서 반공주의에 기반을 둔 권위주의적인 국가에 의해 노동운동이 '공산주의'와 동일시되어 탄압받았다는 점이다. 이에

---

28 이 부분은 온라인 《한국민족문화대백과사전》 "노동시장" 부분을 참고했다. URL: http://encykorea.aks.ac.kr/Contents/Index?contents_id=E0012684 검색일 : 2018년 2월 1일

따라 국가는 노동조합과 같은 시민사회 내부 결사체들과의 협상 없이 각 개인의 노동력을 직접 동원하는 구조를 만들 수 있었다. 이 구조에서 노동과 자유는 분리되고, 노동과 국가의 결합이 전면화되었다. 이 과정을 촉진하고 정당화하는 담론 구조가 바로 '국민'이었다.

한국전쟁을 빼고 국민의 창출 과정을 설명할 수는 없지만, 1968년 제정된 〈국민교육헌장〉은 한국전쟁과 자본주의 산업화 과정을 거치며 국가가 만들고자 했던 국민의 원형을 명확히 보여준다는 점에서 중요하다. 〈국민교육헌장〉은 "국가건설에 자진 참여하기를 원하는 새로운 국민상"을 목표로 하고 있었다(임종영, 2009: 98). 이 〈국민교육헌장〉의 구조 안에서 개인은 국가와 유기적인 관계를 구성하는 요소로 환원되고, 각 개인의 운명은 국가 및 민족의 운명과 함께 하는 운명공동체로 규정된다. 그 결과 국가의 발전이 각 개인 발전의 근본 전제라는 인식이 도출된다. 그리고 다음과 같은 논리적인 순환이 이어진다. "남한사람들에게 대한민국의 '공익'을 위해 개인적·개별적인 '사리'를 기꺼이 희생할 수 있는 순교자가 될 것을 요구하는 것"(임종영, 2009: 101)이다. 중요한 점은 이런 희생이 자발성에 근거해야 하고 그 구체적인 실천은 국가경제 발전에의 기여 곧 국민경제의 일원으로서의 노동 주체였다. 이제 노동은 각 개인의 자유와 발전을 위한 전제가 아니라 국가의 발전을 위한 국민의 의무가 된다.

이런 속성이 투영된 것이 국가의 노동정책이었다. 본격적인 산업화가 이루어지는 1960년대 이후 국가 노동정책의 중심은 "파업 없는 안정적인 노사관계"를 구축해 노동을 국가목표인 경제성장의 방향으로 동원하는 것이었다. 이때 중요한 점은 "노조 자체를 전면 부인하는 정책수단을 채택할 수 없는 제약이 있었다(김삼수, 1999: 231)"는 점이다.

한국 자본주의 역사에서 노동조합 자체가 직접 부인된 유일한 사례가 1961년 5.16 군사쿠데타 직후라는 점은 의미하는 바가 깊다. 5.16 군사쿠데타 세력은 5월 16일 군사혁명위원회 포고 제1호를 통해 "직장의 무단 방기와 파괴·태업의 금지"를 명령했고, 5월 18일에는 노동쟁의 일절 금지를 명령했다. 그리고 5월 23일까지 모든 노동조합은 강제로 해체되었다. 이후 8월 3일 '근로자의 단체활동에 관한 임시조치법'을 통해 노동조합 설립이 다시 가능해졌다. 그래서 "5월 21일부터 8월 3일까지로 쟁의나 교섭이 금지되었을 뿐만 아니라 노동조합 자체가 강제적으로 해체"되어, "61년 5월 23일에서 8월 3일까지의 83일간은 노동조합을 결성하는 것 자체가 금지"(김삼수, 1999: 195)되는 국면이 형성되었다. 곧 노동조합 전면 부정은 군사쿠데타 '직후' 뿐이었다. 그러나 군사쿠데타 주도세력조차 이후 노동조합 자체를 전면 부정할 수 없었다는 점을 기억해야 한다. 이런 제약으로 인해 한국에선 노동조합은 허용하지만 이를 강력한 국가통제 안에 종속시키는 노동통제 양식이 발전하게 된다. 이런 방식의 핵심은 노동법에서 기본 권리 일부를 허용하면서도, "반공법"이나 "국가보안법" 혹은 형법을 적용해 노동 현장 및 노동에 대한 권리를 국가의 치안 대상이나 직접적인 행정 개입의 대상으로 전환하는 것이었다(김삼수, 1999: 207). 곧 노동을 통제하는 실제는 국가의 반공주의와 경제 발전/성장주의의 결합이었다. 이런 현상이 의미하는 바는 노동에 부과되는 규율과 규칙 혹은 명령에 관한 관점에 따라 국민과 비국민의 경계가 구획된다는 것을 의미한다. 노동과정에 참여한다는 것은 곧 국가와 동일시 과정인 것이다.

노동은 동원하지만, 자유는 부과하지 않는 국가전략의 기본 구조는 1987년 민주화 이후에도 유지 존속되었다. 현재의 한국 자유민주주의는 이런 역사 과정을 통해 형성된 "노동하는 국민"의 권리와 의무체계에 기반을 둔다. 이 권리와 의무체계의 중심은 유럽의 자유민주주의와 달리 노동계급의 '안전'이 아니라 '고용'이었다. 알랭 쉬피오가 분석한 것처럼 유럽의 노동법 체계는 노동자의 신체적 안전으로부터 경제적인 안전의 확보 방향으로 발전해 왔다(쉬피오, 2011: 109). 임금노동은 임금을 매개로 종속관계를 형성하는 과정이다. 이 종속관계에서 노동자는 자유를 포기한 대가로 다양한 유형의 안전을 보장받아야 한다. 그러나 한국의 경우 국가 경제 발전에 필요한 노동의 동원을 위해 종속관계의 유지와 존속은 강화하지만, 그 대가로 안전의 포기도 함께 요구했다. 이는 두 이유로 가능했다. 하나는 노동─자본의 종속관계가 군대 관계를 모방해 만들어졌기 때문이고, 안전의 확보를 위한 일체의 실천은 반공주의로 인해 국가에 대한 대항으로 규정됐기 때문이다. 군대 관계와 반공주의가 지배하는 노동 현장에서 종속관계는 '죽음의 동원'까지 불러올 수밖에 없었다. 박노해는 「노동의 새벽」에서 자신의 노동을 "전쟁 같은 밤일"이라고 말했다. 죽음의 동원까지 가능한 노동 현장은 차라리 전장(戰場)에 가까웠고 노동은 전쟁과 유사했다. 노동자에게 노동은 어떤 의미에서 또 다른 수단으로 계속되는 한국전쟁의 연장이었을지도 모른다.

임금노동의 주체는 각 개인이지만, 각 개인의 노동력은 국민 담론을 통해 국민국가 한국이 관리해야 할 국민 전체의 노동력으로 통합된다. 그리고 국민국가는 '국민경제'라는 개념으로 자신의 영토 안에서 행해지는 모든 경제활동을 통일적인 연관 속에서 파악한다. 이 '국민경제' 안에서 노동은 자본 및 토지와 함께 국민생산의 3대 요소

중 하나로 규정되었다. 따라서 국민경제의 발전을 위해서는 전체 국민의 노동이 효율적으로 관리되어야만 했다. 이는 두 가지를 의미했다. 먼저 국민은 국민경제의 일원으로서 노동에 대한 의무를 지닌다. 국민은 국가의 구성원으로서 국민경제 발전 의무를 공유하기 때문이다. 또 다른 하나는 국민의 노동에 대한 의무와 함께 국가는 모든 국민에게 고용을 보장해야 할 공적 의무를 지닌다는 점이다. 이런 점에서 고용은 한국 자유민주주의의 '공공자원' 속성을 지닌다. 고용 없이는 한국 자유민주주의가 보장하는 권리와 의무의 체계가 공동화空同化되기 때문이다. 이에 따라 국가는 국민경제를 완전고용 상태로 만들기 위해 지속해서 개입해야 한다. 노동이 고용되지 않을 경우 고용의 공공성은 공허한 문구일 뿐이다. 또한 국가 운영의 비용을 상승시키고, 국민 전체의 일상생활을 파괴하는 효과를 발휘한다. 따라서 완전고용은 자유민주주의의 필수조건이 된다. 완전고용은 노동의 의지와 능력을 갖추고 취업을 희망하는 모든 사람이 고용되는 상태를 말한다.

한국 자유민주주의 또한 '고용의 공공성' 기반 위에서 작동한다. 그리고 그 핵심 요소는 노동에 대한 의무와 그 보상으로서의 고용이었다. 하지만 안전은 중요한 요소가 아니었다. 남과 북의 군사적 대립 속에서 경제 발전은 또 다른 수단에 의한 전쟁과 동일시되었고, 안전보다는 속도가 더욱 중요한 가치로 부상했기 때문이다. 안전의 소멸은 한국 고용 공공성의 핵심 특성이라고 할 수 있다. 이런 '고용의 공공성'은 노동의 공공성[29]과는 다른 것이다. 노동의 공공성이란 전체

---

29 이종영은 '노동의 공공성'이 다음과 같은 내용을 가질 수 있다고 말한 바 있다(이종영, 2005:

사회의 발전을 위한 공공자원으로서의 노동을 보호하는 사회적 특성이기 때문이다. 노동법 패러다임을 매개로 우리에게 이식된 자유민주주의 내부에는 이런 '노동의 공공성'이 존재한다. 물론 자본주의 임금노동 한계 내의 공공성일 수밖에 없지만, 그 안에 노동의 사회적 보호를 위한 기본 원리와 제도가 존재한다. 이때 노동의 공공성은 자본의 대응양식과 국가의 지배양식에 따라 해체되거나 혹은 약화될 수 있다. 그러나 완전한 파괴는 불가능한데, 노동에 대한 최소한의 보호마저 파괴한다면 자본의 확대재생산 자체가 불가능하기 때문이다.

최소한의 노동의 공공성은 자본주의에서 모든 인민의 재생산을 위해 방어되어야만 한다. 이 역할을 하는 것이 자유민주주의다. 그런데 한국의 경우, 자유민주주의에 내재하는 '노동의 공공성'이 형식화되면서 국가에 의해 '고용의 공공성'으로 치환되어 버린 것이다. 고용은 자본의 입장에서 바라본 노동이다. 고용이란 기업이 임금을 지급하고 노동자를 취업시키는 일이기 때문이다. 공공성의 대상이 노동에서 고용으로 전환될 때 노동의 사회적 보호는 최소화되고 고용의 주체인 기업의 사회적 보호가 중심 문제로 부상한다. 그 결과 고용만이 노동의 사회적 보호의 유일한 장치로 존재했다. 이런 관점에서 본다면 산업화 이후 한국 노동운동의 역사는 고용의 공공성과 노동의 공공성 사이에 존재하는 균열을 매개로, 고용의 공공성 안에 형식적으로 존

---

253). "1. 노동의 가치에 대한 공공적 평가. 이것은 노동의 사적 착취의 종식과 불로소득 집단의 제거를 의미한다. 2. 공공적인 것으로서의 노동에 대한 사회적 보호. 이것은 곧 노동자가 존엄성과 주체성을 유지할 수 있도록 노동을 보호하는 것이고, 자본주의적 효율성을 위한 노동 분업의 종식을 의미한다. 3. 오직 지배를 위해서만 기능하는 노동들의 제거."

재하는 노동의 공공성을 현실화시키기 위한 운동이었다고 말할 수 있다. 특히 민주화 이후 민주주의에서는 노동과 국가와의 관계가 더욱 본격적인 '노동하는 국민'과 '노동하는 시민'의 경합으로 나타났다.

그런데 중요한 점은 1997년 경제위기를 매개로 한국 자유민주주의의 '노동하는 국민'이라는 전제가 내부로부터 파괴하는 단계에 접어들었다는 점이다. 이런 '내파內破'의 중심 경향은 고용과 노동의 분리로 나타나고 있다. 더 이상 모든 노동이 고용되지 않는다. 동시에 고용 그 자체의 한계에 직면하면서 고용으로부터 추방당하는 노동이 일반화되었다. 당연히 "노동하는 국민"이라는 한국 자유민주주의의 전제가 흔들릴 수밖에 없었다. "노동하는 시민" 프로젝트도 위기에 직면했다. 두 프로젝트가 같은 패러다임을 공유하고 있었기 때문이다. 1990년대 중후반 이후 가속화된 고용과 노동의 분리 현상은 바로 이 점에서 노동운동에도 매우 중대한 도전이었다.

삶과 노동의 중첩 및 식별 불가능성의 증가

상품관계의 확장과 정보기술 혁명의 결합으로 노동은 전통적인 고용현장을 넘어 삶의 영역 전체로 확장되고 있다. 이때 노동은 임금을 받고 상품 생산 과정에 투입되는 전통적 의미의 임금노동이 아니다. 이 노동은 자유로운 활동이나 소비 활동과 중첩되며 발생한다. 임금노동과 달리 자유로운 활동의 영역이던 소통, 돌봄, 교류 등이 점점 더 임금노동과 상품관계 안으로 통합되고 있다. 이는 두 가지 현상을 발생시킨다. 하나는 기업 중심 곧 자본-노동으로 이뤄지던 고용 관계가 이전과 다른 방식으로 삶 속에 확대되는 것이다(조정환, 2011: 325).

돌봄 노동자가 대표적인 유형이다. 돌봄 노동자는 가족의 역할이었던 '돌봄'을 맡지만, 가족은 아니다. "돌봄 노동자와 보호자 가족은 강한 정서적 유대를 공유할 정도로 관계가 발전하기도 하지만 대부분은 고용자–피고용자 위치에서 한 발도 나아가지 못한다." 그래서 "이들은 가족이면서도 가족이 아니다."[30] 가족과 고용–피고용 관계가 중첩되어 존재하는 것이다. 이와 유사하지만 다른 유형으로 가족이 가족 구성원을 고용하는 관계도 존재한다. 이 유형은 '돌봄 노동의 사회화' 과정이 강화되면서 발생했다. 며느리가 노인요양보호사 자격을 얻어 가족 내의 노인을 부양하고 돌보는 활동을 하는 경우 제한적이나마 노동으로 인정되어 국가 지원을 받는다. 돌봄은 재생산을 위해 필수적인 활동이지만, 이의 경우 활동과 노동의 경계는 불투명하다. 조정환의 표현을 빌린다면 "삶의 노동화"(조정환, 2011: 327)다. 달리 말해 노동은 이제 특정한 고용현장을 갖지 않으며 삶의 활동이 이루어지는 모든 곳에 개입할 수 있게 되었다.

이와 함께 노동과 소비의 경계도 불투명해지면서 "소비의 노동화" 현상도 강화되고 있다. 소비 활동이 상품 소비를 매개로 자본의 축적에 복무한다는 것 자체는 새로운 관점은 아니다. 이런 현상은 임금노동과 함께 발전한 자유시간의 기본 속성 중 하나로 이미 오래전부터 분석되어 왔기 때문이다. 하지만 "소비의 노동화"는 그 이상의 현상이다. 그 핵심에는 정보기술혁명으로 진행된 일상생활 하부구조의 정보기술화가 존재한다. 소비자는 온라인 네트워크를 통해 소비 활동에 필요한 정보를 해당 기업에 등록하는 활동을 전개한다. 온라인 소비

---

30 최우리, "돌봄 노동자에게도 '돌봄'을 부탁해", 한겨레, 2013. 3. 22.

활동에 필요한 모든 정보는 소비자가 직접 등록해야만 하기 때문이다. 이뿐만이 아니다. 소비자들은 기업의 오픈 이노베이션open innovation에 참여해 상품 개발과정 일부로 통합되기도 한다. 이로 인해 전통적인 생산과 소비의 분할 혹은 노동과 소비의 분할은 해체된다. 소비 과정이 기업의 열린 생산 과정 일부로 통합되면서 노동 일부를 소비자에게 외부화하고 소비자의 지식을 상품생산 과정에 반영한다.

일상생활을 영유하며 만들어진 자료data를 통해 이윤을 형성하는 "이용자정보서비스산업"은 이런 "삶의 노동화"와 "소비의 노동화"가 어떤 방향에서 중첩되는지 보여주는 대표적 예다. 이용자정보서비스산업은 고용-피고용의 관계 자체가 존재하지 않을 뿐만 아니라 각 기업이 원하는 특정 정보를 얻기 위해 이용자에게 어떤 강제도 행사하지 않는다. 그런데도 일상생활의 활동을 연속해나가는 과정 자체가 해당 기업이 원하는 정보를 생산해내는 과정으로 전환된다. 운전할 때 도로 정보가 자동으로 기업 데이터베이스에 등록되는 스마트폰 앱 서비스나 유튜브와 페이스북 같은 플랫폼platform 기반 서비스는 이런 전환 과정의 대표적인 구조를 보여준다. 이 구조에서 이용자는 기업 외부에 존재하지만, 기업의 자료생산 과정에 참여한다. 고용 관계 외부에서 단지 일상생활의 운영 그 자체가 비非고용노동의 속성을 띠는 것이다. 이처럼 노동은 고용-비고용의 경계를 넘어 확장된다. 그런데 바로 이런 활동의 노동 전유 구조가 한국 서비스산업 혁신을 위한 중심전략으로 제안되고 있다.[31] 이에 따라 한국 서비스산업의 성장

---

31 박필재, "서비스 혁신, 5大 키워드로 준비하자: 글로벌 기업의 서비스 혁신 사례를 중심으로", 《Trade Focus》 Vol. 12 No. 70, 한국무역협회 국제무역연구원, 2013.

과정과 함께 이런 현상은 더욱 증폭될 전망이다.

"고용 없는 성장"에서 "노동 없는 성장"의 가능성까지

이제 노동은 언제나 고용이 되는 것이 아니다. '고용 없는 성장 jobless growth' 현상은 이제 익숙하다. '고용 없는 성장'이란 국가 경제가 성장해 생산이 늘어나는데도 고용은 늘어나지 않는 현상을 말한다. 경제성장이 고용을 얼마나 창출하는가를 파악하는 수치인 고용탄성 치는 1997년 외환위기 이전까지 큰 변화 없이 일정한 편이었다. 그러나 외환위기 이후 한국의 고용탄성치는 급락하여 현재까지 계속 낮아지는 추세다. 즉 한국의 고용 창출력은 급격히 약화하고 있다(유병규, 2013: 57). 한국에서 고용 없는 성장 담론은 2003년을 거치며 등장했다. 이후 고용과 성장의 관계에 대한 논쟁이 계속 있었지만,[32] 경제성장이 과거와 같은 방식으로 고용을 창출하고 있지 않음은 분명하다. 그 원인은 다양한 각도에서 분석된다. 일반적인 원인을 열거한다면 ① 고용 창출의 핵심이던 제조업 구조 변화와 환경 변화 ② 기업의 생산성 향상 ③ 기업의 비용 절감 노력의 가속화 ④ 기업경영 환경의 불확실성 증대로 인한 일상적인 구조조정이 그것이다(최호상, 2004: 45~49). 이런 일반적인 원인 외에도 한국의 대기업 중심 경제구조는 고용 없는 성장에서 중요한 역할을 했다. 전체 고용 구조에 부

---

32 예를 들어 김용현(2005)의 경우, 2005년 현재 시점에서 '고용 없는 성장'가설을 채택하는 것은 이른 감이 있다고 주장한 적이 있다. 그는 제조업에서의 일자리 흡수 여력이 점차 줄어드는 것은 사실이지만, 여전히 일자리가 증가하고 있으며 업종별로 다르다는 점을 이유로 들었다. 특히 서비스업과 사회서비스업에서의 향후 고용 창출 능력에 주목했다.

정적인 영향을 미쳤기 때문이다. 대기업은 위에 언급한 일반적인 원인과 기술혁신을 매개로 고용을 축소하거나 혹은 매우 제한적인 규모로만 확장했다. 문제는 이것만이 아니다. "대기업이 고용을 줄이면서 우리나라의 노동시장은 소수의 고임금을 받는 대기업 노동자와 다수의 저임금을 받는 중소기업 노동자 구조로 고착"(이동수, 2011: 185)되었다. 또한 대기업과 중소기업 간 임금 격차는 신규 노동시장 진입자들이 중소기업 취업을 회피하게 했다. 이런 구조에서 졸업 이후 취직을 원하는 청년 세대의 실업 문제가 폭발적으로 분출된 것은 자연스러웠다. 대기업의 고용은 줄었고 삶의 패배처럼 보이는 중소기업 취업은 선택할 수 없었기 때문이다. 이 빈 곳은 이주노동자들의 공간이 되었다.

중요한 점은 이때 거론되는 원인이 자본주의 발전양식mode of development의 전환과 연결되어 있어 앞으로 더욱 강화될 것이라는 점이다. 마누엘 카스텔Manuel Castells은 자본주의 생산양식과 구별되는 발전양식 개념을 도입해 생산과정의 생산성을 촉진하는 기술양식을 구별한 바 있다(카스텔, 2003: 40). 카스텔은 세 가지 발전양식을 구별했는데 농업, 산업, 정보가 그것이다. 카스텔은 정보통신기술혁명이 인간 활동의 모든 영역에 스며들고 있다는 전제 아래 현대의 발전양식을 정보주의 발전양식informational mode of developmet으로 규정한다. 산업주의에서 발전주의로의 정보양식 변화는 고용 구조의 변화와 밀접한 연관을 맺고 있다. 고용 없는 성장 자체가 정보통신기술혁명과 중첩되어 있다는 주장은 이미 많이 제기되었다. 그런데 문제는 1990년대 발생한 정보통신기술혁명이 2010년대를 거치면서 다음 단계로 진화하여 고용 없는 성장과는 또 다른 문제를 촉발했다는 점이다. 특히 인공지능, 로봇공학, 사물인터넷, 자율주행차량, 3D프린팅, 나노기술, 바이오기술 등과 같은 새로운 기술의 발전으로 향후 고용 규모 자체가 매우 축소될 수 있다는 전망이 우세하다. 이러한 기술의 발전은 그 이전의 기술 발전과 달리 고용 창출 능력은 현격히 제한적일 것으로 예상된다. 이런 경향이 말하는 것은 고용이 늘어나는 속도보다 고용이 줄어드는 속도가 더욱더 빨라진다는 점이다. 어쩌면 우리는 "고용 없는 성장"에서 "노동 없는 성장"의 국면으로 전환하는 시대를 경험하고 있는지도 모른다.

또한 이와 연결된 중요한 문제는 고용의 한계가 축소되지 않는다고 하더라도 인공지능과 로봇공학이 대체할 수 있을 정도의 노동 표준화와 규격화로 인해 해당 노동의 평범성이 확장된다는 점이다. 이는 로봇공학이 인간 노동을 대체하지 않는다고 하더라도, 노동과 구체적인 인격 및 능력과의 분리 경향이 강화되어 누구나 일을 할 수 있는 노동으로 그 속성이 변한다는 것이다. 이런 조건과 기업경영 환경이 부여하는 노동비용 절감이 만난다면 지금보다 더욱 강력한 일상적인 구조조정에 직면할 수 있다. 곧 노동의 불안정성이 급격하게 증대되는 것이다. 지금보다 나쁜 노동이 더욱 확산할 수 있다.

고용의 불안정성 증폭

고용의 불안정성은 더욱 증폭되고 있다. 이제 과거와 같이 동일 직장 내에서 전일제로 근무하면서 노동계약 기간의 갱신 없이 정년까지 고용이 보장되는 노동자는 점점 소수가 되었다. 1998년 이후 도입된 비정규직 제도는 한국의 일상세계를 단기간에 가장 응축적으로 변화시킨 제도가 되었다. OECD에 따르면, 2013년 8월 기준으로 한국의 비정규직 노동자Temporary workers 비율은 22.4%에 달한다.[33] 그러나 민간연구소들이 분석한 자료들의 수치는 더욱 높다. 노동사회연구소의 분석에 의하면 "비정규직 비율은 2001년 8월부터 2007년 3월까지 55~56% 수준을 유지하다가, 2007년 9월에는 54.2%로 감소세로 돌아서서 2013년 3월에는 46.1%로 꾸준히 감소하고 있다(김유선, 2013: 3)." 통계분석 방법의 상이함을 고려하더라도 이제 전체 노동인구의 반은 비정규직이라고 말할 수밖에 없다. 이런 조건에서 과거의 고용형태는 하나의 특권처럼 보인다.

한국에서 불안정 노동이 전면화한 두 계기가 있다. "하나는 1987년에 분출한 산업 노동자들의 투쟁(노동조합 조직화와 임금 인상)이며 또 하나는 1997년 경제위기(부채위기)이다."(조정환, 2011: 317) 1980년대에 조직 노동운동이 강화되자 이에 대응하기 위해 자본은 이중전략을 구사했다. 하나는 임금 인상을 중심으로 조직 노동운동의 요구를 통합한 것이고, 다른 하나는 그 비용의 상쇄를 위해 기계화, 정보화, 서비스화와 같은 자본의 혁신과 불안정 노동을 광범위하게 창출한 것이다. 1997년 경제위기는 그 핵심 계기가 되었다. 그 결과 노동시장은 분할되고 노동 내부의 경쟁 관계는 증폭되었다. 이에 노동계급 내부의 위계화와 분열이 강화되었다.

1998년 '파견근로자 보호 등에 관한 법률' 시행, 2006년 11월 통과된 비정규직 보호 관련 3개의 법안 그리고 2015년 진행된 노동시장 개혁 논쟁 등은 이 과정의 중요 계기들이다. 그리고 이 과정 전체를

---

33 안호균, "한국 비정규직 비율 OECD 2배 수준", 뉴시스, 2015. 5. 28.

관통하는 핵심 경향은 ① 정규고용에서 기간제 고용으로의 전환 ② 직접고용에서 간접고용으로의 전환과 확산이었다. 사용 기간만 규제할 뿐 사용 사유를 제한하지 않는 비정규직법은 기간제 고용을 정규고용의 예외적이고 일시적인 업무 대체가 아닌 그 자체 하나의 정상노동 유형으로 만들어냈다. 또한 1998년 파견법 제정 이전까지 불법이었던 '간접고용'의 합법화는 음성화된 간접고용의 문제를 해결하지도 못하면서, 직접고용의 원칙을 해체하여 간접고용 상태를 확산시키게 되었다(윤애림, 2015: 25~26). 그리고 이런 경향의 결과는 비정규직의 확산과 노동계약의 유연화를 통한 자본의 해고 능력 강화라고 말할 수 있다. 1988년 정리해고 도입 이후 2015년엔 일반해고가 노동시장 개혁의 중심 문제로 부상했다. 정리해고라는 이름으로 경영 악화, 구조조정이나 기술혁신 등 긴박한 경영상의 필요가 인정될 때에만 허가되었던 해고는 2015년 일반해고 제도를 통해 제한에서 풀려났다. 곧 개별 노동자의 노동력을 평가해 자유롭게 해고할 수 있게 된 것이다. 그런데 정리해고에서 일반해고로 나아가는 이런 경향을 정부는 언제나 노동의 '보호'라는 이름으로 진행했다.

해고 경향의 강화는 김영삼 정부 시절부터 진행되는 것이었지만, 이런 경향이 '비정규직 보호'와의 관계 속에서 배치된 것은 노무현 정부 때부터였다(윤애림, 2015: 3). 참여정부는 기간제 및 단시간근로자 보호 등에 관한 법률, 파견근로자 보호 등에 관한 법률, 노동위원회법 등을 비정규직'보호'법이라 이름 붙여 2007년 7월부터 적용했다. 2014년 11월 홈에버 비정규직 사태를 다룬 영화 〈카트〉가 개봉하자 참여정부 시절 대통령 비서실장을 재임했던 당시 문재인 의원은 영화 관람 이후 이렇게 말한 바 있다. "그때 비정규직 노동자들의 보호와 정규직 전환의 촉진을 위해서 비정규직 보호법을 만들었는데, 막상 법이 시행됐을 때는 사용자들이 외주용역이니 사내하청으로 법망을 빠져나가는 것을 막지 못했다."[34] 이명박 정부 시절에는 이런 배치와 '노동시장 이중구조화'라는 프레임이 결합하게 되었고, 이 경향이 박근혜 정부에 그대로 이어졌다(윤애림, 2015: 4). 공정하고 역동적인 노동시장의 구축을 통해 노동을 '보호'하겠다는 담론은 이렇게 만들어졌다.

이는 물론 해고 일반화 과정의 문제를 호도하기 위한 수사였다. 고용에서 해고로의 전환을 요구하는 자본의 필요를 노동의 보호를 위한 노동의 필요로 치환하여 저항을 무마하고자 한 것이다. 그러나 노동의 '보호'를 단지 수사의 정치학이라는 차원에서만 접근하면 다른 것을 놓치게 된다. 그것은 바로 해고와 자유민주주의와의 관계이다. 자유민주주의는 해고를 그 자체로 수용할 수 없다. 이 때문에 해고는 변형되고 왜곡된 형태로만 자유민주주의 내부에서 수용될 수 있다. 이는 전면실업 상태로의 전환을 막아야만 하는 자유민주주의의 내적 조건으로부터 발생한다. 바꿔 말하면 해고의 일반화는 허용하되 전면실업과 완전고용의 경계 내에서만 움직여야 하는 제약이 존재한다. 노동의 보호는 이 점에서 자유민주주의가 파괴할 수 없는 자기 한계를 확인시켜 준다. 그 결과는 불안정 노동의 전면화였다.

노동이 더는 고용의 경계와 일치하지 않는 삶과 노동의 중첩, 그리고 성장과 분리된 고용의 불안정성 증폭은 고용과 노동 분리의 가속화를 말해주는 현상이다. 이 현상의 방향은 역설적인 두 경향의 종합이다. 하나는 노동과 우리의 일상생활이 구별 불가능해지면서 노동의

---

34 조태임, "문재인 "영화 '카트' 보며 부끄러운 심정이었다"", 노컷뉴스, 2014. 11. 12.

개념이 전통적인 임금노동을 넘어 확장되는 것이다. 다른 하나는 임금노동의 영역이 축소되거나 소멸하고 있으며, 그로 인해 불안정성이 강화된다는 것이다. 즉 임금노동은 축소되고 있지만, 노동으로 통합되는 일상생활의 영역은 확장되고 있다. 이는 동시에 한국 자유민주주의의 위기를 가속하고 있다. 고용으로 환원되지 않는 노동의 존재는 오직 고용을 통해서만 자신의 인간적인 필요와 정치적 자유를 충족할 수 있도록 구조화된 자유민주주의의 전제를 그 내부로부터 파괴하기 때문이다. 고용은 단지 물질 충족을 위한 수단만은 아니다. 고용은 모든 시민이 전체 사회에 동등하게 참여하는 수단이자 이를 통해 타자로부터의 인정과 자기존중을 획득할 방법이다. 곧 인간적인 필요의 충족을 위한 핵심 경로다. 그래서 고용과 노동의 분리는 물질적인 필요의 박탈뿐만 아니라 인간적인 필요의 결핍과 배제로 나아간다. 이런 조건에서 자유민주주의가 보장하는 보편권리체계는 공동화된다. 곧 빈껍데기로만 남을 뿐이다. 다시 말해 고용과 노동의 분리는 자유민주주의와 시민의 분리를 촉발한다.

이런 상황의 가속화는 완전고용을 전제로 구축된 국가 고용의 공공성을 해체할 뿐만 아니라 고용의 공공성 안으로 허약하게 통합되어 있던 노동의 공공성 자체를 와해시키는 결과를 낳는다. 노동 공공성의 와해 과정은 한국 자유민주주의의 구조로 인해 더욱 악화했다. 한국의 자본주의 산업화를 주도한 군부 권위주의 정부는 노동은 동원하지만, 동시에 탈정치화하는 전략을 채택했다. 곧 노동의 경제적 동원과 정치적 탈동원화가 중첩됐다(최장집, 1997: 26). 이는 중대한 결과를 초래했다. 권위주의에서 민주주의로의 이행에도 불구하고 노동과 민주주의의 결합은 매우 약했기 때문이다. 한국 민주주의를 "노동 없는 민주주의"로 파악한 최장집의 규정은 바로 이런 특징을 강조하기 위한 것이었다. 물론 노동운동은 성장했다. 그러나 "그동안 노동운동이 아무리 성장했다 하더라도 정치영역에서 조직노동자들은 여전히 정당의 형태로 정치권에 진입하지 못하고 있는 것이다(최장집, 1997: 7)." 이런 노동의 정치세력화 실패는 노동의 공공성과 관련해 다음과 같은 두 문제를 발생시켰다. 우선 노동의 공공성은 매우 약한 형태로 제도화되었을 뿐만 아니라 그 과정은 국가 주도의 억압적 탈동원화 전략으로 진행되었다. 또한 노동의 정치세력화 실패는 노동의 공공성을 민주주의 제도 내부에서 방어하고 확장하는 데 필수적인 정당정치의 부재로 연결되었다. 이에 따라 허약한 노동의 공공성조차 와해시키려는 반민주주의적 공세를 막아낼 정치 능력이 없었고, 이는 노동의 공공성이 한계까지 무너지는 상황을 초래했다.

자유민주주의 제도정치 내부에서 노동의 공공성을 방어할 공적 능력이 미약하자 1990년대 후반을 거치며 제도정치 외부의 운동이 폭발했다. 이 운동은 크게 두 범주로 나눌 수 있다. 하나의 범주는 기존에 권리의 보호를 받지 못하던 또 다른 노동들을 노동의 범주 안으로 통합해 권리 적용 범위를 확장하는 것이다. 이런 범주의 대표적인 운동은 학습지 교사, 보험설계사, 캐디 등과 같은 특수고용직 노동자, 그리고 방송과 영화계 종사 노동자들처럼 자영업으로 분류된 이들의 '노동자성' 인정과 그 법적 지위를 부여하기 위한 운동이다. 눈에 띄는 것은 돌봄 노동의 법적 보호를 요구하는 운동의 출현이다. 근로기준법에서 제외되고 사회보험 적용도 받지 못하는 돌봄 노동자들의 법적 보호를 요구하는 운동은 2010년 전후부터 활발하게 진행되고 있다. 또 하나의 범주는 노동 불안정성의 증폭에 대항하여 노동의 안전과 고용을 확보하기 위한 운동이다. 이 운동은 민주노총을 비롯한 노동조합운동과 다양한 노동운동단체가 집중적으로 진행하고, 대표적인 운동은 비정규직 철폐 운동이다. 두 범주의 운동 특성을 간략히 규정한다면, 하나는 노동의 범주 안으로 진입하기 위한 운동이고 다른 하나는 노동의 범주 안에서 배제되거나 주변화되지 않기 위한 운동이라고 할 수 있다.

그러나 문제는 복잡했다. 노동의 공공성은 완전고용을 매개로 자유민주주의하에서 모든 시민의 노동에 대한 권리와 의무를 결합하는 체계다. 하지만 앞서 말했듯이 자본주의의 재구조화와 발전양식의 교체는 노동의 공공성의 핵심 전제인 완전고용이라는 전망 자체를 불투명하게 만들었다. 자본의 경쟁 조건 강화는 자본의 노동비용 절감과 구조조정의 압박을 일상화하고 있다. 그리고 이런 경향은 노동을 대체하는 기술발전을 가속한다. 자동화와 기술 발전으로 고용의 미래는 매우 불투명할 뿐만 아니라 규격화되고 평범화된 노동은 인공지능 로봇에 의해 대체되거나 혹은 더욱 열악한 노동조건으로 전환될 가능성이 있다. 인간 없는 공장은 이제 먼 미래의 모델이 아니다. 아디다스는 본사가 있는 독일에 완전 자동화 공장을 준비하고 있는데, 이 공장에는 인간 관리자 10여 명만이 필요하다고 한다.[35] 이른바 아디다스의 '스피드팩토리'다.[36]

---

35 황승환, "아디다스, 독일에 로봇 공장 짓는다", 더기어, 2015. 12. 11.

36 「인더스트리 4.0 탄생과 의의」(『4차 산업혁명과 제조업의 귀환』)에서 김은은 아디다스의 스피드팩토리를 인력 절감이라는 관점에서만 접근하는 것은 오류라고 주장한다. 스피드팩토리의 목표는 고객 맞춤형 제품 생산을 위한 분권형/자율형 공장으로의 전환에 있고, 이럴 경우 운동화 생산은 로봇의 영역이지만 해당 로봇의 생산에 대한 수요는 더욱 증가하여 새로운 노동수요를 창출할 것이라고 본다(김은, 2017: 26~27). 여기서는 김은의 설명에 반대하는 것이 아니라 노동 없는 공장의 실현 가능성에만 주목했다. 기술에 의한 노동 대체가 또 다른 노동의 창안으로 연결될 것인가는 다른 부분에서 다룬다. 그런데도 김은의 견해는 국내에 소개된 아디다스 스

로봇자동화 기술은 현재 많은 노동의 대체 가능성을 만들고 있다. 텔레마케터, 화물 운송기사, 시계 수선공, 보험 손해사정사, 전화교환원, 부동산 중개인, 마트 계산원, 택시기사 등의 직업뿐만 아니라 중간계급 대부분을 차지하는 사무직 노동자 또한 이런 위험에 노출돼 있다. 문제는 이런 가능성이 다음 세대의 문제가 아니며 언제, 어디서, 어떻게 발생하고 강화할지 전혀 예측 불가능하다는 점에 있다. 또한 한국 자본주의 고용능력 자체의 축소는 비가역적인 경향이다. 즉, 되돌리기 어렵다. 이런 조건에서 노동의 공공성 방어를 위한 운동은 하나의 딜레마에 직면한다. 불안정 노동의 전면화에 대항하여 노동의 공공성을 방어해야 하지만, 이를 실현하기 위한 물적 조건은 반대 방향으로 움직이고 있기 때문이다.

이 부분이 노동의 공공성의 객관 조건 해체와 연동된 것이라면 또 하나의 난점은 노동의 공공성의 주체 조건으로부터 나온다. 첫 번째는 "노동의 자본주의적 분할"(앙드레 고르, 2011: 106)로 인해 발생한다. 노동의 내적 분화는 이제 하나의 범주로서의 노동을 상정하는 것 자체를 불가능하거나 의미 없게 만든다. 불안정한 지위의 보조직, 기간직, 파트타임직 등과 같은 불안정 노동과 전통적이고 안정적인 노동과는 임금노동이라는 점 외에 어떤 공통성도 찾을 수 없는 국면으로 발전하고 있기 때문이다.[37] 오히려 전통적인 안정노동과 불안정 노동

피드팩토리에 대한 이해를 교정해준다.

37 물론 노동의 내적 분화는 단 하나의 경계를 따라 나타나지만은 않는다. 김영수(2002)는 한국 자본주의의 신자유주의 국면에서 노동계급의 단결을 가로막는 국가와 노동의 네 가지 기본전략을 다음과 같이 분석한 바 있다. ① 개별적 고립화 ② 경쟁적 노동시장의 형성 ③ 국가주의 혹은 민족주의와 같은 공동체 동원 ④ 일상생활의 상품화.

사이에서 경쟁과 갈등이 전면화한다. 곧 자본과 노동의 대립은 부차화하고 노동과 노동의 대립이 갈등의 중심축으로 등장하는 것이다. 이것만이 아니다. 앙드레 고르는 이처럼 자본주의적 분할로 인해 발생한 불안정한 노동 집단의 핵심 특징을 다음과 같이 말했다. "그의 모든 일자리는 그의 능력과는 무관한 동시에 일시적 성격을 갖고, 그의 모든 노동은 우연적인 성격을 띤다."(고르, 2011: 111) 이런 불안정 노동의 특성 때문에 이들은 노동을 통해 자신의 정체성을 파악하지 않는다. 이와 같은 노동의 자본주의적 분할은 전통적인 노동운동의 조직형식과 전략에 기본적인 한계를 부여한다.

그러나 더욱 근본적인 문제는 국가의 조직화된 폭력의 개입에 의한 노동과 시민의 분리 구조로 인해 다음과 같은 한국 노동자의 역사적 주체 조건이 형성되어 있다는 점이다. 노동의 정치적 탈동원화와 억압의 구조는 노동과 정치의 결합에 대한 두려움을 강화했다. 두 번째 주체 조건은 바로 이 '두려움'의 문제다. 두려움은 노동 문제를 내부 자아에서 억압하게 했다. 이에 따라 한국 노동 주체에게 다음과 같은 세 현상이 일반적으로 나타난다. 이를 간단하게 도식화하면 다음과 같은 3요소로 정리할 수 있다.

[표3] 한국 노동 주체에 나타나는 현상

유형	자기 증오	공격자와 동일시	회색 영역
내용	노동에 대한 증오 및 패배에 대한 증오	국가 및 자본과의 동일시를 넘어 체제 전체와 동일시	무관심, 체념 그리고 수동성

1) "노동자계급은 인간적인 존재로서 주목할 만한 가치가 없다고 여기며, 따라서 자신이 노동자계급으로부터 얼마나 멀리 떨어진 위치에 있느냐 하는 점을 중요시한다(세넷, 2001: 87)." 다면적인 이유 중 하나가 매우 중요하다. 바로 노동을 열등한 활동으로 바라보면서 그 열등함과의 거리를 통해 자신을 파악하고자 하는 경향이다. 곧 노동에 대한 경멸이다. 이런 경멸 때문에 우리는 타자로부터의 경멸을 피하고자 자기 내부에 존재하는 경멸의 요소를 억압하거나 혹은 경멸한다. 곧 내가 나의 노동을 경멸하는 구조가 존재한다. 내가 나의 노동을 경멸할 때 나는 타인의 노동도 경멸한다. 이종영은 『마음과 세계』에서 '자기기만'을 분석하며 다음과 같이 말한 바 있다. "나는 나에게서 숨기는 것을 다른 사람에게서 보고서 공격하고, 도덕적 우월감을 느낀다(이종영, 2016: 13)." 타인의 노동을 경멸하면서 나는 타인보다 우월한 존재라는 착각에 빠진다. 그런데 바로 이런 관계가 구조화되면 경멸의 순환은 강화된다.

이 때문에 노동의 문제가 발생하더라도 노동의 문제에 동참하면서 갈등을 사회화하고자 하지 않는다. 자신을 문제로부터 분리하는 '자기 면제'의 구조가 작동하는 것이다. 노동에 대한 경멸로부터 자기 면제의 구조로 나아가며, 문제로부터 자발적으로 소외된다. 이는 중대한 결과를 초래한다. 각 개인이 행위를 책임지지 않는 경향을 발생시키기 때문이다. 문제 상황에 대해 자신은 책임이 없다. 자기가 관여하지 않았기 때문에 책임을 공유하지 않는 것이다. 책임을 공유하지 않을 때 문제 해결을 위한 공동의 행동은 조직되기 어렵다.

2) 또 다른 하나는 국가 및 자본과의 동일시다. 공격자의 권력이 압

도적으로 강한 경우, 희생자들은 반항하거나 피할 생각조차 못 한다. 그보다는 공격자의 의지에 완전히 복종함으로써 공격자의 '은혜' 안에서 살아남는 방법을 택한다. 이런 과정을 '공격자와 동일시'라고 한다. "직접적으로 생명을 위협받는 상황에서 공격자와 동일시하는 것은 생존 전략의 일환"(하이데, 2000: 33)이다. 노동의 공공성 해체 과정은 노동의 고통을 강화한다. 이런 고통의 증폭 앞에서 각 개인은 고통을 감수하며 그 고통을 만들어낸 체제와 동일시해 살아남을 경로를 모색한다. 이 때문에 역설이 발생한다. 국가와 자본의 공격으로 자신의 고통이 증가하지만, 바로 그 공격자인 국가와 자본과의 동일시가 강화된다. 이런 '공격자와 동일시'는 국가와 자본이 노동 인정의 담론을 통해 폭력을 부과할 때 더욱 강화된다. 노동에 대한 혐오가 큰 만큼, 노동이 부과하는 자기부정의 강도가 강한 만큼, 국가와 자본의 대안 담론이 자기 정체성을 인정하는 긍정의 대안으로 작동하기 때문이다. 국가가 제공하는 '국민', 그리고 개별 회사가 제공하는 '사원' 정체성은 바로 이런 역할을 한다. 황병주(2000)가 분석한 것처럼, 농민은 자신을 처음으로 국민으로 불러준 새마을운동에 상당한 동의를 보였다. 또한 셀리나 토드는 1926년 영국 정부의 자원봉사 호소에 자발적으로 응한 일군의 노동자들을 분석하며 다음과 같이 썼다. "사회적으로 열등한 대접을 받아왔던 사람들에게 애국자로 존중받는다는 것은 흥분되는 경험이었다(토드, 2016: 75)." 국가와 자본의 호명은 그 자체로 하나의 "흥분" 상태를 만들어낸다.

이는 반대로 국가나 자본과 경합할 대안이 없다는 의미이기도 하다. 공격자의 권력을 제어하거나 자신이 동일시할 수 있는 대안이 없으므로, 자신의 상황을 통제하고 있는 국가와 자본과 동일시하는 것이다.

이때 남는 것은 '경쟁'뿐이다. "대안에 대한 믿음이 철저히 파괴될 경우 개인들은 경쟁에 뛰어드는 것만이 생존의 전제 조건으로 보일 정도로 자본주의 사회에 참여하는 이해관계를 발전시킨다(하이데, 2000: 34)."

3) 이와 함께 무관심이나 체념 그리고 수동성이 일반화된다. 공격자와 동일시할 수도, 자신이 증오하는 피해자와 동일시할 수도 없는 회색의 영역에 자신을 가두는 것이다. 자기 면제의 구조가 노동에 대한 은폐된 증오에 기반을 둔다면, 이와 달리 무관심이나 체념 그리고 수동성은 공격자나 피해자 모두와도 동일시하지 않는 행위다. 곧 방관의 전략이다. 대안에 대한 믿음도 없지만 그렇다고 공격자와도 자신을 동일시하지 않는다. '거리 두기'다. 공격자와 자신을 동일시하지 않는 이유는 공격자의 완전성에 균열이 존재하기 때문이다. 그 핵심은 '실망'이다. 공격자에 대한 실망, 그러나 다른 대안을 선택할 수 없는 절망. 이 실망과 절망의 순환 속에 자신을 가두는 것이다. 노동자의 노동에 대한 무관심 혹은 자신뿐만 아니라 다른 노동자에 대한 무관심은 극단적인 노동의 위기에 직면한 이들의 절망을 잉태하고 있다. 투쟁을 전개하는 이들은 언제나 '무관심'이 가장 두려운 대상이라고 고백한다. 2016년 1월 20일, 584일째 울산과학대학교에서 농성을 전개하던 청소노동자 김순자 지부장은 "추운 것도 괴롭지만 시간이 너무 지나다 보니 사람들의 기억 속에서 잊히는 것 같아 안타깝다"고 말했다.[38] 이런 무관심에 대해 한 노동운동가는 이렇게 말했다. "예전

---

38 이상록, "'노숙농성' 울산과학대 청소노동자 "추위보다 무관심 두려워"", 노컷뉴스, 2016. 1. 20.

에는 '정말 누가 죽어야 쳐다볼 텐가'라고 말하곤 했는데, 이제는 아예 죽어도 관심을 받지 못하는 현실이 됐다."[39]

이 때문에 노동의 공공성 해체를 막거나 노동의 공공성을 확장하는 과정에 필수적으로 요구되는 노동과 대중정치와의 결합은 언제나 미약했다. 제도정치 내부뿐만 아니라 그 외부에서 노동운동이 대중을 동원하기란 매우 어려웠다. 그 결과 노동조합운동은 고립됐다. 민주노총의 총파업 전략이 처한 위치는 이를 잘 보여준다. 노동 공공성의 와해 과정에 직면해 민주노총은 언제나 총파업을 택해야 할 상황에 내몰렸지만, 1997년 총파업 이후 민주노총은 대중 동원에 실패했다. 반대로 대중은 경쟁에 뛰어들었다. 경쟁이 생존의 조건이라는 국가와 자본의 전략을 수용하고 그 관계 안에 참여한 것이다. 이의 결과는 한국 자본주의 발전에 필요한 요구들의 광범위한 내면화였다. 노동의 공공성을 방어해야 하는 국면에 노동의 공공성의 주객관적 조건이 와해하는 바로 이 문제가 한국 자유민주주의의 중심 딜레마를 이루고 있다. 한국 자유민주주의의 전망은 바로 이 딜레마를 어떻게 풀어갈지에 달려 있다. 그리고 바로 이 딜레마가 자유민주주의를 넘어서는 또 다른 민주주의 동력의 출현 계기가 되기도 한다. 결국, 이제 노동의 공공성을 실현하고 방어하기 위해서는 새로운 내용과 방식이 필요하기 때문이다.

---

39 박철웅, "무관심·홀대·피폐한 삶… 여전한 '노동의 위기'", 경향신문, 2013. 11. 11.

2장
노동사회의 조건:
자본주의 산업화와 노동윤리

　임금노동에 순응하고 임금노동 너머의 노동을 사유하지 못하는 데에는 윤리적 차원이 존재한다. '노동윤리'라 부를 수 있는 이 윤리적 차원은 임금노동 패러다임을 일상생활에서 재생산한다. 노동윤리의 이해는 한국 자본주의 임금노동의 특성을 이해하기 위해 반드시 필요하며, 한국 노동사회의 위기가 왜 현재와 같은 모습으로 나타나는지 이해하는 데에도 결정적으로 중요하다. 한국 노동윤리 분석은 한국 자본주의 산업화의 역사적 특성 및 그 구조에서 출발한다. 자본주의 산업화가 임금노동을 전체 사회의 중심 노동유형으로 만든 동시에 현재까지 작동 중인 인민의 노동윤리를 만들어냈기 때문이다.[40] 여기서 말하는 자본주의 산업화란 자본주의와 산업주의가 결합하는 과정 혹은 상업자본주의가 산업자본주의로 전환하는 과정을 말한다. 자본주의와 산업주의는 다르다. 자본주의가 생산수단의 소유와

40　노동윤리와 직업윤리professional ethics가 다르다는 점을 기억해야 한다. 직업윤리는 각 직업에 종사하는 이들에게 요구되는 의무 혹은 윤리다. 뒤르켐은 "상이한 직업이 있는 만큼 많은 형태의 도덕"(뒤르켐, 1998: 54)이 있다고 말한 적이 있는데, 이때의 도덕은 직업윤리다. 노동윤리는 직업에 따른 윤리가 아니라 노동 그 자체에 대한 윤리다.

임금노동의 관계를 중심으로 상품을 생산하는 체제를 말한다면, 산업주의는 상품생산 과정에 기계를 투입하고 기계의 동력원으로 무생물 자원을 활용하는 체제를 말한다(기든스, 1991: 68). 역사적으로 자본주의는 산업주의 이전에도 존재했다. 이는 산업주의 이전에도 자본주의 임금노동이 있었다는 뜻이다. 임금노동은 주변적이었으나 자본주의 산업화는 상품의 대량생산을 가능케 하는 기계공업을 발전시키며 다수의 인민을 임금노동자로 전환했다. 바로 이 토대 위에서 노동사회가 형성되었다. 노동윤리는 임금노동자의 역사적 형성 과정 및 노동사회의 질서 구축에 필수 불가결한 요소였다.

자본주의 산업화에 접근할 때 중요한 점은 산업화가 국가 발전의 필수 요소였다는 점이다. 왜냐하면, 자본주의 산업화 과정 없이는 국가경제의 부富뿐만 아니라 군사적인 힘의 대규모 도약을 실현할 수 없었기 때문이다(기든스, 1991: 74). 이 때문에 자본주의 산업화 과정은 단지 자본주의와 산업주의의 결합과정일 뿐만 아니라 국민국가의 개입 과정이기도 했다. 한국의 산업화 과정의 핵심 특성은 바로 이 국가의 역할로부터 나온다. 한국에선 토지자본의 산업자본으로의 전환이 실패했다. 게다가 한국전쟁으로 전체 사회가 파괴된 상태였다(차남희, 1981: 190). 이로 인해 국가가 '근대화modernization'와 '발전development'이라는 명목으로 자본주의 산업화를 추진하는 중심 동력이 되었다. 국가는 중앙집중계획을 수립해 자본주의 산업화를 통제하는 동시에, 이 계획의 실현을 위해 전체 사회의 모든 자원을 동원하는 방식으로 자본주의의 산업화를 추진했다. 이 점에서 한국의 자본주의 산업화 과정 역시 비非서구사회에서 주로 발견되는 국가에 의한 위로부터의 산업화의 속성을 공유한다고 말할 수 있다. 달리 말하면 아래로부터의 산업자본계급 형성 과정을 통해 구축된 산업화와는 근본적으로 다른 특성을 갖게 된다. 그런데 한국의 산업화 과정을 추적할 때 주의할 점은 바로 이 산업화 모델의 원형이 일본 식민지 치하에서 진행된 산업화 과정에 내재한다는 점이다. 일본은 1920년대 후반 세계 경제 공황이라는 난국을 타개하고자 대륙침략을 강행하는 동시에 식민지 지배체제를 안정화하기 위해 조선의 산업화 정책을 추진하게 되었다. 한국전쟁으로 식민지 산업화의 유산인 공장의 다수가 파괴되었기에 그 물질적인 자산의 계승은 단절적이라고 말할 수 있을지도 모른다. 하지만, 일본의 식민지 산업화 모델 자체와 그 과정에서 구축된 노동윤리는 한국전쟁 이후 자본주의 산업화 과정에 계승되었다.

한국의 자본주의 산업화는 '후-후발 산업화late-late industrializers'의 시기에 시작되었다(최장집, 1996: 27). 이에 다른 국가의 산업화 과정을 모방하고 혁신하면서 모델이 되는 국가를 추적하는 '따라잡기 전략 catching-up strategy'이 경제 발전 전략의 기본 축이었다. 그리고 이때 "후발성의 이익"은 한국 고도성장의 중요한 요인이었다. 발전 초기의 낙후한 조건에서 해외의 자본과 기술을 적극적으로 도입하여 이를 국내 생산과 수출증대로 연결할 수 있었기 때문이다(김낙년, 1999: 71). 이런 경제 발전 전략은 한국전쟁 이후 구축된 남과 북의 군사적 대립 아래 남과 북의 체제경쟁적인 속성 또한 통합하게 된다(조희연, 2004: 206). 이 과정에서 산업화는 냉전반공주의라는 이념적 요소와 전쟁과 경제가 융합한 고유의 유형으로 전개되었고, 기계에 기반을 둔 공장생산은 그 핵심 방법이었다. 공장생산을 통해 국가를 발전시키기 위해서는 다음의 두 조건이 충족되어야만 했다. 하나는 공장을 만들고 경영할 산업자본의 존재이고, 다른 하나는 바로 그 공장에서 일할 수 있는 노동력의 확보였다. 국가의 능력은 이 두 조건을 얼마나 효율적이고 능동적으로 창출하는가에 달려 있었다. 국가는 산업자본과 특권적인 관계를 맺고, 산업자본의 성장과 발전을 위한 방향으로 국가경제를 조직했다.[41]

한국에서 국가와 산업자본의 관계는 자본주의 산업화가 본격화된 1961년 이후와 이전으로 나누어 볼 수 있다. 1954년에서 1960년 사이 한국 산업구조에서 제조업 비중은 국민소득의 13.5~19.4%로 매우 낮은 수준이었다. 그러나 1960년대부터 이른바 '대외지향적 공업화' 정책 추진을 통해 공업기반의 확장이 이루어졌다. 이 과정에서 한국의 산업구조는 제조업 중심으로 재편된다(조돈문, 2011: 83). 1961년 이전 산업자본의 주요 형성 메커니즘은 '적산敵産'이라 불리는 귀속재산의 불하와 한국전쟁 이후 외자 및 각종 정치적 특혜를 통한 산업시설 복구 및 확장이었다. 그리고 1961년 이후에는 다음과 같은 두 방식으로 산업자본의 축적이 이루어졌다. 하나는 국가가 국유기업을 창설해 스스로 자본축적의 주체가 되는 것이고 다른 하나는 민간자본을 자본축적의 주체로 삼는 대신, 이 과정에 대한 지원과 규제를 통해 축적 과정을 국가의 의지로 통제하는 것이다(이재희, 1999: 103~104). 경제개발 초기 단계에서 1970년대 초반까지 국가는 직접 많은 국유기업을 창설했다. 유공, 영남화학, 진해화학, 포항종합제철, 한양화학, 한국카프로락탐, 한국에탄올 등이다. 그러나 1970년대 후반에 이르면 국유기업의 신설은 둔화되고 그 대신 국유기업의 사유화

---

41 한국 산업자본의 형성 과정에는 논쟁이 존재한다. (1) 산업자본이 토지자본으로부터 발전 형성되었다는 입장 (2) 상업을 기반으로 경제외적 요소들에 의해 구성되었다는 입장이 그것이다.

가 진행된다. 그러나 국가는 각종 정책수단을 통해 민간자본의 축적 과정에 개입했다. 그 결과, "1970년대 후반기의 중화학공업화 과정에서 자본축적의 주체가 된 것은 국가자본이 아닌 사적자본이었지만, 사적 자본의 축직속도는 국가에 의해 좌우되었다(이재희, 1999: 104)." 이에 따라 군부 권위주의 정권과 산업자본의 유착 관계는 강화될 수밖에 없었다. 1961년 이전과 이후 방법의 차이는 있지만 두 방법은 모두 국가와 산업자본의 융합을 바탕으로 한다는 점에서 공통적이다. 따라서 "한국에서의 산업발전은, 근대적인 기업 경영이라든가 새로운 생산력의 발전과 같은 경제체계 내적인 요인 자체에서보다는 경제와 정치와의 융합에서 이루어진 것"(차남희, 1981: 183)이라고 보아야 한다.

단기간 압축 성장을 위해 국가는 전체 사회가 산업화에 복무하도록 만들었다. 곧 국가가 전체 사회의 모든 자원을 특정 소수 산업 자본의 육성 과정에 '투입'하는 이른바 '불균형 발전전략'을 채택한 것이다. 전체 사회 조직화의 핵심은 두 가지였다. 하나는 인민을 공장 안으로 투입해 산업자본과 결합시킨 것이었다. 곧 인민이 임금노동자가 되는 것이다. 이때 단지 임금노동자로 만든 것이 아니라 "권위적, 병영적, 가부장적인 공장 조직과 문화에 순응하면서 장시간 노동하는 값싼 노동력"(지주형, 2011: 43)을 만들어냈다. 다른 하나는 자본-노동 관계 외부 요소의 동원이었다. 이 과정의 핵심은 자본의 비용을 절감하기 위한 '비용의 외부화'였다. "어떤 생산과정에서든 현실적으로 드는 비용은 세 가지 종류로 일반화할 수 있다. 그 세 가지는 곧 인건비, 투입비용, 세금이다(월러스틴, 2014: 46)." 이때 자본가들은 투입비용 증가를 억제하기 위해 외부에 전가하는 방법을 선택해왔다. 공장의 생태 파괴, 자원 확보를 위한 인민 자산의 파괴 등은 관행이 되었다. 또한 국가는 자본 육성을 위한 기반시설 공급 역할을 했고, 이 과정에서 인민의 자원은 수탈되었다. 곧 자본의 발전을 위해 자본의 비용을 절감하는 모든 과정이 정당화되었다.[42]

이런 산업화 과정은 한국 산업자본의 행위에 고유의 병리구조를 각인했다. 서구의 자본 형성 과정과 비교한다면 한국 산업자본은 "헤게모니 없는 산업자본"이었다. 절대주의국가와 지주계급에 대항하는 과정에서 물질적 이해관계의 확대 재생산뿐만 아니라 자유와 평등 그리고 연대라는 보편이념을 창출한 서구 일부의 자본계급과 달리 한국의 산업자본은 형성 과정에서 전체 인민과 결합할 어떤 필요도 사실상 없었을 뿐만 아니라 국가에 의한 위로부터의 산업화로 인해 그런 경로 자체를 사전에 봉쇄당했다(최장집, 2012: 69). 한국 산업자본이 인민 전체에 대한 고려 없이 국가를 매개로 자본을 축적하는 과정에만 집중할 수 있었던 이유다. 동시에 노동과 산업자본의 관계가 가학증의 병리로 구조화되었다. 일반적으로 가학증이란 타자에게 고통과 굴욕을 주어 쾌락을 얻는 정신병리 현상을 말한다. 그러나 남에게 고통을 주려는 것이 가학증의 본질은 아니다. 에리히 프롬은 『인간의 마음』에서 우리가 관찰할 수 있는 모든 가학증은 하나의 충동, "다른 사람을 완전히 지배하고, 그 사람을 우리 의지를 펼칠 무력한 대상으로 삼고, 그의 신이 되어 그를 마음대로 다루려는 충동"으로 귀결된다고 말한 바 있다(프롬, 2002: 45). 가학증의 본질은 다른 사람

---

42 필자는 이런 관점에서 한국의 국가전력망 구축 과정을 분석한 바 있다. 이에 대해선 장훈교 (2014)를 참조하자.

을 완전히 지배할 때 갖는 즐거움이다. 한국 산업자본은 인민과의 타협을 제도적으로 강요받지도 않고 자신을 규율하고 구속할 보편이념의 제약도 받지 않았기 때문에, 인민에 대한 완전한 지배 충동에 귀속되었다. '노동의 사물화'는 그 핵심 현상이었다. 인간이 자유의지가 박탈된 하나의 사물처럼 자본과 관계할 때, 자본은 자신의 의지를 여과 없이 그 사물에 관철할 수 있기 때문이다. 그래서 이종영의 분석처럼, "가학증과 사물화가 분리될 수 없는 것"이다(이종영, 1996: 81). 이런 자본의 가학증의 충동으로 인해 노동에 대한 모욕과 노동하는 인민을 자신의 노예처럼 대우하는 행위들이 나타난다. 혹은 열악한 노동 상황으로 몰아넣어 자기 자신을 지킬 방도조차 못 찾도록 만들었다. 인민이 고통을 겪으면 겪을수록 보다 완전한 지배력이 보장되기 때문이다. 이것이 산업화 과정에서 확인되는 산업자본의 '물화' 곧 인간인 임금노동자를 하나의 사물로 파악하는 가학증의 내적 병리구조다. 그런데 이런 과정이 국가발전의 동력으로 국가에 의해 정당화되면서, 자본의 가학증이 전체 국민을 위한 윤리로 치환되는 반윤리성의 윤리 구조가 안착한다.

한국 "자본주의 영웅시대"(고르, 2011: 85)는 이처럼 가학증의 병리구조가 정상윤리로 수용된 결과였다. 자본주의 산업화 과정에서 자본의 축적 과정이 단지 각 개인의 능력으로 이루어진 것은 아니었으나, 사업 영역에서 기업주들의 고유한 능력 없이 존재할 수도 없었다. 기업주들은 역동적이고 극적인 사건들을 창안하거나 그와 연결된 이야기들을 만들어냈다. 이에 따라 대기업 기업주는 개인의 능력으로 지배 위치에 올라섰다는 '자본주의 영웅' 신화가 만들어졌다. 물론 이런 자본주의 영웅의 신화는 매우 제한된 시기에만 가능한 것이었다.

앙드레 고르의 분석처럼 이 신화는 "아무도 자신에 앞서 성공한 사람들에 의해 성공할 기회를 제약받지 않는" 조건, 곧 "성공할 수 있는 가능성이 실제로 무한"한 조건에서만 가능하기 때문이다(고르, 2011: 85). 이에 따라 자본의 가학증은 영웅의 '능력'으로 치환된다. 그리고 이런 자본주의 영웅 모델은 자본주의 산업화 과정에서 통속화되어 인민의 보편 모델인 동시에 하나의 규범을 만들어낸다. 그것은 바로 '자수성가自手成家' 모델이다. 물려받은 재산 없이 자기 혼자의 힘으로 집안을 일으키고 재산을 모으는 '자수성가'는 자본주의 산업화 과정에 만들어진 인민의 영웅 모델이었고, 이런 점에서 한국 자본주의 노동영웅이라 할 만하다.

그렇다면 한국의 인민은 어떻게 임금노동자가 되었을까? 이른바 한국의 프롤레타리아트화는 그 자체의 고유한 특성이 있다. 무엇보다 "유럽에서 1세기에 걸쳐서 이루어진 프롤레타리아트화에 버금가는 변화가 한 세대 안에 일어나면서 한국은 세계에서 가장 빠른 압축적 프롤레타리아트화를 경험하였다."(구해근, 2002: 50) 압축성장이 한국 산업화의 특성이었던 것처럼, 한국의 임금노동자 형성 과정 또한 압축적이었다. 하지만 한국에서 임금노동의 출현 및 형성 과정을 이해하기 위해서는 일본의 식민지배 과정부터 역추적해야 한다. 일본의 조선 산업화 과정부터 본격적으로 임금노동자가 출현하기 시작했기 때문이다. 유럽의 임금노동자는 주로 제조업 분야를 중심으로 등장했지만, 조선에서는 비제조업 분야를 중심으로 임금노동자가 출현했다. 일본의 약탈 과정이 응축된 식량과 광산물에 집중되었고, 이에 따라 광산, 부두 및 운수 부문을 중심으로 노동자들이 출현했다. 1912년의 「토지조사령」을 통해 많은 농민이 토지를 잃어 임금노동자가 될 조건이 확장되었다. 이후 1920년대를 거치며 공장노동자의 수가 늘었고, 1930년대 일본의 군수산업 병참기지 전략으로 전체 노동자 수뿐만 아니라 공장노동자 수도 증가했다.

하지만 해방 이후 농지개혁과 한국전쟁은 결정적인 변수였다. 이 두 계기로 지주–소작관계의 청산과 함께 전통적인 신분관계로부터 자유로운 '개인'이 출현했고, 동시에 임금노동 이외의 대안이 소멸했다. 최장집은 해방 이후 토지개혁을 한국 산업화의 첫 번째 요소로 꼽은 바 있다. 해방 당시의 소작지율은 63.4%, 1949년의 소작지율은 40.1%였다. 그러나 1948년 미군정에 의한 1차 농지개혁과 1950년 한국 정부에 의한 2차 농지개혁 과정을 통해 1960년 농업국 조사에 의하면 소작지율이 11.9%로 줄어든다(장상환, 1999: 151). 최장집은 이러한 농지개혁이 "한국 사회의 지배계급이었던 지주를 해체했고, 농업 생산의 질곡으로부터 농민을 해방함으로써 산업 생산에 기여할 자유로운 노동자들을 창출해냈다(최장집, 2017: 69)"고 분석했다. 여기에 한국전쟁은 "농촌사회에서 지주계급의 힘을 거의 무력화시킴으로써 지주제가 재생될 수 있는 기반을 결정적으로 파괴했다(장상환, 1999: 152)." 곧 한국전쟁은 신분제 해체에 결정적인 작용을 했다. "신분제는 1894년 갑오개혁을 계기로 법적으로는 폐지되었지만, 지주소작관계라는 물질적 토대가 그대로 존속하고 있었기 때문에 실질적으로 하인 신분의 사람은 여전히 남아 있었다(장상환, 1999: 153)." 그러나 토지개혁으로 지주–소작관계라는 물적 토대가 와해되고, 한국전쟁이 발생하면서 신분제는 결정적으로 해체되기 시작했다. 한국전쟁 당시 인민군의 점령 과정은 해당 지역의 천민 출신이 지역통치를 위한 공적 활동에 참여하는 공간을 열어냈다. "이러한 경험으로 인해 수복 후 권력구조의 재역전이 일어난 다음에도 다시 양반신분의 지배하에 있게 될 수는 없었다(장상환, 1999: 153)." 그리고 이들이 신분제의 영향력을 벗어날 수 있는 구체적인 방법은 "도시로의 이주"였다(장상환, 1999: 153).

그러나 논리적으로 본다면 도시로 이주한 인민이 반드시 임금노동으로 연결될 필요는 없었다. 임금노동으로 연결되려면 다른 대안이 없어야만 한다. 만약 자본주의 임금노동과 경합하거나 이를 전복할 수 있는 대안이 존재한다면 인민이 임금노동자가 아닌 다른 삶을 선택할지도 모르기 때문이다. 앙드레 고르는 『프롤레타리아여, 안녕』에서 다음과 같이 말한 바 있다. "프롤레타리아화는 생존을 이어나갈 수 있는 노동자들의 독자적인 능력이 파괴될 때만 완성된다(고르, 2011: 45)." 왜 그럴까? 독자 생존능력이 조금이라도 있는 한 임금노동자가 되는 과정과 협상하거나 다른 경로를 선택하고자 하기 때문이다. 따라서 대안의 부재는 매우 중대한 문제다. 이는 인민의 독자적 생존능력의 파괴가 임금노동으로 연결되는 과정이 경제적 과정만이 아니라는 점을 보여준다. 1945년 해방으로부터 1953년 한국전쟁 정전까지의 8년은 한국의 인민을 임금노동 안에 통합시키는 결정적 정치 과정이라고 할 수 있다. 한국전쟁을 거치며 임금노동뿐만이 아닌 자본주의 체계 일반에 대한 대안 이념과 운동 자체가 한국에서 소멸했기 때문이다. 그 이후 한국에서 임금노동은 하나의 필연이 되어 이에 대한 순응 이외의 대안은 사실상 없었다. 이것은 분단과 한국전쟁의 또 다른 영향력이었다.

1945년 해방과 함께 일종의 혁명에 대한 열정이 분출되었다. 그 열정을 하나의 범주로 묶는 것은 곤혹스러운 일이지만, 그 안에는 토지의 분배 및 공장의 자주관리 등과 같이 인민 자신의 대안 경제를 추구하려는 열정이 공존했다. 미군정의 통치와 한국전쟁을 거치며 이 열정이 완전히 파괴된 이후 유일하게 허용된 것은 자본주의 임금노동 안에서 분배를 주창하는 것뿐이었다. 홀거 하이데는 바로 이 점에서 "한국의 1940년대 사회 경제적 상황과 1960년대 상황 사이에는 근본적인 차이가 존재한다"(하이데, 2000: 41)고 주장한 바 있다. 1960년대 추진된 산업화 모델에 대한 유의미한 반대는 빈부격차 해소를 위한 소득 격차의 해소라고 볼 수 있기 때문이다. 이런 상황의 변화는 1940년대와 1960년대 사이의 20년간 이루어진 조직적 국가 폭력 없이는 해명이 어렵다. 1960년대에 완성된 이런 구조는 민주화 이후 민주주의 국면에도 해체되지 않고 유지되었다. 그 결과 임금노동을 넘어서는 대안 패러다임은 존재하지 않게 되었다.

더 중요한 점은 좁게는 1945년에서 1953년까지의 8년, 넓게는 1940년대 이후부터 1960년대까지 개입된 국가의 조직화한 폭력이 한국 인민들에 남긴 '상처'다. 조희연은 해방 이후 한국 사회가 '반공규율사회'라는 특정한 유형의 사회로 구조화되었다고 분석한 바 있다(조희연, 2004). 다양한 형태로 이 기간에 접근할 수 있지만, 인민의 입장에서 볼 때 핵심은 자신을 반공주의국가의 시선으로 바라보는 내면화의 구성에 있었다. 반공규율사회에서 모든 인민은 국가와 국가의 적이라는 이분법 안에서 생명을 건 선택을 강요당했다. 그러나 자본주의 이외의 대안을 추구한 운동과 집단이 국가의 적으로 규정되고 국가 폭력을 통해 파괴되었기 때문에 사실상 다른 선택은 없었다. 그 결과 국가와의 동일시가 일어났다. 생명을 건 선택 앞에서 모든 인민은 두려움을 가질 수밖에 없다. 1945년 해방과 함께 분출된 열정이 두려움으로 전환된 것이다. 열정의 두려움으로의 전환은 곧 실망과 좌절을 의미한다. 두려움은 국가에 대한 두려움인 동시에 자신의 내부에 존재하는 혹은 존재할 수 있는 국가의 적이 표현되고 분출되는 것에 대한 두려움이기도 했다.

이 때문에 자기 내면에 대한 통제와 억압은 일상화된다. 그리고 국가와의 동일시가 더욱 강화된다. 홀거 하이데의 표현처럼 "생명을 위협할 정도의 상황에서 공격자와 동일시하는 것은 하나의 생존전략"(하이데, 2000: 54)이기 때문이다. 국가와의 동일시란 곧 자본주의와의 동일시고 이는 곧 국가가 부여한 질서 안에서 임금노동과의 동일시 과정으로 전환된다. 바꿔 말하면 임금노동과의 동일시 정도는 국가와의 동일시 정도와 연결되어 있다. 이를 분명히 보여주는 예가 자본에 대한 비판 혹은 자신이 속한 공장과 기업에 대한 비판이 하나의 '금기'가 되었다는 점이다. 이 금기는 한국의 자본축적과 반공주의가 결합하며 만들어진 것이다. 이에 따라 "기업에서 노동자들이 사용자를 비판하는 행위는 좌익의 혐의를 받았다."(김동춘, 2006:268) 이런 조건에서 '비판'은 하나의 금기가 되었고 동시에 기업의 이익에 반해 자신의 권리를 주창하는 모든 행위를 각 노동자가 스스로 검열하고 억압하는 조건이 만들어졌다.

자본주의 임금노동 이외의 대안이 완전히 파괴된 조건에서 인민의 독자적인 생존능력의 파괴는 임금노동으로 연결되어야만 했다. 인민의 독자적인 생존능력의 파괴는 일본의 식민화와 한국전쟁을 경유해 강화되었고 자본주의 산업화 과정에서 국가의 불균형 발전전략에 의해 증폭되었다. 이 내용의 핵심은 자급 능력의 해체 과정이었는데, 그 중심엔 농촌과 도시의 분리 과정이 존재했다. 농업에 종사하던 인민들은 도시의 공장으로 몰려들었다. "한 연구에 의하면, 1966~75년 사이에 약 510만 명이 농촌에서 도시로 이주하였고, 1975~84년 사이에 또 590만 명이 도시로 이주한 것으로 추정된다. 모두 합쳐서 약 1,100만 명의 농촌인구가 수출주도형 산업화 시기에 도시로 이주한 것인데, 이는 매년 4.7%의 농촌 인구가 농촌을 떠난 셈이다(구해근, 2002: 70)." 그런데 중요한 점은 도시 이주 자체보다 그 성격이다. 구해근의 지적처럼 "그들의 이주는 좋건 싫건 간에 농촌을 떠날 때 돌아올 의도나 돌아올 가능성이 없는 영구이농의 성격"(구해근, 2002: 73)을 지녔다. 이는 농촌과 공장을 오가거나 농촌과 긴밀히 결합한 형태의 '파트타임 프롤레타리아트' 혹은 '반≠프롤레타리아트'와 매우 다른 형태의 프롤레타리아트다. 공장에서 받는 임금이 유일한 생계 수단인 노동자들이 생겼기 때문이다. 당연히 이런 노동자 유형은 '파트타임' 공장 노동자보다 임금노동에 더욱 속박될 수밖에 없다.

산업자본의 발전을 위해 국가는 노동자 전체의 임금을 낮은 수준으로 묶어 두어야 했다. 이 과정 또한 농촌의 해체 과정과 연결된다. 국가는 임금노동자의 저임금 유지를 위해 저농산물가격정책을 실행했다.[43] 이승만 정권의 미국 잉여농산물 도입으로 농산물 가격이 폭락한 이래 저농산물가격정책은 역대 정권의 저임금 정책 수단이 되어 왔다. 특히 이 정책은 60년대 이후 박정희 군사정권의 주도로 진행된 자본주의 산업화 과정에서 중심 정책 수단으로 채택되었다. "1970년대 초의 몇 년을 제외하고 농민들은 시장가격보다 훨씬 낮은 가격으로 쌀을 팔아야만 했다. 1960년대와 1970년대를 통하여 곡물 가격은

---

43 쌀(미곡) 중심의 우리나라 농업 특성상 저곡가정책으로 불리기도 한다.

시장가격의 85% 정도였다(구해근, 2002: 71)." 그런데 이와 동시에 농산물 생산비용은 늘어나고 소비재 가격은 상승했다. 그리고 농업 외 소득을 올릴 기회도 부족했다. 이 때문에 전적으로 농업 소득에 의존했던 농민들의 경제상황은 지속해서 악화되었다.

이런 상황은 농촌에서 도시로의 이동을 낳았고 농촌은 급격히 해체되거나 주변화하기 시작했다. 이 과정에서 농촌은 공장이 필요로 하는 노동력보다 항상 더 많은 노동력이 존재하도록 만드는 역할을 했다. 과잉노동인구를 창출해 노동자와 노동자 간의 경쟁을 증폭시키면 산업자본은 더욱 낮은 임금을 인민에게 줄 수 있었다. 마르크스는 이 과잉노동인구를 '산업예비군'이라고 불렀다. 산업예비군의 역할은 크게 두 가지였다. 공장생산은 단순노동이라는 노동유형을 창출했다. 기계와 함께 일하는 이들에게 필요한 능력은 일반능력이었다. 공장노동을 누구나 할 수 있다는 것은 모든 이가 노동자로 전환될 수 있다는 의미이기도 했고, 모든 이가 서로 잠재적 경쟁자라는 의미이기도 했다. 바로 이 경쟁의 과잉이라는 조건을 통해 산업예비군이 "이미 고용된 노동자들이 보수율과 노동조건을 개선하기 위해 투쟁할 때 이들의 열망을 억누르는" 역할을 한다. 이런 이유로 공장에 필요한 노동력이 아니라 이를 넘어서 전체 사회의 모든 인민을 노동력으로 전환하기 위한 국가의 전략이 만들어졌다. 또 다른 필요도 있다. 산업자본의 운동이 확장될수록 보다 많은 이를 공장 안으로 불러들일 수 있어야 하기 때문이었다. 모든 이가 공장에서 일하는 것은 아니었지만, 모든 인민은 언제 호출할지 모르는 공장의 명령에 대기 상태로 존재해야 했다. 곧 "미래자본의 확대에 필요한 노동력"을 만들어낸다. 농촌의 해체와 주변화는 바로 이런 국가 전략의 결과였다. 이 때문에 자본주의적 노동시장이 본격적으로 만들어지기 시작한 1960년 대 이후 노동시장은 기본적으로 과잉인구 상황에 노출된다. 수요보다 공급이 더 많은 상황이 창출되기 때문이다. 이에 "급속한 경제성장과 이를 기반으로 한 경제활동 인구의 증가에도 불구하고 노동력의 공급은 무한정 이어졌고, 이처럼 무제한에 가까운 노동력의 공급이 또다시 경제의 급속한 성장을 가능케 만들었던 요인이었다(박준식, 1999: 163)."

이런 조건에서 임금보다 고용 그 자체가 중요한 상황이 만들어진다. 노동자에겐 노동조건보다 고용을 통한 생활 보장 자체가 우선이기 때문이다. 1960년대 중후반부터 상당한 정도의 임금 증가가 이루어지고 1975년 전후로 한국경제가 '노동력 부족' 상황에 진입했다는 연구들도 존재하지만,[44] 이런 상황이 고용 우위 관점을 변화시킨 것은 아니었다. 인민의 가난 구조가 더 강력하게 작동했기 때문이다. 고용 없는 생활은 생활 자체의 유지와 존속이 힘든 구조화된 '가난' 안에서 걸어 나올 수 없음을 의미한다. '가난'은 산업화 이전 인민의 공통조건이었다. 소설가 김훈은 어린 시절 미군 부대에서 초콜릿을 얻어먹은 이야기를 썼다. 그 이야기의 끝에 김훈은 다음과 같이 말한다. "그렇게 우리는 가난했어요. 하지만 그 가난은 그 시대 전체의 가난이었어요(김훈, 2012)." 이런 조건에서는 가난으로부터의 도피가 일차 명령이 된다. 따라서 "임금보다는 고용 그 자체를 둘러싼 처절한 경쟁이 이 단계의 시장 상황을 좌우(박준식, 1999: 160)"하게 되었다.

---

44 이런 주장으로 배무기(1991)가 있다. 그러나 이에 대해 1975년의 전환점 설정이 너무 빠르다는 송호기(1991)의 반론도 있다.

1961년 군부 권위주의 정부의 등장 이후 자본주의 산업화가 본격화되었지만, 그런데도 인민들은 가난했다. 이는 저임금 장시간의 노동구조를 인민에게 부과할 수 있는 기본 배경이 되었다. 가난으로부터 탈출하기 위해 도시로 이주했지만, 가난은 여전했다. "1970년대 서울 인구의 삼분의 일에서 오분의 일에 해당하는 약 100만 명에서 300만 명은 판자촌 생활을 감내해야 했고, 이 사람들은 대부분 농촌 출신이었다(김원, 2006: 200)." 이런 가난의 순환 구조에서 탈출하기 위해 노동조건보다 고용을 중심으로 노동시장에 개입하는 태도는 더욱 강화되었다.

가난으로부터의 도피는 한국 인민의 임금노동에 대한 태도에 결정적 영향을 미쳤다. 그러나 이를 단지 인민의 공통조건인 '가난'의 결과로 해석하는 것은 단순하다. 객관적 공통조건으로서의 '가난'보다는 가난에 대한 인민의 경험이 더욱 중요하기 때문이다. 모두 가난할 때 가난은 수치나 모욕의 대상이 되지 않는다. 가난으로부터의 탈출 동기는 존재하더라도 매우 제한될 수 있다. 그러나 "물질적인 성공과 사회적 지위가 동일한 것으로 간주되면 될수록 가난은 그 자체로 좌절감을 뜻하게 될 것"(하이데, 2000: 67)이다. 반드시 산업화의 과정 때문만은 아니었지만, 산업화의 과정은 바로 이런 좌절감의 확대재생산 구조를 만들었다. 이런 관점에서 본다면 가난으로부터의 탈피란 단지 물질적인 가난으로부터의 탈주가 아니라 타자로부터의 무시, 그로부터 발생하는 좌절감을 보상하기 위한 행위라고 할 수 있다. 인간은 모욕과 수치에서 벗어나기 위해 존재 전체를 건다. 그만큼 임금노동과의 동일시는 매우 강력할 수밖에 없었다. 이 때문에 임금노동에 대한 한국 인민의 태도는 인정투쟁의 속성을 띤다.

그러나 공장생산과 노동의 결합이 이루어지기 위해선 국가의 조직화된 폭력의 개입과 인민의 생존능력 파괴, 존재를 건 인정투쟁의 과정 그 이상이 필요하다. 이 과정이 안정적이고 지속해서 이루어지기 위해 전체 인민이 임금노동을 자신의 의무로 수용할 윤리 프로젝트가 필요했다. 윤리적인 전환이 함께 진행되지 않을 경우, 공장노동과 인민의 결합은 불안정했을 것이다. 공장노동은 그 이전의 노동들과 매우 달랐기 때문이다. 농업노동에서 노동시간은 일출부터 일몰까지였다. 농업노동만이 아니다. 본격적인 산업화 이전 단계의 다른 노동은 야간 노동의 어려움, 상품경제 미비 등으로 인해 하루 노동시간이 일정하게 유지되었다. 그리고 이 노동들은 일정한 자율성을 내재했다. 농업노동은 자연의 시간 순환을 따라 각 개인이나 지역공동체의 판단에 따라 이루어졌다. 상업이나 수공업 또한 제한적인 수준에서 자율성이 있었다. 여기서 자율성이란 노동의 리듬을 결정할 수 있는 능력을 말한다. 이런 자율성의 존재를 파악할 수 있는 경로 중 하나가 이른바 '노동요'다. 노래를 통해 노동을 놀이와 통일시킴으로써 노동의 고통을 경감하고 동시에 각 개인이 수행하는 노동의 리듬을 전체 집합 차원에서 통일할 수 있었다. 소설가 김훈은 어부들의 뱃노래나 '진도 들노래'를 예로 들며 그 이유가 "노래가 노동의 리듬과 맞"기 때문이라고 했다.[45] 노래가 노동의 리듬과 맞으려면 자신이나 집단이 부르는 노래에 맞춰 노동의 리듬을 조정할 수 있어야 한다. 곧 노동의 자율성이 존재해야 한다.

---

45 "우리 시대의 멘토: 눈이 아프도록 들여다보며 세상을 이해하는 소설가 김훈", 네이버, 2012. 5. 30.

하지만 공장노동은 달랐다. 『일하지 않을 권리』의 데이비드 프레인이 지적한 것처럼 "산업화로 인해 20세기 들어서는 노동하는 속도와 절차 조정이 관리자 몫이 되었다. 전에 없던 일이다."(프레인, 2017: 43) 시간의 척도는 자연에서 공장 불빛으로 변경되었다. 전등은 노동을 야간으로 확장했다. 노동시간을 연장할 수 있다는 건 획기적인 일이었다. 노동시간의 증가만큼 노동생산성은 높아지고 노동생산성의 향상은 더 많은 상품의 생산으로 연결되기 때문이다. 이 과정에서 노동에 내재했던 자율성 또한 박탈당했다. 공장에서는 자신의 리듬이 아닌 공장의 리듬을 따라야 했다. 또한 신체 동작 하나하나가 명령의 대상이 되었다. 하나의 상품을 생산하는 데 투입되는 노동시간의 양이 단축될수록 노동생산성은 향상된다. 이 때문에 공장은 노동과정에 불필요한 동작 혹은 직접 생산과 관련 없는 활동의 시간을 최대한 단축하기 위한 관리기법을 발전시켰다. 과거 노동에 존재한 자율성은 이제 소멸한다. 노동자의 자율성은 통제받지 않는 노동시간을 의미하기 때문이다. 그래서 소설가 김훈의 표현을 한 번 더 빌려온다면 "거기선 노래를 할 수가 없죠. 리듬이 안 맞으니까." 단지 김훈의 상상만은 아니다. 실제 한국 공장의 일상이 이와 같았기 때문이다. 김원은 원풍모방의 작업장 분위기를 다음과 같이 그린 적이 있다. "공장은 흥겨움이나 즐거움 등 감정이 개입될 수 없는 곳이었으며, 노래나 흥얼거림조차 금지되었다(김원, 2006: 248)." 기억할 것은 이런 금지 상황을 단지 과거 공장 노동 모델로 인식하지 않는 것이다. 2013년 12월 말부터 중앙대학교 청소노동자들은 '근로 환경 개선'을 요구하며 파업을 벌였다. 학교 측이 용역업체와 맺은 계약서에는 다음과 같은 내용이 들어 있었다. ① "작업 도중 잡담이나 콧노래, 고성을 삼가야 하며,

휴식 시 도박행위를 금지하며 사무실 의자 및 소파 등에 앉아 쉬지 않도록 한다” ③ “작업시간 중 교내에서 외부인사와 면담을 일절 삼가도록 한다”. 법정 근로 시간을 넘어선 초과 노동에 대해 수당을 지급하지 않은 것은 약과였다.[46] “콧노래”까지 금지하는 한국 노동계약의 현실은 공장노동이 단지 과거의 모델이 아니라 지금도 지속되는 모델이라는 점을 보여준다.

이전의 노동과 이렇게 매우 다른 공장노동이 인민의 동의를 확보하거나 자연적으로 수용될 수는 없었다. 무한정 연장될 수 있는 노동시간, 자율성이 박탈된 노동과정, 단조롭게 반복되는 단순노동, 자연이 아닌 기계와 결합해 진행되는 노동의 리듬 등 공장노동에는 인민이 동조하기 어려운 요인이 너무 많았다. 칼 폴라니는 『인간의 살림살이』에서 다음과 같이 말했다. “산업주의는 인간과 기계 사이의 불안한 타협이다. 그 타협에서 인간은 기계에 주도권을 빼앗겼다.”(폴라니, 2017: 76) 기계 우위의 산업화가 초래한 이런 공장노동과 인민의 불일치 혹은 공장노동에 적합한 인민을 형성하기 위해 만들어진 것이 ‘노동윤리’였다.[47] 노동윤리란 노동이라는 활동을 판단하는 원리 혹은 척도를 말한다. 그 핵심은 노동과 ‘윤리’의 결합이었다. 곧 노동이라는 활동을 인간이 마땅히 행하거나 지켜야 할 도리라는 관점에서 접

---

46 유성애, “황당한 중앙대 청소노동자 계약서 ‘작업 중 콧노래 금지, 앉아 쉬지 말 것’”, 오마이뉴스, 2014. 1. 8. URL: http://www.ohmynews.com/NWS_Web/View/at_pg.aspx?CNTN_CD=A0001945673 검색일: 2018년 10월 17일

47 이 점에서 다음과 같은 한병철의 언급을 떠올려보자. “산업화는 세계의 기계화만을 의미하는 것이 아니다. 그 속에는 근면한 인간으로의 훈육이라는 의미도 담겨 있다. 산업화는 기계만 설치하는 것이 아니다. 산업화를 통해서 시간과 노동의 경제학적 원리에 따라 인간의 행태를 육체적인 면에 이르기까지 최적화하려는 명령도 도입되는 것이다(한병철, 2013: 147).”

근하는 것이다. 물론 노동윤리만으로 이런 결합이 이루어진 것은 아니다. 이 과정이 국가의 폭력적인 개입과 연동되어 있기 때문이다. 비록 조선의 노동문화를 경멸하기 위한 목적이었지만, 식민국가로서 조선총독부와 당시 일본 관료, 지식인들이 남긴 기록을 재구성하면 흥미로운 결론을 얻게 된다. 노동시간이 적었고, 자유롭게 노동과 휴식의 경계를 오갔으며, 함께 하는 공동노동의 관행이 많았다는 것이다. 무엇보다 노동에 대한 규율을 싫어했다는 기록이 자주 보인다(안승택, 2009: 40). 이런 노동문화가 해체되고 공장에 필요한 노동문화로 전환하는 과정은 매우 압축적으로 진행되었는데, 식민국가의 강제와 전쟁 그리고 국가의 폭력적인 개입 없인 설명할 수 없다. 하지만 이런 폭력의 구조만으로 공장노동과 인민의 모든 결합을 설명할 수 있는 것도 아니다. 노동윤리의 중요성은 여기서 확인된다.

이런 노동윤리가 자본주의 산업화를 통해 완전히 새롭게 만들어진 것은 아니었다. 곧 자본주의 산업화의 노동윤리는 전통을 파괴하고 만들어진 노동윤리가 아니라 전통과 융합해 만들어진 노동윤리였다. 노동을 윤리와 결합하는 과정은 이전부터 존재했기 때문이다. 자본주의 산업화의 노동윤리는 과거 노동에 존재하던 노동시간에 대한 자율적 통제 그리고 자연 리듬과의 결합 등의 요소는 파괴하거나 해체하고 노동윤리의 전통적인 요소 곧 성실, 근면, 정직과 같은 요소를 내부로 통합했다. 이때 장인문화의 전통이 부재한 점은 중요하다. 유럽의 장인 문화는 유럽 노동계급 운동에서 중요한 역할을 했을 뿐만 아니라 유럽 노동계급이 긍정적인 자기 정체성을 형성하는 데 중요한 문화적 토대가 되었다. 그러나 한국의 경우 장인 생산 자체가 매우 미미했고 장인들은 낮은 자리를 차지했다. 이런 장인 문화의 부재는 노동과 연결된 긍정적인 문화의 부재로 연결된다. 그 결과 남은 것은 노동에 부정적인 문화의 요소들뿐이었다. 구해근은 그래서 다음과 같이 썼다. "과거의 역사가 노동자들에게 남겨준 것은 자영농 이외의 육체노동을 하는 사람들에게 부여된 경멸적인 신분이었다. 이와 같이, 한국의 초기 프롤레타리아트는 집합체적 규범과 공동체문화 없이 원자화되고 뿌리 뽑힌 노동자들로서 산업생산체제에 흡수되었다."(구해근, 2002: 34)

하지만 전통윤리 중 단 하나를 고려한다면, 그것은 한국인들이 '가家'를 중심으로 관계를 맺는 방식이다.[48] '가'란 같은 마을이나 지역에 거주하는 같은 성씨의 집단을 말하는데 조선 후기 이후 형성된 씨족 집단이라고 할 수 있다(김동춘, 2006: 438). 한국인들은 자신을 규정할 때 각 개인을 가와 분리해 파악하지 않는다. 개인은 곧 '가'의 일원으로 파악된다. 중요한 점은 이런 방식이 노동과 어떻게 만나는가이다. 노동은 가에 대한 책임이자 의무로 부과된다. 이 부분이 한국 자본주의 산업화 과정에 투입된 놀라운 '노동의 헌신'을 설명하는 하나의 요소다. 가에 대한 책임이자 의무는 '효' 담론을 통해 구조화되었는데 이런 '효'가 노동과 결합하면서 노동에 대한 태도를 '가'에 대한 책임 및 의무와 연결할 수 있었다. 이 때문에 결국 효가 "한국적 노동윤리의 숨겨진 기원이면서 동시에 한국 특유의 자본주의 정신"이었을지도 모른다(유석춘·최우영·왕혜석, 2005: 74).[49] 그러나 이 '효'를 유교의 가치

---

48 노동윤리는 가족윤리를 통해 보완된다. 케이시 윅스의 지적을 참고하자. "실제로 가족윤리는 가정 내의 임금을 받지 않는 여성뿐 아니라 임금노동자까지도 규율하면서 노동윤리의 보충재로서 기능한다."(윅스, 2015: 106)

49 이는 가에 대한 책임과 의무를 강조하는 유교와 한국의 전통 노동윤리와의 관계가 중요함을

에 내재한 산물로 동일시하는 것은 위험하다. 일차적으로 '효'가 작동하는 조건 자체가 급격히 변했기 때문이다. 그 배경에는 19세기 말 이래 한국사회가 경험한 극단적인 사회 변화가 존재한다. 이때 인민의 주요 원리는 적응일 수밖에 없었다. 이 과정에서 효는 유교의 실현으로서가 아니라 가족을 매개로 생존과 지위 상승 그리고 부 축적의 열망이 반영된 것(김동춘, 2006: 444)으로 보인다.[50]

'효'가 일제에 의해 선택적으로 지배담론에 통합되었다는 점 또한 기억해야 한다. 곧 국가에 대한 충성과 가족에 대한 충실성으로 이를 재전유한 것이다. 이 지배담론은 해방 이후 자본주의 산업화를 주도한 군사권위주의정부에서 그대로 반복되었다. 국가에 대한 충성은 "가족에 대한 집착"과 바로 연결된다(김동춘, 2006: 444). 가족의 보존이 최우선의 가치를 부여받고 이를 위한 활동은 오직 가족을 통해서만 가능하기 때문이다. 바로 여기에서 노동과 공공성의 분리, 곧 노동은 가족의 문제일 뿐 전체 사회의 문제로 여겨지지 않는 경향이 발생한다. 이는 또 다른 문제와 연동된다. 한국전쟁을 거치며 '가'는 '가족' 단위로 축소되는데 '가'와 '가족' 모두를 관통하는 핵심 위치는 분명 '아버지'였다. 노동은 무엇보다 남성의 영역이었고 남성 중에서도 가족을 책임지는 아버지의 책임이었다. '남성생계부양자' 모델은 이를 기반으로 한다.

남성생계부양자 모델이란 남편 혹은 가장이 전체 가족의 생계를 책임지고 다른 가족 구성원들, 특히 아내는 이에 의존하는 방식으로

말한다. 유교가 한국인의 공통 감정 특성과 구조를 형성하는 데 영향을 미쳤음을 부정할 수 없다.

50 이 부분에 관해서는 김동춘(2006)을 참조하라.

조직되는 가부장적 가족생계 모델이다. "1950년대 '모 중심 가족'을 경제성장을 위한 '남성 생계부양자 중심 모델'로 변환하는 것이 근대화 프로젝트 안에는 깊이 각인되어 있었다(김원, 2006: 168)." 자본주의 산업화와 함께 남성은 생계를 책임지고 여성은 가정생활의 핵심인 가사노동과 양육을 책임지게 되었다. 중산층의 경우 이런 성별 분업이 더욱 분명하게 나타나 이미 1970년대 초반에 상당히 확산해 있었다(김혜경·오숙희·신현옥, 1992: 297). 그런데 흥미로운 점은 이는 하나의 이데올로기였을 뿐 실제 한국에서 형성된 남성생계부양자 모델의 역사적 형성과는 일정한 차이가 존재한다는 점이다(이지영, 2002: 24). 가족을 부양하기 위해 남성 노동자의 노동소득이 충분해야 하는데 이 조건을 충족하는 노동집단은 매우 특수했다. 남성 노동자의 소득이 가구소득에서 차지하는 비중은 높았지만, 그것만으로 생계를 유지하는 노동자 가족은 매우 한정적이었다. 이지영은 이런 남성 생계부양 모델이 1970년대 후반부터 1980년대 후반까지의 매우 이례적인 현상이었다고 말한 바 있다(이지영, 2002: 33). 그럼에도 남성생계부양 모델이라는 이데올로기는 매우 중요한 역할을 했다. 여성의 노동을 남성을 보완하는 노동 혹은 가족을 보완하는 노동으로 평가절하할 수 있었고, 동시에 가족 재생산노동 또한 여성의 몫으로 남겨둘 수 있었기 때문이다. 맞벌이가 일반화된 노동계급의 경우 남성의 가사노동과 양육 참여가 나타나기도 하지만, 어디까지나 매우 제한적이었다.

이와 같은 남성 생계부양 가족경제 모델은 가족의 경계를 넘어 기업과 공장으로까지 확산된다. 일종의 확장된 가족주의라고 할 수 있다. 임금노동은 계약을 통해 성립한다. 따라서 임금노동의 확산은 계약주의의 확산을 가져온다. 그런데 확장된 가족주의의 요소가 잔존하면서 기업과 노동자와의 관계가 동등한 계약의 관계보다는 확장된 아버지와 자녀의 관계로 표상된다. 이른바 '경영가족주의'가 그것이다.[51] 이 안에서 "노동자들은 계약에 기초한 권리를 가진 노동력 판매자로서가 아니라 아동 혹은 과거의 하인처럼 인식되었다."(구해근, 2002: 108) 경영가족주의 안에서 가장으로서의 경영자는 노동자에 전권을 행사하는 대신 노동자를 부양하고 보호하는 책임의 주체로 정의된다. 이때 노동자의 생활은 경영자의 은혜이고, 노동자는 경영자에게 복종해야만 한다.

전 국가적으로 "회사를 가정처럼, 노동자를 가족처럼"이라는 구호가 전면화했다. "그것은 단순한 국가적 구호로만 그치지 않았고 실제로 '경영가족주의'를 실현하기 위해 회사 차원에서 전 직원 단합대회나 야유회, 체육대회 등이 수시로 개최되었으며, 노동자 자녀들을 위해 장학금이나 학비 지원이 이루어졌다."(강수돌, 2002: 55) 강수돌은 이를 "소박한 형태로나마 물질적 보상을 통한 사회적 통합" 노력이라고 설명했다. 이와 같은 소박한 형태의 물질적 보상이 모든 기업에 존재한 것은 아니지만, 회사에 대한 노동자의 헌신과 충성을 동원하는 데 기여했을 것이라는 점은 쉽게 상상할 수 있다. 매우 제한된 형태의 이런 기업복지는 "국가복지는 극히 제한하되 시장논리나 국가안보 논리를 해치지 않는 기업 차원의 복지"(김동춘, 1998: 121)가 장려된

---

51 강수돌은 이를 '유교주의적 노동 동원'이라고 설명했는데, 이 부분은 검토가 필요하다. 김동춘의 지적처럼 한국이 유교적 전통을 지닌 나라라는 역사적 조건 외에도 "극히 억압적이고 중앙집중적인 식민지 체험과 전쟁과 분단국가 수립의 경험을 함께"(김동춘, 1998: 112) 한 국가이기 때문이다.

결과였다. 그러나 이조차 노동자의 권리가 아니라 기업의 경영가족주의 안에서 이해된 복지였기 때문에 "정치적 위기나 경제위기가 닥치면 노동자들은 차가운 시장바닥에 내동댕이쳐지게 된다(김동춘, 1998: 121)."

확장된 가족주의에 기반을 둔 경영이념으로서 '화목'이 강조되면 갈등을 불러일으키는 '이익'의 분배와 같은 요소는 배제되고 노동조합처럼 동등한 계약관계의 확립을 위한 제도들은 부정된다. 중요한 점은 노동자가 이 안에 머물도록 강제하는 국가와 자본의 요구가 작용했다는 점이다. 그래서 "가부장인 아버지가 복종하지 않는 자식에 대해 자의적인 폭력을 행사했듯이 고용주도 마찬가지였다(김원, 2006: 322)." 즉 국가와 자본은 공장을 산업화를 위한 일종의 군대처럼 운영하고자 했는데 여기서 발생하는 고통을 가족 담론으로 대체했을 뿐 이에 대한 자신들의 책임은 면제시키는 방향으로 경영가족주의를 작동시킨 것이다. 이 때문에 경영가족주의는 기업 안의 권위주의적이고 전제적인 지배구조를 은폐하는 형태로 작동했다. "그리하여 한국산업에서 가부장적인 권위의 핵심은 온정주의적이라기보다는 전제적이었다고 보아야 한다."(구해근, 2002: 108) 그런데도 경영가족주의의 영향력은 매우 강했다. 이런 상황은 노동자들의 저항 구조에도 영향을 미쳤다. 노동자들의 저항은 경영가족주의 안에서 억압될 수밖에 없었고, 발생하더라도 계급의식에 기반을 둔 노동계급정치와는 매우 다른 양상을 보였다. 그것은 "경영주가 '가족의 의리'를 배신한 데서 초래된 경우가 많았다."(김동춘, 2006: 274)

이처럼 한국 임금노동의 윤리는 전통 윤리와의 중첩과 자본주의 산업화 과정을 거치며 형성되었다. 1960년대 이후 한국의 임금노동계급 형성 과정은 초기 유럽이나 미국, 일본과 달리 공장 임금노동을 인민에게 부과하는 과정에서 큰 어려움을 겪지는 않았다(구해근, 2002: 79). 이는 공식 제도로서의 학교와 군대 그리고 가족이 기본 조건을 구성했기 때문이었다(구해근, 2002: 80~81). 가족주의 혹은 가족주의와 결합한 가부장제적 가족구조가 공장 내의 권위구조와 유사하고, 공장 내의 권위구조가 이를 모방해왔다는 점은 이미 말한 바 있다. 이런 가족 혹은 가족주의의 역할과 함께 산업노동에 요구되는 필수적인 요소들을 교육하는 장치로 학교와 군대의 역할이 강조돼야만 했다. 학교와 군대는 모두 공식적인 권위에 대한 복종, 복종하지 않을 때 발생하는 처벌, 과업과 연결된 시간관념, 개인적 자유의 제약과 신체에 대한 통제 등의 요소를 공통으로 보유하고 있었다. 무엇보다 학교와 군대는 관료제를 경험하게 했다. 관료제라는 점에서 학교, 군대 그리고 기업의 차이가 거의 없었기 때문에 이는 매우 중요했다. 이런 조건 위에서 한국의 자본주의 산업화는 한국 인민들의 고유한 노동윤리를 만들어냈다. 이의 구체적인 내용을 살펴본다.

○ 첫 번째, "먹고 살기 위해서는 임금노동을 해야만 한다." 이는 노동윤리의 중심 명제였다. 이 명제는 공장 안으로 들어가는 행위를 필연적으로 받아들이게 하기 때문이다. 노동을 대하는 태도가 국가마다 동일한 것은 아니다. 로버트 코울Robert Cole은 일본의 노동윤리 연구에서 "일에 대한 헌신을 세 가지로 형태로 구분하여 제시하는데, 회사와 관련된 헌신, 노동 그 자체와 관련된 헌신, 경제적 개선과 관련된 헌신이 그것이다."(구해근, 2002: 98) 한국은 일본과 달리 고용주

나 일 그 자체에 대한 헌신이 아니라 "자신의 경제적 지위를 개선"할 필요로 노동에 헌신하는 경우가 많다고 한다. 경제적 지위가 먹고 사는 문제와 동일한 것은 물론 아니다. 그러나 노동을 왜 경제적 지위의 획득 수단으로 인식하는지 이해하기 위해서는 노동을 먹고 사는 문제와 동일시해온 우리의 노동윤리를 먼저 이해해야 한다.

임금노동 이외에 생계를 유지할 수 있는 수단이 없는 조건에서 이 명제는 사실상 인민에 부과된 하나의 강제다. 다른 선택이 사실상 불가능하기 때문이다. 이 문제가 응축되는 지점이 노동에서 발생하는 질병이나 유해요인을 하나의 운명처럼 받아들이는 것이다. 곧 건강 악화를 자신의 능력 부재에 따른 결과로 인식한다. 그리고 노동자 스스로 자신의 건강에 대한 기대가 매우 낮다. 일이 위험하기 때문에 자신이 그 일자리를 얻을 수 있다고 생각하기 때문이다. 노동환경을 개선하려는 어떤 노력도 일자리를 위태롭게 할 거라고 생각한다(우딩·레벤스타인, 2008: 37).

이 명제로부터 또한 부수적인 효과가 발생했다. '노동'은 곧 '밥벌이'였다. 한국의 임금노동자들은 노동이라는 말 대신 '밥벌이'라는 표현을 즐겨 사용한다. '밥벌이'라는 표현은 1920년대 일본 식민지 치하에서도 쓰여 내력이 길다. 때론 "밥벌이 나간다", "밥벌이가 될 만한 일을 찾다" 등과 같이 명사로 쓰기도 하지만, "밥벌이하다"처럼 동사로도 쓴다. 이때 먹고 살기 위해 하는 일이라는 의미 외에 겨우 밥 먹을 만큼 번다는 두 가지 뜻이 있다. 노동을 '밥벌이'라고 부를 때 두 의미를 모두 활용한다.

그런데 노동은 왜 밥벌이가 됐을까? 다른 무엇보다 먹고사는 일 자체가 인민의 일상생활에서 결정적으로 중요했기 때문이다. 인민의 '가난'이 모든 문제의 우위에 밥을 먹는 문제를 배치한 것이다.[52] 자기 한 명의 먹는 문제 해결 자체가 힘들었기 때문에 밥벌이의 책임은 각 개인에게 있었다. 따라서 무슨 일을 해서라도 제 밥벌이는 본인이 해야만 한다. 밥벌이는 이런 의미에서 밥값을 하기 위한 노동이었다. 만약 제 밥벌이도 못 하는 이는 모욕과 무시의 대상이 되었다. 그뿐만이 아니다. 다른 이가 벌어온 밥을 밥값 없이 먹는 행위, 즉 '기생寄生은 자기비하의 원인이 되었다. 이런 경향은 특히 남성에게 더욱더 강했다. 1963년 9월 26일 자 《경향신문》에는 "아내가 돈 버니 염세자살"이라는 짧은 기사가 실렸다. 생활을 위해 다방에 나가고 있는 그의 아내와 함께 극약을 먹고 자살했다는 보도였다. 이 기사는 그 원인으로 "자신이 밥벌이를 못 하게 된 데 대한 비관"을 들었다.[53] 따라서 밥벌이할 수 있다는 것은 한국에서 동등한 인간으로 대우받고 자신을 존중하는 데 필요한 최소한의 조건이었다. 남성은 밥벌이에 실패할 경우 최소한의 인격과 동등성을 보장받을 수 없었고 가족을 책임질 수도 없었다.

노동으로 자신의 생계를 실현하는 활동과 그 노동을 통해 가족을 책임지는 활동은 타자로부터의 인정을 획득한다. 타자로부터의 인정은 자기 자신을 긍정할 수 있는 조건이 된다. 사람들의 인식에 직업의 위계가 존재하고 이 위계에 따라 사람을 다르게 평가하기 때문에 "직업에는 귀천이 없다"는 말은 틀린 말이다. 직업에는 귀천이 있고 이에 따라 사람 사이의 위계도 발생한다. 이로 인해 멸시의 차등 축적 구

---

52 "일본 여공들과 마찬가지로 한국의 여공들도 가족의 '입을 줄이기' 위해 서울로 올라온 경우가 잦았다(김원, 2006: 625)."

53 "아내가 돈 버니 염세자살", 경향신문, 1963. 9. 26.

조가 발생한다. 나보다 낮은 노동 위치에 헌신하는 이들은 멸시의 대상이고, 나보다 높은 노동 위치에 헌신하는 이들은 '시기'의 대상이다. 그러나 한 가지 분명한 사실은 직업이 아무리 천해도 노동을 통해 자신의 생계를 꾸려나가는 이들은 인정받는다는 점이다. 곧 자신의 노동으로 살아가는 이들은 완전한 무시의 대상이 될 수 없다. 이들에겐 최소한의 도덕적인 인정이 요구된다. 소설가 김훈은 이렇게 말했다. "제 손으로 자기 밥을 벌어먹을 수 없는 자가 무슨 인격을 말할 수 있겠어요. 그렇죠?" 다시, 밥벌이의 중요성이 부각된다. 밥벌이는 인간이 자기의 도덕과 인격을 완성해가는 출발점이고, 이 때문에 비록 그 밥벌이의 유형 간에 위계가 존재한다고 하더라도 내 밥벌이를 내가 한다는 바로 그 사실이 인간에게 부정할 수 없는 '인격'을 부여한다.

여기에서 중요한 점은 노동이 '밥벌이'와 동일시될 때, 노동과정에서 발생하는 모욕과 수치 등의 감정은 언제나 인내하거나 억압해야만 하는 감정이 된다는 점이다. 먹는 문제가 언제나 우위이고 모욕을 주는 공격자와의 동일시만이 자신의 생존을 보장하기 때문이다. 문제는 이런 내면의 억압 과정이 자신의 살아 있는 감정을 표현하는 행위에 대한 두려움을 발생시키고 이 두려움으로부터 도피하기 위해 "더 큰 삶의 에너지를 두려움의 축출과 통제에 묶어 둘 수밖에"(하이데, 2000: 57) 없다는 점이다. 이는 고통스러운 경험으로부터 자신을 방어하기 위한 일종의 방어구조다. 그러나 방어의 결과는 어둡다. 자신의 감정을 억압하는 데 엄청난 에너지를 사용하기 때문에 이 과정이 누적될수록 삶을 위한 에너지의 양은 점점 줄어든다. 더욱 큰 문제는 이 과정이 내면의 왜곡을 동반한다는 점이다. 내면의 왜곡은 수동적인 측면과 능동적인 측면으로 분화되어 나타난다. 수동적 측면이 자신의 내면에 대한 공격이라면 능동적인 측면은 타자에 대한 공격성으로 분출된다. 이때 공격의 대상이 되는 타자는 바로 자신이 억누르고자 했던 그 감정에 충실한 이들이나 자신보다 약해 자신이 공격자로서의 위치를 확보할 수 있는 타자이다. 그래서 이 공격성의 본질은 자기증오의 속성을 띤다. 곧 밥벌이로서의 노동은 멸시로부터 자기를 방어하기 위한 심리구조를 발전시키지만, 그 과정은 자기증오를 깊게 만든다.

그리고 노동에 대한 규범적인 기대를 밥벌이 이상으로 하지 않게 된다. 밥벌이라는 규정이 언제나 그런 것은 아니지만, 먹고 사는 문제 이상의 인간에 대한 질문이 동반되는 경우가 많다. 홍복유는 1961년 1월 31일 동아일보 칼럼 '특수한 정열이 필요'[54]에서 외국어 관련 학과에 지원하려는 학생들의 지원동기를 "밥벌이에 편리하고 출세하는 데 좋은 방편"과 "일생의 사업으로 외국어나 외국문학을 전공하고 싶어 하는 특수한 열정"으로 구분했다. 그리고 밥벌이에 대한 열정은 이때 물질주의와 편의주의에 의해 뒷받침된 속물의 열정으로 격하된다. 이런 구별은 밥벌이에 대한 한국 엘리트의 전통적인 무시를 드러내는 것이지만, 그와 동시에 노동을 밥벌이와 동일시할 때 발생하는 문제를 드러낸다. 곧 노동으로부터 먹고 사는 문제 이상을 바라는 특수한 열정이 배제된다. 노동 안에는 단지 먹고 살기 위한 일만이 아닌 요소들도 포함된다. 자기표현으로서의 노동은 노동의 기쁨을 만들어내는 핵심적인 요소 중 하나다. 우리는 노동을 통해 자신을 표현할 수 있다. 그런데 '밥벌이'라는 규정에는 노동을 통해 자신의 표현

---

54 홍복유, "특수한 정열이 필요", 동아일보, 1961. 1. 31.

을 추구하는 것에 대한 일종의 내적 금지 명령이 포함된다.

○ 자기표현으로서의 노동이 금지된다는 것은 노동이 나를 위한 활동이 아니라는 것이다. 그렇다면 나는 무엇을 위해 노동을 하는가? 노동윤리는 나를 금지하는 대신 노동의 목적을 제공한다. 노동은 나 아닌 다른 이들 곧 '가족'을 위한 활동으로 규정된다. 바로 이 부분에서 '가족주의'가 노동을 매개한다. 가족주의란 "일체의 가치가 가족 집단의 유지, 지속, 기능과 관련을 맺어 결정되는 사회의 조직 형태 및 행태방식"(최재석, 1985: 23)을 말한다. 가족주의는 개인에 우선해 가족에 가치를 부여한다. 이런 구조에선 노동은 각 개인의 활동이라기보다는 가족의 유지와 지위 상승을 위한 활동으로 인식된다. 그래서 구해근은 "노동자들이 권위구조에 복종하고 힘든 작업 일정을 충실하게 수행하게 한 핵심적인 기제는 가족이었다"(구해근, 2002: 98)라고 쓴 바 있다. 가족은 노동의 동기이자 목적이었고 동시에 그 과정에서 발생하는 고통에 대한 위로와 치유였다. 이런 관계에서 노동은 언제나 '희생'이 될 수밖에 없었다.

이것이 두 번째 노동윤리다. 희생은 숭고한 것이다. 이 두 번째 노동윤리는 노동시간을 견디는 일을 숭고한 행위로 만든다. 근면, 정직, 성실과 같은 전통적인 노동윤리와 희생 윤리가 결합하면서 불성실 혹은 불만 제기 등은 모두 이기적인 행동으로 폄하된다. 국가는 바로 이 노동윤리를 국가를 위한 희생의 윤리로 치환해냈다. 국가를 위한 희생은 노동을 숭고하게 만든다. 이는 희생을 정당화한다.

그런데 바로 이와 동일한 노동윤리 내에서 노동은 가족의 확대재생산을 위한 전략의 하나가 된다. 노동이 각 개인의 자아표현이 아닌 가족의 표현으로 인정되는 것이다. 무엇을 위한 가족의 표현인가? 한 마디로 가족 단위에서 공유하는 권력이다. 노동은 해당 가족의 생존 뿐만 아니라 전체 사회 내에서 해당 가족의 위신을 높이기 위한 전략의 차원에서 규정된다. 따라서 다른 가족과의 관계는 기본적으로 경쟁 관계다. 물론 이런 인식은 한국의 '전통'이 구성된 경계인 조선 후기부터 나타난 것이었다(유석춘·최우영·왕혜숙, 2005: 65). 그러나 자본주의 산업화의 노동윤리를 구성해낸 가족주의는 식민화와 한국전쟁의 경험에 보다 직접 기인한다. 역설적이지만, 전통 형성 시기에 구축된 경쟁전략 단위로서의 가족이 전통이 해체되는 과정에서 이를 헤쳐나갈 전략으로 채택된 것이다.

이 때문에 우월한 노동유형과 접속하기 위한 가족의 동원이 이루어진다. 우월한 노동유형과의 접속은 해당 가족 전체의 수직적 사회이동을 가능케 하기 때문이다. 이 과정에서 다른 가족 구성원의 희생은 정당한 것이고 필요한 것이다. 그 핵심에 '장자長子' 곧 맏아들이 있다. 장자는 가족 혹은 '가' 전체의 운명을 책임질 주체로 규정된다. 이 때문에 가족 내부의 자원은 모두 장자 혹은 아들에게 투입되고 다른 가족 구성원은 책임을 공유해야 하는 구조가 일반화된다. 이때 "개별 가족의 생계가 압박을 받을 경우 가장 먼저 노동시장으로 방출되는 대상은 다름 아닌 여성이었다(김원, 2006: 139)."

1970년대 여공의 삶은 이를 가장 잘 보여주는 사례다. 여공의 다수는 공장에서 받은 임금 중 기숙사비와 교통비를 제외하고 모두 집에 보내곤 했다. "이 시기 대부분의 여성 노동자들이 그러하듯이 이들이 받은 임금은 가난한 가족의 생계와 남동생들을 가르치는 데 소요되었다(김경일, 2009: 16)." 가족의 생계를 책임지기 위한 노동에서

아들은 면제되었다. 노동으로부터의 면제는 그 자체로 권력을 의미한다. 아들은 노동이 아니라 교육의 대상이었다. 이는 반드시 가난 때문만은 아니었다. 경제적으로 부유한 집안에서도 일정 단계 이상으로 딸에게 교육을 시키지 않는 사례들이 있었기 때문이다(김경일, 2009: 18).

또한 이는 교육에 대한 과잉몰입으로 연결된다. 교육에 대한 과잉몰입은 양면적이다. 자신의 아이는 자신보다 우월한 노동유형을 선택할 수 있어야 했다. 이는 일종의 '자기증오'에 기반을 두었다. 아이의 교육을 위해 가족 전체가 헌신했고 아이는 가족의 확대재생산을 위한 책임을 부여받았다. 이에 따라 한국의 노동윤리는 부모와 형제를 위한 노동으로부터 출발해 아이들을 위한 노동으로 정착되는 경로를 보인다. 문제는 이 과정에서 발생하는 부모와 자녀의 동일시 현상이다. 부모는 아이들의 교육 성과를 자신의 성과와 동일시한다. 아이들이 부모들로부터 독립된 자율적 주체로 존재하지 않기 때문에 이 동일시를 부모의 대리만족이라고 보기 어렵다. 최상진의 설명처럼, 단지 "자기 자신의 만족"(최상진, 2011: 245)일 것이다. 한국의 부모들은 아이들과 그 자체로 하나의 전체를 이룬다.[55]

이때 교육은 아이에게 '노동 이전의 노동'으로 부과된다. 공부에의 몰입은 부모의 기쁨을 획득하는 가장 중요한 과정이다. "부모의 기쁨

---

55 다음과 같은 최상진의 설명을 참조했다. "한국의 부모들이 자식의 성공을 자신의 성공으로 느끼는 현상을 서구의 개인주의적 시각에서 부모의 대리만족이라고 해석하는 사례를 우리는 주변에서 쉽게 목격할 수 있다. 그러나 부모-자녀 기쁨 일체감의 시각에서 보면 이는 대리만족이 아니라 자기 자신의 만족이라는 해석이 가능하다. 대리만족이라 함은 부모와 자식이 서로 독립된 개체 또는 인격체라는 가정이 전제될 때 붙여질 수 있는 해석이나, 부모와 자녀가 남이나 독립된 개체가 아닌 동일체 관계라면 이는 잘못된 해석이라고 볼 수 있다(최상진, 2011: 245)."

이 곧 나의 기쁨이라는 '부모-자식 기쁨 동일체감'"(최상진, 2011: 245)
의 미시구조가 존재하는 한국사회에서 특히 그렇다. 부모의 사랑이
공부의 업적에 따라 분배되기 때문에 아이들은 자라나면서 일종의
업적주의를 내면화한다. 학교에 다니기 시작하며 아이들은 성적 하
락에 강한 두려움을 갖는다. 그런데 성적 하락을 아이들이 두려워하
는 이유는 "부모님의 실망" 혹은 "화" 때문이다. 부모의 기쁨을 박탈
하는 것은 두 가지 면에서 큰 문제가 된다. 하나는 나의 생존이 부모
에 종속되어 있기 때문이고 또 다른 하나는 부모의 기쁨을 파괴하는
것이 심리적인 훼손을 불러일으키기 때문이다. 이는 '효'가 곧 성적 상
승과 연결되는 구조하에서 더욱 크다. 이런 조건 때문에 교육에 대한
몰입은 실패에 대한 두려움과 업적에 따른 보상의 원리를 내면화하는
중요한 계기가 된다. 그런데 교육업적에 대한 몰입은 이후 노동업적에
대한 몰입으로 계승된다.

  ○ 자본의 가학증과 인민의 자수성가 모델이 결합해 만들어진 것
이 '출세주의'였다. 오직 개인의 출세 곧 지위 상승이 유일한 목적이
되면서 실현 방법은 중요하지 않게 된다. 다른 이를 수단으로 활용하
는 태도 자체도 정당화된다. 결과가 능력으로 전환되면서 방법이나
수단에 대한 질문이 의미를 상실한 것이다. 이런 출세주의는 공식적
이고 공정한 경쟁보다는 연고주의를 강화하는 기반을 낳았다. 연줄,
인간관계, 계략, 뇌물을 이용해 출세가도를 밟는 것이 더 빠르고 확
실한 방법이었기 때문이다. 따라서 노동을 통해 '출세'하기 위해서는
비노동의 요소들과의 결합이 중심적으로 된다.
  공장 내에서의 노동 생활은 인민의 일상생활을 구성하는 다양한

위계의 원리를 통해 구성되었다. 학연, 지연, 혈연 등 연고주의 요소들과 나이의 위계를 중히 여기는 나이주의ageism가 결합한 한국 인민의 일상생활 원리가 그대로 노동 생활 내부로 투입, 재생산되었다. 이런 요소는 공장 내부 진입에도 결정적인 요소였다. 공장에 들어가는데에 '연줄'이 필요했기 때문이다. 연고주의와 나이주의의 근원을 어디에서 찾는가가 여기에서의 관심은 아니다.[56] 다만 이런 연고주의와 나이주의로 인해 기업조직 내 상하관계에 대한 복종의 태도, 동료집단과의 관계를 위계서열을 기본으로 '질서'를 세우는 활동, 연고와 나이에 따라 폐쇄적인 소집단을 구성하는 차별화의 논리가 노동 생활에서 그대로 나타났다는 점이 중요하다. 기업조직 내 상하관계에 대한 복종은 어디서나 확인된다. "부모님이 가르쳐준 '윗사람 섬기라'는 윤리는 그대로 회사 생활에 적용되었다."(김동춘, 2006: 269) 가족윤리가 노동윤리로 확장되는 순간이다.

이런 작업장 내부의 노동윤리 구성은 성별 분업체계와 결합해 숙련과 미숙련의 경계를 성별구조로 분할했다. 숙련노동은 남성에게, 미숙련노동은 여성에게 할당된 것이다. 이는 실제가 아니라 하나의 담론이었다. "산업화 시기 미숙련 여성 노동에 대한 담론은 '여성은 단순 작업만 할 수 있다'는 것이었다(김원, 2006: 264)." 미숙련 여성 노동 담론은 여성 노동에 저임금을 강제 부과할 수 있는 구조를 만들어냈다. 숙련이 결여된 간단한 사업으로 치부할 수 있었기 때문이다.[57] 가

---

56 이런 요소가 한국의 가족·친족 집단 내부에서 확인되는 일반 요소임은 분명하다. 이 근원을 유교로부터 찾는 연구들이 있다. 이 요소들이 유교와 연관된 것일 수는 있지만, 이 요소들만이 추출되어 일반화된 것은 유교가 아닌 것과의 결합 때문이다.

57 "미숙련 여성 노동자에 대한 차별과 위계질서의 형성은 '숙련'에 대한 특정한 담론이 작동한 결

족윤리의 확장은 이 문제를 더욱 악화시켰다. 작업장에서 여성은 가족 내에서의 여성과 같이 남성보다 열등하고 취약한 존재로 동일시되었다. 이 때문에 작업장 내에서 남성과 여성의 관계엔 '수직적인 위계질서'가 존재했다. 그리고 바로 이런 구조가 여성 노동자에 대한 남성의 폭력을 일상화했다.

O 역설적으로 노동은 각 개인에 고통을 부과하면서도 또 다른 자유의 근원이 되기도 했다. 이는 노동이 가족을 위한 희생이지만, 바로 그 가족으로부터 분리된 '개인'의 노동이라는 속성으로부터 나오는 것이었다. 김원은 『여공 1970』에서 여공들이 농촌을 떠나 공장으로 온 것이 반드시 '가족을 위한 희생' 때문만은 아니었다면서 다음과 같이 말했다. "여성 노동자가 될 여성들의 정체성 내부에는 가족에 대한 경제적 지원이라는 가치에 앞서 개인으로서 '자립'이나 '독립'이 분명히 존재했다고 말할 수 있다(김원, 2006: 199)." 이는 한국전쟁 이후 1950년대부터 본격화된 경향으로 보인다. 1950년대 광주 전남방직 여성 노동자를 연구한 이희영에 의하면 여성 노동자들에게 "공장은 가족을 대신한 생존의 공간"(이희영, 2009: 364)인 동시에 "봉건적 질서에서 '해방'되는 생애사적 의미"(이희영, 2009: 374)를 지닌 공간이었다.

이는 한국 여공들만의 이야기가 아니다. 셀리나 토드는 제1차 세계

과였다. 남성 노동자나 재단사 등의 숙련과 여성 노동자의 숙련은 질적으로 다르다는 지식체계가 작업장 위계질서 속에서 작동했던 것이다. 이런 지배적 담론에는 여성 노동은 '하찮은 단순노동'이라는, 여성 노동에 대한 성별분업이란 가치가 개입되어 있었다. 이 점에서 산업화 시기 남성 노동자와 여성 노동자의 숙련을 둘러싸고 근본적인 차이가 없다는 해석은 여공의 숙련에 대한 특정한 담론을 은폐하는 효과를 낳았다(김원, 2006: 271)."

대전 중 영국의 젊은 여성들이 하녀 일보다 군수공장 일을 선호했다면서 그 이유를 다음과 같이 적었다. "이러한 일자리는 하녀 일보다 짧은 노동시간과 높은 임금을 제공했고 결정적으로 독립적인 삶의 기회를 주었다(토드, 2016: 48)." 노동은 자기표현을 금지하지만, 전통적인 가족주의나 공동체로부터 개인의 신체를 자유롭게 했던 것이다. 노동자들은 이를 통해 과거와 다른 자유를 누릴 수 있었다. 이런 자유에 대한 동기구조가 공장과 결합해 있었음을 인정해야 한다. "대부분 부모에게 교육이 굳이 필요 없다는 태도를 일관되게 취해왔고, 이런 맥락에서 여성 노동자들의 농촌탈출은 교육의 기회를 얻기 위한 '선택'"(김원, 2006: 203)인 것이다. 이는 공장이 자유의 동기구조가 투사된 하나의 모델로 작동했다는 것을 의미한다. 공장은 인민에게 단지 경제적인 빈곤을 넘어 나아가기 위한 경제적인 장치가 아니라 자아 이상의 실현을 위한 또 다른 장치가 되었다. 이유는 무엇일까? 다른 경로와 장치가 모두 억압되어 있었기 때문이다. 그 중심에 '향학열'이 있었다. "많은 여성 노동자들은 공부를 하고 싶었지만, 여자라서 학교를 보내주지 않기 때문에 조금이라도 학교와 가까워지기 위해 도시로, 공장으로 향했던 것이다(김원, 2006: 211)." "자신이 공장생활을 통해 자립할 수 있다는 것이 초기 여성 노동자들에게는 '자존심'이자 '자긍심'이었다(김원, 2006: 214)."

이 부분에서 여성의 자립 혹은 독립에 대한 열망과 공장 임금노동의 관계는 중요하다. 공장 임금노동이 수입을 보장했고 그것이 여성 노동자의 독립심을 강화하기 때문이다. 비록 가족을 위해 희생하는 상황이어도, 자신이 소유하고 통제하는 임금의 존재는 이전과 비교할 수 없는 '자유'를 누리게 했다. 동시에 이는 다른 '신분'으로의 이동

기회도 제공했다. 물론 이런 역할을 한 것이 임금만은 아니다. 공장을 구성하는 다양한 요소와 관계 안에 이전에 경험할 수 없던 자유와 기회가 공존했기 때문이다. 공장생활 자체가 이전과 다른 방식의 생활체계였다. 이것이 1950년대부터 여성들에게 공장이 "새로운 가능성의 공간"(이희영, 2009: 389)으로 선망의 대상이 되었던 이유다.

○ 타자로부터의 인정은 응분보상의 원리를 따라야 한다. 곧 내가 제공하는 노동에 걸맞은 보상이다. 노동에 걸맞지 않은 보상이 행해지면 '무시'당한다고 느끼거나 혹은 그 반대로 '횡재'했다고 느낀다. '횡재'는 다른 말로 불로소득이다. 그런데 노동하지 않고 얻은 소득이 단지 행운만은 아니다. 부당한 소득에는 불행이 함께 한다는 통념이 결합하기 때문이다. 이런 통념은 노동에 비례하는 보상이 아닐 경우 느끼는 불안을 반영한다. 불로소득이 인민에게 행운과 불운의 이중체라는 점은 매우 흥미롭다. 이 때문에 '횡재'가 발생하면 인민은 이를 주위 사람과 나누어 빨리 없애버리고자 한다. 이런 풍속은 노동은 응분보상의 원리를 따라야 한다는 노동윤리가 반영된 것이다.

'무시'는 그 반대다. 노동능력에 비해 낮은 보상이 이루어질 때 '무시'를 경험한다. 여기서 중요한 점은 낮은 보상이 심리적인 훼손을 초래한다는 점이다. 이는 우리가 타자로부터 그리고 전체 사회에 암묵적으로 기대하는 하나의 규범이 있음을 말해준다. 투입된 노동의 크기 혹은 노동의 질에 비례하여 노동의 보상이 이루어져야 정의롭다는 것이 바로 그것이다. 즉 노동업적에 대한 인정이 정의의 전제가 된다. 노동업적과 정의를 연결하는 이런 사유와 실천은 노동을 통해 재산을 형성해가는 임금노동에서 중대한 것이다.

또한 민주주의에서도 중요하다. 바로 이 응분보상의 원리가 불평등을 전환할 원리가 되기도 하고 반대로 불평등을 정당화하는 논리도 되기 때문이다. 한국 노동운동에 참여한 이들의 직접적인 동기 중 하나는 임금이 "일한 것에 비해 너무 적다"는 경험이었다(김경일, 2009: 19). 이런 경험이 모두를 노동운동으로 이끈 것은 아니지만, 이런 경험을 통해 각 개인은 심리적인 훼손을 경험한다. 흥미로운 점은 이때 '억울하다'고 느낀다는 점이다. '억울하다'는 느낌이 중요한 이유는 이 말에 "상대가 자신이 힘없는 약자인 것을 미리 인식하고 힘을 부당하게 행사하여 자신에게 피해를 주고 동시에 상대는 이득을 취했다"(최상진, 2011: 303)는 설정이 들어 있기 때문이다. '억울하다'는 말에는 "자신이 힘이 없다는 사실에 대한 일단의 책임 인정"과 "다른 한편으로는 힘이 약하다는 이유만으로 자신이 피해를 받았다는 사실을 수용할 수 없는 이중 심리"(최상진, 2011: 303)의 구조가 존재한다. 이는 한국 인민의 노동윤리를 이해할 핵심 열쇠를 제공한다. 한국 인민은 자신이 힘이 없다고 전제한다. 인민은 자신이 "돈 없고 빽 없는" 이들이기 때문에, 한국 사회에서 언제나 억울한 일을 당한다고 믿는다. 물론 이것이 단지 '믿음'만은 아니다. 실제 한국이 인민에게 고통을 부과하는 구조로 만들어져왔기 때문이다. 그 역사적 원형은 한국전쟁 기간 이루어진 군사동원과 노무동원 과정에 존재한다. 동원의 의무는 국민 모두에게 부과된 것이지만, 실제 동원된 이들은 돈 없고 빽 없는 인민뿐이었다(이임하, 2003: 66). 바꾸어서 말한다면 지배계급은 '법' 위의 존재였고, 법은 언제나 인민에게만 부과되었다. 그런데 한국 인민은 이를 인정하고 수용했다.

이를 인정하고 수용하는 과정에서 "원망스럽고 아픈 심리 및 감정

상태"가 된다. 이것이 '억울하다' 또는 '분하다'이다. 이런 감정 상태는 '화'를 만들어낸다. 이는 인민의 노동구조가 '화'를 만드는 구조임을 뜻한다. 화의 강도와 지속기간의 범위는 매우 넓기 때문에 노동 기간 전체에 걸쳐 축적되는 경향을 보인다. '화'를 잘 내는 한국인의 감정구조는 이런 노동구조와 연관된다. 열악한 노동조건 속에서 낮은 임금을 받고 노동을 하는 것은 '억울'한 일이지만, 이는 내가 '힘'이 없기 때문이다. 인민들의 억울하다는 말에는 바로 이런 노동윤리가 전제되어 있다. 반대로 억울한 일을 당하지 않기 위해서는 돈과 빽이 있어야 한다. 이를 이룰 수 있는 가장 중요한 방법이 교육이었다. 교육은 돈과 빽을 가질 수 있는 도구였지만, 동시에 자신이 힘이 없는 이유를 설명하는 변수이기도 했다. 이는 자신의 처지를 설명하는 '서사'를 구성하는 데 중요한 역할을 했다. 노동자 수기와 인터뷰에서 반복적으로 나타나는 "'배우지는 못했지만'이라는 제한적인 진술은 정의에 대한 그들의 기본적인 정서를 벗어나지 않는 한, (교육을 못 받았기 때문에) 어느 정도의 불공평한 대우는 받아들일 수 있다는 것"(구해근, 2002: 194)을 의미한다. 이는 왜 한국에서 자본가와 노동자의 대립이나 부자와 빈자 사이의 대립보다 "교육받은 사람과 교육받지 못한 사람 간의 불평등" 문제가 중요한 문제로 제기되는가를 설명해준다(구해근, 2002: 196). 이런 과정을 통해 인민은 자신의 열등한 노동조건을 구조의 문제가 아닌 각 개인의 책임으로 돌리면서 순응하고 이의 해결을 각 개인의 권력 자원 강화에서 모색한다. 중요한 점은 이런 관점에서 볼 때 현재의 노동 위치를 통해 자신이 규정되는 현상을 수용하기 힘들다는 점이다. 즉 자신의 정체성을 노동으로 접근하지 않는다. 그 중심엔 육체노동에 대한 무시가 존재한다. 이 무시는 타자에게서 오는 것이기도 하지만, 동시에 자기 내부로부터 오는 것이기도 하다. 그래서 이와 같은 무시는 열등감을 산출한다. 노동자의 일상생활은 이 열등감에 의해 구조화된다.

　○ 노동윤리가 꼭 노동에 대한 윤리만은 아니다. 이는 자유 혹은 자유시간에 대한 윤리도 포함한다. 공장노동에서 노동의 자율성은 매우 낮았고 이 때문에 노동과 자유는 분리될 수밖에 없었다. 노동은 공장 내부, 자유는 공장 외부라는 구별이 발생하고 강화된다. 그런데 여기서 자유시간은 오직 노동을 전제할 때만 그 의미가 있다. '여가餘暇'라는 말이 있다. "일이 없는 시간" 곧 노동이 없는 시간을 말한다.[58] 노동의 관점에서 볼 때 노동이 없다면 여가 자체가 없다.[59] 이런 노동윤리 아래에선 자유 혹은 자유시간이란 돌아갈 공장 혹은 노동시간이 존재하는 이에게만 의미가 있다. 역으로 노동과 분리된 자유시간은 그 자체로 '자유'일 수 없다. 더욱 중요한 점은 노동이 없는 자유가 그른 일로 여겨진다는 점이다. 노동이 타자의 인정을 획득하는 중요 수단이라고 할 때, 노동이 없는 이들은 타자와의 관계에서 항시적인 무시상태에 직면한다. 또 자신과의 긍정적인 관계도 구축할 수 없다.

58　'여가'의 정의에 대한 흥미로운 언급이 있어 소개한다. "한국 사회의 긴 노동시간과 더불어 여가가 부재한 현실은 사전에서도 확인된다. 여가는 국어사전에 '일이 없어 남는 시간'으로 정의돼 있다. 한자어를 그대로 옮긴 풀이로서 현실을 반영한 측면이 있기는 하다. 그렇더라도 여가를 제대로 이해하지도, 누려보지도 못한 세계 최장 노동시간 국가다운 뜻풀이다. 영어권은 다르다. 콜린스collins 사전은 여가를 '일하지 않으면서 휴식하거나 즐기기 위한 활동을 할 수 있는 시간'으로 풀이하고 있다(구본권, 2015: 163)."

59　이런 인식은 여가를 노동범주의 한 구성요소로 바라보는 패러다임 안에서 가능한 것일지도 모른다. 기존 여가 분석이 자본주의 노동범주의 보완 내지 탈출로 여가를 이해하는 제한적인 관점이었다는 비판은 김영래와 정병웅(2012)의 연구를 보자. 둘은 탈노동중심적 여가 이해를 위한 성찰적 여가의 개념을 제시한 바 있다.

노동 위치를 구하지 못하는 이는 전체 사회 안에서 자신의 위치를 점유할 수 없는 자이기 때문이다. 이런 이들에게 자유시간이란 끝없는 자기비하와 타자의 무시를 경험하는 고통의 시간이다.

이와 함께 장시간 노동으로 유지되는 자본주의 산업화는 사실상 인민에게서 '여가'를 박탈했고 '여가'의 존재마저 '나쁜' 시간으로 규정하게 했다. 장시간 노동구조는 '여가'를 누릴 수 있는 물리적 시간을 제공하지 않거나, 제공한다고 하더라도 다시 공장으로 돌아가기 위한 신체 능력 회복 시간일 수밖에 없었다. 이런 조건에선 여가가 곧 '잠'이거나 TV 시청 등 집 안에서 이루어지는 것에 국한되었다. 한국 개인의 여가 운영 방식에서 TV 시청의 비율이 높은 것은 신체 에너지의 활용과 직접 연결된 것이고 이는 노동구조의 문제와 중첩된다고 할 수 있다. 자본주의 산업화는 이렇게 물리적인 시간을 박탈했을 뿐만 아니라 여가에 내포된 자유의 시간이라는 의미를 근면, 성실과 대립하는 방종의 시간으로 인식하게 했다. 자유는 곧 생산이 없는 시간이었고 그 자체로 도덕적인 비판의 대상이 되었다. "자유시간을 게으름, 수동성, 낭비, 공포, 두려움, 퇴폐"(김영선, 2013: 87) 등과 연결하는 다양한 담론이 등장한 것은 바로 이런 조건 때문이었다.

자본주의 산업화의 노동윤리는 이와 함께 "만족을 자제하고 시간을 가치 있게 사용하기 위한 자기훈련"(세넷, 2001: 141)의 요소를 포함하고 있었다. 이 점을 이해하기 위해 산업화 과정의 중심 장소인 공장과 시간의 관계를 파악해야 한다. 조정환은 "근대적 의미의 시간은 공장에서 탄생했다고 해도 과언이 아닐 것이다"(조정환, 2011: 278)라고 말한 바 있다. 공장은 농업노동과는 전혀 다른 시간의 척도를 도입했고 인민은 바로 이 공장에서의 노동을 통해 시간의 척도를 내면화하는 동시에 자신의 삶을 만들어가는 시간의 원리를 구성하게 된다. 이 때문에 임금노동은 공장의 시간을 자기훈련하는 과정을 내재한다. 이 자기훈련의 핵심 특징은 미래의 만족을 위해 현재의 고통을 인내하는 것이다. 이는 고통을 표출할 수단이 권위주의국가와 병영적 공장관리로 인해 막혀 있기 때문이기도 했지만, 동시에 국가와 기업이 약속하는 '미래'에의 희망 때문이기도 했다. "70년대 중반에 가면", "대망의 80년대"가 오면 오늘의 고통에 보상받고 잘 살 수 있다는 희망(국미애, 2018: 55)이 노동하는 인민에게 반복적으로 부과되었다. 이때 공장의 노동시간은 자신을 위한 시간이 아니라 타인을 위한 시간이다.(조정환, 2011: 278) 인민은 공장 내부에서 바로 이 시간의 인내를 학습한다.

또 다른 특징은 일종의 '속도전' 원리의 내면화다. 한국 공장은 산업화 과정에서 "시간의 압축"을 핵심 발전 전략으로 채택했다. 이런 전략하에서 시간은 곧 돈이다. 자기훈련을 통해 형성된 인민의 시간 체계는 공장 외부에서도 자신의 일상생활을 조직하는 체계가 된다. 그 핵심에 절약과 저축이 있다. 즉 현재의 만족을 위한 '소비'가 아니라 미래의 만족을 위한 화폐 축적이 임금노동의 목적이 된다. 저축은 국가 산업화를 위한 자본 동원에 중요한 수단이었다. 저축이 인민의 노동 생활 안에 깊숙이 들어온 이유는 이런 국가의 전략적 필요성과 깊은 연관을 맺고 있다(김도균, 2018: 39). 그리고 이를 위해 인민은 자신의 모든 시간을 타인을 위한 시간 곧 노동시간으로 연장하고자 한다. 이 과정이 강화될수록 삶의 시간은 노동의 시간으로 환원된다. 그 결과 임금이 삶 자체보다 중요해진다. 국가는 이런 인민의 자기훈련 과정을 자본주의 산업화 과정에 동원해 자본의 축적을 위한 저축, 자본의 필요 충족을 위한 장시간의 노동구조를 만들어냈다. 이런 의미에서 본다면 "국가가 시간의 직접적 압축자"(조정환, 2011: 284)였다.

이상에서 살펴본 노동윤리는 모든 인민을 공장 내부로 진입시킨다는 전제하에 구축된 윤리였다. 따라서 자본주의 산업화 이후 그리고 민주화 이후 국면으로 접어들면서 이 노동윤리 또한 변형을 겪는다. 이 과정은 1970년대 말과 1980년대를 경유하며 나타나기 시작했다. 그리고 현재까지 진행 중인 신자유주의와 연결되어 있다. 하지만 이 변형이 단지 신자유주의만을 내적 요소로 하는 것은 아니다. 그보다 더욱 복합적인 자본주의 발전양식의 변화가 중첩되었다. 노동윤리의 변형은 산업화의 노동윤리가 전통의 대체가 아닌 전통과의 융합으로 형성됐던 것처럼, 변화된 조건에 대응해 출현한 새로운 윤리와 산업 노동윤리가 융합하며 진행되었다.

3장
노동사회의 형성: 노동중심성

    임금노동을 통하지 않고는 삶을 꾸려나갈 수 없는 조건이 토지개혁, 한국전쟁 그리고 자본주의 산업화 과정을 통해 구축되고, 이 조건을 정당화하는 노동윤리와 노동하는 국민의 확대재생산에 필요한 제도와 장치가 구축되면서 임금노동에 기반을 둔 사회 곧 한국 노동사회가 만들어졌다. 물론 노동은 인류 역사 전체에서 인간이 생존하고 자신의 삶을 꾸리는 데 필수조건이었다. 그러나 노동이 현재처럼 다른 모든 활동을 압도하는 중심 활동이었던 적은 없다. 또한 현재와 같이 거의 모든 이에게 노동이 의무로 부과되는 때도 없었다. 임금노동이 전체 경제활동의 지배적인 형태가 되면서 모든 것이 달라졌다. 물론 임금노동은 산업화 이전에도 존재했다. 존 버드가 인상적으로 인용했듯이 "4천 년 전 메소포타미아에서 마르 사파르 씨는 은화 두 개 반의 임금으로 마르둑 나시르 씨를 고용했다(버드, 2016: 74)." 이 짧은 인용이 의미하는 바는 임금노동이 자본주의 산업화의 발명품은 아니라는 점이다. 그러나 자본주의 산업화라는 역사적 배치 안에서 임금노동은 전체 사회의 지배적인 노동유형이 되었다. 그리고 이전의 노동과는 다른 특징을 보여주었다.

먼저 노동이 이전의 자급노동과 분리되었다. 농업사회에서 노동의 일차 목표는 자급이었다. 따라서 "수확 대부분은 그들 자신이 소비하였고 잉여분을 팔 가능성은 거의 없었다(기아리니·리트케, 1999: 118)." 물론 돈을 벌기 위한 노동이 전혀 없었다고는 말할 수 없지만, "영리 노동은 그것이 아무리 중요한 노동일지라도 물질적인 생존을 위해 요구되는 전체 생산노동 가운데 극히 적은 부분만을 차지하고 있었다(기아리니·리트케, 1999: 122)." 그러나 토지와 분리된 공장 노동자들에겐 토지 사용 권리가 없었다. 이는 곧 생존능력이 자급 능력과 분리된다는 것을 의미했다. 공장 노동 이외에 자신의 생존을 해결할 노동 유형이 존재하지 않는다는 의미에서, 이는 매우 중대한 문제였다. 그 결과 공장 노동에 대한 의존이 강화될 수밖에 없었다.

또한 농업사회에선 임금이 주로 현물이었다. 그런데 농업이 공업으로 대체되며 임금은 모두 화폐로 제공되었다. 자유민주주의 국가를 중심으로 전파된 노동법은 현물임금을 금지했다. 자본주의 산업화와 함께 화폐는 모든 교환의 척도가 되었다. 산업화는 상품경제의 확장을 동반했고 상품경제의 확장은 인민의 생활양식이 화폐를 매개로 이루어지도록 만들었다. 이종영의 분석을 빌려온다면 "생활의 자본주의적 양식화의 원리란 바로 화폐에 의한 매개"(이종영, 1992: 41)다. 임금이 현물로 지급될 경우 노동자는 현물을 화폐로 교환해야만 했으나, 그 과정은 힘들 뿐만 아니라 현물의 시장가격이 임금과 동일하다는 보장도 없었다. 이 때문에 임금을 오로지 화폐로 제공해야 한다는 이른바 '임금통화지급의 원칙'이 정립되었다.[60] 이에 따라 노동의 의미와

---

60   우리나라 근로기준법 제43조 1항에도 이런 임금통화지급의 원칙이 있다.

목적이 과거와 완전히 달라진다. 노동은 자급이 아니라 타자의 필요를 충족하는 상품을 만들어내는 활동인 동시에 그 대가로 화폐를 얻는 활동이 된다(이종영, 1992: 41). 임금이 곧 화폐인 이런 정립이 안정화됨에 따라 노동과 비노동의 경계는 화폐 획득의 여부가 되었다. 동시에 화폐를 제공받지 못하는 노동은 다른 교환을 수행할 수 없었다. 상품경제의 확장 안에서 교환 활동이 불가능하다는 것은 일상생활 재생산의 위기를 의미했다.

이에 따라 임금노동은 가정 안에서 행하는 밥 짓기, 청소하기, 빨래하기와 같은 재생산 활동이나 각 개인의 필요에 따라 사물을 만드는 작업, 그리고 그 자체가 행위의 목적인 자기활동 등보다 가장 중요하고 우선적인 활동이 되었다. 재생산, 작업, 활동이 모두 필요를 충족하기 위한 인간의 기본 활동 유형이었음에도 임금노동 없이는 다른 세 활동이 가능하지 않기 때문이었다. 임금노동이 우위를 확보하며 다른 활동들은 임금노동에 종속되었다. 이 과정에서 가족에 기반을 둔 생산은 기업에 기반을 둔 생산으로 변화한다. 동시에 가족의 기능이 변했는데, "부모는 자라서 남을 위해 일하러 갈 자녀를 양육하게 된 것"(폴브레, 2007: 137)이기 때문이다. 즉 경제적 관점에서 가족은 노동자를 양육하는 장소가 되었다.

그러나 임금노동의 우위와 다른 활동의 종속에 대한 지적이 전체 사회가 오직 임금노동을 통해서만 작동한다는 뜻은 아니라는 점에 주의해야 한다. 전체 사회의 노동은 이질적이고 다원적인 노동양식들의 결합으로 존재한다. J. K. 깁슨-그레이엄은 이러한 예들로 ① 자영업과 같은 독립상품생산의 노동 ② 공동체 유형의 상품생산노동 ③ 계약의 자유를 누리지 못하는 이들의 노동을 착취하는 노예노동 ④

가정 내부나 공동체 내에서 이루어지는 비시장적인 노동양식 등을 거론한 바 있다(김슨-그레이엄, 2013). 이러한 인식이 매우 중요한 이유는 두 가지다. 하나는 현실 인식의 차원이다. 한국은 자영업의 비율이 매우 높다. 자영업은 변호사 등 전문가부터 노점상에 이르기까지 매우 다양하게 구성된 업종으로, 1인 또는 가족이 소유와 경영의 주체인 업종을 말한다. 자영업자뿐만 아니라 월급을 받지 않고 일하는 무급 가족 종사자의 비율도 매우 높다. 군대노동, '성 노예', 도급제 노역, 아동 노동, 감옥 노동, 학생 노동과 같이 계약의 자유뿐만 아니라 기본적인 시민의 권리까지 박탈당한 노동도 존재한다. 특히 이 영역은 조지 카펜치스가 "자본주의 지옥의 원시적 단계"(카펜치스, 2018: 129)로 불렸던 부문으로, 노예제를 포함해 인간의 역사 과정에 존재한 모든 강제노동이 모인 노동 부문이라는 점에서 더욱 중요하다. 또한 비록 화폐를 획득하지 못하기 때문에 '노동'의 범주에 통합되지는 않지만, 공동체와 가족 내에서의 노동은 언제나 존재했고 이런 노동의 영역이 상호부조와 협력에 기반을 둔 인민 공공성의 생활양식을 구성해왔다는 것은 틀림없다. 이런 다양하고 이질적인 노동양식들의 종합을 통해 전체 사회의 노동양식이 구성된다. 이 노동양식들과 임금노동과의 차이를 인정해야 한다.

두 번째 이유는 이런 현실 인식이 전제되어야 임금노동의 양식이 다원적이고 이질적인 노동양식들을 통합해내는 과정을 이해할 수 있기 때문이다. 임금노동은 전체 사회를 구성하는 다원적인 노동양식 중 하나지만, 다른 노동양식들을 자신의 질서 안으로 통합하는 권력을 보유한다. 이를 임금노동의 헤게모니hegemony라고 부를 수 있다면 이의 물적 조건은 전체 사회의 생산을 조직할 수 있는 자본의 권력으로부터 나온다. 모든 생산이 자본의 권력 안에 통합되어 있지는 않지만, 자본은 국민경제를 구성하는 대부분의 생산을 장악하고 있다. 이 때문에 자본은 자신이 장악한 생산 현장뿐만 아니라 국민경제를 관리해야 하는 국민국가를 통해 전체 사회에 자신의 의지를 부과할 수 있다. 이 과정은 국민국가의 속성을 매개로 진행된다. 국민국가는 국민의 생활 안전을 책임져야 하므로 필수적인 상품을 생산하고 화폐를 분배하는 자본의 생산을 지원한다. 다른 국민국가와의 관계도 고려 대상이다. 자본의 발전이 국민경제의 발전과 연결되어 있기 때문에 자본의 쇠퇴는 곧 국민경제의 쇠퇴로 연결된다. 이는 다른 국민국가와의 관계에서 열등한 위치나 종속 위치로 전락할 위험성을 내포한다. 국민국가들의 상호관계가 원칙적으로 전쟁과 경쟁의 원리로 구조화되어 있기 때문이다. 국민경제의 쇠퇴는 바로 이 전쟁과 경쟁 능력의 쇠퇴를 의미한다(이종영, 2008: 290). 이런 의미에서 자본의 권력은 생산으로부터의 후퇴 과정에서 발생할 수 있는 전체 사회의 파괴 정도에 비례하여 확장된다고 말할 수 있다. 이는 기본적으로 자본의 권력이 파괴의 폭력에 근거한다는 점을 보여준다.

하지만 자본의 권력이 단지 '파괴의 폭력'만이 아니라 자본을 매개로 형성된 국민경제의 정치경제학적인 부를 분배하며 작동한다는 점이 중요하다. 자본은 직접 벌어들인 화폐를 임금으로 분배하는 동시에, 조세를 통해 국가를 매개로 국민에게 재분배하기도 한다. 이렇게 분배된 화폐는 상품시장과 관계 맺는 다원적이고 이질적인 노동양식들에 재분배된다. 자본이 국민경제 전체 중 일부로 작동하고 자본의 발전이 국민경제 전체의 발전으로 연결된다. 바로 이 부분에서 자본의 권력은 파괴의 폭력만이 아니라 국가의 능동적인 참여와 국민의 일반적인 동의를 확보한다. 자본이 폭력이 아닌 권력인 이유, 그리고 그 작동 방식이 헤게모니를 형성하는 이유다.

자본은 임금노동과의 결합 없이 작동할 수 없기 때문에 자본의 헤게모니는 임금노동의 헤게모니로 전유된다. 자본은 화폐를 매개로 임금노동을 결합하는 능력을 통해 자신의 권력을 확보한다. 즉 임금노동과의 결합 없이는 자본의 권력이 재생산될 수 없다. 임금노동이 자본에 부과하는 이런 제약과 함께 국민국가의 내적 제약, 곧 국민경제를 통해 국민의 생활 안전을 도모해야 하는 제약이 결합해 임금노동의 헤게모니가 형성된다. 즉 임금노동은 자본의 확대재생산을 위한 필수요소인 동시에 국민의 생활 안전을 방어할 핵심 요소가 된다. 이두 요소를 매개하는 범주가 바로 '고용'이다. 그래서 고용은 국민국가의 중심 문제로 부상한다. 고용과 구별되는 다른 노동양식들이 소멸하거나 없어진 것은 아니지만, 임금노동의 고용에 일차적인 중요성이 부여되고 그 기초 위에서 다른 노동양식들과의 상호 교환 과정이 구성되기 때문이다.

이 과정에서 노동 문제는 임금노동의 문제가 되었고, 임금노동의 문제는 고용 문제가 되었다. 이것만이 아니라 고용 중심으로 전체 사회의 문제가 인식되고, 이를 해결하거나 완화하는 사회 인식과 문제 해결의 패러다임이 구성되었다. 주택 문제, 가족 문제, 교육 문제, 청년 문제, 빈곤 문제, 건강 문제, 여성 문제 등 다수의 사회문제는 언제나 고용과의 관계에서 파악되었다. 따라서 해결책 또한 고용의 차원에서 모색되었다. 고용은 전체 사회의 질서를 재생산하는 중심 원리였고 이에 따라 고용은 정치의 중심 문제가 되었다. 정책의 성공과 실패는 고용 문제에 얼마나 효율적이고 능동적으로 대처할 수 있는가에 의해 결정되었다.

이에 따라 국가의 고용정책이 만들어지고, 고용 관계를 안정화하기 위한 제도들이 구축되었다. 노동법은 그 핵심이다. 노동법 안에 자본주의 고용 관계를 규율하는 법규 일반이 포함되기 때문이다. 이런 노동법은 원래 산업화 과정에서 촉발된 계급의 양극화 곧 노동계급이 저임금과 실업의 고통 속에서 가난해지는 반면, 자본계급은 노동계급에 대한 착취를 통해 더욱더 부유해지는 현상에 대한 일종의 반성으로 등장한 것이었다. 그런데 이런 노동법이 19세기 중후반을 경유해 거의 모든 자유주의국가에 전파되었다. 그 내용은 차이가 있을 수 있지만, 노동법은 자유주의국가의 기본 법 체계 안에 기재되었다. 그런데 한국의 경우 조선의 패망 직후나 일본제국주의 식민지 아래 현재와 같은 의미의 노동법은 없었기 때문에, 미군정이 1945년 도입한 노동보호법이 최초의 노동법이었다. 노동법이 한국의 현실과 세력 관계를 반영해 내부에서 구성된 것이 아니라 미국을 매개로 외부의 노동법이 한국에 부과된 것이다. 1953년의 노동법도 마찬가지였다. 이 문제가 중요한 이유는 노동법과 국가의 고용정책 사이에 균열이 발생할 때 국가의 선택은 언제나 고용정책이었기 때문이다. 따라서 고용정책에 장애가 되는 노동법의 개정 문제가 반복해서 제기된다. 이처럼 고용과 노동권이 분리되는 구조가 한국 노동사회의 기본 구조 중 하나다.

고용정책은 단지 고용에 관한 것만이 아니라 노동인구를 형성하고 관리하는 정책이다. 그리고 그 중심 대상은 노동시장일 수밖에 없다. 한국에서 '고용정책'이란 이름으로 정책을 개발하고 실행한 것은 1993년 「고용정책기본법」을 전후해서이고, 그 이전에는 '직업안정'이라는 이름 아래 고용정책을 추진했다. 이 점에서 1961년 제정된 「직업안정법」의 의미는 남다르다. '직업안정'이라는 이름에 당시 고용을 바라보는 국가의 인식이 침투해 있고, 이것이 한국전쟁 이후 과잉 노동 공급 문제의 해결을 위한 본격적인 국가 제도 정비작업의 출발을 의미하기 때문이다. 물론 한국전쟁 이후 1953년 「노동조합법」, 「노동쟁의조정법」, 「노동위원회법」, 「근로기준법」 등이 제정되고 실업 문제 해결을 위한 고용정책을 구현하고자 했지만, 물적 조건의 미비로 구체적인 성과를 낼 수는 없었다. 고용정책의 실질적인 출발은 따라서 본격적인 산업화가 촉발되는 1961년 이후일 수밖에 없었다. 그런데 중요한 점은 논쟁의 여지는 있지만, 1977년 전후로 한국 노동시장이 거의 무제한적인 노동 공급 상태였기 때문에 국가경제성장 전략이 사실상 고용정책을 대신했다는 점이다. 무제한적 노동공급 상태는 곧 다수 인민의 실업 상태를 의미했고 이에 "산업화 초기의 고용대책은 실업문제 해결을 위하여 경제개발을 통해 고용기회를 확충하는 것으로 인식"(김성중·성제환, 2005: 3)되었다. 즉 초기 한국의 고용정책은 사실상 실업정책의 다른 이름이었고 직업안정은 바로 실업의 해결을 의미한다. 해결 방안은 경제개발이었다.

1961년 「직업안정법」 제정 외에 1963년 11월 5일 제정된 「산업재해보상보험법」과 1981년 제정된 「산업안전보건법」이 있다. 1963년 「산업재해보상보험법」은 근로기준법의 재해보상과는 구별되는 별도의 산재보험 법률이라는 점에서 흥미롭다(조흠학, 2010: 1). 별도의 법률체계로 산업안전보건을 다뤄야 하는 국면이 된 것이다. 1981년 「산업안전보건법」이 중요한 이유는 이 법을 통해 한국의 산업안전보건제도의 제도적 구성이 완비되었다고 할 수 있기 때문이다(한국안전학회, 2007:

7). 곧 1963년부터 1981년 사이, 혹은 〈근로보건관리규칙〉이 시행된 1961년 9월 11일부터 계산하면 1981년까지의 20년 사이에 한국의 산업안전보건제도가 완성되었다고 볼 수 있다.

존 우딩과 찰스 레벤스타인은 『노동자 건강의 정치경제학』에서 다음과 같이 말했다. "산재보상체계의 발전사는 그 자체로 흥미로운 주제이며 따로 철저하게 다룰 필요가 있다(우딩·레벤스타인, 2008: 127)." 이는 노동자의 안전보건 문제가 작업장 문턱을 넘어 국가행정체계의 문제로 전환되었기 때문이다. 곧 산업재해가 자본과 노동의 관계에서 노동과 국가의 관계로 전환한다. 더욱더 흥미로운 점은 이 과정이 한국 자본주의 산업화가 본격적인 국면으로 진입한 초기부터 제안되었다는 점이다. 산업화 과정은 산업재해의 급격한 증가로 이어졌고 그 피해도 매우 광범위하게 나타났다. 1960년대 산업화 과정에서 생산수단이 기계화, 화학화, 대규모화하면서 산업재해가 계속 증가했고 규모도 커졌다. 그러나 이전 근로기준법에선 산업재해에 대한 보상을 개별적인 사용자 책임으로 규정하고 있었다. 그래서 산업재해로 인해 기업이 큰 손실을 보거나 도산하는 경우에는 보호를 받을 수 없었다. 경제성장을 위해서는 기업의 위험부담 경감과 안정된 기업 활동 보장이 필요했다. 이는 노동자의 안전을 위해서라기보다는 산업재해로 인한 자본의 비용을 최소화하기 위한 것이었다.

군부 권위주의 정권이 1960년대 산업화 초반 근로기준법과 분리된 독립적 산업안전보건체계를 구축하려 한 이유는 바로 여기에 있었다. 반면 산업재해 예방에는 무관심했는데 이는 산업재해를 발전 과정에서 피할 수 없는 산물로 보았기 때문이다. 이에 예방보다는 사후보상, 산업재해보다 경제성장이 중요했고 산업재해를 숙명처럼 받아들이는 태도가 국가의 조직화한 폭력 및 기업의 병영화 전략과 함께 형성되었다. 『노동자, 쓰러지다』에서 말한 "노동자가 일하다 죽는 사회"를 넘어 "노동자가 일하다 죽는 것을 당연한 것으로 여기는 사회"의 원형은 이렇게 만들어졌다(희정, 2014: 58). 따라서 "개발독재의 시기인 1960~70년대를 거치는 동안 실질적인 산업안전제도는 존재하지 않았다"고 보아야 한다(김현수, 1999: 129). 그 명칭이 '노동안전'이 아니라 '산업안전'이라는 점은 이를 분명히 보여주는 하나의 상징이다.

이런 점에서 한국의 산업안전보건체계는 말 그대로 한국 산업화 과정의 산물이었다. 산업화를 주도한 군부 권위주의의 특성이 한국 자본주의 산업화 과정뿐만 아니라 산업안전보건체계에도 그대로 각인되었다. 민주화를 통해 정치제도는 권위주의에서 민주주의로 전환했지만, 산업안전보건체계에 각인된 특징은 민주주의하에서도 그대로 유지 존속되었다. 산업화 국면에서 형성된 산업현장과 산업안전보건체계의 간극은 여전했으며 이러한 경향, 즉 노동과 안전의 분리는 한국자본주의의 본격적인 신자유주의화에 따라 더욱더 가속화한다. 동시에 이를 배경으로 형성된 신자유주의적 노동체제, 즉 신자유주의적으로 재편되기 시작한 노동시장은 노동조건을 유연화함으로써 노동 강도를 강화했고 대규모의 실업과 고용불안정 그리고 종속노동의 형태를 넘어선 무수히 분화된 노동을 출현시켰다. 그에 따라 기존의 산업안전보건체계로 담지해낼 수 없는 새로운 종류의 노동위험이 증가하게 되었다.

그럼에도 형식적인 차원이었지만, 한국의 노동사회가 노동과 안전의 결합을 강화하는 방향으로 진화했고 이에 따라 1990년대 중후반까지 '산업재해율'이 점진적으로 감소했다는 점이 주목된다. 특히 이런 경향을 이해하는 데 있어 1987년 민주화 이후 한국 노동시장이 과거와 다른 국면으로 접어든다는 점을 기억해야 한다. 국가경제성장을 통한 고용기회 확장이라는 수동적 대응에서 적극적인 임금노동 조건 개선과 보호의 방향으로 대응 전략이 바뀌었기 때문이다. 노동시장은 공급 과잉에서 공급 부족이 되었고 정치체제는 권위주의에서 민주주의로의 전환되었다. 또한 조직 노동운동의 성장으로 인해 국가는 과거와 같은 고용전략을 구사할 수 없었다. 이로 인해 제6공화국 이후 「노동조합법」, 「노동쟁의조정법」, 「노사협의회법」, 「최저임금법」, 「남녀고용평등법」 등이 제정되었다. 이 과정의 정점에 1993년 제정된 「고용보험법」이 존재한다. 1995년부터 시행된 고용보험은 한국의 고용정책이 수동적 고용정책에서 능동적이고 적극적인 고용정책으로 전환되었음을 말해준다. 단순한 실업급여 지급을 넘어 실업이 또 다른 고용으로 전환되도록 유도하는 적극적인 고용정책이 법제도화되었다는 점에서 이는 한국 노동사회의 형성 과정에 중요한 의미를 지닌다.

노동의 인격성을 방어하기 위한 노동법, 노동의 안전을 위한 산업안전보건법, 실업을 고용으로 연결하는 고용안정 관련 법률 등의 정비는 그에 준하는 다양한 국가 장치 형성과 동시에 진행되었다. 국가 장치의 중심에는 노동과 고용 문제를 총괄하는 중앙행정기관의 계보가 있다. 그 출발은 1948년 11월 4일 사회부에 소속된 노동국이었다. 이후 노동국은 1955년 사회부가 보건부와 통합하면서 만들어진 보건사회부 소속으로 변경된다. 그러다 1963년 보건사회부 산하의 노동청으로 발족했고 1981년 노동부로 승격한다. 이후 29년간 노동과 고용 문제를 총괄하다 2010년 정부조직법 개정에 따라 고용노동부로 명칭을 변경한다. 중앙행정기관 외에 실제 노동과 고용 사업 집행을 위한 집행기관의 계열이 만들어졌다. 「직업안정법」의 제정과 함께 '직업안정소' 44개가 전국에 설치되었다. 직업안정소는 직업소개, 직업지도, 직업보도, 노동시장에 관한 조사 분석, 실업보험 등의 업무를 수행했다. '직업안정기관'은 계속 확장되었고 1979년엔 국립중앙직업안정소도 만들어졌다.

이와 함께 직업훈련을 위한 장치도 생겼다. 직업훈련은 인민에게 고용의 기회를 확장하고 경제개발에 필요한 노동인구를 확보하기 위해 국가에서 진행한 교육이자 훈련이었다. 중요한 점은 한국의 직업훈련이 인문교육과 분리되어 4년제 대학 미만의 교육 이수자를 위한 고용정책으로 발전했다는 점이다. 그 결과 이 구별이 노동시장에서 사무직과 노동직의 이분법을 만든다. 직업훈련의 국가 장치에 두 개의 하위 계열이 있었다. 하나는 학교 교육을 통한 직업교육이고 다른 하나는 사회교육을 통한 직업훈련이다. 1945년 해방 이후부터 이미 학교교육 내에 직업교육이 통합되어 있었다. 미군정이 경제개발을 위해 학교 교육 내에 실업교육을 통합하고 이의 중요성을 강조했기 때문이다. 이런 경향은 1960년대 이후 산업화의 발전과 함께 강화된다. 마르셀 스트루방Marcelle Stroobants의 지적처럼, "학교 교육이 임금 제도와 관련하여 발전되었다는 것을 인식하는 것은 그리 새로운 사실이 아니"다(스트루방, 2003: 18). 이는 두 방향으로 진행되는데 학교 직업교육을 확장해 직업교육체계를 정비한 것과 직업기술의 표준화를 위한 국가기술자격제도를 정비해 교육과 산업을 매개하는 국가 제도를 형성한 것이다. 1974년에는 국가기술자격법을 제정·공포하고 이듬해부터 국가기술자격제도를 시행한다. 그리고 1977년에는 초급대학, 실업

고등전문학교, 전문학교를 전문대학으로 개편해 산업과 교육을 연결하는 일련의 직업교육체계를 정비한다.

학교 외부에도 직업훈련 강화 장치들이 만들어진다. 1967년 「직업훈련법」 제정, 공포 이후 노동부에서는 중앙직업훈련원과 24개 법인 직업훈련원을 설립 운영했다. 노동부 이외에도 과학기술처 산하에 한국기술검정공단, 기능올림픽한국위원회와 창원기능대학을 두었고 근로복지공사에는 직업훈련연구소를 두어 직업훈련을 실시했다. 국가는 1981년에 「한국직업훈련관리공단법」을 제정해 기존 직업훈련 기관들을 통합했다. 이후 한국직업훈련관리공단은 여러 번 이름을 바꾸고 1998년 한국산업인력공단이 되었는데 이 공단은 전국적으로 직업훈련원을 운영했다. 그리고 1989년에는 현재의 한국기술교육대학교인 한국직업훈련학원을 만들었다. 그리고 1997년엔 직업훈련체제를 19개 기능대학과 22개 직업전문학교로 개편했다.

직업훈련은 기업이나 산업에서 요구하는 특수기술을 배우는 교육이었다. 그런데 한국의 교육체계는 특수기술에 비해 일반기술을 교육하는 일반대학의 비중이 압도적으로 크다는 특징이 있다. 최장집의 분석처럼, "비록 기술교육을 담당하는 고등학교나 전문대학들이 있다고는 하나 전체 교육구조에서 이들은 미미한 비중만을 차지하기 때문에, 한국의 교육체계는 일반대학이 중심이 된 일원적 구조를 특징으로 한다(최장집, 2006: 189~190)." 이러한 일반기술-일반대학 구조가 압도적인 비중을 차지하게 된 이유는 한국 노동시장의 위계와 계층구조 위계의 중심에 바로 일반대학의 위계가 일치하기 때문이다. 일반기술은 자유경쟁 시장모델에 상응하는 기술 유형이다. 이 때문에 대학 서열구조에 따라 전문지식기반의 상층 직종이 분배되었고,

그 이하의 불안정하거나 열등한 직종은 최상위 대학 이하의 중하위 대학 졸업자들이 차지하는 위계적인 노동시장 구조가 생겼다. 이처럼 노동시장의 수급구조는 한국의 교육제도와 조응하는 형태로 진화했다.

고용문제의 해결을 위한 국가 장치의 계열화가 1961년부터 1990년 대 중후반까지 ① 중앙행정 ② 직업교육 ③ 노동보호의 계열을 통해 형성되는 동안 한국의 산업구조도 급변했다. 1960년대 초반까지 한 국은 전형적인 농업국가였지만, 산업화 과정을 통해 2차 산업 취업자 비율이 1979년 23.7%까지 확장되었다. 특히 1960년대에 경공업 중심 이던 산업구조가 1970년대를 거치며 중화학공업 중심으로 재편되었 는데,[61] 제조업 부문의 취업구성에서 1979년 중화학공업은 54.6%를 차지하게 되었다.

1970년대 후반 중화학공업으로의 전환은 한국의 산업구조에 중대 한 영향을 미쳤는데 그 이유는 다음과 같다. 하나는 중화학공업 진 출 과정에서 일부 대기업이 전체 산업에서 지배적인 우위를 확보하 는 '재벌'로 성장할 수 있었다는 것이다. 중화학공업 참여는 1960년 대 경공업에서 상당한 자본을 축적한 소수 대기업에만 허용되었고 국가는 이 대기업들에 국민투자기금이나 산업은행자금 등 정책자금 을 집중적으로 지원해 대기업 중심으로 산업구조 전환을 만들어냈다 (이재희, 1999: 129~130). 그러나 이런 대기업 중심의 경제성장 전략에 도 불구하고 1970년대 말을 거쳐 중소기업 비중이 지속해서 늘었다.

---

61 "1970년대 중화학공업화정책은 그 이전의 경공업 수출산업화의 성공에 의해서가 아니라 그것 에 의해 형성된 종속적 재생산구조의 위기를 해소하기 위해서 이루어진 정책기조의 전환이었 다(이재희, 1999: 136)."

곧 "1970년대 후반의 중화학 공업화는 그 자체가 대기업 육성체계였음에도 불구하고 결과적으로 중소기업의 축적영역을 확대시키는 하나의 계기"가 된 것이다(이재희, 1999: 133). 경공업 중심 산업구조에서 대기업과 중소기업은 상호경쟁 내지 적대관계였다. 그러나 중화학 산업 구조에서는 일정한 상호보완 관계가 형성되었다. "조선, 자동차, 전자 등 조립가공 산업에서 대기업의 성장을 위해서는 부품을 생산하여 조달하는 하청 중소기업의 광범한 성장이 불가피했기 때문이다(이재희, 1999: 134)." 이러한 중소기업의 대기업의 하청계열화는 1985년에 전체 중소기업 중 42.2%에 이르게 된다. 오동윤의 말처럼, "한국의 제조 중소기업은 계열화를 통해 성장"한 것이다.[62] 여기엔 대기업 경쟁력 강화를 위한 내적 필요가 반영되어 있었다. 그러나 대기업들은 노동력의 숙련 향상이나 기술발전보다는 전체 산업구조를 지배하는 방식으로 자신의 경쟁력을 강화하고자 했고 그 결과 나타난 것이 중소기업의 하청계열화였다(김동춘, 1995: 149). 대기업을 정점으로 중소기업의 수직적인 계열화가 이루어지고, 대기업은 이를 통해 노동자를 직접 고용하지 않으면서도 중소기업의 기술과 노동력을 실제 자신의 노동과정 안에 통합했다. 대기업은 하청 노동자에 대한 책임으로부터도 면제되었고 비용도 줄일 수 있었다. 중소기업은 대기업에 납품해야 생존할 수 있으니 가격을 낮춰야 했다. 그러나 이 중소기업은 하위 단계의 중소기업에 그 피해를 또 이전하며 이익을 늘리려 노력한다. 그 결과 가장 큰 피해는 열악한 노동조건과 환경을 지닌 소규모 제조업체에 집중된다. 중소기업의 하청계열화를 통해 대기업이 지

---

62 오동윤, "'大–中' 갈등보다 '中–中' 갈등 먼저 풀어야", 《이코노미스트》 1373호, 2017. 2. 17.

배하는 중소기업 구조 안으로 노동인구의 다수가 통합되었다. 대량의 미숙련 혹은 반숙련 노동자 집단이 형성된 것도 이때였다. ① 고용보호 ② 실업보호 ③ 임금/소득보호의 차원에서 대기업/재벌과 중소기업의 간극은 매우 커서, 중소기업에게 이런 노동보호 장치들은 단지 하나의 '형식'이거나 혹은 매우 취약한 체계였다.

이와 함께 1980년대 중반부터 또 하나의 중대한 변환이 일어났다. 노동인구의 측면에서 1980년대 중후반을 경유하며 노동력 공급이 제한적인 상황으로 변화했다. 비록 연구자에 따라 일치하지는 않지만,[63] 만약 1980년대 중후반 이후 이런 변화가 일어났다면 전체 노동인구의 다수가 임금노동과 안정적으로 결합할 수 있는 조건이 형성되었음을 의미한다. 그 원인 중 하나는 제조업 중심의 산업사회 구조에서 서비스산업으로의 이행이 본격화되는 '탈산업화'의 출발 국면이었기 때문이다. 송호근(1991: 229)에 의하면 자영업 및 서비스 부문의 급속한 확대가 낮은 실업률에 기여했고 무엇보다 제조업 부문의 인력공급에 제약을 가하는 요소로 작동했다. 또한 여성의 경제활동이 저연령, 저임금, 저기술 기반으로부터 고연령, 고임금, 고기술의 노동시장까지 확장하는 중대한 변화가 일어났다. 1980년대 초 도입된 대학자율화로 인해 다수의 여성이 대학에 입학했고, 이들이 졸업하는 1980년대 중반부터 대졸 여성들이 대거 노동시장에 진출하게 된 것이다(김미경, 2012: 310). 물론 여성의 대학진학률과 취업률 사이에는 큰 격차가

---

63 무한대의 노동공급이 제한되는 상황으로 변화되는 시기를 배무기(1991)는 1975년으로 보고 이 해를 한국경제의 전환점이라고 보았다. 김동춘은 이는 논란의 여지가 있다면서 1980년대 후반부터 과거와 같은 노동력 공급이 이루어지지 않았다고 썼다(김동춘, 1995: 150). 송호근(1991: 229)도 1985년 전후로 과잉 노동력 체계가 막을 내렸다고 말했다.

있었다. 특히 남성과 비교할 때 더욱 분명하게 나타난다. 이런 경향은 2010년대 중후반까지도 지속되었는데, 2013년 통계에 따르면 대학 졸업자의 남성과 여성 취업률 사이엔 약 28~30%의 격차가 존재했다 (강이수·신경아·박기남, 2015: 19~23). 하지만 이 불평등한 격차에도 불구하고, 이는 1980년대 중후반을 거치면서 한국 임금노동자 구성의 질적 속성 또한 중대한 변화를 겪고 있었음을 보여준다. 이와 함께 또 하나 기억해야 할 변화는 1990년 1월 「장애인 고용촉진 등에 관한 법률」이 제정되어 형식적인 차원이라고 하더라도 국가와 지방자치단체가 장애인의 고용촉진과 직업재활을 지속해서 추진하도록 요구받았다는 점이다. 할당고용제도quota system에 기초를 둔 장애인고용정책에 다양한 비판이 존재하지만, 장애인 고용을 증가시킨 것은 사실이다(류정진·전영환·남용현·박창수, 2010: 35). 고용을 장애인까지 통합하는 이런 정책들은 한국의 노동사회가 저연령, 저임금, 저기술 기반으로부터 고연령, 고임금, 고기술의 노동자까지 포괄하는 방향으로, 또한 고용에 적합한 신체를 지닌 남성 노동자뿐만 아니라 여성과 장애인까지 포괄하는 방향으로 형성되는 과정을 보여준다.

그러나 이런 포괄 과정은 공식노동 부문 내 불평등을 제도화하는 방식이었을 뿐만 아니라 비표준 영역 곧 비공식노동 부문과 공식노동 부문의 분할을 통해 이루어지는 것이었다. 높은 임금과 숙련 기술, 표준 남성의 신체에 기초를 둔 상대적으로 안정적인 공식 부문 임금노동시장이 존재했고 이는 여성과 장애인 등을 주변에 배치하는 차별 구조를 통해 작동했다. 또한 기술이 없거나 특별한 교육을 받지 않은 상태에서도 진입할 수 있는 노동시장이 비공식 부문으로 존재했다. '노가다'는 한국사회에서 오랫동안 두 번째 유형의 노동을 대표하는 말이었다. '막일'을 뜻하는 '노가다'는 살기 위해 닥치는 대로 노동해야 하는 사회 가장 밑바닥의 인생을 표현했다. 이런 비공식 노동 부문에 포함된 이들은 법적 보호나 고용관련 혜택을 받을 수 없었고, 계약을 한다고 하더라도 단기 계약 등 매우 불안정했을 뿐만 아니라 다수는 계약서도 없이 노동에 동원되곤 했다. 이 비공식 부문 노동이 한국 노동사회의 비표준 노동 모형을 만들어낸다. 이 두 경향은 모두 노동의 '숙련熟練' 가능성과 연결되어 있었다. 장애인의 신체는 숙련의 가능성을 이미 박탈당한 신체로 규정되었고 여성은 숙련에 도달할 수 없는 열등한 범주로 인식되었다. 또한 숙련이 필요 없는 일자리는 그 자체로 보호받을 수 없는 일자리였다. 숙련은 노동사회를 위계적으로 분할하는 합리적 근거였고 이에 따른 구별은 차별이 아닌 '차등'으로 제시되었다. 그러나 숙련의 개념과 형성 과정 자체가 공식 표준 노동을 구성하는 남성들의 신체를 기본으로 한다는 점에서 그 자체로 차별적인 원리였다(김미주, 2000: 175).

이와 같은 표준 노동 영역 내의 차별 구조와 비표준 노동 영역의 존재가 중요한 이유는 1997년 이후 불안정 노동 모형의 확산이 그 이전 시기를 안정 노동 모델로 구성된 획일적인 노동사회로 이해할 위험이 존재하기 때문이다. 다수의 인민은 노동을 통해 자신의 삶을 유지해야만 했고 이때 그 일부는 불완전취업과 비공식노동 부문을 통해 한국 노동사회의 하층을 구성했다.

비록 차별 구조를 내재한 노동시장 통합과 비공식 부문 노동 및 불완전취업상태의 인민이 다수 존재했다고 하더라도 실업률이 4% 전후로 유지된 1969년 이후부터 다시 실업률이 상승하는 1998년까지의 30년간 '고용'은 한국에서 보편적인 사회적 관계가 되었다. 산업구조의 진화와 더불어 직업안정을 위한 다양한 법과 제도 및 이를 뒷받침하기 위한 장치들의 계열이 구조화되고, 다수의 인민이 노동 안으로 통합되는 동시에 노동의 보호와 안전을 위한 법과 제도가 강화되는 1990년대 초중반까지 30년간 고용은 인민에게 예외적인 상태가 아니라 하나의 정상 상태로 존재했다. 또한 고용의 위계에 따라 전체 사회 내에서 할당되는 사회적 위치와 동원할 수 있는 자원의 규모가 결정되었다. 노동의 고용으로의 전환과 그에 조응하는 전체 사회의 질서 재편이 이루어진 것이다. 1958년 2월 내무부가 인정한 실업자 1,000만 명, 그리고 1961년 완전실업자 250만 명과 약 200만 명으로 추정되는 농어촌 잠재실업자를 떠올린다면(장상환, 1999: 176) 이런 변화는 매우 중대한 것이었다. 이 '30년의 질서'가 임금노동을 기반으로 일상생활을 영위하는 "노동하는 국민"을 전체 사회의 정상 상태로 만들었기 때문이다. 비록 이런 정상 상태가 부여되는 순간부터 정상 상태의 균열과 해체를 만들어낼 요소들이 그 내부에서 동반 성장하고 있었지만, 이 '30년'은 현재까지 우리의 일상생활을 규정하는 노동생활의 기본 구조를 만들었다. 즉 한국 노동사회를 형성했다.

한국 노동 생활의 기본 토대는 ① 기업별 노사관계 ② 연공서열 제도였다. 이 두 요소는 종신고용에 근거를 둔 장기근속체제와 함께 일반적으로 미국, 독일과 구별되는 일본 고용구조의 기본 특징으로 언급되어온 것들이다. 하지만 연공서열 제도는 남성과 여성에게 똑같이 적용되지 않았다. "남성은 여성과 마찬가지로 생산직으로 입사를 한 경우에도 더 높은 직급까지 승진이 보장되었지만, 여성이 승진할 수 있는 최고 직급은 제한되어 아무리 근속연수가 길어도 그 이상의 승진은 불가능하였다."(국미애, 2018: 67~68) 성별 임금 격차 또한 컸다.

한국에 종신고용체제가 존재하는가도 논쟁적이다. 어떤 점에서 "역사적으로 본다면 1960, 1970년대의 산업화를 거쳐 1990년대에 이르기까지는 일본을 모델로 한 '발전주의 국가'와 일본식 고용구조의 특징인 종신고용과 연공서열제를 유지"하는 방향으로 한국의 고용구조가 만들어졌다고 말할 수 있다(최장집, 2015).[64] 하지만 한국 고용체계가 일본의 종신고용제도와 연공서열 제도의 영향을 받았다고 해도 그 작동 방식이나 내부 구조가 완전하게 같은 것은 아니었다.[65] "평생직장", "종신고용"과 같은 단어가 노동사회 안에서 회자되고 있었으나, 실제 한국 노동사회는 불완전 취업자도 많고 노동생애도 불안정한 형태로 구성되어 있었다. 특히 최선영과 장경섭의 연구에 의하면 한국 남성 노동자들이 결혼 당시의 직업 지위를 45세까지 유지하는 경우는 많지 않았고 다수 남성 노동자의 노동생애는 불안정했다고 한다(최선영·장경섭, 2012: 226~227). 이들 중 상당수는 공식 임금노동에서 주변노동 부문으로 옮겨갔는데 이런 노동 생활의 불안정성 증가로 인해 결혼 중반 이후에는 부부가 공동으로 생계를 부양하는 경향이 많았다. 게다가 여성 노동자 대부분이 영세자영업이나 비정규직 등 고용체계의 주변부에 밀집하는 경향이 강했다(최선영·장경섭, 2012: 225). 이는 남성 생계 부양 모델이 한국에서 가지는 제한적인 의미를 보여주는 동시에 장기근속과 연공서열 제도가 남성 노동자에게도 불안정하게 적용되고 있었다는 현실을 보여준다.

---

64 최장집, "노사 관계의 세 유형과 한국의 쟁투적 노사관계", 네이버 열린연단: 문화의 안과 밖 에세이 시리즈, 2015. 4. 29.

65 이 부분에 관해 일본에 비추어 한국, 대만, 일본의 비교 연구를 수행한 정이환·전병유(2004)의 논의를 일부 참조했다.

이는 비표준 노동 모델이 표준 노동 모델을 어떤 방식으로 보완하면서 작동하고 있었는가를 알게 한다. 노동사회는 표준 노동 모델뿐만이 아니라 이를 보완하는 비표준 노동 모델과 결합해 작동하며 비표준 노동 모델은 임금노동으로부터 이탈한 이들이 실업을 회피하게 하는 역할을 한다. 그럼에도 기업별로 분할해 진행되는 장기근속과 연공임금 제도가 한국 노동 생활에 중대한 영향을 미쳤음은 분명하다. 공식임금노동 부문에서 두 제도의 헤게모니가 유지 존속하고 있었고 다른 비표준 노동의 양식들은 이와 같은 임금노동의 헤게모니 안의 주변부로 통합되어 있었기 때문이다.

　임금노동 기반의 노동 생활은 인민의 '일상성'을 구성했다. 그 일상성은 전체 사회 내에서 각 인민에게 '위치'를 부여해주고 그 위치에 부여된 시간의 리듬과 규칙에 따라 자신의 인생을 구성해나갈 수 있도록 만든 노동 생활로부터 온 것이었다. 인민을 고용한 개별 기업들은 "군대의 조직모델"을 따라 만들어졌다(세넷, 2009: 30). 군대의 조직 모델을 기업에 적용했다는 것은 자본주의 산업화와 군사주의가 결합해 기업이 하나의 병영처럼 운영되었다는 것 이상을 의미한다. 이는 기업이 군대의 관료제 모델을 채택하여 "고용된 모든 이들에게 자리를 마련해주고, 각자의 자리에 특정한 역할을 부여하는 것을 말한다."(세넷, 2009: 31) 인민은 고용을 통해 어떤 형태로든 기업 안에서 위치를 가질 수 있었다. 그리고 위치를 보유한다는 것은 단지 기업 내에서가 아니라 전체 사회 안에 내가 위치할 곳이 존재한다는 것이었다. 위치의 확보 없이 일상을 구성하는 것은 불가능하다. 일상성은 일상을 구성할 자신의 장소를 요구하기 때문이다. 이런 의미에서 '직장職場'은 무엇보다 '장소場所'였다.

바로 이 과정을 통해 한국의 '성장 동맹'이 형성되었다. 권위주의체제 아래 진행된 자본주의 산업화 과정은 노동의 경제적 동원과 노동의 탈정치화라는 두 경향의 조합으로 작동했다. 이 구조가 노동의 배제와 억압의 구조를 만들기는 했지만, 그와 함께 중요한 점은 권위주의 산업화 과정이 바로 인민이 자신의 일상생활에 필수적인 위치 곧 '장소'를 제공했다는 점이다. 이는 두 가지를 통해 가능했다. 권위주의 산업화 모델은 대기업-재벌 주도의 성장 모델이었지만, 이 과정에서 전체 고용의 대부분을 흡수하고 있는 중소기업의 강화와 발전 또한 이루어냈다. 또한 이 과정을 통해 인민도 "경제성장의 수혜자 가운데 하나로 생산체제에 통합될 수 있었다."(최장집, 2006: 175) 이런 조건에서 인민은 한국의 경제성장 모델을 옹호하는 '성장 동맹'을 구성하게 되었다.

기업 관료제의 구조는 연공서열에 기반을 둔 피라미드구조였다. 연공서열은 기업 내부 위치의 피라미드 위계와 노동자 생의 주기를 연결했다. 연공서열은 근속연수와 연령에 따라 더 높은 위치와 많은 임금을 약속했다. 연공서열에 기반을 둔 피라미드 구조는 인민에게 "보상을 지연하는 원리, 즉 금욕과 절제의 미덕"을 부과했다. 이 구조 아래서 인민은 미래의 보상을 위해 현재의 질서에 순응하는 법을 배웠다. 순응은 보상을 약속하고 보상은 화폐로서의 임금으로 주어진다. 화폐의 축적은 동시에 권력의 소유 과정이기도 했다. 곧 "미래에 대한 보장으로서의 화폐"(이종영, 1992: 53)는 단지 미래의 필요 충족뿐만 아니라 타자와 사물에 대해 개인이 행사할 수 있는 권력의 강도를 약속한다. 이 권력은 나를 타자들로부터의 무시와 모욕으로부터 방어할 수 있게 하는 동시에 타자의 나에 대한 인정을 끌어낼 수단이 된다.

'노동-보상'의 이런 순환구조에 신뢰가 만들어지면서 임금노동은 '약속'을 할 수 있게 했다.[66] 이에 노동 생활은 일상생활을 약속할 수 있는 '시간'의 척도가 되었다. 그 핵심은 반복성에 있다. 공장의 시간을 척도로 일상생활의 반복이 가능하기 때문이다. 공장의 노동시간은 안정적일 뿐만 아니라 진화적이었다. 이를 통해 하루의 일정뿐만 아니라 노동하는 인민들은 전체 자신의 인생을 계획하고 구상할 수 있었다. 각 개인은 노동의 규칙과 리듬을 예측할 수 있었고, 그 리듬에 따라 자신의 인생을 하나의 서사narrative로 묶을 수 있었다(세넷, 2009: 34). 각각의 상황과 사건들을 하나의 이야기로 묶어내는 서사가 구성될 수 없다면 파편적이고 원자화된 상황과 사건들만이 존재할 뿐 '인생'은 존재하지 않는다. 장시간 안정적으로 작동하면서 모든 상황과 사건과 연루되는 노동 생활의 존재는 '서사' 구성의 핵심이었다. 연공서열은 이때 노동 생활의 진로를 각 개인이 예측하고 그에 기초해 자신의 인생 계획을 구상하고 실행할 수 있게 했다.

이에 인민은 단계론적 발전 모델을 통해 자신의 미래에 접근한다. 노동의 보상은 약속되어 있고 보상의 누적에 따라 일상생활 또한 누적해 진화를 이룰 것이기 때문이다. 이 과정에서 기업은 삶의 중심이 된다. "조직이 사람들에게 미래의 약속을 지속적으로 선물하는 가운데 조직은 어느새 우리 삶의 중심을 차지하게 된다. 그리하여 미래의 약속이 현재의 삶을 통제한다(섀프·패설, 2015: 179)." 이 진화의 종착

---

66 임금노동의 이런 '약속'은 노동중독 현상을 만드는 핵심 요소 중 하나다. 다음과 같은 분석을 염두에 두자. "미래에 정향된 조직의 약속은 현실에서 시스템이 작동하는 방식이나 중독적 현상을 있는 그대로 바라보지 못하게 한다. 요컨대 우리 대부분은 중독 시스템 안에서 중독적 행위를 하면서도 그 중독과정을 정직하게 대면하지 못한다. 바로 이것이 중독조직이요, 중독 행위이다(섀프·패설, 2015: 178)."

지는 이른바 '중산층'이었다. 그리고 현재 나의 위치는 가난으로부터 중산층으로 나아가는 사다리의 한 계단으로 규정된다. 모든 이가 중산층이 되지 않을 수도 있지만, 중산층이 될 가능성이 열렸다는 점이 중요했다. 이런 중산층은 산업화와 더불어 성장하고 민주화를 통해 발전했다. 특히 민주화 이후 분배 갈등 해소 차원에서 진행된 중산층 육성 정책은 한국 중산층 형성에서 중요한 역할을 했다(김도균, 2018: 143). 제조업 생산노동자들도 중산층이 될 수 있었고 사무직종은 더욱 빠른 경로가 되었다. 지속해서 늘어난 중산층은 엄격한 학술개념이라기보다 한국에서 형성 발전해 대중적으로 정착한 현실 경험의 통념이라고 할 수 있다. 이 때문에 통계를 내는 과정에 필요한 조작적 개념화에 따라 규모가 달라진다. 통계에 의하면 그 규모는 1997년까지 40~60%에 이르렀다. 이는 1960년대 초반에 비해 두 배 이상 증가한 규모였다. 동시에 그 성격과 구성도 달라졌다. 1960년대까지 중산층의 기반은 자영농민, 중소기업이나 상점의 경영자, 수공업자, 영농업자 등이었으나, 1990년대 중반까지 증대된 중산층은 임금노동으로 만들어진 중산층이었다. 곧 사무직 종사자, 숙련직 노동자, 공무원, 기업간부 등이다. 바꿔 말하면 중산층은 자본주의 산업화의 동력이자 그 결과였다. 중산층은 이 과정에서 "단기간에 걸쳐 부의 축적을 이룰 수 있었으며 축적된 부를 더욱 증폭시키는 고도성장의 이데올로기에 강한 동의를 갖게 되었다."(줄레조, 2007: 116)

국가 차원의 발전 모델이 자본주의 산업화였다면 개인 차원의 발전 모델은 바로 중산층으로의 진화였다. 곧 국가의 발전 모델이 각 개인의 발전 모델로 내면화한다. 발전 모델의 개인화라고 말할 수 있는 이 과정은 안정적인 임금소득뿐만 아니라 이와 연동된 소비수준 및 생활양식의 발전을 요구했다. 이때 중산층은 임금소득 그 자체보다 생활양식의 차이가 더 중요한 내적 요소가 되었다. 곧 다른 계층과의 차이가 집약된 것은 생활양식이었다. 이 중에서 핵심적인 요소는 ① 주택의 형태 ② 집의 위치 혹은 입지 ③ 자가용을 기반으로 구성된 여가생활의 구성이었다. 셀리나 토드의 분석처럼, "당신이 생계를 위해 하는 일은 당신의 계급을 결정하지 않는다. 당신의 행동방식이 그것을 결정한다(토드, 2016: 542)." 흥미로운 점은 박정희가 1973년 기자회견에서 10년 안에 "100억 불 수출, 1,000불 국민소득, '마이카 시대'"를 달성하겠다고 말한 점이다. 이 기자회견은 '마이카' 곧 자가용이 한국 자본주의에서 차지하는 의미를 단적으로 보여준다.

민주화 이행 과정에서 노동계급의 중산층 통합도 강화된다. "1987년에 임금이 올라가면서 아파트를 사고 싶은, 더 정확히 말하면 주택을 사고 싶은 욕망이 숙련노동자에게서 생겨나기"(임동근·김종배, 2015: 214) 시작한다. 노태우 정부가 추진한 주택 200만 호 건설은 중요한 계기였다. 200만 호 중 저소득층을 위한 공공임대주택의 양은 미미했지만(김도균, 2018: 148), 노동계급은 임금이 오르고 주택금융대출이 가능해지면서 집을 장만하게 된다. 그 바탕은 주택담보대출을 받을 수 있는 장기근속 보장이다. 아파트 자체가 부의 축적 수단이자 중산층으로 진입하는 핵심 경로가 되었다. 이 모든 요소가 중첩된 곳이 바로 '강남의 아파트'였다. 1978년 전후 강남에 아파트가 대량 공급되면서 중산층 이상의 사람들이 강남으로 몰려들었다. 당시 정부와 서울시는 강남 인구 유입을 위해 강북의 명문 고등학교를 강남에 유치하기도 했는데 이것이 이른바 '강남 8학군' 현상의 기원이다. 명문 고등학교를 통한 계층 상승과 중대형 아파트의 생활양식, 그리고 이 두 요소의 유기적 순환 관계가 만들어지면서 강남은 하나의 지역이 아니라 전체 대한민국의 모든 열망이 투영된 독립적인 예외 특구, 곧 '강남 특구'가 되었다(오제연, 2015: 216~217). 강남은 자신의 계층을 정의하는 동시에 타 계층과 자신을 구별하는 핵심 장소였고 강남의 아파트는 강남이 보유한 상징과 권력의 응축이었다.

그러나 아파트는 단지 생활양식이 아니라 투자양식이었다. 왜냐하면, 아파트의 매입은 중산층의 재산을 엄청나게 상승시켰기 때문이다. 주택을 선급으로 살 수 있는 사람은 많지 않고 아파트를 구매할 때 주택담보대출이 필요하다. 대출 기간 원금과 이자를 지급한 후 실제로 아파트를 소유하게 된다. 이 때문에 아파트는 일종의 '저축' 대상이었다. "사람들은 자기 저축의 가치를 지키기 위해 행동한다"(하비, 2014: 53). 이 때문에 아파트를 점유하거나 소유한 이들은 저축 가치를 방어하거나 혹은 이를 확장하기 위해 움직인다. 그런데 아파트의 교환가치는 고정되어 있지 않았다. 아파트의 '가격'은 1970년대 이후 지속해서 그리고 단기간에 상승했다. 이 때문에 아파트는 부 축적 수단이 될 수 있었다. 발레리 줄레조는 이런 아파트를 "한국적 맥락에서의 특수한 자본축적 전략"(줄레조, 2007: 143)이라고 말한 바 있다. 물론 주택이 투기 수단으로 전환한 것이 한국만의 일이라고 말할 수는 없다. 주택의 투기수단으로의 전환 과정은 모든 자본주의 사회에서 발생하는 보편적인 경향이다(하비, 2014: 57). 그러나 이런 투기수단으로서의 '주택'이 아파트를 통해 집중적으로 표현된 것은 한국의 고유한 맥락이다. 권위주의체제는 [노동─보상]의 메커니즘과 함께 바로 이 특수한 자본축적 전략을 전체 인민에 확장하기 위해 아파트를 대량 공급하고자 했다. 대량 공급된 아파트를 통한 주택 소유와 자산

소득 증가는 각 개인의 [노동-보상] 순환에 대한 순응을 강화하였고 권위주의체제에 강력한 동의 기반을 형성했다. 민주화 이후 민주주의 국면에서도 이 구조는 해체되지 않았고 오히려 민주화 이행 과정에서 강화되었다. 주택 200만 호 건설은 아파트와 중산층의 정체성을 연결하는 핵심 계기가 되었고(김도균, 2018: 149) 일단 획득한 아파트의 자산 가치 하락은 곧 중산층의 몰락이나 그로부터의 낙오를 의미하게 되었다. 이에 따라 주택의 형태와 장소에 따라 중산층과 하층의 사회계층으로서의 인민이 분리되었다. 이 분리를 넘어 중산층이 사는 아파트단지 내로 진입하는 것이 인민의 '미래'였다.

중산층의 형성과 증대로 노동하는 인민의 내적 분화와 분리가 발생했다. 모든 것을 경제성장을 위한 과정으로 집중한 권위주의체제 하에서 국가의 인민에 대한 책임은 고용 창출로 대체되었다. 인민의 일상생활에 대한 국가의 책임은 매우 낮은 수준이었고 오직 자신의 책임인 인민의 일상생활은 소득을 통해 보장되어야만 했다. '민주화'도 민주화 이후 '민주주의'도 이 구조를 해체하지는 못했다. 오히려 민주화는 중산층 육성을 하나의 정치적 합의로 만들었다. 권위주의와 타협하며 이루어진 민주화라는 경합 국면에서 중산층의 확대재생산은 모든 정치세력에 자신의 기반을 강화하는 문제가 되었기 때문이다(김도균, 2018: 116). 이에 중산층을 둘러싼 경쟁 국면이 펼쳐졌고 노태우, 김영삼, 김대중 정부까지 중산층의 육성과 방어는 일관된 국가전략이었다.

문제는 이런 중산층 전략이 소득 개선과 재산 형성, 내 집 마련이라는 권위주의체제의 전략을 그대로 반복하는 결과를 가져왔고 "사회보장제도는 중산층으로부터의 탈락을 방지하기 위한 소극적인 조치 정도로 고려"(김도균, 2018: 119)되었다는 점이다. 이는 전체 '국민'을 위한 공공자원보다는 소득 수준에 따라 위계화된 집단과 개인으로 전체 사회를 분할하는 결과를 낳았다. 이 안에서 일상생활은 하나의 '상품'이었다. 일상생활의 양식은 소득수준에 비례하는 소비를 통해 '구입'하는 것이었기 때문이다. 이는 국민국가 한국의 '국민' 범주 경제 기반이 매우 허약하다는 것이다. 물론 국민이라는 범주가 경제기반과 완전히 분리되어 있다고 말할 수는 없다. 경제성장 과정에서 축적된 국부의 '트리클 다운trickle down' 효과로 인해 전체 국민경제의 기초가 구축되었기 때문이다. 그래서 김동춘은 다음과 같이 비판했다. "복지 는 언제나 경제성장의 결과로 자연스럽게 주어질 것으로 가정되었으 며, 보건사회부나 복지 행정은 경제부처의 사실상의 시녀로 존재하였 다."(김동춘, 2006: 279) 이런 국민경제의 기초는 다양한 집단과 개인을 하나의 '국민'으로 통합하기보다는 집단과 개인의 분화와 경쟁을 촉발 하는 토대로 작동한다. 공공자원을 통해 국가가 전체 모든 인민의 생 활을 보장하지 않기에 오직 가족과 회사에 의존해야 하기 때문이다. 곧 국부國富는 국민의 권리를 통해 모두에게 정치적으로 재분배된 것 이 아니라 각 집단과 개인의 경제성장 전략에 따라 분할된 것이다.

이런 공공자원의 구조와 투기수단으로서의 주택 및 국가의 저축동 원전략 등이 결합해 만들어진 것이 이른바 한국의 자산기반복지체제 (김도균, 2018)다. 이는 단지 자산資産에 의존하는 대체 복지체제를 말 하는 것만은 아니다. 자산기반복지는 오직 자산만이 자신의 안전을 보장할 수 있다는 강력한 이데올로기이기도 했다. 바로 이 때문에 산 업화 국면을 넘어 민주화와 세계화 국면에서 공적 복지가 전체적으 로 확장되는 추세에서도, 공적 복지가 노동하는 인민의 생활 안전체제 중심으로 진입하지는 못했다. 한국의 특징 중 하나가 1997년 금융위기 이후 사회 보호 기능을 수행하는 공적 지출이 늘기 시작했다는 것이다. 이는 신자유주의와 공적 지출이 동시에 확장했다는 의미이기 때문에 매우 중요한 문제다. 하지만 이는 바꿔 말하면 "국가의 보호 없이 급속한 산업화시기를 통과"(김미경, 2018: 77)했다는 의미다. 이러한 역사적 경험으로 인해 신자유주의와 공적 지출이 결합하는 1997년 이후, 특히 고령화의 진전과 함께 자산기반복지의 중요성은 더욱 급증했다.

공공자원이 발전하지 못한 이유를 국가의 물질적 능력이 제한적이기 때문이라고 볼 수도 있지만, 그보다는 고용과 노동의 특성과 관련이 있다. 정전체제 아래 높은 국방 예산은 언제나 국가의 물질 공급 능력을 제약하는 요소였다. 그러나 유럽의 경우 공공자원의 창출이 노동의 문제와 긴밀하게 연결되어 있었다는 점은 이런 분석을 이해하는 데 도움을 준다. 공공자원은 대부분 노동시장에서 일어나는 문제를 보정하고 해결하려고 만들어진 것들이고(장하준, 2012: 373) 그 구축 과정은 체제의 안정성을 도모하기 위해 노동계급의 물질적 생활을 보장하는 과정과 연결되어 있었기 때문이다. 이런 관점에서 볼 때 한국은 유럽과는 조건이 매우 다르다. 1970년대 중후반 이전까지 혹은 다른 논자들의 주장처럼 1980년대 중후반까지의 과잉공급 노동시장은 무엇보다 고용을 우선시하는 구조를 만들었고 이런 구조하에서 국가는 공공자원 창출이 아닌 경제성장과 고용 창출에 집중했다. 또 한국 노동운동이 발전하지 못하면서 노동계급을 기존 체제 내로 통합하기 위해 공공자원의 창출을 압박할 체제 외부의 운동 요소가 허약했다(김호기, 1999: 195). 곧 고용이 공공자원을 대체하는 구조가 만들어진 것이다.

물론 공공자원의 구조가 전혀 없던 것은 아니다. 1963년 11월 사회보장에 관한 종합적인 법령으로 「사회보장에 관한 법률」이 제정되었고 같은 해 「산업재해보상보험법」도 제정되어 근로기준법 적용을 받는 사업장 노동자에 대한 일정한 공적 지원 체계가 만들어졌다. 더 확장해 본다면 1960년부터 1963년 사이에 「공무원연금법」(1960), 「군사원호보상법」(1961), 「생활보호법」(1961), 「윤락행위금지법」(1961), 「아동복리법」(1961), 「재해구호법」(1962), 「의료보험법」(1963), 「군인연금법」(1963) 등 모두 12개에 이르는 사회보장 관련 법률이 제정되었다(조흥식, 2015: 102). "이런 것들은 대부분 5.16쿠데타 이후 '최고회의'를 통해 결정된 것들로서 쿠데타 세력이 정치적 정당성을 확보하기 위한 조치"(김도균, 2018: 76) 성격이 강했다.

그리고 1970년대에는 공적 연금제도와 의료보험제도가 도입되었다. 하지만 국민복지연금제도는 1973년 도입과 동시에 시행이 무기한 연기되었다. 그러나 노령, 장해, 사망 등 노동하는 인민이 직면하는 위험으로부터 이들의 안전을 보장하기 위한 국가 제도가 도입되었다는 사실은 중요하다. 1977년에는 제4차 경제개발 5개년 계획의 일환으로 생활보호 대상자와 500명 이상의 사업장 노동자를 대상으로 「의료보험법」이 실행되었다. 이후 의료보험 적용 대상은 계속 확장되어 1977년에는 공무원 및 사립학교 교직원과 300명 이상의 사업장 노동자까지 포함되었고, 1988년에는 5명 이상의 사업장까지 적용 대상에 포함되었다. 그리고 같은 해인 1988년에 농어촌지역 의료보험이 실시되었으며 1989년에는 도시지역 의료보험이 실시됨으로써 전 국민 의료보험체계가 완성되었다. 또한 1986년에는 「국민연금법」,

1993년에는 「고용보험법」, 1995년부터 실업보험이 시행되었다. 이로써 1995년에 이르러 산업재해보험과 건강보험, 연금보험과 실업보험 등 4대 사회보험체계가 완성되었다.

이런 공공자원의 구조는 임금노동에 기반을 둔 사회에 필요한 최소한의 기본보험 곧 노동능력과 노동기회 상실에 대한 보완으로 도입된 것이었다. 이는 노동력 재생산에 드는 비용을 줄여 저임금 구조를 안정화하기 위한 노력인 동시에 가계의 저축 여력을 증대해 경제 발전을 이루려 한 국가 자본동원 전략의 산물이었다(김도균, 2018: 81). 산업화에 필수인 자본동원 과정에서 국가는 조세저항을 우회하기 위해 가계 저축을 국가자본으로 전환하는 전략을 택했고, 그 결과 인민의 화폐를 국가로 집중시키기 위한 수단으로 사회보험제도가 도입된 것이다. 자본동원 전략과 연결되어 있었기 때문에 그 유효성이 의심되면 1973년 국민복지연금제도와 같이 무기한 연기되었다. 또한 이 제도들은 국가 재정 부담을 최소화하는 방식으로 조직되었다. 이는 국가의 책임 또한 최소화하는 방식이라는 뜻이고 이 때문에 제도들은 형식적일 수밖에 없었다.

더 큰 특징은 이 공급 과정이 다양한 집단과 개인의 이해관계 조정을 전제로 한 정치적 재분배의 과정이나, 그 집단과 개인의 연대를 기반으로 전체 사회를 통합해내는 국가의 활동을 통해 공급된 것이 아니라는 점이다. 이 제도들은 국가재건최고회의나 권위주의정부 관료들이 결정한 것들이었다(김도균, 2018: 77). 이 지점에서 한국 공공자원 구조의 또 다른 특징이 나온다. 최장집의 표현을 빌린다면 한국의 공공자원 구조는 물질적 급부provisions 차원에서 소극적으로 구축되었고, 이 과정에서 전체 시민의 일반 권리 강화라는 '권리의 부여/획득

entitlements' 차원은 배제되었다(최장집, 2009: 168). 달리 말하면 공공자원의 확충 과정은 그 정책과 자원을 필요로 하는 이들과 그 집단의 대표가 "정치 과정에 참여할 수 있는 제도의 확립과 이를 통한 정치적 기회와 통로의 확대"(최장집, 2009: 169)를 통한 과정이 아니라 국가의 가부장적 온정주의에 따라 위로부터 부과된 것이다. 이런 특징 때문에 공공자원과 권리의 결합의식은 매우 약하고 이를 방어하기 위한 전체 시민의 연대 또한 매우 허약하다. 전체 시민의 권리로서가 아니라 국가의 가부장적 온정주의에 의해 부여된 물질적 급부들은 경제 국면의 속성에 따라 제공이 후퇴하거나 축소된다.

이 과정에서 두 개의 중요 분열이 발생한다. 노동하는 인민의 상층은 중간층으로 이행함으로써 자신을 임금노동 범주로 규정하지 않는다. 이들을 규정하는 것은 임금노동이 아니라 생활양식이다. 그리고 노동하는 인민의 하층은 자신을 '국민'과 동일시하는데 이들 또한 자신을 임금노동을 통해 규정하지 않는다. 이 때문에 임금노동이라는 범주가 인민의 실제 일상생활에서 중심 위치를 차지하고 있음에도 불구하고, 정체성의 차원에서 임금노동이라는 범주는 소멸한다. 국민과 중산층의 분할만이 남는 것이다. 그리고 국민이라는 범주는 중산층의 생활양식에서 본다면 열등한 생활양식을 내재한 것이다. 왜냐하면, 국민의 생활양식이란 중산층에게 '몰락'을 의미하기 때문이다. 이 때문에 '국민'이라는 범주는 양면성을 띠게 된다. 국민은 내부의 다양한 차이를 소멸시킨 단 하나의 범주로 작동하기 때문에 인민의 하층이 '국민' 담론을 활용할 때 일정한 평등주의의 호소 현상이 발생한다. 국민과 중산층의 분할에 내재한 간극과 불평등을 국민 담론을 통해 고발하는 것이다. 그러나 이와 동시에 국민은 평등주의의 실현 과정을 국가에 대한 호소 과정으로 제한한다. 곧 불평등의 교정 과정이 필요한 집단과 개인으로서 자기를 규정하고 이를 기반으로 정치과정에 참여하기보다는 국가와 각 개인으로서의 국민 관계로 평등에 대한 호소를 대체해버리는 것이다. 이 때문에 노동의 범주를 통해 자신의 권리를 확보하려는 집단 정체성은 매우 허약할 수밖에 없다.

이런 구조 안에서 일상성이 인민의 세계 전체가 된다. 바꿔 말하면 '일상' 이외의 요소들은 노동하는 인민으로부터 주변화하거나 망각된다. 일상의 몰입과 그 몰입 과정에서 발생하는 '쾌락'이 노동하는 인민의 '행복' 전체가 된다. 소시민小市民은 일상성에 대한 노동하는 인민의 이 같은 태도가 응축된 통념이었다. 자신을 '소시민'이라고 할 때 이는 자신의 근거가 일상성의 세계 안에 있음을 말하는 것이다. 소시민은 해방 이전에도 용법이 발견되지만, 1960년대 중후반부터 유행하기 시작해 그 세계를 구성하고 있는 다채로운 인간 군상의 속물적 근성과 타락, 그리고 일상의 쾌락과 행복을 표현하는 하나의 담론으로 부상했다. 소시민에 내재한 일상성의 방어는 그 특유의 현실에 안주하려는 성향 혹은 무사주의無事主義를 만들었는데, 이로 인해 1960년대 특히 4.19 이후 이른바 '소시민의식'에 대한 비판이 한국 사회운동과 지식인 담론에서 중요한 비중을 차지하게 된다. 1980년대 등장한 혁명적 민중 개념은 어떤 의미에서 소시민의식과의 결별 선언이었을지도 모른다. 민주화 국면에서 이 대열에 참여한 회사원들을 언론이 '소시민의식 벗어나는 회사원'이라고 부르기도 했다.[67] 그러나 다른 한쪽으로 소시민의 일상성에 대한 연민과 애정이 또 다른 계열을 형

---

67 이병효, "소시민의식 벗어나는 회사원", 한겨레신문, 1989. 1. 7.

성하며 현재까지 이어진다. 소시민 통념은 민주화 이후 민주주의 국면에서 더욱더 폭발적으로 늘어나 큰 꿈이나 이념 없이 자신의 생활을 유지하는 데 분투하는 생활인을 표현하는 용어로 변형되어 간다. 소시민은 자신의 의지와 무관하게 급속히 변화하는 거대 체계로부터 자신을 분리해 방어하면서, 자신의 욕망과 쾌락을 추구하며 자신의 세계를 만들어나가기 위한 노동 인민의 자기서술이었다. 임금노동이 아니라 이 일상성이 노동하는 인민의 정체성이었다.

하지만 일상은 이중적이었다. 일상의 쾌락을 통해 노동 생활의 고통을 보완했지만, 일상의 쾌락을 해체할 변화를 두렵게 만들었기 때문이다. 곧 일상의 변화에 대한 두려움이 일상성 안에 존재하게 되었다. 이 두려움은 두 차원으로 구성된다. 일상생활의 핵심인 노동 생활을 보장하는 자본과 분리될 수 있다는 두려움과 일상의 쾌락을 매개하는 나의 화폐를 다른 인민에게 빼앗기지 않을까 하는 두려움이다. 임금노동에 기반을 둔 사회에서 화폐는 오직 노동의 보상일 뿐이다. 이 때문에 다른 이에게 노동의 보상인 화폐를 증여해달라고 요구할 수 없다. 즉 다른 이의 화폐 증여 없이 오직 내 노동의 보상인 화폐로 나의 현재와 미래를 보장해야 한다(이종영, 1992: 67). 이런 조건에서 인민 사이에 화폐를 매개로 한 불신의 관계가 형성된다.

인민의 인민에 대한 불안이라고 말할 수 있는 인민 상호 간의 불신은 물론 자본주의 산업화 이전부터 한국 인민의 일상생활 안에 깊숙이 각인되어 있었다. 소설가 박경리는 1957년 《현대문학》에 〈불신시대〉라는 단편을 발표했다. 이 소설에서 박경리는 전체 사회로부터 완전히 기만당하고 배신당하는 주인공 진영을 탐구한다. 식민지 체험, 그리고 해방과 한국전쟁 경험 속에서 인민의 행동을 지배하는 일차 명령은 자신의 생존과 가족의 보호였다. 타자와의 관계는 바로 그 기준에서 작동한다. 이때 타자는 나의 생존과 가족의 보호를 위한 '수단'일 뿐이다. 이런 조건은 언제나 타자가 나를 배반하고 나를 그의 수단으로 활용하지 않을까 하는 불안을 발생시키고 이에 따라 불신이 일상 관계의 기본 속성이 된다. 이런 '불신' 관계는 자본주의 산업화 과정과 결합하면서 타자가 화폐를 빼앗아갈지도 모른다는 불안으로 빠르게 재구성된다.

자본주의 산업화 과정의 이면은 동시에 배금주의拜金主義의 발전 과정이었다. 배금주의란 돈을 삶의 가장 중요한 가치로 여기고, 모든 것을 돈과 연관해 생각하며, 돈이면 무엇이든 할 수 있다는 '돈' 제일주의를 말한다. 이렇게 '돈'을 추구하는 과정은 돈이 있는 사람은 강자로, 돈이 없는 사람은 약자로 여기는 인간의 위계 구조를 만든다. 이에 돈이 없는 사람에 대한 무시가 일반화된다. 그 결과 돈이 없는 사람은 수단과 방법을 가리지 않고 돈을 모으는 데 집착하고 돈이 있는 사람들은 더 많은 돈을 버는 데 몰두한다. '돈'이 곧 권력이 된다. 그 정도가 강화되는 만큼 정의나 윤리는 해체될 수밖에 없다. 이런 배금주의와 인민 상호 간의 불신 구조가 결합하면서 타자는 언제나 나의 '돈'을 빼앗아갈지도 모르는 존재, 잠재적인 '사기꾼'으로 보인다. 이 때문에 윤리에 기반을 둔 공공성의 영역은 1987년 민주화 이후에도 만들어질 수 없었다. 정치적 자유의 공간은 확대되었지만, 타자와의 신뢰를 구축할 만한 조건이 등장하지 않았기 때문이다. 그 결과는 오히려 역설적이었다. "정치적 위험 부담이 있는 경우에는 행동을 움츠리지만 그렇지 않을 때는 무책임하게 자신의 이기적 요구를 제출하는 이중적인 모습"(김동춘, 2006: 445)이 일반화된 것이다.

그리고 인민과 자본의 분리불안은 전체의 삶을 임금노동에 헌신해야만 하는 삶으로의 전환을 요구했다. 노동하는 삶의 조건은 또 다른 수단에 의한 전장과 유사했다. 이는 일차적으로 장시간 노동, 그리고 공장노동의 강도와 노동 생활에 내재한 비인간적 대우 등의 결합 때문이었다. 1987년 노동자대투쟁 이전까지 한국의 제조업 노동시간은 다른 국가와의 비교 자체가 무의미할 정도로 독보적이었다. 1970년 제조업 주당 평균 노동시간은 52.5시간이었는데 1981년에는 53.1시간, 1986년에는 54.5시간이었다(구해근, 2002: 82). 경공업 노동시간은 중화학공업 노동시간보다 약간 더 길었고, 대기업이 중소기업보다 노동시간이 더 길었다. 한 마디로 "장시간 노동은 특정 산업에 국한된 것이 아니었고 모든 산업에 공통적이었다."(구해근, 2002: 82) 이런 장시간 노동구조의 배경에 낮은 기본급이 있었고 이 과정에서 '잔업'이라 불리는 초과 노동 구조가 안착했다. "많은 공장에서 정상 근무시간(8~10시간)의 기본급이 너무 낮아서, 노동자들은 그들이 가져가는 임금을 높이기 위해서 어쩔 수 없이 잔업을 하였다."(구해근, 2002: 86) 일부 연구에 의하면 1970년대와 1980년대 중반까지 제조업 노동자들은 임금의 1/5 정도를 잔업으로 벌었다고 한다.

이때 '잔업'이란 정상 근무시간 외에 단지 두세 시간 더 일하는 것이 아니라 많은 공장에서 24시간 일하는 것을 의미했다. 밤샘 근무를 견디기 위해 '타이밍'이라는 각성제를 복용하는가 하면, 많은 소규모 공장에선 주말도 없었다. 일요일 오전까지 일하고 나서 일요일 오후는 모두 잠으로 채워야 했다. 그러다 보니 공장 노동자들에게 '여가'란 사실상 잠과 동일시되거나 혹은 없는 것과 마찬가지였다. 그래서 "공장노동자가 된다는 것은 생계유지에도 부족한 임금을 받는 대가로 사실상 자신의 생활 전부를 공장에 바치는 것을 의미했다."(구해근, 2002: 89) 물론 잔업은 고용주가 부여한 작업장의 강제이지만, 전제조 건이 단지 이것만은 아니다. 노동자들은 잔업에서 벗어나고 싶었으나 잔업이 줄어들거나 없어지는 것은 원하지 않았다. 저임금 구조 때문 이었다. 따라서 저임금 장시간 노동구조와 연결된 '잔업'은 한국 노동 사회의 특성을 보여주는 핵심 지표다. 장시간의 노동구조가 정착하고 하나의 규범으로 인민에게 제시되면 노동시간을 둘러싼 노동윤리가 발전한다. 제이콥스와 거슨은 그 핵심을 다음과 같이 포착했다. "시 간이 노동헌신성을 대표하게 되고, 효율성 여부를 떠나 긴 노동시간 이 지속적으로 유지된다. 따라서 더 적은 시간 일하고자 한다면 '시간 규범'을 벗어난, 그럼으로써 승진 등의 보상을 받을 가치가 없는 '일탈 자'로 낙인찍히는 위험을 무릅써야 한다(제이콥스·거슨, 2010: 244)."

노동 생활로 인해 일상생활이 불가능한 이런 조건에서 노동 생활 이 일상생활일 수밖에 없었다. 문제는 노동 생활 그 자체가 신체의 안 전마저 보장되지 않는 가혹한 노동조건을 통해 이루어졌다는 점이다. 신체의 안전은 모든 노동에 대한 권리의 기본이다. 임금노동자의 경 우 노동능력 상실이 모든 능력의 박탈이기 때문이다. 따라서 노동능 력의 담지체인 신체의 보호는 임금노동자의 가장 일차적인 권리여야 한다. 그러나 현실은 이와 매우 달랐다. 공장에서 발생하는 산업재해 는 산업화 초기부터 매우 많았다. 산업재해뿐만이 아니라 장시간의 노동구조가 신체에 부과하는 건강의 훼손은 언제나 존재했다. "노동 자들은 건강한 몸으로 공장에 들어가지만, 위험한 작업환경에서 하 는 몇 년간의 지독한 일은 노동자들의 몸을 급격히 망가뜨렸다. 몸이 점차 쇠약해질 뿐만 아니라 노동자들은 자주 직업병을 얻거나 산업재

해의 희생자가 되기도 했다."(구해근, 2002: 93)

장시간의 노동구조가 단지 노동과정에만 영향을 미친 것은 아니다. 장시간 노동은 자유 시간을 희소한 자원으로 만들고 이는 자유시간의 상품화 경향을 강화한다. 부족한 자유시간 문제를 타인의 노동 구입으로 해결하려 하기 때문이다. 김영선이 『과로사회』에서 밝힌 것처럼 "긴 노동은 반드시 일상의 모든 부문의 상품화를 수반하기 마련이다(김영선, 2013: 29)." 단지 이것만이 아니다. 장시간 노동은 일차적으로 노동에 대한 헌신을 요구하기 때문에 다른 일상관계가 매우 불안정해진다. "어떤 일상 관계든 시간과 노력과 정성이 들어간다는 사실을 감안하면 장시간 노동은 일상 관계를 침해하는 일종의 폭력이다. 일상 관계에 들일 물리적 시간과 심리적 여유를 박탈하기 때문이다(김영선, 2013: 29)."

그러나 "노동에 대한 헌신"의 원인이 단지 공장노동을 표준모델로 한 임금노동이 장시간 노동의 전일노동과 비인간적인 노동조건을 강제했기 때문만은 아니다. 문제는 더욱 심층적인 부분에 존재했다. 기업에 고용되어 임금을 받는 노동자가 되려면 고용주가 원하는 노동력을 보유하고 있어야 했다. 그래야만 선택을 받을 수 있었기 때문이다. 이는 임금노동이 노동시장을 매개로 고용되기 때문에 발생하는 문제였다. 모든 이에게 임금노동이 권장되고 하나의 의무로 부과되었지만, 그 실현은 노동력의 판매와 구매를 원하는 자유로운 개인들이 참여하는 노동시장을 통해 이루어진다. 임금노동자가 되는 과정은 단지 나의 노동력을 노동시장에 내어놓는 것만으론 이루어지지 않는다. 이를 구매하려는 또 다른 개인이 있어야만 취직할 수 있기 때문이다. 반대로 노동력이 팔리지 않는다면 각 개인은 임금을 받을 수 없다. 이는 다수의 인민이 생계를 유지하기 위한 유일한 수단을 잃어버린다는 것을 의미한다. 이 때문에 노동력 판매는 삶과 죽음의 경계를 가르는 문제이고 임금노동자의 주체 형성 과정에 자본과의 분리에 대한 불안과 생명 박탈에 대한 두려움이 내재하게 된다(이종영, 1992: 87).

이런 노동시장의 구조로 인해 노동력 판매자는 구매자의 입장에서, 즉 고용주의 입장에서 자신을 반복 평가하게 된다. 문제는 이때 인간의 다양한 능력 중 노동시장 안에서 선택받을 수 있는 능력 혹은 노동시장의 구매자들이 선호하는 특정한 능력만이 가치를 인정받는다는 것이다. 그림이나 음악에 대한 능력은 일반적으로 억압된다. 탁월성이 담보되지 않는다면 그 자체의 능력만으로는 크지 않은 노동시장에서 삶을 유지하거나 인정받을 수 없기 때문이다. 더 직설적으로 말하면 삶에 해로운 능력이다. 그 능력에 헌신하고자 하는 열정이 자신의 삶 전체를 파괴하거나 고통 속으로 끌어들일 수도 있기 때문이다. 반대로 노동시장에서 판매되는 데 필요한 능력들은 과잉된다. 대학이 그중 하나일 것이다. 노동력 상품의 위계를 결정하는 주요 지표 중 하나로 학력이 작동하면서 대학에의 열망이 전체 사회를 움직인다. 이것이 말해주는 바는 임금노동자가 되는 과정이 한 인간에 내재한 모든 능력 중 일부만을 과잉 발전시킨다는 점이다. 곧 임금노동이 제일 중요한 활동이 될 때 인간은 인간 전체로서가 아니라 오직 임금노동자로 실현될 수 있는 자신의 능력에만 관심을 집중한다.

따라서 노동과 꿈의 분리 혹은 노동에 의한 꿈의 억압이 일상화된다. 꿈이란 결국 자기이상이다. 그런데 노동시장은 각 개인의 자기이상에 관심을 두지 않는다. 일부 예외가 존재할 수도 있겠지만, 노동은 다수에게 꿈을 '포기'하는 결과로 나타난다. 노동자가 되는 과정이 꿈에 대한 포기를 요구한다는 점은 매우 중요하다. 노동과 꿈을 대립시키면서 꿈을 포기하고 노동을 선택하라는 명령에 한 번 굴복하면 그 이후 외부 질서에 도전하기보다 언제나 자신을 '포기'하는 과정이 앞서게 되기 때문이다. 노동은 곧 순응이 된다.

기존 질서는 이를 '어른'이 되어가는 과정이라고 말한다. 임금노동 기반 사회에서 어른과 아이의 경계 중 하나는 임금노동으로부터 면제 여부다. 어른은 노동해야 하지만, 아이는 노동으로부터 면제되어야 한다. 이 문제로 한 걸음 더 들어가면 노동과 자립, 그리고 인간 성장의 관계가 나타난다. 존 버드는 "재정 독립은 곧 어른이 된다는 의미" (버드, 2016: 72)라고 말했다. 어른과 아이의 다양한 경계 중 하나는 어른의 보호로부터의 독립이다. 독립의 전제 조건은 노동을 통해 자신을 재생산할 수 있어야 한다는 것이다. 이 때문에 노동이 어른과 아이의 경계가 된다. 물론 아동노동이 소멸한 것은 아니다. 전쟁 중에는 아동노동 금지법이 느슨하게 적용되기도 한다(우딩·레벤스타인, 2008: 33). 전 세계 수백만 명의 아동이 기본적인 자유권을 침해당한 채 노동에 종사하고 이들 중 절반은 매우 열악한 노동조건과 강제 노동, 불법 활동 등에 노출되어 있다. 특히 우즈베키스탄과 같은 국가에서는 국가 주도로 아동을 노동 현장에 강제 동원했다.[68] 아동노동이 자본주의와 함께해온 역사가 있으나, 자유민주주의가 도입된 국가에서 공식적으로는 부정된다. 노동이 인간의 생물학적 제약을 존중하도록

---

68 우즈베키스탄의 아동노동 착취 문제가 국내에 알려진 것은 한국조폐공사가 은행권 보안용지의 주원료인 면 펄프를 안정적으로 공급받기 위해 2010년 9월 대우인터내셔널과 합작해 우즈베키스탄에 설립한 '글로벌콤스코대우'라는 회사 때문이었다. 그런데 바로 이 면 펄프의 원료인 목화 생산노동에 아동들이 강제 동원되고 있었다. 이에 관해서는 다음의 기사를 참조했다. "한국 지폐는 '아동노동' 착취로 만들어진다", 한겨레, 2013. 6. 15.

요구하기 때문이다. 노동계약으로부터 아동을 보호하는 것이 노동법의 첫 번째 존재 이유다(쉬피오, 2017: 84).

따라서 자유민주주의는 아동노동에 관한 엄격한 법률을 만들었다. 한국의 경우 아동노동 법률의 원형은 미군정이 1946년 9월 18일에 공포한 법령 제112다. 미군정은 이 법령 제1조를 통해 "조선 아동이 현대 사회에 있어서 시민의 책임을 질 준비를 갖추어 성년에 이를 수 있도록 하기 위하여 전 세계 문명 각국이 채용하는 인도적 계몽적 원리에 따라 아동노동법을 규정"한다고 밝히고 있다(강성태, 2012: 12). 이 법령은 연령을 세분해 구체적으로 노동유형에 따른 연령 규정과 노동시간의 제한, 근로계약의 조건 등을 제시한다. 이는 상공업에서 14세 미만의 아동 고용의 금지(제2조), 모든 노동에서 14세 미만 아동의 학교 수업시간 중의 고용 금지(제3조), 중공업 또는 유해한 사업에서 16세 미만 아동의 고용 금지(제4조), 생명·신체·도덕에 유해하거나 위험한 사업에서 18세 미만 아동의 고용 금지(제5조), 광산 등에서 21세 미만 여자의 고용 금지(제6조) 등이다(강성태, 2012: 13).[69]

그런데 아이들의 노동 면제는 또 다른 경계를 만들었다. 아이가 꿈을 꾸는 것은 권장되지만, 어른이 여전히 꿈을 좇는 행위는 위험한 일일 뿐만 아니라 어른답지 못한 행위로 평가된다. 정호승의 『내 인생에 힘이 되어준 한마디』에는 이런 부분이 나온다. "어릴 때부터 늘 어른들한테 들어오던 말이 있습니다. 그것은 '꿈을 가지라'는 말이었습

---

[69] 물론 아동노동 금지는 그 이전부터 존재했다. 1923년 5월 1일 발표된 어린이날 선언문에는 "어린이를 재래의 경제적 압박으로부터 해방하여 연소노동을 금지하며"라는 문구가 포함되어 있었다. 특기할 만한 점은 1923년 어린이날 선언이 1924년 제네바 국제연합회의에서 채택된 국제 아동인권선언보다도 일 년 앞섰다는 점이다.

니다." 정호승의 표현이 중요한 이유는 '꿈을 가지라'는 표현이 명령형이기 때문이다. 정호승은 이 말이 듣기 싫었다고 말했다. 명령의 형식으로 아이에게 '꿈'이 부과된다. 이 때문에 꿈의 포기는 어른으로 가는 경계의 문이 된다.[70] 어른이 되면 주어진 현실의 조건과 범위에 '적응'해야만 한다. 문제의 핵심은 '적응'에 있지 않다. 주어진 조건 '안'으로의 진입은 꿈의 '실현'에 필수적인 조정 과정이라고 볼 수 있기 때문이다. 꿈이 현실과의 갈등을 통한 조정 없이 실현되기를 바라는 것은 하나의 '환상'일 뿐이다. 현실과의 갈등은 현실 적응 과정을 요구하지만, 동시에 현실을 변화시키는 동력을 만든다는 점에 주목해야만 한다. 문제는 주어진 조건 곧 '현실'이 꿈의 조정이 아닌 꿈의 포기를 강제한다는 점이다. 그리고 꿈의 포기를 대체하는 것이 '노동'의 선택이다.

그런데 꿈을 포기한다고 하더라도 각자의 내면에서 꿈을 향한 열망을 완전히 삭제하는 것은 불가능하다. 꿈이 자아이상이기 때문에 이를 향한 에너지는 소멸하지 않고 언제나 노동과 함께 존속하면서 노동을 괴롭힌다. 노동하는 내가 자신에게조차 모델이 아니다.[71] 바로 이 때문에 노동이 유지 존속되기 위해서는 끊임없이 꿈에 대한 열망이 노동을 잡아먹지 않도록 관리해야 한다. 이는 자아의 이상이 불안의 원천이라는 것을 의미한다. 자아의 이상으로 인해 각 개인이 '위험'

---

70 물론 어른들도 꿈을 꾸지만, 아이의 꿈과는 다르다. 정호승은 『내 인생에 힘이 되어준 한마디』에서 "어른이 되어 꾸는 꿈은 아무리 그 꿈이 크다 할지라도 초라해질 수밖에 없는 속성을 지니고 있습니다. 어릴 때 꾸는 꿈과 어른이 되어 꾸는 꿈은 그 성격 자체가 다릅니다. 그것은 이미 주어진 현실의 범위와 한계를 잘 알기 때문입니다"라고 했다.

71 이런 관점은 '일 자아'와 '진정한 자아' 사이의 충돌을 전제한다. 진정한 자아self라는 개념은 물론 논쟁적이다.

에 직면하기 때문이다. "자아는 위험을 피하기 위하여 불안신호를 보내고 또 불안을 증식시키지 않기 위해서 자신의 행동을 억제한다. 억제란 불안을 벗어나기 위한 자기조절 노력이다(이종영, 1999: 82)." 이는 엄청난 에너지를 요구한다. 이 때문에 임금노동자는 노동에 투입되는 에너지뿐만 아니라 자기이상과 분리된 노동을 관리할 에너지를 끌어와야 한다. 이 과정에서 임금노동자는 '소진burn out'된다. 소진은 과도한 업무에 지쳐 발생하는 자기혐오감, 무기력증, 불만, 비관, 무관심 등이 극도로 커진 상태다. 모든 것을 다 써서 없어진 상태가 되므로 '무기력'은 임금노동자의 일상이다. 중요한 점은 이런 소진과 무기력이 어느 날 갑자기 드러나지 않고 꾸준히 진행된다는 점이다. 즉 시간이 갈수록 악화된다.

자아의 이상을 포기하고 노동을 선택함으로써 노동이 자아를 대체한다. 달리 말하면 노동은 생계문제를 해결하고 이와 함께 부를 축적하는 수단일 뿐만 아니라 각 개인의 정체성을 규정하는 핵심 요소다. 노동이 곧 나이다. 정체성 규정이 "나는 누구인가?"라는 질문에 응답하는 것이라면, "당신은 누구인가?"라는 질문에 대한 응답은 언제나 의사, 교사, 경찰관, 회사원, 기술자 등과 같은 직업 혹은 직원, 반장, 팀장, 과장, 부장 등과 같은 노동 위치를 통해 이루어진다. 내가 어떤 노동을 하고 있는가와 그 안에서 어떤 위치를 점하고 있는가가 나를 규정하는 핵심 요소가 되었다. 더욱 중요한 점은 이 노동유형과 노동 위치가 다른 이들의 인정을 획득하는 중요 수단이기 때문에 이의 획득에 전체 삶이 헌신한다는 것이다. 곧 노동유형과 노동 위치를 선택하는 과정으로 모든 삶이 끌려 들어간다. 생활수준, 결혼관계, 친구관계, 주택문제, 교육문제 등 다른 모든 문제가 노동유형으로부터 파생되므로 어떤 노동유형을 선택하는가가 전체 사회 내에서의 내 위치를 결정한다. 노동유형과 사회 위치의 핵심 매개는 물론 임금이다. 임금은 내가 소유할 수 있는 화폐의 양과 그 화폐를 통해 내가 다른 이들과 사물에 대해 행사할 수 있는 권력의 강도를 결정한다(이종영, 1992: 53). 이 때문에 전체 인생 계획이 노동유형의 선택을 둘러싼 방향에서 구성된다. 확인을 위해 사회학 이론을 동원할 필요 없이 이력서 내용을 떠올려보면 된다. 성공적인 이력서의 조건은 이전의 모든 활동과 노동이 바로 이 고용을 위해 준비되었음을 증명하는 것이다.

간과해서는 안 될 이의 또 다른 문제는 노동유형이나 위치로 나를 규정하는 방식이 기본적으로 인간의 외면을 통한 규정이라는 점이다. 이때 노동유형은 각 개인을 '소유' 대상으로 인식한다. 이 점에 주목해야 하는 이유는 인간과 인간의 관계가 외면과 외면의 관계로 구성되고, 이런 방식 자체가 남성의 임금노동을 모델로 하기 때문이다. 임금노동을 통해 자신을 규정하는 방식은 다른 노동으로부터 자신을 면제하되, 임금노동을 담당해온 남성들의 관계 구성을 그 모델로 한다. 그래서 남성들은 노동유형과 위치를 통해 다른 남성들과 경쟁하는 동시에 위계를 만든다. 노동을 박탈당한 남성은 이 남성들의 세계로부터 '거세' 당한 존재다. 노동이 남성성의 척도다. 따라서 이 관계는 내면이 아닌 외면과 외면의 교류를 기본으로 한다. 외면에 대한 충실성이 높아질수록 내면의 변형이 발생할 수밖에 없다. 내면의 요구가 아닌 외면을 따라 움직여야 하기 때문이다. 곧 나의 내면이 변형된다. 노동은 자신이 원하는 방향으로 우리를 만들어간다.

한국에서 노동의 자아정체성 구성에 가장 중요한 요소가 있다면 그것은 기업의 선택이다. 한국의 고용체계에서는 어떤 기업에 취직하는가가 인생을 결정한다. 이런 기업 중심성은 매우 중요한데 기업의 위계가 곧 노동사회 내에서 나의 위치를 대신하기 때문이다. 따라서 하층 기업과 노동의 결합은 불안정하고 상층 기업을 향한 열망은 증폭된다. 기업은 이를 통해 '위신威信'을 획득한다. 이 과정에서 상층 기업의 임금노동자들은 하층 기업의 임금노동자들과 동일한 임금노동자임에도 불구하고 기업이 누리는 위신의 일부를 분배받는다. 일종의 '신분' 위계가 발생한다. 신분이란 전체 사회 내에서의 위치에 따라 일정한 권리와 의무가 할당되는 질서다. 상층 기업 임금노동자들은 자신이 기업 위계의 상층에 참여하고 있다는 것만으로 하층 기업의 노동자들이 누릴 수 없는 다양한 권리를 할당받는다. 해당 기업에서 제공하는 기업복지[72]가 물질적 이해관계의 한 유형이라면, 여가, 가족관계, 다른 이들의 대우 등 노동유형과 직접 관련이 없는 많은 비물질적인 권리 또한 이들에게 부여된다. 대출받을 때 필요한 신용등급은 현대 신분 위계의 가장 노골적인 표현 형태라고 할 수 있을지 모른다. 그래서 임금노동은 단지 계급의 문제만은 아니다. 이는 신분의 문제를 포함한다. 계급과 신분의 이중체제로 임금노동이 존재한다. 과거의 신분과 다른 점이 있다면 이 신분은 국가가 아니라 기업에 의해 보장된다는 점이다. 직장 내에서 노동자의 지위와 시민의 지위가 충돌할 때 기업의 임금노동자는 언제나 노동자의 지위를 선택한다. 추상적인 시민의 이득보다 기업이 보장하는 구체적인 신분 이익이 더 밀접하게 느껴지기 때문이다. 그래서 기업 안에서 시민으로서의 '나'는 망

---

72 김미경(2018: 83)은 안희탁(1999: 346)의 연구를 빌어, "한국의 맥락에서는 1987년 국민소득이 3천 달러에 도달한 시점까지도 기업복지는 제도화되어 있지 않았다. 실제로 기업 복지라는 말 자체가 확산된 시점은 1990년대"라고 했다.

각된다. 그리고 기업과의 동일시가 강화된다.

기업과의 동일시는 자아를 분리해 자아정체성 파괴 현상을 촉발한다. 또한 언제나 기업의 요구 충족을 위해 자신을 동원한다. 기업의 요구는 '성과'이고, 이 때문에 성과를 통해 기업의 '사랑'을 얻고자 노력하게 된다. 이 과정이 누적될수록 각 개인에게 이는 책임이 된다. 자신의 생존뿐만 아니라 위신, 타자로부터의 인정 등의 사항 일반이 바로 기업에 달려 있기 때문이다. 이로 인해 각 개인이 자신을 바라보는 척도가 책임에 대한 이행 곧 성과주의로 변형된다. 성과주의의 내면화는 매우 중대한 영향을 끼친다. 타자를 평가하는 척도 또한 성과주의로 나아가게 된다. 기업 내부의 동료 관계나 혹은 질서 자체가 성과주의를 척도로 구성되고 이 내부에서는 성과 달성의 실패에 대한 불안감이 동시에 증폭될 수밖에 없다. 이 때문에 기업과의 동일시 과정은 언제나 불안하다.

이런 불안 속에서 성과를 수행하며 피로가 누적되고 이 상태가 유지된다. 장시간 노동을 중심으로 발전한 기업노동체계에서 성과의 일차적 기준은 노동의 질보다 '양'이었다. 노동시간은 기업에 대한 '헌신'의 강도로 이해되었다. 이런 조건에서 성과주의 압력은 먼저 노동시간 연장의 압력으로 나타난다. 노동시간 연장이 회사에 대한 헌신과 성과 평가의 기준이 되면서 두 가지 현상이 나타난다. 하나는 실제 업무 수행의 효율성을 높이기보다는 노동시간의 양을 늘려 자신이 회사와 동료에 헌신하고 있다는 '이미지' 만들기에 주력하는 것이다. 국미애의 지적처럼, "업무처리를 얼마나 효율적으로 해냈는가보다는 어떻게 하면 열심히 일한다는 이미지를 심어주는가가 더 중요"(국미애, 2018: 209)한 문제가 되는 것이다. 노동시간의 평가 척도가 업무 자체보다 감독과 통제의 시선에 놓이고, 그 양 자체가 늘어나는 압력은 노동하는 신체의 피로를 급속히 증가시킨다. 이런 상태에서는 내면의 요구에 따르기 위한 실천을 조직할 능력 자체가 박탈된다. 또 다른 문제는 관계의 파괴다. 기업이 요구하는 성과 수행을 위해 노동에 헌신할 때, 다른 관계로부터 나오는 요구들은 몰입을 방해하는 장애물로 여겨지기 쉽다. 다른 관계도 충실히 하려 하면 개인의 '과부하'로 연결되는데, 바로 여기에서 그 관계로부터 도피하거나 혹은 자신이 책임지지 않아도 되는 단기적이고 우연적인 관계에 대한 몰입 현상이 발생한다. 둘은 모두 개인을 타자로부터 단절하고 고립시키는 결과를 낳는다. 더욱 중요한 점은 이 단절과 고립이 내면을 파괴할 뿐만 아니라 죄책감과 좌절을 느끼게 한다는 점이다.

이런 상태는 다양한 유형의 '중독'을 일으킨다. 알코올중독, 마약중독 혹은 관계중독이나 섹스중독과 같은 다양한 유형의 중독이 작동한다.[73] 이때 노동 생활과 연계된 고유한 중독이 발생하는데 그것이 바로 '노동중독'이다. 노동중독은 노동 생활로부터 발생하는 문제를 회피하기 위해 노동에 몰입하는 병리적인 증상을 말한다. 노동중독이 다른 중독보다 중요한 이유는 노동중독이 전통적인 노동윤리의 요소인 '성실', '근면', '책임' 등의 요소와 중첩되기 때문이다. 이 때문에 노동중독은 일종의 미덕처럼 취급되거나 혹은 권장되기도 한다. 즉 노동중독을 다른 중독들과 다른 노동윤리의 실현과 그 책임의 발현으로 바라보려 한다. 따라서 우리는 노동중독 상태에서도 이를 인

---

73 앤 윌슨 섀프와 다이앤 패설은 중독을 다음의 두 유형으로 범주화했다. ① 물질중독: 알코올, 마약, 카페인, 소금, 설탕, 그리고 음식 등 ② 과정중독: 일, 섹스, 돈, 도박, 종교, 관계 때로는 일부 생각 등(섀프·패설, 2015:89).

지할 수 없다. 그리고 중독을 인정하지 않으므로 중독을 넘어설 수 없다.[74] 그러나 노동중독은 다른 중독들과 "근본적인 중독의 구조는 물론 관찰 가능한 특징들이 놀랍게도 서로 매우 유사하다."(하이데, 2000: 246) 노동중독은 노동에 몰입하면서 노동에 대한 헌신을 넘어 노동을 통한 자기 파괴에 몰입하게 한다.

이런 조건에서 자유민주주의가 보장하는 '자유'란 퇴근 이후의 자유일 뿐이다. 그래서 이때의 자유시간은 자신의 요구로부터 발생하는 시간이라기보다는 단지 노동 없는 시간이라는 의미다. 일이 없는 시간을 뜻하는 '여가'란 바로 자유시간을 표현하기 위한 것이었다. 그런데 이는 역설적으로 '여가'가 노동시간에 대한 보상인 동시에 여가가 존재하기 위해서는 반드시 노동시간이 존재해야 한다는 것을 말해준다. 여가는 퇴근 이후의 자유시간이기 때문에 이것이 존재하려면 '출근'이 필요하다. 실업자나 백수를 생각해보면 된다. 노동시간을 박탈당한 실업자나 백수는 모든 시간이 자유시간이다. 그런데 이를 '여가'라고 부르지는 않는다. 실업자에게 자유시간은 자유의 시간이 아니라 고통의 시간이다. 노동 위치가 없는 개인은 존중받지 못한다. 타자로부터 부여되는 존중의 상실은 내면에 심리적인 상처를 남긴다. 더 큰 문제는 실업자는 자신이 자유시간을 취할 권리가 있다고 느끼지 않는다는 점이다(슈나페르, 2001: 50). 자유시간은 노동을 한 이들에게만 주어지는 권한이기 때문이다. 이 때문에 구직 활동으로 채워지지 않는 자유시간의 향유는 자기 자신에서뿐만 아니라 타자로부터도 그

---

74 다음의 언급은 이 점에서 중요하다. "중독이라는 질병의 가장 기본적인 방어 체계가 부인이라는 점에 있을 것이다. 잘 알려진 바와 같이, 중독을 치유하는 데 있어 가장 중요한 첫 걸음은 이 부인의 시스템을 부수고 질병이 있음을 솔직히 인정하는 것이다(새프, 2015: 13)."

리고 전체 사회 내에서도 어떤 인정을 받지 못한다. 그것은 그 개인을 무시하고 모욕할 근거를 제공한다. 따라서 노동이 곧 '나'인 임금노동 기반 사회에서 직업의 상실은 자아의 상실로 연결된다. 노동 위치가 없다는 것은 전체 사회 내에 내가 위치할 곳이 없다는 것이다. 개인은 자신을 한 인간으로서 정의하고 존중할 능력을 상실한다. 자신의 시간을 조직할 척도를 박탈당했기 때문에 자유시간은 우울증과 고통의 시간이 되는 경우가 많다. 시간에 대한 감각과 일상생활을 구성하는 척도를 부여하는 것은 노동시간이다. 노동시간이 박탈되면 바로 이 감각과 척도로부터 분리되는 동시에 타자와의 동조 및 전체 사회와의 동조로부터 분리된다. 이런 분리는 고독의 원인이 된다.

여성 실업자들도 같은 경험을 한다. "심지어 그들이 가사에 실제로 더 많은 시간을 할애하고 있을 때조차 그들은 거기에 의미를 부여하지 않았다."(슈나페르, 2001: 59) 이런 여성들의 경험은 매우 중요한데, 임금노동과 여성이 결합할 때 여성은 "그들 자신이 그들의 독립성을 획득했고 존중받을 자격이 있다는 느낌"(슈나페르, 2001: 59~60)을 받는다는 것을 보여주기 때문이다. 이런 현상이 발생하는 근본 이유는 노동이 단 하나의 기준으로 위계화되어 있기 때문이다. 즉 임금노동과 임금을 받지 않는 활동이라는 노동의 분열이 그것이다. 이 분열은 "임금이 지불되는 것에 대하여 지불되지 않는 것, 생산적이라고 인정되는 것에 대하여 재생산과 소비에 관련되는 것, 과중한 노동이라고 생각되는 것에 대하여 가벼운 노동이라고 생각되는 것, 특별한 자격을 요구하는 것에 대하여 그러한 자격을 요구하지 않는 것, 높은 사회적 권위가 부여되는 것에 대하여 소위 '사사로운' 일에 속하는 것"(일리치, 2005: 44)과 같은 구별을 낳는다. 이 때문에 임금노동을 그만두고 재생산 활동에 참여한다고 하더라도 이 활동은 어떤 권위나 인정도 획득할 수 없는, 어떤 긍정적 의미도 없는 활동이 되고 만다. 그래서 동일한 활동이라고 하더라도 임금을 받는 경우와 임금을 받지 않는 경우, 그 활동이 각 개인에게 부여하는 의미는 다르다. 사회학자 로버트 칸이 그의 저서 『일과 건강』에서 밝힌 것처럼, "유익한 일을 하고 있지만, 급료를 받지 않는 사람들은 대부분 '나는 누구인가?'라는 질문에 자기비하적으로 답변하는 경향이 있다(지니, 2007: 28에서 재인용)."

노동이 없는 시간으로서의 '여가'가 이처럼 노동을 전제로, 노동과의 분리를 통해 작동하기 때문에 '여가'는 일단 노동에 대한 보상으로 나타난다. 이에 노동의 위계에 따라 여가의 위계도 발생한다. 무엇보다 '여가'는 임금과 노동시간 그리고 노동의 강도에 따라 다양하게 나타난다. 노동계급의 일차적인 여가는 소진된 신체의 에너지를 보충하기 위한 '잠'일 수밖에 없었고 '잠'이 아니라면 TV 시청이나 동료와의 음주였다. 그러나 중산층은 달랐다. 중산층은 노동과정에 소비되는 육체의 에너지도 적었지만, 무엇보다 '여가'를 자신과 노동계급 및 다른 계층과의 변별적 정체성 자원으로 구성했다. '여가'를 누린다는 것은 중산층이 된다는 의미였다. 이의 핵심 계기는 1980년대 등장해 확산한 자가용 기반 생활양식이었다. 그런 의미에서 한국의 소비사회는 중산층의 '여가'와 함께 발전해왔다고 할 수 있다. 소비사회는 노동사회의 이면이다. 김미경의 분석처럼 "현대인들은 노동을 비인간적으로 느낄수록 노동 후 낭비적이며 소모적인 여가를 통해 위안을 받고자 하며 소비사회는 이를 부추긴다(김미경, 2012: 328)."

또한 여가는 단지 노동에 대한 보상이 아니라 일상생활의 재구성이라는 차원도 지니고 있었다. '여가'는 취미생활, 자기충전, 봉사활동 등 다양한 자율 활동으로 구성되어 있었다. 이런 활동은 임금노동이 제공할 수 없는 즐거움과 몰입을 선사한다. '여가'의 등장은 [노동-보상]의 순환을 전제로 하지만, 이로 환원할 수 없는 '삶의 질quality of life' 문제를 전면화한다. 곧 임금의 많고 적음 혹은 이를 통해 충족할 수 있는 상품의 양이 아니라 '질'의 문제가 중심에 등장한 것이다. 이때 '질'에는 각 개인의 만족감, 안정감, 행복감 등 주관적인 평가의식이 개입한다. 이런 조건의 형성으로 1990년을 거치며 '휴일' 제도가 한국 노동사회에 확장된다. 중간계급의 '여가'에 대한 요구와 삶의 질에 대한 요구가 모든 시민을 위한 휴가의 동력을 만든 것이다. 곧 '모든 사람을 위한 휴일holiday for all'의 등장이다(김영선, 2013: 82). 그러나 이를 현실화한 힘은 1987년 민주화와 조직 노동운동의 성장이었다. 노동조건의 개선을 위한 아래로부터의 투쟁이 중간계급의 요구와 접합한 것이다. 그러나 휴일의 등장은 자본의 집요한 공격 대상이 되었다. 경제성장 저해 요소로 휴일 확장이 꾸준히 지적되었다는 점에서 이는 한국 노동사회에 이질적인 요소였다. 이런 경향은 1990년대 중후반을 지나 일상과 경쟁의 통합이 이루어지는 단계로 진입하고 나서야 역전된다. 자유시간이 그 전제로 노동시간을 요구한다는 것은 사실상 모든 시간이 노동을 통해 구조화되어 있다는 것을 말한다. 노동시간이 모든 활동의 전제이고 모든 활동에 대한 자유는 노동시간이 확보되어 있는 경우에만 의미를 지닌다. 노동시간은 하나의 독립변수이고 다른 활동과 시간은 모두 이 노동시간으로부터 파생되어 나온다. 한병철은 『시간의 향기』에서 다음과 같이 말했다. "오늘날 우리에게는 일의 시간 외에 다른 시간이 없다(한병철, 2013: 5)." 노동 이외의 다른 시간이 노동시간으로부터 파생되어 나오기 때문에 "우리는 휴가 때만 아니라 잠잘 때에도 일의 시간을 데리고 간다. 그래서 우리는 잠자리가 그토록 편치 못한 것이다(한병철, 2013: 5)."

이렇게 노동이 다른 모든 활동과 분리되어 그 전제인 임금노동에 기반을 둔 사회를 '노동사회'라고 부를 수 있다. 노동사회는 노동이 각 개인의 삶에서 분리 독립해 오직 노동만이 모든 시민의 삶을 통제하고 조정하며 방향을 지도하는 요소로서 작동하는 사회를 말한다. 바꿔 말하면 삶을 유지하고 존속하기 위한 활동이었던 노동이 오히려 전체 삶을 통제하고 조직하는 원리로 부상한 사회가 바로 '노동사회'다.[75] 이런 노동사회에서 노동의 목적은 삶의 필요에서 오는 것이 아니라 노동 그 자체로부터 발원한다(한병철, 2013: 148). 곧 노동을 위해 노동하는 것이다. 노동사회에서 노동이 개인의 삶에 얼마나 큰 의미와 중요성을 차지하며 다른 활동과 비교해 어느 정도 우선적인 지위인지를 나타내는 '노동 중심성work centrality'은 국가의 문화와 사회제도에 따라 다양한 차이를 지닐 수 있다(Paraboteeath&Cullen, 2003). 즉 같은 노동사회라고 하더라도 노동중심성은 해당 사회마다 다를 수 있다. 우리는 특히 사회제도에 관심을 가져야 하는데, 사회제도가 노동을 선택하고 회피할 때 그 규제와 가능성의 조건이 되기 때문이다. 따라서 만일 한국이 다른 국가와 비교해 강도 높은 노동중심성을 보

---

75 스게노 카즈오菅野和夫는 『고용사회와 노동법』에서 '고용사회' 개념을 아래와 같이 밝혔다. "기업에서 일하는 사람들의 고용을 둘러싼 여러 가지 사회적 관계 및 구조 전체를 '고용사회'라고 한다면, 거기에는 ① 고용 관계(정사원의 장기고용, 비정규사원의 단기고용 등) ② 노동시장(내부노동시장, 준 내부노동시장, 외부노동시장), ③ 노사관계(기업 내, 산업레벨) ④ 직업생애(특히 은퇴과정) ⑤ 분쟁해결 ⑥ 정책형성 및 노사참가 등 여러 가지 관계와 구조로 형성되어 있다(스게노, 2001: 1)." 고용사회와 노동사회 개념에 중첩되는 부분이 존재한다. 노동사회의 기반 개념이 바로 임금노동이고, 임금노동은 고용노동이기 때문이다. 그러나 고용사회와 노동사회의 개념은 지향하는 바가 다르다. 그것은 고용과 노동의 차이에서 비롯된다.

이는 노동사회라면, 여기에 노동 이외의 다른 활동을 억압하고 오직 노동을 통해서만 삶을 영위할 수 있게 한 제도적 진화가 중요한 요인을 형성한다고 볼 수 있다.

4장

노동사회의 위기:
노동과 고용 분리의 전면화

자본주의 산업화의 과정은 임금노동에 역사상 유례가 없는 중요성을 부여했다. 이 임금노동의 모델은 공장노동이다.[76] 노동계약, 작업장소, 노동시간 등이 이 모델을 기반으로 표준화되었다. 곧 표준 노동 모델이 만들어졌다. 1953년 제정된 근로기준법에서 노동시간이 공장노동을 염두에 두고 설계되었다는 점(국미애, 2018: 73)은 이를 보여주는 하나의 상징이다. 중요한 점은 이런 노동의 표준화 과정에서 공장노동에 적응할 수 있는 신체와 그 노동과정에 투입할 수 있는 보편능력이 요구되었다는 점이다. 노동은 곧 노동하는 인간의 문제이고 이것은 인간의 신체에 대한 문제다. 모든 노동이 신체를 매개로 이루어지기 때문에 노동계약은 노동하는 신체에 영향을 미치는 신체적 불확실함을 고용에 적합하지 않은 신체 상태로 규정하려 한다. "고용에 적합한 신체 상태"(피쉬오, 2017: 92)가 아니라면 모두 비표준적인 상태가 된다. 이것이 단지 신체 물리적 기능의 적합성만을 가리키는 것

---

76 폴 메이슨에 의하면 "세계 최초의 공장은 1771년 잉글랜드 크롬퍼드에 세워졌다. 크롬퍼드에 가보면 최초의 기계가 설치됐던 자리에 아직도 돌로 만든 받침대가 남아 있다."(메이슨, 2017: 312)

은 아니다. 여기에는 언어를 포괄하는 문화적 관계의 적합성이 기입돼 있다. 노동하는 신체의 표준화 과정은 물리적이고 문화적인 면에서 비표준적인 요소를 지닌 주체 즉 장애, 여성, 다른 인종의 노동 주체들의 노동을 비표준 노동의 영역으로 구획하는 효과를 발휘한다.

이에 따라 표준 노동과 비표준 노동의 위계가 구획된다. 나아가 표준 노동을 우월한 노동으로, 비표준 노동을 열등한 노동으로 인식하고 그에 따라 '무시'한다. 남성의 노동 생활에 각인된 여성 노동에 대한 통념과 사고방식은 이를 적나라하게 보여준다. 여성이 직업의식 혹은 일에 대한 책임의식이 없다거나 여성의 저임금은 남성보다 능력이 없기 때문이라는 인식을 쉽게 발견할 수 있다. 이뿐만이 아니다. 남성 노동자들은 여성이 생계책임자가 아니기 때문에 우선 해고대상에 포함되어야 한다고 보며, 이때 구조조정을 진행하는 기업과 공모하기도 했다. 1998년 8월 현대자동차노조 정리해고 반대 총파업 결과물인 '277명 정리해고안'은 그 상징이다. 277명 중 144명이 현대자동차 구내식당의 여성 노동자였다. "애초 노사는 파업 이전 식당 여성 노동자 모두인 276명과 남성 직원 1명을 정리해고 대상으로 삼았으나, 132명이 위로금을 받고 자진 퇴사하자 나머지 133명을 여러 부서의 남성 노동자로 채웠다."[77] 또한 기업들은 여성 노동자가 쉽게 이직하고 임신 등의 이유로 회사를 떠난다고 보아 투자하지 않는 경향도 강하다(조순경, 2000: 7).

동일한 경향이 장애인 노동에 대한 인식에서도 그대로 나타난다.

---

77 김아리, "'우린 그들의 밥이 아냐' 밥하는 아줌마들의 절규", 한겨레, 2002. 03. 25. URL: http://legacy.www.hani.co.kr/section-005100032/2002/03/005100032200203251823004. html 검색일: 2018년 11월 10일

장애인고용촉진법으로 기업에 의무고용 책임이 주어졌으나, 정부와 기업은 "그저 장애인 개인의 '노동능력 결여'만을 탓"[78]하고 있다. 표준 노동 모델에서 비표준 노동은 노동력이 결여된 노동이고 이를 대표하는 신체가 바로 장애인과 여성이다. 또한 표준 노동 모델은 임금의 수령 여부를 중심으로 노동과 '비노동'의 경계를 만든 동시에, 노동에 대한 의무와 권리의 체계 즉 노동의 공공성 체계를 형성하는 기반이 되었다. 이런 점에서 노동의 공공성이란 그 자체로 젠더화된 공공성으로 남성 신체의 우월성을 전제로 그들의 언어와 문화로 작동하는 노동 생활을 전체 사회의 표준 노동 생활로 수용하는 과정이기도 했다.[79] 자유민주주의의 '노동하는 시민'이란 바로 이 질서를 전제했고 여성은 노동하는 남성 시민의 재생산 담지자라는 차원에서 자유민주주의 안에 포함되었다(트론토, 2014:169).

이와 같은 표준 노동 모델과 전체 사회의 다양한 질서가 연결되었다. 노동소득, 안전 보장, 정치적 자유, 문화자원의 분배 등이 임금노동을 기반으로 구조화되었다. 하지만 현재 기존의 표준 노동 모델은 해체되고 있다. 완전고용이라는 전체 사회의 '자기이상'은 붕괴하고 노동을 통한 생활 안전과 사회통합은 "이제 역사가 되어간다."(벡, 1999: 16) 전체 사회의 모든 질서가 임금노동과 연결된 조건에서 이런 상황 변화는 인민에게 직접적인 위기로 나타난다. 무엇보다 모든 이의 자

---

78 하금철, "장애인 노동권, 30년 침묵의 시간을 깨다", 비마이너, 2017. 12. 18 URL: http://beminor.com/detail.php?number=11680 검색일: 2018년 11월 10일

79 바로 이 때문에 페미니즘은 노동사회 안에서 배제되고 망각된 여성들의 노동 경험을 인식하고 설명하기 위해 다양한 노력을 전개했다. 그 범위는 전통적인 가사노동부터 감정노동과 성노동, 그리고 돌봄 노동에 대한 문제 제기로 이어진다. 이에 관한 소개로는 문은미(2010)를 참조.

유와 평등을 위한 노동의 권리라는 자유민주주의의 전제는 내파되는 단계에 접어들었다. 그래서 울리히 벡은 다음과 같이 물었다.(벡, 1999: 29) "완전고용사회가 완전히 물 건너간 지금, 민주주의가 어떻게 가능할 것인가?"

표준 노동 모델은 전일 고용에 입각한 정규노동을 인민의 정상 상태로 규정한다. 그런데 고용과 노동이 분리되면서 노동과 비노동의 경계가 식별 불가능해지고 비정규적이고 불안정한 노동이 정상 상태로 전환되고 있다. 자본-노동관계 중심이던 고용 관계는 공장만이 아닌 일상생활의 모든 현장에 침투하고 있다. 또한 유연하고 다원화된 고용 형태들이 일반화되었다. 그래서 과거에는 주변적이었던 불안정 고용 형태가 실업과 고용 사이에 전면화한다. 이 불안정 고용 형태들은 과거와 같은 의미의 표준 임금노동 모델이 아니다. 저임금 불완전 고용 노동시장에 더 철저하게 종속되는 임금노동이다. 이 때문에 저임금 불완전 임금노동의 상품화가 그 극단까지 이루어진다. 형식적이고 제도적으로 존재했던 노동의 공공성은 저임금 불완전 임금노동에 적용되지 않는다. 당연히 이런 고용체계의 전환은 매우 위험한 상황을 잉태한다. 이 다양하게 표출되는 위험의 핵심은 단순하다. 임금노동이 여전히 모두에게 하나의 의무로 부과되고 있지만, 그 임금노동을 통해 더 이상 모두의 삶이 유지 존속되지 않는 구조가 만들어진 것이다. 이는 노동과 안전의 분리다.

노동사회의 구조가 인민의 안전을 책임지지 않고 오히려 위험과 불안을 분배하게 된 것은 1997년 경제위기를 매개로 구체화되었다. 최장집의 설명처럼, "IMF에 의해 부과되고, 민주 정부에 의해 집행된 최우선 순위의 정책은 노동시장 유연화"(최장집, 2005b: 484)였다. 특히 법제도적 측면에서 노동유연성 제고를 위한 두 개의 법률, 정리해고제 시행과 파견법(정식 명칭은 '근로자파견과 보호 등에 관한 법률') 제정 시행은 결정적 계기였다. 정리해고제는 노동사회의 이상이던 완전고용을 단번에 무너뜨리고, 고용에서 해고로 패러다임을 이동시켰다. 실업률은 관리되고 있지만, 이런 패러다임 이동의 결과는 노동사회를 넘어 전체 사회를 안으로부터 파괴하는 결과를 초래했다. 음성적으로 진행되던 파견노동을 합법화한 파견법은 노동기본권이 보장되지 않는 다수의 비정규 고용 형태를 일반적인 것으로 만들면서 불안정 노동을 전면화하는 계기가 되었다. 그러나 이런 노동사회의 해체 과정을 단지 1997년 경제위기와 노동유연성 관련 법률의 제도화만으로 환원하지 않아야 한다. 한국 노동사회의 완성 과정 이전부터 내부에 이미 노동사회 해체 요소가 자라나고 있었기 때문이다. 이런 내부의 요소들과 외부의 조건 변화가 결합해 단기간에 압도적인 속도로 한국사회가 변화한 것이다. 한국 노동사회가 노동사회로 완성되기 이전에 해체의 과정에 접어들게 된 것이라는 점에서 이는 중요하다. 노동사회의 완성이란 존재할 수 없지만, 무엇보다 종속노동과 안전의 교환을 보장하는 제도의 역사적 구성 과정이 그 핵심이라고 할 때, 한국은 노동의 안전과 보호가 구축되지 않은 조건에서 노동의 해체가 급속히 진행되었다고 볼 수 있다.[80]

노동사회의 내부에서 노동사회를 해체하는 심층의 동력은 한국

---

80 안정옥은 주5일 근무제의 제도화를 중심으로 탈노동사회와 문화사회의 개념을 고찰한 글에서 "중심부 국가의 기준으로 볼 때, 한국사회는 노동사회의 문턱에 도달하지 못한 상황에서 노동사회의 위기를 맞이하고 있다"(안정옥, 2002: 415)라고 쓴 바 있다. 이는 그가 노동사회를 다음과 같이 파악하기 때문이기도 하다. "노동사회는 무엇보다도 사회보장과 여가 등 노동자의 사회적 권리가 표준화된 노동 기준으로 보장되고 제도화된 사회"(안정옥, 2002: 406)라는 것이다.

자본주의의 재구조화 자체로부터 발생했다. 이런 재구조화 과정은 1980년대 중후반 이후부터 가시화되었는데 이는 한국 자본주의가 이전과 다른 조건에 직면했기 때문이었다. 산업화를 통해 수출 중심의 산업구조를 지니게 된 한국 자본주의는 국외적으로 단순 장시간 저임금 노동체계에 기반을 둔 비교우위 효과를 누릴 수 없게 되었고, 국내적으로는 장시간 저임금 노동체계의 변형과 그에 대한 도전이 일어나고 있었다. 이런 변화된 조건에 대응하기 위해 노동시장의 유연화를 위한 일련의 시도들이 1980년대 중후반 이후부터 나타났고, 이는 고용체계의 변화를 가져왔다. 그런데도 표준 고용 모델의 우위는 존재했다. 그러나 이 경향은 1990년대 중후반을 거치며 더욱 강화되어 그 우위를 전복시킨다. 네 경향이 주요했다. ① 지구화 ② 금융화를 기반으로 한 신자유주의 ③ 과학기술의 발전과 이에 기반을 둔 기술혁신의 가속화 ④ 서비스산업의 부상과 확장이 그것이다. 이런 자본주의의 재구조화는 자본이 변화된 조건에 적응하기 위한 일상적인 기업 구조 변형 곧 리엔지니어링과 구조조정의 압력을 창출했다. 즉 노동과 고용의 결합 관계를 우연적이고 불연속적인 유형으로 바꾸는 과정이 요구된 것이다. 한국 자본과 국가는 이 요구를 노동 부문의 위계적 분절화라는 방법으로 구현했다. 1980년대 이후 지속해서 성장한 노동운동 부문의 요구를 임금 인상으로 보장하는 반면, 1997년 경제위기를 매개로 임금 인상에 들어간 "그 비용을 불안정 노동층의 광범위한 창출을 통한 저임금 비조직 부분의 상설로써 상쇄"한 것이다(조정환, 2011: 317). 이로써 현재 '노동의 위기'의 근본 구조가 만들어졌다.

지구화

1997년 경제위기가 한국 자본주의 지구화 과정을 전면화했다는 점에 관해 이미 많은 연구가 있다. 물론 1997년 이전에 지구화가 없었다는 것이 아니다. 1990년 초중반 김영삼 정부하에서 추진된 '세계화' 국가전략은 분명 한국 자본의 전 지구적 경쟁을 국가 차원에서 지원하는 성격을 띠고 있었다. 하지만 1997년 경제위기를 매개로 한국 자본주의는 이전과 질적으로 다른 차원에서 전 지구적 경제 안에 통합되었다. 무엇보다 IMF의 주도하에 구조조정의 이름으로 한국 자본주의 경제가 재배열되고 자본의 자유화가 전면 진행되었다. 이런 자본의 지구화 과정은 노동사회에도 중대한 영향을 미쳤다.[81]

자본주의 산업화의 발전 과정에서 고용은 특정 장소와 결합해 행해졌다. 그러나 지구화가 강화되면서 고용과 장소의 분리가 발생하기 시작했다. 지구화는 자본이 특정고용을 탈공간화하여 다수의 지역에서 장소 분산적인 고용양식을 발전시키는 계기를 만들었다. 이에 따라 자본은 전 지구적 노동시장을 창출했지만, 노동은 특정 국가와 지역에 속박되는 지방화의 모순적인 결합이 나타났다. 따라서 자본은 경쟁 범위와 강도를 전 지구적으로 확장했고 노동의 자본에 대한 통제능력은 약화했다. 이 과정은 국가를 매개로 더욱 강화되었는데, 왜냐하면, 국가는 고용 창출 능력과 조세 창출 능력을 지닌 자본과 특정 장소를 결합하기 위해 자본의 운동에 유리한 조건을 약속해야 했기 때문이다. 그 안에는 자본규제 철폐를 비롯한 다양한 유형의 탈규

---

81 이 부분에 관해서는 장진호(2013)를 참조했다.

제화, 자본 지원을 위한 다양한 하부구조 구축과 조세 혜택이 포함된다. 하지만 핵심은 자본의 자유로운 이동을 위해 노동에 대한 무책임을 보증한 것이었다. 바로 여기에 국가의 경제성장과 노동하는 다수 국민의 일상생활 분리가 증폭될 가능성이 있었다. 노동 상황은 계속 열악해질 수 있기 때문이다.

이런 문제가 직접 나타나는 현상이 공장의 해외 이동과 해외 외주화이다. 현대·기아차는 이미 1987년 이래 국내에 새 공장을 짓지 않는다. 대신 미국, 중국, 유럽, 인도 등에 현지 공장을 세우고 있다. 삼성전자와 LG전자 등도 해외 생산 비중이 커지기 시작했다. 조선업도 마찬가지다. 조선업은 2008년 전후 해외생산 확대와 외주화를 본격 시도했다.[82] 이와 같은 공장 해외 이전과 해외 외주화는 고용에 엄청난 영향을 준다. 콜트악기는 2008년 인천 부평 공장을 폐쇄한다. 공장을 해외로 옮기기 위해서였다. 먼저 2007년 3월 12일 전체 생산직 노동자 160명 중 56명을 집단 정리해고한다. 통기타를 만들던 계열사 콜텍악기도 2007년 4월 중국 다롄으로 공장을 옮겨 대전공장의 300여 명이 실직했다. '콜트콜텍' 노동자들은 노동자 해고가 부당하면서 현재까지 12년간 투쟁하고 있다. 공장의 해외 이동은 한국 공장 모델이 해외로 확산된다는 의미이기도 하다. 국제노동기구에서 일하는 이상헌의 글에 의하면 이는 "공장은 곧 군대"라는 한국 공장 모델의 확산이기도 했다. 남미의 보세공장이나 아시아 진출 공장들에서 한국 산업화 과정에 동원된 '원산폭격', '앞으로 기어' 등의 폭력이 나타나기

---

82 이 부분은 다음 기사를 참조했다. 경향비즈 특별취재팀, "첨단기술·공장자동화...생산주역이 잉여인간으로", 〈경향비즈〉, 2010. 8. 25. URL: http://biz.khan.co.kr/khan_art_view.html?artid=201008252213015&code=920100 검색일 : 2018년 2월 28일

시작했다. 방글라데시에서는 최저임금 문제가 곧 한국 공장의 문제이기도 했다. 이상헌은 이를 '습관'의 문제로, 한국 공장에 내재한 마치 본능 같은 것이라고 썼다(이상헌, 2015: 33). 자신이 책임질 필요 없는 노동자가 존재하는 곳에서 오직 공장 운영만이 중요해지는 순간 한국 자본주의 산업화 구조에 각인된 노동에 대한 자본의 가학증 구조가 해외에서도 발현되는 것이다. 그런 점에서 이는 단지 산업화의 유물만은 아닐 것이다.

자본은 이와 같은 노동과의 결합 약화를 자본 간 경쟁과 전 지구적 위험성을 이유로 정당화할 수 있었다. 지구화는 자본에게 불확실하고 통제할 수 없는 위험의 증대이기도 했다. 예상할 수 없는 변수의 개입으로 외부조건은 언제나 불확실하다. 이 때문에 자본은 전통적인 수요 예측에 기반을 둔 표준화된 노동과 생산 모델을 유지하기가 점점 더 어려워진다. 외부조건의 변화에 유동적으로 대응할 수 있는 노동조직과 고용 관계 구축의 필요성은 바로 여기에서 나온다. 이에 따라 개방된 세계시장에서 발생하는 자본의 위험은 노동의 위험으로 변형된다. 노동조직과 고용 관계가 규격화된 안정성의 질서로부터 탈규제화된 위험 감수의 체계로 변형되는 것이다(벡, 1999: 139). 그 구체적인 형태는 노동시간 연장, 임금 인하 그리고 무엇보다 노동 간 경쟁 강화와 불안정한 노동 강화로 나타났다.

금융화와 신자유주의

지구화는 금융화와 분리될 수 없는 경향이었다. 여기서 금융화란 신용과 금융 부문이 금융상품 거래를 자본주의를 구조화할 중심 동력으로 전환하는 과정을 말한다. 금융화가 중요한 이유는 자본주의의 금융화 과정이 산업자본주의 성향을 위축시키기 때문이다. 금융화는 장기적이고 심층적인 산업자본의 성장이라는 관점보다는 단기적 이윤 투자의 관점에서 산업자본주의와 간접 결합한다. 산업자본과의 직접적인 연결 없이 금융상품의 관점에서 관계하는 것이다. 제조업 상품의 생산이나 교역보다는 투자 기업의 단기적인 가치 상승을 통한 이윤 창출이 목적이기 때문이다. 이런 경향은 과거 발전모델의 은행과 전혀 달리 임금인하와 구조조정을 통한 노동력 비용 절감을 발전시킨다(캘훈, 2014: 281). 조정환의 분석처럼 "화폐를 조달하여 산업자본에게 제공했던 고전적 의미의 은행 기능은, 오늘날 금융자본의 주류나 핵심 혹은 지배적 기능이 결코 아니다."(조정환, 2011: 170) 곧 현대의 금융자본은 산업자본의 '조수'나 '보조'가 아니라 산업자본을 지배한다. 이 부분이 중요한 이유는 금융자본이 인민과 직접 결합하지 않고 분리되어 작동하기 때문이다. 즉 어떤 유형으로도 인민을 직접 책임지지 않는다.

금융화의 이런 요소가 신자유주의와 결합하면서 구조조정restructuring이 일상화되고 비정규 고용 형태가 등장했다. 신자유주의는 국가권력의 시장개입이 시장의 효율성과 형평성을 왜곡한다고 주장하면서, 소극적인 통화정책과 국제금융의 자유화를 핵심 수단으로 삼아 자유시장의 역동성을 도출해 경제성장을 이끌고자 한다. 신자유주의 내부에 금융화 발전의 요소가 내재해 있는 것이다. 이런 요소가 노동시장의 효율성과 형평성을 회복하기 위한 '노동유연성' 프로젝트와 중첩되면서 노동을 외부환경의 변화에 따라 유동적으로 관리, 통합할 수 있는 비정규 고용 형태가 만들어졌다. 노동유연성이란 한

마디로 노동의 재상품화라고 할 수 있다. 곧 "노동관계를 노동의 가격인 임금으로 측정한 바에 따라 수요와 공급에 더욱 잘 반응하도록 만드는 과정"(스탠딩, 2014: 71)이다. 이는 표준 노동 모델 해체를 위해 구조조정을 동반할 수밖에 없었다. 구조조정은 해고를 의미한다. 자본은 이 과정이 외부 환경의 변화에 적응하고 경쟁에서 승리하기 위해 불가피한 선택이라고 정당화했지만, 노동유연성 강화가 단지 인원 감축이나 비정규 고용 형태 창출과는 다른 방식으로도 가능하다는 점에서 일종의 계급선택이라고 봐야 한다. 즉 자본의 운동을 제약하는 노동의 능력은 파괴하고 자본의 자유는 확장하는 방향에서 이루어진 선택이라는 것이다.

금융화와 신자유주의의 결합은 한국 경제의 대안 발전전략으로 금융산업이 부상하면서 더욱 강화되었다. 한국은 제조업 중심의 수출 주도 산업화 과정을 통해 경제성장을 이룩했는데, 경제정책 결정자들과 자본은 1990년대 중후반을 거치며 제조업뿐만 아니라 금융과 서비스산업으로 경제성장 동력을 이행시켜야 한다고 믿었다. "물론 그것이 실제로 의미하는 바는 제조업은 그저 있어 왔던 것일 뿐 금융과 서비스산업을 세계 수준으로 높이는 방향에서 대안"(최장집, 2006: 174)을 찾는 것이었다. 금융산업의 강화 과정 자체가 한국경제 발전의 대안전략으로 부상한 것이다. 최장집은 이런 전략이 "1990년대 미국 클린턴 정부 시기 금융과 지식정보화, 서비스산업이 주도하는 '신경제' 개념을 그대로 이식한 것"(최장집, 2006: 174)이라고 비판한 바 있다.

금융화의 또 다른 문제는 부채 증가와 제조업 기반 중소기업의 약화다. 금융화는 일상생활의 금융화 과정을 촉발하며, 이는 인민의 입장에서 부채를 통한 재생산 비율이 급격히 높아진다는 의미다. 한국은 산업화 과정에 필요한 자본을 동원하기 위해 '정책금융' 전략을 펼쳤고, 이를 뒷받침한 것 중 하나가 가계저축이었다. 그런데 IMF 외환위기를 겪으며 정책금융 시스템은 해체되었고 대신 "금융의 역할이 산업자금 조달에서 소비자금융 공급으로 전환"되었다(김도균, 2018: 206). 기업 대출 특히 중소기업 대출은 은행 입장에서 매우 위험한 투자였기에 은행들은 안정성과 수익성이 높은 가계대출로 방향을 선회했다. 낮은 금리의 가계 대출이 가능해지자 이는 주택구입이나 교육비, 의료비, 생활비, 그리고 노후대비 목적으로 활용되었다. 가계부채가 빠르게 증가한 이유다. 가계부채가 복지 공백을 메우는 중요한 수단이 된 것이다(김도균, 2018: 213). 그래서 "2000년대를 거치면서 한국사회의 가계경제에서 나타난 가장 큰 특징 중 하나인 저축률 감소와 가계부채의 급격한 증대는 이런 맥락에서 이해"할 수 있다(최철웅, 2013: 296). 이런 관점에서 본다면 신용카드의 일상화는 금융화의 결정적인 국면이라고 말할 수 있을지도 모른다. 이제 소비는 곧 부채가 된다.

그런데 소득의 근원인 임금을 다수 인민에게 공급하는 중소기업의 기반은 점점 약화했다. 금융은 불안정하고 수익성이 보장되지 않는 산업금융의 역할을 피하려 했고 국가는 제조업 성장의 한계를 주장하며 금융산업으로의 산업구조 재편을 강하게 추진했기 때문이다. 이 과정에서 제조업 기반 중소기업의 몰락은 필연적이다. 부채로 일상생활을 유지하고 임금 기반이 몰락하는 현상은 다수 노동하는 시민을 이전과 다른 형태의 불안에 몰아넣었다. 바로 '신용불량자'라는 새로운 형태의 낙인이었다. 2004년 발생한 신용불량자 대란은 한국 노동사회의 해체와 일상생활의 금융화가 만날 때 발생하는 문제를 예증한 것처럼 보인다. 더 중요한 것은 국가전략 자체가 변경되었다는 점이다. 최장집은 산자부의 기능 축소에서 그런 변화를 읽었다. "한국의 경제 행정체제 개편 과정에서 나타난 중요한 특징의 하나는 산업정책의 축소 내지는 후퇴를 반영하는 것으로 산자부 기능의 축소라 하겠다. 이제 산자부는 재경부가 주도하는 경제성장 정책의 잔여 범주적 정책 부서로서 자리매김된 것이다."(최장집, 2006: 177)

기계화와 자동화

자본주의는 자체 내에 존재하는 비효율 요소를 제거하며 끊임없이 효율성[83]을 향해 나아간다. 이 과정에서 과학기술 발전을 통해 비용 절감의 효과를 극대화하고 생산성 향상을 위한 다양한 방법을 동원한다. 대표적인 유형이 바로 자동화이다. 산업마다 차이는 있겠지만, 자동화가 한국 산업 구조에 본격 적용되기 시작한 것은 1980년대 중반이었다. 실제 자동화 정도에 차이가 있더라도 자동화 강화가 전체 산업 구조에 하나의 경향으로 확산되었다는 점은 중요하다. 일부 자동차 산업 연구자들은 1980년대를 "전 공정의 자동화" 단계로 파악하는데(최문성·김재우, 2014), 이는 당시 자동차산업의 목표이기도 했다. 이런 자동화는 "기계에 의한 노동의 기술적 대체"를 강화한다. "기술적 대체란 설비 및 조직상의 혁신으로 노동을 절감하고 그렇게

---

[83] "현대의 효율 개념은 19세기 새로운 과학적 분야인 열역학의 실험 과정에 나타났다. 동력으로 움직이는 기계를 실험하고 있었던 엔지니어는 열의 유량과 엔트로피의 손실을 측정하기 위하여 '효율efficiency'이라는 용어를 사용했다. '효율'은 공정 중에서 최소의 에너지와 노동 및 자본을 소비하여 최단 시일 내에 생산할 수 있는 최대의 산출량을 뜻하게 되었다(러프킨, 1996: 114)."

해서 더 적은 고용 인원으로 더 낮은 비용에 더 많이 생산할 수 있도록 해주는 메커니즘이다(콜린스, 2014: 78)." 금융산업의 자동화를 예로 들 수 있다. 1988년 중소기업은행 발표에 의하면 1984년 1인당 전표처리매수는 39.5매였는데, 1987년에 67.5매로 늘어났다. 1987년 당시 전표처리 작업을 손으로 할 경우 1만9천여 명이 필요했다고 한다. 하지만 실제로는 6,837명이 일하고 있었다. 자동화로 1만2천여 명의 인력을 절감한 것이다(유팔무, 1991: 95).

이는 자본주의 산업화 과정과 함께 등장한 오래된 자본주의의 내적 경향 중 하나이기 때문에 새롭지 않다. 하지만 현재 그 경향은 점점 더 강화되고 있으며 과거에는 생각할 수 없던 범위에서 놀라운 강도로 진행되고 있다. 《경향비즈》는 2010년 한국 산업에서 진행되고 있는 자동화와 고용의 관계를 특별 취재했다. 한국타이어 옛 신도림 공장에는 1979년부터 자동화 기계가 들어왔다. 2명이 8시간에 타이어 36개를 만들었다. 그런데 생산성이 높아지면서 작업 인원이 2명에서 1명으로 줄었다. 자동화는 더욱 진화해 1명당 64개가 되더니 1998년에는 84개까지 늘었다. 이 과정에서 1970년대 116명이던 1개 조 인원은 34명으로 줄었다. 2005년 조성된 삼성전자 기흥반도체공장의 S1라인은 모든 공정을 첨단장비가 대신했다. 국제로봇연맹IFR에 따르면 제조업 노동자 1만 명당 로봇 수를 말하는 '로봇밀집도'에서 놀랍게도 "한국은 531로 세계 1위다(2015년 기준). 세계평균(69)을 크게 웃도는 것은 물론이고 2위 싱가포르(398)나 3위 일본(305)과도 차이가 크다."[84] 이는 물론 한국 제조업 분야에 내재한 자본-노동관계의 특

---

84 최민주·주영재, "로봇 사용률 1위 한국…자동화로 일자리 25% 사라질 10년이 변혁기", 경

성이 반영된 것이다. 그러나 자동화를 단지 노동 분야에서만 확인하면 오류를 범할 수 있다. 일상생활 영역에서도 눈에 띄는 변화가 일어났다. 은행 ATM기가 등장하고, 지하철 매표소도 찾아보기 어렵게 되었다.[85] 이는 노동의 대체였지만, 동시에 일상생활의 변화였다.

정보통신기술혁명에 기반을 둔 기술혁신은 규격화된 육체노동뿐만 아니라 지식노동을 대체할 가능성을 지닌 알고리즘algorism의 진화로 나아갔다.[86] 이 때문에 1990년대 초반부터 이른바 '노동의 종말' 담론이 등장하기 시작했다. 그러나 "자본주의 발전 경로가 단 한 가지뿐이라는 주장을 통해 기술결정론을 불러내는 것"(카펜치스, 2014: 208)이라고 이 담론을 비판한 조지 카펜치스의 언급은 분명 중요한 지침을 제공한다. "생산에서 기술의 선택은 공학적이면서도 정치경제적인 결정(우딩·레벤스타인, 2008: 32)"이기 때문이다. 그러나 기술에 의한 노동 대체의 조건이 형성되었고 이것이 노동에 미친 영향은 중요하다. 그 중심에 이른바 업무의 단순화가 존재한다. 기업들은 정보통신기술과 업무의 결합뿐만 아니라 용이한 아웃소싱outsourcing을 위해 업무를 단순하고 명확하게 정립하는 노력을 기울여왔다. 클라우스 슈밥은 "명확하게 정의된 업무 때문에 모니터링이 쉬워졌고 업무에 대한 데이터의 수준이 높아져 업무 수행을 위한 자동화 알고리즘 설계가 더욱 용이해졌다"(슈밥, 2016: 71)고 말했다. 단순화된 업무는 알고리즘으로의

향신문, 2018. 10. 20. URL: http://news.khan.co.kr/kh_news/khan_art_view.html?art_id=201810200600075&sat_menu=A070 검색일: 2018년 10월 22일

85 경향비즈 특별취재팀, "첨단기술·공장자동화...생산주역이 잉여인간으로", 경향비즈, 2010. 8. 25. URL: http://biz.khan.co.kr/khan_art_view.html?artid=201008252213015&code=920100 검색일 : 2018년 2월 28일

86 강정수, "알고리즘 사회1: 알고리즘, 노동사회의 질서를 바꾸다", 슬로우뉴스, 2014.

대체 가능성만이 아니라 누구나 그 업무를 할 가능성도 강화했다.

이 때문에 노동은 상시로 대체할 수 있게 된다. 즉 노동의 탈숙련화 현상이 강화되는데 이는 인간에 의한 인간의 노동대체 현상이 언제나 가능하다는 것이다. 자본은 내부 노동시장은 축소하고 외부 노동시장은 확장해 이를 활용하고자 한다. 곧 하청화, 외주화로 비용을 외부화하는 동시에 필요한 기능과 역할을 하청계열화하는 방식이다. 하청계열화가 형성되면 직접고용에서 간접고용으로, 정규노동에서 비정규노동으로 고용의 중심유형이 전환된다. 이에 따라 내부 노동시장에는 강도 높은 노동이 부과되고, 외부 노동시장은 노동 강도와 더불어 불안정성이 증폭된다. 더욱 중요한 점은 노동조합이 이 문제에 무력하다는 점이다. 하청 관계에서 확인되는 것처럼 "하청 관계 속에서 하청 노동자와 원청사업주prime contractor 사이에는 근로계약이 성립하지 않는다. 따라서 실제 사용사업주와 노동자들 사이에 노동조건, 노동시간, 작업환경, 안전에 대한 교섭을 할 수 없게 되는 상황이 발생한다(떼보모니, 2002: 72)." 임시직, 파트타임, 하청 관계에 속한 노동자 대부분은 노동조합 외부에 위치하게 된다. 이런 문제는 특히 '사내하청'에서 더욱 심각하다. "사내하청 노동은 원-하청 기업 간의 하도급 거래 관계의 외양을 띠고서 원청 사업장 내에서 원청 사업 일부분의 완성을 목적으로 일하는 하청노동자"(손정순, 2005: 331)를 말한다. 사내하청 노동은 하도급 거래 관계라는 시장 메커니즘만을 통해서만 규율되며 노동3권은 완전히 부정된다.

또한 단순하고 명확하게 규정된 업무와 그에 대한 모니터링이 디지털기술과 만나면서 매우 높은 노동 강도를 요구하는 노동 통제가 가능해졌다. 요아힘 바우어는 『왜 우리는 행복을 일에서 찾고, 일을 하며 병들어갈까』에서 분 단위로 일이 규정돼 있는 간호사의 사례를 언급했다. 누군가는 이를 "21세기의 테일러주의"라고 이름 붙였다.[87] 외국만의 사례는 아니다. 한국 콜센터 노동 현장에서는 물샐 틈 없는 전자감시가 이루어진다. 콜센터는 상담원의 노동 상태를 실시간으로 알 수 있다. 매니저와 팀장, 선임상담원의 모니터에 모든 상담원의 현재 상태가 나타난다. 상담원이 전화를 받고 있는지, 자리를 떠났는지, 전화를 끊고 사후처리를 하고 있는지 등 모든 것을 알고 이를 통제하는 것이다.[88] 노동의 과학적 관리라는 이름으로 20세기에 등장한 테일러주의가 정보통신기술과 만나 더욱 고도화되고 직접적인 노동통제의 양식으로 부활한 것이다. 데이비드 프레인의 지적처럼, "테일러주의는 전산화 시대에도 살아남아 노동자에게 여전히 시간에 따라 움직이고, 세밀하게 관리당하고, 이익 추구를 위한 생산 체계 속에서 사소하고 반복적인 작업을 수행하라고 강요한다."(프레인, 2017: 84) 그리고 20세기의 테일러주의가 제조업에 기반을 두었다면, 21세기 테일러주의는 제조업을 넘어 전 산업 특히 서비스산업으로 확장되는 경향이 강했다.

서비스화

자본주의 산업화의 핵심 모델인 공장 제조업의 자본수익률이 하락

---

87 강정수, "알고리즘 사회1: 알고리즘, 노동사회의 질서를 바꾸다", 슬로우뉴스, 2014.

88 신민정, "콜센터는 80cm 닭장, 화장실 오갈 때도 출발, 착석 보고", 한겨레, 2018. 5. 30. URL: http://www.hani.co.kr/arti/society/society_general/846847.html 검색일: 2018년 10월 17일

하면서 자본의 탈제조업 경향이 강화되었다. 다양하게 분출한 탈제조업화에서 금융화가 그 한 축이라면 서비스화는 다른 한 축이다. 서비스화는 두 방향으로 전개되는데 이는 제조업의 서비스화와 서비스산업의 독립적인 산업 부문으로의 성장이다. 제조업의 서비스화란 전통적인 제조업과 서비스업이 결합해 대중의 다양한 수요를 충족시키는 제품 개발 과정을 말한다. 1990년대 중반부터 제품과 서비스를 통합한 유럽 기반의 PSSProduct Service System 개념으로부터 제조업의 서비스화가 확산했고(김성덕, 2010) 이는 2010년대를 전후해 제조업 혁신전략으로 부상했다.

그 이유는 제조업 자체가 성장의 한계에 직면했기 때문이다. 이는 다양한 지표로 나타나지만, 그중 제조업의 고용 비율 하락은 눈에 띈다. 1991년에서 2010년 사이 한국 제조업 종사자의 절대 규모가 22% 감소했다. "과거 농업이 그랬듯이 제조업의 생산성 증대가 역설적으로 제조업의 일자리 창출 역량 약화로 나타난 것이다."(최배근, 2013: 5) 원인은 분명했다. 핵심 제품의 공급 과잉으로 시장은 포화상태에 이르렀고, 그 결과 경쟁이 격화해 제조업 수익성은 악화되었다. 제조업 기업들이 효율성 높은 제품의 생산 활동만으로는 시장에서 차별성을 얻기 어렵게 되었기 때문에 제품 그 자체보다 서비스를 통해 이윤을 창출하는 경향이 보편화하고 있다(조호정, 2017: 283; 김영신, 2016). 과부하 걸린 시장에서 경쟁우위를 확보하기 위해 제품에 서비스를 부과함으로써 또 다른 가치를 창출하는 방향으로 움직이는 것이다. 그 핵심은 소비자의 제품 경험을 반영하는 것이다. 이를 위해 공정의 자동화 같은 과거 수준을 뛰어넘어 제품 설계부터 완제품 생산과 이후 제품 기능에 관련된 서비스 차원 모두를 하나의 통합 환경으로 다룰 수 있어야 하는데, 여기엔 다시 기술 문제가 중요하다. 이와 같은 제조업 서비스화 과정은 디지털화 과정과 연결되어 진행된다. 『노동의 미래』에서 분석한 것처럼 "서비스 활동은 이제 모든 경제적인 생산 분야를 지배하고 있다"(기아리니·리트케, 1999: 47)고 보아야 한다.

제조업의 서비스화에서 "상품과 서비스의 소비 영역은 이제 더 이상 생산과 완전히 격리된 활동이 아니"(기아리니·리트케, 1999: 47)라는 점이 중요하다. 이에 따라 소비와 노동의 경계에 식별 불가능한 영역이 증가한다. 소비가 생산노동의 일부를 수행하고 있기 때문이다. 반대로 생산자들이 소비자들에게 노동의 한 부분을 전가한다. 미국 GE의 제프리 이멜트 회장은 혁신적으로 고객의 생산성을 높이는 것이 생존의 길이라고 말했다(정대영·하회탁, 2017: 95). 소비자와 생산성을 연결하는 이런 접근은 소비자의 데이터 생산노동에 기반을 두면서 전체 제품 생산 과정에서 소비자의 노동이 얼마나 중요한 위치를 차지하는지 보여준다. 제품과 서비스의 구분을 모호하게 만드는 핵심 요소는 바로 데이터이다(조호정, 2017: 299). 플랫폼 비즈니스와 제조 산업과의 연결은 이런 경향의 중심에 위치한다. 제품 중심에서 서비스 중심으로 비즈니스 전환이 빠르게 일어나면서 플랫폼 비즈니스의 중요성이 부각되었고 동시에 플랫폼을 통해 소비자가 직접 생산하는 데이터를 수집 분석하는 경향이 증대했기 때문이다.

이와 함께 서비스 부문이 등장해 강화되고 있다. 단지 독립적인 산업 부문으로 등장한 것이 아니라 전체 자본주의 시장경제를 지배하는 산업이 되고 있다. 국내 서비스산업은 1980년대부터 이미 GDP 성장률보다 높은 성장세를 보였다. 국민경제성장 기여율도 제조업보다 높았다. 무엇보다 1990년대 제조업은 취업 증가율이 감소세로 전환되었으나, 서비스 산업에 종사하는 이들은 1999년에서 2001년까지 전체 취업자의 약 61.8%에 달했다(유병규·전희식, 2002). 이 영역이 강화되면서 표준 임금노동과 화폐로 환산되지 않던 활동의 경계가 겹치고 식별 불가능한 영역도 증가한다. 동일한 활동이 때로는 임금노동으로, 때로는 자발적인 활동으로 범주화되기 때문이다. 이는 인간의 삶 전체 영역을 구성하는 다양한 활동이 서비스산업과 결합하는 영역들로 전환되면서 발생한 문제다. 그리고 바로 이 부분이 고용 낙관론의 근거가 된다. 물질적 필요를 넘어 인간적 필요의 충족을 위한 또 다른 시장이 창출되고 있는데, 많은 이가 이를 근거로 우리에게 아직 고용 창출 능력이 있는 것으로 본다. 그러나 현실은 암울하다. 서비스산업의 확장 과정이 의료와 금융, 교육 등 일부 엘리트 직업군을 제외하고는 다수 인민의 저임금 장시간 노동 구조로 귀결되기 때문이다. 서비스 부문에 고용된 노동자들은 안정적이고 지속적으로 안전을 보장받는 일자리에서 노동하지 못한다. 대부분 임시직이다. 이 때문에 노동자는 다양한 위험에 직면한다. 건강 문제는 대표적인 위험 중 하나다.

이는 한국 경제정책 결정자들이 자주 언급하는 '서비스산업'이라는 말이 사실은 "서비스산업 전체를 지칭하기보다는 지식기반 전문 직종으로서의 금융, 컨설팅, 의료, 법률, 기술정보 등 말하자면 서비스산업의 최상층 부문을 의미"(최장집, 2006: 169)한다는 점에서 분명하게 드러난다. 이런 지식기반 전문 직종이 전체 서비스산업을 대표할 수 없을뿐더러 일자리 규모도 매우 제한적이다. 이에 대한 한국 경제정책 결정자들의 기대가 정책커뮤니티의 차원을 넘어 전 국가적 갈등으로 발전하며 나타난 것이 한미FTA 문제였다. FTA 추진의 필요성과 그 긴급함을 설득하기 위해 당시 노무현 대통령은 다음과 같이 말했다. "경쟁력 향상을 위해 국내 서비스산업에 주는 쇼크요법이다."(최장집, 2006: 171)

...

① 지구화 ② 금융화와 융합한 신자유주의 ③ 자동화 ④ 서비스화라는 네 경향은 모두 한국 자본주의의 발전양식이 1990년대를 거치며 산업주의에서 정보주의로 이행하고 있었다는 점을 보여준다. 다른 이들은 '탈산업화'라는 개념으로 이 발전양식의 전환 과정을 기술할지도 모른다. 그러나 탈산업화와 발전양식으로서의 정보주의가 차이를 지님에도(벨, 2006: 23)[89] 두 개념은 모두 정보통신기술 발전으로 한국 자본주의가 산업자본주의와는 성격이 다른 자본주의 혹은 '정보자본주의' 단계로 진입했음을 의미한다.[90] 주목할 것은 한국 상황

---

[89] 다니엘 벨은 『탈산업사회의 도래』 1999년판 머리말에서 마누엘 카스텔이 제안한 "분석상의 강조점을 탈산업주의에서 정보주의로 전환할 것"에 대해 논평한다. 다니엘 벨은 카스텔과 자신의 차이를 다음과 같이 설명한다. "내가 보기에, 카스텔과 나의 차이점은 그가 지식과 정보를 단일 용어 내지 과정으로 합쳐 버리고 발명, 혁신 그리고 확산을 구분하지 못하고 있는 데서 비롯된다. 나는 '지식혁명' 또는 '지식폭발'이 있었다고 생각하지 않는다."(벨, 2006: 23)

[90] 일군의 학자들은 인지자본주의cognitive capitalism 개념을 제안한다. 나는 이 개념이 통찰을 주는 측면도 있지만, 반대로 현대 자본주의의 대안을 구성하는 데 일정한 문제도 일으킨다고 본다. 특히 변형된 형태로 지속하는 노동계급의 혁명성 테제가 그렇다. 인지자본주의에 대한 비판으로는 조지 카펜치스(2018)를 참조하자. 카펜치스는 이 글의 앞부분에서 인지자본주의와 그 유사 개념들로 "정보자본주의"도 언급한다. 그의 시각에서 이 개념도 같은 문제를 겪는다. 그 핵심 중 하나는 현대 노동의 복잡한 구성 양식을 일반화하여 정보나 인지 영역 이외의 노동에 합당한 관심을 주지 않는다는 것이다. 그러나 내 생각은 다르다. 발전양식의 교체는 이질적인 노동양식들과의 조우 과정에서 이전과 다른 문제들을 발생시킨다. 나는 노동체계의 복잡성을 파악하기 위해서라도 산업주의에서 정보주의로의 이행을 인정해야 한다는 관점에 선다. 그러나 이 이행은 헤게모니적 구성으로 다른 모든 노동양식을 배제하는 것이 아니라 그 안에 이질적

에서 정보자본주의로의 진입과 재편이 전 지구적 신자유주의화와 동시에 진행되어 긴밀한 관계를 형성하고 있다는 점(백욱인, 2013: 23)이다. 이는 중대한 함의가 있다. 정보주의 발전양식이 신자유주의와 결합해 노동의 변화를 촉발하기 때문이다.

정보자본주의의 중심에는 디지털 기술이 존재했다. 디지털 기술은 ① 사물의 디지털 정보화 ② 디지털 장비의 지속적인 향상과 소형화 ③ 프로그래밍의 지속적인 향상이라는 특징을 지니고 있었다 (순다라라잔, 2018: 111~113). 또한 이 기술은 매우 압축적으로 발전했다. 1980년대 말부터 1990년대 초에 업무용 개인 컴퓨터가 보급되었고 1990년대 중후반에는 디지털네트워크가 등장했다. 2000년대 중반에는 웹 2.0의 확산으로 플랫폼platform 기반 네트워크 활동이 폭발적으로 성장하고 이는 2010년을 거치며 스마트폰으로 대표되는 모바일 장치의 급속한 확산 및 SNS 보급으로 이어졌다. 이런 변화는 단지 정보를 다루는 산업이나 그와 연관된 물적 장치를 다루는 산업 분야의 비율 증가만이 아니라 거의 모든 노동이 이루어지는 조건과 그 양식을 변화시키는 동력이 되었다.

네트워크의 등장 이후 디지털화한 정보의 처리와 생산의 중요성은 더욱 부각되었고 그 처리와 생산 과정에 투입된 노동은 과거의 산업노동과 달리 특정한 노동 장소와 노동시간에 구애받지 않았다. 이제 모든 장소가 노동의 장소로 전환될 수 있고 노동시간과 자유시간의 경계는 분명하지 않다. 이는 무엇보다 자본 간 시간 경쟁이 강화되

인 노동양식과 그밖에 또 다른 노동양식을 구성해내는 이행이다. 내가 사용하고 있는 마누엘 카스텔의 '발전양식' 개념에 비판이 존재할 수 있다. 조지 카펜치스와 유사한 입장에서 이 개념을 비판하는 이로는 김경필(2012)을 읽었다.

면서 나타난 문제였다. 정보주의는 경쟁 속도를 가속화했고 그 속도에 맞추기 위해 노동 또한 가속화되어야 했기 때문이다. 또 직접적인 육체노동의 필요성은 매우 제한적이다. 이런 정보주의가 지구화와 결합하면서 정보처리와 생산노동에 투입할 수 있는 전 지구적 노동시장이 창출되었다. 이에 따라 안정적으로 방어되던 상층 중간계급 영역 내부에도 경쟁이 격화되었고 중하층 중간계급과 단순 정보처리 노동의 영역은 경쟁 격화뿐만 아니라 불안정 노동 확산 대상이 된다. 경영 비용을 절감하고 다양한 전문기술을 기업경영과 결합하기 위해서는 표준 고용 관계가 아닌 비정규 고용의 형태로 정보처리와 생산노동을 통합하는 것이 더 유리하기 때문이다(콜린스, 2014: 89).

물론 이는 단지 발전양식의 교체 과정에 내재한 하나의 경향일 뿐이다. 이 경향은 모든 국가에서 동일하게 나타나는 것이 아니라 각 국가의 매개 과정에 따라 다양한 형태와 강도로 나타난다. 신자유주의가 모든 국가에서 같은 형태로 전개되지 않는 것처럼(이종보·조희연, 2003: 211) 자본주의의 변화를 만들어낸 경향들 또한 다르다. 이런 관점에서 볼 때 한국의 조건에서는 1980년대 이후 한국 조직 노동운동이 지속해서 강화되었다는 점과 1997년 경제위기가 중요하다. 이 두 과정을 매개로 한국에 현재와 같은 노동시장 구조의 원형이 만들어졌다고 볼 수 있기 때문이다. 조직 노동운동은 임금 인상을 통해 자본의 양보를 받아냈다. 그러나 자본은 불안정 비정규 노동의 창출로 비용 상쇄를 시도했을 뿐만 아니라 자본주의 재구조화를 통해 노동운동에 대응하는 전략을 추진했다.

이미 1980년대 후반부터 전통적 고용 형태와 다른 다양한 고용 형태가 확산되고 노동시장의 유연성이 증가하고 있다는 연구가 존재하지만(전명숙, 2000: 201), 이런 불안정 비정규 노동이 법과 제도로 정당화된 것은 1997~98년 경제위기 이후였다. 이런 특성은 김대중 정부 하에서 진행된 노동법 개정 내용에서 분명히 드러난다. 노동조합의 자유로운 활동 보장과 고용 관계의 유연화가 교환되는 방식으로 노동법 개정이 이루어진 것이다. 이는 물론 민주화 이후 최초의 문민정부인 김영삼 정부 시절부터 일관되게 추진된 국가 전략 중 하나였다. 김영삼 정부는 노동기본권 보장과 노동시장의 유연화를 교환하는 전략을 노사관계개혁의 핵심 전략으로 삼았다(이종보·조희연, 2003: 200). 하지만 김영삼 정부의 노사관계 개혁은 조직 노동운동과 노동자들의 총파업을 통해 일정한 한계 내로 제한되었다. 이런 제한이 1997년 경제위기를 매개로 약화했고 국가는 이에 따라 조직 노동운동에는 임금 인상과 노동기본권을 보장하는 한편 불안정 비정규 노동을 합법화하는 노동과 자본간 타협을 주도한다. 그 결과 자본은 내부 노동시장과 외부 노동시장으로 노동을 나누면서 포함과 배제의 경계를 재구성했다. 이에 따라 노동 내부에 "선명하고 다층적인 분할"(조정환, 2011: 318)이 생겼다. 고용의 재구조화와 피고용자의 대대적인 정리해고 과정을 거치며 "비정규직이 전체 노동인구의 절반을 한층 상회하는 역전된 노동구조가 형성된다."(조정환, 2011: 321)

이미 존재하던 대기업과 중소기업 분할에 따른 노동조건 격차는 노동시장 분화로 중소기업 노동자들에게 더욱 극심하게 나타났다. 특히 다수 중소기업이 포괄된 하도급구조는 불안정한 비정규 노동을 전체 사회로 확산했다. 하도급구조는 중화학공업이나 건설업뿐만 아니라 IT산업, 공공기관의 각종 서비스, 도소매음식점의 위탁운영 등에서도 확인된다(조성재, 2005: 75). 전통적인 하도급 관계가 대기업–

중소기업 간에 일정한 분배 효과를 발휘했다는 점을 기억할 때 현대의 하도급 관계는 그 효과가 약화된 것으로 보인다(조성재, 2005:77). 특히 납품단가 인하는 잘 알려진 예다. 노동에 직접 영향을 미친 것은 대기업이 외부에 존재하는 광범한 저임금 노동자층을 활용하기 위해 외주 확대와 사내 하청의 방법을 동원한다는 점이다.[91] 하도급 거래의 중층화로 대기업은 중기업과, 중기업은 소기업과, 소기업은 영세기업과 관계를 맺는데 아래로 내려갈수록 수익 배분이 줄기 때문에 이를 보상하기 위해 비정규 노동을 양산하는 특징이 있다(조성재, 2005: 86).

중소기업 안에는 외국인 노동으로 대표되는 다인종 노동시장과 이로 인한 분화도 존재한다. 영세한 중소기업이 몰려 있는 공단의 경우 임금 인상과 높은 금융 비용, 지가 상승, 경제위기, 가격 경쟁력 상실 등에 직면했다. 이 때문에 영세한 중소기업은 인력 부족 해결을 위해, 그리고 단순 인력 충원을 넘어 생산 비용을 적극적으로 절감하기 위해 이주노동자를 수용했다. "업체들은 등록 이주 노동자는 물론이고 미등록 이주 노동자까지 대거 수용하면서 인력 부족과 경제 위기의 이중고를 타개하려 했다(김영선, 2013: 141)." 이로 인해 1990년대를 거치며 이주노동자가 한국의 영세한 중소기업 작업장을 채우기 시작했다. "1990년을 전후로 우리 사회에는 중국과 동남아 등지로부터 이주노동자들이 많이 들어왔다. 1990년대 초엔 10만을 밑돌았으나

---

91 귄터 발라프Güter Wallraff는 현대 독일 거대기업의 노동조건을 고발한 책에서 거대기업에 3계급 체계가 생겨났다고 말했다. ① 1계급은 정직원 ② 정직원은 "점차 더 싸고 다루기 쉽고 더 빨리 채용하고 해고할 수 있는 파견직원"(제2계급)으로 대체되며 ③ 도급계약 직원은 최하위계급인 제3계급을 이룬다는 것이다(발라프, 2018: 12). 하위 계급으로 내려갈수록 노동은 인간의 존엄을 해체하는 폭력의 구조를 띤다.

1995년 무렵에는 약 15만, 1997년엔 약 20만, 그리고 2000년 현재 약 25만 명 정도다(강수돌, 2002: 165)."

기억할 점은 2000년을 지나며 이주여성 노동이 증가한다는 점이다. 한국 여성의 노동참여 증가와 인구학적 변화로 인한 돌봄 공백 현상이 주요한 문제로 나타나면서 이 공백을 메울 자원으로 이주여성 노동이 선택된 것이다(이현옥, 2016: 262). 비록 2008년 이후 이주여성 노동이 감소 추세라 할지라도 영세한 중소기업뿐만 아니라 재생산 노동 영역 모두에서 다인종 노동시장이 본격화된 것은 중요하다. 이것이 한국 노동사회가 재생산되는 숨겨진 방식을 보여주기 때문이다. 이주여성 노동은 주로 돌봄이나 가사와 같은 재생산노동 부문에서 이루어졌다. 결혼 이주여성들도 재생산노동 안으로 포섭된다는 점에서, 결혼 이주와 노동 이주가 여성의 입장에서 분리될 수 없음을 지적한 연구들도 있다. 그러나 단지 돌봄이나 가사, 양육 등의 일만이 아니라 성·유흥산업으로 유입된 이주여성들은 한국 남성들과 이주 남성 노동자들을 대상으로 활동했다. 1990년대 중후반부터 본격화된 성·유흥산업 여성 이주노동자의 성매매(혹은 성노동)는 한국 노동사회의 실질적 재생산 기제의 한 축이었다.[92] 그런데 남성이든 여성이든 이주노동자는 미등록 불법 노동자 신분인 경우가 많았다. 허가를 받더라도 이주 과정에서 다양한 억압과 착취, 불평등의 조건에 직면했다. 이는 결국 이주노동자들이 노동에 대한 권리의 외부에 위치한다

---

92 이 부분은 김희강과 송형주(2017)의 연구를 참고했다. 이들은 국제적 재생산노동 분업의 맥락에서 성·유흥 산업으로 유입되는 여성이주 문제를 고찰했다. 이 문제는 돌봄을 비롯한 재생산의 위기가 전 지구적인 여성의 공동의 문제인 동시에 하나의 사슬로 연결된 문제임을 보여준다.

는 것을 의미한다. 이주노동자는 한국 노동시장의 가장 주변부에 위치하면서 가장 열악하고 위험한 노동조건에 노출되었다. 노동 상황은 인종차별과 결합해 더욱 악화했다.[93]

기본적으로 인종차별에 기반을 둔 한국 노동시장의 [중심-주변] 이중구조 경향은 '24시간 사회'로의 재편 과정과 융합되었다. 1990년대부터 한국은 '24시간 사회'로 급속하게 재편되었다. 24시간 사회란 밤과 낮의 경계가 해체되고 밤 또한 노동과 소비의 시간에 통합된 사회를 말한다. 일상생활의 관점에서 볼 때 24시간 사회로의 진입은 인간의 육체적 한계로 제한되었던 시간을 하루 전체로 확장하는 효과가 있었다. 이 때문에 24시간 사회로의 진입은 노동 이후의 '자유시간'을 늘렸다. 그러나 이 확장된 자유시간 곧 "밤 시간이 이윤 창출을 위한 자원의 대상으로 전환"(김영선, 2013: 117)되었다. 즉 노동 이후의 '자유시간'이 소비시간 확장으로 귀결된 것이다. 이를 대표하는 사건은 1989년 5월 처음 들어선 '편의점'이었다. 편의점의 문은 언제나 열려 있었고 24시간 내내 편의점을 이용할 수 있었다. 그러나 누군가는 그 시간 노동을 하고 있어야만 했다. 전통적인 8시간 노동제는 유지되었지만, 이제 하루 24시간 전체가 노동시간 대상이 되었다. 편의점은 1999년 100개를 넘었고 2007년에 1만 개를 넘었다. 2011년에는 2만 개를 넘었다(김영선, 2013: 112). 이렇게 24시간 사회로 전환하면서 그 공간은 다양한 서비스노동으로 채워졌다. 산업사회에도 24시간 노동은 존재했다. 3교대나 4교대를 통해 하루 전체를 생산시간으

---

93 이주노동자의 양산에 기여한 연수생제도(연수취업제) 그리고 고용허가제 내지 노동허가제 제도에 대해서는 다음을 참조했다. 석원정(2003).

로 전환한 제조산업은 낯설지 않다. 그러나 24시간 전체를 활용하는 노동의 방식은 서비스의 산업화 경향과 맞물리면서 1990년대를 거쳐 전체 사회로 확장되었다. 중요한 점은 이 매개가 우리의 '소비'를 통해 이루어졌다는 점이다. 즉 24시간 언제 어디서나 소비할 자유가 확장되면서 이에 대응하는 24시간 노동체제가 등장한 것이다. 이 노동체제에 과업의 속성상 24시간 연속해야 하는 노동이 일부 포함되었지만, 대부분은 다수의 불안정한 서비스노동이었다. 김밥집에서 일하는 아주머니, 아파트 경비원, 환자를 돌보는 간병인, 배달서비스를 하는 이들을 주변에서 쉽게 볼 수 있게 되었다. "경제 위기 이후 유연화된 노동력이 24시간 회전 가능한 생산 영역으로 대거 이동하기 시작한 것이다(김영선, 2013: 122)."

한국 노동사회의 정상 상태 노동 모델은 역전되었다. 물론 노동집단별로 차이가 크지만, 전체적인 관점에서 본다면 평생 안전 고용 전일 노동 모델로부터 단기적이고 유연한 고용 관계가 일종의 사회적 표준으로 자리 잡았다. 자본주의의 재구조화와 발전양식의 교체 그리고 한국 노동운동의 구조와 경제위기라는 문제가 중첩되면서 기존 고용 관계가 축소되기 시작했고 이 과정이 실업으로 연결되는 것을 방지하기 위해 불안정 고용 유형이 일반화되었다. 완전 실업은 아니지만, 그렇다고 과거의 완전 고용 상태도 아닌 불안정 노동 유형이 전체 사회의 중심으로 부상한 것이다. 이는 특히 경쟁력이 약한 노동시장 주변부 인민에게 더욱 가혹하게 진행되었다. 국가의 법과 제도로부터 배제되고 노동운동을 통해 보호받을 수도 없었기 때문이다. 그 결과 노동시장의 이중화가 더욱 강화되었다. 과거의 표준적인 완전 고용 모델에 기반을 둔 1차 노동시장과 유연하고 다원적인 저임금 노동시장인 2차 시장으로의 분할이다.[94] 그런데 바로 이런 2차 시장이 양적으로 점점 더 확장되고 있으며 심지어 1차 시장까지 지배하는 방향으로 나아간다.

더구나 노동의 유연화는 노동의 개인화를 촉발한다. 불안정한 고용계약의 유형이 개인마다 달라지고 각 개인은 자신의 조건에 따라 고용계약 유형을 선택할 수밖에 없기 때문이다. 같은 기업에서 동일노동에 종사하더라도 하청화와 외주화로 인해 고용의 공통성은 매우 낮아진다. 고용의 공통성이 소멸하면서 이를 기반으로 집단을 구성할 정치적 실천의 가능성 또한 제약된다. 이 때문에 각 개인은 자신이 속한 집단을 통해 노동사회의 위기에 대응하지 못하고 분산되고 파편화한 개인의 입장에서 위기를 맞을 수밖에 없다. 그래서 울리히 벡은 다음과 같이 말했다. "노동하는 사람들의 지위가 능력이나 교육수준과는 무관하게 오늘날만큼 침해받기 쉬웠던 때는 없다."(벡, 1999: 154)

이로 인해 개인은 두 유형의 '경쟁'에 노출될 수밖에 없었다. 하나는 1차 노동시장 진입을 위한 경쟁이고 다른 하나는 1차 노동시장 내부에서 나타난 경쟁이다. 표준 노동 모델 안으로 진입하지 못할 경우 불안정한 일상생활에 노출된다. 이 때문에 1차 노동시장으로 진입하기 위한 경쟁이 가속화된다. 이와 함께 1차 노동시장 내부에서도 경쟁이 가속화된다. 구조조정이 일상화하면서 각 개인에 대한 평가체계가 중요한 요소로 작동하게 되었기 때문이다. 이에 따라 전체 노동시장에 시장 원리가 강하게 관철된다. 이는 노동 공공성의 물적 조건을 와해

94　한국 노동시장이 분화 혹은 이중화되었다는 분석은 현재 다수의 학자가 동의하는 분석이다. 내가 참조한 분석으론 이상협(2014), 정이환(2012) 등이 있다.

시키는 핵심 조건이다. 노동의 공공성은 노동력은 상품이지만, 인간의 노동은 상품으로 환원할 수 없는 인간의 일부라는 전제 위에서 이를 방어하는 권리-의무 체계를 통해 구성된다. 그런데 노동시장 전체에 걸쳐 시장의 원리가 강하게 관철되면서 인간 노동력의 상품 환원이 동시에 강화되었다. 곧 노동력 상품화가 지배적인 과정이 된다.

이런 전환과 함께 고용에서 해고로의 전환이 일어난다. 노동의 공공성이 모든 이를 공장에 투입하기 위한 과정의 산물이라면, 노동의 상품화는 공장 밖으로 인민을 추방할 것을 요구한다. 노동의 유연화란 모든 이의 노동력이 언제나 해고할 수 있는 대상이 됨을 의미하는 것이었다. 이에 따라 표준 노동 모델은 더 이상 공공의 영역이 아니라 일부 집단과 개인만이 누릴 수 있는 대상으로 바뀐다. 달리 말하면 표준 노동 모델 밖에서 많은 사람이 표준적인 임금노동을 하기 위해 더욱 철저하게 시장 원리에 종속된 임금노동을 해야 한다는 것이다. 이런 조건은 자본과 노동의 전통적인 계급 분할과는 다른 분할을 강제한다. 국가의 보호를 받는 표준 노동 모델에 종속된 노동자들과 그렇지 못한 노동자들 사이의 대립이 그것이다. 그리고 이 노동과 노동의 분할은 자본과 노동의 분할보다 더욱더 직접 인민의 삶을 규정하는 요소가 된다. 2차 노동시장에 종속된 노동자들에게 노동조합은 1차 노동시장 곧 표준 노동 모델을 유지하는 특정 기업에 고용된 이들의 특권 방어 집단으로 인식된다. 한국 노동사회의 구조 변동이 노동조합의 사회적 인정 구조에도 영향을 미치는 것이다.

노동시장의 이런 분할은 1차 노동시장으로의 진입을 위한 경쟁과 2차 노동시장으로 배제되지 않기 위한 치열한 경쟁을 불렀고 이에 따라 모든 노동 주체가 같은 경향에 종속된다. 바로 혁신에 대한 압력과 그로부터 발생하는 노동의 '자기착취' 강화다. 일반화된 경쟁 조건에서 개인은 '혁신' 압력을 받는다. '혁신'은 원래 자본주의 자체에 내재한 자본 운동의 고유 동력이다. 그 중심에 경영혁신이 있다. "경영혁신은 시장의 지속적인 변화에 대한 대응 과정으로, 시장은 시장 점유율을 더 키우기 위해 기업에 끊임없이 새로운 제품을 만들거나 적응할 것을 요구한다(섀프, 2015: 33)." 그런데 경쟁이 단지 자본뿐만 아니라 노동 주체의 운동까지 포섭하는 단계로 나아가면서 노동 주체에게도 '혁신'은 하나의 물신이 되었다. 『혁신의 유혹Making innovation work』은 기업혁신이 작동하기 위해 필요한 7개의 혁신 법칙을 제시한다. 그 안에는 "혁신을 일상적인 업무로 만들라"라는 법칙이 있다. "조직 구성원들이 혁신을 특별한 것으로 인식하고 있어서는 곤란하다. 혁신을 일상적인 업무로 인식하고 그에 대해 항상 접근할 수 있어야 한다"고 권고한다(엡스타인·다빌라·셸턴, 2007: 32). 혁신이 일상적 업무가 되면 일상적 업무의 척도 자체가 혁신된다는 이야기다. 이런 요구가 구글과 같은 첨단기업에만 요구되는 것은 아니다. "창고에서, 병원에서, 평범한 사무실에서, 그리고 실업자들마저 그런 요구를"(세데르스트룀·스파이서, 2016: 42) 받고 있기 때문이다.

비록 전체 임금노동 부문에서 의미 있는 것은 아니었다 해도 과거 표준 노동 모델은 연공서열을 존중했다. 곧 "대중이 제도를 위해 봉사하고 그 속에서 시간을 보내기만 한다면 개인의 역량 여부를 따지지 않았다(세넷, 2009: 135)." 그러나 지금은 역량 없는 개인 곧 무능한 개인을 혐오하며 기업 조직 내에서 무능을 제거하고자 한다. 무능의 제거라는 압력을 단지 고용체계 내부의 동료 시민에게만 적용되는 압력으로 이해해서는 안 된다. 이것이 유능과 무능을 구별하는 능력주의 기반 선발 방식과 업적 평가제도로 연결되기 때문이다. 이는 곧 노동 내부로의 진입 기준과 진입 이후 고용의 유지와 존속을 위해 각 개인에 요구되는 척도다. 집중해서 살펴볼 지점은 이 능력이 현재의 구체적인 문제를 풀어가는 능력은 아니라는 점이다. 그보다는 내외부의 변화된 상황에서 발생할 수 있는 모든 문제, 다원적 주제의 다양한 과제를 자유롭게 풀어낼 수 있는 능력이다. 즉 기업은 지금 발생하고 있는 문제를 넘어 잠재적인 문제 일반을 다룰 능력을 요구한다. 리처드 세넷은 이를 각 개인의 '잠재력'에 대한 평가라고 말했다(세넷, 2009: 137).

　그래서 『건강신드롬』을 쓴 칼 세데르스트룀과 앙드레 스파이서가 이렇게 말했는지도 모른다. "중요한 것은 내가 무엇을 성취했느냐가 아니라 내가 무엇이 될 수 있느냐다. 인정받아야 하는 것은 내 잠재적 자아이지 내 실제 자아가 아니다."(세데르스트룀·스파이서, 2016: 42) 노동사회는 노동과 자아의 분리 위에 구축되었다. 그런데 노동사회의 해체 과정은 바로 그 반대, 노동과 자아를 다시 결합하고자 한다. 그런데 이때의 자아란 생산의 명령에 종속된 자아이다. 노동업적에 대한 평가와 달리 잠재력에 대한 평가는 "오로지 그 개인의 문제일 뿐"이다(세넷, 2009: 147). 이 때문에 각 개인은 자신의 잠재력을 계발하기 위한 자기계발의 주체가 되어야 한다. 자기계발의 핵심은 긍정성이다. "아직 발굴하지 못한 자신의 잠재력을 발휘하려면 인간은 기나긴 내면으로의 여정을 떠나야 한다. 내밀한 감정에서부터 일상적 습관까지, 생각할 수 있는 모든 것을 성찰하여 교정하고 최적화해야 한다. 그러려면 확고한 지향성과 끈질기게 긍정적인 태도가 요구된다."(세데르스트룀·스파이서, 2016: 157) 긍정적인 태도가 곧 잠재력이다.

그래서 만일 잠재력 개발에 실패한다면 이는 개인의 책임이 된다. 또한 잠재력이 경쟁 대상이기 때문에 경쟁에서 패배할 경우 각 개인으로서의 '나'에 대한 아주 근본적이고 심층적인 의미에서 '퇴출' 선언이 된다(세넷, 2009: 147). 이 변화는 1990년대 김영삼 정부 시절 등장한 신경영전략에서 전면화해 이후 지속해서 강화되었다. 신경영전략의 핵심은 무한경쟁에서 생존에 필요한 기업경쟁력을 강화하기 위해 효율성을 제고하는 것이었고 그 방법의 하나가 능력에 따른 분배체계 확립이었다. 이는 임금제도의 교체 과정을 동반했는데 연공서열에서 성과급제로의 전환도 그중 하나였다. 노동 내 경쟁을 강화해 구체적인 노동 통제 없이도 개인의 잠재력을 최대한 도출할 방법을 기업 조직에 구현하려 한 것이다. 이 원리가 인원 선발 방식에도 적용되었음은 두말할 필요 없다. 이런 능력주의의 도입과 확산은 비능력적 요인에 의해 구조화된 전체 사회의 질서에서 합리성과 공정성의 확산으로 정당화된다. "능력만 있으면 동등한 기회 혹은 적어도 공정한 성공 기회를 얻을 수 있다고 믿기 때문이다."(맥나미·주니어, 2015: 21) 그러나 능력주의의 확산은 능력과 결합할 수밖에 없는 불평등한 비능력적 요인의 분배체계에 의해 불균등한 능력주의로 왜곡될 수밖에 없다. 능력의 계발 과정이 개인의 능력보다 부모의 상속에 의해 결정되기 때문이다. 하지만 능력주의는 '상속주의' 요소에 대한 언급을 무능력의 정당화 과정으로 혐오한다. 이 때문에 상속이 불균등함에도 개인은 이 불균등한 상속구조를 해체할 능력의 계발을 요구받는다. 모든 책임은 이제 개인 각자에 존재한다.

따라서 이제 혁신은 단지 기술혁신이 아니라 노동시장에 종속된 모든 이에게 하나의 명령이 된다. 노동 주체가 끊임없이 자신을 혁신하지 않는다면 경쟁에서 승리할 수 없고, 그 결과 고용되지 않을 것이기 때문이다. 고용되더라도 무능력자로 낙인찍혀 기업 조직 내에서 의미 없는 존재로 규정될 것이다. 이런 자기계발에 대한 명령은 '자격 조건의 인플레' 현상을 촉발한다. 잠재성을 판단하려는 능력주의의 확인은 매우 힘들기 때문에 외적 표시인 자격 조건 증명서 취득 열정이 발생한다. 그러나 "특정한 교육 증명서나 학위는 그 취득자가 점점 더 늘어남에 따라 가치가 하락"(콜린스, 2014: 105)하기 때문에 '자격 조건의 인플레'가 발생한다. 그런데 흥미로운 점은 이런 자격 조건의 인플레 현상이 한국에선 단지 1990년대 중후반 이후 경쟁 가속화의 결과만은 아니라는 점이다. '학력 인플레' 문제는 이미 1970년대 중반 사회문제로 등장하고, 이는 지속적으로 한국 노동사회를 관통한 문제였다. 이 점에서 1990년대 중후반 이후의 경쟁 가속화는 이미 한국 노동사회 안에 내재해 있던 무능에 대한 혐오와 외적 자격 조건에 대한 열정을 동원해 이루어진 것이라고 봐야 한다.

그 결과 경쟁의 강제는 큰 도전에 직면하지 않고 노동사회 전체에 확산했고 중단 없는 자기혁신 과정이 요구되면서 타자에 의한 착취와 구별되는 자기 자신에 의한 착취 강도가 증가한다. 곧 '자기착취'의 강화다.[95] 한병철은 '자기착취'를 다음과 같이 설명했다. "착취자는 동시에 피착취자이다. 가해자와 피해자는 더 이상 분리되지 않는다"(한병철, 2012: 29). 곧 내가 나를 착취한다. 중요한 점은 "자기착취는 자유롭다는 느낌을 동반하기 때문에 타자의 착취보다 더 효율적"(한병철, 2012: 29)이라는 것이다. 바로 이 때문에 자기착취의 구조는 타자착취

---

95 홀거 하이데도 '자기착취'라는 개념을 사용했다. 그런데 그의 개념은 한병철(2012)과 다르다.

의 구조보다 더욱 파괴적이다. 그 결과는 무엇일까? 극단적 피로와
탈진 상태다. 이런 상태는 내면의 병리화를 촉발한다. 이는 현대 노동
이 노동 주체의 심리적인 변형을 만들어내고 그로 인해 병리화가 진
행되고 있음을 말해준다.

　더욱 큰 문제는 노동과 고용 분리 과정의 역전 가능성이 매우 낮다
는 점이다. 노동사회가 진화하면서 노동시장이 핵심적인 위치를 차지
했다. 그런데도 많은 노동이 노동시장 외부에서 수행되었다는 점에서
(틸리·틸리, 2006: 392) 노동과 고용의 분리는 노동사회에 언제나 존재
한 현상이었다. 하지만 현재 노동과 고용의 분리 현상은 노동시장을
전제하는 것인데다 그 강도가 더욱 세고 이전의 안정성으로 회귀할
가능성도 약화하고 있다. 곧 노동의 미래가 불투명할 뿐만 아니라 노
동의 분배도 인민과 분리될 가능성이 높다는 점이다. 따라서 이제 인
민의 다수는 노동인구에 포함되더라도 매우 불안정한 불완전노동의
형태로만 포섭될 가능성이 높다. 이를 지그문트 바우만은 "잉여"라
는 말로 표현했고 데이비드 하비는 "자본의 입장에서 한 번 쓰고 버
릴 수 있는 일회용 생산노동자" 곧 "일회용"이라고 말했다(하비, 2014:
169). 표현은 다르지만, 내용은 같다. "자본이 정의한 필요노동의 영
역에서 의미 있는 존재가 되지 못한 이들"(하비, 2014: 169)이 점점 전
체 사회의 다수로 등장한다는 것이다. 따라서 이들을 전통적인 노동
계급의 이름으로 통합하기란 매우 어렵다. 이로 인해 '하층계급'이라
고 불리는 새로운 개념이 등장했다. "하층계급이란 숙련 노동이 더
이상 필요 없고 하루 벌어 하루 먹는, 또한 이러한 상황이 세대에서
세대로 전승되는, 계속적으로 실업 상태에 있는 사람들"(리프킨, 1996:
146)을 말한다.

이들은 바로 이 때문에 의미 있는 삶을 구축할 방법 또한 상실한다. 일상생활의 중심을 이루는 노동 생활의 불안정성은 노동 자체의 불안정성뿐만 아니라 일상생활을 안정적으로 재생산하는 제도와의 결합을 불안정하게 만든다. 곧 "제도가 개인에게 보장하는 기간으로서의 구조화된 시간"(세넷, 2009: 214)이 줄어들고 불안정해진다. 기존 제도에 의존할 수 있는 능력이 줄면서 "제도에 의탁해왔던 개인들은 앞으로 자신의 삶을 어떻게 설계해야 할지 몰라 허둥지둥하고, 장기적 관점에서"(세넷, 2009: 214) 자신의 삶을 설계할 능력을 박탈당한다. 곧 제도로부터 배제되면서 삶에 필수적인 장기적이고 안정적인 내러티브 구성이 불가능한 '유동성'의 삶이 표준화되었다. 유동성이란 세넷의 표현처럼 "자신들의 인생이 방향을 잃은 채 흘러갈 것"을 말하고 이는 표류하는 삶이다. 우리는 '표류', 곧 하나의 사건에서 또 다른 사건으로 이동하지만, 이동의 '의미'를 알 수 없다. 의미를 만들지 못하는 사건들의 나열은 이제 '이야기'가 될 수 없다. 그 결과 "삶은 더욱 분주"해지고 "인생은 더 이상 단계, 완결, 문턱, 과도기 등으로 구분되지 않는다(한병철, 2013: 34)." 삶은 원자화된다. 원자화된 삶의 속도는 더욱 빨라진다. 즉 가속화된다. 지속성의 경험이 소멸하면서 사건의 수만 남았기 때문이다. 체험하는 것은 사건의 연속이며 이런 사건의 연속성은 우리의 시간 감각을 교란한다. 브리짓 슐트는 이를 시간에 대한 우리의 경험이 '수 천개의 작은 조각'으로 찢어지는 것이라고 말했다(슐트, 2015: 45). 이 교란에 의해 우리는 "삶이 가속화된다"는 느낌을 받는다(한병철, 2013: 36). 그 결과 나타나는 것은 매우 강력한 '시간압박'이다. 언제나 주어진 것보다 시간이 없다고 느끼며 무언가에 쫓기며 살아간다.

이런 삶의 가속화는 가이 스탠딩이 말하는 "노동을 위해 해야 하는 일"의 증가와 연결되어 더 강한 시간압박을 만들어낸다. "노동을 위해 해야 하는 일"이란 말 그대로 노동을 위해 각 개인이 준비하거나 그 이전에 해야만 하는 일을 말한다. 마치 영업이나 제품개발에 가깝다. "자신을 브랜딩하고 마케팅하고 판매할 새로운 방법을 찾아야 한다는 의미에서 영업이고, 자신을 더 정제하고 개선하고 변화시킬 새로운 방법을 찾아야 한다는 의미에서 제품개발이다(세데르스트룀·스파이서, 2016: 161)." 중요한 점은 "노동을 위해 해야 하는 일"은 노동시간이 아닌 여가시간에 이루어진다는 점이다. 이 때문에 여가는 점점 더 결핍된다. "노동을 위해 해야 하는 일"이 여가를 파먹는 것이다(스탠딩, 2014: 265). 이런 여가의 결핍은 주변부 노동시장에 배치된 이들에게 더욱 가혹하게 다가간다. 이들에게 "시간은 쓸 수 없는 것으로 파악된다. 아니면 모든 논객이 몰아대듯이 프레카리아트에 속한 사람은 그런 활동에 시간을 바치는 것에 대해 죄를 짓는다고 느끼며, 네트워크에 들어가거나 자신의 '인적자본'을 부단히 업그레이드하는 데 시간을 사용해야 한다고 생각한다(스탠딩, 2014: 266)." 이런 조건으로 인해 여가 혹은 '시간 쥐어짜기'가 등장한다. 여가에 대한 통제권 혹은 자유시간에 대한 통제권은 이제 노동시장으로 넘어간다. 이는 매우 중요한 문제를 제기한다. 전체 시간이 사실상 노동시간으로 통합되지만, 실제 안정적인 임금노동 안으로 통합될 가능성은 점점 줄고 있기 때문이다. 우리는 삶을 상실한다. 시간은 더 이상 모든 개인에게 할당된 유형의 자원이 아니라 노동사회의 불평등을 가장 집중적으로 보여주는 대상이 된다. 동료 시민이 일상생활에 시간을 쥐어짜야만 한다는 사실은 한국 사회의 성격과 구성이 근본적으로 변화하고

있다는 점을 보여주며 동시에 개인의 문제가 한국사회의 공적 문제로 부상해야 한다는 점을 말해준다.[96]

시간의 분배를 둘러싼 갈등은 노동사회의 가족구조가 해체되고 다원적인 가족구조가 등장하면서 심해진다. 노동사회의 가족구조는 일반적으로 홑벌이에 기초한 '남성부양자 모델'이나 남성은 전일제 노동을 하고 여성은 시간제 노동을 하는 '2인 소득자 모델'에 기반을 두었다. 그러나 이는 이제 남성과 여성 모두 전일제 노동을 지향하는 가족구조로 변형되고 있다. 이런 조건은 가족 전체의 노동시간을 과거보다 늘렸고 이에 따라 가족의 재생산에 필요한 시간은 과거보다 줄었다. 이는 두 가지를 의미한다. 하나는 가족 내 노동의 양식이 과거와 동일하게 작동할 수 없다는 것이고, 다른 하나는 이에 따라 노동과 가족 간에 시간을 둘러싼 갈등이 더욱 증폭된다는 것이다. "가사와 육아와 같은 가족노동을 공동으로 분담하고자 하는 맞벌이 부부가 늘어나는 현시점에서 가족의 안녕과 평화를 위해서는 시간을 관리하는 문제가 무엇보다 중요해"지기 때문이다(김미경, 2012: 333). 이와 같은 갈등은 노동제도와 가족제도 사이의 점증하는 불일치를 보여준다. 바꿔 말하면 노동의 구조가 인간 재생산의 일차단위인 가족의 재생산과 일치하지 않는 영역이 증가하고 있다. 이 때문에 일-가족 갈등을 줄이기 위한 다양한 담론과 정책 도입 논의가 활성화되었다.

노동과 제도의 분리를 매개하는 대표적인 요소가 '부채'다. 불안정 노동으로 인한 저임금 구조는 인민의 소비 능력을 약화하고 인민은

---

96 이런 시각과 문장은 제리 A. 제이콥스와 캐슬린 거슨(2010: 36)의 관점에서 빌려왔다.

부채를 통해 다양한 제도 내의 시간을 구매하는 데 필요한 화폐를 확보한다. '신용'은 부채 확보를 위한 핵심 수단이다. 할부 구입, 대출 및 신용 카드처럼 신용을 매개로 한 부채가 생활방식이 된다. 이는 일상생활의 재생산이 '부채'를 통해 작동하는 "일상생활의 금융화" 현상을 통해 더 분명하게 파악할 수 있다. 이는 노동소득 감소에 따른 소비 문제를 해결하기 위한 국가와 자본의 전략과도 결합해 있다. 인민의 소비능력을 늘리기 위해 신용을 확장하는 전략을 펴왔기 때문이다. "그러므로 부채는 성장의 장애 요소가 아니다. 오히려 부채는 현대 경제의 주체적, 경제적 동력이다."(라자라토, 2012: 58) 부채 확장의 또 다른 축은 복지와 금융의 결합을 통해 이루어졌다. 노동소득 감소와 불안정 노동 전면화로 등장한 빈곤에 대응하고자 국가는 금융을 통해 해당 필요를 시장 안에서 충족하는 방식을 발전시켰다. 1997~98년 경제위기 이후 이런 금융상품은 마치 하나의 복지제도처럼 활용되었다(천주희, 2016: 164).

이 과정에서 노동하는 인민이 '채무자'로 전환된다. 노동을 구하고 있는, 즉 청년들도 '채무자'가 되었다. 학자금 대출은 대표 금융상품이었다. 천주희는 자신의 세대를 "대한민국 최초의 부채 세대"이자 공부할수록 가난해지는 세대라고 표현했다(천주희, 2016). 현재 노동하고 있거나 노동을 구하고 있는 모든 이가 채무자가 되는 이러한 전환이 중요한 이유는 부채가 노동하는 인민의 '미래'를 담보로 잡기 때문이다. 라자라토는 이렇게 말한다. "미래의 대상화를 통해 미래를 사전에 소유하는 것이다. 이 대상화는 노동시간의 대상화와는 전혀 다른 성격을 갖는다."(라자라토, 2012: 77) 부채를 통해 오늘의 문제를 해결할 때 내일은 부채를 변제하는 활동에 종속될 수밖에 없다. 바꿔 말하면 내일의 노동시간은 부채 상환을 위한 시간이 되어야 한다. 그래서 노동 외부로 나아갈 수 없다. 그런데 '내일'은 오늘의 노동을 통해 연기한 만족이 실현되는 날이 아니라 나의 채무를 갚는 노동의 날이다. 이 때문에 채무자로서의 인민에게 '노동-보상'의 메커니즘은 부차화된다. '노동-채무'의 순환만이 존재한다. 만약 이들의 삶이 표류하는 삶이라면, 이 표류의 의미는 오직 '부채'를 갚는 데 있다고 말할 수밖에 없다. 앤드루 로스는 『크레디토크라시』에서 "우리의 채무 상환이 생의 마지막 날까지, 심지어 사후까지도 연장된다"고 말했다. "평생 부채 상환의 짐을 짊어지고 살아가는 것은 이제 대다수의 실존 조건이라고 할 수 있다."(로스, 2016: 20)

이런 상황은 노동에 대한 우리의 입장을 변화시킨다. 그 핵심은 노동과 윤리의 분리다. 노동은 이제 탈윤리화하여 하나의 도구가 된다. 자본주의 산업화 과정에서 형성된 노동윤리는 노동 자체를 인간의 윤리 실현 과정과 접합해냈다. 그런데도 그 내부엔 노동과 윤리를 해체하는 요소도 있었다. 타율적인 노동시간 안에서 노동은 단지 임금 획득 도구로 전환되기 때문이다. 이런 경향을 '노동도구주의'라고 부른다면 노동도구주의는 산업화의 노동윤리 안에 각인된 하나의 경향이었다. 생계유지를 위해 노동하기 때문에 노동은 언제나 수단의 속성을 띤다. 그런데 한국 노동사회에서 노동은 언제나 자본의 가학증의 대상이었고 구조화된 모멸의 차등 축적 구조 안에서 작동했다. 이런 조건에서는 김동춘의 표현처럼 "회사가 노동자를 '도구'화한다면 노동자도 회사에 대한 헌신, 승진 혹은 '일'보다는 돈을 많이 받아내려는 도구주의적 태도"(김동춘, 1995: 226)를 보이는 것이 합리적이다. 그리고 이런 노동도구주의는 더 나은 조건으로의 이직 준비나 자신이 노동을 통제할 수 있는 자영업에 대한 희망에도 표현된다. 자신이 있는 장소와 밀접하게 결합하기보다는 화폐를 중심으로 도구적 관계를 맺고 늘 그 현장과 분리될 가능성을 모색하는 것이다. 이런 노동도구주의의 특징이 빈곤 탈피와 출세, 생계의 압박을 극복하기 위한 수단 혹은 무시와 모욕에 대한 저항의 수단으로 나타난다면, 또 다른 노동도구주의도 존재했다.

그것은 바로 여가를 위한 수단이라는 의미다. 이런 노동도구주의는 분명 중산층을 지향하거나 혹은 중산층 안으로 통합되어 나가는 임금노동 부문에서 발생하는 도구주의였다. 노동 안에는 내가 없고 노동 밖에서만 내가 존재하는 형태로 노동사회가 구조화되어 있기 때문에, 노동의 또 다른 목적은 언제나 나로 존재할 수 있는 노동 밖 생활수단을 구축하는 데 있다. 이를 '여가'라고 할 때 여가는 노동의 고통을 경감시키는 심리기제가 되며 자신의 노동을 수용할 수 있는 객관적인 조건을 제공한다. 이런 점에서 여가는 저축과 같은 효과를 발휘한다. 미래의 만족을 위해 현재의 고통을 인내하기 때문이다. 그러나 이를 단지 '여가'라고 부르는 것은 협소한 인식이다. 노동 밖의 생활이란 여가를 포함하지만, 더 정확히는 노동 이후, 곧 은퇴 이후의 생활을 위한 수단이기 때문이다. 그런데 이는 노동에서 벗어난 생활이 자유의 시간이 될 것이라는 전망하에서 구축된 노동도구주의의 속성이었다. 그럼에도 이 두 가지 유형의 노동도구주의는 공통적인 역할을 수행한다. 현재의 일과 직장은 은퇴 이후의 생활을 위한 수단이거나 일상적인 자유시간의 확보일 수도 있다. 누군가에겐 자영업 진출일 수도 있고 더 나은 조건의 직장으로 가는 것일 수도 있다. 이렇게 다음 단계를 위한 과도기로 현재 일과 직장을 바라보기 때문에 노동 현장에서 발생하는 고통과 모욕, 불만을 표시하기보다는 그런 노동조건을 감내하는 선택을 한다(김동춘, 1995: 229~230).

노동사회의 해체 과정에서 노동도구주의는 이전과 다른 두 양상으로 전개되기 시작했다. 이런 변화에 계약주의의 확산이 중요한 요소였다는 점을 부정할 수 없다.[97] 계약주의는 노동을 명확한 교환계약의 대상으로 인식시킴으로써 과거에 비해 노동의 공급을 오직 계약의 산물로 접근하게 했기 때문이다. 그러나 노동도구주의의 양상 분화를 결정한 것은 노동의 안정성 여부였다. 계약주의는 오직 계약을 통해 자신의 노동을 방어할 수 있는 위치에 있는 일부 집단 특히 전문집단에만 의미가 있었을 뿐이다. 이처럼 안정화된 노동 위치와 결합한 이들에게 노동은 "자신의 삶에 대한 권력을 되찾"(고르, 2011: 120)기 위한 도구다. 그러나 노동사회와 다른 점은 이들이 노동 '내부'에서 자신의 삶에 대한 권력을 되찾고자 하는 것이 아니라 바로 그 '외부'에서 각 개인이 모든 압력과 의무로부터 자유로운 사적 자율성을 원한다는 점이다. 여기엔 각 개인의 전체 사회 안으로의 통합이 더욱 강해졌기 때문에 발생하는 반발의 차원도 있다. "과거에 비해 각 개인이 노동으로부터 덜한 만족감을 경험하는 대신 사회적으로 받는 압력은 더 크기 때문에 이런 공간이 그들의 삶에서 그만큼 더 큰 중요성을 갖는다(고르, 2011: 129)." 이는 곧 우선순위의 교체를 의미한다. 노동의 우선성은 해체되고 개인의 개별성이 우선순위를 차지한다. "'진정한 생활'은 노동시간 이외에 시작되고, 노동은 비노동의 영역을 넓히기 위한 수단이자, 개인들이 자신들의 의미 있는 활동을 추구할 가능

---

97 이 부분은 서규선(2010)을 읽고 생각한 부분이다.

성을 획득하는 데 요구되는 임시적 의무사항이다(고르, 2011: 130)."

그러나 다른 한편에서 불안정 노동의 전면화와 함께 노동도구주의
는 증폭되면서 도구의 목적이 바뀐다. 노동은 이제 자유시간이 아닌
부채 상환을 위한 도구가 된다. 즉 저축을 위한 도구에서 부채 상환
을 위한 도구로 노동도구주의의 방향이 바뀌는 것이다. "부채는 돈을
갚아야만 하는 채무자의 입장에서 본 금융이다."(라자라토, 2012: 48)
돈을 축적하는 것에서 돈을 갚는 방향으로 노동의 목적이 바뀔 때 노
동으로부터 배제된 것은 바로 '자유'다. 부채는 미래를 사전에 소유하
는 방식으로 채무자로서의 노동하는 인민의 노동 생활과 일상생활을
통제하기 때문이다. 자유가 박탈될 때 노동은 고통이 된다. 자유시간
이 박탈됨에 따라 노동을 견딜 유일한 동력은 채무자로서의 죄의식
뿐이고 노동은 형벌의 도구가 된다. 이 현상이 가장 직접적이고 노골
적으로 나타나는 대상이 바로 이주노동자다. 계약이 비공식적일수록
이주노동자들은 앤드루 로스가 "기한부 노예 예약"이라고 말한 상황
에서 노동해야만 하는 경우가 많았기 때문이다(로스, 2016: 196). 이런
상황에서 노동에 대한 열정이나 도구로서의 노동에 대한 열정이 동원
될 어떤 이유도 없다.

형벌 도구로서의 노동이 강화되면서 그 이면에 노동미학주의가 함
께 부상한다. 노동미학주의는 자아의 표현으로서의 노동을 의미 있
는 노동으로 바라보는 노동윤리를 말한다.[98] 노동미학주의는 의미 있
는 노동의 척도를 물질적 차원에서 자아와 환경의 관계로 전환한다.

---

98 케이시 웍스는 내가 노동미학주의라고 말한 부분을 '탈산업화 시대의 노동윤리'라고 불렀다.
    "일을 개인의 자기표현, 자기계발, 그리고 창조성을 위한 길로 보는 것"을 말한다.(웍스, 2015:
    81)

미학주의라는 표현을 사용한 이유는 노동의 척도가 노동이 주는 미적 감동과 연결되기 때문이다. 다이앤 멀케이의 표현을 빌려온다면 "집과 차량의 크기, 통장 잔고가 아니라 경험과 관계, 개인적인 성취감이 중요"해지는 단계로 들어가고 있다(멀케이, 2017: 31). 표면적으로 노동도구주의와 노동미학주의는 대립하는 것처럼 보인다. 그러나 노동도구주의와 노동미학주의는 내적으로 연결된 동시에 자본에 의한 노동의 분할과 위계를 재생산한다. 노동도구주의는 노동으로부터 자유와 보상을 박탈하면서 노동의 도구성을 강화해 노동윤리를 내부에서 파괴한다. 그 결과 남는 것은 노동과 자아의 극단적인 분리다. 노동도구주의는 노동윤리를 파괴하기 때문에 이 노동에 대한 어떤 의미나 윤리도 각 개인 내부나 주변 인물 그리고 전체 사회에 부여되지 않는다. 곧 어떤 유형의 인정도 박탈된다. 이 과정에서 노동에 종사하는 이들은 외부의 명령에 순응하는 수동성의 주체로만 남는다. 이 수동성과 노동의 무의미성은 자신의 능력 부재로 정당화된다. 이런 의미에서 노동도구주의가 형벌이 되는 또 다른 이유는 무능함에 대한 우리 자신의 혐오 때문이다.

노동미학주의는 바로 그 혐오에 기초해 노동과 자아를 결합하는 노동을 선택하려는 열정이다. 노동과 자아가 결합한다는 것은 노동이 타자의 명령에 종속되지 않고 자아의 명령에 기초하는 것을 말한다. 노동미학주의는 따라서 능동성을 옹호하며 능동성이 노동의 의미가 된다. 이런 능동성의 발견 혹은 수동성 혐오와 능동성 옹호의 위계를 통해 작동하는 노동미학주의의 부상은 각 개인은 자기 자신이어야 한다는 새로운 주체윤리의 부활과 관련된다. "나 자신"이어야 한다는 이 윤리는 권위주의의 해체와 전통적인 통합윤리 생산의 장소들 즉 종교, 가족, 공장, 학교 등의 쇠퇴 그리고 교육 정도와 활동성 증가 등을 통해 등장했다. 이런 윤리는 각 개인에게 자기 자신이어야 한다는 내적 명령을 부과함과 동시에 각 개인의 발전은 자기 자신의 책임성의 결과라는 윤리를 발전시켰다. 이런 "개인적 자기발전과 자기 책임성의 윤리"는 1990년대 초중반을 거치며 발전 강화한다. 이와 함께 "스스로를 자기 자신의 삶의 저자이자 자기 정체성의 창조자로 자각"하며 "스스로를 연출하는 개인"(벡, 1999: 264)이 과거의 질서에 순응하는 개인과 다른 개인의 자기이상으로 일반화하기 시작한다. 그러나 개인적 자기발전과 자기책임성의 윤리는 전통적인 노동윤리와 충돌하는 동시에 군대 구조를 모방한 기업의 관료제 구조에 억눌릴 수밖에 없었다. 또 자기발전과 분리된 도구일 뿐인 노동도구주의에서는 출구를 찾을 수 없었다. 노동미학주의는 노동 현장과 노동도구주의의 강화로 인해 억눌리고 소외된 자아의 열정을 동원하면서 변화된 생산조건에 적합한 노동 주체의 구성을 위해 '발명'되었다. 그 매개는 진정성이었다. 새로운 주체가 "목숨을 거는 건 관료주의가 아니라 진정성이다."(세데르스트룀·스파이서, 2016: 37)

노동사회는 공장과 군대라는 두 관료제의 융합모델을 통해 작동했다. 그런데 관료제 경영 모델은 2차 세계대전 이후 비효율성이 강조되면서 해체되었다. 일본의 자동차 산업에서 등장한 린 생산lean production 모델은 전통적인 관리 계층을 없애고 생산현장에서 함께 일하는 다양한 이들의 능력을 하나의 팀으로 재구성한다. 그 핵심은 의사결정 권한의 팀 단위로의 이양이다(리프킨, 1996: 170). 이런 이양은 "통제가 팀 내부에서 이루어지기 때문에 조직 권력은 잘 보이지 않게 되지만 동시에 더욱 강력해진다(버드, 2006: 188)." 그래서 린 생산 모델의 핵심에 반관료제가 존재한다고 말할 수 있다.

린 생산 모델은 1990년대 김영삼 정부 시절 추진된 신경영전략에서 대안 경영 모델로 한국에 도입된다. 동시에 노동의 성격이 재정의된다. 이제 "창의적 업무, 유연한 프로젝트, 네트워크형 조직, 선각적 리더십, 심도 있는 소통, 해방적 경영 등 자본주의의 새로운 정신이 도래하면서 일은 전혀 다른 모습으로 바뀌게 되었다(세데르스트룀·스파이어, 2016: 39)." 노동미학주의는 바로 이런 경영모델이 호출한 반관료제 기반 노동유형과 호응하면서 형성되었다. 그런 의미에서 서동진이 다음과 같이 말한 이유를 이해할 수 있다. "노동 아닌 솜씨, 창작, 기예로서의 일, 노동자 아닌 예술가, 기획자, 장인으로서의 정체성, 훈육, 효율, 근면, 품질 등의 노동과정의 규범에 예속되지 않은 생산의 사회적 구성으로서의 협력, 팀워크, 네트워크, 공동체 운운은 실은 경영담론에서 비롯된 자본주의의 이미지imaginary이다."(서동진, 2014: 34) 나를 계발하고, 나를 호출하며, 나를 표현할 수 있는 노동이 '좋은' 노동이고, 동시에 의미를 부여하는 노동이다. 따라서 노동은 이제 '밥벌이'가 아니라 나의 실현을 지향하고 그 기준을 척도로 노동의 위계를 설정한다. 노동은 이제 일종의 미학적인 기준에 의해 평가된다. 이에 따라 "개인적 능력과 인격의 완성이 체념하고 무관심한 채 방임하는 대상이 아닌, 점점 더 증대하는 요구사항과 투쟁의 목적이 되고 있다(고르, 2011: 140)."

이런 요구가 실현될 수 있는 직업은 물론 전문 직종이었다. 왜냐하면, "전문 직종은 개인이 자신의 목표를 자유롭게 정할 수 있고, 과제의 난이도도 조정할 수 있으며, 개성이 깃들일 여지가 아주 많기 때문이다(칙센트미하이, 1999: 82)." 물론 전문직종에 대한 선망이 현대만의 현상은 아니다. 핵심은 전문직종에 대한 선망이 과거에도 동일하게 존재했다는 것이 아니라 선망의 동기구조가 변형되었다는 것이다. 과거의 전문직종은 '출세'를 위한 선택이었다. 인민이 선망하는 전문직종군을 나열하면 그 의미가 명확해진다. 판검사, 의사, 변호사 등 끝에 '사'자가 들어가는 직종군이 이를 대표한다. 그런데 노동미학주의와 함께 문화산업 전문직종군이 선망의 대상으로 부상했다. 이는 동기구조의 변형을 보여주는 대표적인 사례다. 선망의 이유는 무엇일까? 그것은 바로 문화산업 전문직종군의 노동 유형이 '창의노동creative labour'이기 때문이다. 창의노동은 "일반적인 노동과 달리, 노동자의 다른 어떤 역량보다도 개인의 창의성이 가장 우선시되는 노동"(안채린, 2017: 12)을 말하며 주로 문화산업 내에서 이루어진다. 창의성 개념이 모호하기는 하지만, 창의노동이 다른 노동 유형보다 창의성 호출에 노동과 자아 표현의 결합을 요구한다고 해석할 수 있다. 그런데 여기엔 또 다른 그림자가 있었다.

노동미학주의가 노동으로부터 분리된 자아의 표류하는 열정을 호명하지만, 그 결과는 노동의 내적 분할을 더욱 강화하면서 피로와 고통을 증폭시켰다. 고용과 노동이 분리되는 객관적 조건에서 노동과 자아의 결합에 대한 열정은 저임금 장시간의 불안정 노동구조라는 새로운 노동착취 양식으로 작동하는 동시에 노동에 대한 책임을 각 개인에게 부과하는 자기경영 체계로 작동하기 때문이다. 열정의 노동으로의 동원은 열정 실현 기회를 보장한다는 이유로 노동조건에 대한 질문을 허용하지 않는다. 이는 노동사회의 노동윤리를 역전시킨 노동착취 구조다. 노동사회의 노동윤리는 밥벌이 이상의 노동을 내적으로 금지하는 명령 형태를 취했다. 이 때문에 밥벌이 그 자체만을 문제 삼는다. 그런데 노동미학주의는 열정의 실현을 위한 노동이라는 명분으로 그 외의 문제들을 은폐한다. 이 과정의 반복으로 열정은 소진되고 빈곤이 재생산된다.

이런 현상을 표현한 통념이 2010년대 이후 등장한 이른바 '열정페이'다. 열정페이는 '경력'을 쌓을 기회를 제공한다는 명분으로 청년들의 열정을 저임금 장시간 노동구조로 통합해내는 현상을 일컫는다. 이 현상을 매개하는 제도는 '인턴'이었다. 2008년 말 이명박 정부는 청년실업 문제에 대한 대응책의 하나로 '청년인턴제'를 도입했다. 청년인턴제는 기업이 청년층을 채용해 교육하기보다 이미 전문성을 갖춘 경력직 노동자를 선호하는 경우가 늘면서 기업이 원하는 '경력'을 청년이 획득할 수 있도록 하기 위해 도입한 제도였다. 그러나 현실은 그와 정반대였다. 인턴 제도는 정규직 전환 가능성과 분리되었고 이에 따라 단기 저임금 노동자의 다른 이름이 되었다.[99] 가이 스탠딩은 이런 인턴 제도에 대해 다음과 같이 분석했다. "사실 많은 고용주는 없어도 되는 싼 노동을 얻는 수단으로 인턴십을 이용한다. 하지만 청년은 바쁘게 지내고 숙련기술과 경험을 얻고 네트워크를 확장하고 어쩌면 그저 저 잡기 어렵다는 일자리를 차지한다는 희망을 품고는 무급이거나 매우 적은 급여의 이러한 인턴십을 놓고 치열하게 경쟁"(스탠딩, 2014: 160)한다. 이에 인턴은 경력 곧 스펙을 구성하는 한 계기로 전유되었고 임금을 '경력'이 대체한다는 노동착취의 구조가 확산했다.

동시에 노동과 자아의 결합에 대한 요청은 노동에 대한 '참여'로 치

99　이에 대해서는 다양한 언론 보도가 나왔다. 그중 하나는 성세희·양정민, "'저질 일자리'로 전락한 인턴제", 157호, 시사IN, 2010. 9. 17.

환한다. 이 과정에서 나의 노동은 내가 만들어가는 과정으로 표상되는데 이는 노동 주체의 피로를 가중한다. 이제 모든 책임은 각 개인에게 돌려지기 때문이다. 각 개인은 노동의 개선을 위한 끊임없는 자기혁신을 이뤄야 하며 혁신을 이룰수록 노동의 속도는 더욱 빨라진다. 또 타자와 경쟁하며 작동하기 때문에 노동업적의 관리를 위한 자기착취가 더욱 증폭될 수밖에 없다. 그 결과 '과로'가 일반화된다. 김영선이 『과로사회』에서 밝힌 것처럼 '과로'는 한국의 장시간 노동구조의 다른 이름이기 때문에 그 자체로 새로운 것은 아니다.

문제는 정보통신기술혁명으로 인해 노동 현장에서의 속도와 흐름이 빨라져 과거와 다른 유형으로 '과로'가 일반화된다는 점이다. 혁신해야 할 정보의 양과 흐름 그리고 혁신속도가 너무 빨라 이에 적응하거나 따라잡는 과정은 엄청난 스트레스 원인이 된다. 동시에 노동 현장이 컴퓨터 기반 구조로 변형됨에 따라 "컴퓨터와 마주 앉아 빛의 속도로 정보에 접하는 것에 익숙"해진다. 그래서 "인간의 정신이 기능하는 양태는 완전히 바뀌었다."(비포, 2012: 27) 이런 노동구조는 노동 주체의 반응구조를 바꿔 "이와는 대조적으로 보다 느린 형태인 인간의 상호작용은 더욱더 참을 수 없게 되어 늘어나는 스트레스의 원인이 된다."(리프킨, 1996: 282) 이에 따라 육체적 피로와 정신적 피로가 겹치고 피로 누적 속도는 산업노동보다 가속화된다. 결국 만성적인 건강 문제가 발생한다.

이런 현상이 응축된 직업군이 바로 IT 노동자들이었다. IT 노동자들은 견디기 어려울 정도의 노동 강도에 직면했고 동시에 "언제든 쓰다 버릴 부품"처럼 취급받으며 노동해야 했다.[100] 이런 노동조건은 IT 업계에 구조화된 하청 관계로 인해 더욱 심화한 것이었다. 그러나 또 다른 문제가 이 문제를 더욱 증폭시켰는데 그것은 IT 개발자들이 자신을 '노동자'로 인식하지 않는다는 것이었다. IT산업노조 위원장의 다음과 같은 언급은 이를 잘 보여준다. "공장 생산직이 노동자지, 자기 같은 전문가가 왜 노동자냐는 거죠." 이 때문에 노동조건 개선을 위한 노동조합 활동은 매우 어려워진다. 이는 노동을 육체노동과 동일시하고 노동과의 동일시를 열등한 것으로 받아들이는 한국 사회의 기본 상식이 노동조건을 더욱 열악하게 만드는 대표적 조건이라는 점을 보여준다.

수동성과 능동성 위계에 기반을 둔 열등한 형벌도구로서의 노동과 우월한 노동미학주의라는 노동윤리가 응집해 폭발적으로 표출되는 문제영역이 단순노동이다. 고용과 노동의 분리 현상이 심해지면서 가장 먼저 영향을 받는 집단이 바로 단순노동 종사자다. 모든 이가 단순노동을 할 수 있다는 이 노동유형의 평균성이 고용과 해고의 반복을 강화한다. 그리고 바로 이 조건 때문에 단순노동의 노동조건은 더욱 악화한다. 단순노동은 그 누구에게도 열정의 대상이 될 수 없다. "우리는 간절히 원하거나 충족감을 얻기 위해서라기보다는 필요성과 두려움 때문에 일을 한다."(자니, 2007: 288) 이는 곧 노동이 수동성의 체험일 뿐이라는 것이다. 이런 노동은 열등 노동이며 그에 따라 단순노동과 윤리와의 결합은 약화하거나 혹은 소멸한다. 단순노동에 종사하며 각 개인의 의미를 탐구하거나 발견하는 일은 기대하기 힘들다.

---

100 이대희, "일의 노예―한국의 IT개발자가 사는 법", 프레시안, 2010. 8. 12.

오히려 자아를 파괴하는 경향이 발생한다. 누군가의 고백처럼 "누구나 할 수 있는 일밖에 할 수 없는 나 자신"을 사랑할 수 없다. 나 이외에도 나를 대체할 수많은 이가 존재한다는 사실은 일상생활뿐만 아니라 내면의 불안정을 낳고 이를 넘어설 수 있는 자기긍정이나 타자로부터의 존중과 인정을 끌어낼 어떤 윤리적인 요소가 단순노동에는 존재하지 않는다. 그러나 이런 상황이라고 하더라도 단순노동 안으로 들어가야 한다. 노동사회에서 노동 없이는 생활의 안전을 보장받지 못하기 때문이다. 더구나 이 과정엔 경쟁이 따른다. 이 때문에 자기소외의 노동유형인 단순노동을 열망하는 모순이 발생한다. 나의 소외를 내가 열망하는 이런 노동을 내면이 언제까지나 버틸 수는 없다.

노동사회가 그 내부로부터 해체되고 있지만, 바로 이 때문에 노동은 더욱더 우리 삶의 중심으로 들어온다. 그래서 역설적인 현상이 나타난다. 노동사회가 해체되는 국면에 노동사회가 강화되는 것이다. 그러나 이 노동사회는 노동시간의 연장, 노동조건의 악화, 불완전고용의 정상화, 낮은 임금 등이 결합한 나쁜 노동사회로의 강화다. 과거 노동윤리의 핵심은 노동에 대한 응분보상이었다. 그러나 이제 노동과 보상의 선순환은 만들어지지 않는다. 노동은 물질적 부가 아닌 빈곤을, 자기긍정이 아닌 자기 파괴의 요소를 강화한다. 그러나 노동을 벗어날 수 없다. 오히려 현재의 노동을 자신의 능력에 대한 응분보상으로 수용한다. 모든 것은 나의 능력 부재로 설명할 수 있어야 하기 때문이다. 그래서 나쁜 노동사회의 노동은 유능을 열망하고 무능을 혐오하는 능력주의를 내면화한다. 그러나 각 개인의 노동 체험은 전체 사회의 구조가 각 개인의 능력보다는 비능력적 요인 곧 "부모의 경제적 자원과 가족의 계층 배경, 부의 세습, 특권의 대물림, 우수한 교육, 사회적 자본과 문화적 자본, 행운, 차별적 특혜, 태어난 시기, 시대적 및 사회적 상황 같은 요인"(맥나미·주니어, 2015: 14) 등에 의해 구조화되어 있음을 알게 한다. 이런 점에서 능력주의는 이데올로기다. 모두 알고 있는 것처럼 "부모의 상속이 먼저고, 개인의 능력은 그 다음이다."(맥나미·주니어, 2015: 14) 능력주의의 내면화는 주어진 상황을 능력에 대한 정당한 보상으로 받아들이고 현재의 질서에 순응할 것을 가리키지만, 노동의 구체적인 체험은 계속 이에 균열을 낸다. 따라서 우리의 인식 및 심리구조와 노동 체험은 자기분열을 일으킨다. 자기분열의 요소는 나쁜 노동사회에 대한 순응에 균열을 내기도 하지만, 그 균열을 발생시키는 요소에의 억압과 혐오로 전환되기도 한다. 이 과정에서 나보다 약한 혹은 무능한 타자에 대한 혐오와 멸시가 발생한다. 이 때문에 혐오와 멸시의 차등 축적 구조가 강화된다. 나쁜 노동사회는 모두에게 나쁜 노동사회지만, 그래서 하층계급에 더 나쁜 노동사회다. 동시에 이는 노동사회 안에서 신분주의rankism 강화의 토대가 된다. 능력주의가 신분주의를 강화하는 역설적인 상황이 발생한다. 나쁜 노동을 하는 집단과 개인에겐 할당되는 혐오와 멸시는 정당화되고 그들을 동등한 인간으로 대우하지 않으려는 경향이 나타난다. 이런 경향은 신자유주의를 매개로 더욱 강화되었는데, 불안정한 노동사회에서 나쁜 노동 자체를 회피할 수단이 없는 이들에게 혐오와 멸시에 순응하는 것 외에 남은 선택이 없기 때문이다.[101]

이 현상이 집중되는 계층의 하나가 바로 "노인" 계층이다. 고령화 aging 현상과 함께 노동시장 외부에 존재하는 노인의 증가는 노인 빈곤

---

[101] 이 부분에 대한 분석은 김현경(2015: 157~167)의 "굴욕에 대하여"를 참조했다.

문제를 가속화한다. 연금제도가 부실한 상황에서 임금소득의 부재는 다수의 노인을 일상생활 재생산이 곤란한 빈곤 상황으로 몰아넣고 있다. 여기에 노인들이 자식으로부터 부양받을 가능성이 점점 희박해지는 문제도 있다. 그러나 "수명 연장과 함께 활동 적응성도 커지고 있다. 65세가 넘는 사람에게 장애가 줄어들었고 발병은 삶의 말년으로 압축되었다. 그리고 활동적인 고령자가 곳곳에 더 많아질 것이다(스탠딩, 2014: 171)." 이 때문에 다시 노동시장 내부로 진입하고자 하는 열망이 발전한다. 곧 "퇴직 후 노동"이 강화된 것이다. 이 과정은 두 현상과 중첩된다. 일자리를 놓고 청년과 장년 그리고 노년이 경합하고, 장년의 정년이 공식 정년보다 낮아진다. 청년을 위해 일자리를 풀어 놓는 것이다. 다른 하나는 노년 노동이 나쁜 노동사회의 한 축을 형성한다는 점이다.

고령자 노동의 특징은 명확하다. "낮은 임금을 받으며 수당을 거의 못 받으며 쉽게 파면된다(스탠딩, 2014: 174)." 그 결과 나쁜 노동사회가 확장한다. "점점 더 많은 일자리가 프레카리아트에게 제격이 되기 때문에 고령자가 그 일을 맡기에 더 좋으며, 곳곳에 점점 더 많은 고령자가 있게 되기 때문에 점점 더 많은 일자리가 프레카리아트에게 돌아간다(스탠딩, 2014: 173)." 더욱 큰 문제는 이런 프레카리아트들이 사회적 조건과 주체 조건으로 인해, 안정적이고 지속적인 상호 간의 협력을 끌어내는 것이 매우 어렵다는 점이다(바우만, 2014: 57). 이 때문에 프레카리아트는 집단을 형성해 나쁜 노동사회에 대응하는 것이 아니라 각 개인의 입장에서 대응할 수밖에 없다. 자유민주주의의 노동의 공공성이 노동조합의 권력과 정치를 통해 작동할 수밖에 없다는 점에서 이와 같은 프레카리아트의 조건은 프레카리아트를 민주주의의 '외부'로 추방한다.

"살기 힘들다." 이것이 모든 이의 구호가 된다. 이를 엄살이나 하소연 혹은 은유로 받아들이면 곤란하다. 이는 노동사회 위기 안에서 촉발된 모든 이의 공통된 삶의 양식의 표현이기 때문이다. 능력의 혁신을 요구하는 경쟁관계의 강화는 1차 노동시장에 속한 이들에게 극단적인 육체 피로와 정신적 피로를 부과하고 있다. 알 자리의 표현처럼, "많은 사람들이 하루 일과를 마치고 '일터에서 상처 입은 부상병' 같은 기분으로 집에 돌아온다."(자리, 2007: 326) 그러나 이때의 피로를 과거 자본주의 산업화 과정에서 구축된 표준 노동 모델의 육체적 피로와 동일시해서는 곤란하다. 공장에 적응하며 발생한 육체의 고통과 피로는 가속화됐지만, 물질 상품 생산이 부여하는 물질성의 한계 내에 존재했다. 그러나 이제 정보통신기술의 발전과 자동화의 진전은 노동 현장에서의 노동 속도와 흐름을 물질이 부여하는 구속을 벗어나도록 만들고 있다. 여기에서 발생하는 육체적인 피로는 정신적인 피로와 중첩되며 이것은 매우 심각해 노동하는 인민의 건강을 해칠 뿐만 아니라 내면의 변형 까지 만들고 있다. 우울증, 주의력결핍과잉행동장애, 경계성성격장애, 소진증후군 등 내면의 병리화 현상이 가속화된 것이다(한병철, 2012).

또한 피로는 타자로부터 나를 고립시킨다. 피로로 인해 다른 이들이 나의 시야에서 사라지기 때문이다. 중요한 점은 '나' 또한 다른 이들의 시야에서 소멸한다는 점이다. 다른 이들 또한 '피로'하기 때문이다. 그래서 한병철은 한트케의 「피로에 대한 시론」을 분석하면서 "피로는 폭력이다"라고 선언했다.(한병철, 2012: 67) 노동의 피로가 우리 내면뿐만 아니라 타자와의 공동 관계 전체를 파괴하기 때문이다. 그래서 피로는 타자에 대한 공감능력을 약화한다. 공감능력의 약화는 감수성의 둔화 및 "공감을 위한 시간"의 결핍과 만나 더욱 강화된다. 정보통신기술구조에 노출되는 빈도가 높을수록 인간의 감수성은 정보통신기술 속도에 적응한다. 그런데 인간의 상호작용 속도는 느리며 그 과정은 단순한 정보교환과 달리 매우 복합적인 인지, 동작, 운동의 반응과정을 요구한다. 이 때문에 인간의 감수성 구조는 타자의 신체와의 접촉을 기반으로 하는 인간과 인간의 교류 과정을 적합하게 판단할 반응을 구성하는 데 실패한다. 이는 공감 능력 저하로 연결된다. 노동 현장의 속도가 정보통신기술의 속도를 따라잡는 공간에서는 반응시간의 불일치에서 발생하는 문제를 보완할 시간이 없기 때문에 공감능력 저하는 더 심해진다. 그래서 우리는 더욱 원자화되고 파편화된다. 노동은 고독을 강제한다.

노동의 불안정과 배제에 직면한 이들 곧 단순노동에 종사하거나 노동 유연화의 덫에 빠진 노동하는 인민은 가난한 삶에 직면한다. 모든 이의 자유와 평등을 위한 노동이라는 약속은 이제 하나의 환상이 되었다. 돌아오는 것은 단지 빈곤뿐이기 때문이다. 노동을 통해 부가 아니라 노동을 통해 빈곤이 축적된다. 비정규직이나 영세 자영업을 선택해야만 하는 다수 인민의 현실은 '노동하는 시민'과 거리가 멀다. 일은 하지만, 적은 수입 때문에 빈곤 상태를 벗어나기 어렵다. 2000년대 후반부터 유행하기 시작한 '88만 원 세대'나 '워킹 푸어working poor'라는 표현은 이를 반영하는 것이다. 통계청의 〈2017년 가계금융·복지조사〉에 따르면, 30세 미만 저소득 청년 가구의 한 달 소득이 78만원에 불과했다.[102] 노동을 통해서도 빈곤을 탈출할 수 없다면 이는 개인의 문제가 아니다. 이는 '노동하는 시민'으로부터 '노동하는 빈민'으로의 이행이 발생한다는 것을 보여준다.

　노동이 빈곤을 축적하면서 전체 사회는 '장벽사회'(유종일, 2018)로 전화했다. 노동을 통한 부의 재분배라는 노동사회의 전통적 기획이 작동하지 않자 전체 사회의 불평등 격차는 커졌다. 이제 그 격차를 넘어설 방법이 일반 동료 시민에게 보장되지 않는, 곧 격차가 하나의 장벽처럼 안과 밖을 나누는 분할사회가 등장했다. 이 분할은 노동능력이 아니라 부의 대물림을 통해 가속화되었다. 서울대 행정대학원 서베이연구센터가 진행한 2017 국민인식조사 결과에 따르면, "개인의 노력을 통한 성공 가능성" 질문에 전체 응답자의 74.6%가 보통 이하라고 응답했다. 노동보다 부모 세대의 상속과 증여 즉 '자산' 규모가 전체 사회에서 사회적 지위를 결정하는 요소로 더 강력하게 작동한다고 응답자들은 답했다. 유종일은 이를 격차사회에서 장벽사회로의 진입이라고 진단했다(유종일, 2018). 이는 무엇보다 현 한국경제 구조와 인구 구조, 그리고 가족 구조의 변화로 인해 발생한 효과였다. 부의 다음 세대 이전이 전체 사회의 쟁점으로 떠오른 시점에서 자산기반복지는 더욱 중요해졌다. 안전과 삶을 보장할 유일한 자산은 부동산이었고, 부동산을 다음 세대에게 전달하는 것이 가장 효과적이고 능동적인 동료 시민의 일반 전략이 되었다. 이런 조건에서 다수의 동료 시민에게 미래란 이미 확정된 것이었다. 곧 확정된 빈곤의 미래 시

102　박용하, , "'77만원세대' 현실로 왔다", 경향비즈, 2017. 12. 26. URL: http://biz.khan.co.kr/khan_art_view.html?artid=201712260600055&code=920100 검색일 : 2018년 4월 15일

대가 열렸다. 2015년을 전후로 급속히 한국사회에 전파된 20~30대 청년들의 '헬조선' 담론과 이른바 '수저 계급론'은 이 상황에 대한 청년 세대의 일종의 집단적 자기분석일지도 모른다.

확정된 빈곤의 시대에서 노동하는 빈민의 일상생활은 고통일 뿐이다. '생활고' 외에 현재 인민의 생활에 내재한 고통을 반영할 단어를 찾을 수 없다. 그래서 노동유형이나 노동 위치와 무관하게 노동은 하나의 폭력이 되고 있다. 노동은 삶의 안전을 보장하지 못하고 삶에 고통을 부과하며 삶 자체를 하나의 형벌로 만들고 있다. 때로 이 고통은 삶의 파괴로 연결된다. 실업으로 인한 자살은 폭력으로서의 노동이 어떻게 삶을 파괴하는지 보여준다. 일련의 실업 연구에 의하면 "실업자들이 죽어가는 환자들과 흡사한 병리적 증세"를 보인다고 한다 (리프킨, 1996: 293). 실업에 직면한 인민은 크게 두 단계의 심리적인 변화를 경험한다. 1단계는 이전의 동료나 고용주에 대한 분노와 좌절감을 폭발시키는 단계이고, 2단계는 다시는 노동할 수 없다는 체념의 상태에 이르러 자신에게 책임을 돌리는 단계다. 이 과정은 극도의 수치심과 자괴감을 부과한다. 가족으로부터 외면당하며 모든 사회생활에서 후퇴하여 은둔자처럼 생활한다. "심리적인 죽음 뒤에는 사실상의 죽음이 때로는 뒤따른다. 그들의 조건에 대처할 수 없고, 가족이나 친구, 사회에 짐처럼 느낌으로써, 많은 이들이 목숨을 끊음으로써 끝을 맺는다."(리프킨, 1996: 294) 곧 노동은 노동으로부터의 배제를 통해 인민의 삶을 파괴한다. 쌍용자동차 노동자들의 연쇄 죽음 사건은 이 점에서 우리에게 한국의 노동이 인민에 대한 폭력으로 전환된 가장 극단적인 사례를 제공한다. 2009년 쌍용자동차는 2646명을 대량 해고했고, 노동자들은 이에 대항해 장기간의 파업, 점거농성을 진행했다. 투쟁 이후 관련 노동자와 가족 25명이 자살과 질환 등으로 죽음을 맞이했다.

 "살기 힘들다"는 그래서 노동의 고통의 표현이자 실제로 죽음을 부르는 노동의 폭력으로의 전환에 대한 고발이다. 고용으로부터 분리된 노동은 불안정과 배제를 증폭시키고 이에 따라 노동하는 인민의 일상생활은 고통이 되었다. 이 위기는 죽음의 가능성까지 내재한 위기다. 이에 노동사회의 위기가 노동하는 인민의 죽음으로까지 연결되는 순환 구조가 형성됐다. 이런 순환 구조에서 한국의 자유민주주의는 무엇일까? '내파' 외에 적합한 말이 없다. 자유민주주의는 노동을 통한 인민의 자기보존과 자유의 확장을 그 전제로 한다. 그런데 폭력으로 전환된 노동은 이제 그 자유의 전제조건인 '자기보존' 자체를 위협하며 파괴하고 있다. 자기보존의 활동인 노동이 빈곤, 피로를 통한 육체와 내면의 와해, 그리고 이와 연결된 다양한 문제의 폭발로 연결된다. 무엇보다 자기 파괴의 극단적인 형태로서의 죽음은 자유민주주의가 약속한 자유의 원리가 바로 그 안으로부터 파괴되고 있음을 보여준다. 노동의 위기는 그래서 곧 자유민주주의의 위기가 된다.

5장

민주주의의 경합공간:
민주주의의 급진화 프로젝트의 가능성

노동사회의 위기가 심화하면서 노동시장 문제가 한국 자유민주주의의 중심 문제로 부상했다. 노동 부문의 문제가 전체 일반 시민의 문제로 부상한 적도 없었지만, 노동 부문의 중심 문제는 노사관계 문제였다(정이환, 2013: 16). 그 이유는 한국 노동체제의 속성이 전제적 공장운영에 기초하고 있었기 때문이다. 이 때문에 대부분의 노동운동 요구 또한 최소한의 인간적인 대우나 노사관계의 개선에 대한 것이었다(구해근, 2002: 187). 하지만 1997년 경제위기를 매개로 실업과 고용 불안정 문제가 전면화하면서 국면이 바뀌었다. 고용의 문제는 노동시장 문제로 응축되어 표현될 수밖에 없기 때문이다. 노동시장 문제의 폭발성은 엄청났다. 이 문제는 전체 사회의 양극화, 빈부격차, 범죄, 가족, 복지 등 현재 한국의 가장 중요한 문제들을 관통하며 작동했다. 노동이 모든 시민의 삶의 양식을 횡단하는 공통 요소였기 때문이다. 노동의 위기는 곧 모든 시민의 삶의 위기로 전환되었다. 바로 이것이 한국 민주주의의 중심 문제로 노동시장이 등장한 이유다. 노동하는 시민이 자유민주주의의 전제조건이라고 할 때, 바로 그 전제조건이 노동사회의 위기로 내파되는 단계에 접어든 것이다.

이 문제에 적합한 정책 대안을 발전시킬 수 없다면 한국 자유민주주의는 일반 시민의 삶과 분리된 공허한 형식으로 남을 것이다. 또한 일반 시민의 삶에 결정적인 영향을 미치는 문제에 민주주의가 이바지할수 없다면 민주주의에 대한 일반 시민의 지지는 약해질 수밖에 없다(최장집, 2006b: 141). 그래서 노동시장은 이제 왜 우리의 체제가 민주주의인지 입증해야 하는 가장 중요한 질문 중 하나가 되었다.

이에 따라 노동시장의 문제에 접근하는 다양한 민주주의 프로젝트들projects이 출현했다. 현재 경합하는 다양한 민주주의 프로젝트의 내용을 파악하기 위해 정책과 프로젝트를 구별하는 것이 유용하다. 정책이 구체적인 상황에 개입하기 위한 문제해결의 과정 혹은 제안들을 말한다면 프로젝트는 정책 그 자체가 아니라 정책의 생산을 지도하거나 혹은 생산된 정책들의 종합을 가능하게 하는 인식의 패러다임을 말한다.[103] 물론 프로젝트를 정책으로 구체화하는 과정에서 잉태된 정책 목록이 다른 프로젝트와 일부 겹칠 수도 있고, 반대로 프로젝트의 구체화 즉 정책 생산에 실패할 수도 있다. 정책의 차원에서 민주주의에 접근할 때 구체적인 상황에 대한 구체적인 개입의 경합 과정을 살펴볼 수 있는 장점이 있다. 이를 통해 우리는 실현 가능한 정책 대안들의 목록을 확인하고 상황을 긍정적인 방향으로 변화시킬 정책을 선택할 수 있다. 하지만 목록을 구성하는 정책들이 같거나 유사한 프로젝트 내부에서 생산된 것일 때 정책들의 차이는 매우 제한적일 수밖에 없다. 또한 다른 프로젝트에 기초를 둔 대안 정

---

103 정책과 프로젝트의 구별에 관해서는 팻 디바인Pat Devine, 앤디 펄메인Andy Pearmain, 마이클 프리어Michael Prior, 데이비드 퍼디David Purdy가 함께 쓴 『Feel-bad Britain』(2007)에서 배웠다.

책들은 구조적으로 배제되거나 봉쇄된다. 이런 단점을 파악하는 일은 중요하다. 노동시장을 둘러싼 현재 한국 자유민주주의의 정책 대안들에는 차이가 있지만, 임금노동 기반의 고용 기획을 공유하고 있기 때문이다. 현재의 정책 대안들과는 다른 방향에서 노동시장 문제에 접근할 대안을 모색하려면 정책이 아니라 프로젝트의 수준에서 접근하는 것이 유용할 수 있다. 물론 이 과정은 대안 프로젝트의 발견을 위해 정당화될 수 있지만, 프로젝트의 구체화에 실패하면서 현실과 분리된 수인의 언어로 귀결될 위험은 언제나 존재한다. 그런데도 현재 노동시장 문제에 관해 다른 방식으로 문제를 제기함으로써 문제해결 방향과 방법을 현재와 다른 각도에서 탐구할 필요성은 지금 가장 크다.

프로젝트 수준에서 현재 경합하고 있는 한국 자유민주주의 프로젝트는 다음 두 유형으로 구분할 수 있다. ① 민주주의의 자유화 프로젝트 ② 민주주의의 민주화 프로젝트.[104] 두 민주주의 프로젝트의 경합은 매우 치열하다. 내적 차이가 있지만, 두 프로젝트는 임금노동 기반 고용이라는 공통성이 있다. 이 때문에 두 프로젝트의 주변에서 두 프로젝트에 도전하는 또 다른 민주주의 프로젝트가 2010년을 전후해 등장했다. 나는 이 프로젝트를 두 프로젝트와 구별해 민주주의의 급진화 프로젝트라고 부를 것이다.[105] 하지만 민주주의의 급진화

---

104 '민주주의의 민주화'란 표현은 최장집(2006a)의 책 제목 『민주주의의 민주화: 한국 민주주의의 변형과 헤게모니』로부터 빌려왔다. 최장집은 이 표현을 다음과 같이 사용했다. "민주주의는 어떤 형식적 기준을 갖고 외부로부터 부여되는 것이 아니라 이를 실현하고자 하는 끊임없는 실천의 과정이라고 할 수 있다. 그렇기 때문에 '민주주의를 민주화'하는 노력이 중단되거나 거부될 때 민주주의는 고사할 수밖에 없다(최장집, 2006: 24)."

105 민주주의의 급진화 프로젝트는 내가 참여했던 연구협동조합 데모스의 한 프로젝트였다. 현재

프로젝트는 다른 두 프로젝트에 비해 다원적이고 이질적인 요소들이 파편적이고 분산적인 형태로 존재할 뿐 하나의 내적 통일성을 구성하고 있지 못하다는 점도 함께 언급되어야 한다. 나의 목표는 현재 등장하고 있는 한국 민주주의의 급진화 프로젝트의 요소들을 통해 현 노동사회의 위기에 대한 대안 패러다임을 모색할 수 있는, 현재보다 한 단계 높은 수준의 통일성을 갖는 프로젝트로 발전시키는 것이다.

민주주의의 '자유화'는 자유민주주의를 정치적 자유의 우위에서 경제적 자유의 우위로 대체하려는 시도 일반을 가리킨다. 자유민주주의는 자유주의와 민주주의의 역설적인 결합 유형이다.[106] 이때 자유주의란 정치적 자유와 경제적 자유의 결합 형태로 존재한다. 이런 결합을 통해 자유주의에 접근하는 것은 매우 중요할 뿐만 아니라 한국 자유민주주의의 구조 파악을 위해서도 유용하다. 정치적 자유와 경제적 자유라는 매우 다른 계보를 통해 발전한 두 개의 계열이 산업혁명 이후 과정에서 우연히 접합되어 '자유주의'라는 하나의 범주 안에 통합되었기 때문이다(최장집, 2012: 86~87). 이런 인식은 자유주의 일반을 냉전 반공주의와 동일시하거나 혹은 경제적 자유주의와 동일시해온 좌우 모두 세력의 인식을 혁신할 가능성을 제공한다. 자유주의가 이질적인 두 계열의 내적 경합 과정을 통해 구조화되는 과정을 추적할 수 있도록 하기 때문이다.

비록 우연적인 접합의 결과라 하더라도 그 안에서 정치적 자유와

내가 사용하는 민주주의의 급진화 프로젝트의 출발 문제의식을 담은 글로는 조희연·장훈교(2009), 보다 체계화를 시도했던 입장으로는 조희연(2011a; 2011b), 다른 각도에서 이에 접근했던 동료들의 글은 이승원(2011), 서영표(2011) 참조.

106 이런 관점은 샹탈 무페(2006)의 『민주주의의 역설』로부터 배운 것이다.

경제적 자유는 각 국면에 특정한 방식으로 구조화된다.[107] 이 구조를 파악하는 것이 자유주의 범주의 내적 경합을 파악하는 기본 열쇠가 된다. 주의할 점은 지금 우리가 분석하는 자유주의의 내적 경합이 자본주의 시장경제를 전제로 구축된 경제적 자유주의와 각 개인의 기본권을 전제로 구축된 정치적 자유주의의 융합이라는 점이다. 이 융합구조에서 경제적 자유는 정치적 자유의 전제로 통합된다. 각 개인의 정치적 자유는 경제적 종속 상황에서 사실상 무력화되기 때문이다. 문제는 현재 모든 이에 부여된 기본 경제생활의 구조가 불평등을 잉태하는 자본주의 시장경제라는 점이다. 그러나 정치적 자유는 경제구조와 분리되어 있어 원론적으로 경제구조에서 발생하는 불평등을 문제 삼지 않는다(최장집, 2012: 92). 이 때문에 경제적 자유의 운동은 정치적 자유 그 자체를 파괴하는 방향으로 나아가기도 한다.

그래서 민주주의는 자유주의와 결합하는 과정에서 경제적 자유의 운동이 정치적 자유를 파괴하지 않도록 정치적 자유를 옹호하면서 경제적 자유에 대한 통제 능력을 발전시키는 방향으로 자유주의를 '민주화'하고자 했다. 자유주의가 경제적 자유주의를 내부로 통합하고 있지만, 정치적 자유주의가 특정한 경제를 자신의 모델로 전제하고 있다고 볼 수는 없다. 그 결합이 우연적이기 때문이다. 이 때문에 한국 좌·우파의 오해와 달리 정치적 자유주의와 민주주의의 결합은 경제적 자유주의를 현재의 정치적 환경에서 통제하는 기능을 수행할 수 있다. 이에 따라 자본주의 시장경제는 정치적 자유주의와 민주주의의 결합 능

---

107   이를 한국 민주화 이후 민주주의의 분석 과정에 도입한 연구로는 조희연(2016)의 『투 트랙 민주주의: 제도정치와 운동정치의 병행 접근』 1권 제6장을 보자.

력에 따라 매우 다른 유형을 띨 수 있고, 이 능력의 결합은 혹자의 주장에 따르면 자본주의-이후 전망을 구축하는 데도 필수적이다. 그런데 민주주의의 자유화는 이런 자유주의의 '민주화'에 대립하면서 민주주의를 경제적 자유주의의 실현에 종속시키고자 하는 프로젝트를 말한다. 이때 핵심은 자본주의 시장경제 모델에 기반을 둔 경제적 자유의 완전한 실현이다. 민주주의의 자유화는 이런 목표의 실현을 민주주의 과정을 통해 전개한다. 바꿔 말하면 민주주의를 통해 경제적 자유의 운동을 제약하는 민주주의의 통제를 해체하려 한다.

민주주의의 자유화 프로젝트는 87년 민주화 과정과 동시에 나타났다. '자유화' 프로젝트가 민주화 이전에 존재하지 않았다는 의미는 아니다. 경제정책 차원의 자유화liberalization 프로젝트는 민주화 이전에도 존재했다. 1979년 4월 일련의 경제 관료들은 금융 자율화, 통화량 감소, 가격통제 해제, 중화학공업 해제, 수출금융 축소, 수입 자유화 등의 내용을 '경제 안정화' 계획이라는 이름 아래 추진했다. 전두환 정권 수립과 함께 이 경제 자유화 프로젝트는 부분적으로 유지 존속되었는데 이것이 한국 신자유주의의 기원을 형성한다(지주형, 2011: 111~120). 물론 이 자유화 프로젝트는 미국의 경제 자유화 압력과 같은 대외 조건의 변화를 한 조건으로 했다. 그러나 이는 권위주의를 통해 구축된 국가계획 주도 경제 발전 모델의 제약으로 인해 일관된 방식으로 완전하게 현실화할 수 없었다. 그런데도 한국에서 신자유주의의 원형이 1970년대 후반 준비되고 1980년대 초반부터 시작되었다는 점은 중요하다.[108]

---

108 강수돌도 다음과 같이 분석했다. "우리 사회에서 신자유주의 정책은 사실상 1997년 말의

권위주의에서 민주주의로의 이행은 정치적 자유뿐만 아니라 경제적 자유의 확장을 위한 조건을 잉태했다. 민주화는 권위주의하에서 대폭 제한되거나 혹은 억압되었던 언론, 결사, 집회, 표현, 사상의 자유 등과 정치활동을 위한 자유 곧 정당의 자유와 참정권의 자유로운 행사를 가능하게 했다. 이런 정치적 자유의 확장은 경제적 자유의 확장을 위한 조건이 되었다. 민주화 과정이 과거 권위주의국가의 모든 체제를 일시에 변형시킨 것은 아니었다. 특히 민주화 과정이 권위주의와의 타협에 의한 이행 결과로 이루어졌기에 국가의 변형은 더욱 제약될 수밖에 없었다. 이런 제약이 있었지만, 민주화 과정은 국가가 과거와 같은 방식으로 운영될 수 없는 조건을 만들었다. 민주화를 통해 등장한 이런 제약이 정치활동의 자유 공간뿐만 아니라 경제 활동에 대한 국가로부터의 자유를 확보할 공간도 만들어낸 것이다.

중요한 점은 경제적 자유 안에 경제 활동을 구성하는 핵심 두 축인 자본의 자유와 노동의 자유가 동시에 포함되어 있다는 점이다. 두 유형의 자유를 중심에서 통제하던 국가의 개입이 민주화 과정으로 인해 일정한 제약을 받으면서, 자본과 노동은 정치적 자유의 공간을 통해 각기 다른 방향으로 자신의 자유를 확장하기 위한 실천을 전개했다. 이는 자본의 자유와 노동의 자유 간의 경합공간agonistic sphere을 만들었다. 주의할 점은 국가의 개입에 대한 민주적 제약이 일부 존재하더라도 이 경합공간은 과거부터 구축된 국가의 노동 배제 전략과 구조를 전제로 열린 공간이라는 점이다. 이 때문에 경합에 진입한 두

'IMF 사태'부터 비로소 시작된 것이 아니라 이미 1980년대 초기부터 시작되었다."(강수돌, 2002: 75)

자유의 조건은 불균등하고 비대칭적이었다. 민주주의의 자유화 프로젝트란 바로 이렇게 민주화 이후 열린 경제적 자유의 경합공간을 국가의 구조화된 노동 배제 전략과 구조를 활용하거나 혹은 국가 그 자체를 자신의 의도에 맞는 방향으로 변형해나가면서 자본의 경제적 자유 우위의 공간으로 구조화하기 위한 프로젝트로 출현했다. 그 내용의 기원은 권위주의의 자유화 프로젝트에 존재했지만, 민주화 이후 변화된 내/외부 경제조건에 대응하여 더욱 완전한 경제자유주의의 유형으로 발전해 나갔다.

노동의 경제적 자유를 확장하기 위한 실천은 1987년 6월항쟁 이후 발생한 7,8,9월 노동자 대투쟁에서 집중 분출된 바 있다. 1980년대 이후 급성장한 한국의 조직 노동운동은 87년 노동자 대투쟁을 통해 8시간 노동, 노동 악법 개정, 노동3권 보장, 자유로운 노조 결성 보장, 블랙리스트 철폐, 생존권 보장, 작업조건 개선, 저임금 개선 등 노동자의 경제 활동 자유 확장을 위한 요구를 제기했다. 그러나 국가 권력의 조직화된 폭력적 개입과 자본의 공세 속에 6월항쟁에 참여한 시민들과 분리된 형태로 진행되면서 87년 노동자 대투쟁의 직접적 성과는 매우 제한적이었다. 하지만 87년 노동자 대투쟁의 의미는 여기서 멈추는 것이 아니다. 87년 노동자 대투쟁은 민주화 이후 민주주의라는 조건에서 형성된 자본과 노동의 경합 국면을 연 동시에 경합 국면에 개입하는 조직 노동운동의 역량 강화와 기본 전략 구축의 계기가 되었다.

이와 동시에 자본도 경제적 자유 확장을 위한 실천 조건을 확보했다. 군사권위주의와 결합한 한국 자본주의 산업화는 국가의 중앙 집중 계획과 재벌 중심 자본과의 결합 과정이었다. 그러나 이는 국가의 우위 하에 자본을 통합하는 구조로 진행되었기 때문에 자본은 국가에 종속적인 위치였다. 이런 구조는 자본 축적을 위한 효율적이고 강력한 모형을 만들었다. 그러나 이미 1970년대 후반부터 이 모형의 강점이 결함으로 나타났고 1980년대를 거치면서 해체되기 시작한다. 1980년대 전반부터 본격화된 공기업 민영화는 이런 변화의 예다. 물론 여기엔 한국 공기업의 역할 종료에 대한 자기 인식도 중요했다. 한국 공기업은 "사적 기업을 육성하는 자본가의 역할"을 맡았던 국가의 핵심 수단이었다(김미경, 2018: 86). 사적 기업들의 자유경쟁 조건이 갖춰지자 국가는 공기업 자체를 민영화하려 한다. 87년 민주화는 이런 과정에서 발생했다. 민주화 과정을 통해 자본은 국가의 중앙 집중 계획 체계에 기반을 둔 산업자본주의의 조직화를 '관치' 모델로 일반화하면서 관치 모델의 비효율성과 결함을 부각했다. 한국 산업화의 성취를 인정하면서도 그 성취를 이룬 국가—자본 결합 모형의 역사적 종료를 선언하고자 했다. 이런 과정을 통해 자본은 자본의 운동을 시장의 경쟁 원리에 따라 운영하는 방향으로 공적 규제를 완화하거나 철폐하려는 일련의 실천을 전개했다.

민주화와 함께 발생한 자본과 노동의 경합 국면에서 민주주의의 자유화 프로젝트는 자본의 경제적 자유를 확장하기 위한 기본 토대를 강화하는 동시에 노동의 경제적 자유에 대해서는 이중전략을 구현하고자 했다. 민주주의의 자유화 프로젝트는 자본과 노동의 경합 국면을 완전 자유경쟁의 원리에 입각한 시장에 적합한 방향으로 구조화하려 했는데 그 결과는 자본의 자유 확장으로 귀결될 수밖에 없었다. 자본과 노동의 자유 확장 원리가 상이하기 때문이다. 자본은 내적 속성상 다른 자본과의 경쟁을 그 전제로 하지만, 노동은 자신을 방어하기 위해 연대와 단결의 원리를 전제로 한다. 그런데 바로 그 연대와 단결의 원리가 완전 자유경쟁시장의 핵심 조절기제인 가격을 왜곡시킬 수 있다. 이 때문에 자본의 자유와 달리 노동의 자유를 구성하는 원리는 완전 자유경쟁시장의 장애가 된다. 그래서 완전 자유경쟁시장을 모델로 '자유화'를 추진할 경우, 자본의 자유는 확장되는 반면 노동의 자유는 축소된다.

그러나 민주주의의 자유화 프로젝트는 민주화 이후 열린 경합 국면에서 조직 노동운동의 성장으로 인해 자신의 프로젝트를 완전하게 구현할 수 없었다. 이 때문에 조직 노동운동의 일부 요구는 통합하면서 노동의 경제적 자유의 일부는 배제하는 방식으로 자신의 프로젝트를 변형해나간다. 그 핵심은 이중전략으로 구성되었다. 고숙련 노동자와 중간계급에 대한 고임금 정책이 그 하나이고 경제적 자유의 탈정치화가 다른 하나다. 임금 양보 전략은 1970년대 후반부터 자동차 산업 분야의 고숙련 노동자를 대상으로 시작되었는데 이 전략이 민주화 이후 경합 국면을 거치며 대기업 중심의 고숙련 노동자와 중간계급 일반에까지 확장되었다. 여기엔 '기업복지'로 알려진 기업의 복리 후생 제도 강화도 포함된다. 기업복지는 1990년을 거치며 대기업 중심으로 전면 발전했다(김미경, 2018: 83~84). 이유는 다음 두 가지로 요약할 수 있다. "첫째, 대기업에는 구조적인 이유로 인해 노동조합에 유리한 조직 조건 및 투쟁 조건이 형성되어 있었다. 둘째, 재벌의 이윤 마진은 중소기업의 이윤 마진보다 훨씬 더 컸다(하이데, 2000: 19~20)." 그러면서 임금 양보의 비용을 보완하기 위해 기계화와 자동화, 그리고 정보화 등의 산업혁신 속도를 더욱 높이는 동시에 중소기업과 그 외의 노동집단에 자신의 비용을 외부화하는 전략을 추진했다.

이와 함께 경제적 자유의 '탈정치화'가 함께 진행된다. 경제적 자유의 탈정치화란 노동의 경제적 자유를 임금 양보를 통한 [노동-보상] 체계의 관점에서만 접근하고, 노동의 자유 실현을 위해 필수적인 결사와 정치의 자유를 억압하는 과정을 말한다. 민주화 이후 국가는 노동 배제 전략을 계속해서 추구했다. 물론 과거처럼 개별 기업의 노사관계에 직접 개입하는 방식은 감소했지만, 자본의 노동 통제를 간접 후원하거나 공권력 개입으로 자본과 노동의 관계를 일시 조정하는 방식을 유지했다. 이 때문에 노동의 경제적 자유의 핵심 차원인 노동조합 결사의 자유 혹은 이에 준하는 다양한 결사의 자유는 법적으로 보장된다고 하더라도 매우 허약했다. 민주주의의 자유화 프로젝트는 국가에 대한 자본의 종속은 해체하면서 노동의 국가에 대한 종속은 유지 강화하는 전략을 구사했다. 이 때문에 노동조합운동은 자유를 보장받았지만, 그 자유의 실현을 위한 다양한 활동에 중대한 제약을 받았다. 이와 함께 노동의 경제적 자유는 임금 상승 운동 혹은 노동조건의 영역으로 한정되어야 했고, 경제적 자유의 확장을 위한 정치적 자유와의 결합 곧 정치운동으로의 전환은 억압되었다.

민주주의의 자유화 프로젝트는 지구화와 결합하면서 그리고 1990년대 중후반 한국경제 위기로 인해 강화되었다. 지구화라는 조건에서 한국 자유민주주의는 국제자본의 요구에 직면했다. 국제자본은 한국 상품시장과 자본시장을 개방할 것과 이에 대한 국가 개입의 축소를 요구했다. 또한 지구화의 조건은 한국 자본들의 경쟁 관계를 전 지구적으로 확장하는 계기가 됐다. 변화된 지형에 적응할 수 있는 자본의 전략이 필요했고 자본은 이에 따라 국가 정책 체제의 변형을 요구했다. 그 핵심에 노동시장의 유연화가 존재했다. 변화된 조건에 적응하기 위해서는 구조조정이 일상화되어야만 했고 이는 노동시장의 유연성을 확보하지 않고서는 불가능한 것이었기 때문이다. 이런 요구는 1990년대 초반부터 등장했다. 한국경제의 발전을 이끈 노동집약적 제조업과 수출지향 산업화가 1990년대 초반을 거치며 유효성을 상실했기 때문이다. 자본은 변화된 조건에 적합한 방향으로 기업과 산업의 구조를 조정해야 할 압박을 받았다. 그래서 이미 1991년에는 대법원 판례를 통해 경영상의 이유에 의한 정리해고가 인정되었다(장혜현, 2010: 208~209).

그러나 이를 위해서는 노동법 개정이 필요했다. 자유민주주의의 노동 공공성 확보를 위해 형성된 노동법 원리와 노동시장 유연성 원리는 서로 충돌하기 때문에 이 과정은 격렬한 갈등을 불러일으켰다. 1996년 12월의 노동법 개정 시도는 조직 노동운동의 저항에 직면해 실패하게 된다. 구해근은 1996년 12월 총파업에 대해 다음과 같이 말했다. "총파업은 경제적 투쟁이라기보다는 정치적 투쟁이었고, 투쟁의 대상은 개별 자본가들이 아니라 국가였다(구해근, 2002: 20)." 하지만 민주주의의 자유화 요구들은 1997년 경제위기를 매개로 1998년 법-제도로 구체화한다. 1987년에서 1997년까지의 10년은 87년 민주화 과정이 열어낸 공간 안에서 "조직노동의 노동시장 민주화 요구와 개별적 근로관계에서 노동보호적 조항의 철폐를 통해 노동시장의 유연화를 꾀하려는 자본의 요구가 상호 충돌한 민주화와 유연화의 대립과정"(이종선, 2002: 26)이었다. 1996년 12월 노동법과 국가보안법 개정 시도, 1997년 경제위기 그리고 1998년 2월에 이루어진 노동법 개정 국면은 민주주의의 자유화 프로젝트가 민주화 이후 열린 경제적 자유의 경합공간에서 주도적 위치를 점유했음을 보여주는 국면이었다. 권위주의 내부에서 출현한 자본의 경제적 자유 확장을 위한 요구가 10년 만에 민주주의의 자유화 프로젝트로 경제적 자유의 헤게모니를 점유한 것이다. 따라서 1998년 이후의 질서는 그 이전의 질서와 매우 다를 수밖에 없었다.

한국 민주주의의 자유화 프로젝트가 1998년 2월 정리해고를 가능하게 하는 노동법 개정 국면을 통해 헤게모니적 위치를 확보했다는 것은 중요하다. 비록 긴급한 경영상의 필요라는 제한이 붙기는 했지만, 정리해고 실현이라는 목표 안에 민주주의의 자유화 프로젝트와 노동시장과의 관계가 응축해 표현되기 때문이다. 노동시장의 유연화는 임금, 노동투입량, 기능성의 차원에서 다양하게 이루어질 수 있다. 그런데 한국 노동시장의 유연화는 이중 노동투입량을 감소시키거나 혹은 노동비용을 절감하기 위한 '수량적 유연화'의 경로를 선택(장혜현, 2010: 208)했고, 이 때문에 '해고' 문제가 중심 전략으로 부상할 수밖에 없었다. 곧 민주주의의 자유화 프로젝트의 노동시장 개입 방향은 자본의 경제적 자유 확장을 위한 해고 실현이었다. 2015년 노동시장 개혁이라는 이름으로 박근혜 정부에서 추진된 '일반해고'는 바로 이런 전략이 한 걸음 더 자신의 이상에 접근한 것으로 파악해야 한다. 1998년 정리해고는 긴급한 경영상의 필요라는 제약이 있었지만, 2015년 일반해고는 그런 제약을 벗어나 평가를 기초로 노동자를 해고할 수 있는 권한을 기업이 가질 수 있게 했다. 이에 따라 이제 기업은 고용의 의무에서 해고의 권리로 활동 원리를 완전히 변경할 수 있게 되었다.

민주주의의 자유화 프로젝트의 노동시장 전략의 자기이상은 노동시장이 완전 자유경쟁의 원리에 따라 작동하는 것이다. 이런 관점에서 현재 노동사회의 위기를 노동시장의 더욱더 철저한 시장화를 통해 해결하려 한다. 한국 고용계약의 경직성을 시장의 원리를 통해 유연화하면 노동시장 자체 동학으로 노동의 효율적인 분배가 가능해지고 이에 따라 현대 노동사회의 중심 문제인 고용 문제가 해결된다고 보기 때문이다. 달리 말하면 지금의 위기는 노동사회 그 자체의 위기가 아니라 노동을 공급하고 분배하는 노동시장의 왜곡으로부터 발생한 문제로 치환된다. 이때 왜곡의 척도는 완전 자유경쟁시장이다.[109] 그러나 피케티의 분석처럼 "노동시장은 자연적이고 불변적인 메커니즘과 확고한 기술적 요인들에 의해 전적으로 결정되는 수학적이고 추상적인 관념이 아니라 특정한 규칙과 타협에 근거한 하나의 사회적 구조이며, 이러한 특징이 다른 시장들보다 훨씬 더 강하다(피케티, 2015: 370)." 민주주의의 자유화 프로젝트는 이를 역전한다. 곧 노동시장을 사회구조가 아니라 수학적이고 추상적인 관념으로 되돌리고자 한다.

이에 노동시장이 완전 자유경쟁시장으로 작동하는 것을 방해하는 모든 규제와 통제 그리고 외적 개입 요소들을 제거하려 한다. 노동시장에 직접 개입하는 것이 아니라 노동시장의 조건들에 개입하는 것이 신자유주의에 기초한 민주주의의 자유화 프로젝트의 기본 구조다. 노동시장 내에서 완전한 자유경쟁을 창출하는 데 필요한 조건을 갖추기 위해 전체 사회의 규칙들과 제도에 개입하고, 경쟁을 유지

---

109 이런 관점이 나오는 이유는 노동을 완전히 경쟁적인 시장에서 이루어지는 경제적 교환의 대상 곧 상품과 동일시하기 때문이다.

하는 데 효과적인 법 제도를 직접 창출한다(요시유키, 2014: 40~41).[110] 이제 노동조합의 임금협상, 내부 노동시장의 방어, 국가의 노동 보호, 최저임금제도 등과 같이 기존 자유민주주의가 노동의 공공성을 지키기 위해 도입하고 허용했던 모든 제도가 공격의 대상이 된다.[111] 이는 노동시장에 투입되는 노동력을 오직 가격 메커니즘에 의해 작동하는 순수한 상품으로 만들기 위함이다. 완전 자유경쟁시장은 노동력이 순수한 상품이 되었을 때만 왜곡되지 않기 때문이다. 따라서 민주주의의 자유화 프로젝트는 인간의 노동력과 상품과의 차이를 무력화한다. 즉 노동력이 다른 상품이나 서비스 생산과 같이 취급된다. 그래서 "맥주, 컴퓨터, 다른 상품들과 마찬가지로 일 역시 비인격적인 공급과 수요의 원칙에 따라 분배"되어야 한다. 노동시장이 이처럼 비인격적인 원칙에 따라 움직일 때, 노동시장은 정상화되고 노동이 최적의 상태로 분배되며 경제적인 부가 극대화된다.[112] 이에 민주주의

---

110 이 부분은 사토 요시유키(2014)의 신자유주의 통치성의 분석에서 배운 내용이다. 푸코의 『생명관리정치의 탄생』을 다시 읽으며 사토 요시유키는 고전적 자유주의와 신자유주의의 핵심적인 차이를 다시 강조한다. 경쟁은 시장의 자연적인 구조가 아니라 시장의 조건 창출을 통해 부과되어야 할 하나의 통치 원리라는 것이다.

111 이런 점에서 민주주의의 자유화 프로젝트 혹은 민주주의의 신자유주의화 프로젝트의 핵심은 조직노동의 해체라고 말할 수 있다. 폴 메이슨은 다음과 같이 말하기도 했다. "오늘날 젊은 세대의 눈에는 신자유주의의 결과만 보이기 때문에 노동자들의 협상력 파괴가 신자유주의의 핵심 목표라는 사실을 놓치기 쉽다. 협상력 파괴는 다른 모든 목표를 달성하기 위한 수단이기도 했다. 신자유주의 핵심 교리는 자유시장이 아니다. 긴축재정도 아니고, 화폐의 건전성도 아니고, 민영화와 생산기지 이전도 아니다. 세계화도 핵심이 아니다. 이 모든 것은 신자유주의가 중요시하는 목표의 부산물 또는 무기일 따름이다. 그 목표는 조직된 노동자들을 방정식에서 빼버리는 것이다."(폴 메이슨, 2017: 175)

112 다음과 같은 존 버드의 설명을 참조하자. "주류 경제학에서 일을 수요와 공급 법칙의 지배를 받는 통상적인 상품으로 다루는 것은 주류 경제학이 스스로를 희소한 자원 분배 문제를 다루는 가치 중립적이고 이데올로기에서 자유로운 과학적 학문이라고 여기기 때문이다."(버드, 2016: 96)

의 자유화 프로젝트는 경제 발전과 성장을 위한 유일한 대책으로 옹호되고 정당화된다. 국가의 부는 완전 자유경쟁시장으로부터 도출되고, 완전 자유경쟁시장은 이런 부를 결국 모든 이의 부로 자연스럽게 이동시킬 것이라고 이 프로젝트는 본다. 이것이 이른바 '낙숫물 효과 trickle-down effect'다.

이 과정에서 '노동의 공공성' 개념이 해체되고 역전이 발생한다. 고용 창출 능력을 지닌 기업 활동 자체가 전체 국가를 위한 활동으로 인정되기 때문이다. 노동의 공공성이 민주주의의 자유화 프로젝트를 매개로 자본의 공공성으로 전도된 것이다. 이는 "기업이라는 특수 이익 추구 조직이 공공성을 감당할 수 있다고 보는 시각"(김동춘, 2006: 16)이다. 기업 성장이 국가 발전의 원동력이자 고용 창출 원천으로 동일시되면서 전체 사회를 "기업하기 좋은 나라"로 재구조화하기 위한 국가와 자본의 동맹이 강화되었다. 이전에도 이와 같은 주장들이 존재했지만, 가장 분명한 표현은 1993년 12월 아태경제협력체APEC 정상회담에 참여한 당시 김영삼 대통령의 입에서 나왔다. 김영삼 대통령은 이 회담에서 "한국을 세계에서 가장 기업하기 좋은 나라로 만들겠다"고 말했다.[113] 이후 '기업하기 좋은 나라'는 국정운영 기조로 자리 잡고, 1997년 경제위기를 매개로 되돌릴 수 없는 동의를 확보했다. 그 결과 기업의 투자 활동 규제를 완화하는 것이 전 국민의 '공공성'과 연결되고 기업의 '환경'인 전체 사회를 기업 운동에 최적화된 조건으로 변화시키려는 시도가 전개된다. 김동춘은 이런 변화를 한국사회의 '기업사회'로의 변화라고 분석하며 비판한 바 있다(김동춘,

---

113 "파격적 조건 제시 외국 기업에 손짓", 동아일보, 1994. 5. 20.

2006).

그러나 이 프로젝트의 결과는 고용 창출이 아닌 노동시장과 완전 자유경쟁의 결합으로 인한 시민경쟁의 가속화와 노동시장의 이중화였다. 데이비드 하비가 분석한 것처럼 "자본은 그 활동에 수익성이 있을 경우에만 일자리 창출에 재투자한다(하비, 2014: 258)." 자본은 남은 현금을 투자하지 않고 그대로 보유하거나 투기적인 성과를 얻기 위해 주식시장이나 부동산시장, 혹은 자산구매나 불안정한 신규 금융수단을 통해 투기로 활용하는 경향이 강했다. 더욱 큰 문제는 "생산에 투자하더라도 일자리 창출이 아닌 노동 절감 기술에 투자하여 오히려 실업을 양산"(하비, 2014: 258)하는 역할을 한 것이다. 이런 조건에서는 모든 이가 단지 상품으로서만 노동시장에 진입해야 하므로 노동하는 시민 간의 광폭한 경쟁을 촉발할 수밖에 없었다. 노동력을 순수한 상품으로 만들기 위해서는 노동과 노동의 연대를 파괴해야 하기 때문이다. 민주주의의 자유화 프로젝트는 이런 경쟁이 자본주의의 역동성을 만든다고 말했지만, 실제 결과는 모든 유형의 지속적인 관계 박탈이었다. 곧 노동 주체들 간의 경쟁은 단지 노동시장 내 경쟁으로 제한되지 않고 일상생활 안에서 타자와의 교류 전체를 규정하는 원리로 부상했다. 이 때문에 노동하는 인민 간의 경쟁은 인민과 인민의 결합 관계를 외면적이고 잠정적인 관계로 바꿀 수밖에 없다. 바꿔 말하면 '시민사회'를 그 내부로부터 파괴한다.

또한 민주주의의 자유화 프로젝트는 기존 노동시장 내부에서 안정적인 위치를 차지하던 대기업군, 자산소득자, 경영 및 지식산업 분야 전문가의 부는 증대시킨 반면, 중소기업과 영세산업 그리고 서비스산업에 종사하는 이들의 부는 박탈했다. 동시에 비정규직 노동과 정규직 노동이 중첩되면서 한국 노동시장은 이중화되었다. 노동시장의 이중화란 1차 부문 시장과 2차 부문 시장으로 노동시장이 분절되는 것을 말한다. "즉 기업 내부 관리 체계에 의해 시장경쟁으로부터 보호받는 일단의 노동자 그룹이 존재하는 반면, 또 다른 일단의 노동자 그룹은 다른 노동시장에 편입되어 유리한 노동지위를 보장하는 노동시장으로의 이동에 제약을 받고 상대적으로 낮은 임금, 불안정한 고용 상황을 감수해야 한다(장혜현, 2010: 223)." 더욱 큰 문제는 두 노동시장의 분절 정도가 커서 노동시장이 양극화[114]되는 동시에 2차 부문에서 1차 부문으로의 이동이 매우 어렵다는 것이다. 이에 2차 부문 노동시장에 종속된 노동자는 2차 부문에서 평생을 보낼 가능성이 그 어느 때보다 증가한다. 이러한 이중화는 특히 한국의 노동조합운동 배치로 인해 더욱 가속화되었다. 대기업군 중심으로 조직된 노동조합들은 전체 노동시장의 유연화를 막아낼 힘은 없었지만, 개별 기업 내부의 노동시장을 방어할 수 있는 정도는 되었다. 이에 따라 노동조합운동 주변부나 노동조합과 결합하지 못한 노동 영역은 더욱더 열악한 노동조건에 처할 수밖에 없었다. 그 결과 2차 노동시장의 주변부 집단과 노동시장의 외부로 추방되는 이들에게 한층 가혹한 노동시장의 구조가 만들어졌다. 여성, 파견직 노동자, 저학력 고령 노동자, 외국인 노동자들은 주변부 노동시장에서 열악한 노동조건으로 저임금 장시간 노동구조에 종속되었다. 또한 실업자, 은퇴자 등과 같이 노동시장 외부로 배제되는 이들은 그보다도 더욱 열악한 조건에 직면했

---

114 이 때문에 노동시장의 양극화에 대응하기 위한 많은 연구가 이루어졌다. 내가 참고한 연구로는 황종률(2010).

다. 이 때문에 '자기 파괴적 거래'가 확산된다. "자기 파괴적 거래란 거래의 결과가 미래의 경제적 전망을 현저하게 악화시키는 거래를 말한다. 아동노동을 비롯해 경제적 궁핍에 의한 성매매나 장기 매매, 고리사채 등이 이에 해당한다."(유종일, 2011: 227) 즉 노동시장 외부로 배제되었기 때문에 극단적인 선택을 하는 것이다. 이런 현실은 노동시장의 외부에선 주변부를 열망하고 주변부에선 중심부를 열망하는 구조를 만들었다.

민주주의의 민주화 프로젝트는 이와 달리 노동시장에 "노동하는 시민"의 입장에서 개입하고자 한다. 노동하는 시민의 관점에서 접근한다는 것은 노동을 모든 시민의 보편적 권리의 차원 곧 '시민권'의 차원에서 접근한다는 것이다. 노동과 보편적 권리를 연동하는 바로 이 점이 민주주의의 민주화 프로젝트의 핵심 요소라고 할 수 있다. 민주화 프로젝트의 이런 접근은 다수의 인민이 정치공동체의 구성원으로서 권리를 갖는 주체인 동시에 자본주의에서 특정한 위치를 점유한 노동 주체라는 이중의 관점에 기반을 둔 것이다. 그래서 다수 인민의 일상생활에 가장 많은 영향을 미치는 노동 생활의 문제가 민주주의 정치과정을 통해 하나의 보편적인 권리로 제도화되어야만 노동 주체로서의 시민의 일상생활 전체가 방어될 수 있다고 이 프로젝트는 말한다. "시민권은 배고플 때 먹지 못하거나 자신의 존엄성을 보장하기에 충분한 물질적 여건 속에서 살지 못하는 사람에게는 의미가 없다"라고 말할 수 있기 때문이다(슈나페르, 2001: 197).

노동과 시민권의 이런 강한 관계를 전제로, 민주주의의 민주화 프로젝트는 자유민주주의가 주창하는 자유와 평등의 권리를 정치의 차원을 넘어 경제의 차원으로 확장할 것을 요구한다. 이런 인식은 유럽 자유민주주의 발전 과정과의 비교를 통해 더욱 구체성을 획득한다. T. H. 마셜의 시민권 이론은 이의 준거가 된다.[115] 비록 T. H. 마셜의 이론이 단계적 순서를 따라 발전하는 진화론적 도식 때문에 구성되어 있고, 노동계급의 조직 노동운동을 통해 발전한 영국의 역사적 사례에 준거한다는 제한이 있지만, "노동의 사회적 통합과 사회 정의의 구현이라는 관점에서 보편성을 갖는 하나의 패러다임적 이론"의 위상을 부여받는다(최장집, 2009: 145). 패러다임적 인식은 노동과 시민권을 연결하는 이런 인식이 한국 현실에 대한 진단이자 동시에 문제의 해결 방안을 제시한다. 유럽의 자유민주주의 발전 과정, 특히 시민권의 발전 과정과 비교할 때 이 점은 보다 구체화된다. "한국 사회에서는 시민적 권리와 정치적 권리로서의 참정권은 존재하지만, 사회경제적 권리에 대한 관념은 거의 존재하지 않"기 때문이다(최장집, 2009: 145). 이 문제의 가장 직접적인 원인은 "노동자들을 중심으로 하는 하층 집단이 하나의 계급집단을 형성하면서 투쟁을 통해 정치적 권리를 획득하는 과정이 생략"(최장집, 2009: 146)되었기 때문이다. 이 때문에 민주주의의 민주화 프로젝트는 ① 노동정치의 강화 ② 정치적 권리와 경제 과정의 결합 방향을 대안으로 제시한다.

곧 이 프로젝트는 정치와 경제의 두 차원에서 이원론적으로 나타난다. 정치의 차원은 민주주의의 민주화 프로젝트 자체를 노동정치의 매개 없이 현실화할 수 없다는 인식에서 도출되는 결과이지만, 단지 이것만은 아니다. 현재 노동사회의 위기가 정치적 결정의 산물임

---

115 이런 인식의 원형과 개념은 '산업시민권industrial citizenship'과 연결되어 있다. 이 배후에 자본주의에 대한 다원주의 접근 방법이 존재한다.

을 전제하기 때문이다. 달리 말하면 같은 구조적 위기에 직면하더라도 각국이 처한 정치 조건에 따라 위기에 대응하는 정책 대안들의 집합은 달라질 수 있다. 이에 따라 구조적 위기가 발현되는 정도와 그 결과 역시 달라진다. 곧 현재의 위기는 이런 점에서 무엇보다 정치의 위기 혹은 자유민주주의의 위기로 파악된다. 이런 자유민주주의의 위기를 민주주의의 민주화 프로젝트는 "노동 없는 민주주의"로 규정한다. "노동 없는 민주주의"란 민주주의를 통해 노동하는 시민의 이해와 요구가 반영되지 못하는 현실을 가리킨다. 이에 따라 노동 배제적인 전체 사회의 질서가 창출되고 노동사회의 위기가 증폭된다는 것이다. 일반 시민은 노동하는 시민이었지만, 노동을 중심으로 결사를 형성하기 어려우며, 결사들은 민주주의의 중요 행위자로 부상하지 못하고 있다는 것이 이 프로젝트의 핵심 인식이다. 노동을 배제하는 권위주의 구조가 민주화 이후에도 유지 존속되었다는 데에 핵심적인 문제가 있다. "법·제도적 차원의 일정한 변화에도 불구하고, 의식적 차원에 있어서나 노동이 참여할 수 있는 정책 결정의 범위나 의제에 있어서 실질적인 변화가 나타나지 않았다."(최장집, 2002: 178)

따라서 정치의 차원에서 민주주의의 민주화는 노동과 민주주의의 결합을 매개하기 위한 노동정치 프로젝트를 옹호한다. 이를 "노동 없는 민주주의"에서 "노동 있는 민주주의"로의 이행 전략이라고 말한다면 그 구체적인 내용은 노동의 민주적 참여 확대를 통해 실현되어야 한다. 노동하는 시민은 전체 사회의 노동을 조직하는 방식에 관해 시민으로서 참여하고 결정할 수 있는 권리가 보장되어야 하기 때문이다. 이는 두 방향으로 나타난다. ① 국가 차원에서 노동의 정치 참여 ② 노동 현장에 대한 참여. 곧 노동의 정치 참여는 단지 국가 정치에 대한 참여뿐만 아니라 기업 지배 구조의 민주적 변형 과정에 대한 참여, 구체적으로는 경영 참여 과정과 함께 간다.

민주주의의 민주화 프로젝트의 경제 프로젝트 내용은 노동의 정치 참여를 전제로 노동의 공공성을 방어하고 이를 확장하는 것이다. 노동의 공공성은 노동에 대한 권리와 의무의 체계를 통해 이 문제에 접근한다. 노동과 시민권의 결합은 노동의 공공성 확장을 위한 필수 요청이다. 곧 노동하는 인민의 노동에 시민권을 부여해 노동하는 인민을 노동하는 시민으로 전환하는 것이다. 동시에 이는 국가의 적극적 역할을 문제 삼는다. "민주주의의 정치적 틀에 조응하는 경제에 대한 국가의 역할이 없다면 한 사회에서 시장의 부정적 역할을 제어할 힘은 없다"고 보아야 하기 때문이다(최장집, 2002: 180). 곧 국가의 개입을 통해 노동시장을 노동의 공공성 강화라는 차원에서 민주화하는 것이다.

이런 전략은 '민주적 시장경제'라고 부를 수 있는 민주적 통제와 시장경제의 결합 모델을 원형으로 한다. 바로 이 부분이 민주주의의 민주화 프로젝트의 경제적 차원을 구성한다. 민주적 시장경제의 지향은 민주주의의 "평등"의 원리와 시장경제의 효율성을 결합하는 균형의 지점을 발견하고자 하는 것이다. 그래서 유종일은 이런 '민주적 시장경제'를 "시장경제의 효율성을 저해하지 않는 범위 내에서 평등을 실현하는 방법을 모색하는 것"(유종일, 2011: 223)이라고 요약한 바 있다. 그러나 민주적 시장경제의 해석은 매우 넓은 스펙트럼을 보여준다. 소극적인 해석은 민주적 시장경제에서 민주주의를 소극적으로 해석하고 시장경제에 더욱 적극적인 역할을 부여한다. 여기서 민주주의는 시장에 내재한 본디 속성인 자유와 경쟁의 공정성을 확보하는 방법으로 제한된다. 이런 해석은 자유경쟁의 공정성을 강조하며 외부의 개입을 제거한다면 시장경제 본래의 속성이 발현될 것이라고 말한다(유종일, 2011: 188). 이에 반해 적극적인 해석은 민주주의의 적극적 확장을 통해 ① 기회의 평등 ② 분배의 평등 ③ 참여의 평등 ④ 소유의 평등이라는 다차원적 평등을 추구한다. 중요한 점은 이런 적극적인 해석 안에서 민주적 시장경제가 현재의 자본주의 시장경제를 전제로 하지만, 자본주의와 시장경제를 구별하고 비자본주의적 시장경제로의 방향으로 강화될 수도 있다는 점이다. "장기적으로 민주적 특성이 강화되면 자본주의를 극복한 시장경제를 구현할 수도 있을 것이다."(유종일, 2011: 223) 따라서 미래는 열려 있는 모델이지만, 그 출발은 자본주의 시장경제 내부에서 평등의 원리를 확장하는 것이 된다. 민주적 시장경제의 이런 넓은 스펙트럼으로 인해 내부에서 공통의 요소를 추출할 때 남는 것은 민주주의와 시장경제의 융합이라는 기본 원리뿐일 수도 있다. 그런데도 불공정 경쟁과 불평등을 교정하기 위한 민주적 개입 양식을 옹호한다는 공통의 기반을 확인할 수는 있다.

민주주의의 민주화 프로젝트에서 불안정고용 관계의 일반화는 바로 이런 균형의 지점을 벗어난 탈구 혹은 왜곡의 문제로 나타난다. 이에 자본의 요구와 노동 요구의 타협을 통해 이를 다시 균형의 지점으로 돌리고자 한다. 이런 지향하에서 민주주의의 민주화 프로젝트의 노동시장 개입전략은 보호받지 못하는 노동에 권리를 부여할 수 있는 대안적 고용 관계의 창출이 된다. 곧 위기에 처한 과거의 표준 고용 관계Standard Employment Relationship를 대체할 새로운 관계의 재구성이 그 핵심 전략이다. 표준 고용 관계란 한 사회에서 고용주와 노동자의 관계를 규정하는 역사적이고 사회적인 규칙과 법, 제도의 총체로서 고용주와 노동자 모두에게 부과되는 계약 패러다임이라고 할 수 있다.

표준 고용 관계는 전체 사회의 고용 관계를 규정하기 때문에 권리로서 보호받을 수 있는 노동의 범위와 그 권리의 강도를 정한다. 이 안에는 ① 사용자 행위에 대한 제한 ② 고용 기간의 지속성 ③ 노동시간 및 소득의 보장 ④ 종업원의 공정한 대우와 발언 메커니즘의 제공 등의 내용이 포함되어 있다(러버리, 2016: 18). 그런데 비표준 노동의 부상은 표준 고용 관계의 외부를 확장하여 이를 무력화하거나 혹은 내부자들만의 표준체계로 한정하는 효과를 만들었다. ① 고용 및 사회보험의 범위가 점차 좁아지고 있는 것 ② 책임 있는 사용자를 특정하고 효과적으로 규제하는 것의 어려움 ③ 부불 돌봄 노동에 대한 가치 부여의 결여 ④ 주변부에서 일하는 사람들에 대한 인권 박탈의 증가 등이 그것이다(러버리, 2016: 7). 민주주의의 민주화 프로젝트는 표준 고용 관계의 포기 대신 바로 이 표준 고용 관계의 재구성을 통해 노동과 권리의 재결합을 추진한다.[116] 포괄적 노동시장을 위한 재규제의 필요성을 주장한 질 러버리Jill Rubery의 표현을 빌린다면, 사용자와 고용 관행의 지속적인 중심성을 확인하면서 표준 고용 관계의 배제 문제에 좀 더 야심차게 대응할 수 있는 고용 정책과 더 보편적인 사회적 보호 정책을 추진하는 것이다(러버리, 2016: 10).

표준 고용 관계의 포괄적 재규정은 세 방향에서 전개된다. 하나는 전체 피고용자의 90% 정도를 흡수한 중소기업 중심으로 고용체계를 발전시키는 것(최장집, 2006: 159~160)이고, 다른 하나는 비정규직, 특

---

116 이런 문제의식을 보여주는 글로는 질 러버리(2016), 이철(2015), 이주희(2012) 참조.

수고용직 등과 같이 기존 노동권으로 보장되지 않는 노동을 보호할 권리 유형을 창안하는 것이다. 이때 표준 고용 관계의 재구성은 시민권의 확대재구성을 위한 필수 전제이기도 하다. 보호할 수 있는 노동과 보호받지 못하는 노동의 영역을 바로 노동의 시민권이 구획하기 때문이다. 이에 기초하는 더 보편적인 사회적 보호의 창출은 그 세 번째 방향이라고 할 수 있다.

민주주의의 민주화 프로젝트가 정치와 경제의 두 차원에서 전개된다는 점은 매우 중요하다. 이 점이 민주주의의 자유화 프로젝트와 민주화 프로젝트의 핵심 차이이기 때문이다. 민주주의의 자유화 프로젝트는 정치적 개입 자체를 노동시장을 왜곡시키는 외부적인 힘으로 판단하기 때문에 노동시장과 모든 유형의 정치 결합에 반대한다. 더 나아가 노동시장을 '탈정치화'하고자 한다. 따라서 자유화 프로젝트에서 노동시장은 결정에서 벗어난 대상으로 남아야 한다. 우리의 '결정' 외부에서 노동시장이 오직 가격 메커니즘으로 작동하기를 바라기 때문이다. 그러나 민주주의의 민주화는 노동과 민주정치의 결합을 지향한다. 민주화 프로젝트는 민주정치를 우선하고, 바로 그 민주정치에 개입해 노동시장을 정치적으로 조정하고자 한다. 이 때문에 권리문제가 중요한 담론으로 부상한다. '권리' 동학으로 노동시장의 작동을 통제하려는 것이다. 이런 관점에서 본다면 노동시장과 민주권리는 현재 전쟁 중이다.

민주주의의 민주화 프로젝트는 1997년 경제위기와 1997년 이루어진 보수주의 정당으로부터 자유주의 정당으로의 수평적 정권교체 즉 김대중 정부 수립 이후 이를 비판하며 본격적으로 등장했다. 주의할 점은 민주주의의 민주화 프로젝트를 구성하는 요소들이 1997년 이

전부터 '경제민주화' 운동 혹은 '경제정의' 운동의 형태로 존속해왔다는 점이다. 빈부격차를 만드는 경제적 불평등의 정의로운 전환에 대한 요구는 1945년 해방 이후 계속 분출한 운동의 중심 요구였다. 이런 요구들은 권위주의체제 아래 진행된 자본주의 산업화의 불균등 발전 구조에 대항하며 민주화의 요구와 경제의 정의로운 전환이 융합하는 국면으로 발전했다. 이 담론 구조에서 민주화는 경제의 정의로운 전환을 위한 전제조건이자 핵심 수단으로 자리매김했다. 특이한 점은 1980년 5월 광주항쟁을 계기로 한국사회의 근본 모순을 혁명으로 해결하고자 하는 운동 영역이 급성장하면서 근본적이고 급진적인 경제평등주의 요소가 이 범주의 운동 안에 도입되었다는 점이다. 이에 따라 1960~70년대 이후 성장해온 경제민주화 및 경제정의 운동과 1980년대 이후 급성장한 근본적이고 급진적인 경제평등주의 요소가 내적으로 대립하면서도 외적으로는 권위주의체제에 함께 대항하는 이중전선이 구성된다.

이런 조건에서 1987년 민주화는 경제민주화와 경제정의 운동의 공간을 확장한 동시에 이것들을 근본적이고 급진적인 경제평등주의로부터 분리하는 효과를 발생시켰다. 민주화 이후 민주주의는 한국 민주화 이행 구조가 부여하는 제약 속에서도 정치에 대한 개입을 통해 경제 환경을 바꿀 가능성을 만들어냈고, 이런 가능성의 공간에 대한 개입은 다른 세력과 경합할 수 있는 구체적인 대안과 정책들을 요구했다. 곧 민주화 이후 민주주의를 통해 복원된 민주정치의 공간은 정책 기반 정치경쟁의 구도를 강화했다. 이런 변화된 조건에 대응해 경제민주화와 경제정의 운동이 시민운동과 학술운동의 유형으로 능동적인 전환을 이룬 데 반해, 근본적이고 급진적인 경제평등주의를 주창하는 혁명운동 계열은 전환에 실패했다. 근본적이고 급진적인 경제평등주의의 실현이란 목표가 현실과 분리된 이론의 언어로만 존재했기 때문이다. 그리고 이론의 언어는 현실의 대중과 결합할 수 있는 형태로 전환되기가 거의 불가능했다. 이런 내적 제약과 더불어 1989년 이후 동유럽 사회주의와 제3세계 민족사회주의의 몰락 및 왜곡이 가시화되는 외적 제약이 함께 나타났다. 이런 외적 변화는 혁명운동 계열의 이념과 목표에 대한 급속한 신뢰 저하 및 대중과의 분리 과정을 촉발했고, 그 결과 혁명운동 계열은 민주화 이후 민주주의 공간에서 급속히 약화할 수밖에 없었다. 이는 역으로 비록 대중과 분리된 수인의 언어 형식이기는 하지만, 자본주의와 시장경제에 대한 근본적인 대안을 추구하던 운동의 주변화를 의미하는 것이다. 이에 따라 민주화 이후 민주주의라는 공간에서 경제민주화와 경제정의 운동이 중심 대안으로 부상했다. 곧 권위주의와 사회주의라는 두 개의 대립항과 단절하며 민주주의와 시장경제의 결합을 모색하는 방향이 강화된 것이다.

이런 과정은 민주화 이후 노동운동에서 그대로 반복된다. 이 반복은 일종의 자기분열증 요소를 내포하고 있었다. 노동운동이 채택한 담론 상에서는 혁명운동의 요소가 존속했지만, 실제 민주화가 열어낸 공간에서 노동운동이 제기하는 요구들은 경제민주화와 경제정의 운동의 차원으로 한정되고 있었기 때문이다. 1970년대 활성화된 민주노조운동[117]을 그 모태로 하는 한국 노동운동은 1980년대를 거치

---

117 민주노조에 대한 김원의 다음과 같은 설명을 참조하자. "민주노조는 1960년대와 다른 새로운 유형의 노동조합으로, 1970년대에 새롭게 나타난 조직이었다."(김원, 2006: 383)

며 혁명운동 계열과 밀접하게 연결되어 있었다. 그러나 민주화 이후 열린 경합 국면에서 노동운동의 중심 방향은 과거 권위주의체제에서 억압되었던 민주노조운동의 기본 요구 곧 노동의 기본적인 경제적 자유와 권리의 확보에 집중될 수밖에 없었다. 이런 경향은 한국의 노동운동이 기업별 노조를 기반으로 한다는 점 때문에 더욱 강화되었다. 노동운동은 기업 단위의 임금 인상과 노동조건 향상, 고용 안정을 확보하는 데 일정한 역할을 할 수 있었지만, 전체 임금노동을 대표하는 '계급정치'의 행위자로서 자신을 규정하는 데는 한계를 보일 수밖에 없었기 때문이다. 계급정치를 핵심으로 하는 혁명적 담론과 달리 현실은 개별 기업 단위로 분산적이고 파편화된 형태였고 한국 노동운동은 노동 상황의 개선을 위한 과정에 몰입할 수밖에 없었다. 이에 따라 노동운동의 실천과 이론 사이에 균열이 발생하고 그 틈새가 점점 커지는 국면이 나타났다. 이런 균열의 확대 과정은 노동운동 내부에서 개혁주의 계열의 부상과 그 개혁의 실현을 위한 구체적 정책 생산 옹호 기반을 강화한다. 이는 이론과 실천을 타협시켜 나가는 과정이었다. 그러나 이런 이론과 실천의 타협은 1980년대 후반 등장한 경제민주화와 경제정의 운동보다 매우 늦은 1990년대 중후반에 들어서면서 본격화된다.

따라서 민주주의의 자유화 프로젝트와 1987년 이후 1997년까지 10년간 경합 국면을 형성한 주체는 시민운동과 학술운동에 기반을 둔 경제민주화와 경제정의 운동 계열이었다. 이런 경합 국면은 1997년에 동시에 발생한 민주당-계열 정부로의 수평적 정권교체 곧 김대중 정부의 등장과 경제위기로 인해 모순적으로 종합된다. 1997년 촉발된 경제위기는 민주주의의 자유화 프로젝트를 민주당-계열 정부가 수용하게 했다. 그러나 경제민주화와 경제정의 운동은 민주당—계열 중앙정부의 지지기반을 구성하고 있었기 때문에 민주주의의 자유화 프로젝트는 두 요구의 계열을 교환하는 방식으로 수용되었다. 곧 정리해고 중심의 노동 유연성 확보 요구와 민주노조운동의 오랜 염원인 노동기본권 대폭 확대를 교환하는 방식의 타협체계 구축이다. 또한 이 과정에서 발생할 수 있는 문제를 보완하기 위해 국가의 사회안전망 구축 전략을 결합하고자 했다. 이는 상호 갈등적인 요소들을 통합하는 질서였다. 그러나 그 통합력은 매우 약했고 노동의 유연성 확보를 중심으로 하는 민주주의의 자유화 프로젝트가 정책 체제에서 헤게모니를 차지한다. 이런 구조는 김대중 정부를 계승한 노무현 정부에서도 유지 존속된다.

문제는 단지 유지 존속만이 아니라 민주당—계열 정부하에서 민주주의의 자유화 프로젝트가 전면화되었다는 점이다. 중요한 점은 이런 민주주의의 자유화 프로젝트가 영미식의 신자유주의 유형 자본주의로의 전환을 의미하는 것은 아니라는 점이다. 이 과정은 "영미식 신자유주의 원리에 과거 박정희식 생산체제를 접합한, 그야말로 새로운 형태의 한국적 경제체제"였다(최장집, 2006: 20). 민주화 운동을 계승한 정부가 구성되었지만, 그 중심 정책 체제가 민주주의의 자유화 프로젝트가 되면서 민주화 운동과 민주화 이후 민주주의 간의 균열이 더욱 강화되었다. 이 때문에 최장집은 두 번의 민주당—계열 정부를 "민주주의를 배반한 민주 정부"(최장집, 2006: 151)라고 비판한 바 있다. 이 점이 중요한 이유는 한국 민주주의의 사회적 기반을 민주 정부 스스로 와해하는 경향을 만들었기 때문이다. 민주주의의 사회적 기반이 무너지면서 민주주의를 통해 노동의 위기에 대응할 동력을 구성하기가 더욱 어려워졌고 무엇보다 민주주의에 대한 '실망'과 '좌절'이 심화되었다. 이런 조건이 이후 신보수주의-계열 정부의 등장으로 이어진다.

그러나 이보다 더욱 중요한 점은 두 번의 민주당-계열 정부를 거치면서 노동시장의 유연화를 위해 노동과 노동의 대립을 활용하는 담론 구조가 국가에 의해 일반의 상식이 되었다는 점이다. 그 핵심에는 대기업 정규직 강성노조에 기반을 둔 '노동귀족' 요소가 존재한다. 노동귀족 담론은 "정규직 노동자들의 임금과 혜택은 비정규직과의 분배로 사실상 하향 조정되어야 하며", "기업의 노동비 부담은 전체적으로 늘지 않는 것이 좋다"는 것을 전제한다. 이런 노동귀족 담론 안에는 "노동자들의 임금과 혜택은 사회적 통념의 기준에 비춰 지나치게 높아서는 안 되고" "그들보다 못한 처지에 있는 노동자들에게 돌아갈 수 있도록 축소해야 한다는 것을 포함한다."(최장집, 2006: 154) 이의 배후에는 노동이 자신의 특수이익을 추구할 것이 아니라 전체 국가경제 발전이라는 국익에 순응해야 한다는 한국 자본주의 산업화의 노동윤리가 존재한다. "노동자의 역할은 묵묵히 기업의 이윤 창출에 봉사하고 그것이 모여 국민경제의 성장으로 이어져야 하며 여기에 장애가 될 만큼 높은 임금이어서는 안 된다"라고 보기 때문이다(최장집, 2006: 154). 이런 담론구조는 그대로 반복되어 이후 신보수주의-계열 정부의 집권하에서 더욱 탈민주적인 반노동 공세의 정당화 담론으로 활용된다.

동시에 두 번의 민주당-계열 정부의 후속으로 신보수주의-계열 정부가 집권하면서 민주당-계열 정부를 구속하던 모순적 접합체계 또한 해체된다. 이 해체는 민주주의의 자유화 프로젝트와 교환되었던 노동에 대한 권리와 국가의 사회안전망 해체로 드러난다. 이는 노동시장의 작동을 왜곡한다고 가정된 노동시장 외부의 모든 개입을 제거하려는 방향으로의 운동이라는 점에서 민주주의의 자유화 프로젝트의 더욱 완전한 실현 기회를 만들었다. 이런 과정은 노동의 경제적 자유를 축소할 수밖에 없었고, 이에 다양한 형태의 저항이 발생한다. 신보수주의 계열 정부는 이런 저항에 대해 타협보다는 억압을 선택했다. 그 결과 국가와 노동의 관계는 '탈민주화de-democratization'된다. 표출된 노동의 요구에 맞춰 국가가 행위를 하는 정도가 더욱 약해진 것이다. 노동의 요구가 통합되는 정도는 더욱 협소해졌고 노동의 요구는 자본의 요구에 비해 매우 불평등한 대우를 받았다. 또한 노동의 요구를 표출하는 과정에서 국가의 보호 수준은 아주 낮아졌다. 이에 국가와 노동 사이에 구속력 있는 상호협의mutually binding consultation는 해체되거나 형성될 수 없었다. 만들어지더라도 극단적인 비대칭성 속에서 국가의 요구를 일방적으로 부과하는 형태로 구조화되었다.[118] 이는 결국 노동과 국가의 분리가 더욱 강화되었다는 것을 말해준다.

그 결과는 민주주의 정치체제 내부와 외부의 간극 증폭이었다. "정당체계로 제도화된 정책 결정구조는 신자유주의 성장 정책에 대해 합의적인 경향을 보이는 데 반해, 이들 체제 내 정치세력을 한편으로 하고 정당체제 밖에서 대표되지 못하고 있는 노동자들을 포함한 소외 계층을 다른 한편으로 하는 양자 사이의 요구와 이익은 대립적인 구조"로 발전한 것이다(최장집, 2009: 165). 민주주의의 민주화

---

118 여기서 도입한 '탈민주화'의 개념과 이를 파악하는 네 가지 항목 ① 범위 ② 평등성 ③ 보호 ④ 구속력 있는 상호협의의 항목은 찰스 틸리(2010)의 『위기의 민주주의』에서 빌려왔다. 특히 19쪽에서 27쪽까지의 '민주주의, 민주화, 탈민주화의 요소들'을 참조했다.

프로젝트는 바로 이 대립구조의 기반을 구축한 1997년 이후 두 번의 민주당-계열 정부 비판 과정에서 등장해 탈민주화 경향이 강화되는 2000년대 중반 국면에서 대안으로 부상했다. 수평적인 정권교체로 한국 민주주의가 절차적인 수준에서 안정화 단계에 접어들었지만, 전체 사회구성원의 삶의 조건 향상에 실패하는 상황을 조건으로 삼아 출현한 것이다. 민주주의의 민주화 프로젝트는 이전부터 존속하던 경제민주화나 경제정의 운동의 요소를 내부로 통합하지만, 이전과 달리 노동과 민주주의의 결합을 전면에 배치하고 그 결합을 강화하기 위해 출현했다.[119] 이에 따라 민주주의의 자유화 프로젝트가 실제 한국의 정치와 정책 결정 구조를 지배하고 있다면, 민주주의의 민주화 프로젝트는 그 외부에서 이에 도전하는 저항과 대안의 프로젝트로 작동하고 있다.

우리는 노동시장을 완전 자유경쟁시장으로 전환하려는 민주주의의 자유화 프로젝트 그리고 이와 중첩된 탈민주화 프로젝트에 대항하여, 노동과 권리를 결합해 노동의 공공성을 방어 확장하고자 하는 민주주의의 민주화 프로젝트를 옹호해야 한다. 민주주의의 민주화 프로젝트는 민주화 이후 세계화 국면에 대응해 국가의 민주화와 시장의 민주화 그리고 시민사회의 민주화를 기본 방법으로 민주주의 발전을 위한 진단과 전략을 제공한다. 무엇보다 노동시장과 함께 민주주의가 강화되고 발전해야 할 필요성을 역설한다. 이런 인식은 자본주의와 민주주의의 갈등적 공존 상황이라는 자유민주주의의 조건

---

119 물론 "어떤 경제민주화인가?"에 따라 그 내용이 다르다. 이병천에 의하면 경제민주화에는 공정경쟁시장을 추구하는 질서자유주의적 개혁 프로젝트와, 이와는 초점이 다른 사회민주주의적이고 참여민주적인 개혁 프로젝트가 모두 존재한다(이병천, 2014: 340).

에 대한 인정에서 나오는 것이다. 민주주의는 평등을 분배하는 경향을 보이지만, 자본주의는 불평등을 분배하는 경향을 내재한다. 이런 경향들의 대립으로 인해 자유민주주의는 평등과 불평등의 갈등적 공존 상황에 적합한 정책 결정구조와 실현 가능한 정책 대안을 수립할 수 있어야 한다. 그 중심 방향은 평등 원리에 따른 자본주의의 수정이나 제약이다. "양자가 존립하기 위해서는 시장경쟁의 원리가 무제한적으로 확장될 수 없고, 경쟁의 승자인 부자들만의 이익이 극대화될 수 없도록 민주주의가 자본주의에 수정 내지 제약을 가하지 않으면 안 된다."(최장집, 2009: 140)

민주주의의 민주화 프로젝트는 이런 점에서 다양한 경향이 맞물려 진행되는 현재 국면의 탈민주화 과정에 대항하는, 실현 가능하고 능동적인 대안 패러다임을 제공한다. 민주주의의 자유화 프로젝트가 민주주의의 탈민주화를 통해 노동을 배제하는 전체 사회의 질서를 잉태한다면, 민주주의의 민주화 프로젝트는 이에 대립해 노동을 통합하는 전체 사회의 질서를 지향한다. 이 점에서 민주주의의 민주화 프로젝트는 노동을 통한 전체 사회의 통합이라는 노동사회의 중심 원리를 계승한다. 그런데 바로 이 부분에서 민주주의의 민주화 프로젝트의 내적 한계가 함께 도출된다. 노동을 통한 전체 사회의 통합은 고용을 전제로 한 임금노동을 기초로 하기 때문이다. 바로 이 부분이 민주주의의 민주화 프로젝트의 장점이자 한계다.

문제는 세 가지다. 하나는 노동과 고용을 분리하는 현대 자본주의의 내적 경향이다. 현대 자본주의의 고용 창출 능력은 한계를 향해 나아가고 있다. 이 때문에 전체 사회의 구성원을 노동 안으로 통합할 고용 관계가 창출될 것인가는 매우 불투명하다. 이에 전통적인 중소기업 중심의 산업구조 전략과 함께 다른 두 대안이 부상하고 있다. 고용 관계의 영역을 전통적인 산업생산의 영역에서 서비스산업 분야로 확장하는 것, 공공 부문과 민간 부문 어디에도 속하지 않던 제3섹터the third sector 영역으로 고용 관계를 확장하는 것이 그것이다. 이 두 대안은 모두 현대 자본주의와 접합되어 있던 비非자본주의 영역을 통합해 고용 관계를 창출하려 한다는 점에서 같은 범주로 묶을 수 있다. 바꿔 말하면 민주주의의 민주화 프로젝트의 고용 창출 능력은 전체 사회의 자본주의화를 그 전제로 한다. 그러나 이때 고용이 노동사회의 전제였던 모든 이의 자유와 평등을 위한 노동을 창출할 수 있는가는 불투명하다. 자본주의 시장경제를 그 전제로 둔 상태에서 비자본주의 관계 영역으로의 고용 확장은 이를 보완하는 나쁜 노동으로 귀결될 가능성이 크기 때문이다. 즉 대안 고용 관계의 확장이 이루어지더라도 이는 좋은 노동사회와 나쁜 노동사회로 분할될 것이다. 민주주의가 분배할 수 있는 좋은 고용이라는 자원 자체가 제한되어 있기 때문이다.

두 번째 문제는 고용 관계의 중심이 물질생산에서 대인관계의 영역으로까지 확장될 때 혹은 비자본주의 관계 일반을 통합하는 방향으로 옮겨갈 때 발생한다. 이는 우리의 일상생활을 구성하는 다양한 활동 영역이 상품 영역으로 흡수된다는 것을 의미한다. 이런 변화는 고용 관계를 창출하거나 혹은 임금을 받지 않던 활동을 임금노동으로 전환하는 효과를 발휘할 수 있다. 그러나 상품의 사회적 경계가 관계 구성의 영역까지 침범함으로써 자율성을 제약하는 결과를 가져올 수 있다. 이는 두 문제를 직접 일으킨다. 하나는 생활세계의 화폐에 의한 식민화 현상이고 다른 하나는 이 과정의 또 다른 효과인 인간 능력의 쇠퇴다. 이반 일리치의 날카로운 비판처럼 "상품에 대한 의존이 곧 필요가 되어버리면 지금까지 그와 비슷한 물건을 자율적으로 생산하던 방식은 마비"(일리치, 2014: 84)된다. 곧 인민의 교류 방식을 변경할 뿐만 아니라 인민의 발전을 위해 필수적인 능력이 상품에 의해 대체되는 과정이 발생할 수 있다.

세 번째 문제는 더욱 근본적인 문제다. 노동사회의 수정을 통해 좋은 노동사회의 요소와 원리를 확장하고자 할 때 그 필수 전제는 자본주의의 성장과 효율성의 극대화다. 자본주의를 민주적으로 통제한다고 하더라도 민주적 시장경제 모델은 고용의 확장을 위해 자본주의의 성장과 효율성을 극대화해야만 한다. 이것이 민주주의 원리와 시장경제 효율성 균형의 핵심이다. 민주주의의 민주화 프로젝트는 산업구조를 재편해 한국경제의 성장 동력을 대기업-재벌 중심에서 중소기업으로 이동하자고 제안한다. 이는 전체 피고용자의 대부분을 흡수한 중소기업의 생산과 고용체계가 발전하지 않고는 현재 노동의 위기를 해결할 대안이 존재하지 않기 때문이다. 하지만 대기업-재벌과 중소기업 간의 관계를 재조정하는 산업구조 재편의 중요성을 인정하더라도 재편이 성공하기 위해서는 한국 자본주의의 성장과 효율성이 동시에 극대화되어야 한다. 문제는 두 가지이다. 하나는 한국이 과거와 같은 고도성장을 경험할 가능성은 매우 낮다는 점이다. 토마 피케티는 "선진국을 따라잡고 있는 나라들만"이 우리의 과거와 같은 속도로 성장할 수 있으며 "세계적인 기술 경쟁에서 가장 앞선 나라들의 성장률은 어떤 경제정책을 선택하더라도 장기적으로 1~1.5%를 넘지 못할 것이라고 믿을 만한 충분한 이유가 있다"라고 말했다(피케티, 2015: 690). 즉 우리가 어떤 경제정책을 선택해도 한국 자본주의가 현재 수준 이상으로 성장할 가능성 자체가 희박하다.

더욱 본질적인 문제는 만약 그 이상 성장한다고 할 때 인간과 자연 관계의 파괴 현상을 되돌리기 어려울 뿐만 아니라 자연의 한계로 인해 현재와 같은 수준으로 자본주의의 성장을 지속할 방법이 없다는 것이다. 즉 '성장의 한계'다. 이는 민주주의의 민주화 프로젝트가 요구하는 수준의 고용 창출 능력을 허용하지 않을 것이다. 오히려 경제성장을 통한 경제 확대가 아니라 탈성장degrowth을 통한 경제축소가 중심 문제로 부상할 수 있다. "끝없이 성장을 추구하는 것의 주요 문제는 경제가 생물권의 하위시스템이라는 사실에서 비롯된다."(디에츠·오닐, 2013: 41) 경제는 생태적 한계 안에서만 성장할 수 있다. 현재 경제는 과잉성장한 상태이며 전체 사회의 지속가능성을 위해 경제를 축소해야 한다. 이것이 단지 국가경제 차원의 문제만은 아니다. 전 지구적 수준에서 과잉성장 국가들이 소비를 현재의 1/3 수준으로 축소해야만 인류의 미래를 위한 최소한의 가능성을 확보할 수 있다. 이는 대외 및 대내 수준 모두에서 경제축소의 압력에 직면할 수 있다는 뜻이다.

이는 우리가 민주주의의 민주화 프로젝트로 전혀 대응할 수 없는 문제 영역에 진입하고 있음을 보여준다. 경제성장 없는 자본주의는 존속할 수 없기 때문이다. 데이비드 하비의 언급처럼 "제로성장 상태의 자본주의 경제란 성립 불가능한 논리적 모순이다. 그런 것은 존재할 수가 없다(하비, 2014: 337)." 그런데 탈성장은 단순한 제로성장이 아니라 그 반대의 과정 즉 경제축소를 요구한다. 이는 자본주의와 민주주의의 모순적 결합 관계를 상정하는 민주화 프로젝트의 패러다임 '외부'의 문제다. 이런 문제 때문에 민주화 프로젝트는 현대 대항운동 진영에서 나오는 다양한 유형의 대안과 접속하기 어렵다. 소비축소 운동이나 타임뱅크 운동, 공동체 운동, 전환마을 운동 등 경제축소를 전제로 필요를 충족할 다원적 행위 조합을 추구하는 운동들은 자본주의 임금노동과는 다른 형태의 일과 노동을 발굴하려 노력하고 있다. 그러나 민주화 프로젝트는 이 '일과 노동'에 대한 프로젝트로 발전하기 어려우며, 과잉성장국가 단계로 접어든 한국에서 탈성장의 경로를 구현하는 데 적합한 프로젝트가 될 수 없다.[120]

민주화 프로젝트의 이런 세 문제로 인해 다음과 같은 딜레마가 발생한다. 경제성장을 이뤄도 고용과 노동의 분리라는 현재의 자본주의 내적 경향을 상쇄하기는 힘들다. 고용이 창출되어도 그 영역은 우리 인간의 능력을 확장하는 방향과 반대 방향으로 나아간다. 그러나 자연과 인간이 경제성장에 부과하는 한계로 인해 이제 우리가 경제성장을 유지 존속하는 것은 불가능하다. 민주주의의 민주화 프로젝트가 직면한 이런 딜레마 때문에 이에 도전하는 또 다른 민주주의 운동들이 출현했다. 탈성장 운동, 기본소득 운동, 새로운 자급운동과 제작자 운동, 노동시간 단축 운동, 기후정의 운동, 여성주의 정치경제학의 도전, 더욱 강화된 공동체운동 등 그 목록은 더욱 늘어나고 있다. 이 운동들은 자유화, 민주화 프로젝트와 달리 아직 프로젝트 수준으로 구성하지 못하고 있지만, 두 프로젝트와는 다른 내용과 형식으로 민주주의의 딜레마에 응전하며 자신의 운동을 발전시키고 있다. 나는 현재 발전하고 있는 이 요소들의 약한 관계를 인정하면

---

120 과잉성장 국가에서 탈성장 경로에 관한 글로는 Erik Assadourian(2012)을 참조. 이 글에 제시된 대안들은 중요하지만, 탈성장 경로에 필요한 체계적인 접근을 보여주지는 못하고 있다. 이는 현재 탈성장 운동의 가장 중요한 과제다.

서 이를 두 프로젝트와는 구별해 '민주주의의 급진화 프로젝트'로 부르고자 한다. 이 요소들의 관계를 '급진화radicalization'의 개념으로 포착하는 이유는 이 요소들이 자유민주주의 안에 있는 모든 이의 자유와 평등의 원리를 계승하면서도 노동사회의 보완이 아닌 노동사회–이후의 노동을 위한 제안의 방향에서 민주주의의 원리를 확장하려는 운동들이기 때문이다.

공동자원체계commons는 운동 영역에서 문제를 파악하고 해결하는 대안 패러다임으로 급부상하고 있다. 자급운동이나 공동체운동 그리고 여성정치경제학에 기초를 둔 운동 다수가 노동력 재생산이나 상품 소비와는 다른 방식으로 관계를 지속시키는 대안의 자원 창출 양식에 관심을 둔다. 공동의 자원을 확보하고 이를 동료 시민과 함께 지속해나가는 방식으로서의 공동자원체계는 이 운동들과 매우 밀접한 관계를 맺으며 그 안으로 확산되고 있다. 제작운동은 지식 그 자체의 상품화에 대항하며 지식 생산과 이용 전 과정을 동료 시민에 개방하는 전략을 창안했는데, 이런 점에서 또 다른 수단에 의한 지식운동의 속성을 지닌다. 탈성장이나 기후정의운동 또한 대안 담론으로서 공동자원체계가 국가나 시장과 동등한 수준에서 일상생활을 보다 지속가능한 방식으로 조직할 가능성이 있다는 전제를 점점 더 많이 수용하고 있다. 공동자원체계는 이 다양한 운동의 내부에서 대안적인 관점과 실천의 방향을 제공할 뿐만 아니라 각 운동을 연결하는 "운동의 운동" 패러다임으로 부상할 수 있다. 우리의 관점에서 중요한 것은 공동자원체계가 노동과 시민의 관계를 재조정하고 노동 그 자체의 조직화를 지금과 다른 방식으로 사유하고 실천하도록 유도한다는 점이다. 곧 각 운동의 확장 과정이 공동자원체계와 결합하면

할수록 그 안에는 의도와 무관하게 노동 조직화 방식에 대한 대안적 사유와 실천이 포함되어 있다.

'노동−이후' 전망은 때로 노동으로부터의 탈주를 의미하는 탈노동을 포함하지만, 노동시간의 단축부터 노동으로부터의 해방을 지향하는 전망까지 매우 넓은 스펙트럼이 존재한다. 2010년대 초반을 거치며 점점 더 확산한 '노동−이후'의 전망은 각 운동과 결합하며 다양한 차원에서 지금, 여기의 노동과는 다른 노동을 모색하는 동력을 만들고 있다. 이는 모든 운동이 기본적으로 노동사회의 위기라는 조건을 관통하며 발생했다는 공통성에서 나온 것으로 보인다. 이런 점에서 볼 때 위에서 언급한 모든 운동에 또 하나의 공통성이 있다면 그것은 '노동−이후'의 전망을 공유하는 '노동−이후' 운동일지도 모른다.

하지만 각 운동이 내포한 요소들은 고용 전제 노동사회의 표준 노동 모델과는 다른 방향에서 노동을 재조직화는 데 필요한 계기들로 발전할 가능성일 뿐이다. 이 운동들의 요소는 물론 노동사회 내부에서 잉태되었기 때문에 노동사회와 완전히 분리된 요소들이 아니다. 이 때문에 각각의 요소를 둘러싼 다양한 논쟁이 존재하고, 실제 효과는 각 운동이 주창하는 주장보다 현실에서 제약될 수 있으며, 운동과 운동의 관계 또한 갈등을 잉태하거나 구조적인 모순을 내포할 수도 있다. 노동사회의 위기 국면은 이를 넘어서려는 노력 자체를 그 어느 때보다 어렵게 하고 있기 때문이다. 또한 영국에서 2010년 이후 나타나고 있는 '노동−이후' 전망에 대해 한 연구자가 비판했던 것처럼, 이 입장과 운동은 현실에 존재하는 권력의 문제를 회피하고 지나치게 낙관적이고 순진한 발상을 하고 있을 수도 있다(Beckett, 2018).

바로 그래서 이 운동들의 요소는 노동사회의 보완과 변형을 위한 요소들로 노동사회 안에 통합될 수 있다. 통합은 두 방향 모두로 열려 있다. 나쁜 노동사회로의 변형 과정에서 발생하는 비용을 외부화하기 위해 각 운동의 요소를 주변에 배치하는 통합은 물론 가능하다. 그러나 동시에 노동사회의 중심에 각 운동의 요소를 통합해 현재보다 더 좋은 노동사회로 변형시키는 통합 또한 가능하다. 중요한 것은 현재 등장하는 각 운동의 요소를 민주주의의 자유화, 민주화 프로젝트가 어떤 방식으로든 통합하지 않고서는 현재의 노동사회를 유지 존속시킬 수 없다는 점이다. 이로 인해 노동사회의 위기 국면에서 노동사회의 후속체제를 둘러싼 경합 국면이 발생했다고 말할 수 있다. 그 중심에는 위 운동들이 제기한 요소들을 어떤 방식으로 통합할 것인가의 문제가 존재한다.

민주주의의 자유화 프로젝트는 나쁜 노동사회의 창출 과정에서 발생하는 비용을 전체 사회에 부과하기 위해 위 운동의 요소를 통합하지만, 이를 주변에 배치한다. 제작운동maker movements의 부상을 고용을 대체할 창업 프로젝트 목적으로 통합하려는 국가계획은 이 중 하나다. 고용의 한계에 직면한 국가는 고용의 확장 대신 각 개인에 자신을 고용할 수 있는 역량을 계발하라는 창업 기획을 추진한다. 그 비용과 위험이 모두 개인의 몫이라는 점에서 이 기획은 기본적으로 신자유주의 경영 주체의 강화 패러다임 안에 위치한다. 민주주의의 민주화 프로젝트는 이 운동의 요소를 더 좋은 노동사회로의 변형 과정을 위해 중심으로 도입하려 한다. 공동체운동이나 자급운동의 강화를 통해 아래로부터 주민과 동료 시민의 참여를 확장하려는 기획은 민주주의의 민주화 프로젝트와 밀접하게 연결되어 있다. 전통적인 국가나 시장의 이분법을 넘어 동료 시민 자체의 역량을 아래로부터 강화하는 기획은 공동체민주주의의 요소도 존재하지만, 동시에 국가의 공적 책임으로부터의 후퇴라는 논쟁적 문제와 바로 연결된다. 전체 사회의 안전을 국가가 확보하는 대신, 공동체에 위기관리와 해결의 문제를 떠넘기면서 공공자원의 확장과 민주화 문제를 우회하는 것이다. 이런 점에서 민주주의의 자유화 프로젝트와 민주화 프로젝트 모두 신자유주의 통치성의 서로 다른 계기일 뿐이라는 비판에서 벗어날 수 없다.

그러나 어떤 유형의 통합 과정이 일어난다고 해도 각 운동이 제기한 요소들은 노동사회 내부로 완전히 통합될 수 없다. 이 때문에 다른 차원에서 각 운동이 제기한 요소들을 통합해 더욱 근본적인 차원에서 이 요구들을 충족하기 위한 프로젝트 구성 가능성은 언제나 열려 있다. 만약 이런 대안적인 통합 프로젝트가 가능하고 이를 현실화할 수 있다면, 우리는 현재 노동사회의 후속체제를 둘러싼 경합 국면에 민주주의의 자유화 프로젝트나 민주화 프로젝트와는 다른 방향에서 한국 자유민주주의를 급진화하는 전략을 구상하고 실천할 수 있다. 월러스틴의 언급처럼 이 과정에서 "우리가 할 수 있는 전부는 역사적 선택지들을 분석하고, 더 바람직한 결과에 대한 우리의 도덕적 선택을 확실히 하는 것이며, 거기에 다다르기 위한 최적의 정치적 전술을 판별하는 것이다(월러스틴, 2014: 73)." 이를 풀어나가기 위한 출발점은 각 운동의 요소들을 노동사회-이후의 노동 재조직화를 위한 방향으로 통합해 자유민주주의의 전제인 노동과 시민의 관계를 자유민주주의와는 다른 방향에서 접근하는 것이다. 만약 이것이 가능하다면, 우리는 모든 이를 위한 자유와 평등이라는 자유민주주의

의 기본 원리를 현재보다 더욱 발전시킬 민주주의와 그 민주주의의
실현에 필요한 대안노동의 방향을 찾을 수 있을지도 모른다.

6장

동료 시민:
노동과 시민의 대안적 결합

민주주의의 급진화를 지향하는 민주주의 프로젝트를 급진민주주의라고 부를 수 있다면 그 중심 과제는 노동사회-이후Post-work society의 경합공간에 능동적이고 효율적으로 참여할 수 있는 프로젝트를 만드는 것이다. 이때 급진민주주의 프로젝트를 다른 급진주의 프로젝트와 구별하는 지점은 자유민주주의의 단순 부정이 아니라 그 원리의 급진화를 통해 자신을 구성하려고 노력한다는 점이다. 이런 관점에서 볼 때, 급진민주주의 프로젝트의 출발점은 자유민주주의의 전제인 "노동하는 시민"이며 바로 이 "노동하는 시민"의 지양止揚을 통해 노동사회-이후의 전망을 구체화해야 한다.

논리적으로 보면 이 과정은 두 단계로 이루어진다. 자유민주주의가 모든 시민의 노동에 대한 권리를 보장해 실현하려 했던 '노동의 자유'를 계승한다. 노동사회의 '노동'은 단지 생계를 보장받는 임금으로 환원될 수 없다. 자본주의적 노동사회로의 편입은 특정한 권리와 연대성의 양식을 제공한다(서도식, 2014: 248). 노동은 국가로부터 각 개인의 자유를 방어할 필수적인 자유의 한 유형이었고 동시에 각 개인이 전체 사회의 동등한 구성원으로 인정받을 수 있는 핵심 경로였다. 노동이 시민적 자유의 전제였던 것이다. 이것이 노동사회의 규범적 토대였으며 악셀 호네트는 이 토대가 동료 시민의 상호주관적 인정 질서와 연동되어 있다고 분석한 바 있다(호네트, 2009; 서도식, 2014). 그러나 노동과 삶의 관계는 역전되었다. 노동사회를 기반으로 하는 자유민주주의가 시민의 삶 전체를 노동에 종속시키는 결과를 낳았기 때문이다. 이 때문에 노동의 자유는 노동에 대한 헌신으로 귀결되고 노동의 위기가 발생하면 이는 전체 삶의 위기로 확장된다. 급진민주주의는 이처럼 삶 전체가 노동으로 종속되는 구조를 해체하고자 한다. 그러나 단순한 해체만이 아니라 삶을 다시 찾아야 한다. 핵심은 우선순위를 바꾸는 것이다. 이렇게 표현해도 좋다면 "노동을 위한 삶"에서 "삶을 위한 노동"으로 문제설정을 전복해야 한다. 우리는 "삶을 위한 노동"이라는 표현을 직관적으로 이해할 수 있다. 한국의 노동구조 안에서 "삶이 없다"라는 고백과 반복해서 만나기 때문이다. 이런 전복은 노동과 시민의 대안적 결합을 요구한다. 임금노동 전제의 자유 모델과는 다른 방향에서 노동과 시민이 결합해야만 삶을 방어하는 동시에 더 큰 삶을 위한 가능성을 열 수 있다. 그러나 이런 전복이 단지 언어유희가 되지 않기 위해서는 노동과 시민의 대안적 결합 모형이 더욱 발전한 자유를 통해 노동사회—이후의 삶을 구성할 수 있음을 입증해야만 한다.

노동사회의 해체 과정에서 등장하고 있는 노동미학주의 안에는 이미 노동과 삶의 대안적인 관계를 요구하는 열망이 존재한다. 노동미학주의의 윤리가 비록 노동하는 시민의 능동성을 착취하려는 자본의 필요와 결합한 것은 사실이지만, 그 안에 현재 한국 노동사회에서 충족할 수 없는 의미 있는 노동을 향한 열망이 동시에 존재한다. 이와 같은 열망이 없다면 능동성의 착취가 불가능하기 때문이다. 의미 있는 노동에 대한 열망의 핵심은 나를 표현할 수 있는 노동 곧 '나 자신'을 확인할 수 있는 노동이다. 바꿔 말하면 노동과 자아의 결합에 대한 요구다. 이런 요구는 물론 현재 노동사회 안에서 일부 실현될 수 있다. 또한 노동사회가 해체되고 있지만, 그 안엔 '좋은 노동'과 '의미 있는 노동'이 통합되어 있다. 그러나 완전하게 실현될 수 없는데, 타자에 대한 종속을 전제하는 임금노동은 노동의 소외를 발생시키기 때문이다. 노동 소외의 본질은 노동과 노동자의 분리이고 이는 곧 노동과 자아의 분리다. 이는 노동사회가 해체되면서 더욱 심화하고 있다. 또한 모든 시민이 의미 있는 노동에 동등하게 참여할 수 없다. 의미 있는 노동 그 자체가 희소하기 때문이다. 한국 자본주의에서 노동의 의미를 박탈하는 노동의 비인격적 평범화 속도는 점점 빨라지고 다수의 노동은 단순노동으로 전환되고 있다. 의미 있는 노동에 대한 열망은 언제나 배신당한다.

한국 노동사회 안에서 완전하게 충족될 수 없는 이 열망이 노동사회-이후 노동과 시민의 관계를 여는 사회 심리적 조건이 될 수 있다. 물론 이는 단지 가능성으로 존재할 뿐, 이것 자체가 전환적 열망 transformative ambition은 아니다. 전환적 열망은 지금과는 다른 노동을 달성하려는 열망 혹은 전망을 보유한 상태다.[121] 가능성이 전환적 열망으로 발전하기 위해 다양한 개입이 필요한 데 그중 하나는 '변화의 서사narrative of change'다. 변화의 서사란 "변화와 혁신에 관한 발상, 개념

---

121 '전환적 열망'에 대해서는 다음을 참조했다. 4 Haxeltine, Alex, Bonno Pel, Adina Dumitru, et al.(2017)

들, 은유, 담론 혹은 줄거리의 집합"을 말한다(Wittmayer et al. 2015: 2). 가능성으로서의 사회 심리적 조건은 이런 변화의 서사를 통해 현실을 변화해나가려는 구체적인 동기動機로 전환될 수 있다. 변화의 서사는 이를 공유한 이들에게 왜 현재의 세계가 변화해야 하고, 어떤 방향으로 변화되어야 하며, 이를 위해선 무엇을 어떻게 해야 하느냐는 '변화의 서사'를 제공한다. 이를 통해 일상적인 열망은 변화에 대한 전환적 열망으로 바뀔 수 있다. 따라서 노동사회-이후로 나아가기 위한 일차적인 과제 중 하나는 의미 있는 노동을 향한 동료 시민의 열망이 전환적 열망으로 바뀌는 데 기여할 변화의 서사를 제공하는 것이다. 특히 이는 급진민주주의가 민주주의 과정을 통해 전환을 모색한다는 점에서 더욱 중요하다. 노동사회-이후로의 전환이 다수의 프로젝트로 나타나지 않는 한, 전환에 필요한 정치 사회적 조건과 동력을 확보할 수 없기 때문이다. 변화의 서사는 다수를 구성하는 데 필수적인 역할을 한다.

변화의 서사에서 핵심은 현재의 자유보다 더욱 확장된 자유의 실현을 보장하는 노동과 시민의 관계 모형이다. 하버드 교수 버크민스터 풀러Buckminster Fuller는 이렇게 말했다. "무엇인가를 변화시키려면 현존하는 모델을 낡은 것으로 만들어야 한다."[122] 이 말이 사실이라면 현존하는 노동의 자유를 낡은 자유로 만들 새로운 자유를 창안하지 않는 한 무엇도 변화시킬 수 없다. 그리고 그 실마리는 삶에 대한 우리의 인식 안에 있다. "삶"의 사전의 정의는 "사는 일" 또는 "살아 있

---

122 이 문장은 다음에서 확인했다. Wikiquote.org. URL: https://en.wikiquote.org/wiki/Talk:Buckminster_Fuller 검색일 : 2018년 3월 3일

음"이다. "삶은 아침부터 밤까지, 월요일부터 일요일까지, 운이 좋으면 칠십 년, 아주 행운아라면 그보다 더 긴 세월 동안 우리가 경험하는 모두를 뜻한다."(칙센트미하이, 1999: 13) 그래서 모두가 별도의 교육이나 과학적인 인식 없이도 자신의 삶을 안다. 그러나 우리가 일상적으로 사용하는 "삶"이라는 단어엔 단지 인간이 살아가는 일 이상의 또 다른 차원이 중첩되어 있다.

『생애의 발견』에서 김찬호는 "삶은 단순한 생존이 아니다. 물리적인 시간과 생리적인 연명을 넘어 의미를 생성하는 것이 삶이다"(김찬호, 2009: 8)라고 썼다. 또 다른 차원이란 바로 그 의미의 차원, 곧 삶의 의미다. 이런 각도에서 본다면 노동사회의 해체 과정에서 발생한 노동미학주의는 바로 삶의 의미에 대한 열망의 표현이다. 바로 그런 뜻에서 삶이 단순한 생존으로 평면화되는 것에 대한 저항이라고도 말할 수 있을지도 모른다. 이 저항이 더욱 확장된 자유를 향한 동력이자 구체화를 위한 계기가 된다. 그러나 그 저항은 기존 노동사회 구조 안에서 장시간의 불안정한 노동체계로 통합될 수밖에 없었다. 의미에 대한 추구와 현실 사이의 괴리로 인해 노동하는 시민은 더욱 소진된다. 의미 추구를 억압해야 하는 상황에 반복적으로 노출되기 때문이다. 그러나 삶의 의미에 대한 추구가 억압될 수는 있어도 소멸할 수는 없다. 삶의 의미를 박탈하는 노동사회에서 노동과 삶의 의미의 결합 곧 의미 있는 노동에 대한 열망은 강화된다.

모든 노동체제는 특정한 방식의 인간에 대한 이해에 기반을 둔다. E. F. 슈마허의 『굿 워크Good work』 서문에서 조지 맥로비가 말한 것처럼 "노동체제의 중심에는 어떤 가치관, 다시 말하자면, 인간이란 무엇인가, 다른 사람과는 어떤 관계를 맺는가에 대한 우리의 관점이 담겨"(맥로비, 2011: 10) 있다. 모든 노동체제에 특정한 인간학이 있어야 하는 이유는 노동에 대한 우리의 입장에 '노동'을 통해 도달하려는 인간 존재에 관한 자기 이해 및 자기 이상이 담겨 있기 때문이다. 앙드레 고르의 언급은 왜 인간학이 필요한가에 대한 충분한 답을 제공한다. "노동은 경제적 부를 창조하는 데서 그치지 않는다. 노동은 언제나 자기 창조의 수단이기도 했다." 따라서 삶의 의미에 대한 추구가 가능하기 위해 무엇보다 우리가 노동과 인간의 관계를 파악하는 방식을 변경해야 한다. 노동과 삶의 의미의 결합이란 결국 노동과 자아의 결합을 의미하기 때문이다. 노동과 자아의 대안적 결합을 허용할 수 있는 인간 모형이 전제되지 않는다면, 삶의 의미에 대한 추구는 언제나 억압될 뿐이다. 혹은 존재하더라도 단지 부수적이고 주변적인 위치만 차지하게 된다. 즉 바로 우리 자신이 만들고자 하는 우리는 어떤 모습이어야 하는가에 자기 대답이 필요하다. 이 대답은 현재 우리가 전제하는 인간 모형이 삶의 의미를 어떻게 박탈하는가를 보여주는 과정인 동시에 더욱 확장된 자유의 구체적인 내용이 무엇인지 밝히는 데 근본적인 역할을 한다.

이에 대한 가장 기본적이면서도 훌륭한 예는 그리스인들이 '좋은 삶'이란 무엇인가에 대한 답으로 제시한 '에우다이모니아eudaimonia'다. 이 개념의 의미에 논쟁이 존재하지만, 중요한 점은 에우다이모니아가 인간 잠재력의 최대한 발휘 혹은 완전한 실현과 연결된 개념이라는 점이다. 마르크스는 『공산당선언』에서 "각 개인의 자유로운 발전이 모든 이들의 발전의 조건"이 되는 관계를 말한 바 있다. 로이 바스카Roy Bhaskar는 이 문장을 분석하면서, 그런 관계가 실현되는 사회는 '에우다이모니아의 사회eudaimonistic society'라고 말한다. 그런데 이때 바스카가 말하는 에우다이모니아의 사회는 자아실현이 원자적으로 분리된 고립된 개인 차원에서 이루어지는 사회가 아니라 타자의 행복과 번영이 나의 행복과 번영과 분리되어 있지 않은 사회를 말한다(Bhaskar, 2002: 227). 바스카는 이를 개인적 자아실현과 구별하기 위해 보편적 자아실현universal self-realization의 자유라고 호명한다.

보편적 자아실현의 자유는 "각 개인의 자유로운 발전"을 "모든 이의 발전"의 전제조건으로 삼기 때문에 타자의 자유로운 발전이 실현되지 않은 조건에서 나의 자유로운 발전이 실현되는 것은 불가능하다. 이를 로이 바스카는 "자유의 분리불가능성indivisibility of freedom" (Bhaskar, 2002b: 219)이라고 말하며 이는 보편적 자아실현 자유의 핵심 원리다. 이는 타자의 자유에 대한 우리의 관심과 참여를 요구하며 우리의 자유가 타자에 의존하고 있음을 상기시킨다. 이는 최근 모든 인간은 '의존'과 분리될 수 없으므로 의존에 대한 필요를 인간의 기본적인 필요로 전제하고 그 위에서 인간의 자유를 논해야 한다고 보는 페미니즘 일각의 주장과 만날 가능성을 열어준다. 인간 의존의 문제는 타자로부터 분리된 비의존적이고 자율적이며 자립적인 인간에 대한 이해가 허구임을 폭로한다(커테이, 2016). 이런 문제의식은 보편적 자아실현의 원리 안에 융합될 수 있다. 이는 매우 중요한데, 각 개인의 자유로운 발전뿐만 아니라 모든 이의 발전 문제를 다루어야 함을 의미하기 때문이다. 곧 문제의 지평이 보편으로 이동한다.

동시에 보편적 자아실현의 자유는 타자의 자유 실현 과정이 바로 자신에 의한 자유의 실현 과정이어야 함을 말한다. 우리는 다른 이에게 발전을 명령할 수 없다. 자유는 오직 그 자신의 실천 결과다. 이것이 "각 개인의 자유로운 발전"의 또 다른 의미다. 곧 보편적 자아실현은 타자의 자유를 나의 전제로 삼지만, 타자의 자유를 명령할 수 없는 유형의 자아실현이다. 이런 두 차원에서 보편적 자아실현의 자유를 이해해야 한다. 보편적 자아실현이 '자아' 개념 때문에 매개된다는 사실은 또 다른 유형의 낭만주의 운동으로 귀결될 것이라는 비판을 일으킬 수 있기 때문이다. 그러나 타자에게 자유를 강제할 수 없으며 타자의 자유 실현에 지속해서 연대하도록 요구하는 보편적 자아실현의 자유가 실현되기 위해서는 사회적 존재로서의 인간을 억압하는 모든 유형의 지배—종속 관계가 철폐되어야 한다는 점이 분명하다. 따라서 보편적 자아실현은 사회적 존재로서의 인간을 규정하는 모든 평면과 관계하며 인간의 내면은 그중 하나일 뿐이다. 로이 바스카의 사회적 존재로서의 인간의 네 평면four-planar social being 개념을 적용하면 보편적 자아실현은 최소한 다음의 네 평면 ① 자연과의 물질적 상호작용 ② 사회구조의 변형 ③ 타자와의 상호작용 ④ 자기 자신과의 관계(Bhaskar, 2002b: 50)를 포함해야 하며 이 네 평면 모두에서 지배—종속 관계의 철폐를 위한 끊임없는 노력을 요구한다.

보편적 자아실현의 자유는 분명 하나의 이상이다. 그러나 이러한 이상으로 인해 최소한 지향해야 할 좋은 사회의 철학적 원리를 이해할 수 있으며, 이를 통해 타자의 자유와 대립하지 않는 나의 자유 실현 가능성을 발견할 수 있고, 이를 위해 지속적인 실천을 할 수 있게 된다. 또한 같은 이유로 노동의 구조 또한 이 자유의 실현 과정에 종속되도록 요구한다. 바로 여기에서 노동과 자아의 결합을 통한 의미 있는 노동에 대한 추구가 철학적인 가능성을 갖게 된다. 더욱 중요한 점은 보편적 자아실현의 자유가 그 실현 양식에서 타자의 자유와의 분리 불가능성을 전제하기 때문에, 타자의 종속 노동을 허용할 수 없다는 점이다. 곧 보편적 자아실현을 위한 노동은 동등한 시민의 노동으로만 나타나야 한다. 보편적 자아실현의 자유가 노동과 만날 때 바로 이 부분이 노동의 사회적 조직화가 충족해야 할 규범적 기준이 된다. 곧 모든 노동은 시민의 노동이어야 한다.

그런데 주의할 점은 보편적 자아실현의 자유가 노동으로 환원될 수 없으며 노동 그 자체에 보편적 자아실현의 자유에 대항하는 요소가 존재한다는 점이다. 보편적 자아실현의 자유는 노동을 규정하지만, 노동의 타율성 요소 자체를 부정하거나 소멸시킬 수는 없기 때문이다. 노동과 보편적 자아실현의 자유를 동일시하지 않아야 한다. 자아실현으로서의 노동과 보편적 자아실현을 위한 노동은 다른 것이다. 노동과 자아실현을 동일시해온 전통적인 관점은 노동 과정에서 자아의 실현을 추구한다. 악셀 호네트의 표현을 빌린다면 "유기적이면서 동시에 자율적인 생산 모델"(호네트, 2009: 397)이 그 핵심 규범이 된다. 이에 반해 보편적 자아실현의 자유와 노동을 접합하는 시도는 타자와 나의 자유 분리 불가능성 규범에 기초해 노동의 타율성을 그에 종속시키려는 시도이다. 이런 인식은 보편적 자아실현을 위한 노동의 기본 구조를 파악하는 데에도 매우 중요하다. 자유와 노동, 나아가 노동과 시민의 관계를 발전시키는 데 필수적인 인식이기 때문이다. 이 문제를 더욱 구체화하는 데 '노동의 인간학'과 '탈노동의 인간학'이라는 두 유형의 접근과 보편적 자아실현의 자유를 위한 노동 모형을 비교하는 것은 유의미하다. 노동의 인간학은 20세기 노동사회를 지배해온 패러다임이었고 탈노동의 인간학은 그에 대항해 대안으로 제시된 패러다임이다. 보편적 자아실현을 위한 노동은 두 패러다임과 교차하면서도 자신의 차이를 입증해내야만 존재 의미를 획득할 수 있다.

노동사회는 '노동의 인간학'에 기반을 두고 있었다. 노동의 인간학은 노동을 인간의 본질로 바라보면서 노동을 통해 인간 그 자체의 완성으로 나아가고자 하는 입장이다. 이때 노동은 숭고한 혹은 바람직한 행위가 된다. 이진경은 이렇게 설명하기도 했다. "노동이 모든 가치의 원천이라는 생각, 노동자가 세상의 주인이며, 역사와 문명을 만들어왔다는 생각, 나아가 인간의 본질은 노동이라는 생각은 노동자에게 특권적인 위상을 부여해준다. 이런 생각을 보통 '노동의 인간학'이라고 부른다(이진경, 2006: 53~54)." 그러나 노동의 인간학이 전제하는 노동과 인간의 본질을 동일시하는 태도는 매우 의심스러운 것이다. 이와 같은 입장은 자본주의의 발전과 함께 생긴 역사적인 형성물로 보이기 때문이다. 곧 노동 그 자체를 우선순위에 놓아야 하는 필요의 발명품이다. 이런 필요가 단지 자본주의만의 필요는 아니었다. 자본주의에 대항하는 20세기 사회주의 운동 또는 국가도 이와 동일한 노동의 인간학에 기반을 두고 있었다. 노동은 혁명과 동일시되거나 혁명을 위한 국가건설 동력으로 핵심적인 중요성을 부여받았다. 자본주의 발전뿐만 아니라 사회주의 혁명 또한 모두 '노동의 승리'를 통해서만 가능했다.[123] 그런데 보편적 자아실현의 윤리는 이와 달리 노동을 인간의 본질로 규정하지 않는다. 노동은 하나의 평면인 인간과 자연의 물질적 상호작용 차원과 관계한다. 그러나 인간 전체가 그 차원으로 환원될 수는 없다. 사회적 존재로서의 인간의 네 평면은 하

---

[123] 이 부분에 대해선 차문석이 쓴 『반노동의 유토피아: 산업주의에 굴복한 20세기 사회주의』 (2001, 박종철출판사)를 추천한다.

나의 평면으로 환원될 수 없으며 그 자체로 고유한 의미를 지닌다. 인간은 노동 그 이상의 존재로 남는다.

보편적 자아실현의 자유가 노동과 결합할 때 그 양식은 노동의 인간학에 대한 거부인 '탈노동의 인간학'과도 다르다.[124] 탈노동의 인간학은 노동이 아닌 '자유'를 인간의 본질로 규정한다. 이 입장에서 볼 때 노동은 인간의 본질인 자유를 억압하는 활동일 뿐이다. 이에 따라 인간에게 자유를 포기하고 노동을 권고하는 모든 유형의 담론과 실천은 부정되어야 한다. 한나 아렌트의 표현을 빌려 탈노동의 인간학을 표현하면 "노동은 인간에게 남아 있는 유일한 활동이었다. 이것이 최악의 사태라는 것은 분명하다(아렌트, 1996: 53)." 탈노동의 인간학에서 자본과 노동은 대립 관계가 아니다. 자본의 확대재생산은 오직 노동이라는 활동을 통해서만 가능하기 때문이다. 노동이 노동으로 존속하기 위해서는 자본과의 동일시를 통해 자본 일부로 포섭되어야 한다. 이 패러다임 내에서 노동은 "자본주의적 관계의 주요한 기초이자 체계 내의 요소들을 한데 이어붙이는 접착제"(윅스, 2010: 159) 역할을 한다. 따라서 탈노동의 인간학에서 볼 때 노동과 자본의 대립은 '허구'다. 노동은 곧 자본이다. 바꿔 말하면 탈노동의 인간학이 전제하는 노동의 개념은 임금노동과 같다. 노동을 임금노동과 동일시하는 탈노동의 이런 관점은 구체적인 인간 노동의 다양성이 단일한 하나의 추상적 범주로서의 '노동'에 통합되었다는 인식에 기반을 둔다. '노동'이라는 단어의 계보는 고대까지 올라가지만, 자본주의를

---

124 '탈노동'이라는 이름을 선택했지만, 기술된 내용을 공유하는 입장들이 반드시 '탈노동' 용어를 선택한 것은 아니다. 예를 들어 크라이시스 그룹의 경우 '반노동'이라는 표현을 썼다(크라이시스 그룹, 2001). 여기서는 반노동의 입장 또한 탈노동의 범주에 포함할 수 있다고 보았다.

매개로 노동은 그 구체성 및 인격과 분리되어 '추상적 범주'로 전환되었다.[125] 이런 노동의 계보학에 근거해 노동 범주의 폐기 문제가 핵심으로 부상한다. 이에 따라 탈노동의 인간학은 자유를 위한 노동으로부터의 탈주를 옹호한다. 노동사회에 대한 비판은 노동 범주의 폐기를 통해 시작하며 이런 활동 없이 자본에 대한 투쟁을 전개하는 것은 허구와의 투쟁이다.

구체적인 출발은 '노동의 거부'를 통해 각 개인의 자유로운 '활동'을 복원하는 것이다. 탈노동의 인간학에서 노동과 활동의 구별은 중요하다. "노동 거부를 활동과 창조성의 거부로 이해해서는 안 된다"(윅스, 2010: 161)고 노동 거부 입장은 강조한다. 노동은 활동의 한 유형이지만, 노동의 인간학은 모든 활동을 노동 안으로 포섭한다. 이 때문에 노동은 추상적이고 보편적인 하나의 범주가 된다. 탈노동의 인간학은 인간의 활동을 노동과 분리해 그 자체의 고유성 강화와 방어의 중요성을 설파한다. 인간의 모든 활동의 가치를 인정하자는 것이다. 노동 거부를 지향하는 대표적인 학파는 자율주의적 마르크스주의로 알려진 일군의 학자들이다. 케이시 윅스의 말처럼 "넓은 의미의 자율주의적 전통과 네그리의 저작들에는 노동 거부의 관점에서 생산주의적 가치들을 논박하고 그에 대한 대안을 모색한 결과물이 나타나 있다(윅스, 2010: 155)." 다양한 주장이 전개되고 있지만, "노동 거부의 관점에서 보면 '생산자로서의 인간'이라는 생각은 실천적, 이데올로기적으로 임금노동을 부과하는 작용의 일부이다. 노동의 형이상학은 자본에 내재적이고 궁극적으로 자본을 지탱하는 신화일 따름이다(윅스,

---

125 이에 관해 간단하고 명확한 설명은 알랭 슈피오(2011) 참조.

2010: 157)." 이런 '노동의 거부'는 노동사회가 전제하는 '노동의 승리' 곧 노동의 인간학과 외적으로 대립하는 것처럼 보인다. 그러나 내적으로 탈노동의 인간학과 노동의 인간학은 연결되어 있다. 두 입장은 노동과 자유의 이분법적 대립에 근거해 인간의 본질을 파악하기 때문이다.[126] 탈노동의 인간학은 자유를 위해 노동을 폐기하는 대신, 노동의 인간학은 노동을 위해 자유를 포기한다. 이런 점에서 두 입장은 거울 이미지mirror image다.

보편적 자아실현의 자유는 바로 이 지점에서 노동과 결합을 모색한다. 사회적 존재로서의 인간을 네 평면의 관점에서 접근하는 보편적 자아실현의 윤리는 노동을 포함하지만, 그 노동으로 환원될 수 없는 인간의 평면이 존재한다고 본다. 곧 탈노동의 인간학과 달리 노동을 거부하지 않으며 동시에 노동의 인간학처럼 노동을 인간의 본질로 상승시키지도 않는다. 보편적 자아실현의 윤리는 사회적 존재로서의 인간의 전면적 발전은 노동과 함께 그러나 노동을 넘어 자유의 실현을 위한 과정으로 접근하도록 유도한다. 그 핵심은 실재하는 노동과 자유의 융합 가능성을 인정하고 그 가능성을 급진화하는 것이다. 노동과 자유는 두 입장의 견해와 달리 '모순' 관계가 아니라 '역설' 관계이다. 따라서 하나를 선택하기 위해 또 다른 하나를 부정하지 않으며 역설의 형태로 공존한다.

김경일은 노동 개념의 계보를 다룬 자신의 책 서문에서 근대 노동

---

126 이분법에 대한 다음과 같은 지적은 기억해둘 만하다. "이분법은 우리로 하여금 대단히 복잡하고 모호한 세상을 단순히 두 가지 축으로 재단하게 만든다. 그리하여 이분법은 거짓된 안정감을 만들어 낸다. 모든 운동은 그것이 설정한 두 축 안에서 일어난다고 가정하기 때문이다. 그리하여 이분법에 사로잡힌 많은 사람들은 자신이 무한한 선택 가능성을 갖고 있음을 느끼지 못한다."(새프·패설, 2015: 110)

에 대한 인간의 태도가 이중적이었다고 말한 바 있다. 그에 의하면 "한편으로는 노고와 고통이었지만, 다른 한편으로는 보람과 성취이기도 했으며 한편으로는 저주와 처벌이었지만, 다른 한편으로는 자아 표현과 자기실현의 일환이기도 했다."(김경일, 2014: 17) 노동의 인간학과 탈노동의 인간학은 이런 관점에서 본다면 근대 노동의 이중성을 인위적으로 분리해 각각 한쪽의 요소만을 절대화하여 대립시킨 것이다. 나는 이런 두 입장이 노동의 다른 요소를 "짐짓 없는 것"(김경일, 2014: 17)으로 간주하는 태도를 만들 가능성이 크다고 본다. 하나를 추출해 그것을 절대화하는 것이 아니라 노동이 부과하는 고통과 수고의 존재를 인정하면서도 이를 인간의 자유와 어떻게 연결할 것인가를 파악하는 관점이 역사 속에서 또 다른 역사로 나아갈 가능성을 발견하도록 돕는다. 그런 점에서 나의 고민은 김경일의 고민과 같다. "노동에 수반된 고통과 수고를 회피하지 않고 인간 존재의 삶을 영위하는 방식에 대한 고민"(김경일, 2014: 17)이 그것이다. 그러나 이 공존은 끊임없는 조정을 통해 이루어져야 한다. 노동과 자유를 역설적인 관계로 파악한다는 것은 두 요소 간에 서로를 제약하는 끊임없는 긴장 관계가 존재하지만, 다른 요소 없이는 발전할 수 없는 관계를 의미한다. 이런 입장은 탈노동의 인간학과 노동의 인간학이 포함하고 있는 요소를 수정 변형해 융합할 가능성을 열어준다. 이를 도식화하면 다음과 같다.

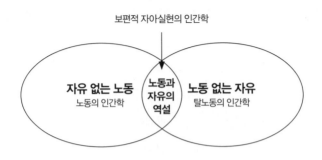

보편적 자아실현의 인간학

자유 없는 노동
노동의 인간학

노동과
자유의
역설

노동 없는 자유
탈노동의 인간학

[그림3] '노동의 인간학'과 '탈노동의 인간학'의 관계

　보편적 자아실현을 위한 노동의 이런 관점은 노동운동 역사 안에
존재했던 관점이기도 하다. 현실의 노동은 완전한 소외도 완전한 자
유도 아닌 그 중간 영역에서 다양한 힘의 교차에 의해 구조화되었다.
　하지만 탈노동의 인간학은 노동의 소외를 과잉 강조하면서 노동
과 자유가 융합되는 영역이 역사적으로 형성 발전해왔다는 사실과
그 가능성을 부정한다. 장귀연도 이를 탈노동주의가 '개인의 자유로
운 활동'과 '사회적으로 필요한 노동'을 자유와 노동의 대비로 인식하
는 데서 비롯된 문제라고 파악한 적이 있다(장귀연, 2015: 57). 노동과
자유가 대립하는 방식으로 설정되면 노동의 자유를 추구해온 역사
적 변형 과정을 인정할 수 없게 되기 때문이다. 이런 부정으로 인해
탈노동의 인간학은 노동 없는 자유의 미래만을 상상한다. 노동의 변
형이 일어난다고 하더라도 자본주의로의 포섭 혹은 노동의 인간학에
포섭되는 결과로만 나타나기 때문이다. 그러나 노동과 자유가 융합되
어 발전한다는 인식 자체가 노동의 인간학에 투항하는 것은 아니다.
노동과 자유가 융합되는 영역이 역사적으로 형성 발전되어 왔다는

사실을 인정하는 것이 노동의 역사를 인간 자유의 실현 역사와 동일시하는 과정으로 해석하게 만드는 것은 아니기 때문이다. 보편적 자아실현의 윤리가 인정하는 것은 노동 비판의 문제설정이지 노동의 인간학은 아니다. 보편적 자아실현의 윤리는 노동의 소외와 노동의 자기실현이라는 두 원리가 중첩된 노동의 역사적 유형의 실재성을 인정하고 그 안의 동력을 통해 노동사회-이후 단계로 나아가는 것이다.

보편적 자아실현의 윤리를 위한 노동의 요구는 자본주의 임금노동을 통해 완전히 충족될 수 없으므로 이의 실현 과정은 노동사회-이후로 나아가길 요구한다. 곧 자본주의 임금노동 내부에서 '좋은 노동'과 결합하는 과정을 인정해도 그 안에서 충족될 수 없는 '좋음'에 대한 요구들이 존재한다. 이를 아그네스 헬러의 표현을 빌려 '근본적인 필요radical needs'라고 한다면 충족되지 않는 좋은 노동에 대한 근본적인 필요가 자본주의 임금노동체계를 넘어 노동을 구성하는 기본 동력이 된다. 이에 반해 노동의 인간학은 노동과 자유의 융합을 과장해 노동과정의 소외를 배제하거나 망각한다. 이 때문에 노동의 인간학은 노동의 소외를 통해 유지되는 모든 체제에 대해 비판능력이 없을 수밖에 없었다. 이에 따라 체제가 요구하는 생산 명령에 대한 순응만 남게 된다.

노동사회의 노동은 자기소외의 경향과 융합되어 있지만, 동시에 자기실현에 필수적인 요소들을 동시에 통합하고 있었다. 노동은 전체 사회에 동등하게 참여하면서 자신을 발전시킬 계기를 제공한다. 동시에 노동은 타자에 대한 종속 없이 자유를 방어할 수 있는 조건을 제공한다. 이는 보편권리와 각 개인의 개별성을 방어하는 자유민주주의의 중대한 기여 중 하나다. 보편적 자아실현의 윤리는 자유민주주의의 이런 기여를 인정하지만, 그 이후로 나아간다. 핵심 방향은 노동능력으로 환원된 각 개인의 능력을 자유로운 발전을 위한 능력으로 되찾는 것이다. 개념 규정의 차원에서만 보면 보편적 자아실현의 윤리는 노동능력의 재생산으로 귀결되지 않는다. 노동능력이 각 개인의 자유로운 발전을 위한 능력의 확장으로 연결될 때에만 이를 자유의 확장이라고 말할 수 있기 때문이다. 그리고 바로 이 지점에서 노동과 구별되는 다양한 자기실현 '활동'의 중요성이 주목받는다. 그러나 탈노동의 인간학과 같이 노동으로부터 분리된 활동의 중요성이 아니라 노동과 활동의 중첩 속에서 대안을 모색한다. 곧 활동의 원리와 노동의 원리가 중첩되는 영역이 일차적인 질문의 대상이다.

이런 접근이 노동의 인간학이나 탈노동의 인간학과 다른 노동의 개념을 요구한다는 점은 분명하다. 현재까지의 논의를 바탕으로 다른 노동의 개념화에 필요한 조건은 다음과 같이 정리할 수 있다. 노동과 자유의 역설적 관계를 유지해야 하며, 삶은 노동 이상의 것으로 남아야 하고, 노동과 활동의 원리가 중첩되는 영역이 가능해야 한다. 이런 요구를 담아낼 수 있는 다른 노동의 개념 후보 중 우리가 고려할 수 있는 최선의 대안은 '일'이다. 일에 대한 우리의 인식은 이중적이다. 일과 임금노동을 동일시하면서도 다른 한편으로는 일상생활에서 '일'은 대상, 상황이나 장면, 행동, 문제, 행사, 현상, 사정, 경험 등에 매우 폭넓게 활용한다. 일이 노동과 동일시되면서도 노동을 포함하지만 노동으로 환원되지 않는 활동 일부를 임금노동과 다른 노동의 의미로 접근한다는 점이 우리의 고려 대상이다. 이때 다른 노동의 의미란 일정 시간 동안 몸을 움직이거나 머리를 쓰는 과정에 집중하는 의미의 '노동'을 가리킨다. 이런 '일'의 개념을 도입하면 탈노동의 인간학에 대항해 노동을 포기하지 않으면서 노동의 문제를 고려하는 동시에 노동의 인간학에 대항해 노동과 삶 전체를 일치시키려는 시도에 맞서 삶의 공간을 지킬 수 있고, 다른 노동과 활동의 원리가 중첩되는 또 다른 실천을 통합적으로 기술할 수 있다는 장점이 있다. 그러나 물론 문제가 단순하지만은 않다.[127]

이종영은 "노동의 개념"이라는 글에서 오늘날 '노동'이 다음 세 형태의 활동을 모두 포함해 불린다고 말한다. ① 일 ② 노역 ③ 노동. 이종영은 노동이라는 용어나 관념이 과거에 존재했더라도 그것은 현대 노동 개념과 불연속적이며 우리가 현재 사용하는 노동의 개념은 18세기 유럽에서 발명되었다고 한다. 이에 기초해 노동 개념은 자본주의적 강제노동을 모델로 하므로 자본주의 임금노동과 노동은 동일한 것이라는 입장을 전개한다. 이는 탈노동의 정치학을 주장하는 일군의 학자들과 같은 인식이라고 할 수 있다. 또한 이종영은 일상생활에서 우리가 노동의 범주 안에 노동 외에도 일과 노역을 포함시키는 것은 노동사회로 구축되면서 임금관계에 속하지 않는 활동조차 노동으로 바라보는 인식이 확산되었기 때문이라고 본다. 이종영은 이런 인식하에 노동을 "타자를 위한 사용가치로써 육체적 활동의 대여"(이종영, 2010: 203)로 정의하고 우리의 과제는 "자본주의적 공장노동을 자유롭고 자율적인 '일'로 만드는 것"(이종영, 2010: 201)이라고 말한다.

---

127 노동과 일의 구별을 염두에 두고 쓴 글이지만, 최근 나에게 더욱 어렵게 다가온 문제는 '일'의 개념이 인간을 넘어 자연 그 자체의 영역까지도 확장될 수 있을지 모른다는 점이다. 이는 이본 배스킨(2003)을 읽고 생각한 문제다. 『아름다운 생명의 그물』이라는 제목으로 번역된 이 책의 원제는 "The work of nature"이다. 이본 배스킨은 실제로 책 안에서도 자연의 '일' 개념을 활용한다. 내 관점에서 이런 문제의식을 본격적으로 다룬 책은 리처드 화이트의 『자연 기계』(2018)다. 자연의 '일'이라는 개념을 단지 물리학적 일 개념의 반영이라고 볼 수도 있다. 그러나 인간의 일과 자연의 일 구분이 과거처럼 명확할 수 있을지는 회의적이다.

이종영의 비판은 노동을 임금노동과 동일시하면서 '일'의 관점에서 대안을 사유해야 한다는 권고를 담고 있다. 이는 여성주의 시각을 통해 노동 개념을 재구성하려 했던 일련의 흐름과 정반대의 접근방법이다. 여성주의 일각에서는 자본주의 임금노동과 노동을 동일시하는 접근이 노동 개념을 좁은 자본주의 생산 영역에만 한정하여 파악하는 것으로, 그 영역을 벗어나거나 그 영역과 교차하는 다른 노동 영역을 볼 수 없게 만들었다고 비판했다(정고미라, 2000: 15). 이는 물론 남성과 여성의 성별 분업 구조와도 교차한다. 이에 여성주의 노동 개념은 기간 노동 개념을 자본주의 생산 영역을 넘어 다른 영역으로 확장하는 방향으로 대응해왔다. 재생산노동은 그 대표적인 영역이며 2000년대 이후 등장한 감정노동이나 성노동 개념 또한 이런 대응의 연속이라고 볼 수 있다. 이 과정에서 노동은 경제 영역을 넘어 사회 전체 영역으로 확장된다. 이런 접근방법은 자본주의 임금노동으로 은폐되어 있거나 혹은 그에 필수적인 노동임에도 보상받지 못하는 영역을 드러내 이를 적합하게 인식하고 대응하기 위한 것이라는 점에서 여성주의 '정치'의 노동 개입 모델이었다. 그러나 이종영의 비판처럼 이 접근방법은 노동의 확장이라는 자본주의의 내적 경향의 반영과 중첩되며 그로 인해 노동으로 환원되지 않는 다른 노동의 양식 또한 '노동' 개념으로 통합하는 문제가 있다. 노동 개념의 재조정은 이를 위해 필수적인 작업이었던 셈이다.

이 개념 재조정의 최대 난점은 노동 이후라는 문제설정을 그 안에 위치시키기가 쉽지 않다는 점이다. "노동 이후의 노동"과 같은 방식으로밖에 혹은 '다른' 노동이라는 수식어를 통해 노동 안에서 노동을 조직하는 원리의 변형으로 노동 문제에 접근할 수밖에 없기 때문이다. 이에 반해 일의 개념은 자본주의 임금노동과 다른 원리로 조직되는 인간 활동 영역을 노동으로부터 보호하면서도 노동 안에 통합되는 효과를 비판적으로 고찰하고 동시에 노동 이후의 단계를 고려할 때 조금 더 열린 효과를 주는 것 같다. 무엇보다 이 방향에서 보면 기존 여성주의 시각은 일과 노동을 동일시해온 것이 되며 그로 인해 자신의 비판적 가능성이 일부분 봉쇄되는 한계가 있었다. 이 때문에 현대 여성주의 시각의 일부는 노동과 일을 구별하고 일의 관점에서 일과 노동이 어떻게 만나는가에 더욱 주목한다. 나는 여성주의 시각의 기여와 노동과 일의 구별 필요성에 대한 최근 연구자들의 지적을 동시에 인정한다. 하지만 이 부분에서 나의 입장은 제한적 수용이다.

나는 이종영과 달리 노동을 임금노동과 동일시하는 태도에 대해 유보적이며 인간의 경제 과정에 소비되는 인간의 에너지 일반을 노동으로 포괄해 접근할 수 있다는 인식을 포기하지 않고 있다. 이 입장은 또한 노동을 경제와 분리된 다양한 활동까지 포괄하는 방향으로 적용할 수 있다(정고미라, 2000: 15)는 여성주의 시각 일부와도 다른 것이다. 그럴 경우 노동 개념의 고유성을 방어하는 것은 불가능하다. 칼 폴라니는 『인간의 살림살이』에서 형식적 경제와 실체적 경제를 구별하면서 "물질적 욕구를 충족시키기 위한, 제도화된 상호작용 과정이라는 의미에서 경제는 모든 인간 공동체의 필수 부분"(폴라니, 2017: 133)이라고 말했다. 이때 상호작용은 위치의 변화와 전유의 변화로 나타나는데, 두 이동에서 인간은 가장 중요한 역할을 한다. 노동은 이때 나타나는 인간 능력의 소비 과정이다. 이런 관점의 노동은 실체적이다. 인간의 물질적 필요를 충족하기 위한 제도화된 상호작용에 투입되는 인간의 실천이 노동이다. 이런 노동의 개념은 인간 경제의 개념을 전제하고 그에 따라 노동의 역사적 전환 과정을 분석할 수 있게 한다. 그러나 현재 나의 논의에서 이것이 쟁점은 아니다. 현재 중요한 점은 내가 노동을 인간의 경제와 연결해 이해한다는 점이며, 이종영과 다르게 노동을 이해한다고 하더라도 노동과는 다른 노동으로서의 '일'의 범주가 필요하다는 점이다. 일은 임금이나 고용과 무관하게 우리의 전체 삶 여기저기에 흩어져 있다. 이런 인식은 임금노동 기반 노동사회에서 은폐된 다양한 유형의 다른 노동을 반영하고 존중할 방법을 열어준다. 또한 동시에 임금노동을 넘어서면서도 노동과 전체 사회 및 우리 모두의 삶의 재생산 과정에 필수적인 일을 요구하고, 이 노동과 일을 삶과의 관계에서 재조정할 가능성을 발견하게 할수도 있다.

이종영이 제시한 구별법이 고유한 접근법은 아니다. 노동을 고용과 동일시하면서 고용으로 환원되지 않는 일과 노동의 의미를 포착하고자 한 이들도 있었다(밀브래스, 2001: 345). 무엇보다 최근 영어권에서 'work'와 'labor'를 구별하고, 'labor'의 대안으로 혹은 이를 비판하기 위한 개념으로 'work'를 적극적으로 사유하려는 일련의 경향과 궤를 같이하는 것으로 보인다.[128] 이런 논의가 영어권을 바탕으로 진행되는 이유 중 하나는 다른 언어에 둘을 구별하는 독립적인 언어가 존재하지 않거나 혹은 하나의 단어가 둘의 의미를 모두 내포하기 때문으로 보인다. 물론 이런 구별이 완전히 현대적 사유라고 말하기는

---

128 예를 들어 베르나르 스티글러는 고용emploi과 일travail을 구별하고, 고용은 사실상 일의 해체라고 말한다(스티글러·키루, 2018: 13).

어렵다. 엥겔스는『자본』제4판의 주에서 'work'와 'labor'를 구별하면서 'work'는 사용가치와 연결되며 'labor'는 교환가치와 연결된다고 쓴 바 있다. 한나 아렌트 또한 'labor'와 'work'를 구별해 인간의 조건에 대한 이해를 심화하고자 했다. 물론 아렌트와 엥겔스의 인식에는 대립적인 요소들이 있다. 더 가깝게는 노동으로 환원될 수 없는 일 범주의 중요성을 부각한 가이 스탠딩Guy Standing이 있다. 그가 '일' 범주의 중요성을 주장한 이유는 노동과정 유연화에 따라 발생하는 다양한 착취와 통제, 그것과 연결된 정치적 의식의 패턴을 더욱 잘 이해하기 위한 것이자(Standing, 2010: 965) 좌파의 새로운 전략 중심에 노동이 아닌 일을 배치하기 위해서였다. 그의 관점에서 볼 때 노동 개념으로는 현대 사회의 다양한 일 체계를 모두 반영할 수 없을 뿐만 아니라 지금 직면한 문제들을 해결하기도 어렵다.

우리의 어려움은 이를 번역해 우리의 사유체계 안에 자리 잡도록 해야 한다는 점이다. 한국에서는 'work'와 'labor'를 모두 노동労動으로 번역해왔다. 따라서 노동이라는 말을 다시 'work'와 'labor'로 구분하는 일이 쉽지는 않다. 최근 두 개념을 구별하고자 의도적으로 '일'을 'work'에 할당하고 있지만, 이전에는 '일'로 번역해도 사실상 '노동'과 같은 개념이었다. 노동이 현대 일의 구성을 압도하는 현실을 반영하는 것이겠지만, 'labor'와 'work'의 구별이 대립적이라기보다는 상호교차하는 이질적 범주들이기 때문인 것처럼 보인다. 'work'를 일에 할당하고, 노동과는 다른 노동을 가리키는 대안적 개념으로 활용하려고 하면 문제는 더욱 커진다. '일'을 개념화하는 것 자체가 어떤 점에서 불가능하기 때문이다. 일은 노동보다 더욱 포괄적인 범주로 나타난다. 이종영도 '노동'의 개념화는 보여주지만, '일'의 개념화는 시도

하지 않았다. 현대에서 활용되는 '일' 개념이 노동의 개념과 같은 문제에 직면할 가능성이 있는지 검토하지 않았다. 우리는 현재와 과거의 '일' 개념에 어떤 차이가 있는지, 일의 개념을 과거로 투영할 수 있는지에 대해 알지 못한다. 무엇보다 일과 활동의 구별 문제가 중요하게 제기된다. 《한국민족문화대백과》는 일은 "사람이 삶을 영위하기 위하여 행하는 모든 활동"을 가리키는 단어로 쓰이고 있지만, 노동은 "사람이 생존/생활을 위하여 특정한 대상에게 육체적/정신적으로 행하는 활동"으로 규정한다. 이런 개념화에 기초한다면 일은 노동보다 포괄적인 범주이고 노동은 그 안에 포함된다. '일'에 대한 개념화는 국내와 국외에서 일정한 공통성을 보인다. 곧 '일'은 인간의 모든 활동과 연결되거나 혹은 그에 따르는 위상을 가진 통념이다.

문제는 여기에 있다. 존 버드는 『나에게 일이란 무엇인가?』에서 "일을 지나치게 넓게 정의해서도 안 된다(버드, 2016: 13)"고 권고했다. 일의 개념이 지나치게 확장되면 일과 다른 활동과의 경계가 무너진다. 일이 모든 활동을 포괄하면 이는 사실상 일에 대한 인식을 불가능하게 만들기 때문에 일의 개념은 불필요해질 뿐만 아니라 규정 자체가 불가능해진다. 이런 문제를 피하기 위해서는 "일을 다루는 의미 있는 정의는 유급 고용에만 초점을 두는 지나치게 좁은 관점과 모든 인간 활동을 포괄하는 지나치게 넓은 관점 사이 어딘가에 놓여야 한다(버드, 2016: 13)." 임금노동과 활동 사이의 어떤 부분에 '일'이 위치하도록 접근해야 한다는 것이다. 우리가 할 수 있는 것은 단지 임금노동이나 활동과 구별해 '일'의 고유한 범위를 제약할 때 일은 임금노동을 포함하고 활동을 포함하지만, 활동 전체는 아니라고 규정하는 것이다. 여기서 활동은 임금노동이나 일과 구별되는 독립적인 범주로 전제되어 있다. 임금노동이나 일 모두 인간의 활동 중 하나로 볼 수도 있지만, 우리가 논의하는 활동은 자유 활동이라고 부르는 활동이라는 점에서 구별된다. 일의 범위에서 핵심은 노동과 일부 활동을 포괄하면서 전체 활동은 포괄하지 않는 일의 경계를 구축하는 일이다. 타율성과 자율성의 구분은 그 가능성을 지닌 경계선이다. 자유 활동이라고 해도 그 활동 중 일부는 타율성의 요소와 중첩되어 있다는 점이 중요하다. 타율성의 요소를 지닌 활동은 자유 활동 안에도 '일'이 존재할 수 있다. 이런 정의에서 보면 노동과 일은 타율성을 조건으로, 타율성을 다루는 방식으로 조직된다. 그리고 바로 이것이 급진민주주의에 '일'의 범주가 있어야 하는 이유이기도 하다. 일과 자유를 대립시키거나 혹은 일과 자유를 동일시하는 그런 입장과 달리 자율과 타율의 역설적 관계로 작동하는 일련의 범주가 필요하기 때문이다. 그리고 이 부분이 '일' 범주에 접근할 수 있는 최소한의 인식 조건을 제공한다. 단순하게 도식화하면 일의 경계는 다음과 같다.

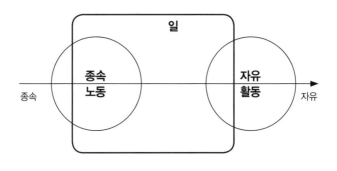

[그림4] 일의 경계

우리는 다양한 통찰에 의지해 '일'은 최소한 다음과 같은 요소를 포함하며 이 요소들의 관계를 통해 개념화된다고 볼 수 있다. 일은 ① 가치의 생산을 목적으로 하는 활동이고 ② 언제나 고통은 아니지만, 고통을 동반할 수 있으며 ③ 다양한 차원의 노력과 수행, 훈련을 동반하는 과정으로 정의된다(버드, 2016: 13). 그러나 여기에 하나가 추가되어야 하는데 그것은 ④ 타자들과의 협력이다. 타자와 분리된 인간의 일을 상상할 수 없기 때문이다. 나는 현재까지 일 자체의 개념화를 이보다 더 구체적인 수준으로 달성하지 못했다.

만족스럽지 못해도 일의 범주를 매개로 노동을 삶 안으로 통합한다고 할 때 이런 방법이 노동과 삶을 분리하는 근대화에 대항할 프로젝트로 의미가 있지만, "삶을 일 속으로 포섭하는 탈근대성의 맥락에서는 비판의 칼날이 무뎌지고 만다"(윅스, 2015:173)고 지적할 수 있다. 곧 노동 장소가 생활 장소와 분리되어 있고, 노동과 여가가 구별되며, 노동과 일상생활이 구획된 근대 노동 생활에 대한 비판으로는 의미가 있으나 근대 경계를 허물며 작동하는 탈근대 노동체계와 맞설 프로젝트인가에 관해선 회의할 수 있다. 곧 탈근대 노동체계 안으로 흡수되고 만다는 것이다. 탈근대 노동체계 안에서 일은 너무나 쉽게 노동에 포획된다. 이렇게 주장하는 이들은 그래서 다시 노동 거부 전략을 제기한다. 이들은 포섭되지 않은 영역을 찾아 나가라고 요구한다. 하지만 정확히 바로 이 영역에 지배와 저항이 중첩된다는 점에서 이 영역을 포기할 수는 없다. 우리의 과제는 일의 영역에서 현재 진행되는 경합에 효율적이고 능동적으로 개입할 방법을 모색하는 일이다. 이를 위해선 노동과 자유를 역설 관계로 파악하면서 노동 안의 두 개의 경향 곧 자유를 억압하는 경향과 자유를 확장하는 경향 사이에 개입할 일의 범주가 우리에게 필요하다. 그 방법의 하나가 임금노동과 다른 방식으로 보편적 자아실현을 위한 일의 보상을 강화하는 것이다. 노동사회에서 노동의 보상은 임금이었다. 임금의 실현 방식은 상품의 교환이다. 이는 곧 상품의 '소유'가 중심 보상이라는 의미이기도 하다. 임금은 상품의 교환 그리고 소유로부터 만족을 구하는 질서를 전체 사회에 부과한다. 또한 임금은 노동시간을 척도로 한다. 이 때문에 노동의 보상이 임금이 될 때 노동시간이 전체시간을 결정하는 척도로 군림한다.

시간은 모든 이에게 평등하게 주어진 일종의 선물인 동시에 자기실현을 위한 기본적이고 필수적인 요구 중 하나다. 모든 다른 요소가 동등하다면 시간은 그 어떤 개별 요소보다도 우리 삶의 구성 관계를 변화시키는 가장 중요한 요소다(휴즈, 2004: 270). 그런데 노동사회는 이런 시간을 노동시간에 종속시키고 시간 대신 임금을 분배했다. 임금은 상품 소비 능력을 강화해 소비격차를 줄일 수 있지만, 자기실현을 위한 시간을 제공할 수는 없었다. 오히려 역설이 발생했다. 구매할 수 있는 상품의 경계가 무한 확장하면서 구매한 상품을 활용할 시간조차 없는 현상이 나타난 것이다. "수많은 물건을 살펴보고 따져보고 고르고 주문하여 배송을 받으면 그 물건을 쟁여두는 것으로 대부분 끝나고 만다. 구입한 물건을 제대로 만끽할 시간을, 고르고 살피고 선택하는 데 이미 다 써버렸기 때문이다."(페히, 2015: 119) 즉 노동사회가 시간 결핍을 강제한다. 이 현상은 소비를 위한 시간조차 박탈한다. 더구나 소비 이외의 활동을 위한 시간은 포기해야 한다. 이 때문에 노동사회에서 노동 이외의 모든 활동은 소멸하는 경향이 발생한다. 그래서 탈노동의 인간학은 임금노동을 비판하면서 '활동'을 위한 시간을 그 대안으로 제시했다. 각 개인의 능력 실현은 활동을 통해 충족된다. 여기서 중요한 점은 바로 이 활동을 위한 시간이다. 이를 전통적인 의미의 자유시간이라고 부를 때 그 핵심은 사회적 개인의 가처분 시간이다. 이스트번 메자로스는 『역사적 시간의 도전과 책무』에서 사회적 개인의 자유시간을 누적 창출해 사회적 개인의 진정한 해방이 가능하다고 말했다(메자로스, 2017: 85). "자기들의 행위가 기여하는 의미 있는 목적이 자신들의 자율적인 숙고에서 나오게 된다면 이 가처분 시간은 자기실현하는 개인으로서 그들의 의해 창조적으로 사용"(메자로스, 2017: 88)될 수 있기 때문이다.

　노동과 자유의 역설적 관계를 기반으로 하는 보편적 자아실현을 위한 일은 보상의 대상을 임금에서 시간으로 전환해야 한다는 탈노동의 인간학 제안을 받아들인다. 이런 전환은 시간을 통해 노동사회를 넘어 인간의 생활체계 전체를 자신의 고려 안에 넣을 수 있다는 분명한 장점이 있다.[129] 하지만 그 시간을 자유시간이 아닌 '일의 시간'이라는 관점에서 접근한다. 탈노동의 인간학은 노동에서 활동으로의 직접적인 전환을 요구하기 때문에 대안적인 일의 체계를 구축할 필요가 없었다. 그러나 일상생활의 유지와 존속뿐만 아니라 인간의 능력 실현을 위한 활동 모두는 우리의 대안적인 일 체계 수립 없이 이루어질 수 없다.[130] 존 벨라미 포스터John Bellamy Foster의 주장처럼 우리에겐 자유시간의 확장뿐만 아니라 의미 있는 일의 체계 구성이 동

129　사회정책에서 시간 척도로의 전환이 갖는 의미에 관해서는 주은선·김영미(2012: 242) 참조.

130　이를 보여주는 저자의 한 명이 스탠리 아로노비츠(1998)다. 그는 노동 이후의 사회로 나아갈 것을 주장하면서도 그 사회를 유지하는 데 필요한 일이 있고 그 일의 분배가 공적 책임하에 이루어져야 한다고 본다.

시에 필요하다(Foster, 2017).[131] 보편적 자아실현의 윤리와 결합한 일은 이런 요구에 응답하는 동시에 윤리의 실현을 일의 시간 창출 관점에서 접근할 수 있다. 이런 일의 시간은 기본적으로 각 개인의 자유로운 발전을 위한 시간이 전체의 자유로운 발전을 위한 시간의 전제라는 원칙에 따라 이루어져야 한다. 엘리너 오스트롬이 제안한 다중심성polycentricity 접근은 이 원칙을 한 단계 더 구체화하는 데 도움을 줄 수 있다. 오스트롬의 다중심성 접근은 공동자원체계와 관리구역의 경계 불일치 문제 및 그와 연루된 다양한 행위자들의 조정을 통한 효율적인 공동자원 관리 제도를 고안하기 위해 개발된 모델이지만(박규택, 2017: 547), 자율성을 지니는 다양한 중심의 협력을 통해 조정되는 메커니즘을 고안할 때 통찰력을 제공한다.

영향을 미치는 범위가 각기 다른 다원적인 행위자들의 조정이 반드시 단일한 중심을 지닌 위계적 관리 방식을 통해서만 이루어질 수 있는 것은 아니다. 다중심성 접근은 위계적인 중앙조정 없는 다원적 행위자들의 의사결정체계가 그 자체로 무질서한 혼돈 상태로 귀결될 것이라는 주장에 반대하여, 각 단위의 자율성에 기반을 둔 상호조정의 질서 구축이 가능하다고 주장한다. 다중심성 접근에 의하면 각 행위자의 단위는 다중심성체계polycentric system 안에서 특정한 범위 내의 일정한 자율성을 지닌 채 상호학습과 상호감독mutual monitoring 그리고 시간을 통해 학습하면서 전략의 채택 및 누적적인 개선으로 상호조정의 질서를 만들어나간다. 물론 이 안에는 갈등의 조정도 포함

---

131 존 벨라미 포스터는 "일 없는 자유" 시간의 확장을 통해 인간의 번영에 다가가는 프로젝트들, 가령 노동을 대체하는 자동화와 같은 기술체제가 그 의도와 달리 또 하나의 거대한 인간 소외를 낳을 수 있다고 비판한다.

된다(Ostrom, 2010: 552). 이런 다중심성 체계가 단일중심을 지닌 위계 구조보다 비효율적이라고 가정할 어떤 이유도 없다고 엘리너 오스트롬은 지적했다(Ostrom, 2012: 355). 다중심성 접근은 참여 단위들의 협력에 기초할 수밖에 없는데 이것이 다중심성 접근의 핵심 장점이다. 위계적 조정을 협력적 조정으로 대체하는 것이다. 그래서 다중심성 접근은 다중적 범위에서 활동하는 다원적 행위자들의 지역적 지식localized knowledge을 동원할 수 있는 동시에, 다원적 행위자들의 조정, 학습, 감독으로 다중심성 체계를 계속 혁신해 나갈 수 있다. 바설토X.Basurto와 오스트롬은 단순하고 강력한 모델로 정책 청사진을 제시하거나 모든 문제를 한 번에 해결할 만병통치약처럼 제시하는 것을 매우 경계했다(Basurto&Ostrom, 2009: 256).[132] 이 부분은 단일중심의 위계 관리 방식이 제공할 수 없는 특징이다. 이것이 중요한 이유는 어떤 제도도 그 자체로 완전할 수 없으므로 그 안에 불확실성과 진화를 다룰 수 있는 동력이 존재하는 방식으로 제도를 설계하는 것이 더 유용하기 때문이다. 이런 다중심성 접근은 대안 일의 시간 체계를 단일중심을 지닌 위계화된 방식으로 관리하는 것이 아니라 각 개인의 자율성과 전체 사회를 위한 시간 사이의 할당을 다중적 범위의 다원적 행위자들이 상호조정해 접근할 가능성을 제공한다. 또한 이 일의 시간 체계가 처음부터 완성된 상태로 동료 시민에게 제공되어 경직되는 것이 아니라 이에 참여하는 다원적 행위자들의 상호조정을 통해 계속 수정해 나갈 가능성도 있다.

---

132 이 둘이 또한 경계한 다른 하나의 함정은 각 사례의 고유성만을 강조하는 것이다. 둘의 표현을 옮기면 "각 개인이 모두 고유하지만, 그런데도 병에 대한 의학적 진단이나 가능한 치료책의 발견은 실현 가능하다"(Basurto&Ostrom, 2009: 257).

노동사회의 노동시간은 국가에 의한 법적 관리를 배경으로 각 자본에 의해 독립적으로 조직된다. 국가는 법정 노동시ス간 제도의 형태로 전체 노동시간의 양과 그 통제양식을 일반적으로 규정할 뿐이고 개별 자본은 그 안에서 자율적으로 노동시간을 통제한다. 중요한 점은 이때 개별 노동자는 사실상 노동시간의 자율적 결정 능력이 없다는 점이다. 물론 노동시간 유연화로 이런 상황에 균열이 발생하고 있지만, 이는 제한적이다. 보편적 자기실현을 위한 일의 시간은 다중심적으로 접근해 노동사회의 노동시간 관리와 유사하지만, 그 위계를 전복한다. 노동사회의 노동시간은 자본의 노동시간을 지원하는 국가의 제도와 그 안에서 제한되는 개인의 노동시간으로 구성되는 반면, 노동사회-이후의 노동시간은 각 개인의 일의 시간을 지원하는 국가의 제도와 그 안에서 제한되는 국가와 집단의 노동과 일의 시간으로 위계가 바뀌기 때문이다. 이는 각 개인의 자유로운 발전이 전체 발전의 전제가 되어야 한다는 대원칙에 따르는 것이다.

엘리너 오스트롬의 다중심성 원리 경험 연구에 의하면 다원적 행위자들의 협상을 통해 작동하는 다중심성체계가 형성되고 운영되는데 있어 '헌법적 선택'은 결정적인 역할을 한다(오스트롬, 2010: 244). 헌법적 선택이란 국가의 헌법을 결정하는 선택을 말하는 것이 아니다. "어떤 영역에서 미래의 집합적 선택을 위해 사용될 규칙을 정하는 것이 헌법적 선택이며 이러한 규칙의 체계가 헌법이다."(오스트롬, 2010: 244) 다중심성체계의 다원성은 바로 이 헌법적 선택이 반영된 규칙의 지배 아래에서만 유의미하게 작동할 수 있다(Agigica&Tarko, 2012: 245). 각 개인의 자유로운 발전이 전체 발전의 전제가 되어야 한다는 대원칙은 헌법적 결정의 제1원리이며 이에 따라 보다 구체적인 하위 원리들을 도출할 수 있다. 우선 각 개인의 자유로운 발전을 위한 시간은 분명 각 개인의 독립적인 의사결정의 통제하에 조직될 수 있어야 한다. 그러나 이것이 전체의 자유로운 발전에 이바지하기 위해서는 자유로운 개인 사이의 민주적 공동조정을 통해 전체를 위한 공동의 부를 창출할 일의 시간을 확보해야 한다. 이때 각 개인의 자유로운 발전이 보편적인 자아실현의 원리를 통해 파악된다는 점을 다시 기억할 필요가 있다. 각 개인의 자유로운 발전은 다른 이들의 발전과 분리되지 않기 때문에 그 안에는 전체 개인들과 공유하는 보편적 발전의 층위와 개인을 규정하는 다원적인 특수 집단들과 공유하는 특수한 발전의 층위가 동시에 포함되어 있다. 이를 로이 바스카의 인간 행위자의 구체적 특이성 모델the concrete singularity of the human agent(Bhaskar, 1993: 178)을 변형해 도식화하면 다음과 같다.

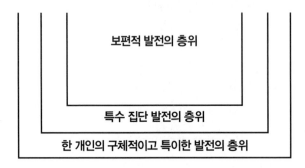

[그림5] 개인의 발전이 포함한 층위들

전체의 보편적인 발전은 모든 개인의 동등한 발전을 보장하는 핵심 조건이다. 이는 전체 사회의 평등을 보장한다. 그래서 전체의 보편적인 발전의 층위는 모든 개인에게 하나의 시민의무civic duty로 부과되어야 한다. 각 개인의 자유로운 발전을 위한 독립적인 결정과 시민의무가 대립하지 않는다는 점을 이해해야 한다. 모든 시민에게 부과되는 보편적인 시민의무는 민주적인 참여에 기반을 둔 공동조정을 통해 제정될 수 있으며 이는 각 개인의 자유로운 발전을 위한 조건이 되는 동시에 제약의 전제가 된다. 보편적 발전에 대한 각 개인의 기여는 전체를 위한 공동의 부common wealth를 창출한다는 점에서 각 개인의 자유로운 발전을 위한 조건이 되지만, 동시에 인간 공동체 전체에 부과된 생태학적 제약과 다음 세대의 자유를 위해 우리 자신에게 스스로 부과하는 자유로운 발전의 한계가 된다. 시민의무는 각 개인의 자유로운 발전이 보편적인 자기실현이 되도록 보장하는 필수적인 영역이다.[133]

그에 비해 특수한 매개 집단의 발전은 자유로운 개인들의 결사에 기초해 이루어진다. 모든 매개 집단은 공동의 기여로 구축한 보편적 발전의 토대 위에서 그 집단의 발전에 필수적인 사회적 윤리를 개인들에게 부과하고 요청한다. 이 사회적 윤리는 해당 집단에서 구성원에게 제약의 효과를 발휘하지만, 시민의무가 아니므로 그것 자체가 법 제도로 강제 부과되지는 않는다. 곧 각 개인은 해당 집단의 사회적 윤리에 종속되지 않는다. 중요한 점은 그 특성상 매개 집단의 자유로운 발전은 분산되어 있어서 각 집단의 발전과 보편적인 전체의 발전 사이에 발생하는 갈등을 조정하고 해결할 다중심 거버넌스 모델이 필요하다는 점이다. 다중심 거버넌스 모델은 다음과 같은 기본적인 원칙을 통해 구현될 수 있다.

---

133   이에 관해서는 로이 바스카(Bhaskar, 1994: 157)를 참조했다.

[표4] 보편적 자기실현을 위한 일의 시간 모델

층위	원칙
전체 사회의 보편적인 발전	모든 시민에게 하나의 시민의무로 부과되어야 한다. 그러나 이는 전체 시민의 민주적 참여에 기반을 둔 공동조정을 통해 이루어져야 하며 시민의무의 시간은 최소화되어야 한다.
매개 집단의 특수한 발전	각 매개 집단의 특수성은 다른 집단의 특수성을 파괴해서는 안 되며 전체 사회의 보편적인 발전의 토대를 잠식해서도 안 된다. 매개 집단의 발전은 시민들의 자유로운 결사에 기초해야 한다.
각 개인의 구체적이고 특이한 자유로운 발전	각 개인은 시민의무의 시간 참여 방식에서 최대한의 자율성을 보장받아야 한다. 매개 집단의 참여는 각 개인의 독립적인 의사결정을 따르지만, 그에 필수적인 사회적 윤리와 결합해야 한다.

　　이런 체계로 구성되는 보편적인 자기실현을 위한 일의 시간 모델은 결국 각 개인의 자유로운 발전과 전체의 발전을 연결하는 시민 연대와 협력 모델이라고 할 수 있다. 이런 대안 일의 시간 체계는 임금을 통해 물질적이고 문화적인 필요 일반을 충족하는 현재의 구조가 변화하지 않고서는 실현될 수 없다. 노동시간이 전체시간을 지배하므로 다른 시민과의 연대와 협력, 그리고 이를 통해 필요를 충족하는 대안 일의 시간을 보장받을 수 없기 때문이다. 그래서 대안 일의 시간 체계가 작동하기 위해서는 대안 일의 시간 체계 자체가 시민의 대안적인 필요 충족을 위한 새로운 유형의 자원을 생산할 수 있어야 한다. 곧 시간을 국가와 시장으로부터 해방하여 동료 시민의 연대와 협력에 종속시키기 위해서는 임금과 다른 방식으로 인간의 자기실현 필요를 충족시킬 대안적인 방법이 강화되어야 한다. 즉 필요 충족 방식의 변형이다.

이의 전제는 사회적 존재로서의 인간이 필요를 충족하는 방식은 상품만이 아니라는 것이다. 이미 노동사회 안에는 비非상품적 필요 충족방식으로 다양한 형태의 공적 자원 공급이 존재한다. 하지만 공적 자원 공급은 동료 시민의 연대와 협력을 통해 필요를 충족하는 대안 방식이라기보다는 공급자로서의 국가와 소비자로서의 시민이라는 분할에 기초한다는 점에서 상품 안의 공급자와 소비자 분할 구도를 반복한다. 이 구도가 문제가 되는 핵심 이유는 대안 일의 시간 체계와 양립하기 어렵기 때문이다. 동료 시민들의 민주적 공동조정을 통해 협력을 위한 일의 시간이 조정되기 위해서는 동료 시민 스스로 공급자이자 소비자로 존재해야 한다. 이런 공급과 소비의 통합 위에서만 대안 일의 시간 체계가 전체의 발전과 각 개인의 자유로운 발전을 연결 조정할 수 있다. 공동자원체계commons는 바로 이런 요구에 응답해 공적자원과 상품 모두와 구별되는 제3의 방식으로 인간의 필요 충족 가능성을 제공한다.

공동자원은 동료 시민들과의 연대와 협력으로 필요를 충족하는데 요구되는 자원을 공동으로 생산하고 공동으로 이용하는 공동 관리방식을 창출한다. 노동사회의 노동시간은 임금으로 보상받고 상품을 통해 필요를 충족하지만, 만약 공동자원을 통한 대안적인 필요-충족 체계의 구성이 가능하다면 대안 일의 시간은 공동자원을 통해 각 개인의 '기여' 곧 참여에 대한 보상으로 자유롭게 이용할 수 있는 대안적인 공동의 부를 공급한다. 보편적 자아실현을 위한 대안 일의 시간 체계가 지향하는 바는 바로 이런 공동의 부를 창출해 동료 시민들의 노동 전환 역량을 강화하는 것이다. 이는 단지 가능성만은 아니다. 왜냐하면, 노동사회 또한 바로 이와 같은 공동의 부 혹은 공동의 자원과 내적으로 연결되어 있었기 때문이다. 다만 이런 내적 연결 관계가 지배적인 인식 내에선 포착되지 않거나 주변화되어 있었을 뿐이다.

이 은폐된 관계를 복원하는 과정은 또한 노동에 대한 대안적인 인식으로 우리를 인도한다. 각 개인의 노동능력 형성 과정에는 인류의 보편적 발전 속에서 축적된 다양한 형태의 지식이 개입되어 있을 뿐만 아니라 각 개인이 속한 다양한 집단 내에서의 교류 역사 또한 축적되어 있다. 또 노동능력의 재생산 과정에는 자연과의 상호작용과 더불어 타자와의 상호작용도 개입되는데, 이 안에는 언제나 선물로서 각 개인에게 제공되는 자원 목록이 존재할 수밖에 없다. 곧 노동능력의 생산과 재생산 과정은 그 자체로 인류와 전체 사회, 그리고 다양한 집단과의 상호작용 속에서 이루어지는 것으로, 앞선 세대로부터 상속받거나 혹은 동료 시민들과 협력하여 창출한 일종의 선물을 포함한다. 이를 우리는 공동의 부라고 부를 수 있다. 이렇게 생산되고 재생산된 노동능력은 역으로 전체 사회의 재생산에 필수적인 능력이다. 왜냐하면, 각 개인의 노동능력을 사회적으로 결합하는 과정을 통해 전체 사회의 필요를 충족하는 노동을 산출하기 때문이다. 그래서 노동능력은 하나의 시스템으로 존재하며 이 시스템은 인류 공동의 보편적인 능력체계와 해당 사회의 특수한 능력체계로 구성된다. 또한 특수한 집단의 역량과도 연결되어 있다. 각 개인은 이런 노동능력체계와 교섭하면서 고유한 노동능력을 형성한다. 노동능력체계의 중요한 특징은 바로 여기에 있는데, 한 개인 안에서 그 개인의 고유성과는 구별되는 층위로 존재하기 때문이다. 그리고 바로 이로 인해 노동능력체계는 공동이용자원으로 유형화될 수 있다.

원래 엘리너 오스트롬은 공동이용자원을 이용감소성이 크고 잠재적 수혜자를 배제하는 것이 힘든 자원으로 정의했었다. 자원 유형 분류의 척도로 쓰인 이용감소성과 잠재적 수혜자의 배제성을 오스트롬은 자원 자체의 속성에서 나오는 것으로 파악했다. 이용감소성은 한 이용자가 자원을 많이 사용하면 다른 이용자들이 이용할 수 있는 전체 자원의 총량이 줄어드는 것을 말한다. 오스트롬 이전의 경제학자들은 '경합성rivalness' 개념을 활용했는데 오스트롬은 이를 '이용감소성substractability of use'으로 재정의하고 그 강도의 차이로 재화를 유형 분류하려 했다. 그는 경합성 개념이 이용자 사이의 경쟁 관계를 전제하고, 이는 자원 자체의 속성이 아니라 경제학자들이 자원 외부에서 이용자들에게 부과한 특성이라고 보았다. 곧 경제학자들의 특정한 인간학 모델이 삽입된 결과라는 것이다.

이에 반해 잠재적 수혜자의 배제성이란 해당 자원의 형성에 기여하지 않은 이들을 물리적인 장벽 혹은 제도적인 장벽을 통해 혜택에서 배제하는 강도를 말한다. 이 강도는 어려움이나 비용의 차원으로 계산된다. 바다나 공기와 같은 전 지구적 공동자원global commons의 경우 배제가 매우 어려울 뿐만 아니라 만약 물리적으로 배제하려 한다면 엄청난 비용이 들 것이다. 그러나 단지 물리적인 장벽뿐만 아니라 그런 물리적 장벽 구축 자체가 불법으로 규정되어 있다면 그것이 수혜자의 배제를 어렵게 만든다. 따라서 비록 물리적인 범위가 배제의 장벽을 세울 수 있는 정도라고 하더라도 그 장벽의 구축을 강력하게 제약할 법적 제도가 존재한다면 잠재적 수혜자의 배제성은 낮다고 말할 수 있다(Ostrom, 2002: 4~6).

오스트롬은 이 두 척도를 통해 잠재적 수혜자를 배제하기 어렵고 이용감소성 정도는 높은 재화로 공동이용자원을 유형화한 것이다. 우선 오스트롬이 분류한 이 자원들은 단위자원들을 재생산할 수 있는 자원체계로 존재한다는 점을 기억해야 한다. 나의 이용이 다른 이들이 이용할 수 있는 자원의 총량을 줄이지만, 그것이 자원체계의 재생산 능력 안에서 이루어진다면 자원체계를 파괴하지 않는다. 바로 이 때문에 집합행동 문제가 발생한다. 자원체계를 파괴하지 않는 선에서 이용 증가에 따라 감소하는 자원을 관리해야 하는 것이다. 만약 이와 같은 자원체계로 존재하지 않는다면 단기적 이익을 압도하는 장기적 이익이 존재하지 않기 때문에 이는 전혀 다른 유형의 자원이 된다. 따라서 이런 단위자원들을 재생산하는 자원체계라는 관점에서 공동이용자원에 접근해야 한다. 이는 자원체계의 속성이라고 볼 수 있다. 그런데 문제는 이용감소성과 잠재적 수혜자의 배제성은 자원체계의 물리적인 속성을 포함하지만, 그보다 자원체계를 이용하는 인간의 필요와 그 자원체계를 둘러싼 사회적 규약의 차원이 동시에 고려된 척도라는 점이다. 따라서 이를 자원 그 자체의 생물리학적 속성으로 보기는 어렵다.

그런데도 오스트롬을 포함해 오스트롬 이후의 많은 연구자는 이 두 척도를 자원의 생물리적 속성으로 보았다. 이런 문제에 착안해 최현은 오스트롬의 자원 유형 분류가 사회적으로 형성되고 구성되어온 차원을 배제한다고 비판했다(최현, 2013: 16; 최현, 2016). 하지만 오스트롬에게 이를 넘어설 가능성이 존재하는 것도 사실이었다. 사실 자원의 유형 분류는 그에게 서로 다른 집합행동의 문제를 결정하기 위한 것이었고 이는 인간의 집합적 실천이라는 측면에서 인간과 자원의 관계를 고려할 가능성을 열어준다. 다시 말해 오스트롬에게 자원의 유형 분류는 특정 자원의 배치를 위한 분류라기보다는 각기 다른 집합행동의 딜레마를 산출하는 자원의 범주로, 그 구성은 동적으로 변화할 수 있는 것이라고 보인다. 그런데도 오스트롬은 생물리적 속성에 기초한 자원의 유형 분류를 포기하지 않았다. 자원이 인간 행동의 조건으로 인간의 집합행동을 규정하는 데 결정적 역할을 한다고 보기 때문이다. 이를 자원의 생물리적 특징과 제도의 문제가 중첩되어 나타나는 혹은 이를 둘러싼 혼란이 발생하는 이유 중 하나는 오스트롬의 척도가 자원의 '이용'과 연결된 척도이기 때문이다. 자원 그 자체와 달리 자원의 이용은 인간 사회의 속성과 규칙과 결합해 있다. 오스트롬과 헤스도 이를 잘 알고 있었다. "공동자원의 물리적 특징과 이용 가능한 기술 수준에 따라 그 자원의 이용 가능성과 한계가 정해진다."(오스트롬·헤스, 2010: 97) 이용감소성과 잠재적 수혜자의 배제성은 바로 '이용'과 관계된 척도들이며 그런 점에서 자원과 제도의 결합을 통해 파악해야 하는 속성들이다.

이에 기초해 최현은 이용감소성 척도를 사회적 경합성으로 재해석하면서 잠재적 수혜자 배제성이라는 척도의 재구성을 제안했다. 자원 그 자체의 속성이 아니라 자원을 둘러싼 인간과 인간의 관계가 인간과 자원의 관계를 규정한다는 것이다. 사실 사적재화와 공동이용체계자원은 소비재와 생산재의 차이와도 중첩된다. 공동이용체계자원은 단위자원을 (재)생산하는 체계이기 때문이지만, 사적재화는 단지 개인의 필요 충족을 위해 써서 없애는 자원이고 그에 따라 타자를 배제하려면 소유해야만 하는 자원이다. 소유를 통한 배제도 특정한 역사적 구성의 산물이기 때문에 재화의 속성으로 보기 어렵다. 또한 공동이용자원의 경우 소유체계가 있어도 비공식적이고 관습적인 규칙이나 공식 법 제도를 통해 소유를 통한 배제를 불가능하게 만드는 예도 있다. 따라서 잠재적 수혜자의 배제성 강도는 물리적이거나 제도적인 장벽의 정도라기보다는 그런 물리적 장벽과 제도적 장벽을 구축하는 행위의 정당성의 강도로 볼 것을 최현은 주문한다.

이런 각도에서 잠재적 수혜자의 배제성은 "어떤 개인이나 집단이 독점하는 것이 정당"한가의 문제로 전환된다(최현, 2013: 19). 곧 이용 감소성이 강한 자원 중 독점의 정당성이 높은 자원은 사적재화가 되고 정당성이 낮은 자원은 공동이용자원이 되는 것이다. 최현은 C. B. 맥퍼슨Crawford B. Macpherson과 모리스 코헨Morris Cohen의 연구에 의거해 자원 독점의 정당성이 없는 자원의 유형을 세 가지로 분류한다. 제1유형은 그 자원의 이용이나 수익 없이는 온전한 인간이 될 수 없는 자원이다. 즉 인간에게 필수적인 자원을 독점해선 안 된다. 제2유형은 그 자원을 형성하는 데 기여하지 않는 무임승차자들이 독점한 자원이다. 따라서 반대로 그 자원의 형성에 기여한 이들에게 해당 자원은 열려 있어야 한다. 제3유형은 그 자원과 직접적인 관계가 없는 이들의 자원이다(최현, 2013: 19). 해당 자원과 어떤 관계도 없다는 것은 그 자원에 대한 책임이 없다는 것이다. 책임이 없는 자들의 독점은 정당화될 수 없다.

이용감소성은 수혜자의 배제성보다 더욱 높은 강도로 자원의 생물리적 속성에 의존한다(Euler, 2015: 9). 그러나 이용감소성 또한 인간과의 관계 때문에 변형된다. 특히 오스트롬이 강조했던 바와 같이 자원을 이용하는 기술 수준은 그 자원의 이용가능성과 한계를 규정하는데 결정적인 역할을 한다는 점에서 중요하다(오스트롬·헤스, 2010: 97). 자원의 물리적 속성이 변하지 않더라도 새로운 기술의 도입은 이용과 관련된 사항을 결정적으로 바꾸면서 자원의 남획, 정체, 경쟁 나아가 고갈까지 유발할 수 있기 때문이다(오스트롬·헤스, 2010: 99).

또한 이용감소성의 차원에서 오스트롬이 전혀 고려할 수 없었던 것 중 하나는 이용할수록 그 자원이 증대하는 상황이다. 오스트롬은 이용감소성 정도에 따라 자원을 분류하면서 그 정도가 낮거나 높은 방식으로 자원을 분류했다. 내가 볼 때 네트워크를 활용하는 자원은 그 자원의 이용에 참여하는 이들이 증가할수록 자원이 증가할 수도 있다. 지식은 그 대표적인 유형이다. 또한 인간은 자원을 단지 한 가지 방식으로만 이용하지 않는다. 이런 각도에서 보면 오스트롬은 자원과 인간의 필요를 일대일 방식으로 연결한 것으로 보인다. 물은 다양한 목적으로 이용된다. 그 목적에 따라 이용감소성의 정도는 달라질 수 있다. 인간의 신체 유지에 필수적인 물의 충족도 존재하지만, 수영의 경우와 같이 신체 활동에 이용되는 물도 있다. 물 자체가 감소하는 때도 있지만, 혼잡성 증가로 이용이 감소하는 때도 있다. 따라서 자원의 이용감소성은 자원과 인간의 관계를 구조화하는 중요한 변수이지만, 그 이해는 현재보다 많은 해석과 이용방식에 의해 결정된다. 그러나 이렇게 보아도 오스트롬이 제안한 이용감소성이 자원과 인간의 관계를 파악할 중요한 특성일 수 있다는 점은 변하지 않는다.

엘리너 오스트롬과 최현에 기초할 때 우선 노동능력체계의 배제성 강도는 매우 높다. 잠재적 수혜자들을 배제하는 것은 불가능할 뿐만 아니라 정당하지 않기 때문이다. 어떤 이들을 노동능력체계로부터 분리하거나 배제하는 것이 근본적으로 불가능한 이유는 그것이 사회적 존재로서의 인간의 발전 과정과 중첩되기 때문이다. 물리적으로 한 개인의 완전 격리를 상상할 수는 있지만, 이는 엄격하게 금지된다.

사회적 존재로서의 인간을 파괴하는 것이기 때문이다. 또한 노동능력 체계로부터 인간을 격리하면 그 개인의 자기보존뿐만 아니라 자아실현의 자유를 심각하게 박탈하는 결과를 가져온다. 이런 이유로 노동능력체계로부터의 배제는 제도적으로 허용되지 않는다. 전체 사회의 재생산과 인간의 발전을 위한 것이다. 또한 모든 이가 그 노동능력체계의 형성 과정에 개입한다는 점에서 모든 이가 그 노동능력체계에 속하며 그 체계와 관계한다.

그리고 노동능력체계에는 이용감소성이 존재한다. 이를 이해하기 위해 무엇보다 노동능력체계는 마르크스가 말한 것처럼 "인간의 신체, 즉 살아 있는, 또 그가 어떤 종류의 사용가치를 생산할 때마다 운동시키는, 육체적 정신적 능력의 총체"를 가리킨다는 점에 주목해야 한다. 이 언급은 두 가지 차원에서 중요하다. 하나는 노동능력체계의 이용에는 인간이면 누구나 직면할 수밖에 없는 보편적인 한계가 존재한다는 점이다. 노동능력체계로부터 인간의 노동이 나온다. 이 노동은 인간의 신체를 매개하기 때문에 여기에는 인간적인 한계가 존재한다. 이는 육체적인 한계인 동시에 정신적인 한계인데, 정신적인 한계가 신체 능력에 포함된다고 본다면 그것은 통합적인 의미에서 "살아 있는 인간의 신체"라는 생물리학적 속성이 부여한 한계다. 인간의 노동을 둘러싼 모든 사회적 동원의 양식은 바로 이 한계에 맞닥뜨린다. 이 때문에 노동능력체계로부터 노동을 도출하는 데는 최대한도가 있으며 일정한 한계 이상 노동을 지속할 수 없다. 마르크스는 『자본론』의 '노동일' 분석에서 바로 이 점을 말한 바 있다. 노동일은 유동적이기는 하지만 최대한도가 있으며 그 최대한도는 육체적 한계와 정신적 한계에 의해 규정된다고 본 부분이다. 이 한계 때문에 인간에게는 자신의 신체 재생산에 필수적인 시간이 요구된다. 수면과 식사, 휴식은 기본 요건이다. 한계를 넘어서면 인간의 신체가 파괴되며 이는 곧 노동능력체계의 파괴이기도 하다. 마르크스의 관점은 또 다른 측면에서 본 연구에 유용한데, 노동능력체계의 이용을 '노동시간'이라는 관점에서 접근할 수 있게 하기 때문이다. 노동능력체계의 최대한도란 노동시간의 최대한도와 같은 의미이다. 비록 그 강도에 따라 달라진다는 점에서 노동시간은 유동적이지만, 노동시간이 인간의 시간인 이상 그것은 살아 있는 인간의 한계에 직면할 수밖에 없다. 따라서 만약 엘리너 오스트롬의 분석을 따라 이용감소성 개념을 적용한다고 할 때 노동능력체계와 관계된 분석에서 그 '이용'은 무엇보다 시간과 관계된 개념으로 파악할 수 있다.

다른 하나의 차원은 인간의 신체를 통해 노동능력체계가 구현되기 때문에 그 '구현'이 구체적으로 특이한 각 개인을 통해 나타난다는 점이다. 이를 다시 오스트롬의 관점에서 번역하면 노동능력체계는 자원체계resource system이고 각 개인은 노동능력체계의 이용을 통해 각 개인의 노동을 도출한다. 그런데 오스트롬이 분석했던 재화나 인공시설과 노동능력체계가 결정적으로 다른 점은 자원체계가 인간과 분리해 독자적으로 존재하는 것이 아니라 구체적으로 특이한 한 개인의 살아 있는 신체 안에 존재한다는 점이다. 이는 오스트롬의 이용감소성 척도를 이용할 때 일정한 변형이 필요함을 의미한다. 원래 이용감소성은 다른 이가 이용할 '서비스의 유량flow of services'을 감소시킬 수밖에 없는 자원체계의 속성을 파악한 개념이었다. 나의 이용이 다른 이의 이용 감소와 연결된다는 것은 반대로 다른 이의 이용이 나의 이용 감소로 귀결된다는 것을 말한다. 이는 인간과 분리된 독립적인 대상의 자원체계를 향한 인간 사이의 관계를 규정하는 기본 조건이 된다 (Ostrom, 2005: 25).

그러나 노동능력체계에서는 각 개인의 구체적이고 특이한 신체를 둘러싼 인간 사이의 관계가 핵심 문제가 된다. 곧 나의 신체로부터 노동을 도출해내는 노동시간은 제한되어 있으므로 나의 노동시간 이용은 다른 이가 이용할 수 있는 나의 노동시간을 감소시킨다. 반대로 다른 이가 나의 노동시간을 과잉 이용한다면 나는 나에게 할당할 수 있는 노동시간이 감소하는 것을 넘어 나의 신체가 파괴되는 결과를 맞을 수도 있다. 이 문제가 중요한 이유는 노동능력체계의 이용이 다른 재화나 인공시설 이용과 다른 측면이 존재하기 때문이다. 그것은 바로 노동의 도출 과정이 원자적으로 고립된 각 개인을 전제하는 것이 아니라 사회적 결합을 전제하기 때문이다. 노동능력체계로부터 노동을 도출하는 과정은 다양한 형태의 결합양식을 통해 나타나므로 노동능력체계의 이용은 거의 언제나 나의 노동시간을 활용하는 타자를 전제한다. 타자는 나의 노동시간을 최대화하는 방향으로 결합할 수도 있지만, 타자의 노동과 나의 노동을 공동조정하는 방향으로 결합할 수도 있다. 따라서 한정된 노동시간 안에서 어떤 방식으로 노동을 도출하는가에 따라 사회적으로 결합한 개인들의 신체 지속가능성이 달라진다. 이는 다시 말해 전체 사회가 이용할 수 있는 노동능력체계의 지속가능성이 노동의 사회적 조직화 방식에 따라 달라진다는 의미다.

이처럼 이용감소성 정도가 크고 잠재적 수혜자 배제가 사실상 불가능하다는 점에서 노동능력체계는 공동이용자원으로 분류될 수 있다. 이는 노동능력체계의 이용이 국가나 시장의 조직방식과는 다른 사회적 방식으로 조직될 수 있다는 해석이다. 그런데 노동사회는 이런 공동이용자원으로서의 노동능력을 노동시장 매개로 상품화하는데 이 과정에서 노동능력은 개별화될 뿐만 아니라 공동의 부가 아닌 사적인 부 창출에 기여하는 능력으로 치환된다. 이를 전체 사회의 부로 창출하는 역할은 자본이 맡으며 자본은 바로 이런 개별화된 노동능력의 결합 기능을 통해 자신의 사회적 위상과 역할을 인정받고 무엇보다 자신의 권력을 창출한다. 공동이용자원으로서의 노동능력과 자본에 의한 결합노동combined labour 사이에 존재하는 간극과 균열, 모순과 불일치가 노동사회 이후로 나아가기 위한 구조적 전제다. 노동사회는 전체 사회의 재생산에 필수적으로 요청되는 공동이용자원인 노동능력 보존에 실패했을 뿐만 아니라 더 나아가 파괴하는 경향성을 낳는다. 이런 노동사회의 위기가 공동이용자원으로서의 노동능력이 상품 생산 과정에 종속되어 나타난다는 점에서, 위기의 본질은 공동이용자원인 노동능력과 상품 사이의 모순이라고 할 수 있다. 만약 상품의 생산 과정에 종속된 그리고 자본의 명령에 종속된 노동능력을 '노동력'으로 한정한다면 이 모순은 '노동능력'과 '노동력' 사이의 모순일지도 모른다.

대안 일의 시간 체계가 개입하고자 하는 부분은 바로 이 모순으로 노동능력과 노동력 사이의 모순이 증대되면서 나타나는 분리 현상이다. 고용으로부터 노동의 분리란 그 한 축에서 노동력으로 전환되지 않는 노동능력의 잉여 현상을 의미한다. 이런 노동능력의 사회적 동원을 통해 공동의 부를 확대생산–재생산할 수 있다면 공동의 부는 노동하는 시민의 생활 안전을 위한 중요한 보완 기제가 되는 동시에 노동하는 시민에게 독립적이고 자립적인 생활 안전의 대안 시스템을 제공함으로써 임금과 분리된 대안생활 안전체계를 구성할 가능성이 있다. 공동의 부는 물질적인 형태뿐만 아니라 비물질적인 형태로도 존재하는, 공동 이용이 가능한 자원들의 체계로 ① 공동이용자원common resource system ② 공동집적자원pools of resource units ③ 공동상속자원 ④ 공동접근자원의 네 유형으로 구성된다. 이 네 유형의 공동의 부는 더는 생활 안전을 각 개인의 문제로 환원하지 않으며 동료 시민과의 연대와 협력을 통해 생활 안전을 확보할 가능성을 넓힌다. 대안일의 시간 체계는 바로 노동능력의 연대와 협력을 위한 일의 시간 체계다. 이때 임금노동은 더 이상 모든 시민의 자유와 평등을 위한 필수 전제가 아니라 각 개인의 필요에 따른 개인적인 선택으로 나타나고 따라서 모든 이를 위한 자유와 평등과는 분리될 수 있다.

그런데 노동사회의 위기는 이처럼 공동의 부 창출을 위한 대안적 일의 시간 동원 문제를 이미 일정 부분 자신의 해결책으로 통합하고 있다. 민주주의 프로젝트 사이에서 그 통합의 방식을 둘러싼 경합이 발생하는데 그 핵심 영역이 바로 제3부문이다. 제3부문에 대한 다양한 용법 때문에 혼란이 존재하지만, 본 연구에서는 '제3부문'을 비국가적이고 비시장적인 방식으로 필요를 충족하고 그런 부문이 국가나 시장과 연합해 활동하는 영역 일반을 가리키는 개념으로 사용한다. 2000년대 후반 후자의 영역을 '제4부문the Fourth Sector'이라고 부르면서 기존 세 부문과 구별해 독립적인 부문으로 인식하려는 노력이 전개되고 있다(Friis, 2009: 10). 이는 기존 세 부문 분석체계로는 각 부문이 융합되는 현상을 적합하게 파악하기 어렵다는 인식 때문이지만, 현재 나의 질문은 왜 그런 융합이 일어나고 어떤 형태로 진행되고 있는가를 파악하는 데 있다. 이를 위해 부문의 융합 과정을 독자적인 영역으로 파악하기보다는 제3부문의 현대적 재구성이라는 관점에서 접근한다. 또 다른 이유는 제4부문이라는 문제의식이 다른 부문들의 관계를 원자적으로 고립시켜 파악하면서 기존부터 있던 세 영역의 융합 관계를 시야에서 배제한다는 문제의식 때문이다.

제3부문의 현대적 재구성이 강화되는 원인은 다양할 수 있지만, 노동시장의 위기로 인해 동료 시민의 필요가 시장의 교환과 국가의 재분배로 충족되지 않았고 이에 대응할 제3의 방법이 절실했다는 점은 분명하다. 특히 이 점에서 1997년 IMF 경제위기 과정에서 나타난 한국 제3부문의 대응은 하나의 원형을 이룬다. 당시 한국 제3부문을 구성하는 시민단체들은 대량실업 사태를 완화하기 위해 '실업극복국민운동위원회'를 구성하고 생존위기에 처한 실업자들을 돕기 위한 여러 활동을 펼쳤다. 이른바 '실업극복국민운동'에 대한 평가는 다양하지만, 이 운동을 거치며 한국 제3부문의 활동에 전환이 발생한 것은 사실이다. 제3부문은 국가뿐만 아니라 지방자치단체와 협력해 지역사회의 공공근로를 발굴했을 뿐만 아니라 민간파트너가 되어 실직자를 직접 고용하기도 했다(김혜원, 2009: 2). IMF 경제위기는 실업 극복과 고용 창출 문제를 중심으로 제3부문과 국가 그리고 시장이 융합되는 하나의 계기가 되었다. 그 이후 한국 제3부문에서 "지역사회에 필요한 서비스나 재화를 공급하고 취약계층을 고용하는 역할"(김혜원, 2009: 2)을 강화할 필요성은 점점 더 두드러졌고 이를 중심으로 국가와 시장과의 협력 관계 또한 계속 강화되었다. 특히 2007년 「사회적기업육성법」, 2011년 「협동조합기본법」의 제정은 중요한 역할을 했다. 제3부문을 지원하고 육성하기 위한 전략이 법 제도의 형태로 나타난 것인데 이는 고용위기가 장기화, 구조화되면서 제3부문이 전

통적인 영역을 넘어 고용위기의 해법으로 '재발견'되고 기존 부문들과 새로운 관계를 형성한 것으로 볼 수 있다. 제3부문의 경제적 역할이 부상한 것이다(김혜원, 2009: 5).

노동사회와 제3부문을 어떻게 연결할 것인가? 이것이 민주주의 프로젝트들의 구체적인 경합 내용에서 한 차원을 구성한다. 오세근은 사회적 경제, 연대경제, 제3부문 등에 내재한 사상적 함의를 적극적으로 도출하면서 이 영역이 "신자유주의가 부과하는 사회질서로부터의 탈각"(오세근, 2014:251)을 위한 사회 문법의 창안 영역이라고 주장했다. 그의 연구는 사회적 경제, 연대경제, 제3부문 등이 동원하는 담론을 그 자체로 인정하고 이를 대안 사회의 구성 원리로 승화시키려는 시도다. 그러나 그의 주장과 무관하게 우리가 기억해야 할 것은 제3부문을 둘러싼 민주주의 프로젝트의 경합이 신자유주의-이후 국면의 산물이라는 점이다. 신자유주의는 최소 지난 30년간 전 세계를 지배하면서 모든 이의 경제적 자유 확장이라는 자신의 이상을 실현하고자 했으나, 그 결과는 다수 시민의 경제 안전을 토대부터 불안정하게 만든 것이었다. 그러나 30년 동안 국가는 재정압박으로 인해 동료 시민의 문제를 해결할 능력을 약화했고 이에 따라 동료 시민의 문제를 자체 역량으로 해결한다는 공동체운동이나 사회혁신운동 혹은 사회적경제 등을 지원하거나 자신의 정책수단과 긴밀하게 결합하는 경향이 급부상했다.

더 한국적인 맥락에서는 국가가 지속해서 복지공급 확대를 요구받았다는 점이 중요하다. 국가는 신자유주의로 발생한 문제들뿐만 아니라 고령화와 같은 인구구조의 변화 등으로 인해 복지공급의 증가 요구에 직면했고 이는 곧바로 국가재정에 반영되었다. 그러나 '증세 없는 복지' 전략 기조를 일관되게 유지하던 조건에서는 복지 수요에 대응하는 재정을 확보하기 곤란했다. 국민 세금으로 공공서비스를 강화하는 방식은 공공재정의 팽창을 전제한 것이었고 이는 국가의 재정 파탄을 불러오는 전략으로 평가되곤 했다. 그러나 확산하는 복지 필요를 충족시킬 수 없을 때 이는 전체 사회의 재생산뿐만 아니라 국가의 정당성 위기로 연결될 수 있다. 이에 "공공재정 외 재원財源, 예를 들면 기부나 기업의 사회공헌 활동 등이 복지영역에 투입될 수 있도록 지원하거나 협동조합과 같은 새로운 영역의 활동을 복지로 유인하는 전략"(김희연·이재광·최석현 외, 2013: 5)이 중요한 대안으로 부상했다. 이처럼 현대 제3부문의 급부상은 신자유주의 이후 국가가 처한 조건과 국가의 정책수단 결여 문제와 분리해 이해할 수 없다.[134] 특히 이 부분에서 최근 급부상한 이른바 '사회적인 것the social'이 신자유주의 통치성의 구성과 연결되어 있으며 '사회적인 것'을 핵심 원리로 하는 경제, 노동, 활동들이 더욱 강력한 자본주의의 새로운 모습일 수 있다는 비판은 경청할 만하다(김주환, 2017:11).[135] 서영표는 그 견해를 잘 보여준다. 그는 한국에서 '사회적인 것'의 부상이 자본축적의 논리를 보완하며 국가의 공공영역으로의 후퇴를 두둔한다고 비판했다(서영표, 2017: 193~196). 이 때문에 한국에서도 다양한 관

---

134 이에 대한 보다 자세한 설명은 장훈교(2016) 참조.

135 김주환의 훌륭한 분석을 일면화하지 않으려면 김주환의 의도를 보다 정확하게 전달해야 할 것 같다. 그는 사회적 경제를 "긍정적 전망과 찬양 일변도"로 바라보는 관점을 비판하면서, "사회적 경제에서 대안사회와 대안 경제의 가능성을 읽어내고 싶은 사람은 먼저" 자본 운동과 연대, 참여, 공감, 공익, 휴머니즘 등의 운동이 결합해 작동하는 자본주의 지배의 새로운 작동방식을 "진지하게 검토하는 작업을 거쳐야 한다"(김주환, 2017: 10~11)라고 본다. 나는 이 문제 제기를 환영하고 옹호한다.

계나 대상 및 실천을 수식하는, 혹은 그런 관계, 대상, 실천의 구성 원리로 급부상한 '사회적인 것'의 의미를 묻는 작업이 진행되었다(김성윤, 2013; 조주현, 2012; 정태석, 2015). 그러나 자본주의 혹은 신자유주의 통치성이라고 하더라도 그것이 하나의 완결된 체계로 존재하지 않는 이상 그 체계를 구성하는 모든 요소와 관계는 내부로 영입되는 다른 요소와 결합해 다양한 변이를 만들 수 있다. 물론 그 의미도 고정될 수 없다. 바로 이 때문에 제3부문을 둘러싼 민주주의 프로젝트의 경합이 가능한 것이다.

제러미 리프킨은 『노동의 종말』에서 노동시장 외부로 배제되는 시민들의 노동능력이 국가나 시장과는 구별되며 독립적으로 번창할 수 있는 제3의 힘 즉 동료 시민들의 공동협력을 통해 공동의 부를 창출하는 데 효과적으로 사용(리프킨, 2005: 342)할 가능성을 언급한 바 있다. 문제는 이런 가능성이 전면화되기 위해서는 전체 사회의 노동능력 전체가 대안적인 방식으로 조직되도록 개입해야 한다는 점이다. 이는 우리가 노동사회와 제3부문의 분할이라는 구도 위에서 개입하는 방식이 아니라 노동사회-이후로의 전환을 위한 모색이라는 관점에서 제3부문의 사회적 노동 모델을 전체 사회의 대안적인 노동 모델로 전유하는 방식으로 대응해야 한다는 의미다. 이런 관점에서 보는 제3부문은 민주적 실험democratic experiment의 영역이다. 제3부문과 전체 사회 사이에는 규모의 문제를 핵심으로 하는 단절의 계기가 존재한다. 곧 제3부문의 대안을 그대로 전체 사회에 적용할 수 없다. 바로 이 때문에 민주적 실험은 전체 사회의 규모에 적합한 단계로 발전하는 데 독자적인 경로와 전략이 필요하다. 그러나 비국가적이고 비시장적인 방식으로 전체 사회의 노동능력을 공동으로 이용하고 관리하는 데 필요한 대안 지식을 구축할 때 제3부문의 경험은 중요하다. 민주주의의 급진화 프로젝트는 이런 관점에서 제3부문의 민주적 실험을 강화하는 동시에 민주적 실험을 전체 사회로 확산하는 데 필요한 변형의 경로를 중단 없이 계속 모색해나가는 전략을 택한다. 곧 이행transition의 관점에서 개입한다.

제3부문에서 나타나는 민주적 실험 중 주목해야 할 세 가지 유형의 노동은 ① 공동체노동communal labor ② 상호노동mutual labor ③ 연대노동solidarity labor이다. 이 세 유형의 노동은 모두 공동의 부를 위한 대안적인 사회적 노동 동원이라는 점에서 공통점을 지니지만, 그 방식에서 일정한 차이를 지니는 노동 유형들이다. 공동체노동은 특정한 공동의 목적을 실현하기 위해 동료 시민들이 공동체를 구성해 실현하는 노동의 유형을 말한다(De Angelis, 2017: 210). 노동능력의 결합 및 노동의 관리는 공동회의 혹은 민주적 공동조정을 통해 이루어진다. 이와 같은 공동체노동은 전통적인 공동체운동에서 일반적으로 확인할 수 있는 노동유형이다. 공동체노동은 임금노동의 확산 과정에서 비도시지역의 전통 공동체가 남아 있는 지역으로 주변화되었다가 노동사회의 위기와 함께 다양한 유형으로 부활하고 있다. 특히 무료 소프트웨어free software 제작을 위해 전 세계에 분산된 개인들이 제작공동체가 되어 수행한 탈−전통 공동체노동의 등장은 공동체노동이 전통적이고 낭만적인 시선을 넘어 정보주의 발전양식의 대안노동으로 포착될 가능성을 연 '철학적 사건'이다.

상호노동은 공동체노동처럼 공동체를 구성하기는 하지만, 노동을 구성하는 방식이 공동체노동과 다르다. 상호노동은 민주적 공동조정을 위한 회의나 공동결정보다는 '선물' 혹은 더 일반적으로 말해 '선물'

의 순환 방식으로 노동을 조직한다. 물론 상호성의 규약이 작동한다는 점에서 이를 완전한 '선물'의 순환으로 설명하기 어렵다는 반론이 가능하지만, 여기에서의 핵심은 오히려 바로 그 '선물'이 가능하게 만드는 순환적 상호성의 규약이다. 이런 순환적 상호성circular reciprocity이 상호노동의 연결 원리다(De Angelis, 2017: 210). 공동체노동이 공동체 전체의 공동의 부 산출에 초점이 맞춰져 있다면 상호노동은 노동 교환을 통해 타자의 필요를 충족하는 데에 우선순위가 있다. 타자의 필요 충족을 위한 나의 노동은 이후 나의 필요 충족을 위한 타자의 노동으로 보상받는다. 노동을 보상받는 데 걸리는 시간과 선물을 교환하는 타자의 속성에 따라 상호노동은 다양한 방식으로 변형되어 나타난다.

전통 공동체에서 자주 발견되는 노동의 상호교환 양식은 상호노동의 전통적인 예다. 노동이 교환되는 양식에 약간의 차이가 있을 수 있지만, 전통 공동체에는 타자의 일을 함께 해주고 반대로 자기 일에 타자의 도움을 요청하는 순환적 상호노동이 존재했다. 이와 같은 상호노동 유형의 특징은 노동 교환 당사자 간의 상호성이다. 현재도 우정의 공동체 안에서 그 흔적을 찾아볼 수 있다. 이와 달리 윤번제輪番制는 특정한 교환 당사자가 아니라 공동체 내의 노동 순환을 목표로 구성되는 양식이다. 돌아가며 차례로 일하는 윤번제는 각 개인의 노동시간을 줄이는 동시에 타자와의 관계를 강화하는 대안 중 하나다. 공동의 필요 충족에는 지속적이고 반복적으로 나타나는 노동유형이 존재할 수 있다. 윤번제와 같은 노동의 교대는 이렇게 지속적이고 반복적으로 필요한 노동의 양을 각 개인이나 집단이 돌아가면서 맡는 방식으로써 전체 노동의 총량을 분배하는 효과를 발휘한다. 윤번제나 당사자 간의 노동 교환 방식과 달리 일반적 타자에게 노동을 선물할 것을 전제로 타인의 노동을 나의 필요 충족에 요청할 수 있는 상호노동 양식도 존재한다. 타임뱅크time bank 운동이 그 예다. 타임뱅크 운동에서는 1시간의 노동을 1타임 달러로 환산하고 타임달러의 교환을 통해 공동체성의 회복을 시도한다. 김상준은 타임뱅크의 이와 같은 상호노동 양식을 대안 경제의 근본원리로 제안한 학자 중 한 명이다.[136] 김상준은 타자의 필요에 응답해 자신의 능력과 시간을 투입하는 이런 상호노동 양식의 근본적 특성으로 '미지未知' 곧 나에게 알려지지 않은 타자의 발견을 든다. 그에 의하면, "타자의 필요는 우리가 귀 기울여 듣고 눈여겨보지 않으면 잘 알 수 없다. 또는 전혀 예상할 수 없었던 방식으로 우리에게 불현듯 다가올 수도 있다. 어떠한 경우든 그것은 '미지'에서 온다(김상준, 2008: 155~156)." 나에게 알려지지 않은 일반적 타자의 선물을 받고, 또한 나의 노동이 필요할지 모르는 누군가에게 자신의 능력과 시간을 선물하는 이런 상호노동의 양식에서 "타자의 발견은 순환"한다(김상준, 2008: 156).

연대노동은 연대경제solidarity라는 제3부문 안에 존재하는 다른 경제의 노동 유형이다. 연대경제에서는 재화나 서비스를 생산하고 이용하는 데 관여한 모든 집단과 개인을 연대와 우정의 관계로 파악한다. 공급자와 이용자의 분리 그리고 공급과정에도 노동 분업이 존재하지만, 이런 분업과 분리가 타자와의 절대적 분리로 귀결되지 않는다는 점이 이 연대노동의 특징이다. 상품경제에서는 분업과 공급자와 소비

---

136 나는 김상준(2008)이 자신이 '중간경제'라고 제안한 개념의 핵심 원리가 이와 같은 상호노동의 원리라고 파악한다. 김상준과 내 제안의 핵심적인 차이는 그가 말한 상호노동의 유형 외에도 더욱 포괄적인 상호노동의 유형을 인정해야 한다고 볼 뿐만 아니라 상호노동 외에도 공동체노동과 연대노동의 유형도 더 적극적으로 고려해야 한다고 생각한다는 점이다.

자의 분리가 오직 화폐를 통해서만 통합된다. 그러나 연대노동은 연대와 우정의 원리로 이를 대체하며 그 원리에 화폐를 종속시킨다. 이윤이 아닌 동료 시민의 연대 강화에 필요한 재화와 서비스를 생산하고 그에 필요한 연대노동을 재생산하는 것이 목적이기 때문이다. 그래서 연대노동에선 재화와 서비스의 시장교환을 통해 얻은 이익을 생산 과정 전체에 참여한 모든 이와 공유하는 방식으로 화폐를 분배하기도 한다. 연대노동 배당의 권리를 모든 연대노동자가 보유하기 때문이다. 또한 연대노동에선 생산 과정에 투입되는 기계, 지식, 원자재, 건물 등을 전체 연대노동자와 다양한 방식으로 공유한다. 이런 특징 때문에 비록 연대노동의 결과가 주어진 조건에서 시장교환 형태로 상품화되어도 이 상품의 구매자들은 이를 상품 소비보다는 연대노동에 대한 지지와 전체 사회 연대 축적을 위한 연대노동 일부로 보는 경향이 있다. 이러한 연대노동은 화폐를 포함한 다양한 재화와 서비스를 연대노동 재생산을 위한 공동의 부로 전환하려 노력한다는 점에서 연대와 우정의 원리로 노동을 재생산하는 대안을 보여준다.

제3부문 안에 존재하는 이와 같은 공동체노동, 상호노동 그리고 연대노동은 공동의 부 창출을 위한 대안적인 일의 시간 체계가 어떤 방식의 노동으로 구현되어야 하는가에 대한 상상을 촉발한다. 탈脫전통 공동체에 기반을 둔 공동노동의 조직, 노동의 교대를 통한 노동시간의 단축과 관계의 강화, 연대와 우정의 원리를 통한 노동의 재생산 등은 그 핵심적인 내용이다. 그러나 이런 내용이 종합되기 위해서는 비록 잠정적이라도 대안노동과 일의 양식이 규정되어야 한다. 이런 가능성을 지닌 개념 중 하나가 공동자원 기반 동료생산commons-based peer prodcution이다. 원래 공동자원 기반 동료생산이란 요차이 벤클

러Yochai Benkler가 창안한 개념으로 산출된 결과를 모든 이가 자유롭게 이용할 수 있을 뿐만 아니라 생산 과정 자체가 모든 이에 개방되고 그들의 참여를 통해 이루어지는 생산의 양식을 말한다(Benkler& Nissenbaum, 2016). 이때 공동자원이란 국가의 재분배나 시장의 교환과는 달리 시민의 연대와 협력을 통해 필요를 충족하는 자원 일반을 일컫는다. 비록 요차이 벤클러는 이 개념을 디지털 영역에 한정해 적용했지만, 이 개념은 일정한 수정과 제한을 통해 그 영역을 넘어 공동체노동, 상호노동, 연대노동 안에 존재하는 공통의 양식을 포괄하는 개념으로 확장될 가능성이 있다.[137]

이때 제기되는 일차적인 난관은 공동자원 기반 동료생산 개념 혹은 더 포괄적으로 동료생산peer production 개념과 연결된 유토피아적 열망이다(Kreiss&Finn&Turner, 2011). 이는 특히 미셸 바우웬스와 같이 동료생산의 양식을 자본주의 내부에서 발생한, 그러나 자본주의를 초월할 가능성을 지닌 대안적인 생산양식으로 바라보는 이들에게서 강하게 나타난다. 이 관점에서 동료생산의 양식은 경제뿐만 아니라 전체 사회를 민주화하고 동료 시민 간의 협력과 연대를 강화하며 새로운 시민윤리를 창안하는 동력으로 전제되고, 그로 인해 현실 속 동료생산의 양식이 지닌 문제와 그를 둘러싼 다양한 질문이 일면적으로 다뤄지는 경향이 있다. 공동자원 기반 동료생산의 양식은 유토피

---

[137] 실케 헬프리히Silke Helfrich는 공동자원 기반 동료생산 개념이 불충분하다며 이를 넘어선 "공동자원 창출 동료 경제Commons-creating peer economy" 개념을 제시했다. 헬프리히는 공동자원 기반 동료생산 개념이 제작의 방식에 초점을 맞추도록 한다고 보는 것 같다. 그에 반해 자신이 제안한 개념은 "공동자원에 기초한 경제를 생산하고 재생산하는 데 초점을 맞추도록 한다고 이야기한다. 하지만 현재 시점에서 볼 때 공동자원 기반 동료생산의 개념이 이를 포괄하지 못할 이유를 찾을 수 없다(Heinrich Böll Foundation and Commons Strategies Group, Charles Léopold Mayer Foundation and Remix the Commons, 2013: 15).

아가 아니라 하나의 질문으로 다루어져야 한다. 또 다른 문제는 벤클러의 공동자원 기반 동료생산의 양식이 협력과 연대 개념을 활용하지만, 이때 협력과 연대가 매우 확장된 개념으로 그 실제 내용은 네트워크 활동과 다르지 않다는 점이다. 곧 벤클러의 개념에서 각 개인은 타자와 직접적인 상호조정 관계를 거치지 않고 분리된 원자적 형태로 타자와 상호작용한다. 하지만 공동체노동, 연대노동, 상호노동의 조직화에서 이런 협력 개념을 유지하기는 힘들다. 또한 공동자원기반 동료생산의 양식에 대한 유토피아적 이해는 양식 자체가 협력을 민주화하는 경향을 보인다고 전제하기 때문에 이 과정의 문제를 파악하지 못할 가능성도 존재한다. 하지만 무엇보다 가장 큰 난관은 동료생산의 양식이 온라인을 넘어 오프라인에서 적용될 수 있는가를 둘러싸고 비판[138]이 존재한다는 점이다. 그러나 공동자원 기반 동료생산이라는 대안 생산양식은 현재 우리가 의존할 수 있는 중요한 개념적 토대 중 하나다. 이를 포기하기보다는 이를 비물질생산의 영역에서 물질생산의 영역으로 확장하는 방향에서 도전적으로 이 개념을 활용할 필요가 있다는 것이 나의 생각이다. 하지만 이를 물질생산 영역까지 포괄하는 방향으로 나아가고자 할 때 공동자원 기반 동료생산 개념의 핵심은 유지하면서도 그 조건 중 일부는 수정을 통해 제한되어야 한다.

공동체노동, 상호노동, 연대노동은 비록 그 원리는 모두 다르지만,

---

138 이런 인식의 배후에 '디지털리즘'이라는 패러다임이 존재하며 여기에 일종의 코드물신주의라는 비판이 존재하는 것이 사실이다. 비판의 핵심 내용은 디지털리즘이 "과학기술적인 것"과 "사회적인 것"의 순수한 대칭성을 전제한다는 점이다(파스퀴넬리, 2013: 136). 이에 대해선 맛떼오 파스퀴넬리의 『동물혼』(2013) 2장을 참조하자.

인간의 필요를 충족하는데 필요한 공동의 자원을 공동의 노동으로 만들어간다는 특징을 보인다. 또한 그 과정에서 모든 노동자는 노동을 통해 다른 이들과의 동등성을 보장받는다. 공동자원 기반 동료생산의 양식을 이 세 유형을 통합하는 개념으로 제시할 수 있다고 보는 근거다. 그러나 더욱 중요한 점은 이보다 공동자원 기반 동료생산의 양식에서 노동은 함께 사는 삶의 기반을 만드는, 그 자체로 하나의 공동자원체계commons가 된다는 점이다. 노동은 이제 각 개인의 부의 축적을 위한 활동이 아니다. 노동은 동료 시민과 함께 물질적인 필요뿐만 아니라 문화적 필요를 충족하는 공동의 활동이다. 이를 통해 임금노동에 기반을 둔 사회는 공동자원체계로서의 일과 노동에 기반을 둔 사회로 전환된다. 공동자원체계로서의 일과 노동은 공동자원을 창출하는 동료생산의 양식을 구성하는 노동이라는 점에서 공동자원 패러다임에서 이야기하는 '공동자원 만들기commoning'의 위상을 가지며, 동시에 그에 대한 하나의 해석으로 제안될 수 있다. 공동자원 기반 동료생산 양식은 '공동자원 만들기'의 구체적인 양식이 될 수 있다.

공동자원 패러다임 특히 사회운동 관점에서 발전해온 공동자원 패러다임은 공동자원을 재화의 한 유형보다는 인간의 실천 때문에 생산되고 재생산되어야 하는 실천 의존적 대상으로 규정하려 했다. 이런 인식에서 나온 개념이 바로 '공동자원 만들기' 개념이다. '공동자원 만들기'를 이야기할 때 가장 많이 인용되는 저자인 피터 라인보우는 다음과 같이 말했다. "공동자원체계를 자연자원인 것처럼 말하는 것은 최선의 경우 오해이고, 최악의 경우엔 위험하다. 공동자원체계는 하나의 활동activity이다. 무엇보다도 자연과의 관계로부터 분리될 수 없는 사회 안의 관계를 표현한다. 공동자원체계를 명사, 실체로 보는 것보다는 동사로, 하나의 활동으로 보는 것은 더욱 나을 것이다."(Linebaugh, 2008: 279) 피터 라인보우는 여기서 말하는 '활동'으로 공동자원체계를 이해하려는 방편으로 '공동자원 만들기'라는 개념을 제안한다. J.K.깁슨-그레이엄Gibson-Graham, 제니 캐머론Jenny Cameron 그리고 스티븐 힐리Stephan Healy 등은 공동자원 만들기의 개념을 더욱 구체화했다. 이들은 '공동자원 만들기'를 하나의 관계적 과정으로 이해해야 한다고 주장하면서 다음과 같이 말했다. "공동자원 만들기는 자원에 대한 책임을 받아들이면서 자원에 대한 접근과 이용, 돌봄을 위한 규칙과 프로토콜을 확립하는 것을 포함한다. 또한 '공동자원 만들기'는 타자의 웰빙을 고려하는 방식으로 이익을 분배하는 것도 포함한다."(Gibson-Graham, 2016: 4~5) 이들이 발전시킨 '공동자원 만들기'의 개념과 구조는 공동자원체계로서의 일과 노동이 구체적으로 어떤 요소와 관계 그리고 원리 하에 구성되어야 하는가에 대한 이해에 도움을 줄 수 있다.[139] 이를 도식화하면 다음과 같다(Gibson-Graham et al, 2016: 7).

---

139 공동자원 만들기commoning의 개념에 접근할 때, 공동자원 그 자체가 인간과 인간의 관계를 인간과 자연의 관계 안에서 사고해야 한다는 피터 라인보우의 지적을 기억해야 한다. 이 부분이 중요한 이유는 공동자원이 인간의 관계 안으로 평면화될 수 없는 대상이기 때문이다. 최근 공동자원을 "인간 그 이상의 공동자원The more-than-human"으로 재정의하고, 공동자원 만들기의 과정을 인간과 비인간, 생명과 비생명, 유기체와 기계 등의 상호의존성 안에서 출현하는 것(Walsh, 2018: 5)으로 파악하는 관점이 부상하고 있다. 행위성agency의 개념을 인간 주체를 넘어 확장하는 이런 접근은 제도주의 공동자원 연구에 대한 강력한 비판을 함축한다. 인간과 자연의 분리 위에 경제적 개인의 합리성에 기초한 제도주의 연구의 대안으로 이 관점을 제시한 학자로는 패트릭 브레스니한Patrick Bresnihan이 있다. 그는 "인간 그 이상의 공동자원" 개념이 개인이 아닌 관계와 연합 혹은 동맹을 존재론적 우위에 놓는다고 말한다(Bresnihan, 2016: 138). 논쟁적인 요소가 있는 주장이지만, 그동안 공동자원 연구 경향 내에서 인간과 자연의 관계를 강조하면서도 자연을 단지 인간의 대상으로 규정하는 관점이 강했다는 점을 돌이켜볼 때 이는 흥미로운 제안이다.

[표5] 공동자원 만들기의 원리

접근 access	이용 use	수혜 benefit	돌봄 care	책임 responsibility	재산 property
구성원의 경계	이용 방법과 제한 규칙	수혜의 분배 범위와 방법	돌봄 주체와 수행 양식	책임 범위와 처벌 방법	소유 유형과 혼합의 정도

　　그러나 J.K.깁슨-그레이엄의 접근에는 약점이 있다. 이용의 문제는 언급되고 있지만, 생산의 문제는 고려되고 있지 않다. 공동자원체계는 "이용하기뿐만 아니라 생산하기"(Euler, 2015: 22)와도 연관되기 때문에 이를 동시에 고려할 수 있어야 한다. 생산의 문제는 곧 자원 형성의 문제이기도 하다. 이에 반해 J.K.깁슨-그레이엄 모델의 장점은 형성된 공동자원의 재생산 차원을 적극적으로 고려했다는 점이다. 특히 돌봄의 문제설정은 중요한데, 공동자원체계는 인간에 대한 돌봄과 자연에 대한 돌봄의 차원을 고려하지 않고는 지속될 수 없기 때문이다. 그런데 이런 생산과 재생산의 연결은 자동적인 것이 아니라 동료 시민과의 지속적인 협상을 통한 공동조정을 요구한다. 여기엔 공동의 필요를 규정하는 행위가 포함되며 그 필요를 충족하기 위해 동료들과 노동을 분배하는 과정 또한 따른다. 달리 말하면 J.K.깁슨-그레이엄이 밝힌 6개의 요소는 인간과 인간 그리고 인간과 자연의 관계에서 공동자원을 만들고자 할 때 동료 시민들이 끊임없이 협상해야 하는 문제를 포괄한다. 따라서 이는 필요의 해석과 공동조정이라는 또 다른 차원의 문제로 정식화될 수 있다. 공동체노동, 상호노동, 연대노동이 공동자원으로서의 일과 노동이 어떤 방식으로 조

직되어야 하는가, 즉 노동의 형식에 관해 통찰을 제공한다면, 이와 같은 '공동자원 만들기'의 관점은 그 노동이 어떤 문제들을 다뤄야 하는가에 대한 통찰을 제공한다. 이를 다시 도식화하면 다음과 같다. 물론 이 도식은 완전하지 않으며, 지속적인 수정을 요구한다.

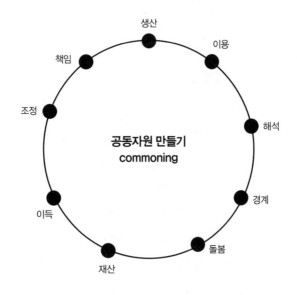

[그림6] 공동자원 만들기가 다뤄야 하는 문제들

생산, 경계, 이용, 이득, 돌봄, 책임, 재산, 해석과 조정의 9개 요소에 대해 동료 시민들은 규칙이나 규약protocol을 정해 노동의 양식과 내용을 동료 시민과 합의해야 한다. 이상과 같은 고찰을 통해 우리는 보편적인 자아실현을 위한 노동의 원리, 대안 일의 시간 체계와 노동의 양식 그리고 대안 생활 안전의 제공을 위한 공동자원체계와 그 공동자원 만들기 과정에서 동료 시민과 협상해야 할 문제들을 일반적인 차원에서 파악할 수 있게 되었다. 그리고 이 전체를 유토피아적인 공동자원 기반 동료생산 양식이나 디지털 기반 사회적 생산 개념에 한정된, 공동자원 기반 동료생산의 양식에 수정을 가한 '제한적인' 공동자원 기반 동료생산의 양식이라는 관점으로 통합할 것을 제안한다. 이를 정리하면 다음과 같다.

[표6] 제한적 공동자원 기반 동료생산의 양식

노동의 규약	경계, 이용, 이득, 돌봄, 책임, 소유, 조정, 해석, 생산
노동의 양식	공동체노동, 상호노동, 연대노동으로부터 추출된 노동의 양식
노동의 자원	공동자원
노동의 결과	공동자원
노동의 시간	최소화된 시민의무의 시간을 포함하는 구체적으로 특이화된 각 개인의 일의 시간 체계
노동의 철학	보편적 자아실현

제한적 공동자원 기반 동료생산의 양식은 동료 시민의 협력을 매개로 공동자원을 공동 생산한다. 이때 중요한 전제는 이 양식에 투입되는 자원 또한 공동자원이어야 한다는 점이다. 제한적 공동자원 기반 동료생산의 양식은 물질 자원을 전제하며 물질 자원 없이는 비물질적 공동자원의 생산 또한 불가능하다. 즉 물질 자원이 공동자원체계로 관리되거나 투입되지 않는다면 제한적 공동자원 기반 동료생산의 양식은 자신의 잠재력을 완전히 발휘할 수 없다(Siefkes, 2014). 공동자원이 투입되고 그 산출 또한 공동자원의 양식으로 나와야 한다는 것은 이런 의미에서 공동자원체계의 확장을 위한 하나의 원칙으로 볼 수 있다. 이때 산출된 공동자원은 동료 시민의 생활 안전을 보

장하는 공동자원생활체계commonfare를 구성하게 되는데 공동자원생활체계의 강도에 비례하여 동료 시민은 임금체계와의 협상에 기초한 노동의 전환 능력을 보유하게 된다. 공동자원생활체계란 공동자원을 통해 생활 안전을 유지 존속하는 생활체계를 말하는데 상품과 탈상품화된 공공자원으로 구성되는 노동사회의 생활 안전체계와는 달리 자신의 결정과 참여 그리고 다른 동료 시민과의 연대와 협력을 통해 자신의 필요를 충족시켜 나가는 체계다. 공동자원체계는 그 공동생산 과정에 참여한 모든 동료 시민에게 자신들이 정한 규칙과 합의에 따라 분배되기 때문에 기본적으로 필요의 자기조절적 실현이라는 특징을 지닌다. 그리고 바로 이 부분이 비물질 생산 영역에서 발전해온 공동자원 기반 동료생산의 양식과 구별되는 지점이다. 공동자원 기반 동료생산의 양식은 희소성이 작동하지 않는 네트워크 협력 경제를 기본 조건으로 하므로 재생산의 자기 한계를 지닌 물질 영역에 똑같이 적용하기 어렵다. 이는 무엇보다 공동자원 기반 동료생산의 양식이 모든 이에 공개된 자유로운 이용을 전제한다는 점에서 확인된다 (바우웬스, 2018: 206). 공동자원 기반 동료생산의 양식이 물질 영역을 포괄하기 위해서는 모든 이를 위한 자유로운 공개 원리가 이 양식을 규정하는 보편 원리가 아니라 조건 원리로 전환되어야 한다. 곧 자유로운 공개와 접근이 허용되는 공동자원은 다양한 공동자원 유형 중 하나이며 그 공개와 접근에 대한 규칙은 동료 시민들이 속한 공동체의 자기조절 결과로 나타난다. 바꿔 말하면 공동자원 기반 동료생산의 양식은 공동체의 구성과 그 자원 이용 과정에 '배제'를 포함할 수 있으며 배제의 조직방식 자체가 중요한 규칙 형성 과정이다. 이런 의미에서 물질 노동을 포함하는 공동자원 기반 동료생산의 양식은 '제한적'이다. 동료 시민 간의 연대와 협력을 통해 인간의 필요를 충족시켜 나가는 이와 같은 대안체제에서, 동료 시민들 사이의 관계는 당연히 자유민주주의와는 다른 관계를 형성한다.

자유민주주의가 전제하는 노동하는 시민의 결합은 다음의 두 원리 곧 노동의 결사와 시민의 결사에 기반을 두었는데 그 원리는 상이할 뿐 아니라 분리되어 있었다. 시민의 결사가 모든 이의 자유와 평등에 기반을 둔 보편권리를 통해 매개되지만, 노동의 결사는 자본에 대한 종속을 통해서만 가능했기 때문이다. 노동이 임금노동인 한 이 노동의 결합은 자본의 산물이기 때문이다. 자본의 사회적 기능은 이런 노동의 결합으로부터 나온다. 바로 여기에서 역설이 발생한다. 자유민주주의는 모든 이의 자유와 평등을 전제로 하지만, 노동 영역에서는 합법적으로 자본에 대한 시민의 종속을 허용하기 때문이다. 노동의 결사와 시민의 결사는 이처럼 종속과 자유라는 다른 두 원리를 통해 결합한다. 그런데 대안적인 노동과 일의 조직화 과정은 자본이 아닌 동료 시민의 공동 필요를 기반으로 한다. 또한 공동 필요의 충족을 위한 생산 과정은 동료 시민들의 연대와 협력을 통해 민주적인 통제하에 이루어진다. 이때 각 시민은 다른 시민과 동등한 위치에서 만난다. 말 그대로 동료 시민은 동료peer로 인정된다.

박상훈에 의하면 동료 시민이라는 말은 아테네 민주정과 로마 공화정에서 만들어진 "최고의 언어"로 서로를 평등한 시민 구성원으로 부르는 말이라고 한다. 이때 동료 시민은 영어로 'fellow citizen'이다.[147] 'fellow' 대신 굳이 'peer'로 동료 시민의 '동료'를 다시 정의하는 이유는 'fellow'에 기반을 둔 동료 시민이 평등한 시민 간의 호명이기는 하지만 생산양식 안에서의 동등한 위치를 포함할 수 없다고 보기 때문이다. 그에 반해 'peer'는 동등한 시민권의 담지자인 동시에 생산양식에서 동등한 위치를 보유한다는 의미를 내포한다. 공동자원 기반 동료생산의 양식은 동료라는 개념을 매개로 노동과 시민을 종합하는 대안 생산양식으로 나타난다. 동료생산의 양식은 현대 자본주의 내부에서 등장하고 있는 시민과 노동의 새로운 결합양식을 보여줄 뿐만 아니라 자유민주주의의 시민-시민과는 또 다른 결합 관계를 보여준다는 점에서 매우 중요하다. 급진민주주의 프로젝트가 주목하는 부분이 바로 여기다. 곧 '동료 시민'의 등장이다.

---

140 이에 대해선 다음을 참조했다. 박상훈, "국민보다 '동료 시민'", 경향신문, 2014. 1. 12. URL: http://news.khan.co.kr/kh_news/khan_art_view.html?artid=201401122033105&code=990308 검색일 : 2018년 3월 3일

7장
노동 모형의 교체:
탈생산과 재생산

노동을 공동자원체계로 전환하는 이행의 동력은 이미 우리 곁에 존재한다. 노동사회의 위기와 함께 분출된 노동시간 단축 프로젝트가 바로 그것이다. 노동시간 단축 프로젝트는 한정 없이 연장되는 노동시간에 대항하기 위한 전통적인 노동운동 프로젝트였다. 지난 100년 동안 노동자와 자본가의 협상은 언제나 노동시간 문제에 집중되어 있었다. 노동의 리듬을 기계의 시간에 맞추는 문제뿐만 아니라 "일당 또는 주당 노동시간 그리고 휴일의 문제, 작업 속도 등 자본과 교묘하게 이를 빠져나가려는 노동 사이에서 언제나 노동시간은 중요한 문제였다(휴즈, 2004: 269~270)." 하루 8시간 노동이 1889년 국제 노동운동의 핵심 구호였다는 점은 이를 상징적으로 보여주는 하나의 사례일지도 모른다. 하지만 과거 노동시간 단축 프로젝트의 중심은 노동조건 개선이었을 뿐 "고용정책과 직접적인 연관성"은 없었다(안홍순, 2010: 114).[141]

---

[141] 이에 대립하는 연구들도 존재한다. 특히 노동시간 단축 운동을 문화적인 시각에서 접근하는 연구들은 "일로부터의 자유" 측면을 강조한다.

그런데 노동사회의 위기와 함께 노동시간 단축 프로젝트가 새로운 위상을 부여받았다. 노동시장 유연화라는 자본의 요구에 대항할 노동운동의 대안으로 부상했기 때문이다. 1998년이 되면서 노동시간 단축을 통해 일자리를 나누는 방식으로 실업 문제에 대응해야 한다는 목소리가 높아졌다. 경제위기 조건에서 자본과 국가는 노동시장 유연화를 위해 고용계약의 유연화를 요구하고 있었다. 고용계약의 유연화는 곧 노동 공급의 총량을 자본의 필요에 맞춰 조절할 수 있다는 것을 의미했다. 그러나 고용계약의 유연화는 실업과 불안정 노동을 일반화하고 이는 노동에 기반을 둔 모든 시민의 삶 전체를 파괴할 수도 있었다. 이 때문에 노동운동은 노동 공급의 총량을 조절하되 이를 고용계약의 유연화가 아닌 노동시간의 단축을 통해 달성하는 방법을 제안했다. 비록 실현 방법을 둘러싸고 다양한 이견이 존재했지만, 노동하는 시민들이 노동을 다른 시민과 나누는 전략을 제안한 것이다. 이에 따라 노동시간 단축 프로젝트가 고용의 문제 혹은 노동시장의 문제와 전면적으로 결합하게 된다. "일자리 나누기"는 그 대중적인 표현이었다. 하지만 자본은 노동시간 단축 프로젝트를 수용하지 않았다. 정리해고를 통한 구조조정만이 근본적인 위기 처방이라고 본 것이다. 비용 효과 측면에서 노동시간 단축보다는 정리해고가 더 효과적이었기 때문이다. "고용주에게 노동시간 단축은 항상 비용 문제와 관련된 것"(구춘권, 2004: 2)일 뿐이었다.

고용 문제 해결을 위한 노동시간 단축 주장이 완전히 새로운 것은 아니다. 이 프로젝트는 대공황이 발생한 1930년대 미국에서 이미 제기되었다. 노동시간 단축을 노동조건 향상의 영역에서 노동 나누기의 차원으로 전환하자고 주장한 미국 노동운동의 역사는 매우 중요하다. 제러미 리프킨은 이를 "삶의 질에서 경제 정의로 전환"(리프킨, 1996: 86)이라고 분석했다. 미국 노동운동 지도자들은 생산성 향상이 실업으로 귀결되는 것을 방지하려면 생산성 향상의 효과를 노동시간 단축을 통한 일자리 공유 방식으로 노동자들과 나눠야 한다고 주장했다. 제러미 리프킨이 말한 경제 정의란 바로 이것이다. 루스벨트 대통령과 민주당은 이 요구에 응답해 1938년 공정근로기준법FLSA을 제정하고 주당 노동시간을 40시간으로 규정했다(노동부, 2001: 4).

유럽 노동운동도 실업 문제 해결 전략의 하나로 노동시간 단축을 주장한 바 있다. 독일의 노동조합들은 1930년대 세계 경제 대공황 당시 급격히 치솟은 실업 문제에 대응하기 위해 노동시간을 주당 40시간으로 전환하자고 주장했다. 그러나 전후 재건 과정에서 사실상 완전고용 상태가 이루어졌기 때문에 노동시간 단축이 고용 문제와 직결되지는 않았다. 그러다 1970년대 중반을 거치며 독일의 고도성장 한계가 두드러지자 노동시간 단축과 실업 문제는 다시 연결되었다. 1977년 독일노동조합총연맹은 '완전고용의 재실현을 위한 제안들Vorschläge des DGB zur Wiederherstellung der Vollbeschäftigung'이라는 이름으로 향후 계속 상승할 실업률의 대응 방안으로 노동시간의 단축을 강력하게 요구했다(구춘권, 2004: 4). 노동시간의 재분배를 통한 고용의 증대는 당시 유럽과 미국의 노동운동 모두에서 생존의 문제였다. 한국 노동사회도 위기가 격화되자 노동시장 재구조화를 위한 계기로 노동시간 단축 프로젝트가 호출되었다.

이는 특히 한국 노동운동이 장시간 노동체제의 문제점을 인식하면서도 노동시간 단축을 중요하게 다뤄오지 않았다는 점에서 더 중요한 것이었다. 1970년 11월 13일 전태일 열사가 "근로기준법을 준수하라!"라며 자신의 몸을 불사르고 1970년대 여성 노동자들의 투쟁 내용 중 8시간 노동에 관한 내용이 많았던 데 비해 한국 노동운동은 노동시간 단축을 자신의 중점 전략으로 제시한 적이 없었다. 이는 한국 노동운동의 한 특성(배규식, 2011: 1)이자 설명이 필요한 문제다. 많은 이가 그 원인을 장시간 노동체제에서 발생하는 초과수익을 기업만이 아닌 노동자도 원하기 때문이며 남성 중심의 노동조합이 이 문제를 거론할 수 없었기 때문이라고 본다(국미애, 2018: 77). 배규식은 특히 "연장근로를 통해 소득을 올리려는 현장 노동자들의 실리주의를 극복"할 노동운동의 이념과 목표가 부재했기 때문이라고 비판했다(배규식, 2011: 1). IMF 경제위기는 이런 점에서 한국 노동운동에 이전과 다른 전략적 선택을 할 수 있는 계기이기도 했다.

노동시간 단축 프로젝트가 전 세계 노동운동 역사에서 고용 문제의 해결방안으로 반복 출현하는 이유는 무엇일까? 그것은 자본주의의 내부 구조 때문이다. 두 가지 요인이 중요했다. 하나는 공황이고 다른 하나는 기술 발전으로 인한 생산성 향상이다. 이 두 요인은 발생 구조는 다르지만, 그 결과가 실업이라는 점에서 같다. 노동운동은 실업의 증대에 대응할 수밖에 없었고 이의 대안이 노동시간 단축을 통한 고용의 증대였다. 노동사회에서 노동운동의 지향은 일차적으로 완전고용에 두어야 했고 노동사회의 위기가 나타날 때마다 노동운동은 완전고용 재실현을 위한 제안을 중심으로 운동을 전개했다. 노동시간의 단축은 그 핵심 전략이었다.

공황의 발생에 기술의 발전과 혁신이 중요한 역할을 한다고 볼 때 비록 전일고용 남성 노동자를 표준으로 한 것이지만, 경향적으로 생산성 향상이 노동시간의 단축이라는 방향으로 귀결됐다는 점을 기억할 필요가 있다. 19세기 산업혁명 발발과 함께 노동시간은 주 80시간에서 주 60시간으로 단축되었다. 20세기에도 급속한 생산성 향상과 함께 노동시간은 주 60시간에서 주 40시간으로 단축될 수 있었다. 제러미 리프킨은 『노동의 종말』에서 기술의 발전과 혁신으로 인한 생산성 향상을 둘러싸고 자본과 노동 간에 반복적으로 경합이 나타난다고 말했다(리프킨, 2005: 27). 그 경합의 기본구도는 해고와 노동시간 단축의 대립이다. 자본이 노동비용 절감을 위해 생산성 향상을 해고와 연결한 반면, 노동은 자유시간 확장을 위해 생산성 향상을 노동시간 단축과 연결한다. 리프킨은 문제를 이렇게 정식화했다. "생산성 향상에 대응하기 위해 주당 노동시간을 단축할 것인가, 아니면 인력을 감축할 것인가? 이를 달리 표현하면, 더 많은 여가 시간을 선택할 것인가? 또는 더 많은 실업을 선택할 것인가?"(리프킨, 2005: 27)[142] 신자유주의 이전까지는 해고보다 노동시간 단축이 압도적인 경향이었다. 앤드류 글린은 1870년에서 1979년 사이에 평균 노동시간이 유럽대륙과 미국에서 연간 0.5%의 속도로 감소했고 이는 시간당 생산성이 1.5~2.5% 상승하는 상황에서 일어난 일이라고 말했다. "결국, 사람들은 생활수준 상승의 약 1/4을 노동시간 단축이라는 형태로 향유한 셈이다."(글린, 2008: 181) 물론 이는 노동운동의 투쟁을 통해 매개된 것이다. 자본주의 생산성의 향상 결과를 노동하는 시민 전체의 노동시간 단축과 자유시간의 확장으로 분배한 것이다.

---

142 그러나 노동시간 단축이 자유시간 혹은 여가의 증가로 연결되었다는 주장은 역사적으로 공백이 많다. 자유시간 내 소비주의 침투는 일반적인 비판이다. 특히 노동집단별로 그리고 재생산노동과의 관계 속에서 노동시간 이외의 시간 혹은 자유시간으로 불린 시간이 또 다른 노동과 일로 채워진다는 비판은 주목해야 한다. 이에 대해선 김영선(2010)을 참조하자.

그런데 현대 자본주의는 신자유주의를 매개로 이런 경향을 역전시켰다. 노동시간을 연장하는 동시에 고용을 감소시키는 반동적인 특징을 보여주고 있다. 모리오카 고지는 강도의 차이가 국가마다 존재하지만, "1980년대 초를 분기점으로 기존의 완만하지만 착실하던 시간 단축의 흐름이 멈추고 다시 과노동으로 향하는 흐름이 강해졌다"(고지, 2018: 139)라고 했는데 이는 전 지구적 신자유주의의 등장과 때를 같이 한다. 이런 반동적인 특징이 나타난 이유는 신자유주의가 생산성 향상의 결과를 자본의 이윤 강화를 위해 독점하려 하기 때문이다. 그 결과는 해고를 일반화해 생산성 향상에 대한 권리를 노동하는 시민으로부터 박탈하는 것으로 나타났다. 자본은 노동시간 단축을 통한 다수의 고용보다는 노동시간을 연장한 소수의 투입을 선호하기 때문이다. 이는 일차적으로 고용 감소로 표현되고 이차적으로는 자유시간의 단축으로 귀결된다. 해고의 일반화로 인해 노동시장으로부터 배제된 이들은 실업의 고통에 직면하고, 실업 상황을 벗어나기 위해 저임금 장시간의 노동조건이라도 선택해야 하기 때문이다. 노동시장에 진입한 이들조차 노동 위치를 지키기 위해 더욱더 많은 시간을 일해야 하는 상황이 된다. 모두 개인의 자유시간을 박탈하는 효과를 발휘한다. 이는 매우 역설적이다. 생산성의 향상이라는 노동시간 단축 조건이 창출되었음에도 노동시간 대신 자유시간이 단축되고 노동시간은 더 연장된 것이다.

1998년은 이 점에서 중요하다. 한국 노동시장의 전략을 둘러싸고 정리해고와 노동시간 단축이 대립한 해이기 때문이다. 곧 노동 공급의 총량을 노동시장 배제 전략으로 조절할 것인가, 아니면 노동시장 통합 전략을 통해 조절할 것인가의 향방을 둘러싸고 치열한 경합 국면이 펼쳐졌다. 1997년 경제위기가 발생하자 자본과 국가는 정리해고를 통한 구조조정의 방법으로 다수의 시민을 노동시장으로부터 강제 추방하고자 했다. 이에 민주노총은 예견되는 구조조정과 대량해고에 대응하기 위해 "노동시간 단축을 통한 일자리 나누기라는 목표를 세우고 노동시간 단축 의제를 선제적으로 제기"(강연자, 2010: 94)했다. 그러나 이 대립은 정리해고를 통한 구조조정의 전략적 승리로 귀결되었다. 물론 1998년부터 2003년까지의 투쟁을 통해 주 40시간 법정노동시간이 도입되지만, 98년 이후의 경향은 역전되지 않았다. 법정노동시간과 실제 노동시간은 달랐다. 법정노동시간은 실제 노동시간의 단축으로 연결되지 않았다. 이는 중요한 문제를 발생시켰다. 노동시장 배제 전략의 우위가 유지되는 조건에서 법정노동시간만 주 40시간으로 단축되었기 때문이다. 노동시장의 유연화로 인해 노동시장의 이중화가 더욱 강화되었고 이런 조건에서 법정노동시간 단축의 효과를 누릴 수 있는 노동집단은 주로 1차 내부시장에 있는 이들일 수밖에 없었다. 또한 법정노동시간은 단축되어도 초과 노동시간에 대한 규제는 약했기 때문에 장시간 노동은 유지되었다. 1차 내부시장에 있는 노동집단은 이를 통해 임금 인상을 유도할 수 있었다. 이들은 법정노동시간 단축과 초과 노동시간 연장을 이용해 비록 제한적이어도 삶의 질 향상뿐만 아니라 임금상승을 누릴 가능성이 있었다. 그러나 실업이나 불안정 노동구조에 속한 이들에게 법정노동시간 단축은 현실과 전혀 일치하지 않았다. 이들의 실제 노동시간이 줄지 않았기 때문에 고용 가능성도 확장되지 않았다. 노동시간 단축 프로젝트는 고용의 문제가 아닌 노동조건 개선과 임금상승을 위한 수단으로 다시 제한되었다.[143] 2012년 현대자동차의 주간 연속 2교대

제 도입의 의미를 분석한 글에서 박태주는 이런 경향을 지닌 노동시간 단축을 "임금에 포박된 노동시간 단축프로그램"이라고 부르기도 했다(박태주, 2012: 73).

노동시간 연구자들은 이를 노동시간 계층화라는 관점에서 연구해 왔다. 노동시간 단축의 경향은 단지 '평균' 노동시간의 단축을 보여줄 뿐이었다. 평균 노동시간은 "노동시간에 농축되어 있는 노동시장의 불평등"(신영민·황규성, 2016: 20)을 드러내지 못할 뿐만 아니라 때로 이를 감추는 역할도 한다(김영선, 2010). 노동시간은 계급과 계층에 따라 다르게 분배된다. 이런 노동시간의 분배구조는 노동시장의 양극화와 함께 더욱 분명하게 나타났다. 평균 노동시간의 단축을 이끈 것은 상당 부분이 '질 낮은 시간제 일자리'라고 볼 수 있다는 연구가 나왔다(한국노동안전보건연구소, 2015: 41). 그러나 시간제 일자리를 가진 이들의 전체 노동시간이 전일고용 남성 노동자들보다 적다고 말할 수도 없다. 월평균 임금이 적은 이들은 또 다른 노동 혹은 장시간 노동을 통해 임금을 벌충하려 하기 때문이다. 표준 노동시간standard working-time 범위에서 노동하는 이들을 한국 노동시장에서 상대적으로 가장 좋은 노동조건을 가진 노동집단이라고 볼 수 있는 이유도 여기에 있다(김성희, 2002: 23). 그리고 그 노동집단은 대체로 고학력 남성 전일 노동자들이다(신영민·황규성, 2016: 23). "기업 규모가 클수록 표준시간 노동의 확률이 높고 장시간 노동의 확률이 감소하며, 정규직일수록 비정규직에 비해 표준시간 〉 장시간 〉 시간제노동의 확률로 일할 가능성이 높은 것"(신영민·황규성, 2016: 36)이다. 하지만 이들의 노동시

---

143 노동시간 단축의 고용 효과에 대해선 논쟁이 많다.

간도 주 48시간을 넘는 장시간 노동의 압력에 노출돼 있다. 전반적으로 장시간 노동의 압력이 가중되는 것이다.

이런 의미에서 신자유주의 노동사회는 노동시간 단축 프로젝트에 내재한 핵심적인 두 요소 중 노동조건과 삶의 질 개선을 위한 전략으로서의 노동시간 단축은 일부 집단에 분배하는 방식으로 통합하고, 다수 노동집단의 생활 안전과 고용 확대에 필요한 노동시간 단축 프로젝트는 배제하는 과정으로 구조화되었다고 말할 수 있다. 그 결과는 노동사회의 해체이자 더욱더 나쁜 노동사회로의 진입이다. 그런데도 노동의 분배를 위한 노동시간 단축이라는 문제를 민주주의 외부로 완전히 추방할 수는 없었다. 자본주의 생산성의 향상과 나쁜 노동사회의 심화라는 두 경향이 중첩되면서 노동시간 단축이 노동사회의 유지와 존속을 위한 해법으로 계속 호명되었던 것이다. 노동조건과 삶의 질, 그리고 전체 시민의 고용에 대한 평등한 접근을 동시에 보장할 유일한 해법은 노동시간 단축 이외에 없다. 이 때문에 노동시간 단축 프로젝트 전체가 노동사회 안에 통합되지 않더라도 일부 요소는 노동사회 안으로 변형되어 통합되어야 한다. 노동시간의 유연화는 바로 그런 요소 중 하나다.

자본은 노동시간 단축보다 노동시간의 유연화 전략을 선호한다. 노동시간의 형태 변화를 통해 노동생산성과 자본의 효율성 제고를 원하기 때문이다(안홍순, 2010: 122). "노동시간의 유연화란 법적 혹은 고용계약에 의해 일정 기간 내에 안정적으로 분할된 정상노동시간과 차이가 나는 모든 형태의 노동시간을 의미한다."(강연자, 2010: 115) 1996년 12월 26일 노동 관계법의 개정 이후 자본은 자기의 상황과 시장의 변화에 따라 다양한 노동시간 유형을 선택하거나 혹은 노동력을 다양한 형식으로 배치할 수 있게 되었다. 변형 근로시간, 탄력적 근로시간, 교대근무, 연장근로 등이 그 유형이다. 정상 노동시간과는 다른 비표준적이고 비정상적인 형태의 노동시간을 노동자에게 부과할 수 있었기 때문에 이런 노동시간 유연화는 다양한 문제를 발생시켰다. 노동시간의 연장이나 노동주기의 불안정성 강화로 인한 신체의 안전 문제가 일차적이었다.

변형시간근로제는 주당 법정노동시간을 넘지 않는 조건에서 사용자가 노동자들의 노동시간을 임의로 바꿀 수 있는 제도다. 5인 이상 사업장은 2주 단위로 주당 48시간 한도에서 근로시간을 신축적으로 운용할 수 있다. 노사가 서면 합의한 경우 4주 단위로 주당 56시간까지도 근로시간을 연장할 수 있다. 변형시간근로제는 노동공급량 조절을 위해 사용자가 임의로 노동시간을 변경해 신축적으로 운영하면서 1일 8시간 이상의 노동에 부과되던 연장근로수당을 지급하지 않을 가능성을 제공한다. 이 때문에 노동비용 삭감을 원하는 사용자들은 변형시간근로제를 계속 요구했었다. 그런데 이때 노동자들은 노동 강도 강화와 생활 리듬 파괴 문제에 직면한다. 노동량이 적든 많든 노동자들은 주어진 시간 내에 노동량을 집중적으로 처리하도록 요구받기 때문에 단위 시간당 노동 강도는 강화될 수밖에 없다. 또한 사용자 임의로 노동시간이 변경되므로 안정적인 노동 생활을 유지할 수 없을 뿐만 아니라 이로 인해 일상생활도 불안정해진다. 무엇보다 노동주기가 끊임없이 변하면서 신체의 리듬이 파괴되고 질병에 노출될 위험이 증가한다.

그러나 노동시간의 유연화가 단지 자본의 필요만을 반영한다고 볼 수는 없다. 노동의 필요 또한 일부 반영되어 있기 때문이다. 모든 이

의 삶은 고유하다. 달리 말하면 모든 이는 고유한 시간의 관리방법
이 필요하다. 그런데 노동사회의 표준 노동 모델은 자신의 시간 모델
을 모든 이에게 강제한다. 이 때문에 노동을 기반으로 자신의 삶을
조직해야 한다. 이는 표준 생활 모델을 만드는 핵심 동력이 된다. 표
준 생활 모델은 일상생활의 일상성을 방어하고 확장하는 데 유용하
지만, 각 개인의 고유한 조건과 상황에 맞는 일상생활의 자주관리
문제에는 매우 취약하다. 바로 이 부분이 노동시간의 유연화에 개별
노동자들의 필요가 존재하는 부분이다. 그리고 "고용주에 묶여 일하
는 융통성 없는 업무 구조에 대한 노동자들의 불만이 갈수록 커지
고" 있는 이유다(멀케이, 2017: 12). 각 개인의 고유한 삶의 시간과 노
동에 기초를 둔 표준 생활 모델 사이에 간극이 커지고 이에 대한 불
만이 누적되는 것이다.

유연근무제flexible work arrangements는 이런 불만의 축적 속에서 나타난
노동시간 유연화의 또 다른 측면을 보여준다. 1990년대 중반에 나타
난 유연근무제가 노동력 활용의 유연성을 높이기 위한 자본 중심의
전략이었다면, 2000년대 들어 일과 가족생활의 양립이라는 목표 아
래 추진된 유연근무제는 부분적이기는 하나 노동자의 상황과 요구에
맞춰 노동시간을 재조직할 권리를 노동자에게 허용하고자 했다(국미
애, 2018: 7). 국미애는 이런 유연근무제가 현실에서 어떻게 작동하는
지 연구했는데 그에 의하면 유연근무제가 존재하지만, 활용할 수 없
는 조건이 많았고 그 제도를 이용한 이들조차 자신의 경험을 이야기
하기 꺼렸다고 한다. 그 외에도 다양한 문제가 노출되었다. 특히 전통
적인 성별 노동 분업을 강화할 수 있다는 지적이 많다. 유연근무제가
적용된다고 해도 주요 대상은 여성이며 시간제 일자리를 통해 여성의

가사와 재생산노동시간을 확장한다는 것이다. 곧 여성은 이중 노동 부담을 지게 되며 성차별이 지속되는 효과를 낳는다는 생각이다. 하지만 실제로는 남성 노동자들의 이용 비율이 조금 더 높았다. 국미애는 유연근무제가 남성적 삶을 표준으로 만들어온 기존 장시간 노동 제도의 변형을 전제로 "노동자들의 다양한 삶의 모습을 지지하면서, 동시에 유급노동과 무급노동의 평등한 공유와 분배를 지향하는 기획"(국미애, 2018: 11)으로 작동할 가능성이 있다고 보았다.

이런 각도에서 보면 노동시간 유연화를 통한 노동시간의 다원화 전략은 각 개인의 필요에 부응하는 노동시간 유형을 선택할 수 있게 한다. 노동시간 유형의 선택은 노동시간과 자유시간의 선택 능력을 강화하고 이는 노동 이외의 다양한 활동을 위한 조건들을 창출한다(안순홍, 2010: 136). 따라서 노동시간의 유연화가 부정되거나 억압되어야 하는 정책은 아니다. 문제의 핵심은 시간 통제의 주체다. 노동시간의 유연화를 "노동자가 선택한다면 엄격한 시간 강제로부터 부분적으로 해방될 수 있고, 기업가가 선택한다면 엄격한 시간 강제로부터 노동자의 종속이 완성될 것이다(강연자, 2010: 122)." 그러나 노동시간의 유연화가 노동과 자본의 타협으로 이루어질 수밖에 없다는 점에서 실제 노동시간의 유연화에는 자본의 필요와 노동의 필요가 경합하면서 공존한다. 문제는 내부의 '노동 안의 자유' 확장 가능성을 더 적극적으로 고려하고 이를 강화할 수 있는 조건을 구축하는 일이다.

알랭 쉬피오는 노동시간의 유연화에 "노동 생활의 일부를 주재할 수 있는 선택권"(쉬피오, 2017: 213)을 노동자에게 주는 요소가 존재하며 이는 "임금노동 안에서의 개별적 자유의 부상"(쉬피오, 2017: 213)으로 독해할 수 있다고 지적했다. 그러나 쉬피오는 여기서 두 문제를 제기한다. 하나는 이런 노동 내 자유의 부상이 모든 임금노동자에게 동일하게 분배되는 것은 아니라는 점이다. 2차 노동시장에서 노동 안의 자유란 사실상 거의 아무런 의미도 없다. 또한 노동자는 자신에게 주어진 선택권을 "홀로"(쉬피오, 2017: 216) 행사해야만 한다. 즉 '개별화' 경향이 강화된다는 점이다. 이를 근거로 쉬피오는 임금노동의 사회학적 단일성은 허구이며 새로운 연대의 구축을 위해 이 허구를 넘어서 나아가야 한다고 주장한다. 개별화의 시간이 과거 집단의 리듬과 충돌하기 때문에 새로운 방식의 리듬 창출에 기반을 둔 연대 방식을 고민해야 한다는 것이다.

알랭 쉬피오나 안홍순(2012)의 지적처럼 노동시간 개별화는 노동의 이익 방어를 위한 전통적 집단행동과 결사 조건의 약화를 초래할 수 있다. 그 결과 집단적 고용계약이나 표준 고용 관계 때문에 보호되었던 노동관계는 해체되고, 노동자가 개별적으로 시장 상황의 변화에 적응해야 하는 상황에 노출된다는 점은 분명하다. 하지만 나는 알랭 쉬피오를 따라 노동시간 유연화 안의 노동시간 개별화를 단순 부정하지 않으며 노동과 삶의 불일치를 다루기 위한 노동 안에서의 자유라는 관점에서 더욱 적극적으로 해석할 것을 제안한다. 노동시간의 개별화는 각 개인의 고유한 일상생활의 리듬과 노동 생활의 불일치에서 오는 갈등을 다룰 수 있는 개별 노동하는 시민의 능력을 확장한다. 그러나 이 능력이 현행 노동사회 안에서 일부 임금노동자에게만 부여되며 그 결과는 본래의 요구를 배반하고 노동과 삶의 중첩을 통한 모든 삶의 노동으로의 종속으로 귀결될 수 있다는 점에 동시에 주목해야 한다. 곧 현행 노동사회의 질서가 노동시간의 개별화 필요를 부분적으로 통합하기는 하지만, 이를 변형하여 내부로 통합하는 것이다.

노동과정의 시간 구성은 변화하지 않고 노동시간의 개별화만 허용되었을 때, 노동 안의 자유는 "조직이 개인에게 편의를 제공하고 혜택을 베푸는 차원"으로 좁아진다. 또한 전체 노동과정의 시간 구성이 동일하기 때문에 개인에게 보장되어야 할 자유는 다른 동료와 갈등을 일으키는 요인으로 전환한다(국미애, 2018: 103). 노동시간의 개별화가 각 개인의 선택 문제로 전환될 때, 그 개별화된 시간이 타인의 업무를 가중하는 결과를 가져오기 때문이다. 이처럼 노동시간의 구성은 변화하지 않고 갈등만 동료 시민에게 떠넘겨지는 상황을 넘어서기 위해서는 전체노동의 노동시간을 단축하는 조건 위에서 노동시간의 개별화를 추진하는 대안적인 노동시간 단축 프로젝트가 필요하다. 이 프로젝트는 노동시간의 단축과 노동시간의 개별화를 전체 노동하는 시민의 권리로 확장하는 것을 지향한다. 노동시간의 단축이 기본 전제가 되어야 하는 이유는 노동시간의 개별화와 같은 '노동 안에서의 자유'는 '노동으로부터의 자유'와 함께 진행되어야만 실제 효과가 나타나기 때문이다. 노동사회에서 '노동으로부터의 자유'란 곧 실업을 의미했다. 물론 실업은 다른 수단에 의한 자기 파괴로 귀결되기 쉬웠다. 노동 이외의 수단으로 우리의 삶을 보장할 기반을 구축하기 어렵기 때문이다. 노동시간 단축은 노동시간이 일정한 경계를 넘지 않도록 사회적으로 관리하는 것을 의미하고 그 결과 노동에 대한 삶의 종속을 제도적으로 일부 차단할 수 있다. 이는 우리 삶 안에 노동으로부터의 자유시간이 늘어남을 의미한다.

또한 이런 노동시간 단축은 노동 안에서의 자유를 누릴 수 있는 일부 노동집단뿐만이 아니라 노동하는 시민 모두에게 고용을 분배할 수 있는 조건이 된다. 그런데 중요한 점은 이런 고용의 분배가 단지 자본의 수단이 아니라 노동시간의 단축을 통해 전체 노동하는 시민의 안전을 공동으로 보장하기 위한 시민사회의 능동적 개입의 결과로 나타날 수밖에 없다는 점이다. 곧 노동의 공유라는 문제설정이 그 안에 녹아 있다. 노동시간이라는 대상의 특성상 국가의 제도적 지원 아래 자본과 타협해 구축되어야 하므로 고용과 분리된 노동의 나눔을 노동사회 안에서 상상하는 것은 불가능하다. 그러나 현대 노동사회에서 나타나는 노동과 고용의 분리를 노동시장의 이중화 전략으로 전유하는 자본에 대응하여, 노동시간 단축 프로젝트는 노동의 공유를 주창하며 고용의 민주적 변형을 이룰 수 있다. 그러나 이와 같은 고용의 민주적 변형이 단지 노동조건 개선이나 향상을 위한 차원으로 한정되지 않기 위해서는 노동과 삶의 불일치 문제를 다룰 노동시간의 개별화 전략과 통합되어야 한다. 이는 '노동 안에서의 자유'와 '노동으로부터의 자유'라는 두 차원에서 노동시간에 대한 동료 시민의 민주적 통제 능력을 확장할 핵심 계기가 된다.

이처럼 노동시간 단축 프로젝트는 노동사회의 위기에 대한 개입이지만, 위기 대응만은 아니다. 노동시간 단축 프로젝트가 단지 고용의 안정을 위한 노동 공유만이 아니라 필연적으로 자유시간의 재조직화 문제와 연결된다는 점을 보여주기 때문이다. 곧 노동시간 단축 프로젝트는 자유시간 확장 프로젝트로 연결된다. 바로 이 부분에서 노동과 삶의 관계를 다시 조정할 가능성이 출현한다. 자본주의 산업화 과정을 통해 구축된 노동사회의 표준 노동 모델은 노동을 위한 전체 삶의 헌신을 요구했고 전체 삶을 노동을 위한 이력으로 만들었다. 이 과정에서 표준 노동 모델에 기초한 표준 삶의 모델과 경로가 형성되었다. 그런데 노동사회의 해체 과정에서 역설적으로 강화되고 있는 나쁜 노동사회는 고용뿐만 아니라 고용을 통해 보장되던 자유시간과 여가 또한 매우 불안정하게 만들었다. 이는 노동력 재생산 과정의 불안정성으로 연결되고 그 결과 노동생산성에도 중대한 위기를 촉발할 수 있었다. 노동시간 단축은 바로 이러한 노동과 삶의 관계를 변화시키는 동력의 측면을 동시에 지닌다. 이런 점에서 노동시간 단축 프로젝트는 현재 발생한 노동 위기에 대한 실현 가능하고 구체적인 해결책일 뿐만 아니라 노동사회를 넘어 우리가 나아가기 위한 다음 두 가지 요소를 동시에 포함한다고 볼 수 있다.

노동에 헌신하는 삶으로부터 노동과 삶의 균형을 위한 기획으로의 전환이 일어나고 있다. 이는 "노동의 인간화"를 지향하며 출현한 노동시간 단축 프로젝트가 단순 노동시간의 단축 문제로부터 노동과 삶의 관계에 대한 질문의 방향으로 점점 깊어지고 있음을 보여준다. 이 부분에 대해 벤저민 클라인 허니컷의 언급은 그 핵심을 보여준다. 노동시간 단축은 "경제적 문제들에서 벗어나려는 열망과 일터 외부의 삶을 위한 시간이라는 해방"이라는 투쟁이 연결된 운동이라는 것이다(허니컷, 2011: 91). 곧 노동시간 단축 운동에는 이미 노동과 삶의 균형에 대한 요구가 들어 있다. 흥미로운 점은 이런 노동과 삶의 균형에 대한 요구가 노동사회의 와해 국면에서 더욱 부상한다는 점이다. 왜냐하면, "일터 외부의 삶을 위한 시간" 자체가 와해하고 있기 때문이다. 가이 스탠딩은 많은 이에게 가정과 일터의 구별은 큰 의미가 없다고 말한다. "가정을 일터의 일부로 간주하는 사람의 비율이 세계적으로 증가하고 있다(스탠딩, 2014: 245)"는 것이다. 이들에겐 돌아갈 삶이 없다. 노동의 세계는 끝나지 않기 때문이다. 노동시간 단축은 이런 의미에서 삶을 되찾기 위한 필수 전제가 되고 있다.

동시에 노동능력을 상품으로 바라보는 노동시장의 관점이나 국민경제의 생산요소로서 공적 통제의 대상으로 바라보는 국가의 관점과는 구별되는 대안의 관점이 노동시간 단축 프로젝트에 녹아 있다. 노동시간 단축 프로젝트는 노동 위치를 한 개인이 소유하는 대상이 아니라 다수가 함께 점유하는 위치로 바라본다. 물론 자유민주주의는 노동에 대한 권리를 통해 모든 이가 동등하고 평등하게 노동에 접근할 수 있어야 한다고 선언했다. 그러나 구체적인 원리는 소유적 개인주의에 따라 하나의 노동 위치를 한 개인에게 부여하는 방식이었다. 존 버드의 분석처럼 노동이 각 개인의 소유물이 되어야만 노동력이라는 상품을 소유하거나 판매할 자유가 등장하기 때문이다(버드, 2015: 59).[144] 노동의 탈상품화를 지향하는 공공노동 또한 기본적으로 이런 구조를 반복했다. 노동의 목적이 자본의 필요 충족이 아니라는 점에서 공공적이고, 그 조직방식도 자본이 아닌 국가 혹은 정부에 의한 결합노동이라는 점에서 일정한 탈상품화의 요소가 존재한 것은 사실이다. 그러나 노동 위치의 분배는 기본적으로 소유적 개인주의라는 원리를 따랐다.

그러나 노동시간 단축 프로젝트는 노동시간에 대한 접근 자체가 우리의 평등을 구체화하는 원리 중 하나여야 한다고 말한다. 이는 현

---

[144] 다음과 같은 존 버드의 분석을 참조하자. "로크의 이론은 경제적 자유주의와 자본주의에 관한 중요한 함의를 지닌다. 일이 개인 소유물이 되면서, 사람들은 일을 개인적으로 통제할 수 있게 되었다. 따라서 노동자들은 자기가 원한다면 자유롭게 보수를 받고 자신의 노동을 판매할 수 있다. 게다가 일은 일한 사람의 몫이고 일한 사람만의 것이기 때문에, 노동으로 모을 수 있는 돈의 한계에 대한 사회적 의무나 제약이 없다. 결국 임금노동과 자유로운 자본주의적 축적은 도덕적으로 승인을 받고, 일을 자유시장에서 사고파는 경제 상품으로 보기 위한 토대가 마련되었다."(버드, 2015: 58)

재 노동사회를 관통하는 경쟁의 원리와 구별되는 공유의 원리가 노동시간 단축 프로젝트에 내재함을 말한다. 노동사회의 위기는 노동과 노동의 관계를 배타적인 경쟁 관계로 만들고 있다. 노동수요가 줄면서 경쟁이 강화된 결과다. 그런데 노동시간 단축 프로젝트는 노동의 공유라는 대안 원리를 통해 노동하는 시민과 또 다른 시민과의 협력 관계 구축을 지향한다. 노동의 공유는 기본적으로 다른 동료 시민의 생활 안전을 위협하는 노동사회의 위기를 동료 시민과의 연대와 협력으로 넘어서려는 노력을 전제하기 때문이다. 모든 노동은 그 자체로 사회적 활동이므로 다른 동료 시민 간의 관계를 전제한다. 노동이 동료 시민 간의 우애와 연대로 부를 수 있는 시민적 우정civic friendship에 근거할 때에만[145] 노동과정뿐만 아니라 노동의 재생산 과정 전체에서 동료 시민의 안전과 건강을 우선의 원리로 견지할 수 있다. 동시에 동료 시민의 생활 안전을 위협하는 다양한 요인에 대항해 시민연합을 구성할 수 있다. 무엇보다 이는 노동시장에서 현재 우리가 타인과 분리된 하나의 시장형 시민market citizen(Tucker, 2007)으로 존재하며 그 결과 다른 동료 시민과의 관계에서 경쟁 관계가 우선적이라는 사실 때문에 더욱 중요하다. 이런 상황에서는 시민적 우정이 자리 잡을 수 없기 때문이다. 그 때문에 시민적 우정의 원리에 기반을 둔 다른 동료 시민 간의 연대는 노동시장에 대한 대항윤리뿐만 아니라 구체적인 작업장에서 다른 동료들과의 관계를 형성하는 데 대안 원리

---

145 시민적 우정에 관한 논의로는 박혁(2017)을 추천한다. 박혁은 시민적 우정을 "공동의 세계에 대한 사랑에서 비롯된 동료 시민들의 상호관심과 연대"(박혁, 2017: 63)로 규정했다. 시민적 우정이 매우 중요한 개념인 이유는 이를 통해 민족을 대체하는 시민의 결합으로서 공화국 commonwealth을 사고할 수 있기 때문이다.

가 될 수 있다. 시민적 우정을 통해 타인의 노동을 존중하고, 기술을 공유하며, 다른 이의 정체성과 역할을 존중해야 우리의 노동은 타자와의 연대적 주체성을 구성하는 수단이 될 수 있다.

물론 이런 공유의 원리가 노동 그 자체를 탈상품화하는 것은 아니다. 그러나 공유의 원리와 상품화의 원리가 중첩되면서 노동을 전통적인 상품과 다른 각도에서 접근할 수 있게 한다. 이를 자본에 의해 매개되는 결합노동combined labor이나 마르크스주의가 요구하는 연합노동associative labor 모두와 구별한다는 의미에서 일종의 연대노동으로 파악할 수도 있다. 노동 위치를 공유하며 공동의 노동을 다른 동료 시민과의 연대와 협력을 통해 수행하기 때문이다. 이런 연대노동은 ① 노동시간 단축을 통한 노동으로부터의 자유 ② 노동시간의 개별화라는 노동 안에서의 자유라는 두 자유의 융합에 기초해 이루어지지만, 내적 한계 또한 분명히 언급되어야 한다. 핵심 문제는 노동시간 단축 프로젝트와 노동시간의 개별화가 노동과 삶의 균형을 주장하지만, 기본 전제가 노동시간과 자유시간의 이분법이라는 데 있다. 이는 다양한 문제로 나타난다. 노동과 삶의 균형이 노동과 여가의 균형 관계로 환원되어 결국 다시 여가의 확보가 노동생산성 향상 차원에서 정당화되는 것이다. 이는 노동시간 단축이 자본과의 타협을 전제하기 때문에 자본의 필요가 노동시간이 단축되어도 충족될 수 있다는 주장을 위한 것이다. 실제로 한국개발연구원은 2017년 11월 노동시간 단축이 노동생산성을 향상하며 이것이 자본의 필요에도 들어맞을 수 있다는 보고서를 발간했다(박윤수·박우람, 2017). 그러나 이런 관점에서는 여가시간이 또 다른 수단에 의한 생산의 시간에서 파악되기 때문에 생산력의 향상 자체에 대한 비판으로 나아갈 때 한계가 있다.

노동시간 단축이 이렇게 생산력 증대에 속박되면 생산성 향상 결과에 따라 운명이 결정될 수도 있다. 또한 생산성 창출 능력에 따라 차등적으로 분배될 수도 있다. 이럴 때 노동시간 단축은 노동하는 동료 시민의 권리가 아니라 그 생산성 향상에 대한 수혜로서 나타나고 그 결과 노동자들은 개별화되어 분리될 수 있다. 이런 노동하는 시민 내부의 분화와 함께 동시에 고려해야 할 것은 노동시간 단축 프로젝트가 이런 이분법에 근거하고 있어, 노동과 여가의 구별 안에 있는 성별 노동 분업의 문제뿐만 아니라 여가시간이 소비시간으로 환원되는 현상에 대해 충분한 대응 전략을 발전시키기 어렵다는 점이다.

민주화 이후 한국 민주주의에서 여성 노동은 크게 두 방향으로 변화했다. 하나는 돌봄 노동의 "사회화"라고 말할 수 있는 무상노동의 유급노동으로의 전환이고 다른 하나는 바로 이 비용을 절감하기 위한 여성 노동의 시간제 고용양식 확산이다(강동진, 2015: 93). 이 때문에 노동시간의 단축이 남성과 여성에게 미치는 효과는 다르다. 바꿔 말하면 노동시간 단축 프로젝트 안에는 재생산노동 모델 공유의 문제들이 매우 약하거나 혹은 하나의 공백으로 존재한다. 『집안의 노동자』를 통해 미국 뉴딜이 기획한 가족과 여성의 문제를 고찰한 바 있는 마리아로사 달라 코스따Mariarosa Dalla Costa의 말을 빌리면 노동시간 단축 프로젝트에서 우리는 "여성, 가족, 국가"라는 주제를 명확히 해야만 한다(코스따, 2017: 17). 그렇지 않으면 노동시간 단축 프로젝트가 전제하는 노동력의 재생산 기획을 시야에서 놓칠 수 있다. 노동시간의 단축이 남성 노동자만의 노동시간 단축으로 끝나지 않아야 한다는 요구는 매우 중요하다. 남성의 노동시간 단축이 여성의 또 다른 노동시간 연장으로 귀결될 수 있기 때문이다. 따라서 노동시간 단축은 성별 노동 분업의 문제와 함께 고려하지 않는다면 타자의 시간을 식민화해 자유를 확보하는 구조적인 부정의에 노출된다.[146] 이는 노동시간 단축 프로젝트가 노동의 공유를 위한 프로젝트로 자신을 제안할 때 정의의 담론을 빌렸다는 점에서 역설적이다. 곧 모든 이에게 정당한 몫을 분배한다는 정의의 관점에서 모든 시민에게 노동을 분배해야 한다는 원리를 역설했기 때문이다. 하지만 정의 담론의 실제는 구조적인 부정의의 확대재생산일 수 있다는 점이 우리가 직면한 문제다. 실제 이런 징후는 많이 나타난다. 그중 하나가 바로 여성 노동이 이미 시간제(반일 노동자) 노동으로 자신의 노동시간을 단축해왔다는 점이 현재의 노동시간 단축 프로젝트 내부에서 망각된다는 점이다. 마리아 미즈는 이 때문에 노동시간 단축을 통해 노동과 삶의 균형을 회복한다는 발상 자체는 오직 남성들의 노동 경험에 근거를 둔 것이며, 이를 통해 실현되는 노동시간 단축은 그들만의 천국일 것이라고 강력하게 비판한 바 있다(미즈·벤홀트-톰젠, 2013: 350).

또 하나의 문제는 소비다. 노동시간의 단축과 현재의 경제성장 전략이 결합하면 노동시간의 단축은 소비시간의 확장으로 연결될 위험이 높다. 실제 노동시간은 과거부터 현재까지 계속 단축됐다. 그런데 이 과정에서 일부 집단의 향유물이던 자유시간이 노동계급에도 분배되었고 이와 동시에 노동계급의 소비시간도 늘었다. 특히 현대 자

---

146 제이콥스와 거슨의 분석을 도입하면 "임금노동시간에 큰 변화가 나타나지 않더라도 인구통계학적 다양성은 여가시간이 공평하게 분배될 수 있는 자원이 아님을 보여준다. 일하는 부모는 시간 압박과 여가 부족을 경험할 수 있다. 반면에 젊은 독신자나 자녀가 없는 부부는 자신이 선택적으로 사용할 수 있는 시간을 더 많이 갖게 된다(제이콥스·거슨, 2010: 57)." 중요한 점은 자유시간의 불평등한 분배를 만들어내는 구조적인 부정의와 삶의 다양성을 구별하는 것이다. 구조적 부정의의 민주적 변형을 통한 자유시간의 정의로운 전환은 누구에게나 동일한 자유시간의 부여를 의미하지는 않는다.

본주의 경제의 성장 전략이 노동하는 시민의 '노동'보다는 이 시민의 '소비'에 의존한다는 점을 인식하면 이는 단지 우려만은 아니다. 노동시간 단축의 효과를 설명하는 연구들은 대부분 여가시간의 활성화를 위한 문화상품의 개발을 동시에 제기한다. 레저산업의 준비를 요구하거나(김승백, 2001: 48), 여가시간의 증가가 레저용 차량 증가로 이어질 것을 전망하기도 한다(김승택·이상민, 2008: 113). 하지만 현재 발생하는 다양한 생태적 위기를 고려할 때 소비시간의 증가는 미래가 불투명할 뿐만 아니라 바람직하지도 않다. 만약 노동시간 단축이 소비 증가 곧 자원이용과 탄소배출 그리고 폐기물의 증가로 귀결된다면 노동시간 단축은 지속가능성과 대립하게 될 것이다(Kallis et al, 2013: 1561).

이 두 가지 문제는 모두 노동시간의 단축 모델이 남성 임금노동 모델을 전제하고 있어 발생하는 문제다. 임금노동을 표준 노동 모델로 한 노동시간 단축은 노동시간의 재생산을 위한 성별 노동 분업에 근거를 두는 동시에 임금의 소비로의 전환이라는 순환 안에서 벗어나기 어렵다. 이와 같은 임금노동의 노동시간 단축은 노동생산성의 향상과 자본 효율성의 향상을 전제한다. 노동시간 단축이 가능하기 위해서는 생산성과 효율성이 증가해야 하기 때문이다. 그래서 남성-생산성-임금노동이 연결된다. 그런데 바로 여기서 또 다른 한계가 발생한다. 노동시간 단축의 전제조건인 생산성과 효율성의 증가가 노동의 공유에 대한 필요를 상쇄하는 것이다. 생산성과 효율성이 증가한다면 고용을 창출하지 않고도 자본이 원하는 바의 생산을 실현할 수 있기 때문이다. 노동시간 단축이 고용 창출로 연결되지 못한 이유 대부분이 "보다 적은 시간을 투여해서 높은 생산성을 이끌어낸 모의실험이 성공"(제이콥스·거슨, 2010: 128)했기 때문이라는 지적은 중요하다. 그러나 더 근본적인 한계가 존재한다. 노동시간이 단축되어도 모든 이에게 노동을 분배할 가능성은 없다. 노동시간 단축을 통해 임금노동을 분배하는 과정은 필요하지만, 모든 이를 임금노동 안으로 통합할 수는 없는 것이다. 임금노동의 통합 한계 능력에 직면했음을 보여주는 다양한 징후가 발생하고 있다.

노동시간 단축은 노동과 삶의 관계를 재조정하는 동시에 노동을 공동자원체계로 전환하기 위한 필수 조건이다. 노동을 위한 삶의 구조가 해체되지 않는 한 삶을 위한 노동의 순간은 오지 않을 것이기 때문이다. 그러나 노동시간 단축 프로젝트가 전제하는 노동 모델이 임금노동에 기초할 때 노동시간의 단축은 자신의 약속을 실행할 수 없을 뿐만 아니라 단축된 노동시간은 자연과 인간에 대한 또 다른 착취와 지배의 강화로 연결될 위험이 크다. 따라서 노동시간 프로젝트가 노동과 삶의 관계 전환과 노동의 공유를 위한 동료 시민 간 협력과 연대라는 요소를 전면적으로 발현하기 위해서는 노동시간 단축 프로젝트가 전제하는 표준 노동 모델 그 자체를 전환하는 과정 안에서 노동시간의 단축이 고려되어야 한다. 바로 이 부분이 노동시간 단축 프로젝트를 민주주의의 급진화 프로젝트가 전유하는 지점이다.

그 전유의 중심 방향은 ① 생산주의로부터 탈생산주의로의 이행 ② 임금노동에서 재생산노동으로의 이행 혹은 생산노동 모형에서 재생산노동 모형으로의 이행이다. 이를 더 간단하게 표현하면 '탈생산'과 '재생산'이다. 이런 방향 전환이 필요하고 가능한 이유는 우리가 현재 과거와는 다른 단계로 진입했기 때문이다. 앙드레 고르는 『프롤레타리아여 안녕』에서 현대 사회에서 "삶에 필요한 동시에 유용한 모든 것을 갖춘 지속가능한 사회를 재생하는 데 필요한 노동량은 빠른 속도로 감소하고 있다"(고르, 2011: 115)고 선언했다. 이는 두 가지 의미를 지닌다. 하나는 현대 사회가 결핍의 단계를 넘어 전체 사회의 필요를 충족할 수 있는 풍요의 단계로 진입할 가능성이 그 어느 때보다 높아졌다는 점이다. 또한 기술의 발전과 혁신으로 인해 그 풍요의 단계를 재생산하는 데 필요한 노동량이 빠른 속도로 감소할 수 있고, 감소하고 있다는 점이다. 고르는 이 상황을 다음과 같이 기술했다. "자본의 논리에 의해 우리는 해방의 문턱까지 이르게 됐다(고르, 2011: 118)."

그러나 고르 자신의 분석처럼, '문턱'을 넘기 위해서는 자본의 논리와는 다른 논리가 필요하다. 전체 사회의 필요를 충족할 수 있는 노동량의 감축이 전체 시민의 노동시간 단축으로 연결되는 동시에, 우리에게 부과된 자연의 한계와 전체 사회의 필요 충족을 조정하려면 생산 자체에 대한 자본의 끊임없는 추구와 단절해야 하기 때문이다. 고르는 그래서 이렇게 말했다. "생산주의를 다른 합리성으로 대체하는 단절을 통해서만 그 문턱을 넘게 될 것이다(고르, 2011: 118)."[147] 생산주의는 생산성productivity과 다르다. 생산주의는 생산성을 하나의 물신으로 여기는 이데올로기다(Fitzpatrick, 2015). 생산성은 수단이 아니라 그 자체로 하나의 목적이 되며, 모든 사회적 목표는 생산성 향상에 대한 기여의 관점에서 재해석된다. 생산주의 안에서 생산성의 향상은 언제나 비용감소를 위한 해고의 압박으로 나타난다. 물론 사회

---

147 이 부분은 영문판을 참조해 재번역했다(Gorz, 1982: 74). 원문은 다음과 같다. "The logic of capital has brought us to the threshold of liberation. But it can only be crossed at the price of a radical break, in which productivism is replaced by a different rationality."

민주주의가 부의 재분배를 위해 생산성 향상을 수용하고 일정한 계급타협을 이룬 것은 사실이다. 하지만 그런 사회민주주의조차 생산주의를 전제로 받아들이면서 전제 자체에 도전하지는 않았다. 그 결과 이는 계급타협 자체를 끊임없이 불안정하게 만드는 동력이 되었다. 생산주의의 결과는 끊임없는 확대 생산이고 이는 자연의 한계를 넘어서게 만들어 파국을 초래한다. 생산주의는 지속적인 경제성장을 요구하고 그에 필요한 합리성을 요구하기 때문이다. 따라서 현재의 조건이 대안적인 노동시간 단축으로 나아가기 위해서는 반드시 생산주의와 결별해야 한다. 생산주의와의 결별이 생산성 향상과의 결별은 아니라는 점이 강조되어야 한다. 생산성의 향상은 노동시간 단축이나 자원의 절대적 감축을 위해 여전히 우리에게 중요한 목표 중 하나다. 문제는 생산성의 위치를 목적에서 전체 사회의 수단으로 이동하는 것이다. 곧 생산주의로부터 생산성을 해방해 전체 사회의 대안적질서를 위한 수단으로 재전유하는 과정이 필요하다. 토니 피츠패트릭은 이를 위해 '탈생산주의post-productivism'라는 개념을 제안했다. 탈생산주의는 생산성을 목표가 아닌 인간과 자연의 재생산에 종속된 수단으로 제안한다. 토니 피츠패트릭은 이런 의미에서 "탈생산주의가 재생산성reproductivity주의"라고 언급한 바 있다(Fitzpatrick, 2004: 216). 바로 이 부분에서 탈생산주의는 재생산노동과 직접 연결된다. 생산주의 안에서 재생산노동은 생산노동에 종속되어 있었다. 탈생산주의는 이를 역전해 재생산노동에 생산노동을 종속시키고자 한다. 생산성이 아닌 재생산성reproductivity으로 척도가 전환되면서 노동을 인간과 자연의 한계 내로 위치시키기 때문이다. 그리고 이때 생산주의의 압력에서 벗어나 재생산노동 안에 존재하는 대안노동의 요소와 관계, 접합

원리에 집중할 가능성이 발생한다.

현재 우리가 직면한 노동사회의 위기는 단지 노동만의 위기가 아니라 그에 기반을 두고 있는 사회 전체의 '재생산 위기'로 나타난다. 그런데 위기가 노동사회의 위기에서 재생산의 위기로 전환될 때 노동사회라는 개념으로는 포착되지 않던 혹은 분명히 인식되지 않던 위기의 내용이 더욱 명확하게 드러나는 효과가 있다.

한국에서도 21세기에 접어들면서 재생산의 위기라는 개념이 폭넓게 인용되고 활용되고 있다.[148] 그 이유는 두 가지로 볼 수 있다. 하나는 생산주의 추구 과정에 은폐되거나 망각되었던 생산 조건에 관한 성찰 능력이 향상되었다는 점이고, 다른 하나는 그 생산주의의 결과 때문에 다수의 노동하는 시민이 자기 재생산의 위기에 직면했다는 점이다. 백영경은 낸시 프레이저(2017)의 「자본과 돌봄의 모순」을 매개로 한국 사회 재생산의 위기를 분석하면서 그 중심에 돌봄의 위기crisis of care가 있다고 분석했다. 사회적 존재로서의 인간의 재생산에 필수적인 돌봄 그 자체가 더는 안정적으로 작동할 수 없는 자본주의 국면으로 진입했다고 본 것이다. 이는 특히 시간의 문제와 연결된다. 노동 강도의 강화와 노동시간의 연장 그리고 무엇보다 삶의 가속화는 나와 타자의 인정 및 재생산에 필수적인 시간의 확보를 매우 어려운 문제로 만든다. 그 결과 시간 압박은 강해지고 시간 부족은 우리 모두를 위한 돌봄의 시간을 새로 만들 수 없도록 한다(백영경, 2017: 104~105). 돌봄의 위기는 인간 재생산의 위기일 뿐만 아니라 인간의

---

148 이 개념을 다룬 연구 중 내가 참조했던 연구들은 유팔무(2015), 장경섭(2011), 이현옥(2016), 김희강·송형주(2017) 등이다. 특히 장경섭(2011)의 논문은 한국사회의 재생산 위기를 가족이라는 변수를 매개로 설명한 훌륭한 논문이다.

재생산을 전제하는 전체 사회의 위기다.

재생산의 위기는 무엇보다 동료 시민 다수에게 가족의 위기로 나타났다. 이는 재생산이 가족을 매개로 이루어져 온 한국 재생산 구조에서 자연스러운 귀결이었다. 장경섭은 이를 '사회재생산 가족주의'(장경섭, 2011: 67)라고 부른 바 있는데, 이 구조하에선 재생산의 책임과 비용이 각 개인의 가족에게 귀결된다. 한국 신자유주의가 이런 한국 재생산 구조의 가족 의존성을 활용해 작동했음은 분명하다. 그 결과 가족은 신자유주의로부터 촉발된 다양한 위기가 투영되는 일차 단위가 된 동시에 그에 대응해 재생산 책임과 비용을 맡는 단위가 되었다. '가족해체'라고 볼 수 있는 이혼, 가출, 폭력, 자살 등의 지표가 악화했고(장경섭, 2011: 72), 가족에게 부과되는 피로는 급증했으며, 피로를 조정할 가족 자체의 능력이 급격히 와해했다. 이런 상황에서 가족관계의 형성과 유지에 심각한 부담을 갖거나 혹은 그에 대항하는 실천들이 일반화되었고 많은 이들이 지적한 것처럼 이는 한국 '저출생低出生'[149]의 원인이 되고 있다. 그 반대편에는 신자유주의 경영의 핵심 단위로 부상한 가족이 있었다. 교육의 세계화 혹은 자녀의 경쟁능력 강화를 위한 원정 출생과 조기유학 열풍은 이의 사례라고 할 만하다. 그러나 이는 가족의 피로와 부담 증가를 동반하는 것이었고 이면에 가족해체와 위기라는 또 다른 문제들을 잉태하게 되었다.

이 때문에 재생산의 위기에 대응하기 위한 다양한 논의가 발생하

---

[149] 2017년부터 '저출산'이라는 용어가 인구 감소 문제의 원인으로 여성을 지목하는 성별화된 용어라는 주장이 있었다. '저출생'은 그 대안으로 제시된 용어다. 이 용어를 포함해 책 전체에 스며들어 있을 수 있는 성별화된 언어체계를 교정하려고 노력했지만, 감수성 부족으로 인해 미처 발견하지 못하거나 교정하지 못한 부분이 있을 수 있다. 모든 책임은 나의 몫이며 더 성찰적인 자세로 언어들을 바꿔나가겠다.

고 있다.[150] 일차적인 대응이 재생산의 '재가족화' 방향에서 검토된 것은 한국의 '사회재생산 가족주의' 측면에서 놀라운 일은 아니었다. 농민 국제결혼 주선, 건전 가정 만들기, 일-가족 양립 정책, 여성 '보호노동' 지원 등 가족을 살려 재생산의 위기에 대응하려는 일련의 정책들이 나타났다. 모두 여성을 가정에 돌려보내기 위한 전략 아래 구축된 것인데, 이런 정책들은 재생산의 공백뿐만 아니라 전 지구적인 재생산 분업과 연결되었다. 여성 의존적 가족책임의 재생산 전략을 구현할 토대를 한국 노동사회가 제공할 수 없었기 때문이다. 노동사회의 위기는 여성에게 임금노동과 재생산노동을 모두 부과하는 구조로 발전했고 이런 재생산 부담은 결국 또 다른 직계 가족이나 저임금 여성 노동자, 여성 이주노동자를 통해 분배될 수밖에 없었다. 이 구조에선 하층으로 내려갈수록 재생산의 위기가 폭발적이며 특히 여성에게 형벌로 나타난다. 비록 재생산의 '재가족화'가 부분적으로 일과 가족의 양립을 위한 다양한 제도적 기반을 확장한다는 점에서 일정하게 도움이 될 수 있었지만, 가족을 중심에 둔 재생산 전략은 한계에 직면할 수밖에 없다. 가족은 점점 더 위험해지고 있다.

재생산 위기를 국가복지 강화를 통해 해결하려는 일련의 복지국가 전략(유팔무, 2015: 298)은 재생산의 재가족화에 대항하는 주도담론이라고 할 수 있다. 1997년 경제위기를 매개로 이루어진 두 번의 민주당 계열 정부 곧 김대중-노무현 정부는 그동안 주변화되었던 복지담론을 한국 민주주의의 중심 의제 중 하나로 부상시켰다. 비록 '생산적 복지', '참여복지' 등으로 작동방식에 차이가 존재하지만, 복지 담

---

150 이와 같은 상황을 반영해 2015년 《진보평론》 65호는 "재생산의 위기"를 특집으로 다뤘다.

론 자체를 이후의 이명박–박근혜 정부도 완전히 부정할 수는 없었다(강동진, 2015: 87~91). 정치적 권리보다 사회·경제적 권리가 취약한 한국 민주주의의 조건에서 복지 담론 부상과 복지국가 전략의 도전은 그 자체로 환영할 만한 일인지도 모른다. 그러나 복지국가 전략이 현재 직면한 재생산의 위기를 해결할 방법이 될 수 있는가는 불투명하다. 복지국가 전략은 임금노동에 기반을 둔 노동사회를 재생산 전략의 전제로 삼기 때문이다. 복지국가의 노동사회 종속성을 비판해온 한동우의 표현처럼 복지국가의 제도는 임금노동과 직접 연계되어 있을 뿐만 아니라 동료 시민들의 노동시장 참여를 유도한다(한동우, 2017: 17). 복지국가가 제공하는 고용보호employment protection와 사회적 보호social protection는 노동을 보호하는 동시에 노동을 탈상품화하기 위한 제도들이다. 그러나 이런 제도가 작동하기 위해서는 고용의 양과 질이 담보되어야 한다. 그래서 장지연은 복지국가와 노동의 관계에서 핵심 질문은 "어떻게 하면 고용을 늘리는 방식으로 사회보장제도를 설계할 것인가?"(장지연, 2011b: 2)라고 했다. 이와 같은 복지국가 전략은 민주주의의 민주화 프로젝트가 직면한 문제와 다시 만난다. 무엇보다 복지국가 전략이 탈생산주의라는 변화에 적응할 수 있는 모형인가에 관해 깊은 논의가 필요하다. 탈생산주의가 고용부문의 축소와 연결될 수 있다는 점에서 고용 기반 조세 전략과 강하게 연결된 사회적 보호 전략은 탈생산주의와 충돌한다(Murphy, 2013: 81).

생산주의에서 탈생산주의로의 전환은 현재와 같은 경제성장을 유지하면서 인간과 자연의 위기를 해결할 방법은 없다는 점을 전제한다. 그리고 바로 이 때문에 경제성장으로부터의 탈주를 요구하는 '탈성장'으로의 이행은 전체 사회의 재생산 위기를 해결할 필수적인 전

제가 된다. 탈성장은 다른 수식어 발전주의와 달리 자본주의 기반 성
장경제 자체의 축소를 요구한다. 재생산의 재생산이 가능하려면 재
생산 한계 내에 필요 충족 과정이 제한되어야 하기 때문이다. 이런
제한은 '과잉' 성장 축소로 연결될 것이다. 곧 경제 '축소'가 발생한다.
복지국가 전략이나 수식어로 꾸며지는 대안 발전 전략이 고려할 수
없는 지점 혹은 지금까지 고려하지 않았던 문제가 바로 이 경제축소
문제다. 그런데 이런 경제축소의 문제는 빈곤의 문제와 다시 만날 수
밖에 없다. 팀 잭슨은 그 자신이 이름 붙인 성장의 딜레마에 관해 다
음과 같이 설명했다. 한편으로 "적어도 현재의 방식 아래에서 성장
은 지속 불가능하다. 급증하는 자원 소비와 상승하는 환경비용이 사
회적 행복의 심각한 불균형을 가중하고 있기 때문이다." 다른 한편
으로, "최소한 현재의 조건에서 탈성장은 불안정하다. 소비자 수요의
감소는 실업률 상승, 경쟁력 저하, 그리고 불황의 악순환으로 이어진
다."(Jackson, 2009: 65) 이는 팀 잭슨만의 우려는 아니다. 탈생산주의
에 기반을 둔 탈성장이 경제축소 단계를 거칠 수밖에 없다는 점은 탈
성장 연구진영 내에서 합의한 내용 중 하나다(Kallis et al, 2012; 2013;
Murphy, 2013). 경제축소에서 발생하는 빈곤에 대한 우려와 대면하면
서 그에 어떻게 대응할 것인가는 탈성장 전략 현실화의 핵심적인 문
제다. 여기가 로도스다. 여기서 뛰어야 한다.

아직 제한적이지만, 탈성장 운동은 과잉성장을 넘어 경제를 축소
하는 과정에 정상 상태경제Steady state economy 개념을 도입한 경로 설계
를 시도하고 있다. 정상 상태경제란 시간이 지나도 더 이상 성장하지
않는 경제로, 허먼 데일리Herman Daly는 경제체제economy system가 생태체
제의 하위체제이기 때문에 그 한계 내에서만 작동해야 한다는 의미

로 이 개념을 사용했다. 정상 상태경제 개념은 탈성장을 하나의 과정으로 이해할 수 있도록 돕는 동시에 그 목표가 무엇인지 더욱 분명하게 제시한다. 프랑수아 슈나이더(François Schneider, 2010)가 제시한 4단계 전략과 다니엘 오닐Daniel W. O'Neill이 도식화한 정상 상태로의 이행경로(O'Neill, 2012: 221)는 성장의 딜레마와 탈성장의 위치와 역할을 입체적으로 파악하도록 돕는다.

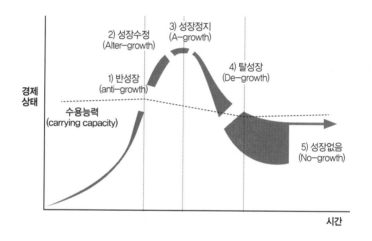

[그림7] 탈성장의 경로

탈성장은 선언만으로 이루어질 수 없으며 그에 필요한 조건이 구축되어야 한다. 이 경로의 첫 번째 출발점은 '반성장'의 토대 구축이다. 여기에서 반성장이란 기존 성장에 대한 반대를 의미하는 것으로 구체적인 대안의 창안보다는 현재 경제성장 패러다임에 도전하는 계기를 말한다. 이를 통해 과잉성장에 대한 비판이 이루어진다. 성장수정 단계는 성장은 지속하지만, 그 성장의 방식을 수정해나가는 단계다.

현재 국면은 이 성장수정 단계라고 말할 수 있는데, 과잉성장에 대한 비판 위에서 지속가능성과 성장을 연결하려는 다양한 노력이 진행되고 있기 때문이다. 그러나 탈성장의 관점에서 중요한 것은 이 단계가 성장에서 벗어나기 위한 대체제도들이 성장 안에서 성장에 대항해 만들어지는 단계라는 점이다. 그럴 때만 성장정지의 단계를 거쳐 실질적인 탈성장 단계로 진입할 수 있다. 탈성장은 성장수정 단계에서 출현해 실질적인 성장정지 상태가 되고 이를 넘어 탈성장 단계로 나아가기 위한 전략과 제도 디자인이 필요하다. 성장수정 단계에서 탈성장 단계로 나아갈 때 제일 중요한 것은 ① 새로운 분배 ② 대안노동의 양식이다. 새로운 분배 제도는 경제축소에서 발생하는 생활안전의 위기로부터 우리를 보호하며 대안노동의 양식은 성장이 아닌 우리의 필요-충족 체계를 강화하는 역할을 한다. 나의 연구가 만약 타당하다면 공동자원체계는 이 둘을 연결하는 대안생활체계를 구성할 것이다.

역설적이지만, 이때 전체 동료 시민의 보편적 고용보장universal job guarantee은 탈성장의 딜레마 해결을 위한 중요한 전략이다. 이 전략의 핵심은 동료 시민의 고용을 하나의 권리로 보장하고 그 권리의 실현을 요구하는 데 있다. 고용을 노동시장이 아닌 민주주의의 동학으로 전환하는 것이다. 경제축소 과정에서 발생하는 고용축소는 동료 시민의 실업이나 불안정 노동을 더욱 강화할 수 있다. 탈성장 과정에서 고용은 단지 시장의 문제가 아니라 다수 동료 시민의 상호조정을 필요로 하는 공동이용자원common pool resources으로 규정되어 정치적으로 분배되어야 한다. 제한된 고용 위치를 다수 동료 시민에게 민주적으로 분배하기 위한 기획이 필요하고 여기엔 임금노동시간 단축이 필수적이다. 제한된 고용 위치를 다수가 공동 이용하는 대안적 고용체계는 경제축소 과정에서 발생하는 실업의 위험을 낮춘다. 탈성장은 다수 동료 시민의 민주적 선택과 결정의 결과여야 한다. 이를 위해서는 동료 시민의 두려움을 동원하는 것이 아니라 그 문턱을 낮출 전략과 탈성장이 함께 가야 한다. 보편적 고용보장은 노동의 정치적 재분배를 통해 생활 안전의 위기에 공동 대응하는 동시에, 노동시간 단축으로 노동과 삶의 관계를 재구성할 조건을 동료 시민 모두에게 보편적으로 확장한다. 따라서 이에 필요한 정치적 조건을 강화할 수 있다 (Alcott, 2013: 56).

육아, 돌봄, 가사 등의 활동을 임금노동과 구별해 인간의 유지와 존속에 필수적인 재생산 활동이라고 부른다면 임금노동은 재생산 활동의 토대 위에서 구축된 것이었다. 이런 구조에서 1차 지위는 남성의 임금노동이고 재생산 활동은 2차 지위였다. 이를 마리아 미즈와 베로니카 벤홀트-톰젠은 이렇게 표현했다. "여성의 가정주부화는 남성의 프롤레타리아화에 필수불가결한 보완물이다."(미즈·벤홀트-톰젠, 2013: 73) 그런데 노동사회의 위기로 표준 노동 모델과 시민의 분리가 가속화되었다. 곧 표준 노동 모델이 모든 이를 통합할 수 없는 구조로 변형된 것이다. 이런 조건은 표준 노동 모델로부터 배제되는 이들의 노동을 통합할 대안 모델을 요구한다. 곧 표준 노동 모델의 교체다. 그런데 2차 지위에 머물던 재생산 활동은 임금노동의 1차 지위 해체라는 조건에서 대안적인 노동 모델 구성에 필요한 요소를 일부 통합하고 있다. 민주주의의 급진화 프로젝트는 재생산 활동과 임금노동의 우선순위를 역전해 재생산노동 안의 대안적 요소에 근거한 표준 노동 모델 재구성을 지향한다.

일상생활의 재생산을 위한 노동은 임금노동과 달리 노동시장과 분리된 활동인 동시에 상품의 생산이 아닌 인간의 재생산을 목적으로 한다. 이 규정은 매우 중요하다. 상품의 생산 구조하에선 모든 활동이 임금노동에 통합되는 경향을 만들기 때문이다. 임금노동의 표준 노동 모델의 지위가 약화했더라도 상품 생산의 구조가 유지 존속되는 한 임금노동은 더욱 열악한 노동조건을 가진 임금노동으로 확대 재생산될 경향이 높다. 상품의 소비에 의존해야 하는 상황에서 자기 자신을 또 하나의 상품으로 만들지 않고는 생계를 유지할 수 없기 때문이다. 그러나 표준 노동 모델을 향한 경쟁이 치열해져서 예전처럼 안정된 임금노동을 구할 수는 없다. 곧 표준 노동 모델이 '강한 임금노동'에서 '약한 임금노동'으로 전환되는 것이다. 현재 우리가 보고 있는 상황은 바로 이것이다. '약한 임금노동' 모델은 노동시장 내의 위치에 따라 이중화된다. 1차 노동시장에 속한 이들의 임금노동을 약한 임금노동 모델로 바꾸고, 2차 노동시장에 속한 이들은 이 약한 임금노동 모델에 의해 고용과 실업을 반복하는 형태의 불안정 노동 생활을 유지한다. 달리 말하면 약한 임금노동 모델이 실업의 확대를 막는다. 그러나 약한 임금노동 모델은 노동하는 빈민을 만들어 이들의 삶을 불안정하고 매우 약한 구조로 만든다. 이런 약한 임금노동 모델이 집중되는 영역이 바로 서비스 고용부문이다. 서비스 고용부문은 "공장이 노동자들을 흡수하고 방출하는 동안" 노동하는 시민들을 통합하는 역할을 해왔고 그런 기대를 받고 있다(리프킨, 2005: 7). 곧 실업 문제의 해결책으로 주목받는다. 그러나 서비스 고용부문은 양극화된다. 일부 전문가의 서비스엔 높은 가격이 책정되지만, 단순노동 서비스는 매우 낮은 임금과 불안정 고용이 결합한 약한 임금노동 모델에 기반을 두기 때문이다.

그런데 재생산노동은 바로 이런 상품 생산의 구조에서 탈피해 인간의 재생산을 목적으로 우리 활동을 다시 설계할 것을 요구한다. 곧 임금노동은 활동을 상품 생산 안에 통합하려 하지만, 재생산 활동은 우리들의 활동을 상품 생산 밖으로 끌어내고자 한다. 재생산노동 안에 있는 탈상품화 요구는 대안적인 생산의 방식을 고려할 때 필수적이다. 상품의 대량생산과 대량소비 구조에서 벗어날 수 있는 길을 열어주기 때문이다. 이를 위해 소규모로 가능하고 지나치게 복잡하지 않은 생산 방식과 이의 실현을 위한 대안기술 발전의 문제가 겹친다(슈마허, 2011: 45). 곧 규모의 경제학을 넘어서 나아간다. 현재 노동시간 단축의 가능성이 노동생산성의 향상과 자본의 효율성 증대의 결과로 나온 것이기 때문에 이는 매우 중요하다. 그런데 이때 기술에 의한 노동의 대체효과가 말해주는 것처럼 자본주의의 기술은 인간과 대립하는 방향으로 나아가고 있다. E. F. 슈마허의 분석처럼 "이제 기술은 인간적인 규모 이상으로 커지고 있습니다. 이 기술을 다시 인간적인 규모로 되돌릴 수 있는지가 관건입니다(슈마허, 2011: 47)." 곧 재생산노동 모델은 ① 생산의 목적 ② 생산의 기술 ③ 생산의 규모 전체를 우리의 일상생활 재생산 가능성에 근거해 추출한다.

노동시간의 단축이 인간의 규모를 넘어선 기술의 발전에 의존한다는 점은 매우 중대한 요소다. 바로 이 때문에 노동시간의 단축이 노동운동의 투쟁을 통해 매개되었지만, 노동시간 단축 자체가 자본주의의 산업화 과정과 대립하는 것은 아니었다. 오히려 노동시간 단축은 자본주의의 산업화 과정의 가장 '뿌듯한' 업적 중 하나였다(슈마허, 2011: 58). 이 때문에 노동시간 단축 주장은 자본주의 발전에 대한 권리의 정치적 재분배일 뿐 그 기본인 생산주의 패러다임에 대한 도전은 아니다. 노동시간 단축 옹호자들은 그래서 자본의 효율성과 노동생산성과 분리된 노동시간 단축은 '빈곤'의 재생산으로 귀결될 것이라고 강하게 경고한다. 빈곤의 재생산은 임금노동 모델에서는 피할 수 없다. 재생산노동 모델은 노동시간 단축이 빈곤의 재생산으로 귀결되지 않도록 만든다. 곧 빈곤의 정치적 재분배가 아닌 절제의 정치적 재분배로 나아간다.

재생산노동은 이때 임금노동과 다른 특징을 보인다. 고통과 기쁨이 공존하는 또 다른 노동의 유형을 보이며 노동시간과 자유시간이 융합되어 있다. 고통, 훈련, 교육 그리고 수고가 결합한 활동을 우리가 '일'이라고 부른다면 재생산 활동은 분명 또 하나의 '일' 곧 노동이다. 이 노동 없이 살 수 없다는 점에서 재생산 활동은 모든 이에게 의무로 부과된다. 그런데 이 의무는 단지 고통이 아니라 인간의 행복 원천 중 하나이기도 하다. 아이 양육은 분명 의무이고 고통을 동반한다. 그러나 또한 기쁨의 시간이기도 하다. 고통과 기쁨이 공존하는 이 활동을 우리가 '노동'으로 바라볼 때 '노동'에 대한 규정은 확장된다. 임금노동에 기반을 둔 표준 노동 모델에서는 이런 재생산 활동이 노동이 아니기 때문이다. 임금노동은 상품 생산으로 축소된 경제 개념 혹은 국민경제의 확대 발전에 이바지하는 상품 생산노동만을 노동으로 인정한다. 곧 생산주의 패러다임이 노동을 규정한다. 그러나 재생산 활동은 다르다. 임금노동에서 재생산 활동으로의 표준 노동 모델 전환은 노동을 생산주의와 분리해 탈생산주의와 결합한다. 이는 노동의 목적이 물질적인 부가 아니라 인간적인 부를 통한 좋은 삶의 창출이라는 것을 의미한다. 우리는 성공을 규정하는 조건이 물질적인 부가 아니라 인간적인 충족과 행복에 있다는 것을 안다. 재생산 활동은 이를 목적으로 한다.

이 재생산 활동의 또 다른 특징은 노동과 자유의 경계가 모호하다는 것이다. 이는 두 가지 의미다. 이 노동은 의무이지만, 동시에 나의 인간적인 충족과 행복을 위한 과정이기에 나의 자유이기도 하다. 또 노동시간과 자유시간의 경계가 모호하다. 출퇴근 시간이 정해진 것이 아니라 일상생활과 노동이 융합해 있기 때문이다. 이런 요소들은 우리가 노동과 자유의 이분법을 넘어 노동과 자유가 융합된 대안노동 패러다임을 구성하는 데 필요한 필수적인 요소들을 제공한다.

그러나 재생산 활동 안에 있는 이 대안의 요소들이 전면화되기 위해서는 이행 계획이 필요하다. 그렇지 않으면 대안의 요소들은 기존의 표준 노동 모델 안에 종속되어 역설적으로 고통을 발생시킨다. 노동과 자유의 융합이라는 대안적 요소가 일상생활 전체를 노동으로 만들어 자유를 박탈할 수 있기 때문이다. 동시에 재생산 활동은 상품 소비를 통한 충족이라는 과정에 노출되어 있다. 재생산 활동 안에 소비가 곧 노동인 유형이 존재한다. 생산주의 패러다임은 단지 공장으로 유지 존속되는 것이 아니라 바로 이 소비를 통해 확장된다. 곧 재생산 활동은 현재 표준 노동 모델 안에서 낡은 것과 새로운 것이 융합된 장소로 존재한다. 재생산 활동이 이런 융합의 장소인 이유는 재생산노동이 임금노동을 보충하는 활동의 요소와 우리 활동의 자립을 위한 요소가 중첩되어 있기 때문이다. 우리의 과제는 낡은 질서를 해체하고 대안적인 요소에 힘을 부과해 표준 노동 모델을 교체하는 것이다. 이때 재생산 활동은 임금노동의 보완물이 아닌 우리의 노동을 재구성할 대안노동 모델의 원형이 될 것이다.

따라서 노동시간 단축 프로젝트의 한계를 넘어 가능성을 더욱 확장하기 위해서는 노동시간의 단축 모델을 임금노동 모델의 재생산이 아니라 재생산노동 모델의 확산 방향으로 재설정해야 한다. 즉 임금노동 모델의 축소와 재생산노동 모델의 확산이다. 이는 두 가지를 기본 원칙으로 한다. 재생산 활동 모델에 있는 ① 물질적인 부에서 인간적인 부의 창출로의 전환 ② 그리고 노동과 자유를 융합하는 시간의 확장이 바로 그것이다. 인간적인 부란 행복의 창출을 위한 다양한 활동을 말한다. 여기엔 사랑, 인정, 협동, 자기표현 등의 다양한 활동들이 포함된다. 그러나 이 활동을 위한 시간은 노동시간과 자유시간의 이분법에 근거를 두는 것이 아니라 노동과 자유의 융합에 기반을 두어야 한다. 다르게 말한다면 노동은 물질적인 부의 창출에, 그리고 자유는 인간적인 부의 창출에 할당되어서는 안 된다. 인간적인 부의 창출에 기여하는 방향으로 노동과 자유가 융합되어야 하는 것이다. 단순화하면 [노동 안의 자유]와 [자유 안의 노동]이라는 두 방향에서 노동과 자유의 관계를 재설정한다는 것을 의미한다.

[노동 안의 자유]란 노동과 자유의 융합을 통해 노동시간 안에 자기 결정의 요소를 강화하는 것이다. 이는 낮은 수준에서 노동시간의 유연화로부터 출발하지만 높은 수준에서 노동시간의 자주관리를 향해 나아간다. [자유 안의 노동]이란 자유시간 안에 임금노동과는 다른 노동의 유형의 요소를 확장하는 것이다. 노동만이 인간의 필요를 충족하는 유일한 방식은 아니다. 나의 물질적인 필요를 충족하기 위한 작업과 인간의 재생산을 위한 활동은 모두 인간의 필수적인 필요다. 임금노동의 축소란 바로 이런 작업과 활동의 시간을 확장하는 과정이어야 한다. 따라서 자유시간을 노동 없는 시간으로 규정하는 것

은 문제가 있다. 노동시간의 단축은 [자유 안의 노동] 곧 임금노동으로 인해 주변화되거나 소멸한 다른 대안노동을 위한 조건을 만든다. 재생산, 작업, 활동은 그 핵심 유형이다. 이런 관점은 노동시간 단축 프로젝트를 노동, 재생산, 작업, 활동의 혼합mix이라는 관점에서 대안적으로 이해할 것을 요구한다. 즉 대안적인 표준 노동 모델은 모든 활동을 임금노동 안에 통합하는 것이 아니라 인간의 활동을 다원화하여 인간적인 부의 창출을 향해 나아가는 것이다.

8장
공동자원생활체계:
공동자원으로 필요-충족 체계를 재구성하기

공동자원으로의 노동의 전환이 개인의 결단이나 특정 규범에 대한 헌신을 요구하는 당위만으로 이루어질 수 없음은 분명하다. 이런 점에서 노동의 전환은 현재 구조를 변형해 동료 시민의 전환 능력을 강화할 방안을 모색해야 한다. 케이시 윅스는 "노동자의 입장에서 주된 관심은 자본을 축적하는 것이 아니라 임금을 받는 것(윅스, 2010: 158)"이라고 말했는데 바로 그것이 우리의 출발점이다. 임금체계가 동료 시민을 노동사회 안으로 통합하는 강력한 체계이기 때문에 동료 시민의 전환 능력은 임금체계 외부로 나아갈 수 있는 능력에 비례해 강화된다. 따라서 노동의 전환을 위한 일차적인 과제는 임금체계 내부에서 그에 대항해 임금체계 외부로 나아갈 수 있는 동료 시민의 협상능력을 강화하는 것이다.

그러나 지금까지 임금체계와의 협상이란 임금체계 내부의 협상 즉 얼마나 더 많은 임금을 받을 수 있는가의 협상이었다. 임금은 전체 사회 부의 일부를 노동계급에게 할당하는 재분배의 일부였다. 그러나 노동사회의 위기는 임금을 통한 재분배의 위기를 불러온다. 이와 동시에 임금을 보완하는 전통적인 두 프로그램 곧 사회보장 프로그램과 공적부조 프로그램은 근본적인 대책이 될 수 없다. "사회보장 프로그램은 안정적으로 고용된, 소위 일차적 노동계급 부문을 위한 사회 재생산 비용의 일부를 제공"하는 프로그램이고, "공적부조 프로그램은 자산 조사를 통해 실업자나 불완전 고용인과 같은 '예비군'을 겨냥한 원조를 제공"하는 프로그램이기 때문이다. 사회보장 프로그램은 고용에 기반을 두며 공적부조 프로그램은 고용/실업의 이분법에 기초한다. 따라서 두 프로그램 모두 고용을 전제로 구성된 프로그램이다. 그러나 노동사회의 위기는 고용과 노동을 분리하는 경향을 발생시키기 때문에 두 프로그램은 근본적인 한계에 부딪칠 수밖에 없다. 동시에 무라카의 말처럼 기후정의 운동이나 탈성장 운동의 요구를 수용해 "성장의 위기 때문에 사회적 서비스가 필요한 만큼 제공될 수 없다면, 사회보장에 이르는 대안적 길을 찾아야 한다(무라카, 2016: 102)." 곧 전통적인 공적부조와 사회보장 프로그램은 탈성장과 공존하기 어렵다. 결론적으로 노동하는 시민의 생활 안전을 보장하던 재분배 정책 곧 임금, 사회보장, 공적부조 모두 근본적인 한계를 맞는 국면에 접어든다.

이와 달리 여기서 제안하는 임금체계와의 협상이란 임금체계로부터 분리될 가능성, 곧 노동하는 시민이 임금과 무관하게 살 수 있는 능력을 말한다. 앙드레 고르는 "프롤레타리아화는 생존을 이어나갈 수 있는 노동자들의 독자적 능력이 파괴될 때 완성된다"(고르, 2011: 45)고 말한 바 있다. 반대로 노동자들이 독자적인 생존 혹은 단순 생존을 넘어 독자적인 생활을 영위할 수 있는 능력이 강화될수록 '프롤레타리아화' 곧 임금노동자로의 전환 과정과 협상할 수 있는 노동자들의 능력은 강화된다. 이런 문제의식을 따른다면 임금노동과 협상할 수 있는 능력 강화의 핵심은 임금을 대체하는 생활수단의 구축 문제에 있다. 이때 "보상으로서 임금 개념이 온전한 의미를 얻고 현대 경제에서 중심적인 지위를 차지하게 된 데는 소비에 대한 태도 변화가 중요한 역할"(매튜 크로포드, 2010: 57)을 했다는 점을 기억할 필요가 있다. 다르게 말하면 임금체계와 협상하기 위해서는 상품 소비에 대한 의존도 줄이는 방향에서 생활 안전을 보장할 방법을 찾아야 한다. 공동자원체계는 그 대안의 중심에 있다.

이를 '전환' 전략과 구별되는 '적응' 전략이라고 말할 수 있을지도 모른다. 전환이 하나의 질서를 다른 질서로 대체하는 과정이라면 적응은 변하는 조건에 맞춰 삶을 유지 존속하는 능력을 말한다. 셀리나 토드가 『민중』에서 밝힌 것처럼 노동자들은 "미래를 계획할 수 있는 능력"을 박탈당할 위협에 직면할 때 두려움과 불안에 휩싸인다. 미래 계획의 중심에 임금노동이 있음은 두말할 필요도 없다. 임금노동이 없는 상태, 곧 실업 상태가 되면 무슨 일이 벌어질지, 일자리가 없으면 어떻게 부모와 자녀를 책임질지 고민하는 이들에게 전환 계획은 답을 주어야 한다. 적응 전략은 바로 이 문제에 대한 답이다. 반대로 말하면 적응 전략 없는 전환 전략은 일부 집단과 개인의 전략일 수는 있지만, 노동하는 시민 다수의 전략일 수는 없다. 노동하는 시민에게 전환 과정에서 발생할 수 있는 고통이 집중되고 그들에게 전환을 위한 '결단'을 요구하는 형식으로 나타나기 때문이다. 또 그런 전략은 안정적으로 지속될 수도 없다. 참여하는 이들의 일상생활과 전환 전략 사이의 간극이 커지기 때문이다. 따라서 전환 전략은 적응 전략과 함께 가야 한다. 임금을 대체할 생활수단의 구축은 적응 전략의 핵심이다. 그러나 이 전략이 완전히 새로운 것은 아니다. 임금노동이 자신이 돌아갈 수도 있는 자립적 기반으로서 농촌과 연결된 사례가 많기 때문이다. 농촌은 임금노동이 의존할 수 있는 심리적, 물적 기반의 역할을 수행했다. 농촌에 남아 있는 친족과 부모 그리고 도시에서 일하는 임금노동자인 자녀 사이에 오래된 의존관계와 상호의무가 존재했는데 이는 적응 전략의 전통적인 형태다. 우리의 과제는 이러한 오래된 의존관계와 상호의무를 재해석해 전체 사회를 재구성하는 것이다. 그 핵심은 동료 시민 간의 협력 관계를 창출해 우리가 의존할 수 있는 물적 기반을 구축하는 데 있다.

노동사회가 단지 임금을 통해 생계보장과 생활 안전만을 제공한 것이 아니었다는 점에서 이는 매우 중요하다. 노동과 인정은 결합돼 있었기 때문에(호네트, 2009) 임금을 대체할 생활수단을 구축하기 위해서는 노동사회의 인정 양식과 다른 인정 양식이 필요하다. 동료 시민과 협력해 필요를 충족시키는 양식은 자본주의 노동사회가 전제하던 인정의 양식 곧 노동을 통한 전체 사회의 기여와 그에 대한 전체 사회의 존중이라는 인정 양식(서도식, 2014: 246)과 연결된다. 그러나 노동사회는 동료 시민의 상호인정을 파괴하는 방향으로 재구조화되면서 자신의 인정양식 자체를 부정하고 있다. 동료 시민 간의 협력을 통해 필요를 충족하는 대안체계는 노동사회의 인정양식을 계승하면서도 그 안에서 부정되는 동료 시민 간 인정양식을 더욱 발전시키는 상호성 구축을 전제한다. 이 인정양식은 임금과 분리된 생활양식을 동료 시민이 선택할 가능성을 넓히며 노동사회에서 무시되는 인정 요구를 충족해 노동 전환의 동력을 만들어낼 수도 있다.

자급自給 관점은 바로 이 두 문제 곧 ① 임금을 대체하는 생활수단의 확보 ② 임금과 분리될 수 있는 대안인정의 양식 문제에 접근할 경로가 될 수 있다. 현대의 경제학은 '자급' 개념을 근대화 이전 전통 공동체의 경제양식과 동일시한다. 혹은 현대에 존재하더라도 자본주의 시장경제의 주변에만 있는 경제양식으로 보는 경우가 많다(일리치, 2014: 113). 그러나 '자급' 관점이 노동사회의 위기와 함께 임금노동을 대체할 대안으로 다시 부상하고 있다. 이의 원인은 세 가지로 구별할 수 있다. 하나는 노동시장의 실패 곧 임금노동의 불안정이다. 다른 하나는 20세기 역사적 사회주의국가가 보여준 국가계획의 실패다. 곧 노동시장 실패의 대안으로 국가계획을 선택할 수 없는 조건이 국가와 시장의 이분법을 넘어서는 제3의 대안을 찾도록 강제한 것이다. 그러나 단지 강제만은 아니다. 자급 관점의 부활에는 위험의 증가에 직면해 "삶의 질"을 확장하는 의미 있는 노동에의 열망이 공존하기 때문이다.

임금노동은 자급노동 파괴로 등장했고 자급노동의 원천을 끊임없이 축소하는 과정을 통해 작동했다. 그런데 임금노동에 위기가 발생하자 주변화해 있던 자급의 관점과 운동이 다시 부상한 것이다. 물론 개인 단위나 공동체 단위의 자급운동은 이전부터 공존해왔다. 그러나 지금 부활한 자급 관점 안에는 이전의 자급 운동과 구별되는 특징이 존재한다. 과거의 전통적인 자급 관점과 구별하기 위해 이런 관점을 '현대 자급의 관점'이라고 부를 것이다. "자급 이론의 핵심 사상은 매우 간단하며, 오래된 것임과 동시에 새로운 것이기도 하다."(미즈 외, 2013: 4) 현대 자급 관점을 오래된 것으로 만드는 것은 상품 곧 타자의 노동을 통해 우리의 필요를 충족하는 방식이 아닌 우리 자신의 노동을 통해 필요를 충족한다는 전통적인 자급 관점을 현대 자급 관점이 계승하기 때문이다. 그러나 현대 자급의 관점은 이 원리를 새롭게 해석하는데 그 중심에 생산자와 소비자 분리의 극복이 존재한다.

농업에 기초를 두었던 전통 공동체의 자급 관점은 기본적으로 자가 소비의 특성을 띠었다. 그러나 상품경제의 확장은 자신의 필요 충족을 위해서가 아닌 타자의 필요 충족을 위해 생산하도록 했고 이는 자본주의 산업화를 통해 폭발적으로 강화되었다. 상품의 개념과 동학에는 생산자와 소비자의 분할이 내재해 있다. 따라서 상품경제 확장은 이런 분리 구조의 확장을 의미한다. 이전에 상품이 아니던 것들이 상품이 되는 상품화 과정이 심화할수록 두 요소가 강화된다. 필요 충족이 상품 소비로 매개된다. 그리고 이는 임금을 획득하기 위한 임금노동을 강화한다. 더 중요한 점은 임금노동이 표준 노동 모델로 작동하면서 자신의 필요를 노동을 통해 충족할 시간 자체가 결핍된다는 점이다. 이 때문에 더욱더 상품을 통한 필요 충족에 몰입하게 된다. 그 결과 생산자와 소비자의 분리가 일반화되었다. 이때 생산자와 소비자는 별개의 세계에 살아야 한다(페히, 2015: 35). 이 분리는 단지 타인과의 관계에서만 발생하는 것이 아니다. 각 개인 안에서도 이런 분할이 발생한다. 즉 공장 안에서 일할 때는 상품의 생산자이지만, 공장 밖에서는 상품의 소비자로서만 남는다. "소비자는 자신이 절대 직접 생산할 수 없거나 생산하고자 하지 않는 물건을 소비한다. 그렇지 않다면 소비자가 아니라 생산자나 자급자족자에 해당할 것이다."(페히, 2015: 35)

현대 자급의 관점은 바로 이런 생산자와 소비자의 분할을 넘어서는 상품생산의 문제에 대한 대응으로 나타나는데 '자가생산'이나 '자가소비'와는 다른 방식이어야 한다. 핵심 방법은 동료 시민과의 공동생산 co-production의 관점에서 생산자와 소비자의 재결합을 추진하는 것이다. 전통적인 생산자와 소비자의 일치에 기초한 자급 개념은 한 개인이나 집단 특히 전통 공동체와 같은 공동체의 필요를 충족하는 직접 노동의 투입을 전제로 한다. 따라서 기본적으로 폐쇄적인데 그 확장 범위가 기본적으로 '가家'이기 때문이다. 이런 방식의 자가생산 전략은 복잡성과 체계성이 증가한 현대 사회의 질서 안에서 공존할 수는 있지만, 공존하더라도 주변적이거나 한시적으로 존재할 뿐이다. 또한 이런 자가생산의 방식으로 전체의 발전을 위한 충족기제를 생산할 수 없을 뿐만 아니라 각 개인의 전면 발전을 위한 조건을 충족할 수도 없음은 분명하다. 이런 문제를 해결하기 위해서는 구체적으로 특이한 각 개인의 필요를 충족하기 위해 ① 보편적인 필요 ② 특수집단의 필요 ③ 각 개인의 필요라는 다중심적 필요-충족자원의 생산이 요구되며 다양한 형식으로 구성되는 공동생산의 연합association 구성의 관점에서 자급 관점이 재해석되어야 한다. 따라서 현대 자급의 관점은 공동체나 개인의 생산을 부정하지 않지만, 이를 특권화하지는 않는다. 전체 사회, 공동체, 개인이라는 독립적 의사결정을 지닌 단위들의 결합을 통해 필요를 충족하는 대안의 방식을 모색한다.

현대 자급의 이런 관점은 "오직 생산한 것만 소비"하도록 요구한다기보다는 공동의 필요를 충족하는 자원의 생산에 대한 공동의 민주적인 통제와 공동의 책임을 실현하려 한다. 여기서 자기 제한의 가능성이 발생한다. '자기 제한self-limitation'이란 "모두가 추구할 수 있음에도 함께 이를 자제하는 집단적인 열정"(칼리스, 2015)을 말한다. 이 가능성이 중요한 이유는 공동의 필요 충족을 위한 공동 노동의 과정이 동료 시민들의 민주적이고 집합적인 결정을 통해, 탈성장 전략에 적응할 만한 수준으로 자기 제한을 이뤄야 하기 때문이다. 경제축소에 대한 적응은 오직 민주주의를 통한 의사결정을 통해 이루어져야 한다.

대중의 민주적 통제 능력을 넘어서는 규모의 생산 혹은 필요-충족의 과정은 제한돼야 한다.

전체 동료 시민의 일상생활의 필요를 공동자원으로 충족할 수 있는 대안생활체계의 가능성을 열기 위해 다양한 연구가 진행되고 있다. 비록 아직 충분히 발전하지 못해 개념이라고 부르기 어렵지만, 어떤 이들은 '공동자원의 부wealth of commons'라고 말하고 또는 같은 의미에서 '커먼웰스commonwealth' 개념을 사용하는 이들도 있다(삭스, 2009; Large, 2010). 또 일군의 집단과 개인은 공동자원의 복지Welfare of the Common라는 방식을 선호하기도 한다(Vercellone, 2015). 또 다른 이들은 공동자원생활체계commonfare 개념을 소개하기도 했다(General Intellect, 2018; Fumagalli & Lucarelli, 2015; Fumagalli, 2015). 나 또한 공동자원체계에 기반을 둔 모든 동료 시민의 생활 안전체계라는 의미에서 '공동자원생활체계commonfare' 개념을 사용한다. 차이가 존재할 수 있겠으나 이 개념들은 모두 타자로부터 분리해 독립된 '개인의 부' 창출이나 그에 기반을 둔 생활체계를 비판한다는 공통점을 지닌다. 또한 이 개념과 전략들은 타자들과 연대와 협력을 생산한 공통의 부를 기반으로 각 개인과 전체의 자유를 조화시킬 방법을 찾는다. 유사하거나 같은 개념임에도 공동자원생활체계라는 개념을 선호하는 이유는 비록 이 개념이 인지적 생체자본주의cognitive bio-capitalism라는 특정한 맥락을 전제로 안드레아 푸마갈리Andrea Fumagalli에 의해 제안되고 그 맥락 안에서 보다 풍부한 의미를 지니는 개념으로 이용되지만, 공동자원생활체계 개념이 복지국가나 기존 복지체계welfare의 문제의식을 비판적으로 계승하는 개념임을 더 명확히 보여주기 때문이다.

유럽연합의 〈Horizon 2020〉 프로젝트로부터 지원받는 연구 프로젝트인 PIE News Project의 경우 공동자원생활체계를 다음과 같이 정의한다. "사람들의 진정한 필요를 다루는 풀뿌리 민주주의와 평등한 거버넌스를 통한 공동자원의 자기관리에 기초를 둔 협력적 방식의 복지공급"[151]이라고 말이다.[152] 시장은 상품을 제공해 동료 시민의 생활 안전을 보장하고 국가는 탈상품화된 공공자원을 공급해 동료 시민의 생활 안전을 보장한다. 그런데 공동자원생활체계는 국가나 시장과 달리 공동자원에 대한 동료 시민의 자기관리에 기초해 동료 시민의 생활 안전을 책임지는, 지금과 전혀 다른 방식의 생활 안전체계 수립을 목표로 한다. 이는 특히 노동 연계 복지workfare와의 비교를 통해 명확히 드러난다. 노동 연계 복지란 말 그대로 노동과 복지를 연계하는 것으로 단순하게 말하면 노동을 조건으로 복지를 제공하는 패러다임이다. 1970년대 말부터 본격적으로 나타난 노동 연계 복지 패러다임은 그 이후 많은 국가의 복지체계에 영향을 미쳤는데 국내에선 국민기초생활보장제도가 등장한 1999년부터 본격적으로 나타났다. 나의 관점에서 노동 연계 복지 패러다임은 상품의 생산과 탈상품화된 공공자원의 공급을 연결하는 패러다임이자 노동력의 재생산을 지향하는 패러다임이라는 속성을 지닌다. 바로 이 부분이 공동자원생활체계가 기존 생활 안전체계와 결정적으로 분리되는 지점이다. 공동자원생활체

151 Maurizio Teli and Marco Radium Sachy, 2015, "Piloting commonfare", PIE news Project H2020−ICT2015/687922

152 국내에서도 공동자원과 복지를 연결하는 대안 담론들이 등장하고 있다. 백영경(2017), 한동우(2016) 등. 특히 한동우는 비록 짧은 언급이기는 하지만 공동자원생활체계와 유사한 구상을 밝힌 바 있다. "생태적 관점의 복지국가는 재화의 성격에 따라 공유범위를 가족, 지역, 그리고 국가로 다양화한다. 모든 서비스를 국가 주도로 하향식 법률과 제도를 통해 전달하기보다는 지역 내의 역량과 자원을 통해 서로 돕고 협력하는 문화가 만들어지고 전승될 수 있도록 해야 한다(한동우, 2016: 484)."

계는 공동자원의 생산과 공동자원의 지원을 연결하며 이 과정에서 노동은 상품이 아닌 그 자체로 하나의 공동자원으로 인식되기 때문이다. 공동자원을 수단으로 공동자원을 생산하고, 생산된 공동자원을 통해 공통의 생활 안전을 보장한다는 의미에서 동료 시민 공통의 협력에 기반common을 둔 생활 안전fare체계라고 할 수 있다. 공동자원으로의 노동 전환은 그 핵심이다.

공동자원생활체계가 각 개인의 자유로운 발전이 전체의 발전 전제가 되는 구체적으로 특이한 각 개인의 발전 원리에 부합하기 위해서는 그 필요의 층위와 공동자원 생산의 위치에 따라 최소한 다음 네 범주로 구성되어야 한다. ① 공공-공동자원public-commons ② 공동체-공동자원community-commons ③ 개방-공동자원open-commons ④ 시장-공동자원market-commons이 그것이다.[153] 이 네 유형은 모두 동료 시민의 공통 필요를 충족하는 공동자원이다. 하지만 공급과 이용 방식이 다르다. 공공-공동자원이 중앙정부나 지방정부가 "시민의 기본권으로써 필요의 원칙, 즉 생활에 필수적인 재화 및 서비스에 대한 평등한 접근성"(이병천, 2017: 237)을 전제로 동료 시민의 참여노동을 통해 분배하는 자원이라면, 공동체-공동자원은 동료 시민의 자발적 결사를 통해 공통의 필요를 충족시키는 자원이다. 이에 반해 개방-공동자원은 공동체-공동자원과 같은 방식으로 생산되지만, 그 이용이 공동체를 넘어 모든 동료 시민에게 개방된 공동자원이다. 시장-공동자원은 시장

---

153 공동자원생활체계의 개념을 사용한 것은 아니지만, 이병천(2017)은 민주적 공공성의 강화라는 고민 아래 (1) 국가공공성 (2) 자치공공성을 구분하고, 공동자원을 자치공공성에 편입시킨 논의를 전개한 바 있다. 이 논의는 나의 공동자원생활체계와 매우 유사하다. 차이가 있다면 이병천은 (1) 공공성과 공동자원을 분리하며 (2) 그 둘의 공진화 경로를 찾을 것을 주문한다는 점이다.

을 매개로 작동하는 공동자원이다. 전통 공동자원과 달리 현대 공동
자원의 일부는 시장을 매개로 혹은 보다 직접 시장의 수익 창출을 위
한 공동자원의 형태로 존재하기도 한다. 이와 같은 시장-공동자원은
시장화와 연결되어 있지만, 공동자원의 유지 존속 및 확대재생산 과
정에 참여하는 동료 시민의 생계 보장 역할을 할 수 있다. 또한 이미
시장 안에 포섭된 자원을 동료 시민을 위한 공동의 자원으로 구성하
는 역할을 할 수도 있다.

[표7] 공동자원생활체계의 범주

	공공-공동자원체계	공동체-공동자원체계	개방-공동자원체계	시장-공동자원체계
차이	국가를 매개로 이루어지는 공동자원 : 공적 자원의 공동자원화	공동체를 매개로 이루어지는 비국가-비시장 공동자원	자유로운 결사를 통해 창출된 공동자원이 모든 동료 시민에게 개방되는 공동자원	시장을 매개로 이루어지는 공동자원
공통점	동료 시민의 기본적인 필요부터 문화적인 필요까지, 동료 시민들의 협력을 통해 자원을 생산하고 공동으로 이용한다.			

공공-공동자원체계

앤드루 로스는 다음과 같이 말한 바 있다. "교육, 의료, 사회기반시
설과 같은 일부 사회재들, 특히 에너지에 관한 한 공적 급여는 여전
히 매우 중요하다. 대안 경제는 틀림없이 혼합경제, 즉 공적이자 공통
적인public and commonist 경제체제일 것이다."(로스, 2014: 33) 나는 대안 경
제의 상으로 공공경제와 공통경제의 혼합을 주장하는 앤드루 로스에

동의한다. 그러나 로스가 혼합의 양식이 무엇인지 구체적으로 언급하지 않아 내용은 모호하다. 공공-공동자원 개념은 바로 그 모호성을 넘어서기 위한 것이다. 토마소 패토리(Tommaso Fattori, 2013)가 제안한 공공-공동자원은 이런 가능성을 지닌 개념 중 하나다. 패토리는 공동자원이 공공 부문을 변형하는 수단이 될 수 있다면서 두 부문의 교차를 고민했다. 공동자원 부문과 공적 부문의 교차를 이루는 방법은 크게 두 가지인데 하나는 공공 부문 자체를 공동자원으로 전환하는 것이다. 이를 공동자원으로서의 공공자원 혹은 공공서비스Public service as commons라고 부를 수 있다. 다른 하나는 공공 부문과 공동자원 부문의 협력관계를 통해 작동하는 방법Public-commons partnership이다. 그러나 공공 부문과 공동자원 부문의 협력관계가 사실상 공동자원 부문의 확대재생산을 위한 공공 부문의 지원 및 제도와 관련되기 때문에 여기서 공공-공동자원은 공동자원으로서의 공공자원이라는 의미에서 사용한다.

일반적으로 '공동자원 만들기commoning'는 공동체를 전제로 하는 개념이자 실천으로 이해된다.[154] 따라서 공동체가 아닌 공공의 자원과 공동자원화를 연결하는 공공-공동자원은 익숙하지 않을 수 있다. 그러나 기존 국가와 시장의 이분법을 넘어 전체 동료 시민에게 필요한 자원을 공급할 제3의 방법을 모색하기 위해 공공의 자원과 공동자원 만들기를 연결하는 공공-공동자원에 대한 이해를 진전하는 것이 필

---

154 공동자원체계 개념과 전략이 수평주의horizontalism로 알려진 일련의 입장과 친화적인 것은 사실이다. 그러나 수평주의만으로 자본주의의 도전과 국가의 동학을 넘어서기 어려운 것도 사실이다. 수평주의에 내재한 문제들 특히 지역주의localism로의 귀결에 대한 유의미한 비판은 Nick Srnicek과 Alex Williams(2015)의 『Inventing the Future』2장 참조.

수로 보인다. 역사적으로 볼 때 사실 공동자원체계는 공동체가 이용하거나 소유하는 자원뿐만 아니라 모든 이나 다수가 공동으로 이용하던 자원도 지칭하는 개념이었다(Euler, 2015: 4). 공공-공동자원은 후자의 차원을 회복하기 위한 시도로 볼 수도 있다. 이는 공동자원생활체계를 구축하는 데 있어 국가의 역할이 무엇인가의 질문이기도 하다. 국가의 역할을 이해할 때 우리가 제일 먼저 고려할 지점은 국가가 이미 공동자원 관리 책임을 부여받아 그 역할을 해오고 있다는 점이다. 국가는 산림이나 바다, 강과 호수, 공기 등과 같은 공동자원의 가장 중요한 관리자(Council of Europe, 2013: 181)다. 국가는 이때 공동자원을 공적자원으로 전환해 관리하는데 여기엔 이중성이 존재한다. 공적자원화는 과잉개발이나 사유화로부터 공동자원을 방어하는 데 중요하지만, 공동자원을 국가의 발전전략 안에 통합해 국가에 의한 또 다른 개발에 취약하도록 만드는 문제가 발생할 수 있기 때문이다. 공공자원의 공동자원체계화commonisation는 이의 대안이 될 수 있다.[155]

또 다른 차원은 국가를 우회하는 공동체 기반 공동자원체계 전략만으로는 전체 동료 시민의 생활 안전을 보장하는 공동자원생활체계를 구축할 수 없다는 데 있다. 공동체-공동자원은 매우 중요하지만, 불안정하다. 공동체-공동자원이 만들어지고 존속하기 위해서는 특정한 조건들이 충족되어야 하며 그 조건들이 충족되지 않을 때 잘 작동하지 않거나 와해하는 경우가 많다. 그러나 공동체-공동자원이 잘 작동하더라도 문제는 남는다. 공동체-공동자원은 공동체 외부의 동

---

155 연구자마다 단어나 용법이 달라 통일적으로 설명하기는 어렵다. 영어권에서는 'commonisation'이나 'commonalisation'을 공공조직이나 민간조직을 공동자원으로 전환하는 과정으로 쓴다. Massimo De Angelis(2017: 341) 참조.

료 시민을 배제하는 특성을 보인다. 즉 공동체 내부와 외부 사이에 격차가 존재할 수 있다. 코차밤바의 '구에라 델 아구아'(guerra del agua: 물전쟁)를 비판적으로 분석한 캐런 배커의 고민처럼 물과 같은 공동자원을 오직 공동체에만 맡길 경우 공동체의 자원과 역량 무엇보다 부의 격차에 따라 각 공동체가 누리는 자원의 양과 질에 격차가 발생할 수 있다(배커, 2016: 266). 이런 배제성은 피할 수 없는 속성이기에 전체 동료 시민의 필수적이고 기본적인 필요는 국가 차원에서 보장하는 방법이 필요하다. 보편권리에 기반을 둔 공공자원의 공급체계가 필요한 이유와 같다.[156] 또한 이때에만 공동체를 찬양하며 후퇴하려는 국가의 책임 문제를 적극적으로 고려하고 설계할 수 있다. 그러나 그 방법은 기존과 달라야 한다. 이 때문에 공공자원의 공동자원체계화를 향한 요구가 증가한다. 유럽이 빈곤, 불평등, 안전의 박탈 등과 같은 전사회적 문제의 해결책으로 공동자원에 주목하면서 이를 공공자원과 연결하려 노력하는 이유가 여기에 있다. 공공서비스의 공동자원으로의 전환을 요구한 유럽평의회의 보고서나 '인프라스트럭처 공동자원infrastructure commons' 개념을 제시한 B. M. 프리쉬만의 연구(Brett M. Frishumann, 2007), 그리고 '새로운 사회공동자원체계new social commons'라는 개념으로 모든 이에게 필수적인 자원의 대안적인 공급과 관리를 고민한 〈New Economic Foundation〉의 제안(Coote, 2017) 등이 이를 잘 보여준다.

공공-공동자원체계를 이해하기 위해서는 우선 공공자원과 공공-

---

156 물론 보편권리로 보장한다고 하여 배제의 문제가 발생하지 않는 것은 아니다. 특히 이는 국가가 제공할 수 있는 공적 자원이 부족할 때 더 분명하게 나타난다(배커, 2016: 267).

공동자원이 어떻게 다른지 파악해야 한다. 공공-공동자원은 공공자원과 마찬가지로 보편주의 원리에 따라 모든 이에게 하나의 권리로 충족되어야 하는 자원이다. 달리 말해 모든 이에게 공통으로 존재하는 필수적인 필요necessary needs를 전제한다. 이런 필수적인 필요를 충족하는 공적 공급이 존재하지 않을 때 각 개인은 자신의 책임하에 또는 시장을 통해 필요를 충족해야 한다. 그러나 시장을 통한 충족은 동료 시민의 화폐 지불 능력에 따라 불평등을 생산할 수밖에 없고 필요 충족의 개인화 역시 자원과 능력에 따른 차이를 만들기 때문에 모든 이에게 동등한 충족을 보장하지 못한다. 이 때문에 필수적인 필요는 모든 동료 시민이 동등하게 접근할 수 있도록 보편 권리의 형태로 공급되어야 한다. 공공-공동자원은 공공자원과 이 점을 공유한다. 곧 모든 동료 시민에게 동등한 접근을 보장한다. 그러나 공공-공동자원은 공공자원과는 다른 방식으로 공급과 소비를 조직한다. 공공자원은 국가가 소유하고 관리하는 자원이다. 이 구조하에서 국가는 공급하고 시민은 소비한다. 곧 [공급-소비]의 이분법이 작동한다. 그러나 공공-공동자원은 이와 다르다. 공공자원이 공공-공동자원이 되기 위해서는 이 대상을 필요로 하는 모든 이의 민주적인 통제 아래 모든 이의 공동노동으로 공급될 수 있어야 한다. 특정 지역에 거주하는 동료 시민에게는 참여적인 방식으로 재화와 서비스의 소유 및 이용과 관련된 결정, 선택, 우선순위에 대한 권한이 부여된다(council of europe, 2013: 181). 이를 전통적인 의미에서 자주관리self-management 라고 부를 수도 있지만, 공급과 소비의 분리를 넘어 참여에 기반을 둔 공급과 소비의 일치 과정을 지향한다는 점에서 공동자원체계화 commonification 과정이라고 부를 수 있다.

그러나 문제는 "현재로서는 대규모의 공동자원 기반 시설에 대해 발전된 유형론은 사실상 없다"(볼리어, 2015: 229)는 점을 인정하는 일이다. 그런데도 우리는 전통적으로 국가의 역할이나 기능으로 환원되었던 공공자원의 공급을 공공-공동자원의 대안 형태로 발전시킬 상상을 구체화해야 한다. 또 완전한 공동자원체계화가 난관에 봉착하더라도 이 과정에서 공동자원화의 요소를 단계별로 실현할 방법을 찾을 수도 있다. 곧 공공자원의 계획, 운영, 평가 단계에 부분적이면서도 점진적으로 공동자원화의 요소를 확장해 나갈 수 있다(council of europe, 2013: 181).

공공-공동자원의 구체화를 위한 첫 번째 출발점은 공공-공동자원의 범주와 목록, 즉 모든 시민이 공동으로 생산하고 공동으로 소비할 자원의 범주와 목록을 구체화하는 것이다. 이것이 중요한 이유는 공공자원의 범주를 축소하려는 경향에 대항해 이를 방어해야 하며 여기에 멈추지 않고 공통의 필요에 맞춰 이 부문을 확장해나가야 하기 때문이다. 다행히 우리가 참조할 수 있는 연구들이 발전하고 있다. 영국 UCL의 IGPinstitute for Global Prosperity의 보편적 기본 서비스Universal Basic Service가 그중 하나다. IGP는 이미 존재하는 보편적 의료, 교육, 법률 서비스를 기반으로 이를 주거shelter, 음식food, 교통transport, 정보information 분야까지 확장하고자 한다. IGP는 이러한 통합 보편적 서비스가 무료로 제공되면 모든 동료 시민에게 안전, 기회, 참여가 보장되고 지금보다 '더 큰 삶lager life'을 모두가 누릴 수 있다고 본다. 7개의 범주와 구체적인 내용을 기술하면 아래와 같다(IGP, 2017: 11).

[표8] 영국 IGP의 보편적 기본 서비스

순서	범주	내용
1	의료	영국에서 진행되고 있는 보편적 서비스.
2	교육	
3	법률 및 민주주의	
4	주거	사회주택social housing의 확장과 필요에 따른 무료 공급.
5	음식	무료급식이나 식사 배달서비스와 같은 기존 프로그램을 확장해 식량 불안정을 겪는 가계에 음식 공급.
6	교통	기존 무료승차freedom pass 제도를 모든 이에게 확장해 동료 시민들이 지역 대중교통에 자유롭게 접근하도록 허용.
7	정보	디지털 통합 향상을 위해 기본 전화, 인터넷, TV 수신료 등의 비용을 제공. 이는 민주주의의 참여를 촉진하기 위해서도 필요.

이와 유사하지만, 안드레아 푸마갈리(Andrea Fumagalli, 2015:14)는 이 7가지 범주에 '소득안정성'을 추가한다. 그 방식은 논자마다 다르다. 어떤 이는 최저소득minimum income을 주장하지만,(리빙스턴, 2018)[157] 공동자원생활체계를 주장하는 연구자나 활동가 대부분은 보편적 기본소득universal basic income 모델을 통한 소득안정을 고려한다. 물론 기본소득 주창자 안에는 과도기적 단계로서 최저소득을 주장하는 이들도 있다. 대안소득이 최저 수준인지 아니면 동료 시민으로서 기본생활을 유지하기 위한 수준인지는 중요하지만, 여기에서 더 중요한 문제는 동료 시민의 소득안정성 문제를 공동자원생활체계와 기능적으로 연결하는 것이다. 공동자원생활체계에서는 먼저 기본소득을 동료 시민의 '기여'에 대한 화폐 보상 관점에서 접근한다. 이 관점은 기본소득을 동료 시민의 모든 유형의 노동과 분리하고 오직 민주적 권리와만 연결

---

157 제임스 리빙스턴이 제안하는 프로그램은 연간 최저소득 보장 프로그램이다.

하는 일반적인 관점과 구별된다.

특히 기본소득을 '무조건성'과 강하게 연결하는 입장에서는 이를 수용하기 힘들 것이다. 일반적으로 기본소득의 무조건성은 ① 소득조건 ② 지출조건 ③ 행위조건이 없어야 한다는 의미다. 이 논의에서 중요한 것은 행위조건이다. "사람들이 특정 방식으로 행위하거나 행위하지 않을 것을 요구하는 행위조건이 없어야 한다"(스탠딩, 2018: 23)는 것인데, 행위조건이 없기 때문에 무조건적 기본소득 운동은 노동과 시민의 분리를 지향할 수 있다. 이런 구상을 가장 극적인 단어로 표현한 이들이 닉 스르니첵Nick Srnicek과 알렉스 윌리엄스Alex Williams다. 이들은 완전고용에 대한 전통적인 사회민주주의의 요구를 '완전실업'이라는 미래 지향적 요구로 전환해야 한다고 주장했다. 그들의 주장에 의하면 기본소득은 완전실업을 가능케 할 잠재력이 있다(던럽, 2016: 185).

하지만 동료 시민의 기여와 분리된 공동자원생활체계의 성립 자체가 불가능하기 때문에 공동자원생활체계와 분리된 기본소득은 공동자원생활체계 관점에서 수용하기 어렵다. 또한 공동자원생활체계가 국가나 시장 기반 생활체계를 대체할 전환 과정이 필요하다는 점을 고려할 때 더욱더 그렇다. 공동자원생활체계는 공동자원 형성 과정에 대한 동료 시민의 책임과 기여를 전제로 하기 때문이다. 기본소득은 시민의 권리로 보장받아야 하지만, 그 권리는 다른 동료 시민의 자유와 안전 보장에 대한 시민적 책무의 계약하에 이루어져야 한다. 그렇지 않을 경우 기본소득은 국가의 책임만으로 전환되고 동료 시민은 다른 동료 시민과 분리되는 동시에 국가와도 분리된다. 그러나 공동자원생활체계는 노동을 포함하지만, 노동으로 환원되지 않는 동료 시민의 '기여'를 동원한다는 점에서 노동 기반 안전 패러다임을 재생산하는 것은 아니다. 공동자원생활체계는 단지 자신의 확대재생산에 필수적인 동료 시민의 일에 새로운 기여 인정 체계의 발달을 요구하는 것이기 때문이다.

주의할 점은 이 논의가 소득안전성 혹은 대안소득 구성과 연결에 한정된 논의일 뿐 공공-공동자원체계의 전체 이용에 대한 논의는 아니라는 점이다. 다시 말해 공공-공동자원체계에 대한 '기여' 없이도 공공-공동자원체계는 모든 시민에게 자신을 개방할 수 있어야 한다. 이때 시민의 경계는 민주주의를 통해 구획되며 민주주의를 통해 확장될 수 있다. 곧 모든 시민은 자신의 구체적인 기여 없이도 공공-공동자원체계에서 안전을 보장받을 수 있으며 그에 대한 권리를 가질 수 있다. 안전은 기여에 대한 보상으로 주어지는 것이 아니라 그 '존재'만으로 보장되는 것이어야 하기 때문이다. 이는 공동자원체계commons에 내재한 도덕철학의 요소를 공공-공동자원체계가 계승한 것으로, 안전에 행위 조건을 내걸지 않는다. 이 부분이 기본소득과 공공-공동자원체계의 핵심 차이다. 기본소득은 "기저선의 소득"을 유지해 동료 시민의 안전을 보장하려 하지만, 공공-공동자원체계는 이 체계를 통해 기저선의 생활 안전을 보장하고자 한다. 소득은 바로 동료 시민의 생활 안전 보장에 기여하는 다른 동료 시민에 대한 보상으로 규정된다. 이런 논의에 기초할 때 공공-공동자원체계의 확대재생산에 대한 기여와 이용은 논리상 분리된다. 공공-공동자원체계에 대한 기여는 시민의 책무이며 그 이용은 존재의 권리다. 동료 시민의 기여 없이 존재의 안전 보장은 없다. 공공-공동자원체계는 이 기여를 인정하고 그에 보상할 수 있어야 한다.

이런 의미에서 무조건성과 강력하게 결합해 오해를 불러일으키는 기본소득 개념보다는 공동자원생활체계와 기능적으로 통합될 수 있는 시민소득citizen's income이라는 표현을 사용하는 것이 토론에 유용할지도 모른다. 이 구상을 기본적으로 공동자원 기반 시민소득이라고 볼 수 있다면, 이런 문제설정은 비록 표현이 다르더라도 현재 기본소득을 주창하는 진영 내에 이미 존재하는 논의들이다(Fumagalli, 2015). 공동자원 기반 보편적 기본 소득 이론이라고 말할 수 있는 이런 입장은 네트워크를 통해 전체 사회 구성원이 공통으로 창출하는 공동자원에 대해 기여의 보상으로 보편적 기본소득을 주창한다. "지식, 정보, 문화, 소통, 사회조직, 혁신 능력, 유연성, 심성적 잉여, 정동, 브랜드 등으로 대표되는 비물질재의 가치는 기본적으로 사회적 공통적 생산의 결과물이며, 많은 부분 네트워크 속 인구들의 자유/무료 노동에 의해 창출된 것이다."(이항우, 2016: 270)[158] 또 다른 결이 존재한다면 기본소득을 '그림자 노동'의 사회적 가치를 가장 명시적으로 인정하는 방식으로 접근하는 것이다.[159] 나는 이런 공동자원 기반 보편적 기본소득 이론에 내재한 노동에 대한 기여, 이에 대한 보상의 체계로서의 기본소득을 선호한다.

전개 논리는 다르지만, 사회배당social dividend에 기초하는 기본소득 논의의 일부를 그 안에 통합할 수 있다. 혹은 앤서니 앳킨스가 주장한 '참여소득' 관점과도 연결된다. 소득所得이 일반적으로 노동을 포함한 다양한 자산 운용으로 벌어들인 재화와 서비스를 총칭한다고 할 때,

---

158 이항우, "자유/무료 노동의 화폐적 보상: 소액결제 혹은 보편적 기본소득", [제16차 기본소득 지구네트워크 대회 자료집], 2016.

159 이상헌, "23%, 희망의 씨앗", 한겨레21, 제1116호, 2016. 6. 14.

내 관점에서 시민소득은 두 유형으로 구성될 수 있다. 시민임금과 시민배당이 그것이다. 이는 임금과 배당의 차이에 근거를 둔다. 임금賃金은 노동계약에 기초해 노동력 제공의 대가로 받는 보수를 말한다면, 배당配當은 그와 달리 일정한 기준에 따라 자신의 몫을 요구하는 것을 말한다. 임금과 배당은 시민소득과 만나 독자적이고 새로운 기여 인정 체계를 형성한다. 시민배당은 공동자원의 이용 과정에서 발생하는 수익을 동료 시민에게 배당하는 것을 말한다. 전체 사회 동료 시민의 집합적인 실천의 결과로 만들어진 공동자원을 활용해 수익이 발생하는 경우, 그 기여에 비례해 동료 시민에 대한 할당이 이루어져야 한다. 이때 기여란 반드시 그 공동자원에 대한 기능적 기여일 필요는 없으며, 때로 현재 전체 사회의 확대재생산 과정에 연계되어 있다는 사실로 인해 인정된다. 이때 특정한 집단이나 개인을 이 과정에서 배제하는 것은 불가능하기 때문에 모든 동료 시민의 동등한 기여가 인정된다. 이는 또한 전체 사회의 모든 동료 시민에게 '선물'로 주어진 사회적 상속 자원들의 분배 과정도 포함한다. 모든 세대는 앞선 세대가 형성한 다양한 자원을 공통으로 상속받으며 모든 동료 시민은 상속자의 권리를 누릴 수 있어야 한다.

시민배당의 발상은 현재도 다양하게 나오고 있다. 제주 공동자원을 연구하는 최현은 제주 공동자원 운영 수익을 활용하는 시민배당 구상을 제안한 바 있고, 유튜브나 페이스북과 같이 동료 시민의 기여로 운영되는 디지털플랫폼 수익 중 일부의 배당을 요구하는 흐름도 있다.[160] 강남훈은 이 논의를 더 확장해 인공지능 운영 수익 배당을 제안했다(강남훈, 2018: 43). 헨리 조지로부터 영향을 받아 국토보유세를 신설하고 이를 기본소득 유형으로 배당하자는 제안이 2018년 나온 바도 있다(남기업, 2018). 피터 반스Peter Barnes는 '스카이트러스트Sky Trust'라는 모델로 전체 사회 모든 구성원을 위해 만들어진 보편자산universal assets을 활용해, 이익을 얻는 이들에게 요금을 부여하고 이를 배당하자고 제안했다. 보편자산 안에는 공기, 물, 광물 등과 같은 자연자원뿐만 아니라 지적 재산권체제와 법이나 금융과 같은 하부구조도 포함된다(스탠딩, 2018: 183).

시민배당의 핵심 논리는 '사회적 상속' 패러다임이다. 사회적 상속이란 개인의 부 구성 과정이 단지 개인의 능력 결과로 환원될 수 없다는 전제 아래 친계 가족이 아닌 전체 사회의 동료 시민에게 상속하는 대안 상속 체계를 말한다. 이와 같은 공동자원의 운영 혹은 공동자원에서 나오는 수익의 배당은 공동자원생활체계의 확대재생산에 비례해 증가할 수 있다. 그러나 이런 공동자원생활체계를 확대재생산하기 위해서는 전체 사회의 구성원이라는 구조적 연계 이상의 기여가 필요하며 시민임금은 바로 이에 대한 보상이다. 공동자원생활체계를 구성하는 각 요소 및 그 관계들의 확대재생산에 기능적으로 참여하는 모든 동료 시민은 그 기여에 대한 보상을 화폐로 받을 수 있다. 이 [기여–보상] 체계는 동료 시민들의 합의에 기반을 둔 사회계약으로 구성되어야 하고, 모든 동료 시민은 이 과정에 참여할 권리를 보장받아야 하며, 동시에 다른 동료 시민의 생활과 안전을 돌볼 책무를 부여받는다. 핵심은 이 기여가 단지 자발적 기여가 아닌 이 책무의 민주적 재분배를

---

160 토지와 노동, 화폐처럼 데이터도 부의 기반이 되고 있다. 최근 데이터 형성에 대한 동료 시민의 기여를 기본소득 형태로 인정받아야 한다는 주장이 나오고 있다. 다음을 참조. 이원재, "페이스북이 기본소득을 줘야 한다고?", 한겨레21, 2017. 8. 23. URL: http://h21.hani.co.kr/arti/culture/culture_general/44070.html 검색일: 2018년 10월 18일

위한 타율적 노동의 영역을 포괄할 수 있다는 점이다. 따라서 시민임금은 자발적 활동에 대한 보상이 아니라 공동자원생활체계의 확대재생산에 필요한 다양한 유형의 시민노동에 대한 보상이라는 형태를 띤다. '임금'이라고 표현하는 이유다. 그러나 이 노동은 동료 시민의 필요충족을 위해 동료 시민에게 제안하는 연대노동의 속성을 지닌다는 점에서 기업고용이나 공적고용 둘 모두와 구별되어야 한다.

이와 같은 시민소득은 우리가 분리된 원자적 개인이 아니라 하나의 경제공동체 안에 속한 개인이라는 점을 확인시킨다. 기본소득이나 시민소득을 주장하더라도 이와 같은 대안소득체계는 노동시장에서의 최소소득과 병행되어야 한다는 주장이 많다. 대안소득이 노동시장에서의 임금을 끌어내릴 수 있다는 우려 때문이다. 곧 대안소득체계와 전통적인 최저소득은 대립이 아닌 보완하는 관계로 설정하고 접근해야 한다. 그런데 우리는 여기에 최고소득이라는 문제설정을 결합해야 한다. 최저소득이나 기본소득에 비해 최고소득maximum income에 대한 관심과 지지는 거의 없다. 허먼 데일리는 그 이유가 "총재산의 성장에 한계가 없다는 전제"(데일리, 2016: 367)에 있다고 지적했다. 우리는 소득의 한계를 지정해야 한다. 소득의 최저와 최고를 규정한다는 것은 전체 사회를 하나의 경제공동체로 확고하게 묶는 수단인 동시에, 화폐를 다른 각도로 볼 가능성을 열어준다. 이 부분에서도 이미 참조할 만한 다양한 모델이 존재한다. 기업 임원 등의 임금 적정치를 전체 사회가 정하자는 '임금상한제' 제안이 있고,[161] 노동소득을 넘어 자본소

---

161 황예랑, "화가 난다 회장님의 연봉", 한겨레21, 2014. 4. 19. URL: http://h21.hani.co.kr/arti/cover/cover_general/36806.html 검색일: 2018년 10월 18일

득에 대한 통제 논의도 있다. 특히 이런 구상이 자본주의의 교정을 위한 차원에서도 논의된다(고김주희, 2018)는 점은 함께 고민해볼 주제다.

이때 화폐는 각 개인의 능력에 대한 보상이 아니라 전체 사회에 대한 기여의 관점에서 재분배되는 것이고 이는 시장이 아닌 전체 사회 공동체의 합의와 규약에 따라 이루어지는 것이다. 곧 화폐를 공동성 안에 끌어들이는 것이고 이를 통해 우리는 화폐를 하나의 공공−공동자원으로 바라보는 대안 시스템의 토대를 구성할 수 있을지도 모른다. 공동자원생활체계를 현실화하기 위해 전체 사회가 공동으로 통제할 수 있는 또 다른 유형의 공동자원으로 화폐가 존재해야 한다. 이는 공동자원생활체계의 구체적인 필요이기도 하다. 공동자원생활체계가 확대재생산되기 위해서는 공동자원 기반 동료생산의 양식 확장에 투입될 공동자원으로서의 자본이 필요하기 때문이다. 교환가치를 목적으로 움직이는 금융과 신용체계 내에서는 이런 자본을 구축하기 어렵다. 특히 부채를 통해 작동하는 현대 금융자본주의의 방식을 고려하면 더 그렇다. 공동자원의 생산 과정에 동료 시민의 기여를 조직하기도 어려울 뿐만 아니라 이들의 생활 안전을 보장하기도 힘들다.[162] 소득안정성은 바로 이런 금융과 신용체계의 공동자원체계화라는 문제의식과 연결해 고려해야 한다. 다시 말해 화폐의 공동자원화는 공공−공동자원의 구축에서 결정적인 역할을 한다. 이런 문제의식에서 일부 집단은 화폐의 공동자원으로의 전환을 요구하고 있다(General Intellect, 2017).

---

162   이 부분에 대한 아이디어는 Fumagalli & Lucarelli(2015: 11)에서 얻었다.

그러나 이런 요소들의 배치만으로 공동자원생활체계가 구성되지는 않는다. 이런 공백을 발견할 수 있도록 돕는 논의가 최근 부상하는 도시 공동자원체계Urban commons/City commons 논의다. 도시 공동자원체계는 도시 자체를 동료 시민의 공동자원으로 전환하자는 요구를 반영한다. 이 논의 안에는 현재 수준에서 공동자원생활체계를 구상할 때 고려할 수 있는 더 포괄적인 제안들이 포함되어 있다. 무엇보다 도시 공동자원의 논의는 보편적 기본 서비스 모델 등이 배제한 차원을 다시 고려하게 한다. 보편적 기본 서비스 모델은 이런 관점에서 네 차원 중 사회적 공동자원체계social commons에 치중해 있다. 물론 정보의 차원으로 확장하고 있지만, 그것은 정보생활에 필수적인 비용의 하락 차원에서만 접근한 것이다. 이에 반해 도시 공동자원체계 연구는 자연 공동자원부터 동료 시민 간 교류와 협력의 문화 차원까지 사회적 존재로서의 인간의 자연적 필요와 문화적 필요의 층위를 공공–공동자원 범주에서 접근할 가능성을 연다. 현재까지의 논의에 기초해 우리는 공공–공동자원의 범주가 최소한 다음과 같은 기본 요소를 포함해야 한다고 생각할 수 있다.

[표9] 공공–공동자원의 범주

범주		내용
자연 공공– 공동자원	국가	국가 소유의 형태로 관리되는 공공자연의 공동자원화
	전 지구적	기후와 대기, 바다와 우주 등 현재 전 지구적 공동자원globa commons으로 분류된 공동자원의 공동자원화
	일상생활	일상생활 영역에서 자연 공공–공동자원 확대

기본 공공-공동자원	교육	각 공동자원과 그 인프라스트럭처에 대한 자유롭고 보편적인 접근 보장
	에너지	
	의료	
	법률	
	교통	
	주거	
	정보	
	음식	
	재생산	
	민주주의	공동자원생활체계를 구성하는 모든 제도는 민주주의의 원리를 통해 작동해야 하며, 동료 시민은 오직 민주적 원리를 통해서만 결합해야 한다.
문화 공공-공동자원	지식 공동자원	다양한 유형의 기술을 포함한 지식을 동료 시민과 공유하는 과정
	관계 혹은 사회성	모든 동료 시민은 더 좋은 사회관계의 구성을 위한 공동의 자원을 향유할 수 있어야 한다.
동료 시민 보상체계	시민임금	공동자원생활체계에 대한 기능적 기여로부터 받는 시민임금
	시민배당	공동자원생활체계의 운영 과정에서 발생하는 수익에 대한 배당
공동자원 화폐	공동자원생활체계의 확대재생산을 위한 자본 구성 및 전체 경제의 통제를 위한 수단으로서의 공동자원 화폐	

우리의 인식이 확장하고 필요성이 부각되면 또 다른 항목을 공동자원 목록에 포함할 수 있을지도 모른다. 그러나 보편적 기본 서비스 구상이나 도시 공동자원체계 운동의 경우 공공-공동자원의 목록을 구체화하는 데 도움을 줄 뿐, 공공자원을 공동자원체계화하기 위해 무엇을 어떻게 해야 할 것인가에 대해서는 충분한 해답을 제공하지 못한다. 이는 보편적 기본 서비스 모델이 기본적으로 공공서비스의 발전과 확장이라는 구상 아래 위치하기 때문이다. 도시 공동자원의 경

우도 이의 구체화를 위한 정책 수단의 제공 단계까지 발전하고 있지만, 이 또한 도시정부의 공공정책 차원에서 접근하는 경우가 많다. 따라서 범주를 확인하더라도 이를 공동자원체계화하는 문제는 별도로 남는다.

공동체-공동자원체계

공동자원체계는 역사적으로 다양한 유형의 공동체와 밀접하게 연결되어 있었기 때문에 현재 확인할 수 있는 구체적인 공동자원의 유형은 대부분 공동체-공동자원체계의 유형이다. 한국에서 공동자원으로 존재했거나 지금도 여전히 유지되는 산림과 바다, 목초지, 강, 못 등은 대부분 그 대상이 위치한 지역의 마을 공동체와 밀접하게 연결되어 있다. 마을 공유 산, 마을 공동어장, 마을 공동목장 등으로 존재한 것이다(윤순진, 2017: 163). 엘리너 오스트롬은 이 분야의 선구적인 연구자로 국가와 시장이 아닌 공동체가 공동자원을 전략적으로 창출하고 관리하면서 공동체의 일상생활에 필요한 생활체계를 구축해왔음을 보여주었다. 그의 연구가 주로 전통적 공동자원이라고 불리는 자연 공동자원 혹은 공동이용자원common-pool resource과 연결된 연구였다면, 현대 공동체-공동자원체계는 전통적인 공동자원의 경계를 넘어 다양한 영역에서 창출되고 있다. 다원적인 유형의 공동체-공동자원을 관통하는 핵심 요소는 공동체의 공동관리에 근거해 자원을 공동으로 생산하고 공동으로 이용하는 공동체 구성원의 조직화된 협력이다.[163]

공동체-공동자원체계와 공공-공동자원체계의 핵심 차이는 필요-충족 체계의 범위다. 공동체-공동자원은 전체 동료 시민이 아닌 일부 집단의 결사를 전제하며 해당 공동체에서 생산되거나 관리되는 자원은 일차적으로 공동체 구성원에게 귀속된다. 물론 공동체의 결정에 따라 공동체 소속과 무관하게 외부의 동료 시민에게도 해당 공동자원이 개방될 수 있지만, 기본적으로 공동체 공동자원이 모든 이의 공동자원은 아니다. 윤순진은 "대부분의 전통사회들에서는 공동자원에 대한 잠재적 이용자들의 접근을 막고 내부의 성원을 통제하는 여러 가지 공동규제장치를 발전시켰다"(윤순진, 2017: 163)라고 말했는데, 이는 현대 공동체-공동자원에서도 널리 확인된다. 이로부터 공동체-공동자원체계의 다원성과 배제성이라는 두 가지 핵심 특징이 나타난다.

공동체마다 자신의 필요를 특수한 방식으로 충족하면서 다원적인 공동자원의 유형이 등장할 수 있다. 곧 동일한 필요라고 해도 그 충족 양식은 공동체의 유형과 규모, 결속 정도 등 속성에 따라 다를 수 있다. 이런 차이에 기반을 둔 공동체-공동자원체계의 다원성은 공동자원 생태계를 확대재생산하는 데 매우 중요한 역할을 한다. 그러나 동시에 매우 어려운 문제를 발생시킨다. 그것은 바로 배제성이다. 스가 유타카菅豊는 인류학 연구에서 밝힌 공동자원체계 연구를 정리하며

---

163 모두 이 견해에 동의하는 것은 아니다. 윤순진(2017: 160)의 경우 "commons가 마을공동의 소유형태일 수도 있지만, 소유하지 않아도 공동으로 해당 자원을 사용하는 것이 보다 중요한 내용"이라고 파악했다. 공동자원과 '소유'의 관계는 논쟁적이다. 특히 이미 기존의 공동자원이 존재하는가 아니면 새롭게 공동자원을 구축해야 하는가에 따라 소유는 중요한 문제로 부상할 수도 있다. 특히 도시의 경우 이미 자산이 시장 안에 들어가 있기 때문에 이를 시민이 통제하기 위해서는 소유 문제를 해결해야 한다. 시민자산화 전략이 현대 도시에서 각광받는 이유다. 그런데도 공동자원은 소유와 분리될 수 있다. 개인소유를 공동체가 함께 활용할 수도 있기 때문이다. 특수지역권은 그런 모델이 존재했었던 흔적이다.

다음과 같이 말했다. "어떤 자원에 접근하는 집단은 참여할 수 있는 인간을 어떤 조건에 따라 한정적으로 구별한다. 조건을 만족시키지 못하는 사람들은 당연히 배제된다. 이 '배제성'은 공동자원을 유지하는 데에 있어 필수불가결의 중요한 조건이다. 다른 사람을 배제하는 능력이 공동자원의 공共적 관리의 실현 가능성을 높이는 것이다."(스가유타카, 2014: 26~27) 공동체의 구성에는 내부와 외부의 경계가 필수적이며 이런 경계의 구획 없이 공동체를 유지하는 것도, 공동자원을 재생산하는 효과적인 실천도 매우 어렵다. 이 때문에 공동체-공동자원체계에서는 배제성의 소거가 아닌 배제성을 관리하는 방식이 필요하다.

문제는 공동체-공동자원체계의 다원성으로 인해 공동체-공동자원체계 사이에 적대, 불일치, 모순 혹은 대립이 발생할 가능성이 존재한다는 점이다. 또한 공동체마다 공동자원의 양과 질이 다르기 때문에 공동체 사이의 공통의 필요 충족에 불균형 혹은 더 안 좋은 위계가 발생할 수도 있다. 또 다른 문제는 공동체-공동자원체계와 공공-공동자원체계 사이의 갈등이다. 물, 바람, 산, 강 등과 같은 자연 공동자원의 경우 특정 공동체와 밀접한 연관을 가질 수는 있지만, 기본적으로 모든 이에게 귀속된 공공-공동자원의 속성을 지닌다. 이렇게 두 속성이 중첩되는 공동자원의 경우 공동체와 전체 동료 시민의 관계를 어떻게 설정하는가는 매우 어려운 문제다. 캐런 배커는 공동체의 소유 또한 '사유화'라고 부르면서, 이 경우 자원의 공동체 독점 소유와 이용, 처분이 발생할 수 있다고 경계한 바 있다(배커, 2016: 275). 이 문제들은 모든 이의 생활 안전을 보장하기 위한 공동자원생활체계에서 매우 중요한 문제이므로 배제성과 평등성을 연결하는 공동체-

공동자원체계의 연대와 협력의 방식을 고안할 필요가 있다.

이런 우려가 있지만, 공동체-공동자원체계는 중요하다. 동료 시민의 일상생활을 위한 대안 안전체계를 제공하는 동시에 현재 직면한 다양한 위기와 도전에 대해 능동적 대안을 제공할 수 있기 때문이다. 중요한 점은 공동체-공동자원체계가 모든 문제의 해결책으로 작동할 수 없다는 현실적 조건 속에서 구성 노력을 전개해야 한다는 점이다. 공동체를 낭만적으로 묘사하면 우린 그 안에 존재하는 불평등한 권력 관계와 정의롭지 못한 자원 할당 관습을 간과할 수도 있다. 그 다원성으로 인해 모든 유형을 포착하는 것은 매우 어렵지만, 공동체가 요구하는 공통의 필요 속성에 따라 우선 ① 지역-공동자원체계 ② 문화-공동자원체계를 다루는 것은 의미 있다. 이 선택은 절대적인 것이 아니라 공동체-공동자원의 특성을 조금 더 밀착해 포착하기 위한 선택일 뿐이다. 따라서 우리는 이것과는 다른 방식으로 공동체-공동자원체계를 분류하고 필요에 따라 다른 방식으로 선택을 할 수도 있다.

[표10] 공동체-공동자원체계의 두 가지 유형

유형		내용
1	지역-공동자원체계	지역 공동체의 기본적인 필요를 충족해주는 공동자원체계
2	문화-공동자원체계	특정한 문화적 선호를 지닌 문화 공동체가 자신들의 필요를 충족하기 위해 생산하는 공동자원체계

① 지역-공동자원체계: 지역 공동체는 전통적 공동자원에서 매우 중요했다. 전통적인 공동체-공동자원체계는 대부분 지역-공동자원

체계였다. 전통적인 공동체가 소유하고 관리하는 자원 대부분이 자연자원이었고 이 자연자원을 포함하는 지역공동체가 일차적인 소유와 관리의 주체였기 때문이다. 지역공동체는 자연자원으로부터 나오는 이익을 공유하고 그것으로 기본적인 필요를 충족하는 관리 방식을 발전시켰다. 이때 산, 바다, 강, 숲과 같은 공동자원의 지리적인 경계가 전통 공동체의 형성에서 중요한 역할을 했을 뿐만 아니라 지역 공동체는 전통적인 공동자원체계의 유지와 존속에서 핵심적인 역할을 했다. 혹은 전통적 공동자원 자체가 지역 공동체 형성의 핵심 전제였다. 전통 공동자원체계와 지역공동체의 관계에서 확인할 수 있는 것처럼 공동자원의 존재는 공동체를 전제하며 공동자원은 역으로 공동체를 강화하는 필수 요소다. 지역 공동체는 전통 공동자원의 경계를 넘어 확장되는 현대 공동자원체계 패러다임에서도 결정적인 중요성을 지닌다. 지역공동체는 현대 자본주의의 확장 과정에서 파괴되고 있는 전통적인 공동자원체계를 방어하고 지역 공동체 단위의 대안 경제를 발전시키기 위한 현대 공동자원체계를 구축할 때 필수적인 요소이기 때문이다.

공동자원생활체계는 공공-공동자원체계 위에서 작동하는 공동체-공동자원체계의 분산적이고 자율적인 운영을 요구한다. 바꿔 말하면 공동자원의 지역분산체계를 요구한다. 생산과 소비의 장소가 분리된 상품공급체계와 달리 생산과 소비의 장소가 근거리 범위에 위치하는 공동자원 생산체계가 존재해야만, 우리는 기후변화와 자원부족 문제에 대응하면서 지속가능성과 회복력을 갖춘 대안생활체계를 구축할 수 있다. 지역 공동체 없이 이와 같은 분산체계를 작동시킬 수 없다는 점은 분명하다. 이런 의미에서 "분권화되고 더 자율적인 지역 공동체는 우리가 나아가야 할 전환을 위한 전략적인 자원이다. 이러한 지역공동체는 또한 그 자체로서 우리의 목표이기도 하다."(루이스&코너티, 2015: 71)

이런 지역 공동체는 '지역'이라는 특정 장소에 기반을 둔 동료 시민들의 관계와 시간의 축적으로 만들어진다. 따라서 지역공동체 구성을 위한 장소, 관계, 시간의 연결은 지역-공동자원체계의 핵심 문제다. 하지만 지역-공동자원체계는 지역 공동체를 전제하지만, 지역-공동자원의 형성 과정을 통해 지역 공동체를 만드는 과정으로 접근한다. 이 경우 대안적인 연결의 중심적인 문제는 개별소유권에 근거를 둔 소유적 개인주의를 넘어 공동자원에 기반을 둔 사회적 자유를 창안하는 일이다. 장소와 직접 연결된 지역공동체의 경우 토지의 문제는 결정적이다. 토지가 개별소유로 파편화된 상황에서 장소 기반 관계와 시간을 구축하기는 매우 어렵다. 이 때문에 토지의 공동소유 혹은 개별소유를 인정하면서도 공동이용을 위한 다양한 실험이 전개되고 있다. 이가라시 다카요시(2017)로 대표되는 일본의 현대총유론 학파나 공동체토지신탁과 같은 이른바 시민자산화 혹은 지역자산화 community asset 제도,[164] 보다 포괄적으로는 자산 기반 공동체 발전asset-based community development 전략들이 부상한 이유도 여기에 있다. 이런 실험들은 토지의 문제에 한정되지 않는다. 개별 소유를 넘는 공동소유의 실험과 다양한 자원을 공동자원화하기 위한 도전이 토지를 넘어 이동성mobility, 에너지, 돌봄, 금융 등 다양한 영역에서 전개되고 있다.

---

[164] '시민자산화'와 '지역자산화'의 구별은 명확하지 않다. 두 개념의 차이를 물으면서 지역자산화 전반을 소개한 한승욱(2016)을 참조했다.

공동체-공동자원체계는 소유와 관리 및 이용의 방식이 공동체를 전제로 이루어진다. 이 부분에서 전통적인 지역-공동자원체계와 구별되는 현대 지역-공동자원체계의 차이가 발생한다. 그것은 전통적인 지역-공동자원체계가 공동체에 대한 인신 구속, 전체 구성원의 강압과 배제를 동원할 수 있는 능력에 기초했다면, 현대 지역-공동자원은 다원적인 시민결사의 운동에 기초한다. 지역 공동체의 소유 및 관리형태가 동료 시민의 협력을 강조하며 협동조합을 원형으로 제시하는 이유도 여기에 있다(아이이치로우, 2017: 198). 물론 협동조합만이 유일한 조직 유형은 아니다. 주식회사, 공익법인, NPO 등 다양한 유형이 가능하다. 이에 따라 구속이 아니라 계약과 합의에 기초한 결사로 공동자원화를 지향하며 하나의 지역공동체에 다원적인 결사의 공동자원화가 존재할 수 있다. 이런 점에서 공공-공동자원체계와 공동체-공동자원체계의 핵심적인 차이가 나타나는데 그것은 바로 동료 시민의 참여 성격이다. 공공-공동자원체계는 참여가 시민적 의무로 부과되는 데 반해, 공동체-공동자원체계는 자유 선택의 대상으로 남아야 한다.

② 문화공동체-공동자원체계: 문화공동체-공동자원은 각 개인의 문화적인 선호가 투영된 필요-충족의 자원을 말한다. 공통의 문화적 선호를 충족하기 위해 자원을 생산하고 관리할 때 이를 문화공동체-공동자원체계라고 부를 수 있다. 그러나 문화공동체-공동자원이 언제나 비물질적인 것만은 아니며 그 안에 물질적이지만 문화적인 공동자원이 존재할 수 있다. 커뮤니티디자인community design 방식을 도입해 자신들의 고유한 문화적 필요에 부응하는 형태로 자원을 디자인하거나 공공-공동자원으로 충족되지 않는 문화적 필요를 충족하기 위해

문화공동체를 구성하고, 이를 통해 자신들의 선호가 투사된 자원을 생산할 수 있다.

지역 공동체가 지역 공동자원을 다룬다면 문화 공동체는 문화 공동자원체계cultural commons와 관계한다. 문화공동체나 문화 공동자원을 지칭할 때 결합하는 '문화'란 여기서 전문성을 포함하지만, 전문성으로 환원해 정의되지 않는다. 문화란 모든 이가 누리는 삶의 방식과 연결된 개념이며, 그런 의미에서 사회적 존재로서의 인간의 기본적 필요 충족을 넘어 삶의 방식을 창안하려는 공통의 실천이 존재할 때 이를 문화 공동자원체계의 형성이라고 말할 수 있다.

개방-공동자원체계

개방-공동자원체계는 공동체에 의해 창출되지만, 그 자원에 대한 모든 시민의 동등한 접근이 보장되는 유형이다. 공동체에 배타적으로 소유되지 않는다는 점에서 공동체-공동자원체계와 다르며 공동체에 의해 창출된다는 점에서 공공-공동자원체계와도 다르다. 이때의 공동체는 특정 정체성과 연결되지 않은 모두에게 개방된 공동체의 속성을 띤다. 그러나 관리의 형태는 다양할 수 있는데 그 방식은 공동체 내부의 합의와 규약을 따른다. 개방-공동자원 공동체의 대표적인 예는 오픈소프트웨어 공동체open software community다. 자유로운 결사로 구성된 공동체가 모든 동료 시민에게 개방된 오픈소프트웨어를 생산한다. 배제의 경계가 없다는 점에 개방-공동자원의 핵심 속성이 있고 이 때문에 주로 '희소성' 원리를 넘어선 비물질 영역 혹은 디지털 영역에서 발생하고 확산하는 특성을 보인다. 희소성의 원리에 의해 제약되지 않는다는 것은 자원이 부족하지 않다는 것이다. 그리고 바로 이 때문에 전통적인 경제학과는 다른 방식으로 작동하는 '경제'의 속성을 보여준다.

핵심은 디지털 개방—공동자원이 자본주의 시장경제와는 다른 방식으로 우리의 필요를 충족해준다는 점에 있다. 디지털 개방—공동자원은 디지털네트워크로 연결된 동료 시민의 관심, 공통의견, 평판, 유행, 지식, 정보 등의 협력으로 만들어진다. 그리고 만들어진 디지털 개방—공동자원은 참여, 협력, 공유라는 동료생산peer production 원리에 따라 동료 시민 전체에게 개방된다(이항우, 2017: 12). 곧 모든 동료 시민은 자유롭게 개방—공동자원을 이용한다. 단지 리믹스remix의 방법을 통해 개방—공동자원의 확대재생산 과정에 참여할 수 있다. 이 과정에서 비록 비물질 영역이지만, 동료 시민 전체를 위한 공동의 부가 축적된다. 바로 이러한 대안적인 축적의 원리로 인해 개방—공동자원은 자본주의 시장경제에 대항해 일상생활 조직 방식을 바꿀 대안적인 공동자원으로 관심을 받고 있다.

이와 같은 디지털 개방—공동자원은 사물의 디지털화에 따른 디지털 자원과 물질적 자원과의 결합 가속화, 정보통신기술의 발전에 따른 분산 자율 체계의 가능성으로 이전과 다른 단계로 진입할 가능성을 보인다(Gorbis, 2017: 6~7). 그 핵심은 비트의 세계에서 원자 세계로의 진입이라 할 개방—공동자원의 물질화이다. 그 중심에 3D프린팅으로 대표되는 디지털 제작기술의 진화가 있다. 참여, 협력, 공유를 기반으로 하는 해커운동은 오픈소프트웨어 단계를 넘어 오픈하드웨어 단계로 나아가고 있다. 디지털 코드digital code만이 아닌 사물의 제작 설계를 해킹할 수 있게 되면서 개방—공동자원을 통해 다양한 사물을 동료 시민들이 자유롭게 제작할 수 있다. 개방-공동자원의 물질화가 보여주는 가장 주목할 만한 특징은 분산적이고 협력적이며 수평적인 규모로 작동하는 제작 공동체의 등장 가능성이다. 제작 공동체는 노동 내부로 통합되거나 혹은 그 외부로 추방되어 소멸했던 제작製作 일을 통해 동료 시민 일상생활의 물적 기반을 협력적으로 구축하는 데 중심적인 역할을 할 수 있다. 새로운 사물의 제작도 중요하지만, 이때 중요한 것은 사물의 수리와 변형이다. 사물과 동료 시민이 오랫동안 머무는 과정을 만들면서 자원 소비를 축소하고 절제의 대안생활을 유도하기 때문이다. 이 단계에서 축적된 지식과 정보는 그 자체로 또 하나의 개방-공동자원이 된다.

물론 개방-공동자원이 모두 디지털 개방-공동자원으로 환원되는 것은 아니다. 개방-공동자원의 정의를 따르는 다른 유형의 물질 공동자원도 존재할 수 있다. 동료 시민 전체에 개방된 '공동체 공구도서관'과 같은 도시 개방-공동자원이 대표적이다. 지역공동체가 함께 만들고 모든 동료 시민에게 개방되기 때문이다. 개방-공동자원체계는 이와 같은 방식으로 동료 시민의 보편자산을 만들어나갈 수 있다.

시장-공동자원체계

공동자원체계가 전통적인 국가와 시장 외부에서 인간의 필요를 충족할 제3의 방식의 가능성을 보여주는 개념이기는 하지만, 공동자원체계가 작동하는 맥락은 국가와 시장과 연결되어 있다. 따라서 공공-공동자원체계에서 공공자원의 공동자원체계화 차원이 필요한 것처럼 공동자원과 시장의 결합 관계에 개입할 차원 또한 필수적이다. 현실 공동자원체계의 경우 "시장을 위한 공동자원commons for market"(Federici, 2013)으로 존재하고, 시장과 결합되지 않을 경우 공동자원 생산에 참여하는 이들의 생활 안전을 보장할 다른 효과적인 방법이 없는 경우가 많기 때문이다. 맛떼오 파스퀴넬리는 『동물혼』에서 정보의 자유로운 공유를 찬양하는 자유문화운동주의를 비판하며 다음과 같이 말했다. "이러한 설명과 달리 임시직 노동자, 프리랜서, 활동가들의 노동 조건을 고찰해보면, 경쟁과 사회적 고통이 정보 생산 전반에 얼마나 확대되어 있는지를 알 수 있다."(파스퀴넬리, 2013: 89~90) 따라서 공동자원과 시장을 대립시키면서 시장과 공동자원을 분리시키는 데만 관심을 가지면 현실적으로 존재하는 공동자원의 존재를 부정하게 되거나 혹은 그 과정에 참여하는 동료 시민의 생활 안전 문제는 완전하게 자본주의 노동시장으로 떠넘기게 될 수 있다.

시장-공동자원체계는 바로 이 문제를 해결하는 데 기여하는 공동자원체계 유형이다. 디지털 개방-공동자원의 경우 현재까지 동료 시민의 자율적 조직화로 만들어지고 있지만, 이 과정이 전체 사회를 바꾸고 그 과정에 기여하는 이들의 생활 안전을 책임지기 위해서는 시장에 개입할 특별한 유형의 공동자원이 필요하다. 그 유형이란 비대칭적으로 시장에서 유통되어 상품화되는 공동자원이다. 공동자원 생산 활동에 참여하는 동료 시민에겐 공동자원으로 제공되지만, 상품 생산 활동에 참여하는 동료 시민에겐 상품으로 제공되는 상업적 이용의 제한이 시장-공동자원에 부과된다. 이러한 발상은 드미트리 클라이너의 『텔레코뮤니스트 선언』(2014)에서 제안되었다. 상업적 이용을 공동자원의 축적에 이용하자는 그의 제안은 비록 현실 적용에 많은 제약이 따를 수 있지만, 함께 고민하고 발전시켜야 할 문제와 대면하고 있음은 분명하다.

  만약 이와 같은 대안이 작동할 수 있다면 시장–공동자원체계는 시장 안에서 시장에 대항해 시장을 변형시키는 공동자원의 축적 메커니즘을 발전시킬 수 있게 된다. 그 핵심은 공동자원 기반 동료생산의 양식이 자본주의 시장경제 안에 포섭되기보다는 자본주의 시장경제를 변형할 가능성을 갖게 된다는 점이다. 이는 특히 공동자원을 자본주의 시장경제 내로 통합해 이를 통해 이윤을 확보하는 자본의 메커니즘이 확장되고 있다는 점에서 특히 중요하다. 인지자본주의 혹은 정동자본주의를 주창하는 이들은 이 과정을 자본의 공동자원에 대한 지대 착취 과정이라고 설명하기도 한다. 바로 이 점에서 자본을 위한 공동자원이 아닌, 자본에 대항하는 공동자원 축적을 위한 시장 내부로의 개입이라는 문제설정은 우리에게 중대한 도전 과제다.

· · ·

  공동자원생활체계는 공동자원체계의 원리를 매개로 국가, 시장, 시민사회, 공동체를 연결해 각 영역이 동료 시민의 생활 안전이라는 공동의 목표를 달성하기 위한 상호 보완 역할을 하도록 요구한다. 그리고 바로 이런 특성 때문에 공동자원생활체계는 국가나 시장이라는 단일 기제 혹은 이중 기제로 생활 안전을 보장하는 체제보다 더 지속적이고 회복탄력성이 있는 생활 안전체계 구축 가능성을 지닌다. 국가 중심의 중앙집중적 인프라스트럭처가 외부 충격에 취약하기 때문에 이를 회복 가능한 분산체계로 재조직화해야 한다는 주장에 근거할 때 공동자원생활체계는 분산적이고 중첩적인 공동자원들의 체계를 통해 이 요구를 충족할 수 있기 때문이다. 그러나 이런 가능성이 공동자원이 국가나 시장보다 언제나 효율적이고 지속가능하며 동시에 회복가능하다는 것은 아니다. 다만 국가나 시장만이 이 기능을 수행할 수 있는 것은 아니며, 국가나 시장과는 다른 부분에서 가능성을 현실화시킬 수 있다는 것이다. 이를 위해선 공동자원생활체계를 구성하는 공동자원이 다음과 같은 원리를 통해 구성되어야 한다(P.M, 2014: 10~12).

[표11] 공동자원생활체계를 구성하는 공동자원의 원리

투명성Transparency	참여자들은 그들이 무엇을 하는지 서로 알고 있으며 상황에 맞게 반응하고 즉각적으로 협력할 수 있다. 비밀위원회나 회의실 정치 등의 여지는 없어야 한다.
의사소통 Communication	참여자들은 이를테면 온라인 등으로, 그리고 가능하면 개인적인 차원에서 효과적이고 포괄적인 의사소통을 할 준비가 되어 있어야 한다.
협력Cooperation	참여자들은 전체의 역량과 재능을 공동 이용해 이득을 얻는다. 협력을 통해 얻어지는 전체 이득은 개인적인 기여의 단순한 총합보다 더 크다.
민주주의Democracy	참여자들은 동등한 권리에 근거해 집합적인 이득을 위한 시스템을 창안해야 한다. 민주주의는 공감과 책임감을 창출한다.
모듈방식Modularity	회복 가능한 시스템은 서로를 지지할 수 있는 잘 정의된 상호 교환 가능 모듈로 구성된다. 중복성은 모듈성으로 향상된다.
디커플링 역량 Decoupling capacity	모듈은 특정 기간 자기 자신의 힘으로 생존할 수 있어야 한다. 결함은 전체 시스템을 위험에 빠뜨리지 않고도 수정될 수 있어야 한다.
탈집중화 Decentralization	디커플링은 탈집중화를 전제한다. 특정하게 정의된 맥락을 지닌 지역자립은 민주주의를 보다 관리하기 쉽게 만든다.
재지역화 Relocalization	다기능적 지역시스템은 지역의 필요에 부응해야 한다. 모듈은 서로를 지지할 수 있도록 또한 지역적/시간적 시너지를 창출할 수 있도록 근접해야 한다. 교통은 에너지를 소비하기 때문에 최소화되어야 한다. 연료도 그렇다.

생태학적 디자인 Eclogical Design	지속가능한 시스템은 새로운 생태학적 디자인으로만 작동할 수 있다. 계획적 진부화 대신 생태학적 공학은 그 토대로 견고성, 수리가능성, 재사용성, 결합 가능성 등을 보유하고 있어야 한다.
적정규모Adapted size	크기는 기능에 맞추어져야 한다. 큰 것이 언제나 가장 효과적인 것은 아니다. 또한 작은 것이 언제나 효과적인 것도 아니다.
인지적 다양성 Cognitive diversity	방법, 사고방식 그리고 문화의 다양성이 필요하다. 다양성은 그 자체로 안정적인 시스템의 중요한 특징이다. 현재의 편집광 시스템은 상대적으로 독립적인 시스템의 다양성으로 교체되어야 한다.
누진적인 기여Graduated commitments	다양한 강도를 지닌 헌신으로 회복 가능한 조직은 구성된다. 회복 가능한 조직은 다양한 참여집단들의 원으로 구성되는데, 그 가운데에는 매우 높은 정도로 헌신하고 있는 핵심 집단이 존재한다. 모두가 모든 것을 해야 하는 것은 아니다. 노동 분업은 좋은 것이 될 수 있다.
소속Belonging	하나의 공동체에 속해 있다는 느낌은 회복성을 향상시킨다. 소속감은 건강과 행복을 강화한다.

다원적이고 중첩적인 공동자원들의 체계로 공동자원생활체계가 구성된다는 것은 공동자원생활체계가 필연적으로 어떤 유형의 공동자원 거버넌스commons governance를 요구한다는 것을 의미한다. S. Helfrich와 D. Bolier는 이를 가리키기 위해 'Commonance'라는 별도의 용어를 창안했다.[165] 이 공동자원 거버넌스 제도는 스가 유타카가 말하는 공동자원의 단위연계cross-scale institutional linkage 문제를 다룰 수 있어야 한다. 단위연계의 문제란 공동자원이 수평적, 수직적으로 다른 수준과 규모의 공동자원 혹은 이를 뒷받침하는 제도와 연계해 작동해야 한

---

165 "the governance of commons"를 의미하는 이 용어는 지금 우리가 알고 있는 거버넌스와는 다른 거버넌스를 함축한다고 말한다. 그러나 그 구체적인 내용은 아직 없고, 단지 추상적 원칙의 나열 수준이다. 이 용어는 두 사람이 함께 쓴 독일어 글에서 제안되었으나, 나는 그 글을 직접 보지는 못했다. 원문은 다음과 같다. S. Helfrich&D. Bollier, 2014, "Commons als transformative Kraft", Commons: Für eine neue Politik Jenseits von Markt und Stadt, eds S. Hilfrich & Heinrich-Böll-Stiftung, transcript-verlang: Bielefeld, Germany, pp.15-23. 내가 이 개념을 발견한 논문은 Birger Steen Nielsen and Kurt Aagaard Nielsen(2016)이다.

다는 문제를 말한다. 수평적 연계는 "지리적으로 떨어진 공간의 상호 관계"를 말하고 수직적 연계는 "공동체와 지방정부, 국가, 국제사회와 같이 제도적 규칙을 만들어내는 주체 간의 연관"을 말한다(스가, 2014: 28). 홍덕화도 한살림서울의 돌봄사업을 중심으로 공동자원의 단위 연계 문제를 제기한 적이 있다(홍덕화, 2018: 254). 그의 분석처럼 공동 자원의 제도화 과정은 국가와 지역, 마을 혹은 공동체와의 관계 설정 문제를 지속해서 제기한다. 이는 다시 공동자원의 연계가 민주주의 의 문제임을 말한다. 바꿔 말하면 우리가 민주주의 모델을 발전시키 는 정도에 따라 이 문제의 해결양식은 달라질 것이다. 그러나 현재까 지 우리가 구축한 지식은 이 문제에 대한 일반적인 디자인 원리를 제 공하지 못하는 것이 사실이다.

현재 나와 있는 발상의 하나는 분산되고 중첩된 공공-공동자원 의 체계를 종합하기 위한 이른바 '공동자원회의소the chamber of commons' 와 같은 대안적 중앙조절기구를 만들자는 제안이다(Ronfeldt, 2012; 2016). 공동자원회의소는 상공회의소 모델을 공동자원과 연결한 모델 이다. 공동자원회의소는 데이비드 론펠트David Ronfeldt가 2012년 자신의 블로그에 처음 제안한 것으로 알려져 있다. 론펠트는 공동자원체계 를 보장assurance이라는 관점에서 접근하면서 보장 공동자원체계assurance commons라는 고유의 관점을 제시한다. 그의 이런 관점은 공동자원체계 가 단지 자원의 한 유형이 아니라 공동자원 운동 내에서 점점 더 권리 와 책임, 그리고 호응성accountability과 연결된 개념으로 발전하는 것에 대한 대응으로 보인다. 그의 '보장 공동자원체계'란 동료 시민의 생활 안전을 '보장'하는 데 필요한 자원이자 그 자원과 연계된 실천을 가리 키는 개념으로써 현대 공동자원 패러다임이 공동자원을 활용하는 방식을 보다 분명하게 보여준다. 그의 또 다른 기여는 공동자원체계 패러다임이 전통적인 국가와 시장의 이분법을 넘어서는 면을 강조하며, 독자 영역으로 공동자원체계를 분리하는 경향을 일정하게 제약하고 현대사회의 복잡성 안에서 공동자원이 작동하기 위해서는 국가와 시장 그리고 시민사회라는 모든 영역이 상호 교차하는 과정 안에서 발전시켜야 한다고 본 것이다(Ronfeldt, 2012).

이는 자연스럽게 거버넌스의 문제를 제기한다. 론펠트는 기존과 다른 방식으로 작동하면서 보장 공동자원체계의 발전에 기여할 거버넌스 모델을 제안한다. 지역, 지방 그리고 국가 수준에서 작동하는 공동자원회의소 모델이 그것이다. 공동자원회의소는 "공동자원의 평가와 공동자원을 위한 로비, 공동자원 부문의 형성을 위한 지원 및 감독과 통제의 문제, 그리고 이해 관련 당사자들의 연결"(Ronfeldt, 2012) 역할을 한다. 이런 공동자원회의소는 상공회의소와 경합관계를 구성하면서 미국 경제를 개혁해 균형 잡힌 경제로 되돌아가는 역할을 한다. 이 공동자원회의소는 공동자원을 지향하는 비영리단체부터 영리기업까지 모두 포괄할 수 있다는 특징이 있다. 이 구상은 이후 거버넌스 혹은 공동자원 부분의 발전을 위한 인프라스트럭처나 동맹을 강화해야 할 필요성에 직면한 공동자원 운동 전략가들에게 많은 관심을 받았다. 특히 회원권membership 경계와 같은 문제가 발생할 수 있다는 지적이 있었지만, 그 한계를 넘어 공동자원회의소라는 구상은 현실과 전략을 연결할 실제적인 발상으로 환영받았다.

이와 유사한 제안으로 공동자원 어셈블리commons assembly가 있다(Bauwens, 2017). 마이클 바웬즈Michael Bauwens가 제안한 공동자원 어셈블리는 공동자원 창출에 관여하는 모든 이가 모이는 제도다. 두 제안은 이름은 다르지만, 기본적으로 공동자원에 대한 권리를 갖는 다양한 집단이 모여 권리와 권리 사이의 갈등과 타협을 중재한다는 점에서 공통적이다. 그러나 차이도 있다. 공동자원회의소는 영리조직도 포함하지만, 바웬즈는 공동자원 어셈블리를 공동자원을 지향하는 시민조직과 비영리조직에게만 개방하고자 한다. 그리고 공동자원 어셈블리는 무엇보다 지역 차원에서 사고된다. 바웬즈는 협력자국가partner state라는 국가 구상을 이미 갖고 있기 때문에 지역 수준에서의 공동자원 어셈블리와 협력자국가의 상호 관계 속에서 공동자원 부문의 확대재생산 전략의 강화를 고민하는 것으로 보인다.

다시 스가 유타카의 공동자원체계 단위 연계 문제로 돌아가 공동자원회의소와 공동자원 어셈블리라는 두 유형의 전략을 검토할 필요가 있다. 스가 유타카는 수평적 분산과 수직적 위계라는 두 차원에서 공동자원의 연계 문제를 고려할 것을 요청했다. 이는 분산되고 중첩된 공동자원체계의 거버넌스 구조와 그 제도 모델을 고안할 때 여전히 의미 있는 출발점을 제공한다. 공동자원회의소와 공동자원 어셈블리는 제도 구성에서 일정한 차이를 보이지만, 두 제도는 팻 디바인Pat Devine이 말하는 "협상을 통한 조정negotiated coordination" 개념을 따라 운영되는 특징을 보인다(Devine, 2002). 이 부분은 중요하다. 공동자원체계와 연계된 집단과 개인이 지역, 지방, 국가 혹은 더 상위의 수준에서 협상 과정에 동등하게 접근할 수 있어야 하고, 이 과정으로 산출된 의사결정을 통해 공동자원 간 그리고 공동자원과 연계된 문제들에 대한 공동조정이 이루어져야 함을 의미하기 때문이다. 이 단순해 보이는 개념이 공동자원 거버넌스의 핵심 구조이며 일상생활 보장을 위한 공동자원생활체계를 동료 시민들의 민주적인 의사결정을 통해 충족하는 데 필요한 중심 개념이다.

그러나 공동자원회의소와 공동자원 어셈블리는 단지 공동자원체계 부문의 확대재생산을 지원하기 위한 제도로서 고안되었을 뿐, 공동자원생활체계의 구성을 위한 동료 시민의 민주적 의사결정을 위한 제도로 고안된 것은 아니다. 모든 동료 시민이 공동자원체계의 생산자로서 자신의 생활체계에 대한 의사결정을 직접 혹은 간접적으로 할 수 있어야 한다는 점을 고려할 때, 문제의 핵심은 공동자원 거버넌스를 공동자원생활체계의 관점에서 민주적 계획 단위로 접근해야 한다는 점이다. 나는 이런 관점을 보다 분명하게 표현하기 위해 협상을 통한 조정에 기반을 둔 참여계획의 단위로서 '공동자원생활체계를 위한 참여계획의회'를 사유실험 모델로 제안한다. 이는 국가, 지방, 지역 단위에서 국가, 시민사회, 시장 영역의 대표들로 구성된 의회assembly로 전체 사회의 필요 충족 우선순위와 그에 따른 투자 및 동료 시민의 참여 과정 일반을 공동 디자인한다. 물론 여기에 노동 영역의 대표들이 포함되지만, 단지 조직노동이 아니라 다양한 유형의 노동과 일 부문이 포괄된다. 또한 이 영역에서 공동자원과 상품, 공공자원 간의 관계와 그 균형 지점에 대한 타협이 이루어진다. 이 단위와 함께 공동자원의 확대재생산을 위한 공동자원 어셈블리와 공동자원회의소가 운영된다. 국가와 지방 단위에서는 대표를 통한 간접 결정의 방식이, 지역단위에서는 각 개인의 삶의 주기를 고려한 직접 결정의 방식이 우선성을 인정받는다. 지역 단위에서 각 개인은 모든 결정에 참여해야 하는 것이 아니라 주어진 특정 시간 내에서 ① 공동자원생활체계 참여계획의회 ② 공동자원 어셈블리 ③ 공동자원회의소에 때로는 대표로 때로는 직접 의사결정자로 그리고 협상자로 역할을 변경해가며 참여할 수 있고, 참여할 시민의무를 부과받는다. 이 부분이 공동자원생활체계를 '시민노동'의 중요한 구성 부문을 이룬다. 그리고 바로 이것이 자유민주주의의 전제인 "노동하는 시민"과 다른 각도에서 동료 시민의 노동과 생활 안전을 연결하는 공동자원생활체계의 핵심 요소다.

9장

'좋은 시간'을 위한 일의 재구성:
공동자원체계로서의 '일'의 네 범주

　지난 20년간 국내외 노동환경은 급속하게 전환되었다. 그러나 현재 더 큰 변화가 예고되거나 이미 진행 중이다. 노동사회의 위기를 가져온 근본 동력이 고용과 노동의 분리였다면, 현재 변화는 이를 더욱 가속하면서 임금노동의 축소뿐만 아니라 노동사회의 표준 임금노동과 결을 달리하는 새로운 유형의 노동 영역을 확장하는 방향으로 진행되고 있다. 이 새로운 유형의 노동은 나쁜 노동사회와 결합해 더욱 힘든 노동 생활을 창출하기도 하지만, 노동사회 이후의 노동 가능성을 보여준다는 점에서 양면적이다. 나쁜 노동사회의 가속화인가 아니면 노동사회-이후의 노동과 일로의 전환인가? 현재 국면에 대한 이해는 과학기술 발전에 대한 일정한 판단을 전제한다. 그러나 많은 이들이 지적하는 것처럼 노동사회의 후속체제를 둘러싼 이 경합공간은 단지 과학기술적 요인으로만 결정되는 것은 아니다. 과학기술적 요인을 배제할 수도 없지만, 이 과정 자체가 하나의 정치 과정일 수밖에 없다는 점을 인식해야 한다. 곧 민주주의 정치의 개입과 그 결과에 따라 우리는 다른 노동질서에 직면할 것이다. 그런 점에서 현재 예고되거나 진행 중으로 알려진 과학기술의 변화와 그에 의해 촉발되는 노동사회

후속체제를 둘러싼 경합 국면은 다시 우리에게 민주주의란 무엇인가를 질문하는 것처럼 보인다.[166]

임금노동이 자동화되고 인공지능과 로봇 기술의 발전하며 과거와는 비교할 수 없는 수준에서 노동을 대체할 가능성에 관해 연구와 예측이 계속 보고된다. 물론 인공지능과 로봇 기술이 발전해도 이를 상쇄할 고용 창출이 가능하다는 입장은 여전히 존재한다. 한 예로 미국 여론조사업체인 퓨리서치Pew Research는 2014년 과학자, 개발자, 기업 임원 등 각계 전문가에게 "자동화되고 상호 연결된 인공지능과 로봇 장치가 지금부터 2025년까지 창출할 일자리보다 이 때문에 사라지는 일자리가 더 많을 것인가?"라고 물었다. 그 결과 사라지는 일자리가 더 많을 것이라는 입장이 48%, 그렇지 않을 것이라는 의견이 52%였다. 어느 한쪽이 특히 우세하지 않았다.[167] 하지만 임금노동의 자동화 속도, 규모, 강도가 질적으로 다른 형태로 진화하고 있다는 점 자체를 부정하는 이는 많지 않다.

또한 기본적으로 시민의 자유와 노동의 종속이라는 분할에 기초해 형성되었던 노동사회의 '종속노동'과 달리, '자유노동'의 속성을 지닌 노동 유형들이 점점 확장되고 있다. 자유노동은 기업 안에서 이루어지는 노동이 아니라 개별 시민의 일상생활 안에서 각자의 자유로운 의지에 따라 이루어지는 노동이다. 과거에는 노동으로 분류되지 않았

---

166 이런 관점에서 볼 때 4차 산업혁명을 구성하는 과학기술들이 동료 시민의 사유 능력 퇴화와 통제사회의 가능성을 강화할 수 있다는 이충한(2018)의 비판에 주목할 필요가 있다. 나의 초점은 노동사회이지만, 현재 과학기술의 발전이 시민사회에 어떤 영향을 미치는가도 중요하기 때문이다.

167 이 내용은 국내외의 다양한 뉴스에서 확인할 수 있다. 한겨레신문 선임기자인 곽노필의 블로그, 베르나르 스티글레르와 아리엘 키루(2018: 10)에서 정보를 얻었다.

던 일과 활동이 노동의 속성을 공유하는 방향으로 진화하고 있으며 그에 포함된 동료 시민의 자유가 자본주의 생산성 향상의 핵심 동력으로 인정받고 있다. 이런 부분은 특히 종속노동과 자유노동 모두의 속성이 중첩된 '자율노동' 영역을 일부 기업이 자기 내부에 창출하는 과정에서 더욱 분명하게 나타난다. 따라서 [시민의 자유-노동의 종속]이라는 분할은 점점 더 현실과 멀어졌고, 종속성을 전제로 구축된 노동사회의 자유는 현재 전개되는 동료 시민의 노동을 방어하는 데 더 많은 한계를 갖게 되었다.

자율노동

이제 혁신은 임금노동으로부터가 아니라 외부 다양한 활동과의 결합에서 창출된다. 혁신 생산 과정의 변화는 기업 외부 소비자들과의 관계를 변형시켰지만, 동시에 기업 내부 노동 유형도 변화시키게 되었다. 이 노동 유형의 흥미로운 점은 "일과 놀이로 구분하기 힘든 하나의 변화"(던컨, 2005: 487)에 기반을 둔다는 점이다. 영국의 자동차 보험 회사인 애드미럴Admiral은 전문 정규직원으로 구성된 오락부Ministry of Fun를 두고 있다. 이 부서는 오직 동료 직원들을 재미있게 만들 이벤트를 연구 실행한다(이상헌, 2015: 26). 이런 사례는 아주 예외적으로 보일 수도 있지만, 노동자들이 노동 현장을 좋아할 수 있게 만들려는 노력은 이전부터 있었다. 단지 이제 '놀이'가 예외적인 사건이 아닌 노동 과정의 대안적 조직을 위한 원리로 내부화한 것이다. 애드미럴의 사례는 이의 상징일지도 모른다.

이런 흐름은 혁신의 필수 요소로 창의성이 강조되면서 발생했다.

불확실한 상황에서 문제를 해결하고 지속해서 혁신할 수 있는 창의성이 다른 기업과의 경쟁에서 승리할 필수 요소로 수용된 것이다. 동시에 탈물질화된 지식, 정보, 코드, 디자인, 상징 등의 요소가 상품화 과정의 중심에 부상하면서 기업 경쟁력과 상품 경쟁력을 강화할 수 있는 능력인 '창의성' 강화가 경영전략의 핵심이 되었다. 이런 요구는 두 가지 경향을 발생시켰다. 하나는 창의성 보유를 인재 선발의 새로운 기준으로 제시하는 것이었고, 다른 하나는 기업의 조직원들이 그런 창의성을 발휘할 수 있는 조건을 구축하는 것이었다. 기업 조직문화의 성격에 따라 선발과 문화 양자 중 강조하는 지점은 달라진다. 예를 들어 한국 기업은 창의성을 직원 선발의 중요한 요소로 고려하지만, 창의성의 실현 조건인 조직문화 개선은 언제나 부차적으로 다루었다. 왜냐하면, 위계에 적응하면서 "튀지 않고 일하는 것"을 요구하는 "회사인간"의 재생산이 한국 기업 문화의 핵심이었기 때문이다(국미애, 2018: 215). 그러나 이런 차이에도 불구하고 창의성의 강조는 이를 실현할 수 있는 끊임없는 조직혁신 요구로 이어지고 있다. 그 결과 기존의 표준 임금 노동 모델과는 매우 다른 노동 유형을 만들어내고 있다.

가장 혁신적이고 미래지향적인 기업으로 꼽히는 구글Google의 노동양식은 이런 변화를 대표한다. 구글은 창의적인 인재를 선발하고, 선발된 인재들이 창의성을 발전시키도록 노동양식을 변화시켰다. 그런 양식 중 하나가 구성원 각자 자신의 자유에 기반을 두고 노동하는 양식이다. 일부 연구자는 구글의 혁신이 바로 자유시간과 노동의 결합에서 가능했다고 지적한다. "구글의 갖가지 혁신적인 아이디어는 구글 직원들이 근무 중 20%를 자신이 하고 싶은 일을 할 수 있는 자유시간을 얻는 데서 나온다(박영선, 2015: 234)"는 것이다. 로베르토 웅거는 구글과 같은 기업을 현대 생산의 전위라고 불렀다. 그에 의하면 노동과 자유가 융합되는 이런 현상은 실험주의적 이상이 작업방식으로 변모하는 과정에서 나온 것이다. 생산과 학습의 거리를 줄이고 지속적인 학습을 통해 문제를 해결해나가기 위해서는 실험주의에 기반을 둔 작업방식이 필요하기 때문이다(웅거, 2017: 59~61). 이런 이념이 미국 실리콘밸리에 퍼졌으므로 누군가는 이를 '캘리포니아식 이념'이라고 불렀다(데이비드 프레인, 2017: 81).

이런 유형은 국내 기업들에서도 발견된다. 삼성증권은 대리급 이하 직원들이 자유롭게 주제를 정해 연구하면서 대안 제도를 제안할 수 있는 '창의적 그룹creative group'을 운영했다. SK텔레콤에서는 '해피트라이happy try' 제도를 운용했는데 이는 노동시간의 10% 정도를 새로운 실험에 할애하되, 그 결과에 책임을 묻지 않는 제도다. 그리고 일정 단계 이상으로 실험이 발전하면 회사 차원에서 그에 대응한다. 포스코는 직원들의 지적 욕구와 능력 개발을 돕기 위해 '포레카POREKA'라고 불리는 놀이공간 겸 혁신공간을 만들었다. 삼성전자의 경우 수원사업장을 마치 대학캠퍼스처럼 꾸미는 변화를 주기도 했고, 홍보대행사 프레인은 직장 내에 당구장, 노래방, 침실 등을 배치해 여가활동과 노동활동을 적극적으로 융합하는 전략을 폈다.[168]

다만 이는 일부 기업에서 확인되는 예들이다. 대형마트 계산대에 의자 없이 서서 일하던 노동자 사례나 화장실 이용시간까지 통제했던 기업(이상헌, 2015: 47)에서 확인되는 것처럼 노동의 자유는 여전히 자

---

168   이상에 대해서는 김면(2012)을 참조했다.

본에게 불안의 대상이자 직접 통제할 대상으로 남아 있다. 특히 이는 노동시장 주변에 종속된 노동자들에게 더욱 심각하게 나타난다. 《한겨레》의 콜센터 취재에 의하면, 화장실 가는 것도 눈치를 보거나 관리자에게 보고했다. 물을 마시거나 쉬고 싶다고 느낄 때 등 '자리'에서 일어나는 모든 순간을 보고해야 했다. 이른바 '대기 콜' 방지조치라고 했다.[169] 이런 노동 감시의 강화라는 또 다른 경향에도 불구하고, 또한 비록 구글처럼 혁신적인 일부 기업이나 삼성, 포스코와 같은 국내 대기업 안에서 나타나는 현상이라고 해도 혁신을 위한 노동 유형의 창출은 매우 중대한 의미를 띤다.

물론 그 이면도 존재한다. '즐기며 일한다'는 원리로 집약할 수 있는 이런 경향은 노동자가 가진 사회성을 포획하는 동시에 "소외를 유발하는 업무 과정으로부터 눈을 돌리도록 만드는 것"(프레인, 2017: 82)이라는 비판이 있다. 하지만 비록 이것이 자본의 필요 때문에 매개된다고 해도 이 필요의 충족 과정이 노동의 자유 증가 경향을 낳는 점은 중요하다고 본다. 이 경향의 핵심은 ① 각 개인의 자율성 확장 ② 노동시간의 통제에서 작업과제의 통제로의 전환이라는 두 요소다. 자율성은 노동 생활에서 점점 더 중요한 의미를 획득하고 있다. 업무 시간, 장소, 양, 유형을 결정할 수 없는 직장에 대한 노동하는 시민의 불만은 점점 커진다. 그러나 노동과 자율성의 결합 필요성은 늘고 있다. 이는 역설적이다. 자동화, 기계화, 정보화 경향과 함께 업무의 평균화가 증대하는 동시에 끊임없이 변화하는 경쟁 조건에 적합한 기업혁신

---

169 신민정, "콜센터는 80cm 닭장, 화장실 오갈 때도 출발, 착석 보고", 한겨레, 2018. 5. 30. URL: http://www.hani.co.kr/arti/society/society_general/846847.html 검색일: 2018년 10월 17일

아이디어의 요구가 중첩되어 있기 때문이다. 바로 이런 모순에서 창의성 실현을 위한 기업혁신이 필요해진다. 또한 각 개인 노동자의 자율성 증대 없이 창의성이 증가할 수는 없다. 왜냐하면, 창의성은 명령을 통해 산출될 수 없기 때문이다. 따라서 이런 자율성을 증대하기 위해서는 노동 통제 양식도 바뀌어야 한다. 노동시간 통제는 부적합하다. 이 때문에 노동 통제의 단위가 노동시간에서 작업단위로 변경된다. 작업의 자율성을 보장하고 그 작업에 대한 책임을 묻는 방향으로 노동 통제전략이 바뀌는 것이다.

자유노동

자유 안의 노동 확장 경향은 노동과 여가의 식별 불가능성 증가 및 노동과 자율활동의 융합이라는 두 경향으로 응집되어 나타난다. 노동과 여가의 경계가 불분명해지는 것이 어제오늘의 현상은 아니다. 폴 메이슨에 의하면 이는 1989년 이후 전 세계 자본주의에서 공통으로 강화되는 현상이다. 그러나 이른바 "정보가 중심이 되는 노동information centered work"에서 더 두드러진다. 노동의 대상이 디지털화digitalization됨에 따라 노동과정도 노동 장소와 분리될 가능성이 증대했다. 특히 스마트폰과 같은 모바일 장치를 통한 노동이 가능해짐에 따라 노동시간과 여가시간은 거의 구분되지 않게 되었다(메이슨, 2017: 356). 이는 한쪽에서 노동의 자율성 강화로 나타나지만, 다른 한쪽에선 노동 강도의 끊임없는 강화로 연결된다.

노동과 여가의 융합이 현대 자본주의의 장기적인 경향이라는 점에서 새롭지 않다면, 노동과 자율활동의 융합은 현대 자본주의의 중요한 특성을 보여준다. 정보자본주의는 그에 적합한 새로운 주체 형성을 요구하는데 대중을 단지 정보의 소비자가 아닌 이용자로 전환한다 (조동원, 2013). 이때 '이용'은 산업재화의 생산과 소비라는 이분법을 넘어 그 융합의 속성을 띤 새로운 활동 양식의 특성이 있었다. 그 중심에 티지아나 테라노바(Terranova, 2000)가 「자유로운 노동: 디지털 경제를 위한 문화생산」에서 언급한 자유노동free labor이 있다. 자유노동이란 "자발적으로 이루어지면서 임금을 받지는 않고, 즐기면서 하지만 착취당하는" 노동을 말한다. 웹2.0과 플랫폼은 그 핵심 매개가 되고 있다. 디지털네트워크를 통해 작동하는 현대 자본주의 생산에서는 일반적으로 노동으로 간주하지 않던 네트워크와의 접속 활동 및 그 안에서 이루어지는 자율활동 자체가 하나의 가치 생산노동이 된다. 이에 따라 동료 시민의 자율적 네트워크 활동에 대한 보상 및 정당한 가치의 분배가 중요한 문제로 부상했다(이항우, 2017: 214). 더욱 흥미로운 점은 이러한 자유노동을 통해 수익을 창출하는 이른바 '크리에이터creator' 혹은 '유튜버youtuber'라는 새로운 디지털 창의노동(김예란, 2015: 90)이 등장한 것이다. 노동미학주의라는 새로운 노동윤리를 지닌 주체들이 기존 구조 안에서 노동 위치를 발견하지 못하면서 디지털네트워크 환경을 자신의 새로운 노동환경으로 인식하는 것이다. 최근 초등학생의 장래희망 1위가 '크리에이터'라는 점은 중요하다.[170] 일부 기업과 지방자치단체는 '크리에이터'를 새로운 창업전략의 중심에 놓기도 한다. 대중의 관심을 집중시켜 그 관심을 이윤으로 전환하는 플랫

---

[170] 성혜미, "아이돌 부럽지 않은 '크리에이터 전성시대'", 주간현대, 2018. 5. 25. URL : http:// hyundaenews.com/35668 검색일 : 2018년 6월 11일

폼은 이윤 일부를 디지털 창의노동자들에게 분배하고 이를 통해 더 많은 대중의 관심을 플랫폼에 집중시킨다. 그러나 이 분배가 소수에 집중된다는 점에서 자유노동이 제기한 근본적인 문제는 그대로 남는다. 하지만 디지털 창의노동자 다수는 스스로 선택한 노동이라는 점에서 "빈곤과 불안정한 노동질서를 자발적으로 선택"한 것으로 이해하고 이를 자연스럽게 수용하는 태도가 강하다(김예란, 2015: 97).

이런 자유노동의 문제는 단지 디지털네트워크 경제에서만 나타나는 현상은 아니다. 공적 부문 혁신이라는 이름으로 진행되는 다양한 거버넌스 구성 안에서도 나타나기 때문이다. 이는 부분적으로는 신자유주의의 영향으로 공공 부문의 재정이 약화하자 민간 부문의 자율활동으로 이를 보완하기 위한 기획이다. 이 과정에서 시민의 자율활동은 자유노동으로 전환되고 공공 부문이 동료 시민의 자유노동에 의존하는 비율은 점점 더 증가하고 있다. 그러나 단지 그것만은 아니다. 공공 부문의 역량 한계로 발생하는 문제를 해결하기 위한 공공 부문의 민주화라는 요소가 동시에 존재하기 때문이다. 이는 자유노동이 동료 시민의 집단지성 형성 과정과 중첩되어 나타남을 보여준다. 자유노동은 노동의 비용을 동료 시민에게 전가하는 특성을 보이지만, 그와 동시에 분산적이고 협력적인 집단지성을 형성해 이전에는 불가능했던 새로운 단계의 문제 해결 역량을 구축하고 있다.

자가생산

그러나 노동과 자율활동의 결합이 단지 자유노동 양식으로만 나타나는 것은 아니다. 자유노동과 함께 '자가생산' 유형도 등장했다. 기업 생산 과정에 참여하거나 노동 내부 과정에 자유의 요소가 중첩되는 유형이 아니라 자유시간에 노동하는 '자가생산'의 노동 유형이다. 원래 자가생산은 자본주의 산업화 이전의 주요 생산 방법 중 하나였지만, 산업화와 함께 잊히거나 주변화한 방법이었다. 자가생산 '귀환'의 이유를 하나로 보긴 어렵다. 현대 사회의 위험 증대와 도구에 대한 접근 가능성 확장이라는 두 요소가 중첩되었음은 분명하다. 자가생산은 위험에 직면한 불안의 표현을 한 축으로 하고, 상품을 통해 충족될 수 없는 각 개인의 필요 충족을 다른 축으로 한다. 이런 대안적인 필요–충족 과정은 지식과 도구를 통해 더욱 풍부하게 실현될 수 있는 조건을 맞았다. 자가생산의 귀환은 전통적인 노동과 자유 혹은 노동과 여가의 이분법을 해체한다. 왜냐하면, '여가'란 일이 없는 시간 곧 노동하지 않는 시간을 의미하는데 자가생산은 그 시간에 '일'을 하기 때문이다. 노동과 자유의 경계 해체보다 더 중요한 현상은 자가생산의 의미 충족 효과가 더욱 커지고 있다는 점이다. 임금노동은 더 이상 의미 있는 노동이 되지 못하지만, 자신의 필요를 충족하기 위해 진행하는 자가생산은 노동을 통해 의미를 탐구하며 그 과정에서 대안적인 쾌락을 창출한다.

독립노동

자가생산의 이면에 독립노동이라는 또 다른 유형의 노동이 존재한다. 자가생산이 '작업'의 목적으로 노동과 자유의 경계를 흐리게 한다면 독립노동independent work은 임금노동과 자영노동의 이분법을 넘어선 형태로 노동과 자유의 경계를 융합한다. 특히 이 부분에서 자가

생산의 사회적 확산 및 토대 구축이 독립노동과 연결된다는 점은 흥미롭다. 크라우드소싱은 이 현상을 가장 직접 보여주는 사례다. 크라우드소싱이란 대중의 집단지성을 활용하는 방법으로, 일반적으로 플랫폼을 통해 다수의 자가생산자를 집적하고 그들의 발상, 작품 등 생산물을 상품화하는 방법을 말한다. 일반적인 공유경제 플랫폼과 다른 점은 하나의 제품을 개발하고 판매하는 전 과정을 크라우드소싱 플랫폼이 진행한다는 점이다. 크라우드소싱 플랫폼은 전통적인 기업의 역할을 대체하며 이 과정에 참여하는 이들 또한 전통적인 노동자는 아니다. 크라우드소싱 플랫폼을 이용하는 기업이나 개인은 과거에 전문기업에 맡겼던 과업을 크라우드소싱을 통해 외주화한다. 한국에도 이미 많은 크라우드소싱 플랫폼이 존재한다. 브로스앤컴퍼니BROS&COMPANY의 경우 "일반인 누구나 제품에 대한 아이디어를 등록, 평가, 제품화하는 과정에 참여한 후 기여도에 따라 판매수익을 나눠 갖는 제조 플랫폼"(박지혜·최은희·박문수, 2016: 53)이다. 플리토Flitto는 번역 플랫폼이고, 루이ROOY는 크라우드소싱 아이디어를 신발 제조에 연결했다. 하지만 크라우드소싱 경제는 기본적인 점에서 공유경제와 다르지 않다. 그들은 기업에 종속되지 않은 자가생산자들이지만, 고립되어 경쟁하는 상태로 남아 있다. 수익을 분배받기 위해서는 능력이 평가되고 인정되어야만 한다. 독립노동의 '독립'이란 이런 점에서 타인과의 분리와 경쟁을 말하며 모든 과정에 대한 개인 책임을 의미한다. 로버트 라이쉬Robert Reich가 '왜 우리의 노동은 악몽이 되었는가?'[171]라는 짧은 글에서 비판한 것처럼 공유경제는 고용계약 없이 노

---

171 Robert Reich, "Why work is turning into a nightmare: The new 'sharing' economy is

동자와 소비자의 직접 단기 계약을 통해 운영된다. 이 때문에 임금노동과도 다르고 자영노동과도 다르다고 말한다. 때로 '부분고용'이라고 불리는 이와 같은 고용체계의 핵심은 "기업과 근로자 모두의 유연성이다. 이들 기업은 경제적 측면에서 현재 독립계약자인 '파트너 기사'가 직원처럼 취급되면 자신들의 사업모델이 작동하지 않는다고 명시해왔다."[172]

기술의 발전으로 노동자들은 배달, 운송 등과 같이 단기 예측이 쉽지 않은 노동이나 지엽적인 노동 영역으로 몰리고 있다. 플랫폼은 이들의 노동력을 소비자의 필요와 연결한다. 이때 노동자들은 개인의 자격으로 플랫폼에 접속한다. 한국에서 이와 같은 노동의 대표 유형은 때로 '앱 노동'이라고 불리는 대리서비스와 퀵서비스 그리고 음식 배달 서비스 분야다(황덕순, 2016: 26). 현행 근로기준법에 따를 때 이들은 노동자로도 독립적인 자영업자로도 정의되지 않는다. 외국에선 이들을 '종속 계약자' 혹은 '독립노동자independent worker'라는 새로운 범주로 포착하려고 노력하지만,[173] 한국에선 기존 특수고용의 새로운 유형으로 파악하는 경우가 일반적이다. 때로 '프리랜서freelancer'의 범주로 포착하기도 한다. 부르는 이름이 무엇이든 그 중심엔 플랫폼의 알고리즘을 통해 노동에 참여한다는 속성이 존재한다. 그 결과 노동은

---

really about sharing the scraps", Alternet, February 3, 2015.

172   Christopher Mims, "공유경제, 제대로 알기나 해?", 월스트리트저널 한국어판(WSJ Korea), 29, May 2015.

173   종속 계약자나 독립노동자라는 범주는 종속과 독립이라는 두 요소의 모호한 결합을 지칭하는 것이다. 이런 새로운 범주화는 이들에 대한 새로운 안전 보장이나 법적 보호의 해법을 고안하는 과정에서 등장한 것이다. 이에 대해선 아룬 순다라라잔(2018: 359)을 참조했다. 식별되지 않으면 대응 자체가 어렵다는 점에서 이런 시도가 나온 것으로 보인다.

파편화되고 파편화된 노동은 급여 인상이나 노동환경 개선 등의 문제 해결 능력을 상실한다. 또한 이들은 안전에 대한 책임을 스스로 진다. 공유경제 기업들은 이들의 직접적인 고용주가 아니라고 주장한다. 우버에게 운전자들의 안전과 보험 등을 책임지라고 요구했을 때 우버가 내놓은 답변은 간단했다. "우리는 고용주가 아니다. 운전자들은 일종의 개인사업자이기 때문에 궁극적인 사고의 책임도 개인이 진다. 우리는 플랫폼을 제공할 뿐이다." 플랫폼은 어떤 책임도 지지 않고 노동과 소비를 연결하는 수수료를 챙긴다. 물론 모든 플랫폼이 그런 것은 아니다. 배달 앱 관련 노동자의 일부는 사실상 직접고용 형태고 그에 따라 노동과정에 대한 실질적인 통제뿐만 아니라 일부의 보장도 받는다. 그러나 그 보장도 개인의 선택에 달린 경우가 많아 국민연금이나 건강보험 가입에 부담을 느끼고 가입하지 않는 경우가 대다수다.

그것만이 아니다. 독립노동자라고 불리는 이들은 플랫폼과 접속한 채 24시간을 보낸다. 곧 노동 생활이 24시간으로 연장된다. 그 결과 노동과 여가 혹은 노동과 자유의 구별이 무의미해지고 융합된다. 공유경제 기업은 노동자들의 '남는 시간'을 유휴자원으로 파악한다. 유휴자원의 공유를 통해 별도의 수입을 얻을 수 있고 그에 따라 소득구성을 다원화해 생활을 더 안전하게 유지할 수 있다는 것이다. 그러나 안정적인 정규직 일자리가 공급되지 않는 상태에서 공유경제 기업의 약속은 유지되기 어렵다. 실제로 우리나라에서 플랫폼 노동은 대부분 일시적이거나 간헐적인 일이 아니라 대부분 주업의 성격을 갖는다 (황덕순, 2016: 58). 또한 이들은 다른 부문보다 장시간 노동한다. 남는 시간이 아니라는 이야기다. 하지만 플랫폼을 매개로 이루어지는 이와 같은 독립노동에는 또 다른 가능성이 잠재해 있다. 단순노동과 같이 평범화된 노동을 각 개인의 자유로운 선택에 따라 동료 시민 전체의 필요 충족 과정에 접속할 가능성을 플랫폼에서 실험할 수 있기 때문이다. 황덕순의 연구에 의하면, 배달대행업체를 통해 일하는 이유를 묻는 말에 다수가 "자유롭게 일하고 싶어서"(황덕순, 2016: 41)라고 응답했는데 이는 중요한 부분이다. 명령이나 가격과는 다른 방식으로 동료 시민의 협상을 통한 조정 과정을 실시간으로 실현하는 플랫폼 안에는 분명 자유의 요소가 있다. 물론 이 가능성은 현행 질서 안에서 완전하게 구현되지 않는다. 노동시간을 선택하고 줄일 수는 있지만, 생활 보장뿐만 아니라 시민의 권리가 보장되기 힘들기 때문이다. 따라서 우리는 플랫폼 경제 안에 구현된 노동의 자유와 권리의 보장을 위해 대안적인 체제의 구상이 필요하다. 물론 여기엔 플랫폼 자체가 그러한 역할을 하도록 강제하는 규제가 포함되어야 한다. 혹은 플랫폼 자체의 분산소유 구조로의 전환, 이른바 플랫폼 협력주의platform cooperativism의 가능성도 고민할 수 있다. 하지만 이런 구상은 단지 플랫폼 경제에만 국한된 것이 아니라 전체 사회의 일을 조직하는 대안 원리의 차원에서 접근될 수도 있다. 곧 전체 사회의 필요를 충족하는 데 필요한 일의 조직화에 플랫폼으로부터 배운 원리를 구현하는 방식 또한 가능하다.

자기주도 노동

노동과 자유가 융합되는 이런 경향 속에서 기존 노동체계로부터의 자발적인 이탈도 등장한다. 이를 자발적인 이탈이라고 부른 이유는 희망퇴직, 조기퇴직이나 명예퇴직 등[174]과 달리 의미 있는 삶을 위한 선택으로서의 퇴직이기 때문이다. 노동과 삶이 대립하는 노동사회 안에서 삶의 선택은 어떤 경우 노동의 자발적인 포기를 통해서만 가능하다. 노동체계로부터의 자발적인 이탈은 물론 특정한 유형의 결단을 포함한다는 점에서 모두가 선택할 수 있는 경로는 아니다. 그러나 자아가 사라지는 노동체계 안에서 소진을 느끼는 것은 일상의 경험이 되고 있다. 자발적인 이탈의 목적은 물론 삶의 전환이다. 다른 방식의 삶을 통해 다른 '나'를 찾아가는 것이 그 목적이기 때문이다. 부분적인 이탈의 방식으로 시간제 직업을 선택한 이들도 존재한다. 노동권 박탈이나 안정적인 임금 보장이 없는 경우가 대부분이지만, 이들은 그보다 자유시간 혹은 자신을 실현할 수 있는 시간을 더 소중하게 여긴다. 혹은 노동사회로의 진입 없이 노동사회의 조건에 허용되지 않는 다른 방식으로 노동과 자아가 결합하는 자신의 노동을 찾아가려는 노력도 발생한다. 이들 또한 넓은 의미에서 노동사회로부터의 '이탈'이라고 할 수 있다.

완전 이탈이나 부분 이탈의 경우라도 또 다른 유형의 노동과 결합해야 한다. 대부분은 자영업의 세계로 흡수되지만, 그 안에는 새로운 유형의 노동조직을 만들면서 대안적인 삶의 방식을 찾으려는 경향 또한 존재한다. 제임스 로버트슨James Robertson은 이런 경향 중 하나로 '자기주도 노동ownwork'을 말한 바 있다. 자기주도 노동이란 노동을 자신의 삶을 위한 방향으로 주도하고자 하는 개인의 열망과 노력이 투입

---

174 이는 사실상 강제퇴직이라고 봐야 한다. 이에 대해선 다음을 참조하자. "'희망'이란 가면 쓴 절망의 강제퇴직", 한겨레, 2016. 9. 27. URL: http://www.hani.co.kr/arti/society/society_general/762948.html 검색일 : 2018년 6월 12일

된 노동이다. 로버트슨의 설명에 따르면 "임금과 관계없이 사람들이 스스로 조직하고 통제하는 일의 형태로서, 그것은 개인과 집단 그리고 그들이 생활하고 있는 지역에서 그들 자신의 목표를 성취하기 위한 것"이라고 할 수 있다(Robertson, 1985: 189). 삶을 위한 노동이자 그 조직화의 중심에 자신이 존재하는 노동의 자기조직화 모형인 것이다. 이는 다양한 형태로 나타난다. 때로는 창업으로 나타나며, 동료를 찾고 그들과 협업하는 조직화 양상으로 나타나기도 한다. 혹은 노동에 대한 완전한 통제는 아니어도 더 많은 부분에서 자신이 통제할 수 있는 노동, 이를 통해 적극적으로 자신의 삶에 대한 통제력을 회복하려는 움직임으로 나타나기도 한다.

자기주도 노동에서 핵심은 말 그대로 자기 주도로 하는 일에 있다. 임금 수준이나 다른 이들의 인정이 여전히 중요한 요소이기는 하지만, 자기주도 노동에서 가장 중요한 것은 자신의 실현이다. 물론 이런 노동의 양식이 완전히 안정적인 것은 아니다. 특히 고용과 완전히 분리된 자기고용의 형태인 경우 불안정성은 더 클 수 있다. 삶의 유지와 존속에 필요한 자원을 안정적이고 끊임없이 동원하는 것이 매우 큰 과제이기 때문이다. 그런데도 자기주도 노동이 선사하는 '자기주도'는 큰 매력이라 사람들을 끌어들인다. 의미 있는 노동에 대한 열망이 구조적 한계로 좌절되는 노동사회에서 이 열망은 '자기주도 노동'의 형태로 나타날 수밖에 없다. 따라서 불안정과 자기주도성은 이 노동의 양면성이다. 그런데도 이 노동은 삶 없는 노동과 노동 없는 삶의 경계에 위치하며 언제나 열망의 대상이 되고 열정을 동원한다. 곧 하나의 '틈새'로 존재하면서 때로 노동사회의 균열을 만든다. 물론 이 틈새가 노동사회를 보완하는 주변부 기제로 해석될 수도 있지만, 동시에 그 안에 통합될 수 없는 열정을 보여주기도 한다. 이 열정이 노동사회를 넘어 나아가기 위해서는 이를 가능하게 할 구조가 필요하다. 그렇지 않을 경우 이는 각 개인의 결단으로만 남아 모든 이의 노동으로 실현될 수 없다. 구조를 만들기 위해서는 자기주도 노동이 동료 시민과의 연대와 협력을 통한 보편적인 자기실현의 경로를 모색해야 한다.

그러나 역으로 재생산노동의 필요성은 점점 증대하고 있었다. 특히 여성의 노동시장 참여 증가와 인구학적 변화, 자본주의의 변화는 여성이 수행하던 돌봄의 역할 공백을 심화하면서 전체 사회에서 돌봄이 수행되는 방식에 근본적 질문을 제기했다. 인구학적 변화는 이를 더욱 부상시켰다. 왜냐하면, 출생률 감소와 고령화 현상으로 인해 노령인구 돌봄 문제뿐만 아니라 그 비용 증가 문제를 더는 회피할 수 없었기 때문이다(이현옥, 2016: 245). 이런 재생산노동의 중요성에도 불구하고 나쁜 노동에 종사하는 동료 시민들에겐 가족은커녕 자기 자신조차 돌볼 시간이 없어졌다. 임금노동의 위기가 재생산노동의 위기로 나타난 것이다. 성별 노동 분업이 존재하는 구조에서 이는 여성의 시간 압박과 재생산노동의 강도 강화로 나타났다. 여성들은 임금노동뿐만 아니라 재생산노동도 동시에 맡아야 했기 때문이다. 그 결과 역설적으로 노동과 가정의 양립이라는 문제의식이 부상했다. 2008년 12월 제정된 「가족 친화 사회환경의 조성 촉진에 관한 법률」은 그 대표적인 제도다. 백영경은 일과 가정의 양립이라는 문제의식이 "고용의 안전성이 약화되고 노동환경이 악화되면서 임금노동과 돌봄 노동을 동시에 수행하기 점점 더 어려워지는 시대상의 역설적 반영"(백영경, 2017: 104)이라고 분석한 바 있다. 이 분석이 타당하다면 일—가족의 양립을 위한 제도는 노동시간의 단축이 아닌 노동시간의 유연화를 통해, 노동의 재생산이라는 자본의 필요와 가족의 재생산이라는 노동의 필요를 타협시키는 제도라고 볼 수 있다. 노동과 삶의 전체적인 재조정이 아니라 나쁜 노동사회로의 전환이 일으킨 문제를 노동시간의 유연화로 대응하는 것이다.

그런데 탄력근무제flexible time와 같은 일과 가족의 양립을 위한 제도는 현실에서 작동하지 않는다. 이 제도를 활용할 때 발생하는 불평등이 선택을 가로막는 것이다. "가족 지원책이 규정에 명시되어 있더라도 실제 사용할 경우 직업 이력에 위협을 받을 수 있다."(제이콥스·거슨, 2010: 24) 제도의 작동을 가로막는 또 하나의 차원이 존재한다면 그것은 바로 노동양식 자체. 김영선의 말처럼 "내가 가는 휴가가 동료에게 부담을 주는 이런 업무 구조에서는 균형 정책이 애초부터 제대로 시행되기 어렵"(김영선, 2013: 49)기 때문이다. 팀워크 방식이 작동하되 대체 인력이 투입되지 않는 공간에서 제도에 참여하는 것은 동료에 대한 배반으로 연결되기 쉽다. 이 때문에 "노동자들은 가족 관계와 경력 쌓기 사이에서 하나만을 선택하도록 강요받는다고 생각하며, 이러한 인식은 널리 퍼져 있다(제이콥스·거슨, 2010: 25)." 이를 근거로 경영자들은 차별을 공공연히 드러내기도 한다. 대표적인 것은 '가족 돌봄으로 인한 차별family responsibility discrimination'이다(슐츠, 2016: 114). 가족 돌봄으로 인한 차별이란 임신이나 가족 돌봄 등을 이유로 여성에게 동등한 기회와 권리를 보장하지 않는 것을 말한다. 여성들은 단지 "가족을 돌보는 책임 때문에 차별을" 당한다.

그 이유는 일과 가족 갈등의 일차적 책임을 여성에게 돌리면서 여성의 돌봄 노동을 통해 해결하고자 하기 때문이다. 이 때문에 일터에서 탄력적인 노동시간의 유연화가 도입될 때 이는 여성을 집으로 돌려보내는 과정 이외의 다른 것일 수 없다(제이콥스·거슨, 2010: 8). 일과 가족 혹은 일과 삶의 균형이라는 문제를 해결하기 위한 노동시간의 유연화가 여성의 돌봄 노동 연장으로 귀결되는 것이다. 가족 돌봄으로 인한 차별은 그러나 여성 노동자만의 문제는 아니다. 유연근무제를 활용하거나 육아휴직을 하면서 과거와 다른 경로를 모색하는 남성 노동자가 늘고 있다. 그러나 이처럼 일과 가족, 삶의 균형 회복을 원하는 남성 노동자들의 선택 또한 불평등과 차별에 직면한다(국미애, 2018: 253). 승진이 늦어지거나 소득이 적어지는 경우가 많으며 회사에 대한 헌신을 의심받아 배척 대상이 되기도 한다. 이런 문제 때문에 '일-가족 양립' 담론이나 제도와 같은 노동 유연성 제도가 현재 노동사회의 위기에 대한 본질적인 해결책이 될 수 없다는 비판은 오래 전부터 있었다.[175] 프로그램이 제대로 작동한다고 하더라도 장시간 노동을 요구하는 노동구조가 존속하는 한 노동과 삶, 일과 가족의 관계 해체는 계속될 수밖에 없다(고지, 2018: 191). 재생산노동의 위기로 촉발된 일-가족 양립 담론과 제도 안에 노동과 삶의 균형 관계에 대한 열망과 지향이 담겨 있음을 부정하기 어렵다. 그러나 현재는 노동 현장의 시간 구성을 변화시키기보다는 노동자 개인의 일정 조정 문제로 전환되어 이를 이용하는 개인과 이용하지 않는 개인의 분절을 만들고 갈등을 격화시키고 있다(국미애, 2018: 103).

재생산노동의 위기는 단지 자신이나 가족 재생산의 위기에 국한되지 않는다는 점을 기억해야 한다. 낸시 프레이저의 지적처럼 돌봄은

---

175 이에 관해서는 김미경(2012)을 참조하자.

단지 자녀나 가족을 돌보는 일을 넘어 친구 혹은 더욱 넓은 의미에서 공동체를 유지하는 일을 포함한다. 즉 관계를 재생산하는 활동 일반이 돌봄의 영역 안에 포괄될 수 있다(프레이저, 2017: 329). 재생산노동의 위기가 기본적으로 나와 가족을 돌볼 수 없는 상태의 가속화라고 할 때 이는 다른 동료 시민을 돌보지 않는 상태로 확장되기 쉽다. 자신조차 돌볼 수 없는 상태에서 다른 이를 돌보는 것은 매우 어렵기 때문이다. 따라서 재생산노동의 위기는 모두에 관한 관심을 체계적으로 파괴한다. 달리 말해 재생산노동의 위기가 동료 시민에 대한 무관심 강화로 연결되는 것이다.[176] 또 다른 문제는 재생산노동의 위기가 생산노동의 위기 곧 임금노동의 위기로 연결될 수밖에 없다는 점이다. 노동사회에서 재생산노동이 기본적으로 노동능력의 재생산을 위한 노동이라는 점을 기억한다면 이는 자연스러운 결과다.

흥미로운 점은 새로운 노동양식의 등장이 2016년을 전후로 국내에 폭발적으로 전파된 '4차 산업혁명' 담론과 결합해 한국 노동사회에 이전에 없던 노동의 미래를 둘러싼 경합 국면을 열었다는 점이다. 제일 먼저 눈에 띄는 것은 4차 산업혁명의 실재성을 옹호하며 기술발전과 혁신의 속도를 새로운 경제성장의 기반으로 보는 이른바 '산업적 전망'(김평호, 2018: 9)이다. 이 전망은 무엇보다 국가와 자본의 동맹에 기초한다는 특징이 있다. 또한 그 전망의 실현을 위한 국가의 혁신을 지속해서 요구한다(김태오, 2017). 이에 반해 4차 산업혁명을 하나의 이데올로기로 접근하며 그 안에 있는 자본주의 모순의 은폐와 국가통치전

---

176 이 부분은 베르나르 스티글레르의 '무관심 경제'라는 개념에서 영향을 받았다. 무관심 경제에 대한 설명으로는 베르나르 스티글레르와 아리엘 키루(2018)를 참조하자.

략을 비판하는 견해도 존재한다. 4차 산업혁명을 "유토피아 없는 유토피아" 혹은 유토피아를 빼앗아간 '기술유토피아'로 본 서동진(2017)은 가장 열정적인 비판 중 하나다. 그러나 제3의 경로도 존재한다. 다른 쪽엔 4차 산업혁명이라는 규정과 이미지 자체는 논쟁적일지라도 현재의 기술발전과 혁신이 이전과 다른 자본주의 변화와 일상생활 변화를 낳는다고 보는 견해들도 있다(이충한, 2018). 변화의 강도와 폭, 깊이를 전망하는 데에 일정한 차이가 있고 스펙트럼은 매우 넓다.

또한 현재 진행되고 있는 변화의 질적 단계 구별에 따라 4차 산업혁명의 실재성에 논란이 있지만(송성수, 2017), 이 글에서 나의 관심은 아니다.[177] 나는 다만 특정 담론이 확산하는 데는 물질적인 기초가 존재한다는 관점에서, 담론과 완전히 일치하지 않더라도 현재 자본주의 산업구조 안에 현재 산업구조와 질적으로 다른 단계를 예비하는 경향들이 존재한다고 보고 있다. 그 핵심은 '자동화', 특히 인공지능이다. 과거의 자동화와 현대의 자동화에 중요한 차이가 있다. 현대 자동화는 기계에 자율성을 부과하려 하며 이를 위해 "고정된 동력원과 인간 개입으로부터 기계를 자유롭게 하는 것"(페페렐, 2017: 20)을 목적으로 한다. 인공지능의 발전이 중요한 이유는 바로 이 목적의 실현에 필요한 기계들의 자율적 지능 때문이다. 이때 로봇공학도 중요하지만, 많은 이가 인간 능력을 복제하는 로봇이 등장하기까지 여전히 해결할 문제가 많다고 말한다. 인간의 물리적 신체를 대체하는 로봇공

---

177 송성수(2017)는 산업혁명의 역사적 유형을 분석하면서 그 개념이 현재 등장하는 '4차 산업혁명' 담론에도 적용될 수 있는가를 질문했다. 그는 1, 2차 산업혁명과 비교하면 3차 산업혁명이나 정보혁명 그리고 4차 산업혁명은 작업가설에 불과하고 특히 3차 산업혁명의 연속인지 아니면 질적 단절이 존재하는지 판단하는 것은 매우 어려운 문제라고 했다(송성수, 2017: 33).

학의 발전이 비록 제약된다고 하더라도 인공지능의 발전은 과거와는 비교할 수 없는 수준의 자동화를 실현할 수 있다.

결정적인 단절 지점이 인공지능이 범용 목적 기술general purpose technology 단계로 상승하는 2030년 그리고 이 기술이 전체 사회로 확산하는 2045년 전후로 발생할 것이라는 견해를 지지한다(도모히로, 2017). 범용 인공지능이 실현되는 방식에 따라 노동사회에 미치는 영향은 매우 다를 것이다. 그러나 범용 인공지능이 생산성의 향상뿐만 아니라 인간의 노동을 대체하는 효과를 내며, 그 결과 경제구조의 근본적인 변화가 발생할 것이라는 전망은 매우 유력하다. 이때 범용 인공지능이 반드시 인간 수준의 지능을 갖춘 강인공지능Strong Artificial Intelligence이어야 하는 것은 아니다. 페데리코 피스토노의 말처럼 "기계가 경제, 고용 그리고 우리 삶의 문제를 영원히 바꾸기 위해서 반드시 강인공지능이라는 능력이 있어야 하는 것은 아니다(피스토노, 2016: 52)."

그러나 이는 단지 구조에 내재한 하나의 경향으로, 이런 경향이 현실에 나타나는 것은 또 다른 경향들과 우연히 결합한 결과라는 점에서 우리의 미래는 열려 있다. 문제는 이와 같은 경향이 노동의 위기를 단지 '고용'의 문제가 아닌 그보다 심층적인 노동의 존재 이유와 의미를 둘러싼 논쟁에 우리를 초대한다는 점이다. 이는 노동의 미래뿐만 아니라 우리가 원하는 바람직한 미래에서 노동의 위치와 역할은 무엇인가라는 질문과 연결된다. 일군의 학자들과 활동가들은 20세기 '완전고용full employment' 패러다임을 역전한 '완전실업full unemployment'을 21세기 민주주의의 중심 전략으로 제안하기도 한다.[178] 이와 같은 전략은 현재

178　자동화의 문제를 끝까지 밀고 나간 이는 「Inventing the Future: Postcapitalism and a

의 경향을 "노동 없는 미래"를 창출하는 기회의 구조로 인식하며 인류가 한 번도 직면해보지 못한 인간 자유의 확장 단계로 진입하고 있다고 본다. 경제영역의 완전자동화full automation를 주창하는 알렉스 윌리엄스와 닉 스르니첵의 입장에서 알 수 있는 것처럼 이들은 자본주의의 한계에 갇힌 기술을 노동 없는 미래를 위해 완전히 실현할 것을 요구한다. 그러나 그 반대편에는 인간의 자유와 노동의 분리 불가능성을 주장하며 노동 있는 미래 전략을 추구하는 또 다른 입장들이 존재한다. 존 벨라미 포스터는 노동이 사회의 구성요소일 뿐만 아니라 인간의 능동적이고 의미 있는 창조적 실천이기 때문이라며 노동과 함께 하는 지속가능사회를 전망한다(Foster, 2017). 두 전략은 노동에 대한 다른 이해와 인간의 자유에 대한 다른 철학에 기초한다. 중요한 점은 우리가 이 문제를 다뤄야 하는 분기점에 접근하고 있다는 점이다.

하지만 우리가 현재 노동 없는 미래와 노동 있는 미래라는 두 전망 사이에서 어떤 관점을 반드시 옹호해야 하는 것은 아니다. 어떤 관점을 선택하더라도 현재 국면에서 인공지능과 로봇공학이 대체할 정도의 노동 표준화와 규격화로 인해 노동의 평범성이 확장되고 이것이 21세기 테일러주의를 강화한다는 증거가 축적되고 있다. 또한 기술발전

———

World Without Work」를 쓴 Alex Williams와 Nick Srnicek이다. Paul Mason도 유사한 입장이다. 이들은 완전자동화full automation를 요구한다. 혹자들은 이런 입장을 "완전 자동화된 호화로운 코뮤니즘Fully automated luxury communism"이라고 부르기도 한다(Merchant, 2015). 이런 입장은 현재 하나의 주장을 넘어 운동으로 퍼지고 있는데 이는 "호화로운 코뮤니즘luxury communism" 운동이라고 불린다. "호화로운luxury" 이라는 형용사로 인해, 이 운동을 설명하는 이들은 코뮤니즘의 '호화豪華'가 자본주의의 '호화'스러움과 구별된다고 주장한다. 자본주의의 호화가 다른 이들을 배제하는 사적 소유에 기반을 둔 것이라, 코뮤니즘의 호화는 그는 달리 생산의 억압에서 벗어나 일을 덜 하고, 더 사회적이고 에로스적인 공동의 가능성을 여는 것으로 규정된다(Fisher & Thorne, 2017). 이는 20세기 코뮤니즘이 빈곤으로 귀결된 데 대한 대응으로 보인다.

의 기하급수성과 새로 창출되는 노동의 효율성이 노동의 가치와 유용성에 대한 도전을 지속해서 일으키고, 이에 따라 우리가 원하는 수준의 노동이 모든 동료 시민에게 보장되기 어려워지고 있다는 점은 예측할 수 있다(Thomson, 2015). 알고리즘은 이때 매우 중요하다. 알고리즘이 경쟁력의 핵심으로 부상하면서 모든 것의 데이터화와 함께 데이터에 기반을 둔 알고리즘의 진화가 가속화되고 있다(한국정보화진흥원, 2016). 캐시 오닐은 인류 역사상 처음으로 전면화한 수학적 알고리즘에 의한 인간 통제의 위험성을 인식하고 그 힘을 제어해야 한다고 촉구한 바 있다(오닐, 2017: 7). 노동의 알고리즘화는 현재보다 더욱 열악한 노동환경을 만들어낼 것이고, 그에 따라 노동의 불안정성은 더욱 강화될 것이다. 이와 같은 조건에서 우리의 과제는 노동과 미래의 결합을 민주주의의 문제로 파악하는 것이다. 이는 민주주의의 미래 혹은 현재와 관련해서도 중요한 질문을 제기한다. 노동의 정치적 재분배가 민주주의의 주요한 기획이라고 할 때 현재 직면한 혹은 직면할 노동의 위기를 민주주의가 다룰 수 없다면 민주주의가 무력화될 것이고, 다루더라도 어떤 관점과 입장인가에 따라 사회 질서가 다양한 경로로 분화될 것이기 때문이다. 따라서 우리는 변화하는 조건에서 노동의 정치적 재분배를 위한 대안적인 프로젝트를 발전시켜야 한다.

그 출발점의 하나는 노동의 자동화가 노동시간 단축이나 노동으로부터의 인간 해방 가능성을 확장하는 것을 인정하는 일이다. 그러나 이런 가능성이 또 다른 위기와 함께 등장하고 있다는 점을 고려해야 한다. 이는 인간 노동의 획일화에 기반을 둔 평범화의 가능성을 열어 두고 있다. 노동이 더 수동적으로 변할 가능성도 존재하며 노동과 기계의 대립으로 인해 기계가 노동을 축출하는 핵심 메커니즘으로 활용될 가능성 또한 높다. 또한 일부 노동자에게 작업이 집중되어 작업 강도가 지극히 높아지거나 전체 공정을 책임져야 하는 심리적 부담감이 강력해질 수 있다. 《노동 4.0 백서》에서 말한 "자동화의 아이러니"(독일연방 노동사회부, 2017: 25)다.

이처럼 인간의 노동과 자동기계를 대립 관계로 파악하는 관점이 지배적이지만, 그 주변에서 인간과 기계의 새로운 협업 가능성이 발생한다는 점 또한 분명하다. 이는 두 가지 형태로 나타난다. 하나는 기계가 인간의 능력을 증진하는 경향이다. 이는 보철補綴공학으로 알려진 인공신체나 신체 확장 분야에서 가장 직관적으로 관찰되며 인간의 지능과 창조성을 강화하는 창조적인 기계들과 인간의 결합 분야에서 나타난다. 업무 자동화는 그중 하나이며 그 안에는 기술에 의한 인간 노동의 대체뿐만 아니라 인간 능력의 '진화' 경향이 공존한다. 다른 하나는 기계와의 협업을 통해 의미 없는 노동으로부터 인간을 자유롭게 만들어내는 경향, 그리고 고령의 동료 시민이나 장애를 지닌 동료 시민이 다른 시민과 동등하게 노동과정에 참여할 가능성 또한 증진되는 것이다. 이는 역설적으로 보이는데, 왜냐하면 하나는 노동으로부터의 자유 가능성이고 다른 하나는 노동으로의 참여 가능성과 연결되기 때문이다. 그러나 이는 모든 동료 시민이 기계와 결합해 노동에 동등하게 접속하고 분리할 수 있는 역량을 보유한다는 관점에서 이해되어야 한다. 특히 노동시장 내 위계를 만드는 주요 척도가 '숙련'임을 기억할 때 기계와의 결합은 숙련에 대한 인간중심주의적인 이해를 해체하면서 노동과정의 동등한 참여 가능성을 이전보다 확장할 수 있다. 물론 기계 혹은 과학기술 일반이 젠더 중립적이지 않으며 그 구성 양식 자체가 사회와 분리될 수 없다는 점에서 기계가 기존 노동시장 및 노동과정 내의 차별 구조 재생산 기제로 활용될 수 있다는 비판은 여전히 중요하다. 무엇보다 이는 제조업 자동화가 젠더화된 성별분업 구조와 남성 신체 중심적 기술구조를 해체하지 못했다는 경험 속에서 이해될 필요가 있다. 그러나 바로 이 부분에 기계와의 결합을 통한 도전 가능성이 존재한다는 점은 부정할 수 없다. 기계와의 결합 가능성 증대는 동료 시민의 신체 능력과 무관하게 그 가능성을 봉쇄하는 기술적 구조를 차별로 인식할 가능성을 열어주기 때문이다. 기계는 먼저 차별을 제거하는 방식으로 통합될 수 있다. 이런 두 경향 안에서 인간과 기계의 구별은 분명하지 않다. 포스트 휴머니스트들은 기계를 인간의 외부적 행위자로 보는 것이 아니라 기계를 "인간존재의 확장"으로 본다. 확장주의자는 인간을 인간으로 만드는 것 안에 기술적 영역이 존재한다고 보며, 그로 인해 기술과학 세계의 확장은 인간존재의 확장으로 연결된다(페페렐, 2017: 248). 이런 포스트 휴머니스트들의 관점을 빌린다면 현재 기계의 부상은 인간의 노동능력을 넘어 그다음 단계인 인간-이후의 노동역량으로 우리를 이끌지도 모른다.

다르게 말하면 기계는 인간 노동의 대체뿐만 아니라 인간의 노동을 재분배하는 역할을 할 수도 있다. 『제2의 기계시대』의 주장처럼 기계에 대항한 경주가 아닌 기계와 함께 경주할 수 있는 것이다. 나는 노동의 재분배를 위한 민주주의 기획의 핵심은 바로 이와 같은 기계의 역할에 대한 인정이라고 본다. 인간과 기계를 대립시키는 전략들은 일반적으로 기계의 지능화 과정을 인간의 창의성에 대한 도전 과정으로 정의하며 이에 응전하기 위해서는 인간의 창의성을 발전시켜야 한다고 말한다. 문제는 그런 창의성을 담지할 수 있는 이들이 인류의 소수라는 점이다. 최소 수준의 인지능력과 논리적 합리성을 갖춘 이들을 대상으로 우리의 경제를 조직할 수 없는 것처럼 민주주의 또한 그런 유형의 인간 창의성에 기초해 작동할 수 없다. 다수의 인간은 기계와의 결합을 통해 자신의 노동을 절약하는 기계와 공존하며 살아가야 한다. 나는 이것이 현재 우리가 선택할 수 있는 경로라고 본다. 이는 기계와 대비되는 인간의 고유성을 방어하는 데 전념하는 것이 아니라 우리가 알던 인간의 종언과 연결될 문제일지도 모른다.

노동과 기계의 전면적인 결합을 통한 포스트–노동역량 단계로의 진입은 통합적이고 일반화된 자동화를 노동사회–이후의 기본 조건으로 수용해야 한다는 것을 의미한다. 또한 이는 임금을 통해 이루어지던 생산성의 분배 방식과는 다른 방식의 생산성 분배가 필요하다는 의미이기도 하다. 스티글레르가 말하는 것처럼 "자동화는 생산성을 증대시키지만 더 이상 임금 형태로 재분배할 수 없"다. "왜냐하면, 이 새로운 생산성은 임금제 고용을 로봇으로 대체함으로써 얻는 것"이기 때문이다(스티글레르·키루, 2018: 116). 따라서 생산성의 향상에서 나온 부를 임금이나 실업수당이 아닌 제3의 방식으로 전체 사회에 분배할 방법이 필요하다.

지금 현대 노동을 관통하는 단 하나의 경향만 추출한다면, 그것은 기술의 발전이라는 토대 위에서 노동과 자유의 융합이 강화되고 있다는 점이다. 물론 융합의 양상은 양면적이다. 일차적으로 고용과 노동이 분리되는 조건 위에서 출현한 이 과정은 자유의 노동으로의 전환 과정이 가속하고 있음을 보여준다. 그러나 이때의 노동은 과거 종속노동과 같은 안전을 확보하고 있지 못하다. 또한 노동과 자유의 경계가 불투명해지면서 24시간이 사실상 또 다른 수단에 의한 노동시간으로 변형되기도 한다. 안전을 제공받지 못하는 24시간 노동체제가 어쩌면 이 체제의 궁극적인 지향일지도 모른다. 하지만 이런 나쁜 노동의 요소만이 아니라 좋은 노동의 요소가 동시에 존재한다.

좋은 노동의 요소는 노동의 자유로의 전환에서 발생한다. 자유노동, 자율노동과 자가생산 그리고 동료생산의 양식 등과 같은 요소는 비록 일부가 현행 노동사회의 위기를 보완하거나 이를 유지 존속하기 위한 기제로 통합되고 있는 것이 사실일지라도 노동을 조직하는 대안적 조절양식의 가능성을 보여준다. 그것은 무엇보다 각 개인의 자율적인 판단과 기여의 원칙에 따라 조절되는 노동의 양식이며, 타자와 비시장적이고 비국가적인 제3의 협력 방법으로 결합하는 노동의 가능성이다. 이 요소들은 어떤 관계와 구조 안에 통합되는가에 따라 노동사회 이후의 노동질서를 구성하는 계기가 될 수 있다. 그 안엔 보편적 자아실현을 위한 노동의 질서 또한 하나의 가능성으로 존재한다. 물론 이를 과장하고 싶지는 않다. 왜냐하면, 이 좋은 노동의 요소들은 모든 임금노동자에게 동등하게 분배되고 있지 않으며 2차 노동시장에서는 거의 의미가 없기 때문이다.

그런데도 이 부분에 계속 주목해야 할 이유가 있다. 바르바라 무라카의 말처럼 "하나의 유토피아는 그것이 현존하는 발전의 잠재력을 붙잡을 때만이 실현될 수 있다(무라카, 2016: 37)." 좋은 노동의 '요소에서 노동사회 이후 노동의 '계기'로의 전환이 물론 자동적일 수 없다. 이의 실현을 위한 조건들이 함께 구축되어야 하기 때문이다. 여기에서 발굴한 '좋은 노동'의 요소는 자본주의 발전을 위한 자본주의 그 자체의 필요라는 점을 다시 인식해야 한다. 그러나 이 '좋은 노동'에 포함된 좋음의 요소가 자본주의 내부에서 전면 충족되거나 실현될 수 없음도 분명하다. 급진민주주의 프로젝트의 과제는 바로 이런 문제의식에서 좋은 노동의 요소들이 자본주의에 대항할 수 있게 하기 위한 효과적이고 능동적인 개입 전략을 구체화하는 것이다. 이를 위한 첫 번째 실천은 분산적이고 파편적인 형태로 존재하는, 그러나 근본적으로 이 체계 내에서 충족될 수 없는 요소들을 추상적 수준에서라도 연결하고 통합해 질서를 부과할 대안적인 기본 범주를 가시화하는 일이다.

이 작업에 필요한 입지점을 만들어줄 연구는 적지만 존재한다. 한 예가 김미경의 연구인데 김미경은 독일에서 등장한 '좋은 노동' 프로젝트에 대한 비판적 독해를 통해 "'좋은 노동'은 시장을 매개로 하는 직업노동과 노동시장 밖에서 이루어지는 재생산노동, 그리고 여가까지를 모두 포함"(김미경, 2012: 320)하는 방향에서 접근 가능하다고 주장한다. 독일의 '좋은 노동' 운동은 "독일의 INQA Initiative Neue Qualitaet der Arbeit라는 조직에서부터 시작되었으며 이들이 추구하는 가치는 안전과 건강을 보장한 경쟁력이다. 즉 노동자들에게 안전하고 건강한 노동조건을 보장하면서 사용자에게는 경제적인 이윤을 동시에 보장할 수 있는 대책을 마련하고자 하는 것이다(김미경, 2012: 329)." 김미경은 이런 운동의 기여를 인정하면서도 좋은 노동운동이 임금노동의 영역만을 다루면 진정한 노동과 삶의 관계 재구조화가 이루어지지 않기 때문에 모든 형태의 노동과 일을 그 안에 포괄하는 방향으로 운동이 나아가야 한다고 제안했다. 이런 김미경의 제안은 우리가 좋은 노동의 요소를 고려해 노동사회 이후의 노동체계를 구상할 때 필요한 기본적인 범주가 확장되어야 함을 보여준다. 국외의 연구 중 나의 연구와 가장 유사한 연구는 프리가 하우그 Frigga Haug의 '넷을 하나로 보기 시각

Vier-in-einem-Perspektive'이다.[179] 프리가 하우그는 ① 삶의 필수적인 필요를 충족하는 생계노동(즉 고용employment) ② 돌봄과 재생산reproduction 활동 ③ 자신의 다양한 능력을 개발our own development하는 활동 ④ 정치활동politics의 네 활동을 구별했다(Haug, 2008).[180] 물론 이 연구엔 앙드레 고르의 세 개의 활동에 대한 유형 구별 또한 중요한 근거가 된다. 이를 도식화하면 다음과 같다(고르, 2000: 88~89).

[표12] 앙드레 고르의 노동 유형 구별

경제적 목적을 위한 노동	이는 보수를 염두에 두고 행해진 노동이다. 여기서는 돈, 즉 상품 교환이 일차적인 목적이다. 사람은 누구나 무엇보다 '생계'를 벌기 위해 노동하며, 이러한 노동에서 파생될 수 있는 만족감이나 기쁨은 부차적인 고려 사항일 뿐이다. 이는 경제적 목적을 위한 노동으로 명명될 수 있다.
가내노동과 자신을 위한 노동	이는 교환을 목적으로 한 것이 아니라 직접적으로 주된 수혜자를 위한 결과를 성취하기 위해 행해지는 노동이다. 음식을 준비하고 자신과 자신 가정의 청결을 유지하고 아이를 낳고 키우는 등의 매일의 기본적이고 즉각적인 생활필수품을 보장하는 '재생산' 노동, 즉 가내노동은 이러한 종류의 한 사례다. 과거에나 지금도 여전히 여성들이 경제적 목적을 위해 하는 노동에 더하여 이러한 노동을 하게끔 되는 게 현실이다.
자율적 활동	자율적 활동은 자유롭고 어떤 필요에서 기인하지 않은 채 그 자체를 목적으로 수행되는 활동이다. 여기에는 성취, 풍부화, 행복의 의미와 원천으로 경험되는 모든 활동—예술, 철학, 과학, 관계, 교육, 자선 및 상호부조 활동, 자가생산 활동 등—이 포함된다. 이들 활동 모두는 노력과 방법론적 적용이 필요하다는 의미에서 '노동'이 요구되지만, 활동의 의미는 그 산물과 마찬가지로 수행과정에 있다. 이러한 활동은 삶의 본질 그 자체다. 그러나 이는 항상 시간이 부족하지 않을 것을 필요로 한다.

179 영어로 번역된 프리가 하우그의 글을 읽었다.

180 Frigga haug, 2008, "For a life more just, the four-in-one perspective" in English. This is a short version of my essay on politics by women for a new left, published 2008 by Argument. Frigga Haug의 공식 홈페이지에서 다운로드한 PDF버전.

김미경, 프리가 하우그, 앙드레 고르의 범주에 공통점이 존재한다. ① 고용을 전제로 한 임금노동 ② 가내노동 또는 돌봄이나 재생산노동 ③ 여가 혹은 자율활동의 범주가 그것이다. 프리가 하우그는 이외에 정치활동을 독자적인 범주로 추가했다. 나는 이들의 연구에 의존하면서도 이들과 다른 방식으로 네 범주를 구성할 것을 제안한다. 고르가 말한 '경제적 목적을 위한 노동'은 그 자체로 노동의 본디 의미에 가까운 노동으로 범주에 포함되지만, 고용과는 다른 방식으로 수행되는 노동의 범주를 제안할 것이다. 나는 임금노동이 소멸할 것이라고 보지는 않지만, 임금노동이 필수가 아닌 선택의 범주가 되는 대안체계를 지향한다. 이는 바꿔 말하면 고용이 아닌 다른 형태의 노동으로 경제적 목적을 실현할 수 있는 노동 범주가 있어야 한다는 의미다. 나는 '시민기본노동'과 작업을 그 대안으로 제시한다. 이 두 범주는 공동자원생활체계에 입각해 생활 안전을 보장한다는 나의 논의에 기초해, 참고한 학자들의 논의와는 다른 방식으로 경제적 필요 충족을 위한 대안노동과 일의 범주로 고안된 것이다. 돌봄과 재생산 및 자율활동이 포함되어야 한다는 것에는 이견이 없다. 그러나 그 성격에 대해선 다른 독해가 가능하다는 입장에서 접근한다. 또한 자율활동과 정치활동을 구별하는 프리가 하우그와 달리 자율활동의 한 차원으로 정치활동이 통합될 수 있다고 본다. 이는 논쟁적일 수 있지만, 자율활동에는 전체 동료 시민뿐만 아니라 구체적인 동료 시민들과의 협력을 위한 시간이 포함되며 이 과정 자체가 하나의 정치활동이라고 보기 때문이다.

시민기본노동

공동자원생활체계는 공공-공동자원체계의 기반 위에서 작동한다. 공공-공동자원 생산이란 모든 시민 공통의 필요로서 하나의 보편권리 유형으로 충족되어야 할 공동자원의 공급체계를 말한다. 그에 반해 공동체-공동자원의 생산은 보편적인 필요가 아닌 특수한 필요의 충족을 지향하는 생산을 말한다. 곧 공공-공동자원체계가 모든 시민의 보편적이고 필수적인 필요의 충족자원을 생산한다면, 공동체-공동자원체계는 각 개인의 욕망과 취향, 상상력의 실현을 위해 필요한 충족자원을 동료 시민과의 연대와 협동을 통해 생산한다. 중요한 점은 이 두 유형의 공동자원 생산 과정에 투입되는 공동자원 노동의 차이를 이해하는 일이다. 공공-공동자원은 모든 시민의 보편적이고 필수적인 필요 충족을 위한 자원이기 때문에 모든 시민은 이 노동에 대한 참여를 '시민의무'로 부과받는다. 공동자원의 생산 과정은 그 자원의 충족을 요구하는 이들 모두의 동등한 노동 참여로 이루어져야 하기 때문이다. 그러나 공동체-공동자원은 각 개인의 자유로운 선택과 결정에 기반을 둔 타자와의 연대와 협력에 기초하기 때문에 그 자체로 '자유' 노동이라는 특성을 띤다. 이 때문에 공공-공동자원의 생산 과정에 투입되는 공동자원으로서의 노동은 공동체-공동자원에 투입되는 노동과는 별도의 요소와 관계들을 요구한다.

공동자원에 필수적으로 요구되는 노동 투입을 타자의 노동으로 대체하지 않고 자신의 노동 및 동료 시민과의 연대노동을 통해 실현하는 것이 핵심이다. 이 형태는 길드사회주의와 같은 전통 내에 이미 강력하게 존재하던 요소들이다. 1920년대 초반 오스트리아 빈에서는 주거문제 해결을 위한 주거조합운동이 활발하게 전개되었다. 정현백의 연구에 의하면, 조합을 통한 주거운동의 특징은 "미래 입주자들의 노동 투입"이었다(정현백, 2016: 46). 열악한 경제상황으로 인한 현금 자본 부족을 메우기 위한 방식이기도 했지만, 자신의 필요를 자신의 노동 및 동료 시민 간 협력으로 충족해나가는 과정이기도 했다.

그러나 단지 과거만의 구상은 아니다. 로베르토 웅거는 사회민주주의에서 연대는 계좌이체로만 존재한다면서 사회적 연대를 이루기 위해서는 "자기 돈을 내놓는 것만으로는 부족하고 인생의 일부를 내놓아야 한다고 주장"했다(이재승, 2017: 427). 웅거는 사회민주주의는 네 개의 단절적인 부문경제로 구성되며 "각각의 부문은 다른 세계이며, 그래서 다른 부문에 있는 사람들은 서로를 알지 못한다"(웅거, 2012: 377)라고 지적한다. 한 부문에서 돈을 거둬 다른 부문에 있는 사회적 급부의 수혜자들에게 제공하기 때문이다. 웅거는 사회적 연대의 대안으로 "몸을 움직일 수 있는 성인이라면 원칙적으로 생산 체제뿐만 아니라 돌봄경제에서도 일정한 역할을 해야" 하며 이를 위해 "전체 생애로 봤을 때 어느 정도의 시간은 가족 이외의 타자를 돌보는 책임을 이행하는 데 써야 한다"고 강조한다(웅거, 2012: 378). 화폐를 매개로 한 연대에서 자신의 노동을 통한 연대로의 전환을 통해 각 개인은 전체 안에서 구체적인 역할을 수행하는 동시에 "서로에게 책임 있는 존재"가 되며 "사회적 연대에 필요한 직접적이고 구체적인 지식을 성취"할 수 있게 된다고 웅거는 주장한다(웅거, 2012: 378). 문제는 이러한 노동 투입이 강제노동과 구별될 수 있는가에 달렸다.

공공-공동자원은 보편적이고 필수적인 필요의 충족과 관계된 영역이기 때문에 이 공공-공동자원 영역의 재생산은 각 개인의 필요를 넘어 전체 사회의 차원이라는 속성을 지닌다. 곧 전체 사회의 필요는 전체 사회 구성원의 개인적 필요의 총합으로 환원되지 않는 그 자체의 고유한 필요 영역을 내재한다. 앙드레 고르가 분석한 것처럼 "시스템인 사회의 기능이 갖는 실용적이고 부동하는 요구사항들에 의해서 결정"(고르, 2011: 147)되는 영역이 존재하기 때문이다. 바로 이런 특성으로 인해 고르는 전체 사회의 필요를 충족하는 노동은 각 개인에 외재하는 '외부적 필연성'에 의해 부과되는 타율노동이라고 말한다. 마르크스는 보편적인 개인의 개념을 통해 보편성과 개별성이 통합되는 개인의 유형을 꿈꿨지만, 현실에서 보편성과 개별성의 통합과정은 완전하게 일치될 수 없다. 이 때문에 전체 사회의 보편적인 필요 충족을 부과하는 공공-공동자원은 그 자체로 이 과정에 참여하는 각 개인에 대해 타율성의 요소를 내재할 수밖에 없다. 이는 두 문제를 제기한다. 하나는 타율성과 자유의 문제이며 타율성의 분배에 대한 문제가 그다음이다.

(1) 타율성과 자유의 문제

공동자원생활체계는 모두 노동과 자유의 융합을 통해 작동한다. 이것이 의미하는 바는 노동이 각 개인의 자유로운 발전을 위한 요소인 동시에 그 작동 과정 자체가 각 개인의 자유와 융합되어 있어야 한다는 것이다. 그러나 이 원리가 모든 노동이 각 개인의 자유로 환원된다는 것을 의미하지는 않는다. 이는 불가능한 요구이기 때문이다. 노동은 타인과의 협력을 통해 구성되는 과정이 부여하는 조건과 노동에 부과되는 조건의 제약으로 인해 각 개인의 자유로 환원될 수 없는 속성을 가진다. 따라서 노동과 자유의 융합이란 타율성과 자율성의 역설적인 종합일 수밖에 없다. 이는 곧 우리에게 중요한 점이 타율성의 소멸 가능성을 논증하는 것이 아니라 자율성과 타율성의 역설적인 종합을 가능하게 하는 대안 구성 원리를 발전시키는 일임을 의미한다.

앙드레 고르는 이 부분에서 다음과 같이 제안했다. 타율성의 요소는 최소화와 인간화의 방향으로 운영되고 조직되어야 한다. 동시에 이러한 타율성의 요소는 자율성의 확장을 위한 하부구조infrastructure로서의 역할을 한다. 곧 각 개인의 자율성 확장을 '지원'하는 역할 이상으로 확장되어서는 안 된다(고르, 2011: 152~168). 고르의 제안은 타율성의 영역을 축소할 수는 있지만, 그것을 제거하기는 불가능하다는 입장에 기반을 둔다. 이 때문에 타율성의 영역을 부정하는 것이 아니라 그 영역이 전체 인간의 모든 영역을 지배할 수 없도록 축소하고 공적으로 통제하는 방식을 요구한다. 자율성은 바로 이런 타율성의 영역 '바깥'에 존재한다. 그래서 고르는 자신의 견해를 타율성과 자율성의 이원론duality 접근이라고 부른다. 이런 접근은 공적-공동자원체계에 투입되는 노동의 특성을 파악하는 데 유용한 시각을 제공한다. 왜냐하면, 타율노동의 특성을 보이는 공적-공동자원은 다른 유형의 공동자원 확장을 위한 하부구조로 작동해야 하고, 공적-공동자원을 생산하는 과정에 투입되는 노동은 "가장 인간적이자 가장 효율적인 방식으로, 그리고 가능한 적은 시간을 노동하는 것"으로 실현되어야 한다는 운영원리를 제공하기 때문이다.

하지만 고르는 이 과정에서 타율성과 자율성을 완전히 분리하면서 타율성의 조직 과정에 필요한 객관적인 규칙과 인간 개인의 관계를 '소외' 관계로만 파악한다. 이때 이런 유형의 소외는 하나의 시스템으로서의 전체 사회에 의해 발생하는 것이기 때문에 소멸 불가능한 것으로 정의된다. 그러나 이런 시스템의 자기조절 필요에 의한 요소들을 과잉 강조하는 과정에서 각 개인에게 부과되는 규칙과 의무의 타율성 원천을 밝혀내기는 했지만, 정반대로 규칙과 의무의 구성 과정에 투입될 수 있는 민주주의의 요소는 다루지 않았다. 이는 민주주의로 통제할 수 없는 외부 한계와 조건의 존재를 강조하기 위함이지만, 그 과정에서 민주주의 역할의 중요성을 간과했다고 볼 수 있다. 이는 공적-공동자원의 생산 과정이 그 자체의 동학에 의한 내적 필요도 존재하나 이 필요의 충족은 동료 시민의 민주적인 참여와 결정에 의해 방식이 변형될 수 있다는 점을 보여주는 데 한계를 드러낸다. 공적-공동자원은 모든 이에게 의무로 부과되지만, 의무의 실현 과정은 외적 제약과 한계 내에서도 인간의 자유를 최대화하는 방향으로 조직될 수 있다. 동료 시민의 참여에 기반을 둔 민주주의는 바로 타율성 내에서의 이러한 인간의 자유 확장을 위한 메커니즘으로 지속적인 관심과 발전의 대상이 되어야만 한다. 따라서 우리는 다음과 같이 공적-공동자원의 생산에 대한 기본 운영원리 3가지를 도출할 수 있다.

[표13] 공적-공동자원 생산의 기본 운영원리

	특성	내용
1	하부구조로서의 공적-공동자원	공적-공동자원은 각 개인의 자율성 확장을 위한 하부구조다. 이는 두 가지를 의미한다. ① 모든 이의 보편적이고 필수적인 필요는 공적-공동자원을 통해 일차적으로 충족되어야 한다. ② 그러나 이 과정에 투입되는 노동은 모든 이에게 일차적인 노동이 되어서는 안 된다.
2	민주주의를 통한 공적 규칙과 노동의 의무 부여	공적-공동자원은 ① 모든 시민에게 하나의 공적 의무로 부과되어야 한다. ② 그러나 그 의무의 부과 과정은 민주주의를 통해 조정 변형되어야 한다.

| 3 | 공적–공동자원 노동의 최소화와 인간화 | ① 공적–공동자원 노동에 투입되는 각 개인의 노동시간은 가능한 가장 적은 시간이어야 하며 ② 그 노동시간은 가장 효율적이고 인간적인 방식으로 운영될 수 있어야 한다. ③ 이에 비인간적인 노동의 요소를 제거하기 위한 노력이 전개되어야 한다. |

(2) 타율성의 분배

보편적인 필요의 충족 실현 과정에서 발생하는 타율성은 보편적으로 분배되어야 한다. 전체 사회의 유지와 존속을 위해 필수적인 노동이지만, 그 노동의 속성상 각 개인의 자유로운 발전 과정으로 파악할 수 없는 요소들이 존재할 수 있다. 각 개인의 자아표현과 분리된 이런 요소들은 각 개인의 자발적인 선택의 결과일 수밖에 없기 때문에 타율적으로 분배되어야만 한다. 민주주의를 통해 타율성의 요소가 모든 이에게 분배되어야 하는 이유는 두 가지다. 하나는 자아의 표현과 분리된 노동이 특정 집단과 개인에게만 할당되어서는 안 되기 때문이다. 다른 하나는 앙드레 고르의 주장처럼 "각자에게 할당된 타율적 노동시간이 최대한 축소되기 위해서는 모든 사람이 노동을 해야 한다(고르, 2011: 164)."

고르는 이 타율적인 노동에 별도의 이름을 부과하지 않았다. 단지 '사회적으로 결정된 노동'이라는 이름으로 지칭했을 뿐이다. 이런 노동의 속성을 더욱 분명히 제시하기 위해 모든 시민의 '기본노동basic labor'이라고 부를 것을 제안한다. 급진민주주의 프로젝트는 임금노동의 축소를 위한 노동시장과 노동의 분리를 지향하지만, 노동과 시민을 분리하지 않는다. 자본주의 임금노동은 기본노동을 노동시장을 통해 특정 집단과 개인의 임금노동으로 만든다. 그러나 급진민주주의는 기본노동을 모든 시민의 의무로 부과한다. 나의 제안과 가장 유사한 제안은 스탠리 아로노비츠Stanley Aronowitz로부터 나왔다. 그는 「탈노동 선언」에서 무한노동으로부터 벗어나 우리 자신의 삶을 위한 시간을 탈환하자고 주장한다. 이를 위해 그는 "여전히 해야 할 노동"이 있다면서 그 노동은 공적 책임성public responsibility이 결합한 새로운 유형의 노동이라고 말한다. 도로, 교량, 상하수도, 학교, 공원, 교통체계, 환경, 공공장소의 유지와 복원에 '노동'이 필요하기 때문에 "우리에게는 해야 할 일이 있고 우리는 그 일들을 서로 나누어서 해야 한다"(아로노비츠, 1998: 130)고 아로노비츠는 주장한다. 아로노비츠는 이 '일'을 분담하는 원칙을 급진참여민주주의라고 했는데 이런 노동과 일이 동료 시민의 자기 결정으로 부과되더라도 그 타율성은 벗어날 수 없다는 의미에서 나의 구상과 크게 다르지 않다.

계보학적으로 본다면 이런 구상은 필수노동을 인구 전체에 더 공평하게 나누고자 한 토머스 모어의 『유토피아』와, 유토피아에서도 달갑지 않은 노동이 존재하지만, 그 노동은 개인에게 매우 적은 부담만 지울 거라고 본 윌리엄 모리스의 구상을 계승한다. 단지 유토피아의 복원을 위한 구상은 아니다. 이와 같은 문제설정은 기업혁신이나 상품혁신 혹은 사회혁신의 이름으로 임금노동이나 공적노동의 일부를 할당받아 상품생산과 공적서비스 생산 과정에 참여하며 발생하는, 이른바 현재의 참여를 '시민노동' 범주를 통해 더 적극적으로 파악할 길을 열어준다. 더 이상 시민의 참여를 자율활동의 범주로 접근할 수 없다. 자율활동과 노동의 경계가 식별 불가능해지거나 해체되고 있기 때문이다. 시민은 자신의 충족되지 않는 필요를 위한 자원을 자신의 활동과 동료 시민과의 협력을 통해 창출할 것을 끊임없이 요구받는다. 근래 폭발적으로 성장한 담론 중 하나인 '사회혁신social innovation'은 바로 이에 대한 담론이다. 시민기본노동은 현재 등장하고 있는 이와 같은 시민노동의 경향을 전체 사회의 기본적 필요 충족을 위한 노동의 관점에서 확산 및 확장하려는 의도를 담고 있다.

시민기본노동은 공공−공동자원체계의 확대재생산에 참여하고 이에 기여하는 노동의 한 유형이다. 이런 기본노동을 통해 모든 시민에게 전체 사회의 필요 충족을 위한 노동이 평등하게 분배되기 위해서는 "노동의 평범화"(앙드레 고르, 2011: 164)가 필요하다. 앙드레 고르가 말하는 "노동의 평범화"란 모든 시민이 참여할 수 있는 유형으로 노동이 변형되는 과정을 말한다. "평범화를 통해서만 각자가 여러 종류의 노동을 연속적이고 효율적으로 할 수 있거나, 자신의 일부 시간을 몇 개의 타율적인 활동들에 나누어 사용할 수 있다."(앙드레 고르, 2011: 164)

노동의 평범화 조건은 이미 축적되어 있다. 그 중심에 기계화 경향이 있다. 노동을 기계로 대체하는 기계화 과정이 가능하기 위해서는 노동의 표준화 과정이 전제되어야 한다. 노동의 표준화는 노동을 탈인격화하면서 노동과 구체적인 인간의 결합을 약화한다. 바로 이 부분을 기계가 전유하면 기계화가 발생하는 것이다. 이 때문에 노동의 평범화는 기술의 발전 문제와 연동되어 있다. 기술의 발전은 기본노동을 위한 노동의 평범화와의 관계 안에서 조정되어야 한다. 앙드레 고르의 분석에 따르면 기술화technicization는 대가를 요구한다. 노동과 삶을 분리하기 때문이다. 그러나 만약 이 과정이 노동의 양과 시간을 단축한다면, 수용할 수 있다(Gorz, 1989: 87).[181] 즉 기본노동은 자동화 자체를 대립적으로 파악하지 않는다. 그러나 자동화에 내재한 위험을 인정하면서도 그것으로부터 분리된 노동 계획을 구성하지 않는다. 기본노동이 노동의 평범화를 요구하는 선에서 언제나 자동화와 연결될 수 있다는 점도 인정한다. 그러나 기본노동은 완전히 자동화로 환원될 수 없다. 전체 사회의 유지와 존속에 필수적인 노동이지만, 인간의 존엄성을 파괴하거나 의미 없는 노동의 영역에 대해선 우선적인 자동화를 진행해야 한다. 핵심은 국가에 의한 자동화 영역이 이 부문에 집중되어야 한다는 것이다. 다음 단계로는 인간과 기계의 협력을 통해 더욱 탁월한 결과물을 만들어 낼 수 있고 노동시간이 단축될 수 있는 부문들이 진행되어야 한다. 이런 기계와의 협력 과정이 기본노동 전체를 대체하지는 않는데, 기본노동 안에는 동료 시민들의 민주적 공동조정 과정과 이에 기반을 둔 노동의 분배, 그리고 인간과 인간의 상호작용에 기반을 둔 시민적 우정의 영역이 존재해야 하기 때문이다. 이는 동료 시민들의 일상생활 자동화를 민주적으로 통제하는 사회적 경계가 존재한다는 의미다.

노동의 평범화는 노동 분업과 대립하지 않는다. 노동의 생산성과 효율성 증대를 위한 기능적 분업은 허용되어야 한다. 그러나 노동 분업이 허용된다고 하더라도 분업은 '절제'되어야 한다. 분업은 일정한 한계에 도달하면 공간과 시간을 초월하려는 경향을 낳는다(페히, 2015: 27~28). 따라서 분업의 허용에는 분업의 한계 설정이 동반되어야 한다. 달리 말하면 노동은 분산되어야 한다. 기본노동을 축소하는 일은

---

181   Andre Gorz, *Critique of Economic Reason*.

기본노동의 축소만이 아니라 기본노동이 작동하기 위해 필요한 외부 기구와 국가의 활동 축소와 함께 가야 한다. 이런 이중 축소를 위해서는 '규모의 경제'와 다른 방향에서 전체 사회의 경제를 구조화해야 한다. '규모의 경제'는 자본의 집중화를 통해 생산의 효율성과 이윤의 극대화를 가능하게 하지만, 자본의 집중화와 규모의 거대화만큼 이를 지원하고 유지 존속하기 위한 전체 사회 차원의 하부구조가 필요하다. 문제는 전체 사회의 하부구조에 들어가는 비용을 해당 사회 전체가 부담하는 데 반해 그 이윤은 자본이 전유한다는 것이다. 이런 규모의 경제에서 기본노동의 축소가 발생할 수 없음은 분명하다.

그래서 고르는 슈마허의 문제의식을 이어받아 다음과 같이 말한다. "작거나 중간 규모의 생산조직만이 지역주민의 욕구를 충족하고, 그 주민들에 의해 통제되고, 지역적 차원과 희망사항에 맞추어 스스로를 조정할 능력이 있다."(고르, 2011: 172) 곧 생산조직을 지역과 결합해 ① 지역화 ② 탈중심화해야 한다. 이런 조건으로 전체 사회의 생산조직이 재편될 경우에만 국가의 개입이 최소화될 수 있다. 하지만 중요한 점은 국가 개입이 최소화되는 것이지 국가의 기능과 역할이 소멸하는 것은 아니라는 점이다. 중요한 점은 국가 개입의 최소화가 국가의 공적 기능 전체를 해체하려는 신자유주의 기획과 같지 않은 방식으로 전체 시민의 자율성 확장에 기여해야 한다는 점이다. 이런 역할을 하는 데 있어 국가는 필수적이다. 앙드레 고르의 주장처럼 "국가는 협업과 중앙적 규제 수단을 효율적으로 운영할 수 있기 때문에, 사회적으로 필요한 노동시간을 최소로 줄일 수 있는 유일한 존재다. 끝으로 국가는 자율성 영역의 확장을 위해 스스로의 권력과 고유 영역을 축소할 수 있는 유일한 존재다(고르, 2011: 187)." 곧 국가는 필수적인 필요

necessary needs이다. 그 충족방식이 달라야 한다. 전체 시민의 자율성 확장에 기여하는 방향으로 전체 사회에 질서를 부과하는 기능을 국가가 수행해야 한다.

동시에 모든 시민이 참여하는 기본노동은 모든 시민의 자유와 융합될 수 있어야 한다. 곧 노동의 평범화가 기본노동과 자유의 융합 방향에서 작동할 수 있어야만 한다. 이는 두 가지 의미다. 하나는 기본노동의 배치가 다른 삶을 위한 노동을 시간의 확장으로 귀결되어야 한다는 것이고, 다른 하나는 기본노동에의 참여가 각 개인의 자유에 대한 권리 침해 요소를 최소화해야 한다는 것이다. 이 두 요구를 해결하는 방법은 기본노동을 단속적 노동의 유형으로 변형해 각 개인이 스스로 관리하는 노동시간으로 전환하는 것이다. 곧 기본노동은 단속적인 기본노동에 대한 권리를 통해 실현되어야 한다. 그러나 이런 노동의 단속성discontinuity이 노동의 불안정성을 말하는 것은 아니다 (Gorz, 1999: 97).

민주적 '수행'으로서의 재생산

일부 여성학자들이 논했던 것처럼 '재생산' 개념은 그에 대한 일관된 정의를 발견하기 어렵다(조영미, 2001: 315;《여성과 사회》, 1992: 351). 또한 무엇을 중심 문제로 보는가에 따라 재생산에 포괄되는 활동의 범위도 매우 다르다. 어떤 이들은 생식이나 출산 등과 같은 이른바 인간재생산human production의 관점에서 재생산에 접근하기도 하고 어떤 이들은 가사노동을 재생산과 동일시하기도 한다. 또 어떤 이들은 더 포괄적으로 전체 사회의 재생산 곧 사회재생산social reproduction에 기여하는 모든 활동을 재생산 개념으로 접근하기도 한다. 그리고 현재는 건강 개념과 결합해 더욱 많은 내용을 다루고 있다. 따라서 재생산의 범주에 임신, 출산, 수유, 가사, 양육, 피임, 낙태, 돌봄, 대리모, 인공수정, 태아복제 등 매우 많은 활동과 의제가 포함되고 있다. 나는 이에 비해 매우 제한적인 형태로 '재생산' 개념을 활용하고자 한다. 재생산이란 분리될 수 없는 타자와 지속가능한 공동생활을 생산하는 데 필요한 그 내부의 '일' 체계다. 이런 정의는 재생산을 노동력의 재생산이나 인간재생산, 혹은 사회재생산의 관점에서 접근해온 방법들과 일정한 차이를 지닌다. 이는 재생산을 가족과 분리한다. 가족은 공동생활 중 하나일 수 있지만, 공동생활이 곧 가족생활은 아니다. 재생산은 전통적으로 '가족'과 관계된 개념이었지만, 재생산의 '탈가족화'라고 부를 수 있는 재생산의 사회화와 시장화 국면을 거치면서 재생산과 집 및 가족과의 관계는 분리되어 더 이상 집을 경계로 하는 혈연공동체를 반드시 전제하지 않게 되었다. 국가의 개입을 통한 재생산의 '사회화'[182]와 돌봄이나 가사 등 재생산노동의 전문화, 노동시장을 통한 하층계급 여성들의 돌봄 노동자화는 그 주요 원인이었다. 여기서 재생산의 개념을 다루는 방식은 이런 인식을 전제한다. 그러나 재생산의 '탈가족화'가 반드시 국가나 시장이라는 이분법 내에서 움직일 이유는 없다. 단지 그 토대 위에서 출발할 뿐이다. 공동생활의 범주는 '탈가족화'를 가족으로 환원하지 않으면서 가족을 포함한 확장된 공동성의 체계 안에서 재생산을 파악할 가능성을 열어준다.

또한 재생산의 목적은 공동생활 그 자체이며 이 공동생활의 재생

---

182 이 개념에 관해서는 장지연(2011a)을 참조하자.

산이 기존 체제 안에서 어떻게 배치되는가에 따라 다양한 기능을 수행할 수 있다.[183] 노동력 재생산은 공동생활 재생산의 한 기능일 수 있지만, 목적일 수는 없다. 공동생활에는 공동성을 유지하고 관리하며 이를 끊임없이 재생산해야 하는 일이 존재하며, 그 일의 대상은 '공동성'의 생산 자체다. 따라서 재생산은 공동생활을 구성하는 타자들과의 관계를 전제하며 그 안에서 이루어지는 '일'일 수밖에 없다. 이런 접근은 성별 분업체계나 여성의 생물학적 속성과 연결해 재생산을 이해하던 시각과 분리된다. 나의 개념에서 재생산은 여성의 몸을 반드시 요구하지 않는다. 공동성은 여성을 배제한 다른 성들의 관계를 통해 구축될 수도 있으며 그 공동생활의 재생산이 반드시 다음 세대의 재생산과 연결될 필요도 없다. 이는 '재생산'에 대해 완전히 다른 개념화를 제안하기 위한 것이 아니라 동료 시민들의 다원적인 결합 형태를 재생산과 연결하기 위한 선택이다. 기존 재생산 논의들이 은폐되고 보이지 않았던 혹은 종속화된 여성의 신체와 자유의 문제를 논하기 위해 재생산 개념을 발전시켰다면 나는 그 계열 위에서 재생산 개념을 동료 시민 전체의 문제로 확장할 필요성을 느낀다. 물론 이 논의의 발전에 기간 재생산 연구가 축적한 논의들이 중요한 토대가 될 것이다.

재생산은 모든 인간의 기본 조건이다. 사회적 존재로서의 인간은 고립을 선택할 수는 있지만, 고립을 통해 사회적 존재로서 발전할 수

---

183 재생산 개념을 사용할 때 가장 큰 난점은 생산을 전제한다는 점이다. 생산과 재생산 개념의 분리에 대한 비판이나 재생산 개념을 생산 개념과 통합해 생산 개념을 확장하려는 시도 모두 이 문제와 연동되어 있다. 이 문제에 대해선 윤자영(2012)을 참조하자. 비판의 소지는 있으나 여기서는 상품이나 시장을 위한 생산과 구별되는 생산의 영역을 가리키던 재생산 개념의 전통을 이어 쓴다.

는 없기 때문이다. 모든 인간은 자신이 원하든 원하지 않든 특정한 유형의 다원적인 공동생활 안에 진입하며 그 공동생활 안에서 특정한 유형의 위치를 확보한다. 그러나 노동사회에서 재생산 활동은 임금노동의 재생산을 위한 활동으로 환원되는 경향뿐만 아니라 남녀 노동분업구조 아래에서 여성의 노동으로 규정되는 경향이 강했다. 또한 재생산노동은 무급의 가정 노동과 동일시되곤 했다.(윅스, 2015: 352) 여성의 재생산노동이 남성의 임금노동에 종속된 구조를 넘어서기 위해 다양한 운동이 전개되었다. 그중 하나가 재생산 활동을 임금노동의 한 유형으로 통합하는 운동이었다. 앙드레 고르는 여성의 가사노동에 사회적 임금을 지불해야 한다는 유럽 페미니즘운동 일각의 주장을 강하게 비판한 바 있다. 고르가 "가사노동에 임금을" 요구하는 운동을 비판한 핵심적인 이유는 이 운동이 임금을 받지 않는 노동은 모두 폐지해야 한다는 주장의 노선상에 위치하며 그 결과 모든 행위를 임금노동 안으로 통합해 소외를 완전하게 만든다고 보았기 때문이다.(고르, 2011: 55) 그래서 고르는 이런 "가사노동에 임금을" 요구하는 운동이 "부부 사이에서 역할을 새로이 나누고 서로 동등한 파트너가 된 여성과 남성 사이에서 가사를 공평하고도 자발적으로 분배해야 한다는 투쟁과는 명백히 다르다"라고 강조한다.(고르, 2011: 55) 클라이브 해밀턴도 이런 비판에 동참한다. 가사노동을 임금노동과 같은 방식으로 고려해야 한다는 주장에 의하면 "가사노동은 가계 구성원들이 소비하는 재화와 서비스의 생산과정으로 간주될 수밖에"(해밀턴, 2011: 252) 없다는 것이다. 데이비드 하비 또한 다음과 같이 비판했다. "가사노동에 임금을 지급해야 한다는 캠페인은 어떻게 보더라도 반자본주의적 관점에서 심각하게 벗어났다. 이 캠페인은 가사노동을 최대한 많은 사회적 공급 형태들을 탈상품화하기 위한 지렛대로 사용하기보다는, 일상생활의 친밀함을 더욱더 화폐화, 상품화하는 데 일조했을 뿐이기 때문이다."(하비, 2014: 182)

민주주의의 급진화 프로젝트는 앙드레 고르, 클라이브 해밀턴, 데이비드 하비 등의 비판을 수용한다. 가사노동 혹은 더 일반적인 관점에서 재생산노동은 임금노동에 종속되어서는 안 되지만, 임금노동과 동일한 방식으로 전환되어서도 안 된다. 곧 재생산노동은 임금노동과 분리해 독립적인 목적을 지니는 또 하나의 노동양식이라는 관점에서 재구성되어야 한다. 그리고 나는 이 부분이 "가사노동에 임금을" 운동이 지향하는 또 다른 목적이었다는 점에서 그 운동의 정신 일부를 계승한다. "가사노동에 임금을" 운동은 단지 가사노동에 남성 임금노동과 동등한 임금을 부여하자는 운동이 아니다. 이 운동은 임금노동의 재생산이 임금을 받지 않는 가사노동에 근거하기 때문에 그 숨겨진 토대를 드러냄으로써 자본주의에 대한 비판을 전개하려고 한 것이었다. 그러나 이런 문제의식을 계승하기 위해서는 그 구호와 달리 재생산을 위한 노동이 임금 이외의 다른 목적을 향해 그리고 그 과정 또한 다른 수단을 통해 달성될 수 있어야만 한다.

이런 문제의식 아래 민주주의의 급진화 프로젝트는 재생산노동을 노동을 위한 재생산 과정으로 양육, 돌봄, 가사 등을 환원시키지 않고 이를 가족뿐만 아니라 우정의 공동체 등의 다원적인 시민결합 관계 자체의 재생산을 위한 노동으로 전환하는 데 초점을 맞춘다. 곧 재생산노동의 목표를 인간과 인간의 관계 자체에 집중하고 그 관계의 재생산을 지금과 다른 방법으로 진행하는 것이 재생산노동 조직화의 기본 원리다. 재생산은 그 자체로 공동의 삶을 구성하는 모든 '우리'의 재생산을 위한 노동이기 때문에 이 노동에 대한 참여는 공동의 관계를 구성하는 모든 이에게 평등하게 분배되어야 한다. 『보이지 않는 가슴』의 낸시 폴브레가 말한 것처럼 "우리는 모두 좋든 싫든 다른 사람을 돌볼 의무가 있다. 그리고 우리가 남을 돌보면 남들도 우리를 돌볼 것이다(폴브레, 2007: 17)." 곧 재생산은 '우리'를 구성하고 있는 다른 동료 시민에 대한 시민의무이며 누구도 이 의무의 분담으로부터 면제될 수 없다. 돌봄과 민주주의의 결합을 제안한 조안 C. 트론토가 돌봄에 관해 다음과 같이 말한 것은 재생산 전체로 확대해 수용되어야 한다. "문제는 돌봄의 책임을 좀 더 광범위하게 나눠 가질 것인가의 여부whether가 아니라 어떻게how 분담할 것인가다."(트론토, 2014: 31) 이 차원의 재생산을 위한 노동은 그래서 시민기본노동의 형태로 전체 사회의 모든 동료 시민에게 정치적으로 분배될 수 있다. 재생산노동이 시민기본노동의 형태만을 띠는 것은 아니지만, 재생산노동의 한 차원이 우리 모두의 시민의무와 연결되어 있다는 점은 중요하다. 시민의무의 분배가 민주주의의 원리를 따라 정치적으로 재분배되어야 함은 재론할 필요가 없다. 이런 재생산노동은 '우리'를 구성하는 모든 이의 타협과 조정에 따라 다양한 유형의 양식으로 구체화될 수 있는데, 핵심은 그 양식 자체보다 이때 재생산노동이 '우리' 모두의 공동자원으로 나타난다는 점이다.

이런 관점은 출생률이 빠른 속도로 낮아지면서 어린이와 노약자를 돌보는 문제가 전체 사회에 부상한 동시에 남녀의 전통적인 노동 분업 구조에 대한 여성의 저항 그리고 이에 따른 분업의 재협상이 강화되는 현재 국면에서 중요한 관점의 전환을 요구한다. 전통적인 노동 분업의 재협상 과정은 여성의 노동시장 진출 강화를 매개로 이루어지고 있다. 이는 가부장적 권력에 균열을 내는 데 도움이 되었지만, 반대로 재생산에 대한 책임 이행에 한계 상황을 초래했다. 노동 분업 구조 내에서 그 책임을 떠맡고 있는 여성이 재생산노동에 투입할 수 있는 시간 자체가 축소되었기 때문이다. 그런데 재생산노동에 대한 필요는 높아졌지만, 이를 충족하는 과정의 경제비용은 낮아졌다. 모든 이에게 필요한 노동이므로 재생산의 비용을 낮추려는 압력이 강해졌기 때문이다. 이에 따라 전통적인 여성의 재생산노동을 대체할 시장이 형성되었고, 이는 학교, 병원, 양로원, 요양원 등에서 낮은 임금을 받는 노동의 유형으로 확산되었다.[184]

그런데 바로 이 재생산노동 시장에 빈곤 국가에서 이주해온 이주노동자 비율이 점점 높아지고 있다. 이 때문에 일부 페미니스트는 "유급 돌봄 노동시장의 확대가 일하는 부모, 특히 전일제로 일하는 어머니가 새로운 형태의 전 지구적 식민주의에 동참"(제이콥스·거슨, 2010: 293)하는 구조를 만들고 있다고 비판한다. 또 다른 문제는 공적서비스이든 시장을 통해 공급되는 사적서비스이든 재생산노동 부분은 급성장하고 있지만, 여기에서 제공되는 서비스의 질에 대한 불만 혹은 위험이 비례해 증가하고 있다는 점이다. 재생산노동에 필수적인 우정과 사랑 혹은 더욱 일반적인 의미에서 친밀성의 관계를 구성하는 윤리적 실천들은 제도화된 재생산 노동으로 충족될 수 없는 고유한 영역

---

184 돌봄 직종에 낮은 보수를 지급할 때 발생하는 부정적인 결과의 몇 가지를 낸시 폴브레는 다음과 같이 설명한다. "돌봄 직종의 낮은 보수는 교육 수준과 경력이 높은 사람들이 더 나은 보수를 찾아 다른 직종을 선택하도록 한다. 낮은 보수는 아이를 양육할 충분한 돈을 벌어야 하는 사람들도 돌봄 직종을 단념하도록 만든다. 낮은 보수는 훈련과 계발에 헌신하지 못하도록 만든다. 낮은 보수는 과로율과 이직률을 높인다. 노동자들은 조금이라도 더 나은 노동조건을 제공하는 직장을 찾아 떠나려 하기 때문이다."(폴브레, 2007: 83)

을 내포한 것으로 보인다. 제도화된 재생산의 노동에선 돌봄에 대한 반복적이고 일상적인 노출이 돌봄 자체를 하나의 기계적인 노동 과정 일부로 인식하게 하고 그에 따라 이 과정에 참여하는 노동 주체에게 돌봄의 대상을 사물로 인식하는 일종의 물화 과정을 만든다. 이것이 회피할 수 없는 현상이라는 점에서 재생산노동의 제도화 과정에 내재한 위험이라고 할 수 있다. 이런 위험의 폭발적인 분출은 역설적으로 전통적인 노동 분업구조의 압력을 발생시킨다. 즉 여성 임금노동의 보완을 위해 등장한 제도의 위기가 여성을 다시 집으로 돌려보내라고 압박하는 것이다.

공동자원체계의 관점은 이 문제를 다른 방향에서 접근한다. 재생산의 필요를 국가를 통한 사회화나 재생산노동 상품의 형식으로 시장에서 충족하는 방식은 그 충족자원의 속성은 달라도 모두 여성이 재생산노동에서 벗어나도록 하기 위한 선택 역량 강화에 초점을 맞춘다. 그런데 기존 가부장적인 자본주의 노동사회에서 여성과 재생산노동의 분리는 여성의 가족으로의 회귀 압력을 만들거나 혹은 또 다른 약자의 재생산노동으로 이어진다. 곧 남성 임금노동에 종속된 여성 임금노동, 그 여성 임금노동을 보완하는 또 다른 약자의 재생산노동이라는 변형된 노동사회의 전통 분업구조가 그대로 반복되는 것이다. 그래서 공동자원체계는 재생산노동으로부터의 탈주 역량이 아닌 재생산노동에 공동으로 참여하는 역량의 강화라는 정반대의 방법을 제안한다. 곧 '우리'의 관계를 지속가능하게 하는 역량의 공동 구성 양식을 창안한다는 관점이다. 이처럼 재생산노동에 접근하는 관점이 재생산노동 전체를 또 다른 수단에 의해 오직 가족에게만 전가하는 것은 아니다. 트론토의 지적처럼 "가족이 친밀한 돌봄을 제공해줄 수 있는 유일한 제도가 아니라는 점"을 기억해야 한다(트론토, 2014: 298). 재생산노동은 가족을 대체하는 다양한 유형의 친밀성 단위를 통해 충족될 수 있으며 동시에 그를 넘어설 수도 있다. 따라서 재생산노동은 가족의 범주를 넘어 좋은 동료 시민에게 요구되는 의무이자 동료 시민의 연대를 구축하기 위한 공동자원으로서의 재생산노동을 포함한다. 따라서 재생산은 공동체–공동자원과 공공–공동자원의 차원으로 구성된다. 이때 기억해야 할 또 다른 요소는 이런 이중체계가 나 자신을 포함한 우리 동료 시민에 의무와 책임을 다할 시간을 주는 동시에 그 재생산노동의 의무에서 벗어날 수 있는 시간을 함께 제공한다는 점이다. 재생산의 공동자원체계는 과잉 재생산노동과 재생산노동에 대한 무임승차 모두에 대응하며 우리의 시간을 다시 구조화하는 효과를 발휘한다.

공동체–공동자원으로서의 재생산은 오랜 역사를 지니고 있다. 특히 가사노동의 공동체화communalization를 통한 문제 해결 모색은 도시 사회주의 운동이나 코뮌commune 운동과 밀접한 관계를 맺고 있었다. 협동조합을 통해 가사노동을 공동으로 분담하는 제도나 지방정부가 가사노동의 사회화를 위한 제도를 발전시키자는 구상(정현백, 2016: 56~60) 등이 그 예다. 단지 과거만의 역사가 아니다. 노인과 아이 돌봄 문제를 해결하기 위한 공동체 구성이나 그 제도적 실체로서 협동조합을 고려하는 다양한 실천이 폭발적으로 늘고 있기 때문이다. 이에 반해 공공–공동자원의 영역 안에서 재생산을 고려하는 일은 많은 난관에 직면했다. 무엇보다 현재 지형에서 인간의 재생산은 인구학적 문제로 환원되어 저출생 위기에 대한 정책 대응이 압도적으로 공공영역을 지배하고 있다. 인구 관리의 문제가 전체 사회 구조에서 차지하는 문제의 중요성을 인정하더라도 이 구조 안에서 여성의 신체는 출생을 위한 기계 이상의 의미를 부여받지 못한다. 재생산의 공공-공동자원으로의 전환은 인구학적 문제를 넘어 전체 동료 시민의 공동의 삶을 재생산하기 위한 공동노동 관계 구축이라는 시각에서 고려되어야 한다. 여기엔 재생산의 공공 인프라 구축이 포함되며 그 운영은 대안 일 시간 체계의 분배 원리에 입각해 분배되는 동료 시민의 공동노동으로 이루어진다. 이때 핵심은 관계의 지속성을 통해 도달할 수 있는 내면의 필요와 공공-공동자원을 분리하는 것이다. 달리 말하면 재생산노동과 관계된 공공-공동자원 형성 과정에서 형식적 필요와 내면적 필요가 분리되어야 한다. 내면적 필요는 공동체-공동자원과 같은 지속적이고 안정적인 관계의 구성이 가능한 단위에서 해결해야 하며, 공공-공동자원은 그 내용의 지속성을 보장할 수 있는 형식적 조건에 주목해야 한다. 동료 시민은 전체 동료 시민에 대한 시민의무를 다하지만, 그 의무는 시민법의 규정을 받는 대상으로 한정된다.

동료 시민을 재생산의 공동노동 안으로 끌어들이고 그들의 역량을 강화하는 방향에서 대안을 모색하는 이런 요구의 배경에는 재생산 활동에 대한 또 다른 이해가 중첩되어 있다. 재생산 활동에 대한 참여는 모든 인간의 의무이자 동시에 단순한 의무를 넘어 인간의 삶에 필수적인 충족과 행복의 원천으로 작동할 수 있다고 보기 때문이다. 재생산노동을 행복의 원천과 동일시하는 입장은 매우 위험할 뿐만 아니라 반동적으로 보이기까지 한다. 이런 관점이 재생산노동에 내재한 반복적이고 물질적인 노동의 고통을 은폐하면서 이에 대한 자기 헌신을 강요하는 것처럼 보이기 때문이다. 특히 마리아로사 달라 코스따가 가사노동을 '사랑으로 하는 노동'이라는 관점이 1920년대 미국에서 등장했다고 말하면서 지적했던 문제와 같이 재생산노동을 하지 않는 이를 낙인찍는 매개가 될 수도 있다(코스따, 2017: 48). 재생산노동이 '일'을 해야만 하는 의무를 포함한다는 사실은 틀림없다. 그러나 단지 '의무'만은 아니라는 점이 중요하다. 인간과 관계해 인간을 재생산하는 활동의 참여 과정은 분명 우리에게 우정과 사랑의 실현에 내재한 실존의 행복을 선사하기 때문이다. 재생산에 내재한 바로 이런 중첩의 요소 곧 일과 우정 혹은 사랑이라는 요소가 재생산이 일반 노동과는 구별되는 고유성을 부여한다. 그리고 바로 여기에 위험이 존재한다. 이 위험을 분리할 수 없다면 이 위험과 함께 나아가야 한다.

일반적인 노동과 재생산 활동을 구별해주는 핵심 요소는 이 일에 대한 의무가 인간의 인간에 대한 의무로서 일종의 '수행修行'의 속성으로 나타난다는 점이다. '수행'이라는 개념은 다양하게 쓰이지만, 이 개념을 관통하는 하나의 공통요소는 신체의 훈련을 기반으로 깨달음 혹은 영성이라고 부를 수 있는 '참된 나'로 나아가는 과정 일반을 가리킨다는 점이다. 수행의 개념이 일반적으로 종교와 밀접하게 연결되기 때문에 수행 자체를 종교의 훈련 방법으로 한정하기 쉽다. 그러나 신체에 고통을 가해 그것을 이겨내는 과정은 단지 종교만이 아니라 운동이나 기예, 윤리의 달성 등의 영역 일반에서 공통으로 발견되는 속성이기도 하다. 이런 탈종교적 수행의 관점에서 재생산노동에 접근할 수 있는 이유는 무엇일까? 이는 우리에게 주어진 '의무'의 속성에 대한 이해와 관련 있다. 공동의 삶을 구성하는 타자가 나에게 부과하는 고통이 존재할 수 있지만, 우린 그 고통과 함께 관계 자체에 집중하면서 공동의 삶을 구성해나가려는 노력을 진행한다. 이런 속성이 나타나는 이유는 관계의 자연성 때문에 회피할 수 없다기보다는 타자와의 결합을 지향하는 사랑의 동력 때문이다. 일로서의 재생산을 우리가 일반 계약 관계에 기초한 노동과 똑같이 해지할 수 없는 이유는 우리가 서로에 대한 충실성을 윤리적 명제로 받아들이는 사랑의 관계를 구성하고 있기 때문이다. 물론 그 사랑의 해체에 따라 서로에 대한 재생산 의무 또한 해체된다. 나는 이처럼 일로서의 재생산에 녹아든 공동의 삶 구현이라는 윤리적 목적을 달성하기 위해 각 개인에게 부과되는 고통을 이겨내는 경향을 '수행'의 관점에서 접근할 수 있다고 본다.

한국에서는 이미 비슷한 관점의 연구들이 존재한다. 이현지는 「탈현대적 가족여가를 위한 구상」(2006)에서 가족을 "수행공동체"로 보는 관점을 제안했다. 이현지는 가족을 바라보던 기존의 두 관점, 곧 집단주의와 개인주의의 접근 방식에 문제가 있다며 "통일체"의 관점에서 가족공동체를 수행공동체로 바라보아야 한다고 말한다. "통일체적 세계로서의 가족은 각자가 자신의 개성을 가진 자유로운 존재이지만, 동시에 개별적으로 분리되어 있는 것이 아니라 모두가 하나라고 느낀다. 새로운 가족은 서로의 주체성을 존중하는 가운데 깊은 사랑으로 융합되어 있으며, 가족관계를 통해서 각자의 인격이 성숙해가는 수행 공동체"(이현지, 2006: 443)라는 것이다. 김미경(2012)은 이현지의 제안에 전적으로 동의하면서 이와 같은 구상을 어떻게 구현할 것인가에 관심을 두고 연구하고 있다.

그런데 이현지와 김미경은 수행을 노동보다는 여가의 관점에서 접근한다. 비록 이들의 논의가 노동과 여가의 전통적인 이분법을 넘어서려는 의도를 배경으로 한다는 점을 인정하더라도 나의 접근과는 그 방향이 다르다. 이들의 접근이 비판하는 중심 대상이 현대사회의 소비적인 여가 문화 일반이라면 나의 목표는 수행의 개념을 통해 재생산노동의 특징을 포착하고 이를 설명하는 것이기 때문이다. 또한 이현지나 김미경 등의 연구는 '수행'을 "참된 자기를 깨닫기 위한 활동으로서의 수행"(김미경, 2012: 370)으로 정의한다. 이런 정의에 기초하면 수행 개념을 재생산노동과 연결할 때 문제가 나타난다. 하나는 재생산노동이 참된 자기를 깨달아야 한다는 윤리적 의무에 종속되는 것이고, 다른 하나는 이 과정에서 발생하는 고통을 수행의 계기로만 파악하도록 만드는 것이다. 이는 두 학자의 문제는 아니다. 왜냐하면, 수행을 여가와 결합하면서 이들이 제기하는 문제는 소비의 극복이기 때문이다. 그러나 나는 고통을 전제하지 않는 수행의 개념으로 여가를 구성하거나 여가 전체가 윤리적인 의무에 종속되어야 한다고 생각하지 않는다. '수행'의 개념을 여가보다 노동과 연결해 파악하는 이유다.

불교는 노동 일반을 '수행'의 관점에서 접근해왔다. 그러나 이런 관점 전체를 수용할 수는 없다. 불교의 [노동=수행] 관점은 노동의 필연성을 윤리적 요구와 일치시키기 때문이다. 앙드레 고르는 그 과정이 오직 '수도사들의 공동체'에서만 가능하다고 갈파喝破한 적이 있다(고르, 2011: 174). "수도원과 같은 유형의 공동체가 갖는 전 활동과 관계들은 종교적 의미에 의해 중개된다. 곧 그곳에서 노동은 기도의 한 특정한 형식, 즉 초월적 질서와의 교감을 위해 마련한 하나의 특정한 형식이다."(고르, 2011: 175) 불교의 [노동=수행]의 관점은 바로 이 문제를 반복한다. 이때 "단조롭고 반복적인 물적생산노동은 정신수련의 한 형식으로 간주되고", "그런 노동을 완수해야 할 필연성은 […] 고행과 자기헌신의 성격을 띤 도덕적이자 종교적인 의무에서 생겨난 것으로 간주된다(고르, 2011: 176)."

이런 문제 때문에 [노동=수행]의 관점을 급진민주주의 프로젝트 전체에 적용할 수는 없다. 그러나 필연성의 지배와 윤리적 의무가 일치하는 유일한 범주가 존재한다면 그 범주는 바로 '재생산'의 영역이다. 앙드레 고르는 노동의 필연성을 숭고화하는 모든 형식을 회피하기 위해 타율성과 자율성을 엄격히 분리했다. 그 때문에 모든 "공동체 운영의 필연성을 법, 금지, 의무사항으로 객관화하는 것"(고르, 2011: 180)을 요구했다. 고르는 노동과 윤리가 결합하는 공동체에선 구성원이 '사랑의 의무'(고르, 2011: 178)에 종속되는 현상이 발생한다고 한다. 사랑의 의무는 외부적 제약과 필연성의 지배 수용을 각 개인 구성원의 내면적인 요구로 바꿔버린다. 곧 지배의 수용을 '사랑'으로 오인하게 한다. 이 때문에 고르는 모든 유형의 공동체에 부과되는 필연성의 제약을 인정하면서도 이를 지배와 분리하기 위해 필연성을 일종의 '법'의 의무로 대체하고자 한다. 사랑의 의무에서 법에 대한 의무로 변화시킴으로써 각 개인의 도덕적 판단과 윤리의 영역으로 분리하는 것이다.

그러나 문제는 인간 재생산의 일차적인 공간인 '가족'의 관계 내에서 고르가 제안하는 타율성과 자율성의 엄격한 분리가 불가능하다는 점이다. 재생산노동이 도덕적 판단과 윤리의 영역을 내재하기 때문이다. '가족'을 예로 들었지만, 이는 윤리적 책임을 동반하는 모든 관계의 재생산에 동반되는 문제다. 윤리적 책임이 발생하는 기본 이유는 구체적 타자와의 결합이 상호 윤리적 의무를 전제하기 때문이다. 구체적 타자와 공동의 삶을 조직하는 모든 관계는 단지 나의 필요에 의해 타자들로부터 나를 분리할 수 없는 윤리적 의무 안에 종속되어 있다. 이 부분을 이해할 때 헤겔의 『법철학』을 재해석한 악셀 호네트의 분석은 도움을 준다. 호네트는 타인을 대체할 수 없는 사람으로 여기는 결합 관계 내엔 사랑이 존재하고 이는 특정한 형태의 도덕적인 태도 방식들을 요구한다고 말한다(호네트, 2017: 106). 사랑은 이 윤리적 의무를 발생시키는 가장 강력한 내적 동기 중 하나이자 모든 결합 관계의 심층에 존재하는 표면적으로 분리된 자아들의 결합 동력이다. 이로 인해 그 구체적 타자와의 분리는 하나의 고통이며 이 결합 관계를 오직 나 자신의 필요에 따라 분리하고자 할 때 윤리적 비판과 직면한다. 이 점에서 '우정' 또한 동일하다고 말할 수 있다. 우리의 과제는 우정과 사랑을 가족 안에 가두는 것이 아니라 가족을 포함해 우정과 사랑의 동력이 작동하는 모든 동료 시민의 결합 관계 안에서 타율성과 자율성의 엄격한 분리가 불가능하다는 점을 인정하는 일이다.

따라서 문제는 우정을 포함하는 사랑의 의무를 수용하면서도 사랑의 의무에서 발생하는 혹은 이를 구성하는 지배와 권력 관계로 나아가지는 않는 노동의 유형을 구성하는 일이다. 의존dependency에 기반을 둔 평등 비판을 수행한 에바 페더 커테이Eva Feder Kittay가 그의 책 제목을 『사랑의 노동Love's labor』으로 지을 수 있는 이유가 여기에 있었다고 보인다(커테이, 2016). 사랑과 노동을 분리할 수 없는 영역이 존재하며 무엇보다도 우리 인간의 재생산이 바로 그와 같은 사랑의 차원에 깊이 의존하고 있다는 점에서 이는 회피할 수 없는 것이다. 우리는 사랑과 노동의 대안적인 결합 모형을 찾아야 한다. '수행'은 이런 역할을 할 수 있는 후보 개념 중 하나다. 불교의 [노동=수행] 관점이 상징의 요소를 끌어들임으로써 필연성과 자율성을 융합한다면, 이와 달리 재생산은 종교의 매개 없이 '사랑'의 실현을 위한 모두의 협력 관계를 요구한다. 우리는 재생산노동에 내재한 이 윤리적인 요구로부터 탈출할 수 없다. 바로 이 점이 재생산을 위한 노동을 '수행'으로 전환하는 계기이다.

'수행' 개념은 노동의 필연성과 각 개인의 자율성 사이에 언제나 불일치, 모순 혹은 적대가 발생할 수 있음을 전제한다. 바로 이 부분이 '고통'의 원인이다. 사랑의 의무는 바꿔 말하면 고통의 참여에 대한 의무다. 노동의 고통을 회피할 수 없지만, 사랑의 의무에 충실하면서 발생하는 행복이 공존한다. 공동의 행복을 위해 공동의 고통을 이겨나가는 수련 곧 '수행'이라고밖에 이 노동을 달리 표현할 길이 없다. 존 버드의 시각을 깊이 고민해볼 필요가 있다. "다른 사람을 보살피는 행위를 사랑의 노동으로 보는 시각은 오직 '노동'과 '사랑'이라는 두 요소가 모두 인식될 때만 유용하다."(존 버드, 2016: 205) 곧 수행은 참된 자기를 실현해야 한다는 윤리적인 의무와 연결되지 않고서도 분리될 수 없는 타자와의 관계를 재구성해나가는 '훈련'의 의미에서 재생산과 윤리를 연결할 수 있다. 그러나 이 과정은 타자에게 일방적인 고통을 부여하는 불평등한 질서의 민주화 과정과 동반되어야 한다. 단지 수행이 아니라 '민주적 수행'이 되어야 하는 이유가 바로 여기에 있다. 관계의 민주화와 분리된 수행노동은 그 자체로 또 하나의 착취다.

작업

'작업'은 노동의 한 유형이지만, 임금노동의 등장 이후 임금노동 안으로 통합되거나 주변화하고 잊힌 노동의 한 유형이었다. 여기에서 작업은 말 그대로 물건을 만드는 일을 말한다. 상품경제의 확산 과정은 우리와 작업을 분리시켰다. 상품을 구매하는 과정이 물건을 만드는 것보다 효율적이고 이 과정이 우리를 편하게 만들었기 때문이다. 힘들거나 시간이 소요되는 일 그리고 비위생적인 일들을 대행할 상품이 존재하기 때문에 직접 그런 작업을 수행할 이유가 없던 것이다. 그런데 이런 '편의주의'는 인간 능력의 전반적인 감소 및 일상의 기술과 인간의 분리를 가속한 동시에 상품관계에 대한 우리들의 종속을 심화시켰다.

과거 생활필수품의 하나였던 재봉틀의 역사는 이 점에서 흥미롭다. 일상의 제작 행위 중 하나인 옷 수선 혹은 옷 만들기 과정이 어떻게 소멸했는가를 보여주기 때문이다. 1990년 9월 8일 《매일경제》는 "재봉틀 집안서 사라지고 있다"는 제목의 기사를 내보냈다. 이 기사는 당시 월간 《신부》에서 조사한 '혼수베스트20' 순위에 재봉틀이 들지 않았다며 그 이유를 분석했다. 그것은 ① 옷값이 싸진 점 ② 생활에 여유가 생기면서 편리함을 추구하는 편의주의 풍토가 만연해졌다는 점 ③ 입시 위주 교육으로 '가사' 교과서에 실린 옷 만들기 및 수선의 기술이 단지 '머릿속에서만 만들어질 뿐'이라는 점이다.[185] 주목할 점은 《매일경제》가 입시 위주 교육을 재봉틀의 사라짐과 연결한다는 점이다. 이는 입시 위주 교육이 교육과 일상생활의 기술의 분리에 기초해 작동한다는 사실을 보여주었다.

그런데 현대에 등장하는 자가노동으로 '작업'이 귀환하고 있다. 비록 이 귀환이 주변에 머물고 있지만, 민주주의의 급진화는 이런 자가노동에 내재한 작업의 요소를 불러내 삶을 위한 노동의 한 범주로 이를 강화하고자 한다. 작업의 일차적인 특성은 우리의 '손'으로 물질적인 필요를 충족하는 데 필요한 사물을 직접 창출한다는 점에서 나

---

185 "재봉틀 집안서 사라지고 있다", 매일경제, 1990. 9. 8.

온다. 이는 전통적인 수공업과 현대 작업의 공통성이다. 이의 핵심은 '손'과 도구가 결합해 사물을 만들어낸다는 점과 만들어진 사물이 나의 소유라는 점에 있다. 이 두 요소가 작업을 자본주의의 임금노동에 내재한 '소외'의 요소들로부터 작업을 방어한다. 잘 알려진 것처럼, 마르크스는 노동의 인간소외 현상을 다음의 네 가지 차원에서 접근한 바 있다. ① 노동의 소유 소외 ② 노동의 타율성 ③ 기계에 의한 소외 ④ 조직에 의한 소외. 이런 소외의 구체적인 양상들은 모두 노동을 자기의 표현으로 만들 수 없게 한다. 그러나 작업은 자신의 손과 도구를 활용해 자신이 정한 작업 목표와 방법에 따라 자신의 구상을 통해 사물을 변형해나간다. 이 변형은 부분 과정이 아니라 구상과 실행이 결합해 전체를 자신이 직접 통제하는 노동과정이다. 그 작업의 결과 또한 도구의 자기 소유로 인해 자기에게 귀속된다.

그 결과 작업은 노동을 자신의 '인격적 표현'으로 만드는 동시에, 임금노동이 제공할 수 없는 '의미'를 제공한다. 앙드레 고르는 전통적인 수공업을 다음과 같이 설명했다. "수공업자는 자기 도구와 생산품들의 소유자인 한 개인적 정체성을 유지할 수 있고, 자기 생산품에 개성을 부여할 수 있고, 자율성을 즉각 실현하는 기회로서 노동을 경험할 수 있었다."(고르, 2011: 27) 곧 사물을 만들어내는 수공업이 정체성과 개성 그리고 자율성을 실현하는 기회로 노동을 '경험'할 수 있다는 것이다. 이런 노동의 '경험'이 가능한 이유는 사물을 탐구하고 변형하는 과정이 자신의 '손'을 통해 이루어지기 때문이다. 손은 제작 과정에 다른 이들과 다른 각 개인의 고유성을 기입한다. 곧 손은 '차이'다. 동시에 '손'은 능력인데, 대상의 변형 과정을 자신의 구상과 일치시켜나가는 기술을 요구하기 때문이다. 이런 차이와 능력으로서의 '손'이 다른 이와 나를 구별하는 정체성의 기초를 제공할 수 있고, 이는 노동이 고통이 아니게 만든다. 작업이라는 노동을 통해 나를 표현하고 완성하는 자유를 '향유'하기 때문이다. 이 때문에 노동을 '경험'할 수 있다. 동일한 작업이 임금노동을 통해 실현된다고 할 때 노동의 '경험'은 외부로부터 부과된 타율적인 결과일 뿐이다. 이때 대상은 나와 분리된 존재이고 나는 그 대상을 나의 내면으로부터 '경험'할 수 없다. 임금노동은 노동의 경험을 외면적으로 만든다. 대상과의 내면적인 교류 과정이 존재해야만 노동을 경험할 수 있고 이 과정이 노동을 대안적인 쾌락의 활동으로 만든다.(이종영, 2008: 421~422)[186]

그러나 현대 작업과 전통적인 수공업의 차이 또한 중요하다. 이 차이는 손이 결합하는 '도구'의 차이로부터 발생한다. 물론 현대 작업에서도 전통적인 도구들을 활용한다. 작업에 필요한 기본도구들은 과거부터 현재까지 큰 변화가 없다. 그러나 그 기본 도구를 활용하는 지식의 출처와 활용의 경험이 축적되는 방식이 과거와 다르다. 이는 1, 2차 디지털혁명 과정을 통해 구축된 현대 일상생활의 정보통신 하부구조로 인해 발생한 변화다. 이 변화는 전통적인 수공업과는 매우 다른 차이를 만들었다. 전통적인 수공업은 한 개인의 평생에 걸친 탐구와 수행의 결과로 발전하는 것이었고 이 과정에서 구축된 경험적인 지식은 그 개인을 전문기술과 도구를 소유한 '장인'으로 만들었다. 장인의 기술은 도제관계를 통해 특정 개인에게 전달될 수도 있었지만, 반복되지 않을 수도 있었다. 곧 전통적인 수공업은 '장인' 모델을 중심으

---

186 이 부분은 이종영이 발터 벤야민의 「보들레르의 몇 가지 모티브에 관하여」를 분석하는 장면으로부터 배웠다. 이종영은 벤야민의 용어법을 따라, 수공업적 연습을 '경험Erfahrung', 자본주의적 미숙련공의 훈련을 '체험Erlebnis'으로 구별했다.

로 한다. 그러나 현대 일상생활의 정보통신 하부구조는 사물을 만드는 방식에 대한 장인의 경험을 모든 이가 반복하고 활용할 수 있는 보편적인 일상의 기술로 번역하고 있다. 이 때문에 작업은 한 개인이 평생을 걸고 수행해 습득해야 할 지식과 기술의 차원에서 각 개인이 자신의 일상을 구성하는 일종의 대안 생활양식의 차원으로 확장될 수 있었다. 그리고 바로 이 부분이 일부 장인의 직업이자 그들의 특권적인 권력을 구성하는 전문기술을 넘어 모든 이의 삶을 위한 노동의 한 범주로 작업이 진입하는 계기를 만들어준다.

이와 함께 현재 진행되고 있는 제3차 디지털혁명 곧 3D프린팅을 핵심으로, 모든 이에게 열린 방식으로 공급되고 축적되는 지식과 이를 사물로 구체화할 수 있는 디지털기술의 융합은 작업에 또 다른 차원을 부여한다. 이는 작업수단의 민주화와 탈집중화되고 분산된 작업양식의 가능성을 보여준다. 분산형 제작체계distributed system는 중앙집중화된 공급방식보다 외부의 불확실성이나 자원의 희소성에 대항할 수 있는 능력이 높다. 동시에 공급원을 다양화해 공급 위기에 대응할 수 있는 능력 또한 강화한다. 또한 작업수단을 특정 장소와 결합한다. 곧 '장소성'을 가진다. 장소성은 매우 중요한데, 지역을 파괴하는 방식이 아니라 지역과 결합하는 방식으로 필요-충족 체계를 운영할 수 있기 때문이다. 이와 같은 모든 분산형 제작체계의 특징은 우리 인류가 직면한 기후변화라는 최대 위기를 고려할 때 더욱 의미 있다. 기후변화에 대응하기 위해서는 온실가스의 감축과 이미 시작된 기후변화에 적응하는 이중전략이 필요하다. 분산형 제작체계는 지역 자원과의 결합을 일차적으로 지향하며 자원 소비의 효율성을 증가시킬 뿐만 아니라 제작 과정에서 발생하는 다양한 유형의 중간소비를 감소시킨다. 또한 기후변화로부터 발생할 수 있는 다양한 위기로부터 중앙집중형 공급 구조보다 더욱 효율적이고 능동적으로 우리의 삶을 방어할 수 있다.

제3차 디지털혁명으로 촉발된 현대 작업의 진화 또한 중요하다. 메이커 운동maker movement으로 알려진 현대 제작자들의 운동은 우리의 상상을 뛰어넘는 방향으로 제작 영역을 확장하고 제작기술을 발전시켰다. 메이커 운동이 중요한 이유는 디지털 제조혁신이 작업을 변화시킨 대표적인 유형이기 때문이기도 하지만, 인간과 사물의 관계를 탐구해 인간과 인간의 관계, 인간과 세계의 관계를 지금과 다른 방식으로 맺으려는 철학을 발전시키기 때문이기도 하다. 비록 메이커 운동의 산업화 경향으로 인해 이런 탐구의 철학이 주변화되거나 망각되는 경향이 존재하지만, 메이커 운동으로 대표되는 현대 작업의 경향은 만들기의 본질인 '탐구'가 우리 자신뿐만 아니라 또 다른 대안 관계를 어떻게 만들어 가는지 보여주는 대표적인 운동 유형이라고 할 수 있다.

작업의 현대적 진화는 상품경제를 기반으로 등장했지만, 이를 변형하는 동력으로 작동할 수 있다. 이는 다음과 같은 세 요소에서 집중적으로 표현된다. 첫 번째 요소는 각 개인의 고유성을 표현하는 방식이 소비에서 제작으로 이동한다는 점이다. 소비는 단지 상품을 통한 필요의 충족 행위가 아니라 타자와의 생활양식 차이를 구성하는 행위다. 이런 생활양식의 차이가 자기 자신에 대한 관념을 형성하는 정체성의 토대가 된다. 작업은 바로 이런 소비를 통한 정체성의 향유 과정에 개입해 소비를 통한 차이가 아닌 제작을 통한 차이에 기반을 둔 생활양식 구성 가능성을 연다. 손을 통해 사물을 변형하는 과정에 기재될 수밖에 없는 각 개인의 고유성이 상품의 소비를 통한 차이와 경합할 만한 대안적인 쾌락을 제공하기 때문이다. 이런 가능성은 두 번째 요소로 연결된다. 두 번째 요소는 작업 과정이 단지 사물의 제작 과정만 존재하는 것이 아니라 수리와 제작의 융합이라는 점을 알 때 보다 분명하게 드러난다. 작업 과정에 내재한 대안적인 쾌락은 상품의 소비보다는 수리를 통해 상품을 더 오래도록 이용하게 할 수 있기 때문이다. 이는 단지 상품의 생명주기를 연장하는 것에 머물지 않는다. 상품이 수리되기 위해서는 수리에 적합한 형태로 상품이 만들어질 수 있어야 하기 때문이다. 곧 '수리'는 상품의 제작 과정에 일정한 한계를 부여한다. 상품이 작업과 만나면 우리는 이 과정을 통해 "상품의 생산량을 줄이고 그 대신 각자 수작업을 통하여 상품의 생명을 연장시키는 것이다(페히, 2015: 56)." 이 과정에 작업의 상품 대체 제작 과정이 결합하면 우리는 상품과의 관계를 현재와 다른 방식으로 재구성할 수 있다. 세 번째 요소는 이런 작업의 요소가 단순한 개인의 필요 충족과 대안적인 쾌락의 노동을 넘어 공동체와 결합하는 공동체작업의 방향으로 발전할 수 있다는 점이다. 공동체와의 결합은 작업을 통한 대안적인 쾌락을 강화한다. 각 개인이 수행하는 작업을 고립시키지 않고 타자와의 공동작업으로 전환해내면서 타자의 인정에 기반을 둔 '의미'를 부여하기 때문이다.

　작업과 공동체가 결합하면 작업은 공동체의 필요를 충족하는 ① 공동체의 계획생산 ② 탈집중화된 생산방식 ③ 공동체 소유의 생산수단을 만들어낼 수 있다. 이때 작업은 공동체 전체의 공동자원을 생산하는 동료 시민 연합에 기반을 둔 생산이 된다. 바꿔 말해 '공동체-공동자원 기반 동료생산의 양식'으로 발전할 수 있다. 보편적인 필요의 충족이 기본노동을 통해 모든 시민에게 부과된다면 특수의 필요들 곧 집단별로 구체화한 필요들은 동료생산의 방식으로 충족될 수 있다. 이때 기본노동과 공동체–공동자원 기반 동료생산의 양식과의 관계 설정이 중요하다. 기본노동이 전제되지 않을 경우 공동체–공동자원 기반 동료생산은 전통적인 공동체적 자급자족이 직면하는 문제를 반복할 가능성이 높기 때문이다. 앙드레 고르는 공동체적 자급자족의 문제를 두 가지로 정리했다(고르, 2011: 166). 빈곤과 감옥.

공동체적 자급자족은 공동체 구성원들의 필요 충족에 요구되는 재화와 서비스를 모두 공급할 수 없기 때문에 '빈곤'이 발생할 위험이 높다. 또한 공동체의 폐쇄성은 해당 공동체의 구성원에게 공동체를 하나의 감옥 혹은 인격적인 구속 상태를 만들 수도 있다. 따라서 이와 같은 전통적인 공동체적 자급자족 문제를 넘어서기 위해서는 외부와의 접속이 필수적이다. "공동체의 구성원들이 계속해서 새로워지는 학습·발견·실험·커뮤니케이션의 가능성을 제공하는 공간 내에서 이동할 수 있을 때만, 그 생활이 엔트로피 같은 현상 때문에 가난해지고 숨 막힐 만큼 폐쇄적 공간이 되는 것을 회피할 수 있다."(고르, 2011: 166) 즉 기본노동과 작업의 결합은 공동체–공동자원의 충족을 전통적인 공동체적 자급자족의 문제에서 벗어나게 만드는 동시에 개별적인 물질 필요의 충족을 매개할 수 있다.

자율활동

앙드레 고르는 '자율활동'을 다음과 같이 정의했다. "자율적 활동은 자유롭고 어떤 필요에 기인하지 않은 채 그 자체를 목적으로 수행되는 활동이다."(고르, 2011: 81) 이런 '자율활동'의 정의는 일반적으로 사용하는 '활동' 개념과 다르다. 우리는 '활동'을 "어떤 일의 성과를 이루기 위하여 힘을 쓰는" 행위로 인식하는 경우가 많기 때문이다. 이런 일상적 정의에서 활동은 외부 목표의 달성을 위한 행위다. 앙드레 고르가 정의한 '활동'이 이와 다른 점은 무엇일까? 활동의 목표가 활동 그 자체라는 것이다. 이는 활동과 인간의 관계를 파악해야만 이해할 수 있다. 활동이 외부의 목표를 달성하기 위한 수단이 될 때 그 활동의 동기는 외부에서 온다. 즉 타율성에 종속된다. 이 때문에 에리히 프롬은 타율성에 종속된 활동의 주체인 인간은 "열정의 노예이며, 그의 활동은 '수동적'"(프롬, 1998: 34)이라고 비판했다. 고르가 활동을 "자율"이라는 단어로 수식한 이유는 바로 이런 수동적 활동과 대비되는 능동적 활동을 전제하기 때문이다. 그렇다면 활동은 언제 능동적이 되는가? 우선은 자기목적성autotelic이 확보되어야 한다. "자기목적성을 뜻하는 영어 'autotelic'은 그리스어 'auto'(자기)와 'telos'(목적)가 결합한 말이다. 그 일 자체가 좋아서 할 때 그 일을 경험하는 것 자체가 목적이 될 때를 우리는 자기목적적이라고 한다."(칙센트미하이, 1999: 156) 그러나 자기목적성의 규정만으로 부족하다. 능동적이기 되기 위해서는 나의 내부로부터 나의 능력을 실현하는 활동이어야만 하기 때문이다. 곧 자율활동이란 "인간의 능력" 그 자체의 실현이다. 달리 말하면 활동이란 곧 능력이고 바로 그 능력의 표현이 동기인 그런 행위다. 이때에만 활동의 목적이 활동 그 자체가 된다.[187]

---

187 나는 고르의 이 정의를 따르지만, 고르와 한 가지 점에서 다른 입장을 택한다. 고르는 '자가생산auto-production'을 자율활동의 한 항목으로 통합한 바 있다(고르, 2011: 81). 그러나 나는 '자가생산'을 자율활동과 분리된 독립적인 노동의 범주로 제안했다. 고르에 따르면 자율활동은

그리고 바로 이 점이 자율활동이 급진민주주의 프로젝트 일의 범주 안에 통합되는 이유다. 자율활동이 각 개인의 자유로운 발전을 위한 능력의 표현이기 때문에 이 자율활동이 강화될수록 인간의 능력은 확장된다. 그런데 왜 자율활동이 '일'일까? 그 이유는 자율활동이 일의 요소를 포함하고 있기 때문이다. 자율활동이 인간의 능력을 표현하는 실천 자체를 가리키는 것이라면 이 능력의 실천 과정에는 기술이 필요하다. 그리고 이 기술이 숙달되려면 '훈련'이 필요하다. 에리히 프롬은 『사랑의 기술』에서 모든 유형의 기술 실천에 요구되는 사항들을 밝혔다. 그 요구사항들은 ① 훈련 ② 정신집중 ③ 인내 ④ '최고의 관심'이다(프롬, 1999: 132). 프롬이 이 모든 요소가 사랑의 기술을 배우고 익히는 데 필요하다고 한 것처럼 이 요소들은 모든 유형의 자율활동을 발전시키는 데 필요하다. 출발점은 기술의 훈련이다.[188] 『몰입 Flow』의 저자 미하이 칙센트미하이 또한 자유시간을 통해 우리가 행복에 도달하는 과정은 자동으로 획득할 수 없는 기술이라고 했다. 자율활동으로 우리가 행복을 느끼는 경우는 규칙과 기술을 습득하며 이로써 분명한 목표에 도달하기 위해 반복해 도전한 활동을 통해서라는 것이다.

그리고 바로 이 점으로부터 자율활동과 일이 중첩된다. 이 요소들

'어떤 필요'에도 기인하지 않는 활동 그 자체가 목적인 활동이다. 나의 관점에서 본다면 작업은 필요의 충족을 위한 개인과 집단의 노동 유형일 수 있다. 물론 작업은 자율활동의 일부로서 모든 필요에서 벗어나 단지 자가생산의 행위 자체로부터의 만족과 성취를 바라는 행위가 될 수도 있다. 이는 작업이 자율활동과 중첩된다는 것을 의미하는 것이지 작업 자체가 자율활동으로 완전히 환원되어야 함을 말해주는 것은 아니다. 작업을 자율활동과 분리할 수 없지만, 구별해 접근하는 관점은 다음의 점에서 유용하다. 곧 임금노동을 대체하는 자급 관점의 현대화 과정에서 작업의 중요성이 부각된다.

188 혹은 '연습'이라고 해도 좋다.

은 바로 수공업의 일 곧 '제작'에 내재한 일의 요소들을 반복하고 있기 때문이다. 제작의 일은 사물을 변형하는 과정을 통해 자기 자신을 변형하는 경험을 제공한다. 이런 '제작'의 일에 내재한 대상의 경험이라는 요소가 자율활동의 훈련과 연습에도 그대로 나타난다. 자율활동이라는 일을 통해 자신의 내면과 긴밀하게 교류하는 동시에 우리의 능력을 표현하고 확장하는 활동을 전개할 수 있다.[189] 중요한 점은 인간의 능력을 표현하고 확장하는 자율활동의 훈련 혹은 연습이 '자율훈련'의 속성을 띠어야 한다는 점이다. 곧 이 "훈련은 외부에서 부과된 규칙처럼 실행되어서는 안 되며 자기 의지의 표현이어야 한다는 것, 즉 훈련을 즐겁게 생각하고, 훈련을 그만두면 결국 아쉬워하게 될 행동에 서서히 익숙해져야 한다는 것"(프롬, 1999: 133)이다. 바로 이런 자율훈련의 속성으로 인해 훈련의 반복은 각 개인의 능력 발전으로 귀결된다.

그리고 바로 이 때문에 자율활동보다 이른바 '수동적 여가'가 우위를 차지한다. "실력이나 집중력이 필요하지도 않"은 그런 활동으로 자유시간을 보내는 것을 '수동적 여가'라고 한다. 칙센트미하이에 의하면 자율활동은 몰입을 요구하는 반면, 수동적 여가는 그렇지 않다. "몰입을 낳는 활동은 그만큼 까다롭고 어려워서 사람을 불안하게 만들 때가 자주 있다. 이와는 달리 수동적 여가 활동은 불안을 거의 낳지 않는다. 그것은 대체로 사람을 이완시키고 무감각하게 만드는 활

---

189 일로서의 자율활동이라는 개념은 자유의 시간이 무위의 시간이 아님을 말해준다. 이는 자유시간이 노동이 없는 시간이 아니라 자율활동이라는 노동유형과 함께하는 시간일 수 있음을 말한다. "노동하지 않는 시간은 이제 더 이상 반드시 휴식, 회복, 오락, 소비를 위한 시간이 아니어도 된다. 이 시간은 이제 더 이상 노동시간의 긴장, 압박, 좌절을 보상하지 않아도 된다." (고르, 2011: 94)

동이다. 여가 시간을 수동적 활동으로 채우면 아주 즐겁지는 않아도 어쨌든 골치 아픈 상황을 피해갈 수 있다. 사람들은 수동적 여가 활동의 바로 이런 점에 끌리는 듯하다."(칙센트미하이, 1999: 92) 다르게 말하면 수동적 여가로 자유시간을 채우려는 경향이 일차적이기 때문에 수동적 여가에 대항해 자유시간을 자율활동의 시간으로 전환하려면 훈련과 연습이 필요하다.

자율활동의 항목은 개인마다 고유하다. 그러나 이런 고유성이 다른 동료 시민의 자율활동과 개인의 자율활동을 완전히 분리하지는 않는다. 자율활동 항목의 범주에는 각 개인의 자유로운 발전을 위한 개별성의 활동뿐만 아니라 특정한 동료 시민들과 함께 만들어나가는 특수성의 활동, 전체 동료 시민의 발전을 위해 이루어지는 보편성의 자율활동들이 포함되기 때문이다. 즉 자율활동은 개인마다 고유하지만, 그 구성은 구체적 타자로서의 동료 시민뿐만 아니라 전체 사회에 열려 있다. 이 점이 중요한 이유는 자율활동이 각 개인을 타자로부터 고립시키는 원자화되고 파편화된 활동이 아님을 이해해야 하기 때문이다. 고유성은 [개별성–특수성–보편성]이 종합되는 방식으로 구현된다. 이때 [개별성–특수성–보편성]은 자율활동의 각 층위를 이룬다. 그리고 분리 가능하다.

개별성의 자율활동은 오직 각 개인의 자유로운 발전을 위한 활동을 말한다. 이런 개별성의 자율활동은 음악 감상, 연주, 독서, 여행 등과 같은 활동의 대상을 통해 규정되지 않는다. 이를 만들어내는 것은 '정신집중'이다. "만일 정신 집중이 되어 있다면 '무엇을' 하고 있느냐는 거의 중요하지 않다."(프롬, 1999: 135) 곧 무엇을 하는 활동인가와 무관하게, 활동하는 순간 그 활동만이 유일하게 중요한 일이 되고, 그 활동에 완전히 몰입한다면 그것은 개별성의 자율활동이 된다. 이런 몰입 과정은 활동을 곧 '자유'로 느끼게 한다. 이런 점에서 각 개인의 자유로운 발전을 위한 자율활동은 각 개인의 고유한 '좋음'의 자유를 추구하는 자기미학의 시간이다. 자기미학의 시간이란 마치 물안개가 낀 호숫가를 걸을 때 우리가 느끼는 내면의 감정과 연결된 시간이다. 몰입은 각 개인의 고유한 '좋음'과의 접속을 통해서만 가능하고 이와 접속하는 과정에서 발생하는 자유가 우리의 내면에 평화를 불러온다. 평화는 자유의 궁극적인 유형이다. 미학의 시간이 없는 삶은 불행하기 때문에 자기미학의 시간은 중요하다.

특수성의 자율활동은 동료 시민과 함께 만들어나가는 결사association 활동을 말한다. 이 결사의 활동을 통해 좋은 삶을 위한 '생활에너지'가 생산될 수 있다. '생활에너지'라는 표현은 『전환의 키워드, 회복력』에서 빌려온 것인데 "식량 작물 재배, 서로 돌봄, 예술 및 음악 활동 우리의 시간, 재능, 자원들에 대한 많은 투자"(루이스·코너티, 2016: 592)가 이루어지는 것을 생활에너지라고 부른다. 특수성의 자율활동이 이런 생활에너지를 만들어내며 이런 생활에너지에 기초해 전체 사회의 일상생활체계는 다른 방식의 생활 동력을 얻게 된다.

개별성과 특수성의 자율활동과 함께 보편성의 자율활동이 존재한다. 이 활동엔 모든 이의 발전을 위한 활동 곧 정치활동을 포함해 공동의 삶을 조직하는 데 필수적인 활동들이 포함된다. 개인과 결사의 시간과 구별한다면 보편성의 자율활동은 '시민'의 시간이라고 할 수 있다. 동료 시민과의 연대와 협력을 강화하기 위해서는 바로 '시민의 시간'이 전제되어야 한다. 울리히 벡의 표현을 빌려온다면 시민의 시간은 "단지 자유시간이 아니라 '정치적 자유'"(울리히 벡, 1999: 218)를 위한 시간이다. 동시에 시민의 시간은 공동체와 전체 사회의 관계를 발전시키는 다양한 자율활동과 그 결사를 만든다. 이 결사들이 동료 시민들의 인간적이고 문화적인 필요를 충족하는 자율활동뿐만 아니라 공동체-공동자원 기반 동료생산의 양식과 구별되는 공동체 기반 동료 시민의 양식 곧 정치양식을 만들어낸다. 이런 점에서 공동자원 기반 동료생산의 양식은 노동과 정치의 이중결합으로 작동한다고 말할 수 있다.

급진민주주의 프로젝트는 대안적인 노동의 양식을 요구하지만, 동시에 노동으로 환원되지 않은 삶의 문제를 동료 시민과 함께 풀어가기 위해 '정치'의 양식을 동시에 요구한다. 이런 정치의 양식은 동료 시민들의 참여 없이는 존속할 수 없다. 자율활동은 바로 이런 정치의 시간 곧 민주주의의 시간을 포함한다. 삶을 위한 노동의 핵심은 이 부분에 있다. 자율활동에 내재한 이와 같은 노동의 요소를 인지하고 이를 우리 삶의 발전에 필수적인 노동의 한 범주로 인정하는 것이다. 삶을 위한 노동의 관점에서 본다면 민주주의 정치의 수행 과정은 자율활동과 결합한 노동의 한 유형이다.

이런 점에서 민주주의 정치의 수행 과정에 필수적인 자율활동은 기본노동과 중첩될 수 있다. 기본노동에 필수적인 민주주의의 요소는 각 시민의 민주적인 실천 활동 없이 존속할 수 없기 때문이다. 그러나 기본노동으로 완전히 환원되지는 않는다. 기본노동은 균등한 노동의 의무로서 모든 시민에게 타율적으로 분배되는 속성을 보유하는 반면 민주적인 실천 활동은 자율성에 근거하기 때문이다. 즉 시민의 시간은 참여와 조직 형태에서 각 개인과 동료 시민들의 자율성과 자발성에 근거를 둔다. 이때 중요한 점은 반대와 저항의 조직이다. 곧 자율활동으로서의 민주주의적 실천은 타율성의 분배 과정에 대한 반대와 저항을 포함하는 참여 형식을 자율적으로 결정할 수 있다.

이때 중요한 점은 바로 이 자율활동들의 부문이 제3부문 등의 이름으로 대안 경제의 한 영역에 포함되고 있다는 점이다. 그러나 앙드레 고르는 자율활동의 이와 같은 시민활동이 "대안적 경제부문"으로 간주되어서는 안 된다고 경고했다(고르, 2011: 95). 경제적 합리성의 외부에서, 곧 비경제적인 목적의 실현 과정에서 우리 각자의 삶의 기쁨을 찾아가는 과정이어야 한다고 보았기 때문이다. 바로 이 점이 자율활동의 영역을 바라보는 결정적인 차이를 만든다. 공동자원체계로서의 일은 자율활동을 경제활동의 한 유형으로서가 아니라 보편적인 자기실현을 위한 일의 한 유형으로 바라본다. 이를 위해 자율활동은 경제와 분리되어야만 한다.

이를 울리히 벡의 '시민노동' 모델과 공동자원체계로 조직되는 일의 한 범주로서 자율활동의 차이라고 말할 수 있다. 울리히 벡의 '시민노동' 모델은 자유민주주의가 보장하는 모든 이의 자유와 평등의 권리 실현에 동료 시민들이 기여하는 협동적이고 자율적인 활동을 말한다. 이에 대해 울리히 벡은 '시민수당'을 제공하고자 한다(벡, 1999: 228). 시민노동의 범주와 자율활동의 범주는 중첩된다. 동료 시민들의 정치활동과 사회활동을 울리히 벡은 시민노동의 범주로, 나는 앙드레 고르를 따라 자율활동으로 파악하기 때문이다. 그러나 자율활동에 대한 수당은 제공되지 않는다. 시민수당은 시민기본노동의 결과로 분배된다. 동시에 시민노동 모델은 기본노동 모델과 결정적인 차이점이 존재한다. 울리히 벡의 '시민노동' 모델은 전통적인 의미의 노동을 포함하지 않는다. 하지만 시민기본노동은 모든 시민에게 노동을 의무로 부과한다. 다만 그 운영은 자발적인 선택과 결정에 기반을 둔다. 이런 자율활동이 중요한 또 하나의 이유는 자율활동이 대안적인 쾌락을 제공하기 때문이다. 대안 일의 네 범주가 임금노동이 제공하는 쾌락보다 더욱 강력한 형태의 대안적인 쾌락을 제공할 수 없다면 "노동을 위한 삶"에서 "삶을 위한 일"로의 전환은 불가능하다. 자율활동의 확장은 바로 이러한 대안적인 쾌락의 핵심이다.

· · ·

네 범주로 구성된 급진민주주의 프로젝트의 공동자원체계로서의 일과 노동 체계에서 중요한 점은 노동을 위한 삶에서 삶을 위한 노동으로의 전환이 전통적인 관점에서 노동시간의 단축으로 연결되지 않는다는 점이다. 재생산노동의 공유와 작업시간의 창출, 그리고 시민의 시간 참여로 인해 전체 일의 시간은 늘어날 수 있다. 즉 더욱더 많은 일을 해야 할 수도 있다. 그러나 이때의 일은 노동사회의 노동과 다르다. 자유시간도 함께 확장되기 때문이다. 따라서 일의 시간의 확장이 재생산, 작업, 활동의 시간을 박탈하지 않는다. 노동시간과 재생산, 작업, 활동의 시간이 민주주의를 통해 각 개인의 필요와 전체의 필요 공동조정을 통해 교차하거나 혹은 불연속적이고 단절적인 형태로 분배될 수 있기 때문이다. 노동과 자유가 대립하는 것이 아니라 노동과 자유가 역설적인 관계를 맺으며 종합된다. 물론 이 안에는 긴장이 존재한다. 이 긴장을 회피하지 않고 대면하면서 대안제도를 구축해 나가야 한다. 이것이 어쩌면 클라이브 해밀턴이 "탈성장 사회의 본질적인 특색은 '노동'과 '생활'을 나누는 경계가 해체되어 노동이 곧 생활이 된다는 점이다. 아마도 이 점이 탈성장 사회를 정의하는 핵심일 것이다"(해밀턴, 2011: 256)라고 말한 이유일지 모른다.

노동시간과 자유시간의 단선적인 대립이 더 이상 작동하지 않기 때문에 공동자원체계로 조직된 대안 일의 체계는 시간을 판단하는 다른 척도를 필요로 한다. 이런 대안제도가 각 개인의 자유로운 발전이 모든 이의 발전과 연결되는 삶의 윤리에 의해 인도된다고 할 때 급진민주주의는 시간 분배의 척도로 노동시간이나 자유시간이 아닌 좋은 삶을 위한 '좋은 시간'을 제안한다. '좋은 시간'이란 보편적인 자기실현을 위한 삶의 윤리가 적용되는 시간을 말한다. 이런 관점에서 본다면 급진민주주의는 노동시간과 자유시간의 대립을 '좋은 시간'과 '나쁜 시간'의 대립으로 바꾼다. 이런 대립이 노동의 범주를 민주적으로 변형할 동력을 만든다. 한병철은 "정신이 가만히 서 있을 때, 정신이 자기 안에 편안히 머물러 있을 때, 좋은 시간이 생겨난다"(한병철, 2013: 100)고 말했다. 이는 노동과 자유의 융합이 무엇을 향해 열려 있어야 하는지 보여준다. 자기 자신과 머무는 것, 그것이 '좋은 시간'이다.[190]

---

190 자유시간에서 좋은 시간으로 척도를 변경시키자는 초기 제안은 장훈교(2015)를 참조하자.

10장

이행의 탐구:

급진민주주의와 비개혁주의적 개혁

문제는 민주주의 급진화 프로젝트의 내적 한계 또한 인정하는 것이다. 노동사회의 종식과 삶을 위한 공동자원체계로 일에 접근하는 급진민주주의 프로젝트는 전체 사회의 근본 구조를 변형하는 지향을 갖는다. 물론 이는 문제를 발생시키는 노동사회의 구조는 유지한 채 보완하려는 입장과 다르다. 급진민주주의 프로젝트의 내적 한계는 바로 이 근본 구조 변형의 열망 때문에 발생한다. 현실 문제에 매이지 않고 전환轉換을 감상적으로 대하는 낭만주의가 민주주의의 급진화 프로젝트를 구체적 상황에 능동적으로 개입할 수 없는 수인囚人의 언어로 가둘 수 있다. 또한 전망과 전략의 중요성을 과장하며, 그 실현에 필수적인 제도화에는 무관심하거나 무능할 수 있고 그렇기 때문에 현실화 가능성을 현실이 아닌 자신의 서술 문장 안에서만 발견하는 폐쇄적 자기준거의 함정에 빠질 수도 있다. 게다가 노동과 삶의 관계 재구성을 지향하는 철학적 사건과의 조우를 강조하다 보면 노동사회 내부로 들어가기 위해 실행 가능한 대안을 모색하기보다 도덕적 비판으로 대체하기 쉽다. 그러나 노동사회에 관한 도덕적 비판과 윤리적인 거부만으로 현재의 문제를 풀어갈 수 없음은 분명하다. 이는 각 민주주의 프로젝트가 자유민주주의라는 경합공간을 거쳐야만 한다는 점에서 치명적인 한계이자 위험이다. 동료 시민의 동의를 확보하기 어려울 뿐만 아니라 자유민주주의의 문제 해결 능력을 심각하게 훼손할 수 있기 때문이다.

'노동의 인간화' 이상의 지향 곧 노동사회의 종식을 선언하고 이를 구체화하기 위한 노력과 개념을 포기하지 않는 것은 여전히 중요하다.[191] 그러나 이런 위험에 대한 인식 없는 전망은 이념의 순수성 옹호로 현실의 변화를 대체하는 근본주의fundamentalism를 낳을 가능성이 농후하다. 모든 유형의 근본주의는 본질적인 것의 절대적 진리성을 강조한다. 본질로의 회귀를 주장하는 근본주의 안에서 본질이 아닌 것은 언제나 배제당하며 그 가치를 인정받지 못한다. 이 배제와 무시의 과정은 본질에 대한 열정의 강도만큼 본질이 아닌 것에 대한 폭력적 개입으로 나타날 수도 있다. 이런 근본주의의 경향은 한국 혁명운동 역사에서 확인된다. 1980년대 부활한 한국 혁명운동은 "역사와 사회변화에 대한 총체적 비전"에 근거한 혁명 전략을 추진하고자 했다. "혁명적 방법을 통해 총체적인 변화를 추구하는 것은 단기적·전투적·급진적 수단에 의존해 일거에 문제를 해결하는 행위 혹은 경향성을 의

---

191 이런 표현이 가능한 이유는 노동의 인간화가 구체적인 개념 맥락을 갖고 있기 때문이다. 특정한 조건 없이 일반적으로 쓰이는 노동의 인간화는 노동과정의 인간화를 중심 내용으로 하며 자본이 부과하는 한계 내에서 이루어지는 노동과정의 개선 일반을 가리킨다. 그 때문에 장귀연은 노동의 인간화를 "현재 사회의 한계 내에서 작업현장의 구체적 노동과정에 집중하여 노동과정의 소외를 극복하고자 하는 시도"(장귀연, 2015: 58)라고 정의했다. 이는 구체적인 프로젝트로 진행되기도 하는데 주로 북유럽과 독일의 1970년대 이후의 시도를 가리킬 때 사용하기도 한다. 노동의 인간화가 한계를 인정한다는 점은 중요하나 이것이 단점만은 아니다. 왜냐하면, 바로 그 한계의 인정으로 인해 자본과의 타협이 가능하고 이를 통해 자본을 한계영역까지 변화시키는 전략을 택할 수도 있기 때문이다. 또한 바로 이를 통해 자본의 인간적 재구성이 일어난다.

미한다."(최장집, 2009: 196) 이런 경향으로 인해 한국 혁명운동은 현실적인 문제들에 대한 구체적인 해법이나 전체가 아닌 부분의 이익을 해결할 수밖에 없는 운동의 조직화 과정에 충분한 주의를 기울이지 못했다. 이는 민주주의로의 이행 이후 한국 혁명운동 쇠퇴의 중요한 이유가 되었다.

그러나 근본 구조의 변형을 위한 지향이 언제나 근본주의로 귀결되는 것은 아니다. 이를 위해선 근본 구조의 변형만으로 문제를 해결하려는 전략은 의도와 달리 근본 구조 변형이 불가능하다는 데서 출발해야 한다. 우리가 마주한 전체 사회의 근본 구조는 그 자체로 하나의 유기적인 체계organic system다. 이 유기적인 체계는 역사적 과정을 통해 구축된 역사적 유기성을 보유한다. 이 역사적 유기성과의 '단절'은 단 하나의 사건으로 이루어질 수 없다. 또 다른 역사적인 과정을 통해 대안의 유기성을 형성할 때에만 가능하다. 따라서 "근본적인 변혁 과정에서 효과적인 권력 이양을 구상할 때 요구되는 포괄적인 변화들은 단번에 이루어질 수 없고 지속적인 방식으로 점진적으로 추구되어야 한다(메자로스, 2011: 42)." 바로 이 부분이 급진민주주의를 규정하는 핵심 개념인 '급진화radicalization'가 근본주의와 구별되는 지점이다. 급진민주주의의 '급진화'는 근본 구조의 변형을 지향하지만, 근본 구조에 단번에 도달하는 것을 포기하고 상황의 연속적인 개선을 통해 점진적으로 접근하는 전략을 택한다. 국면局面은 상황과 구조를 매개하는 급진민주주의의 중요 개념 중 하나로, 국면에 대한 개입 효과에 따라 근본 구조로 나아가는 또 다른 국면 상태로 이행할 수 있다. 이 전략은 안토니오 그람시를 따라 사건으로서의 혁명과 구별해 '과정으로서의

혁명'이라고 불린다.[192]

동시에 급진민주주의의 '과정으로서의 혁명'은 민주주의를 목적이자 수단으로 한다. 민주주의를 전제로 민주주의의 발전을 통해 문제를 해결해 나가는 '급진화'이기 때문이다. 민주주의를 규정하는 것이 쉽지는 않지만, '전쟁'이 아닌 '정치'를 통해 전체 사회의 질서를 형성한다는 관점은 그 기본을 이룬다. 이 때문에 급진민주주의는 자신이 대항하고자 하는 집단 및 개인과 공존하면서 구조의 변형을 지향해나간다. 대립하는 집단 및 개인과 민주주의 경합을 통해 대항한다는 점에서 급진민주주의 프로젝트는 군사주의 및 권위주의와 결별한다. 군사주의와 권위주의는 다른 집단과 개인들과의 대립 과정에서 발생하는 갈등을 우회하여 전체 사회에 자신의 의지를 부과하려 한다. 갈등을 통한 타협보다는 갈등의 소멸을 지향한다. 군사주의, 권위주의 그리고 근본주의와 결별한 급진민주주의가 공생과 타협의 다른 이름으로 귀결될지도 모른다. 그러나 '급진화'에 내재한 근본 구조의 변형에 대한 지향이 바로 이 부분과 갈등하면서 민주주의의 새로운 지향과 동력을 만들어낸다. 급진민주주의의 현재 조건은 자유민주주의다. 하지만 자유민주주의가 부여하는 규칙의 체계 내에서 출발하지만, 그 규칙의 체계를 넘어 새로운 규칙을 정립하는 방향으로 나아가는 점진적 경로를 모색한다. 자유민주주의가 전제하는 "모든 이들의 자유와 평등"은 급진화의 이념적 기반이며 이 이념적 기반과 자유민주주의 현실 사이의 간극과 불일치, 모순은 다음 단계로의 진입을 위한 열정의 또

---

192 점진적인 변형은 급진화와 대립하는가? 아니다. 이때 이스트번 메자로스의 언급을 떠올리는 것이 유용하다. 메자로스는 "이상화된 점진적 방법은 그 자신의 전략적 방향 없이는 결코 존재할 수 없었다"(메자로스, 2012: 41)고 말했다.

다른 동력이 될 수 있다.

'다른 조건이 동일하다면ceteris paribus' 근본 구조의 변형을 통한 문제 해결이 보다 바람직할 수 있다. 그러나 현실은 다원적인 경향과 우발적인 조건들의 결합 속에 구성된다. 곧 다른 조건은 결코 동일하지 않다. 이 때문에 근본 구조의 변형이 현재보다 나쁜 상황을 초래할 수도 있다. 우리의 행위가 어떤 결과를 초래할 것인지 알 수 없다는 불가지론不可知論을 펴는 것이 아니다. 불가지론은 '아무것이나 좋다'는 입장을 잉태하는 경향이 있다. 판단의 준거인 미래를 알 수 없으므로, 현재 위기에 능동적으로 개입하려는 행위에 어떤 판단 준거도 내세울수 없다. 이런 상대주의는 근본주의만큼 위험하다. 우리에게 모든 행위를 허용하고 인정할 것을 요구하기 때문이다. 미래를 완전하게 예측할 수 없어도 비판의 무기를 해체해서는 안 된다. 그보다는 행위가 다양한 조건과의 결합으로 작동하기 때문에 그 결과의 구성은 열려 있다는 점을 인정해야 한다. 이런 열린 체계open system에 대한 인정이 중요한 또 다른 이유는 우리가 행위를 판단할 때 도입하는 준거들이 대부분 '다른 조건들이 동일하다면'에 근거한 인식이자 다른 영역들로부터 분리된 단편적 인식들이기 때문이다.

그러나 전체 사회를 근본적으로 변형한다는 것은 한 영역이 아닌 영역들의 관계 전체를 변형한다는 것이다. 이 때문에 우리가 속박된 인식의 한계와 실천의 지향 사이에는 언제나 불일치와 모순 혹은 적대가 존재할 가능성이 구조화되어 있다. 따라서 총체성 인식의 필요성을 인정한다고 하더라도 그 구성 과정은 언제나 '외부'에 열려 있어야 한다. 근본적인 문제 해결의 지향을 유지하는 것은 중요하지만, 그 과정은 언제나 외부와의 결합을 통해 변형되고 왜곡되는 이질성의 구성 과정이다. 이는 '아무것이나 좋다'는 행위의 상대주의가 아니라 현실을 구성하는 것들에 대한 더 복합적이고 정교한 이해를 요구하는 것으로 해석되어야 한다. 열린 체계가 부여하는 이런 조건은 근본적인 변형 전략의 한계이지만, 또 다른 가능성의 조건이기도 하다. "특정 형태의 불의나 고통의 한 가지 구조적 원인의 변경이, 개입이 이루어지는 지점을 넘어서는 파문을 일으키는 결과"(벤턴·크라이브, 2014: 355)를 낳을 수도 있기 때문이다. 이 때문에 전체의 근본적인 변형을 지향하는 기획이 부분 변형을 위한 개입을 포기할 이유가 없다.

근본적인 변형을 위한 실천의 또 다른 문제는 이런 문제 제기와 실천이 대부분 주체가 경험하는 고민 혹은 불의不義나 고통과는 너무 거리가 멀다는 점이다(프레이저, 2014: 140). 급진민주주의가 임금노동 이후의 노동을 지향하는 반면, 현실 주체들은 더 안정적인 임금노동의 기회를 잡기 위해 고군분투한다. 곧 "민주적인 사회주의적 계획보다는 소득 이전을 통한 직접적인 혜택을 더 많이 얻기를 바란다(프레이저, 2014: 140)." 그 이유는 임금노동으로부터의 분리 혹은 불안정한 임금노동이 일차적으로 노동하는 시민의 고통으로 표현되기 때문이다. 절대 임금의 상승을 위해 장시간 노동을 수용하며 절대 임금의 감소를 초래할 수도 있는 노동시간 단축에 반대하는 한국 임금노동 지형에서 이 문제는 중대하다. 근본 구조의 변형을 지향하는 민주주의의 급진화 프로젝트는 오랜 시간에 걸친 개입이 필요한 장기 프로젝트다. 하지만 현재적 고통에 직접 응답하지 못할 경우 장기간의 개입에 필요한 광범위한 동의를 구축하기 힘들다. 달리 말하면 근본 구조의 변형 전략은 집단행동의 구성 곧 주체형성 차원에서 큰 제약을 받거나 한계가 존재한다(프레이저, 2014: 140). 바로 이 부분이 근본 구조의 변형

전략과 현실 사이의 균열 지점이고, '현실주의'가 자신의 영향력을 확보하는 장소다.

현실주의는 현실을 중시하고 이를 기반으로 사고와 행동양식을 결정해야 한다고 권고하지만, 동시에 이상과 관념을 부정하고 현실을 절대화한다. 현실주의의 입장에서 전체 사회의 근본 구조 변형을 지향하는 이념은 현실과 유리된 '이상주의'로 규정되기 때문이다. 만약 급진민주주의가 현실의 고통과 분리된 민주주의 기획으로 남는다면 이 비판을 넘어서기 어렵다. 즉 현실과 결합하되 현실주의로 투항하지 않는 제3의 경로가 없다면 급진민주주의 프로젝트는 현실주의의 비판처럼 '이상주의'로 남을 뿐이다. 급진민주주의 프로젝트는 정치적으로 실행 불가능한 전략이라 공격하는 현실주의와, 현실을 무시하고 오직 근본 회귀만을 권하는 근본주의적 열정 사이에서 자신을 구체화할 제3의 경로를 고민해야 한다. 그 경로는 존재할까? 주체의 고통에 직접 응답하는 '개혁' 관점을 견지하면서도 이를 통해 전체 사회의 근본적인 변형으로 나아갈 조건을 확보하는 비개혁주의non-reformist 전략을 구체화할 수 있다면 제3의 경로는 가능하다.[193]

'비개혁주의적 개혁non-reformist reform'은 그 가능성을 보여주는 전략의 하나다. 이 전략은 혁명과 개혁의 전통적인 이분법을 넘어 나아가기 위해 앙드레 고르가 『Strategy for labor』에서 제안했다.[194] 고르는 전

193　이 문단은 낸시 프레이저와 악셀 호네트의 논쟁을 담은 『분배냐, 인정이냐?』 중 낸시 프레이저가 쓴 4장 "정치이론적 문제들: 민주적 정의의 제도화"(2014) 140쪽에 의존했다.

194　용어는 다르지만, 이와 유사한 의미의 전략은 다양하게 제기되어 왔다. 그중 하나가 로베르토 웅거(2017)의 '급진적 개혁'이다. "개혁은 그것이 사회의 기본 제도들, 즉 각종 제도와 이미 확립된 믿음들의 형성적 구조를 겨냥하고 변화시킬 때 급진적이다. 개혁이 개혁적인 것은, 한 번에 하나씩 이러한 형성적 구조의 개별 부분을 다루기 때문이다."(웅거, 2017: 40)

통적인 개혁을 '개혁주의적 개혁reformist reform'으로 다시 정의한다. 개혁주의적 개혁이란 변형의 목표를 현존 체제의 유지와 존속에 두는 개혁을 말한다. 이 때문에 개혁주의적 개혁의 동기는 인간의 필요가 아닌 체제의 필요가 된다. 그러나 비개혁주의적 개혁은 인간의 필요를 충족하기 위해 무엇을 해야 하는가라는 관점에서 개혁을 수행한다. 이때 중요한 점은 '무엇이 가능한가what can be'가 아니라 '무엇이 있어야만 하는가what should be'다. 주어진 체계가 허용하는 가능성 안에 머물지 않고 인간의 필요를 충족하기 위해 지금 여기에 있어야만 하는 것을 요구하면서, 자신의 조건을 새롭게 창출할 동력을 조직한다. 인간의 필요를 충족하려는 실천이 해당 체계가 부여하는 범위와 충돌하면서 한계 너머를 볼 새로운 가능성의 공간이 발생한다. 물론 이 가능성은 자동으로 열리는 것이 아닌 헤게모니 투쟁hegemonic struggle의 결과이며 투쟁의 승리는 또 다른 헤게모니 투쟁 공간을 연다.

패트릭 본드Patrick Bond의 설명처럼 비개혁주의적 개혁은 필요 충족의 대안을 지속해서 추진하면서 "더 많은 논쟁contestation을 위한 문을 열 것이다. 비개혁주의적 개혁은 체계가 아닌 운동을 강화하며 보다 격렬한 투쟁이 진행될 구조적 모순의 장소를 확인시켜준다(Bond, 2008: 15)." 비개혁주의적 개혁은 상황의 개선을 위해 능동적이고 효과적으로 개입해야 한다. 노동과 생활의 공동자원체계화는 노동하는 시민의 현재적인 필요 충족을 위한 상황의 개선으로부터 출발한다. 그 개입은 현실 필요 충족의 대안이지만, 동시에 기존 체제와 불일치, 갈등 혹은 모순을 발생시킨다. 비개혁주의적 개혁은 이 모순의 장소에서 운동을 강화하는 전략을 통해 운동과 체계 사이에 발생한 격렬한 대립을 넘어설 동력을 형성한다. 이에 따라 상황의 개선을 위해 개입하는 정책은 "시간이 지남에 따라서 보다 급진적인 개혁들이 실행될 수 있는 그런 변화의 과정을 시작하게 만든다(프레이저, 2014: 143)." 하나의 개혁이 또 다른 그러나 한 단계 더욱 심화된 개혁으로 연결되고 이 과정의 누적을 통해 근본 구조의 변형 가능성을 강화한다. 로베르토 웅거가 『주체의 각성』에서 밝힌 문제의식처럼 "부득이 점진적이지만 누적적 효과를 통해 끝내 혁명적인 것이 되고야 마는 변화"(웅거, 2012: 276)가 비개혁주의적 개혁의 기본 구조를 형성한다. 비개혁주의적 개혁 전략이 성공한다면 민주주의의 급진화 프로젝트는 대안의 질서로 나아갈 투쟁 지형을 만들 수 있다.

그러나 이 누진적이고 점증적인 개혁 과정은 기존 체제와 잠정 타협할 수밖에 없고, 그로 인해 운동의 요구는 완전하게 실현되지 않으며, 체제에 의해 왜곡되고 변형될 수밖에 없다. 근본 구조의 변형을 주창하는 전통적 운동들의 입장에서 볼 때 이런 타협과 왜곡은 전체 구조 내부로의 '포획'만을 의미했다. 그리고 '포획'은 곧 운동의 실패로 규정되었다. 이 관점에서 볼 때, 전체 구조에 일제히 대항하지 않는 이상 모든 운동은 실패의 운명을 맞게 된다.[195] 그러나 비개혁주의적 개혁은 운동의 목표를 전체 구조의 변형에 두지만, 실행 과정에서 '통합'을 인정한다. 통합은 포획과 다르다. 통합은 전체 구조의 재생산이라는 체제의 필요를 반영한다. 그러나 통합은 체제를 외부에 개방할 가능성을 포함한다. 모든 개혁이 통합은 아니지만, 내부와 외부를 매개하는 다른 방식의 통합이 존재할 수 있다. 실제로 "이슈들과 집단들

---

195 전체 구조의 변형을 목표로 설정하는 운동의 통합에 대한 전통적인 관점의 분석은 앨런 스코트(1993)를 참조하자.

이 완벽하게 통합되기란 거의 불가능하며, 운동이 설정한 특정한 목표의 달성은 항상 새로운 요구를 만들어"(스코트, 1993: 271)낼 수 있다. 다른 방식의 통합은 체제 내부에 이질성을 강화한다. 체제 내부의 필요를 충족하지만, 동시에 그와 충돌하면서 체제와의 불균형을 드러낼 수 있다. 다음 단계 변형을 위한 국면이 통합과 함께 열리는 이유다. 이 때문에 통합을 포획과 동일시하는 문제설정은 체제 능력의 과잉평가인 동시에 운동을 통합과 분리해 고립하는 효과를 낳는다. 비개혁주의적 개혁은 바로 이런 '통합'에 대한 대안적인 관점 없이 채택될 수 없다.

동시에 '통합'에 관한 다른 이해는 급진민주주의 프로젝트가 민주주의의 민주화 프로젝트와 연합하는 동시에 그에 대항하는 이유를 설명해준다. 민주주의의 민주화 프로젝트는 노동사회의 극복이 아닌 노동사회의 '인간화'를 지향한다. 노동사회의 인간화에 대한 열망은 노동운동의 전통과 함께 하는 것인 동시에 변화된 노동운동의 조건에 의해 강제된 것이기도 하다. 노동운동은 노동하는 인간의 구체적인 필요로부터 출발했다. 그 핵심적인 요구는 "우리는 기계가 아니다"라는 구호에 집약된 인간성 회복 요구였다. 그러나 노동운동은 필연적으로 자본과의 타협에 직면할 수밖에 없다. 이 때문에 노동운동은 노동의 인간화에 대한 열망과 자본과의 타협을 매개한다. 노동사회의 인간화란 바로 이 조건의 결과물이다. 민주주의의 민주화 프로젝트는 두 요구를 매개한다. 그 핵심은 민주주의 프로젝트의 목표를 전체 구조의 변형이 아닌 노동의 봉쇄와 배제에 대한 도전으로 규정하는 것이다. 곧 '통합'이다. 민주주의의 급진화 프로젝트는 민주화 프로젝트의 '통합' 전략을 옹호하지만, 통합이 체제의 재생산이 아닌 이후 질서로 나아갈 조건이 되도록 '다른 수단에 의한 통합'을 옹호한다. 민주주의의 급진화 프로젝트는 민주화 프로젝트와의 이런 연대와 경합을 통해 구체적인 문제에 대한 구체적인 개입 전략과 정책 대안을 활성화하는 동시에, 구체적인 개입을 근본적인 변형의 과정으로 축적할 사유와 실천을 포기하지 않을 수 있다. 더 정확하게 말하면 민주주의의 급진화 프로젝트는 민주화 프로젝트에 내재한 노동의 인간화 요구와 자본주의 재생산 요구 사이에 존재하는 간극과 균열에 개입해 노동의 인간화 요구를 전체 구조의 변형을 위한 동력으로 급진화하는 다른 수단의 통합을 옹호한다.

물론 비개혁주의적 개혁 전략은 실패하여 단순한 개혁주의로 귀결될 수도 있다. 그리고 이 비개혁주의적 개혁 전략의 모형이 20세기 사회민주주의 모델에 내재한 하나의 이상이었다는 점에서 21세기에 실현 불가능하다고 판단할 수도 있다. 일부 관점대로라면 사회민주주의는 자본주의의 근본 구조 변형에 실패하고 그 안에 포획된 실패한 프로젝트이기 때문이다. 그런데도 "점진적인 자기 변혁적 체제에 대한 일반적인 관념 자체를 불신할 필요는 없다."(프레이저, 2014: 144) 사회민주주의의 성공과 실패는 비개혁주의적 개혁을 보다 발전시킬 역사적 실험으로 이해할 수 있다. 만약 이 실험이 일부의 진단처럼 실패했다면 이는 체제와 운동의 대립 과정에서 국가를 매개로 체제의 재생산 필요를 충족해야 할 압력에 사회민주주의 프로젝트가 굴복했기 때문으로 볼 수 있다. 사회민주주의가 직면한 한계를 넘기 위한 비개혁주의적 개혁 전략의 구체화가 비록 충분히 이루어졌다고 말할 수는 없지만, 아래로부터의 운동 동력을 지속해서 강화하며 체제와의 타협과 그 변형을 누적해나가는 비개혁주의적 개혁이 타당성을 완전히 상실했다고 말하기는 어렵다. 지금 우리에게 필요한 것은 이 전략의 미래를 예단하지 않고 현존 체제 내부에 지속적인 불안정성과 역동성을 불어 넣을 실천을 창안하는 것이다.

그런데 보편적 자아실현을 위한 공동자원체계로서의 일이 급진민주주의 기획의 전략을 구성하는 전망이라면, 이 전망의 실현 과정엔 전망과 현실의 차이와 통일 그리고 조정을 위한 매개영역이 필요하다. 현재의 조건에서 "경제 활동을 구성하는 본질적인 부분이 화폐 교환을 위하여 조직되어 있다는 것은 부정할 수 없는 명백한 사실(기아리니·리트케, 1999: 292)"이기 때문이다. 이행 과정이 요소들elements로부터 전체 사회의 질서를 재조직화하는 유기적인 체계organic system의 구축 과정이라고 할 때(Lebowitz, 2010) 이는 기존 질서 안에서 그 질서와 대항하며 넘어서는 과정일 수밖에 없다. 따라서 이행 과정에서 광범위하게 발생하는 상품노동과 공동자원체계로서의 일 사이의 중간 범위 노동 부문을 인정하지 않을 경우, 현실에 존재하는 이행의 요소를 긍정하고 발견하기 어렵다. 데이비드 볼리어의 주장처럼 "공동자원체계는 다른 권력 시스템과 제도적 관계 안에 내포되며, 따라서 온전히 독립적으로는 존재하지 않는 경향이 있다."(볼리어, 2015: 125) 기존 질서와의 완전한 단절이라는 관점에서 현실을 보면 기존 체제와 권력 관계에 내포된 공동자원체계의 가능성은 단지 기존 체제의 헤게모니를 확장하는 포획으로만 나타난다. 노동시장 내부에서 공동자원으로서의 일을 창출할 매개 영역을 적극적으로 설정해야 하는 이유가 여기에 있다. '중간노동'은 상품과 공동자원의 원리가 중첩되어 공존하는 매개 영역과 이에 개입하는 비개혁주의적 개혁의 '전술' 차원을 사고하기 위해 도입한 개념이다.

5단계 전환 단계 모형

스테판 메레츠는 공동자원체계 운동commons movments이 어떤 과정으로 체계 변화를 이루어내는지 설명하기 위해 5단계 전환 모형 도식圖式(Meretz, 2017)을 구성했다. 이 전환 도식은 중간노동 영역이 어떻게 창출되고, 중간노동 영역에 내재한 공동자원체계로서의 일의 원리와 모형이 어떤 단계를 경유해 체제전환으로 귀결되는가를 이해하는 데 도움을 줄 수 있다. 물론 모든 도식화는 명료함을 주는 반면 많은 것을 은폐하거나 왜곡할 가능성을 지닌다. 그런데도 전환 모형 도식은 비개혁주의적 개혁의 현재 조건을 인식하고 과제를 발굴하는 데 중요한 통찰력을 제공한다. 메레츠는 ① 배아 형태 ② 위기 ③ 기능 변화 ④ 지배우위 변화 ⑤ 재구조화의 5단계로 전환 과정을 도식화한다. 물론 이 과정은 단순 진화 형태가 아닌 전체 사회의 질서 재구성을 둘러싼 헤게모니 투쟁의 영역으로 이해해야 한다.

[표14] 공동자원체계 운동의 전환 모형

단계	이름	내용
1	배아 형태 embryonic form	새로운 기능이 나타난다. 이때 새로운 기능이란 최종 단계에서나 완성될 수 있는 그런 완전한 새로움으로 이해되어선 안 된다. 그보다 그 자체로 완전히 새롭지는 않을 수 있지만, 그 안에 새로운 원리가 출현하고 있는 배아 형태로 접근해야 한다. 공동자원체계 원리의 가능성을 보여주는 배아 형태로서의 노동이 기존 질서 안에서 나타나는 단계다. 이 배아 형태는 기존 질서의 틈niche 안에서 발생하는 동시에 그 틈을 발생시키기도 한다.
2	위기crisis	기존 질서 혹은 노동체계에 위기가 발생한다. 이 위기로 인해 노동체계가 더 이상 자신의 기능을 유지하기 어려운 상황이 펼쳐진다. 이런 위기 상황이 배아 형태의 도약 가능성을 만들어준다.

3	기능 변화function shift	새로운 기능이 틈새를 벗어나 기존 노동체제의 재생산의 필요와 접합한다. 이런 점에서 배아 형태는 이중적이다. (1) 기존 체제의 재생산에 기여하며 (2) 동시에 기존 체제의 논리와 충돌하며 완전하게 통합되지 않는다. 배아 형태는 틈새를 떠났지만, 노동체제의 주변에만 위치한다. 새로운 기능이 기존 체제 재생산에 결정적일수록 그 기능은 널리 확산되며 그럴수록 기존 체제와의 불일치, 모순, 갈등의 공간 또한 확산된다.
4	지배우위 변화 dominance shift	새로운 기능이 널리 확산한다. 낡은 질서와 기능이 단번에 사라지지는 않지만, 지배영역에서 주변영역으로 밀려난다. 이는 기능 변화 단계가 아니라 노동체제의 질적 변화가 일어나는 단계다. 새로운 기능은 낡은 체계가 아니라 자신의 새로운 원리와 그 기반 위에서 작동하는 단계로 나아간다. 곧 "지배적"이 되어간다.
5	재구조화 restructuring	노동체제의 변화와 더불어 새로운 사회 제도들의 창안이 이루어진다. 곧 노동체제의 변화가 전체 사회의 변화와 연결되며, 이 과정에서 다른 모순과 직면하거나 기존에 없던 다른 틈들이 발생할 수 있다.

배아 단계를 공동자원체계 운동의 다양한 현실태라고 본다면 기능 변화 단계로부터 지배우위 변화 단계가 중간노동의 영역과 일치한다고 말할 수 있다. 기능 변화와 지배우위 변화 단계에서 배아 형태에 내재한 대안 원리 곧 공동자원체계로서의 일의 원리와 기존 노동체제의 상품으로서의 노동 원리가 중첩되면서 다양한 변화를 만드는 노동 유형 공간이 나타나기 때문이다. 따라서 중간노동 영역은 기능 변화 단계를 통해 형성되며 지배우위의 변화를 이루면서 소멸한다. 메레츠의 5단계 전환 모형에 입각할 때 현재 국면은 '기능 변화'의 초기 국면으로 볼 수 있다. 초기 국면인 이유는 노동체제의 위기가 발생하면서 기간 노동체제 내외부의 '틈'에서 만들어지거나 제안되었던 다양한 공동자원체계로서의 일 배아 형태들이 틈을 벗어나 기존 고용체제의 재생산 문제 해결을 위한 해법으로 부상하고 있지만, 아직 노동체제의 주변 원리로 안착했다고 보기는 어렵기 때문이다. 즉 '틈'을 떠났지만, '주변'으로 제도화되지는 못하고 있다.

메레츠의 분석처럼 위기의 가속화가 상호노동, 공동노동, 연대노동 등 공동자원체계로서의 일을 구성하는 다양한 원리와 요소가 틈에서 주변으로 진입해 제도화될 가능성을 이전보다 확장한 것은 분명하다. 넓은 의미의 제3부문으로 노동체제의 위기를 보완하려는 이중운동이 지속해서 강화되고 있기 때문이다. 중심과 분할된 제3부문이라는 주변의 원리로 배아 형태에 내재한 가능성을 통합하려는 이 시도는 기존 노동사회의 구조로 인해 제약되지만, 바로 그 노동사회의 구조 때문에 제3부문과 민주주의 프로젝트의 결합은 회피할 수 없는 선택이 되고 있다. 하지만 이들이 주변부를 넘어 기존 노동체계의 재생산 필요를 충족할 기능 변화를 제공할지는 현재로서 알 수 없다. 일차적으로 규모scale의 문제에 직면하기 때문이다. 제3부문을 포함해 공동자원체계로서 일을 재구성하려는 시도들은 대부분 지리와 양, 제도의 규모 모두에서 미시적인 모형들이다. 악셀 호네트가 장인적 활동에 관한 낭만주의적 모델과 예술가적 생산 모델을 비판하면서 했던 말을 빌려온다면 이 모형들이 "사회의 재생산에 필요한 모든 조직의 구성모델이 되기에는 지나치게 사치스러운 것"(호네트, 2009: 396)일 수 있다. 따라서 이런 모형들에 내재한 원리가 비록 주변이라도 더 확장된 규모를 지닌 체제에서 안정적인 대안 원리로 기존 체제와 접합하기 위해서는 규모의 변화에 대응할 수 있는 진화가 필요하다.

단계 변화의 기본 이해

중간노동 영역의 구조와 질서는 기존 체제의 헤게모니 능력과 경합 과정을 통해 이루어진다. 이 때문에 이중운동이 필요하다. 배아 형태가 중간노동으로 통합되었다고 하더라도 그 주변적 지위를 넘어서기 위해서는 바로 이 기존 체제의 헤게모니 능력을 확장하면서 동시에 그와 다른 방식으로 체제를 조직하는 '단절'의 도약이 필요하기 때문이다. 메레츠의 5단계 전환 모형은 이 부분에 충분한 정보를 제공하지 않는다. 중간노동이 체계의 틈에서 발생한 대안체계와 접합하면서 내부의 필요 충족 과정으로 등장하고 확산한다는 인식은 소중하지만, 바로 이 영역에 어떻게 능동적이고 효과적으로 개입할 것인가의 문제에 답하기 위해서는 '기능 변화'에서 '지배우위 변화' 그리고 '재구조화'로 넘어가는 데 필요한 이중과정에 설명이 필요하다.

에릭 올린 라이트Erik Olin Wright는 기존 체제 변형 과정에서 직면하는 구조 변형과 단절의 문제에 접근하기 위해 '진화적 아나키스트 전략evolutionary anarchist strategy'이 추구하는 틈새 전략interstitial strategy의 기여를 인정한다. 틈새 전략이란 원래 낡은 질서 안에서 새로운 모델을 창안해 이를 전체 사회로 확산하는 전략을 말한다. 그러나 이런 전략은 자본주의의 구조와 헤게모니 능력으로 인해 자신의 약속과 달리 일정한 한계에 갇힌다. 단지 새로운 모델의 창안과 누적, 확산만으로는 이 문제를 해결할 수 없기에 여기에 '단절rupture'이라는 도약이 필요하다. 에릭 올린 라이트는 이 문제의 중요성을 언급하며 구조 변화와 틈새에서 창안된 대안을 연결할 대안 전략 모형이 진화적 아나키스트 전략 안에 있다고 주장한다. 그 핵심 내용은 다음 두 가지다. ① 궁극적 단절eventual rupture을 위해 자신의 조건을 변화시켜나가는 것(조건의 확장) ② 대안 원리와 모형의 점진적인 확장을 통해 기존 체제가 부여하는 구속과 제약이 작동하지 않도록 하는 것(제약의 축소)(Wright, 2009: 232)이 그것이다.

이런 이해는 배아 형태의 창안뿐만 아니라 배아 형태와 대안 원리가 중첩된 매개영역인 중간노동을 과거와의 단절 관점에서 평가하지 않고, 단절로 나아가기 위한 조건의 확장과 제약의 축소라는 관점에서 지속적이고 누적적으로 개입할 대상으로 보게 한다. 하나의 단계에서 다음 단계로의 도약은 자연적으로 이루어지는 과정이 아니라 각 단계의 내부를 구성하는 수많은 한계에 대한 누적적이고 진화적인 개입의 산물로 이해해야 한다. 단계 도약의 조건을 강화하고 그 제약을 축소하는 적합한 개입의 누적이 이루어질 때 다음 단계로의 진화 가능성이 증대할 수 있다. 그러나 이때 '진화주의적 아나키스트 전략'과 다른 개입의 방식도 동원될 수 있어야 한다. 이는 국가의 개입이다. 노동체계의 구조와 질서는 그 자체로 국가의 개입 산물이자 역사다. 따라서 체계의 전환은 동시에 국가의 변화를 요구한다. 즉 단지 대안의 배아 형태 발굴과 창안에 있지 않고, 이를 국가의 개입 방식으로 전환해 현실화하는 방식을 포함할 수 있어야 한다. 국가의 적극적인 역할 없이 이행이 이루어지기는 어렵다. 국가는 조건 확장과 제약 축소에서 적극적 역할을 해야 한다. 그러나 국가의 한계 또한 거론되어야 한다. 국가의 개입은 이행의 방향, 규모, 속도, 제도 형성에 중요한 영향을 미치지만, 국가가 이행 과정을 통제할 수는 없기 때문이다(정병걸, 2015: 119). 이행은 중앙집중적 통제를 포함한 모든 유형의 통제 기반 전략으로는 접근하기 어려운 복잡성과 불확실성 아래 진행된다. 국가의 개입과 틈새 전략이 만나는 구체적인 공간이 노동체계를 형성하고 있는 다원적인 제도들이다. 제도는 그 자체로 가능성과 한계, 제약의 조건을 이루며 행위의 규칙을 형성한다. 기능 변화의 진화에서 지배우위의 변화를 거쳐 재구조화로 나아가는 모든 단계 변화는 이 구체적인 제도들에 누적적이고 진화적으로 개입할 이중운동으로만 실현할 수 있다.

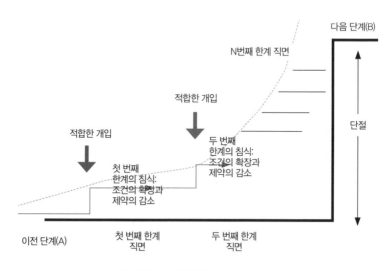

[그림8] 다음 단계를 향한 단절이라는 도약

배아 형태들은 주변으로 진입해 제도화되기 위해 기존 제도와 다양한 협상을 진행한다. 그 유형은 다양하다. 기존 제도에 존재하는 자원을 이용해 배아 형태를 육성하거나 확산시키기도 하고 자원을 다른 방식으로 활용해 새로운 자원을 창출하기도 한다. 또한 그 과정에서 제도가 기존과 다른 방식으로 작동하게 만들거나 혹은 기존에 없던 새로운 제도의 창출에 기여하기도 한다. 이런 대안 제도화의 누적은 단계 변화의 조건을 확장하고 제약을 축소하는 효과를 낼 수 있다. 그러나 반드시 그런 것은 아니다. 기존 노동체계의 헤게모니 능력을 확장해 대안의 원리가 그 안에 '포획capture'되는 방식도 가능하기 때문이다.[196] 기능 변화의 진화는 일차적으로 기존 체제의 재생산 필요에 부응해 그 기능을 제공하는 것이기 때문에 배아 형태들의 주변적 제도화의 기본 경로는 기존 체제 내부에서의 국지화다(Pel&Bauler, 2014: 5). 이는 위기에 개입하는 속도와 방식 그리고 동원할 수 있는 자원과 권력의 규모가 기존 체제의 지배집단들에 집중되어 있기에 발생하는 비대칭성이다.

체제 보완을 폄하할 필요도 없고 그래서도 안 된다. 체제 보완은 문제를 발생시키는 근본 구조의 변형이 불가능하거나 많은 장애에 직면하는 실제 조건에서 매우 중요한 과제다. 다수 동료 시민은 그 구조 하에서 적응하며 살아가야 하기 때문이다. 구조의 작동 문제를 보완하고 혁신할 기능 변화는 다수 동료 시민의 생활 안전에 필수적이다. 하지만 이런 체제 보완은 기존 체제의 문제와 한계를 반복해서 확대 재생산하기 때문에 중장기적으로 지속될 수 없다. 체제 보완이 단기적 긍정 효과를 발휘할 수 있지만, 중장기적으론 동료 시민 모두의 안전을 위협하는 중대 문제를 일으킨다. 그러나 체제 보완의 경로가 구조적으로 우위에 있기 때문에 "현재의 정책 맥락하에서 시스템 전환을 위한 수단과 전략을 개발하고 실행에 옮길 수 있을지에 대한 의문"(정병걸, 2015: 136)은 자연스럽다. 이 의문은 틈으로부터 대안제도화를 경유해 체제의 재구조화로 나아가는 모든 전략에 내재한 근본적 의문이다. 기능 변화가 체제 내부로 국지화되는 경로를 넘어설 안정적인 대안은 존재하지 않는다. 하지만 제도화가 기존 규칙을 재확인하는 유형으로 귀결될 수 있지만, 새로운 규칙을 확립해 체제의 변

196　이후의 논의에는 장훈교(2017d)에 기초해 재구성한 내용들이 일부 포함되어 있다.

화를 만들어낼 이행 제도화가 내부 필요에 의해 요청될 수도 있다.

　이 부분을 이해하는 데에 체제의 위기 수준과 그 강도, 기후변화나 산업구조 전환과 같은 거대구조로부터 발생하는 전환 압력, 아래로부터의 대안 배아 형태의 도전 등 실제 제도 선택의 다양한 경로가 가능하다는 점에 주목해야 한다. 또한 체제 내부의 선택이 반드시 체제의 재생산reproduction으로 귀결되는 것은 아니라는 점도 중요하다. 이 부분에는 다중층위시각Multi-Level Perspective으로 알려진 이행이론transition theory이 통찰력을 줄 수 있다. 다중층위시각은 이행을 '틈niche', '체제regime', '환경상황landscape' 간 상호작용으로 나타나는 공진화co-evolution 과정으로 본다. 특히 이 부분에서 중범위 수준의 '체제' 변화는 미시적 수준의 상향적 압력과 거시적 수준의 하향적 압력에 대한 반응에 따라 다양한 경로로 발생할 수 있다(정병걸, 2015: 116). 비록 이 이론이 체제 변화에 내재한 저항과 단절의 요소, 그로 인해 발생하는 적대성 차원에 충분히 주목하지 않더라도 위아래의 압력으로 인해 체제는 언제나 체제 보완만을 위한 선택을 내릴 수 없다. 프랭크 길스Frank W. Geels와 존 스캇John Schot의 연구에 의하면 체제는 네 유형의 경로 선택을 할 수 있다(Geels&Schot, 2007: 406~413). 길스와 스캇의 연구를 현재 내 논의에 맞게 재구성하면 제도화가 언제나 체제 보완을 전제하지 않으며 체제 내부의 상황과 외부 조건에 따라 아래와 네 유형의 제도화가 가능하다.

[표15] 체제의 유지와 보완을 위한 제도

반복 제도	체제 내부에 체제의 문제를 다룰 역량이 여전히 존재하는 경우 체제는 외부의 도전과 압박 속에서 자신을 유지하는 선택을 할 수 있다.
변형 통합 제도	체제의 유지를 위해 체제 외부로부터 체제와 조응할 수 있는 요소들을 체제 내부로 통합하는 선택을 할 수 있다.
대체 제도	체제 내부의 위기 증가로 인해 체제 외부의 이질적인 제도와 체제의 접합을 시도하는 제도들을 선택한다.
대안 제도	체제가 선택한 제도들이 더 이상 작동하지 않고 이를 대체할 제도 목록이 존재하지 않을 경우 체제 내부의 행위자들은 체제에 대한 신뢰를 상실한다. 체제는 무너지지만, 이를 보완할 제도가 존재하지 않기 때문에 체제가 공위空位 상태에 진입한다. 이로 인해 기존에 배제되었거나 가능하지 않다고 판단했던 대안 제도가 등장한다.

　반복 제도, 변형 통합 제도, 대체 제도, 대안 제도는 모두 체제 유지와 보완을 위한 제도 선택이지만, 그 효과는 모두 다르다. 체제 내부 행위자들이 체제의 위기와 위아래의 압력에 대항하는 역량에 따라 제도를 선택하거나, 다른 요소와 질서를 제도화에 통합하거나, 혹은 이전에 없던 전혀 다른 제도를 창안하고 도입해야 하는 압력에 노출될 수 있다. 따라서 체제 보완의 강도가 언제나 같은 것은 아니며 비록 체제의 보완 역량이 한계상황에 도달해야 하는 경우이기는 하지만, 내적으로 대안제도를 선택해야만 하는 압력에 직면할 수도 있다. 기능 변화의 초기 단계인 현 국면에서 볼 때, 현재 선택 범위 안에 들어온 제도화의 유형은 변형 통합 제도라고 볼 수 있다. 기능을 대체하는 요소와 모형을 통합해 제도를 확대하는 방식이 우선적인 선택이기 때문이다. 그러나 이런 기능 대체를 통해 노동체제 내부의 위기가 해결되지 않거나 환경상황에서 압력이 현재 수준보다 더욱 강화된다면, 기능 대체 수준을 넘어 대체제도로 나아갈 수도 있다. 또한 기

후변화와 자원고갈로 인한 전환 압력에 기능 대체와 대체제도가 대응할 수 없다는 점이 나타날 때는 이전과 완전히 다른 대안제도를 선택해야 하는 압력에 놓일 수도 있다. 핵심은 체제의 보완이나 변형이 단한 번의 결정으로 완결되는 과정이 아니라 끊임없는 결정의 연속 과정이라는 점이다. 비록 경로의존성path dependency으로 인해, 지난 결정의 누적 과정이 현재 결정에 중대한 영향을 미치지만, 그 경로를 벗어나는 다른 대안을 선택할 가능성은 존재한다. 이 과정을 도식화하면 다음과 같다. 이는 위르겐 슈에프란(Scheffran, 2016: 32)의 그림을 논의에 맞게 재구성한 것이다.

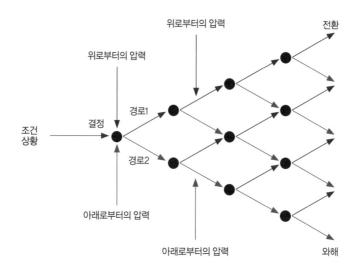

[그림9] 체제 변화의 경로

새로운 규칙이 만들어질 때, 새로운 틈이 발생하며 그 틈을 통해 한 단계 더 나아간 규칙 확립을 위한 투쟁을 진행할 수 있다. 그러나 동시에 이미 확립된 질서를 안정화할 수도 있다. 이런 제도화의 이중 성은 피할 수 없는 것이다. 따라서 기존 제도 내에 존재하는 다양한 자원과 능력을 활용해 새로운 규칙을 확립하기 위한 투쟁의 공간으로 제도화에 접근해야 한다. 문제는 [변형 통합 → 대체 → 대안]으로 나 아가는 급진화 경로가 전체 사회의 파국이 되지 않으려면 현 체제의 위기를 다룰 수 있는 배아 형태들이 체제 외부에서 다양한 형태로 발 굴되고 전개되어 선택 가능한 대안의 폭을 넓혀야 한다는 점이다. 그 러나 이를 위해 배아 형태와 전체 사회 재구조화 사이의 균열을 인정 하고 이의 탐구 작업이 강화되어야 한다.

전환 경로 제시와 이행 의제 설정

현 노동사회의 위기에 대한 분석과 공동자원체계로서의 일 전략이 타당하다면 우리는 기능 변화 단계에서 지배우위 단계로 이행하는 데 필요한 제도 창안의 기본 방향과 내용을 현재 수준에서 예상할 수 있 다. 이는 전환을 위한 경로transformative pathway 구체화에 도움을 준다. 단 계 변화는 전체 사회의 근본 구조를 변형하는 장기적 변화이기 때문 에 높은 복잡성과 불확실성 하에 이루어진다. 따라서 전환 과정 및 그 결과를 정확히 예측하는 것은 불가능하다. 하지만 바로 이 때문에 이 장기적이고 근본적이며 불확실한 과정을 안내할 전망을 형성visining 하고 그 전망을 구현할 제도를 창안하면서 현실과 전망 사이의 간극 을 연속해 조정하는 작업이 중요하다. 노동과 생활의 공동자원체계화

commonification가 전망 형성 역할을 수행하려면 다음 두 가지 역할이 필요하다. ① 노동사회 전환의 길잡이 역할을 하며 기존 질서를 벗어나는 해결책을 탐색하도록 추동할 수 있어야 한다. ② 이 과정에 많은 행위자들을 동원할 능력이 있어야 한다. 만약 두 요구를 충족할 수 있는 정도로 전망이 구체화된다면 전망은 향후 전환 과정에 필요한 중단기적 개입 방안을 청사진이나 설계도의 방식이 아니라 이행과 전환을 위한 의제 차원에서 제시하고, 각 단계별로 무엇을 해야 하는지 제시하는 활동을 해야 한다. 제도 창안의 기본 방향과 내용 제시는 바람직한 이행의 경로를 보여주면서 다원적인 행위자들이 공동의 전망을 형성하고 학습 능력을 향상하는 데 기여할 수 있다.

현재 연구 수준에서 전환 경로와 그 경로 개척에 필요한 이행 의제를 개략槪略 이상 제시하기는 어렵다. 그리고 이 경로와 관련 의제와는 다른 구상이 가능하다. 중요한 점은 전환을 보장하는 단 하나의 경로는 존재하지 않는다는 점이다. 따라서 현재까지 나온 다수의 프로젝트와 프로그램을 발전시키는 동시에 이행을 위한 배치 안으로 묶는 프레임워크 프로젝트가 동시에 진행되어야 한다. 또한 프레임워크 프로젝트도 단 하나일 수 없다. 다원적인 프레임워크 프로젝트들이 경합하면서 각자의 문제해결 능력을 향상하는 동시에 제기되는 질문에 대응할 이행전략의 포트폴리오를 구성하는 것이 무엇보다 중요하다. 다양한 조건과 상황에 적합한 프로젝트와 프로그램의 목록이 풍부할수록 전환 과정에서 발생하는 다양한 위기 대응 능력 또한 확장되기 때문이다.

임금노동시간의 단축은 단계변화의 필요조건이다. 성별화된 장시간 노동체계에 도전하지 않고서는 현재 진행되고 있는 기능 변화의 단계에서 지배우위 변화의 단계로 진입할 수 없기 때문이다. 배아 형태가 기존 체제 내부로 통합된다고 하더라도 성별화된 장시간 노동체제의 지배우위가 유지되는 한 노동과 자유의 대안적 결합 모형은 그 노동체계의 주변에 위치할 수밖에 없다. 또한 배아 형태에 내재한 대안 원리는 성별화된 장시간 노동체제와 충돌하면서 또 다른 제도화의 공간을 열 수 있다. 역사적으로 강고하게 구축돼 있는 성별화된 장시간 노동체계의 해체 작업과 노동시간의 단축 과정은 국가의 적극적인 개입 없이 이루어질 수 없다.

그러나 노동시간을 단번에 줄일 수는 없다. 8시간 노동일에서 6시간 노동제로의 전환은 일차적인 과제로 두 시간의 단축은 "일과 여가 사이의 무게 중심을 바꾸기에 충분"(허니컷, 2011: 23)하다. "두 시간의 추가 시간"을 확보하는 방법은 일자리 창출이 20세기 국가의 중심 전략으로 부상한 이후 주변화하거나 비판받아온, 노동시간의 단축을 통한 동료 시민의 고용보장이라는 문제설정(허니컷, 2011: 68)을 다시 21세기의 중심문제로 부상시킨다. 노동시간 축소를 위한 첫 번째 과제는 노동시간 단축을 정치적 이상으로 복귀시키는 단계이다(브레흐만, 2017: 155). 또 하나 중요한 점은 임금노동시간의 단축을 단지 노동의 공유 과정이 아닌 포괄적인 노동시장의 재규제라는 관점에서 접근하는 것이다. 이는 질 버러리(2016)의 주장처럼 자본에 대한 적극적인 규제를 동반하지 않고서는 다수의 노동이 여전히 자본의 직접적인 통제 아래, 그러나 법과 제도의 외부에 놓임으로써 장기적인 관점에서나 현실적인 관점에서 모두 문제를 발생시키기 때문이다. 즉 임금노동시간의 단축은 고용에 대한 사용자의 책임과 그에 대한 규제 없이는 실현될 수 없다. 이는 매우 중요하다. 일부 제안이 질 버러리의 주장처럼 노동과 소득을 분리시킨다는 전제하에 노동의 재조직화 시도를 포기하고 사용자를 방치하는 결과를 가져올 수도 있기 때문이다(버러리, 2016: 2).

현재는 생산성 향상이 오직 임금 형태로 분배된다. 노동시간의 단축은 생산성 향상을 임금의 분배가 아닌 시간의 분배로 전환하는 과정을 통해 이루어진다. [임금-시간] 사이의 교환 관계를 역전하는 발상이 필요하다. 그러나 6시간 노동제가 현재 노동의 위기에 대한 해결책이 되기는 어려울 것이다. 이 때문에 노동시간 단축 요구는 노동시간의 점진적이고 지속적인 단축 요구로 나아갈 가능성이 높다. 바로 이것이 노동시간 단축 요구가 갖는 전략적 함의다. 라투르는 필요 노동시간의 과감한 감축은 노동사회에서 벗어나기 위한 필요조건이지만, "만인에게 만족스러운 고용을 보장하는 사회구조 전환의 보완적 요소"(라투르, 2015: 229)라고 한 바 있다. 공동자원체계로서의 일은 노동을 고용으로부터 분리해 사회와 결합하는 전략이지만, 이런 국면으로 나아가기 위해서는 역설적이게도 노동시간의 단축과 함께 만인의 고용보장 문제를 진지하게 고려할 필요가 있다.

만인의 고용보장은 현재 노동시장 안에서 감당할 수 없는 과제이기 때문에 이의 실현을 위해서는 전체 사회 노동의 재분배가 필요하다. 이스트번 메자로스의 표현을 빌린다면 이는 "협상할 수 없는 것, 즉 현존 질서에서의 사이비 양보 조작으로 통합될 수 없기 때문에 노동의 입장에서는 핵심적인 전략적 요구"(메자로스, 2017: 254)가 된다. 만인의 고용보장은 단지 현재와 같이 노동시장에 기반을 둔 노동의 공공성 인정을 통해 보장될 수 없기 때문에 보다 강력한 노동시민권의 발전을 전제한다. 고용의 분배가 노동시장이 아니라 시민권의 보장을 위한 정치적 분배의 문제로 전환되는 것이다. 곧 완전고용의 요구는 고용의 분배에 대한 요구이며 기존 노동체제의 한계로 인해 ① 노동시간 단축을 통해 임금노동 부문을 동료 시민에게 개방하는 효과 외에 ② 공공 부문 노동의 재구조화와 ③ 동료 시민의 다양한 사회참여와 기여를 인정하는 시민노동제도의 도입에 대한 요구로 나아갈 가능성이 있다.

공공 부문 노동의 재구조화 압박은 이미 현실화하고 있다. 고용을 노동시장이 창출하지 못하거나 동료 시민이 나쁜 노동을 거부해 지방자치단체가 고용 문제를 책임져야 하는 상황에 내몰리기 때문이다. 정부가 고용 창출의 역할을 담당하는 이런 전략은 기업 고용 전략의 우위를 주장하는 민주주의의 자유화 기획으로부터 비판을 받지만, 고용 문제가 전체 사회의 중심 문제로 부상했기 때문에 지방자치단체는 중단기적 공공 부문 고용 전략 외에 선택할 정책 대안이 마땅치 않다. 문제는 이 과정이 나쁜 노동사회의 반복 창출로 연결되는 것이다. 이는 단기적인 실업 관리 차원에서 공공 부문 노동이 다뤄지기 때문인데 노동시간 단축과 함께 공공 부문의 재조직화를 위한 지평으로의 변형이 필요하다.

이때 우리가 참조할 수 있는 모델이 '완전고용도시full employment city'를 지향하며 지방자치단체가 고용을 보장하는 제도인 지방자치단체고용보장municipal job guarantee이다. 이 제도는 기간 진행되어온 지방정부의 직업 교육 혹은 직업 연결 프로그램보다 매우 공격적이다. 직업 교육이나 직업 연결은 고용을 보장하지 않는다. 또한 노동시간 단축보다도 직접적인 제도다. 노동시간 단축은 고용을 위한 조건을 창출할 수 있지만, 보장하지 않는다(디에츠·오닐, 2013: 203). 지방자치단체 고용보장은 공공 서비스 부문에서 고용을 창출하는데 특히 동료 시민의 일상 생활에 필수적으로 요구되는 다양한 인프라스트럭처 서비스 강화 부분에서 이루어진다. 이 프로젝트의 주요 주창 집단 중 하나인 바드대학 레비경제연구소Levy Economic Institute of Bard College는 그래서 이를 "공공서비스고용public service employment" 프로젝트라고 부른다(Wray et al., 2018). 물론 이 안에는 전통적인 직업 교육이 통합되어 있으며, 생활임금을 포함한 노동자의 권리가 보호된다.[197] 이 프로젝트를 통해 일하고자 하는 모든 이의 고용을 보장하기 때문에 '고용보장job guarantee'이라고 말하기도 한다.

그러나 공공노동의 확장만으론 고용의 민주적 분배가 전체 동료 시민에게 할당되기 어렵다. 동료 시민들의 자발적인 전체 사회의 기여와 이행소득체계를 연결하는 보다 확장된 중간노동 모델로 '시민노동'이 도입되어야 한다. 이는 [종속-안전] 교환에 기초를 둔 임금노동 모델과 달리 [기여-안전] 교환에 기초를 둔 노동 모델이다. 자발적 기여와 안전을 교환하는 이와 같은 교환계약은 전통적인 임금노동의 원리와 자발적 기여 사이의 이분법을 해체하는 동시에 다른 방식으로 결합한다. 이는 단지 제안만은 아니다. 2000년대 중반 서구에서 많은 이의 관심을 받은 '시민서비스civic service'는 비록 완전한 [기여-안전] 계약은 아니어도 현실 속에서 근접하게 부상한 예다. '시민서비스'는 전통적인 자원봉사와 달리 동료 시민의 전체 사회에 대한 기여에 대해 다양한 수준의 보상이 이루어진다. 박현신의 연구에 의하면 "시민서비스 프

---

197 Alan A. AjaWilliam A. Darity Jr.Darrick Hamilton, 2017, "How cities can do better than the fight for \$15?", *Yes magazine*

로그램에 있어서는 보상이나 인정의 수준은 다양하며, 봉사에게 공식적으로 금전적 보상이 지급되기도 한다(박현신, 2011: 89)."

물론 이런 화폐 보상의 차원이 시민서비스의 모든 것은 아니다. 지은정은 시민서비스를 연구한 학자들의 논의를 정리하며 시민서비스의 특징으로 정부에 의해 지원되는 공식적이고 프로그램화된 활동이라는 점을 든다. 참여는 자발적이지만, 그 참여의 구조는 공식적이며 그에 따라 참여기간, 교육·훈련 등의 사항을 지켜야만 한다(지은정, 2014: 35). 하지만 자발성과 기여를 분리하고 동료 시민의 기여에 전체 사회의 보상을 제공하는 체계라는 점은 현재 이 연구 맥락에서 중요하다. 이런 시민서비스는 기존 공공서비스의 문제를 보완하는 대안서비스 전달체계로 관심받고 있으며 미국의 국가봉사단인 'AmeriCorps'가 그 대표적인 모델로 평가받는다.[198] 기여와 안전이라는 두 영역이 융합해 나타나는 실천을 나는 잠정적으로 '시민노동'으로 개념화할 것을 제안한다. 원래 시민노동bügerarbeit은 독일 사회학자 울리히 벡이 유럽의 실업문제에 대응하기 위해 1990년대 후반 제안한 개념이었다. 울리히 벡은 전통적인 직업노동의 위기와 해체 과정에서 발생하는 위험에 대응하기 위해 이를 보완할 대안노동 범주를 고안했다. 그는 전체 사회에 대한 시민 참여를 "직업노동의 뒤를 잇는 제2의 활동 구심점 내지 통합의 구심점"(벡, 2000: 256)으로 사고했다. 울리히 벡은 직업노동의 위기가 노동하는 시민이라는 전제 위에 구축된

---

198 'AmeriCorps'는 "연방정부, 주정부, 지방정부는 물론 지역사회의 자발적 결사체들이 상호 협력을 통해 지역사회 주민의 다양한 참여와 봉사를 장려하고 참여자에게 일정액의 현금을 보상하는 것을 주요 사업내용"(박세경, 2010: 99)으로 하는 시민서비스 조직이다. 'AmeriCorps'에 대해서는 박세경(2010)과 지은정(2014)을 참조했다.

유럽 자유민주주의를 위협하지만, 반대로 직업노동에서 벗어나 동료 시민의 더 많은 정치적 자유를 위한 계기가 될 수 있다고 믿었다. 시민 노동은 바로 그와 같은 사고의 산물이었다. 그에 의하면 시민노동은 소득이 보장되며, 자유로운 노동시간의 선택이 가능하고, 동시에 능 동적인 사회 참여 권리를 보장하는 범주였다(Csoba, 2015).

물론 이 개념을 비판하는 입장도 많다. 자율활동을 노동시장의 도 구로 바라본다는 입장부터 시민노동이 결국 저임금 노동시장을 창 출하고 이는 여성에게만 할당될 것이라는 비판은 대표적이다(Strauß, 2007: 17). 나의 제안이 울리히 벡의 시민노동 개념과 완전히 일치하는 것은 아니지만, ① 동료 시민의 전체 사회에 대한 자발적 기여 ② 전체 사회에 대한 동료 시민의 동등한 참여 권리 보장 ③ 소득을 통한 안전 보장이라는 공통의 요소가 있다는 차원에서 그의 개념을 따른다. 만 약 시민노동이 도입되면 우리는 노동시간 단축으로부터 남성 노동 기 획을 뒷받침하는 임금노동시간 체계의 재구조화 과정과 함께 ① 기업 노동 ② 공공노동 ③ 시민노동 ④ 대안 경제노동이라는 네 유형의 중 간노동 범주를 얻게 된다. 이 노동 영역들의 교차 확장 과정이 단계 변화를 위한 조건과 동력을 만들어낼지도 모른다.

기능 변화에서 지배우위 변화로 진입하기 위해서는 노동체계의 변 화뿐만 아니라 생활체계의 재구성도 함께 진행되어야 한다. 왜냐하 면, 현 노동체제의 위기가 기본적으로 노동과 고용의 분리 및 생활의 불일치로부터 발생했기 때문이다. 그 위기의 해결 과정에 기여하는 동 시에 이전과는 다른 방식으로 노동과 생활을 결합할 때 지배우위의 변화가 발생할 수 있다. 이런 관점에서 본다면 지배우위의 변화에서 재구조화 단계로 진입하는 과정은 공동자원생활체계가 노동체계의 변화와 결합해 일상생활이 공동자원생활체계 중심으로 재편되는 과정이다. 이는 공공노동과 시민노동 영역의 통합을 만들어내면서 동료 시민의 안전을 보장하는 영역 전체에 대한 동료 시민의 민주적 통제 확장 경로를 요구한다. 그러나 메레츠의 지적처럼 노동과 생활의 공동자원체계화가 전체 사회의 재구조화 단계로 진입하더라도 모든 문제가 해결되는 것은 아니다. 재구조화의 단계는 모든 문제의 종결 단계가 아니라 이전과는 다른 모순과 갈등, 불일치에 직면하며 기존에 없던 틈이 발생하는 단계다.

이행 의제

기본 전환 경로의 예시가 충분하지 않다는 점은 분명하다. 그런데도 이러한 예시는 향후 발굴되어야 할 이행 의제의 영역이 무엇인지 개략적인 수준에서나마 도출하도록 돕는다. 도출된 이행 의제 범주는 전환 경로를 현 단계보다 한 걸음 더 구체화하는 데 기여하고 노동과 생활의 공동자원체계화에 대한 성찰적 학습의 기회를 제공할 수 있다. 이행 의제 도출 과정에서 전환 동맹이 공유할 헌법적 결정 단계가 필요하다. 이 단계는 의제 도출의 원리를 제공한다. 이해를 돕기 위해 예를 들면 다음과 같다.

[규칙1] 성장 없는 번영과 최적 경제 규모의 설정

전환시나리오의 우선 방향은 성장에서 번영으로(잭슨, 2013) 그리고 기본전략은 탈성장을 통한 정상 상태경제로의 전환(데일리, 2016)에 맞추어져야 한다. 이를 위해 필요한 가장 기본적이고 중요한 것은 주요

자원의 전체 사용량 규모를 지속 가능한 수준으로 제한하는 정치사회적 합의다. 허먼 데일리가 『성장을 넘어서』에서 강조한 것처럼 이는 전체 사회의 경제 규모를 제한한다는 의미다. 자원 처리량 중심의 접근은 이를 위한 방법이다. 기술혁신에 의한 상대적 자원 처리량 감소가 발생할 수도 있지만, 현재 우리에게 필요한 것은 자원 처리량의 절대적인 감소라는 점을 기억할 필요가 있다. 노동시간의 단축이나 공동자원생활체계의 구축, 그리고 공동자원 일과 노동의 체계는 모두 경제 규모의 절대적인 감소를 전제로 이루어지는 것이다.

[규칙2] 불평등의 한계

공동체는 공동체 구성원의 소득에 대해 최저와 최대의 경계를 보유하고 있어야 한다. 이는 공동체가 구성될 수 있는 불평등의 한계가 존재하기 때문이다. 한계를 넘어선 불평등은 전체 사회를 와해시킬 뿐만 아니라 성장에 대한 끊임없는 동력으로 전환된다. 이를 방지하기 위해 공동체는 구성원에게 최저소득을 보장할 수 있는 능력과 소득의 최고 한계를 부과할 수 있는 역량을 동시에 보유해야 한다. 이를 허먼 데일리는 '불평등 한계 원칙'(데일리, 2016: 381)이라고 불렀다. 노동의 전환 과정이 전체 사회가 합의할 수 있는 구성원 간 소득의 불평등 경계를 고려해야 한다는 것이다. 이는 생태적 한계에 종속된 경제 규모의 총소득 한계 내에서 공정한 분배를 이룰 방법을 요구한다. 디에츠와 오닐이 말한 것처럼 "성장의 바람직한 대체제일 뿐만 아니라 필수적인 대체제이다(디에츠·오닐, 2013: 143)."

[규칙3] 통합노동 혹은 '일'의 접근

노동의 전환은 단지 임금노동만의 문제가 아닌 임금노동을 포함한 재생산노동, 작업, 자율활동 등 사회적 존재로서의 인간이 전면적 발전을 위해 필요하다고 규정된 '일' 전체의 문제라는 관점에서 접근되어야 한다. 따라서 임금노동시간의 단축은 노동을 포함한 일 체제 전체의 전환이라는 관점에서 통합적으로 고려되어야 한다. 또한 이는 각 일과 노동에 적합한 인프라스트럭처의 구성과 그의 유기적 통합을 위한 전환 계획이 필요함을 의미한다. 또한 이와 같은 통합노동의 접근은 노동의 전환 거버넌스 참여 자격 문제를 새롭게 제기한다. 곧 전환 거버넌스에 참여할 수 있는 자격의 경계가 임금노동과 동일해서는 안되며 전체 사회의 확대재생산에 기여하고 있는 모든 이의 노동과 일이 반영되는, 통합적 접근이 가능한 구조로 설계되어야 한다.

[규칙4] 선분배pre-distribution의 원리

선분배의 원리는 일차적으로 국가의 역할을 규정한다. 예일대학의 제이콥 해커Jacob hacker 교수가 제안한 원리(Hacker, 2011; 2013)로 국가가 조세나 복지 정책으로 불평등을 사후에 완화하는 것이 아니라 불평등이 일어나는 장소에서부터 막아야 한다는 개념이다. 국가의 재분배re-distribution 원리와 구별하기 위해 선분배라고 표현한 것으로 알려졌다. 선분배의 원리는 "시장에서 소득이 결정되는 과정에 정부가 정책적으로 적극 개입하는 것"을 옹호하도록 한다. 예를 들면 민간기업에 최저임금을 강제하거나 고액 연봉에 상한선을 두는 정책 등이다.[199]

---

199 김희승, "선분배 정책", 한겨레, 2015. 3. 25.

그러나 선분배 원리의 적용 스펙트럼은 매우 넓으며 직업교육의 시행부터 자산격차의 불평등 해소를 위해 동료 시민에게 생산적 자산을 직접 제공하는 단계까지 다양할 수 있다(Gravin, 2016: 70).

규칙2에서 밝힌 공동체 불평등의 한계 원리가 지켜지기 위해서는 선분배의 원리에 입각한 국가 운영이 필수 조건이다. 그러나 선분배의 원리를 단지 소득 불평등 문제의 사전 조정이라는 차원에서 접근해야 할 이유는 없다. 해커의 문제의식 중 하나는 국가가 시장이 최상위 소수를 위해 작동하도록 만들었다는 것이었다(Hacker, 2011: 35). 시장의 승자가 모든 것을 독식하고 그 승자를 위해 작동하는 시장의 전환이 필요하며 이를 위해 "시장이 처음으로 보상을 분배하는 방식" (Hacker, 2011: 35) 곧 "선분배" 방식에 개입해야 한다는 것이 해커의 핵심 제안 중 하나였다. 따라서 선분배는 노동의 전환을 위해 필요한 시장의 변화가 무엇인가를 질문하고 그 변화를 만들어내기 위해 시장의 기능을 긍정적으로 변화시키는 정책의 원리로도 작동할 수 있다(P2P Foundation, 2017: 35). 곧 노동의 전환을 발생시키는 시장의 창출이 그 목적이다. 선분배의 원리는 그래서 노동의 전환과 함께 가는 국가의 역할 및 창출해야 할 시장 구조에 대한 원리로 작동한다.

[규칙5] 일과 시민권의 결합

현재 조건에서 노동의 전환은 일차적으로 노동의 정치적 (재)분배 형태를 띨 수밖에 없기 때문에 그 분배는 노동시장의 원리가 아닌 동료 시민들의 민주적 결정을 통한 민주적 (재)분배 과정이어야 한다. 이를 보장하기 위해서는 기존 "노동하는 시민"의 권리와 다른 유형의 일과 시민권 결합 모형이 필요하다. 이 부분에 이미 산업적 시민권

industrial citizenship, 직업적 시민권occupational citizenship의 두 모형이 제안되어 왔다. 산업적 시민권은 T.H.마셜이 19세기 후반 등장한 노동조합의 단체교섭권을 설명하기 위해 도입한 개념으로 노동조합이 단체교섭을 통해 획득한 경제 사회적 권리와 연결된다(버드, 2016: 99). 산업적 시민권은 "노동 현장에서 노동자들이 고용주나 경영 측과 대등한 노사관계를 만들고 민주적으로 운영할 조건"(최장집, 2017: 120)으로 한국의 '노동 없는 민주주의'에 필요한 과제로 제기된 바 있다. 그러나 산업적 시민권을 비판하는 흐름도 있다. 직업적 시민권은 산업적 시민권이 고용안전과 노동시장안전을 제공할 수는 있지만, 현재 지형은 이미 이 권리로 보장될 수 없다고 비판한다(Standing, 2008: 49). 직업적 시민권은 대신, 고용에서 '일'로 권리보장의 범주를 전환할 것을 제안한다. 모든 직업을 보장한다는 데 그 핵심이 있다. 그러나 이런 직업적 시민권도 유급고용에만 초점을 맞춰 전통적으로 여성이 수행한 무급노동을 배제한다는 비판이 있다(버드, 2016: 122). 통합노동 혹은 '일'의 관점에서 시민권과 결합하는 대안 모형을 고려할 때 이 모든 문제의식은 중요하다. 공동자원체계로서의 일은 동료 시민의 자유와 노동의 대안적 결합에 대한 권리를 전제하고 그 일은 ① 시민기본노동 ② 재생산 ③ 작업 ④ 자율활동 전 영역을 포괄한다.

전환 경로와 이행 의제는 한 번에 도출되는 것이 아니라 노동사회의 분석과 운동의 경험 등에 기초해 계속 수정하며 탐색하여 만들어지는 것으로 이해해야 한다. 이행 의제 도출을 위한 탐색에 다음과 같은 내용이 포함될 수 있다. 이는 기술혁신시스템의 발전을 저해하는 요소를 발굴하기 위해 쓰이는 방법론이지만(과학기술정책연구원, 2016:

46~47), 이행 의제 탐색에도 일정 부분 기여할 수 있다. 이를 전제로 현 단계에서 예측되는 이행 의제의 범주를 예시하면 다음과 같다.

[표16] 이행 의제 도출을 위한 탐색

번호	탐구 항목	탐구 내용
1	행위자 문제	전환을 이끌어갈 행위자들의 존재와 역량 문제
2	제도 문제	전환을 제약하는 제도들의 유형과 그 제약을 넘어서는 데 필요한 대안 제도의 유형 및 그 기능과 역할에 대한 문제
3	상호작용 문제	전환 행위자들의 상호작용 강화 및 전환과정과 다수 동료 시민의 상호작용 문제
4	하부구조 문제	전환을 위한 하부구조의 설계와 형성 문제

국가와 지방정부는 이 모든 전환 과정에서 중요한 역할을 한다. 노동전환 거버넌스는 노동시간의 단축 및 노동의 공유와 함께 전체 사회에 연대성의 하부구조 혹은 연대성의 축적accumulation of solidarity을 이루어야 한다. 이 과정이 비가역적이고 안정적인 지속성을 확보하기 위해서는 국가의 개입 방안을 찾아야 한다. 국가와 공동자원체계의 관계는 논쟁적이다. 그러나 공동자원체계 기반 대안운동이 성장하면서 이 문제는 회피할 수 없는 중요한 문제가 되었다. 또한 밥 제솝Bob jessop의 분석처럼 공동자원체계와 국가 사이에 일반이론은 존재하지 않는다(Commons Strategies Group, 2016: 8). 우리의 과제는 국가와 공동자원체계의 관계에 내재한 위험성을 인정하면서도 국가와 공동자원체계를 연결할 수 있는 대안의 방법을 모색하는 일이다.

역량 강화

　단계 변화와 전환 경로에 대한 접근은 모두 대안제도화의 공간을 확장하고 이에 개입할 역량을 강화하는 역량 강화empowerment 전략을 전제한다. 곧 공동자원체계로서의 일 원리와 요소들을 추진하는 행위자들의 역량 강화 전략이 결합하지 않을 때 비개혁주의적 개혁 전략은 체제의 필요 충족을 위한 재생산 전략으로 제한되고 만다. 체제 전환의 열망을 지닌 다원적 행위자들은 기존 체제 내에서 다른 미래로 나아가기 위한 '인접가능성adjacent possible' 경계를 이동시키는 역할을 한다. 인접가능성이란 현재 배치 안에 존재하는 요소와 관계들로부터 출현할 수 있는 가능한 미래를 의미한다. 모든 제도 안에는 그 제도의 배치 형태와 표준을 깨고 나올 새로운 방법들과 가능성이 존재하는데 그것이 바로 인접가능성이다. 제도의 인접가능성은 고정된 것이 아니라 그 제도를 재생산하는 행위자들의 다른 실천을 통해 경계가 이동할 수 있다. 곧 현재는 불가능할 것처럼 보이는 대안이나 현재 시점에선 보이지 않는 가능성이 다원적 행위자들의 누적적이고 진화적인 실천으로 인해 인접가능성이 확장하면서 나타날 수 있다. 현재 안에 포개어져 있었으나 펼쳐지지 못했던 미래의 가능성이 우리가 접근할 수 있는 범위로 들어오는 것이다. 이런 인접가능성의 경계 이동으로 인해 대안제도화의 과정은 다원적일 수밖에 없다. 실천을 통해 확장된 인접가능성의 범위에서 무엇을 선택하고 결정하는가에 따라 다원적인 경로가 가능하기 때문이다. 인접가능성은 이 경로에서도 중요하다. 스티브 존슨의 말처럼 "인접가능성은 새로운 것을 향해 문을 열어주지만, 동시에 한계를 지니고 있다(존슨, 2012: 46)." 왜냐하면, 인접가능성을 뛰어넘는 발상이나 실천은 대부분 단기간에 실패하기 때문이다. 달리 말해 "아이디어는 옳았지만 환경이 그 아이디어를 받아들일 준비가 되어 있지 않"(존슨, 2012: 51)은 경우, 그 발상은 실패한다. 인접가능성의 확장이 행위자들이 미래를 만들어가는 능력의 함수라고 할 때, 새로운 규칙 확립을 위한 대안제도화에서 역량 강화가 왜 결정적인 문제가 되는지 이해할 수 있다. 행위자들의 역량을 강화하는 데 필요한 기본 변수의 확인은 이 문제를 다루기 위한 출발점이 될 수 있다.

민주주의 투입의 강화

모든 이행의 조건 혹은 이행의 전략은 동료 시민의 참여 없이는 실현될 수 없다. 이 때문에 전환을 위한 계획은 동료 시민의 참여를 강화하기 위한 민주주의 자체의 이행 모델이 필요하다. 이는 정치의 상품화 과정으로 인해 발생하는 '앙상한 민주주의'라는 우리가 직면한 민주주의의 위기 그 자체에 대한 하나의 응답이기도 하다. 이 문제를 풀어가는 핵심은 민주주의 정치과정의 참여를 이행소득체계와 연동하는 것이다(스탠딩, 2014: 376). 이는 공동자원체계로서의 일의 범주를 민주주의 정치 영역에서부터 형성하는 것인 동시에 전체 사회의 질서에 대해 '합리적인 무관심rational ignorance'을 견지하는 동료 시민의 참여 능력 확장을 목적으로 한다.

브루스 애커만Bruce Ackerman과 제임스 피시킨James S. Fishkin이 제안하는 "토론의 날Deliberation Day"은 민주적 참여와 시민임금을 연결하는 새로운 제도 디자인을 위한 하나의 출발점이 될 수 있다. 애커만과 피시킨은 대통령선거 2주 전에 국가 공휴일로 토론의 날을 지정하자고 제안한다(Ackerman&Fishkin, 2002). 유권자들은 집 근처에 마련된 장소에 모여 토론한다. 규모는 적게는 15명에서 500여 명에 이르기까지 다양하다. 중요한 점은 토론에 참여하는 이들이 투표에 참여한다는 조건 아래 토론과 투표참여의 보상으로 150달러를 받도록 제도를 설계한 것이다. 물론 이 구상엔 한계가 있다. 특히 토론의 날에 "모든 사람이 참여할 것이라는 희망이 있었지만 현실은 모든 사람이 참석할 수 있는 것이 아니다"라고 지적하면서 토론의 날 프로젝트에 미묘한 배제가 작동한다고 본 트론토의 비판은 날카롭다(트론토, 2014: 80~81). 동료 시민의 토론을 준비하는 데 필요한 노동의 정치적 재분배를 어떻게 조직할 것인가의 문제가 함께 논의되어야 한다는 것이다. 곧 동료 시민의 토론은 동등한 시민을 만들어가는 과정에 대한 질문을 포함해야 한다. 우리는 애커만과 피시킨의 제안 그리고 트론토의 비판을 포함해 이 문제를 다루는 과정에 참여하는 모든 동료 시민의 활동에 '보상'을 고려할 수 있다.

이때 이 보상은 민주주의토론 참여라는 시민노동에 대한 시민임금으로 재해석할 수 있다. 전문가들은 다양한 형태로 운영되는 전문위원회, 자문위원회, 워크숍과 열린 테이블 등에서 자신의 참여에 대해 보상받는다. 그러나 동료 시민은 어떤 경제적 보상도 받지 못한다. 시민임금은 전문가주의로 귀결되는 참여구조를 변형하는 동시에 동료 시민에게 강력한 참여 동기로 작용할 수 있다. 화폐가 시민참여의 주요 동기가 되면 시민윤리가 와해되고 이는 결국 민주주의의 기반을 더욱 약화하는 결과를 낳을 것이라는 비판도 존재한다. 그러나 시민의 결속을 강화하는 화폐의 역할을 되찾는 것이라고 말할 수도 있다. 화폐가 언제나 이윤과 수익을 찾아 움직이는 것은 아니다. 우리는 화폐와 윤리가 통합되는 매우 어려운 영역을 관통해나가야 한다. 다시 민주주의로부터 출발하자. 그러나 그 출발은 이전과는 다른 출발이어야 한다. 시민노동과 시민임금은 이를 위한 하나의 제안일 뿐이다.

글을 맺으며:
일을 되찾자

자유민주주의는 "노동하는 시민"을 전제로 한다. 비록 한국 자유민주주의가 노동 대신 고용을, 시민 대신 국민을 우위에 놓는 구조라고 하더라도 "노동하는 시민"이라는 전제와 분리될 수 없다. 노동과 동료 시민의 자유가 결합해 있기에 노동의 상실은 곧 자유의 상실로 나타난다. 노동사회는 동료 시민의 노동과 안전 보장의 교환을 기초로 노동을 통해 전체 사회의 질서를 구조화하는 사회다. 이 안에서 동료 시민의 삶은 노동중심성을 띤다. 한국 노동사회는 산업화와 민주화의 경로를 따라 확장되면서 그 유기성을 형성해왔다. 노동시장의 확장과 전체 사회 질서의 노동시장과의 연결은 이때 핵심이다. 노동시장이 모든 노동을 포괄하는 것은 아니지만, 노동의 노동시장 집중성은 강화되었다. 이에 따라 "노동시장과의 관계(진입 혹은 퇴출)뿐만 아니라 노동시장 내부에서의 위치가 개인의 행복에서 결정적으로 중요해졌다(틸리·틸리, 2006: 399)." 노동시장은 분절되어 있고 분절의 범주에 따라 복지혜택, 노동조건, 보상 형태 등이 차별화되어 있지만, 노동과 안전 보장의 교환이라는 전제 아래 다수 동료 시민의 생활은 이전보다 안정화되었고 전체 사회 불평등의 구조도 노동사회 이전과는 매우 달라졌다. 하지만 역사적 유기성이 완성되기 이전에 해체될 위기에 직면했다. 그 중심에 고용과 노동의 불일치에 기반을 둔 불완전고용의 정상화가 존재한다. 노동은 더 이상 반드시 고용되지 않으며 고용되더라도 안전이 보장되지 않는다. 노동과 안전 보장의 교환이라는 노동사회의 전제가 무너지고 있다.

다수 동료 시민의 일상생활은 불안정할 뿐만 아니라 노동은 빈곤을 넘어 때론 죽음을 확대재생산하고 있다. 종속노동과 안전의 교환, 동료 시민의 자유 결합이 노동사회 유기성의 핵심이라고 할 때 한국 노동사회는 노동하는 시민의 안전과 자유를 방어하고 확장하는 제도와 그 제도의 실현을 보장하는 정치사회적 관계, 그리고 이를 표현할 노동민주주의의 속성을 발전시키지 못하고 노동사회가 구조적으로 해체되는 경향과 마주하고 있다. 노동을 우회할 수 없는 다수 동료 시민은 이런 조건으로 인해 더욱더 나쁜 노동사회로 끌려들어가고 있다. 나쁜 노동사회의 가속화 속에서 자유민주주의의 핵심 원리인 "모든 이를 위한 자유와 평등"은 단지 공허한 구호로 남거나 다수 시민의 일상생활과 분리되어 존재하는 탈맥락화된 권리체계로만 작동하고 있다. 노동이 하나의 폭력처럼 작동하면서 노동하는 시민의 일상은 고통일 뿐이다. 노동은 더 이상 자신이 약속한 안전과 자유의 근거가 되지 않으며 그 결과 자유민주주의는 빈껍데기로만 남는 공동空洞화 현상이 전면화하고 있다. 노동사회의 해체가 자유민주주의와 시민의 분리 현상을 가속한다.

더 중요한 점은 이런 분리 현상이 국면적인 위기의 현상이 아니라 자본주의 노동체제의 발전 국면에서 초래된 유기적인 위기organic crisis라는 점이다. 곧 전체 사회의 질서가 재구성되지 않고서는 해결될 수 없는 위기인 것이다. 그러나 한국 자유민주주의는 이 위기를 유기적 위기가 아닌 국면적 위기로 파악하는 패러다임에 지배당하고 있다. 현재의 지배 패러다임 내부에서 해결책은 노동과 고용을 다시 결합하는 것이다. 한국 자본주의 노동체계의 고용 능력 감소가 구조의 차원에서 발생한 되돌릴 수 없는 경향의 반영이라는 점을 떠올린다면 노동과 고용의 재결합을 추진하는 해결책은 위기를 또 다른 위기로 치환하는 악순환만 낳을 가능성이 높다. 더구나 매우 제한된 정책 레짐 안에서 대응 정책을 산출하고 있어 나쁜 노동사회의 확대재생산으로 귀결되고 있다. 제한된 고용 기회는 동료 시민 사이의 경쟁을 강화할 뿐만 아니라 자유의 포기까지 강제한다.

노동사회의 해체 경향이 강화되면서 노동시장 문제가 한국 자유민주주의의 중심 문제로 부상했다. 이에 따라 노동시장 문제에 접근하는 다양한 민주주의 프로젝트들이 출현했다. 프로젝트의 수준에서 현재 경합하는 한국 자유민주주의 프로젝트는 다음 두 유형으로 구분할 수 있다. ① 민주주의의 자유화 프로젝트 ② 민주주의의 민주화 프로젝트. 이 두 민주주의 프로젝트의 경합은 매우 치열하다. 민주주의의 '자유화'는 자유민주주의를 정치적 자유의 우위에서 경제적 자유의 우위로 대체하려는 시도 일반을 가리킨다. 민주주의의 자유화 프로젝트의 노동시장에 대한 전략의 자기이상은 노동시장을 완전 자유경쟁의 원리에 입각해 작동하게 하는 것이다. 이런 관점에서 현재 노동사회의 위기를 노동시장의 더 철저한 시장화로 해결하고자 한다. 한국 고용계약의 경직성을 시장의 원리를 통해 유연화하면 노동시장 자체만의 동학으로 노동의 효율적인 분배가 가능해지고 이에 따라 현대 노동사회의 중심문제인 고용의 문제가 해결된다고 보기 때문이다.

다르게 말하면 지금의 위기는 노동사회 그 자체의 위기가 아니라 노동을 공급하고 분배하는 노동시장의 왜곡으로부터 발생한 문제로 치환된다. 이때 왜곡의 척도는 완전 자유경쟁시장이다. 그러나 이 프로젝트로 등장한 현상은 불안정 노동의 전면화였다.

민주주의의 민주화 프로젝트는 이와 달리 노동시장에 "노동하는 시민"의 입장에서 개입하고자 한다. 노동하는 시민의 입장에서 접근한다는 것은 노동을 모든 시민의 보편적 권리의 차원 곧 '시민권'의 차원에서 접근한다는 것이다. 노동과 보편적 권리를 연동하는 바로 이 점이 민주주의의 민주화 프로젝트의 핵심 요소다. 민주화 프로젝트의 접근은 다수의 인민이 정치공동체의 구성원으로서 권리를 갖는 주체인 동시에 자본주의에서 특정한 위치를 점유하는 노동의 주체라는 이중의 관점에 기반을 둔 것이다. 그래서 다수 인민의 일상생활에 가장 많은 영향을 미치는 노동 생활의 문제가 민주주의 정치과정을 통해 하나의 보편적인 권리로 제도화되어야만 노동의 주체로서의 시민의 일상생활 전체가 방어될 수 있다고 이 프로젝트는 말한다.

우리는 노동시장을 완전 자유경쟁시장으로 전환하려는 민주주의의 자유화 프로젝트 그리고 이와 중첩된 탈민주화 프로젝트에 대항해 노동과 권리를 결합하여 노동의 공공성을 방어 확장하고자 하는 민주주의의 민주화 프로젝트를 옹호해야 한다고 말할 수 있을지도 모른다. 민주주의의 민주화 프로젝트는 민주화와 세계화 국면에 대응해 국가의 민주화와 시장의 민주화 그리고 시민사회의 민주화를 기본 방법으로 민주주의를 발전시키기 위한 진단과 전략을 제공한다. 무엇보다 노동시장과 함께 민주주의가 강화되고 발전되어야 할 필요성을 역설한다. 이와 같은 인식은 자본주의와 민주주의의 갈등적 공존 상황이라는 자유민주주의 조건 인정에서 나오는 것이다. 민주주의는 평등을 분배하는 경향을 보이는 반면에 자본주의는 불평등을 분배하는 경향을 내재한다. 이런 경향들의 대립으로 자유민주주의는 평등과 불평등의 갈등적 공존 상황에 적합한 정책 결정구조와 실현 가능한 정책 대안을 수립할 수 있어야 한다. 그 중심 방향은 평등의 원리를 통한 자본주의의 수정 내지 제약이다.

민주주의의 민주화 프로젝트는 이런 점에서 다양한 경향이 중첩된 현재의 탈민주화에 대항할 실현 가능하고 능동적인 대안 패러다임을 제공한다. 민주주의의 자유화 프로젝트가 민주주의의 탈민주화를 통해 노동을 배제하는 전체 사회 질서를 잉태한다면 민주주의의 민주화 프로젝트는 이에 대립해 노동을 통합하는 전체 사회의 질서를 지향한다. 이 점에서 민주주의의 민주화 프로젝트는 노동사회의 중심 원리 중 하나인 노동을 통한 전체 사회의 통합이라는 문제의식을 계승한다. 그런데 바로 이 부분에서 민주주의의 민주화 프로젝트의 내적 한계가 함께 도출된다. 노동을 통한 전체 사회의 통합은 고용을 전제로 한 임금노동을 기초로 하기 때문이다. 현대 자본주의의 고용과의 분리 가속화와 자연의 한계가 부여하는 경제성장의 한계로 인해 임금노동과 시민권의 결합을 추진하는 이 프로젝트의 물리적 토대가 불안정해지고 있다. 바로 이 부분이 민주주의의 민주화 프로젝트의 장점이 내적 한계로 전환되는 지점이다.

내적 차이가 있지만, 두 프로젝트는 임금노동 기반 고용이라는 공통성을 보유한다. 이 때문에 두 프로젝트의 주변에서 두 프로젝트 모두에 도전하는 또 다른 민주주의 프로젝트가 2010년을 전후해 등장했다. 나는 이 프로젝트를 두 프로젝트와 구별해 민주주의의 '급진화'

프로젝트라고 부른다. 급진화 프로젝트는 현 노동사회의 해체를 단지 노동시장 곧 고용의 문제가 아닌 심층의 차원에서, 즉 노동의 존재 이유와 의미를 묻는 방향에서 접근한다. 급진화 기획은 노동사회의 유기적 위기에 대응하는 대안적 유기성의 구성 차원에서 노동사회-이후의 문제설정을 도입하며, 이에 임금노동과는 다른 노동, 노동시장과는 다른 노동조직화의 가능성을 실험하고 옹호한다. 하지만 민주주의의 급진화 프로젝트는 다른 두 프로젝트에 비해 다원적이고 이질적인 요소들이 파편적이고 분산적인 운동 형태로 존재할 뿐, 내적 통일성을 구성하지 못해 아직 하나의 유기적인 프로젝트로 드러나 있지 않다. 또한 그 안에 대립하는 원리와 입장들도 존재한다. 그런데도 각 운동은 기후변화와 자원고갈 그리고 기술체계의 발전 및 산업구조의 급격한 변동 가능성이 요구하는 전환과 적응의 이중요구를 동원하면서, 노동사회의 유기적 위기를 매개로 그 어느 때보다 노동사회의 내부와 외부에서 강력한 정치 윤리적 대안으로 부상하고 있다.

비록 일관되지 않고 불일치와 모순, 균열이 존재하는 것이 사실이지만, 이 운동에는 고용을 전제로 이루어진 노동사회의 표준 노동 모델과 다른 방향에서 우리의 노동을 재조직화하는 데 필요한 계기가 될 요소들이 존재한다. 이 요소들을 '급진화radicalization'의 관점에서 포착하고 그 관계를 재구성하려는 이유는 자유민주주의에 내재한 모든 이의 자유와 평등이라는 원리를 계승하면서도, 노동사회의 보완이 아닌 노동사회-이후의 노동으로 나아갈 유기성 형성 계기로 발전시키기 위해서다. 노동사회가 보장하고자 한 노동과 자유의 결합을 인정하면서도 그것과는 다른 방향에서 노동과 자유의 대안적 결합 방법을 모색하는 데에 민주주의의 급진화 프로젝트의 실험성이 있다. 이는 노동사회의 위기를 노동과 자유의 완전한 분리를 통해 극복하려 하거나 노동의 소멸과 자유의 확장을 동일시하는 또 다른 급진주의 프로젝트와는 결을 달리하는 문제설정이다.

민주주의 프로젝트를 헤게모니와의 관계에서 파악한다면 민주주의의 자유화는 노동사회의 헤게모니를 축소하는 기획이고 민주주의의 민주화는 이를 확장하는 기획이다. 이에 반해 민주주의의 급진화는 헤게모니 안에서, 하지만 맞서며 또한 이를 넘어서려는 대항헤게모니counter hegemony 형성을 지향한다. 대항헤게모니는 이질적인 요소들을 연결할 수 있는 보편성 창출의 접합적 실천을 전제한다. 비록 그 보편성이 특수성에 의해 매개된 보편성이기에 언제나 그 외부와 내적 한계를 지니는 보편성이라고 하더라도 노동사회의 헤게모니가 근거하고 있는 보편성을 대체할 대안 보편성을 창출해야 한다. 노동사회의 헤게모니는 노동과 안전의 교환을 매개하는 노동시장에 근거하며 이는 상품으로서의 노동을 통해 작동한다. 따라서 대항헤게모니를 지향하는 접합적 실천은 바로 이 부분과 대결해야 한다. 다원적인 운동 기획 안에 있는 노동과 자유의 대안 사유 및 실천을 종합하는 "공동자원체계commons로서의 일"은 각 운동에 내재한 요소들을 연결하는 새로운 관계를 제공하여 이를 대항헤게모니 기획 일부로 작동하게 하고자 제안한 잠정적인 작업 개념이다. 일을 '공동자원체계화'한다는 것은 동료 시민의 능력을 시민의 공동자원으로 바라보고, 그 공동자원을 함께 관리하는 자기조절 모형을 제도화한다는 것이다. 이 작업 개념은 "노동하는 시민" 다음 단계의 노동과 시민의 결합 모형이자 노동으로 환원되지 않는 일과 자유의 관계를 탐색할 하나의 시도다.

모든 노동체제는 특정한 방식의 인간에 대한 이해에 기반을 둔다.

달리 말하면 모든 노동체제에는 "인간이란 무엇인가?"라는 질문이 전제되어 있다. 이는 노동체제의 구성이 우리 자신이 만들어가고자 하는 우리는 어떤 모습인가에 대한 질문과 답변에 의존한다는 것을 말한다. 보편적 자기실현universal self-realization의 윤리는 각 개인의 자유 실현 전제로서 타자의 자유를 요구하는 윤리로 사회적 존재로서의 인간이 자신의 능력을 완전하게 발전시켜나가는 조건을 지속해서 추구하도록 돕는다. 중요한 점은 노동이 보편적 자기 실현의 조건이지만, 모든 조건은 아니라는 점이다. 따라서 노동으로부터 인간의 보편적 자아실현이 보장되지 않는다. 노동과 자유는 서로를 전제하지만, 하나로 완전히 융합할 수 없는 불일치를 간직한 역설 관계. 공동자원체계로서의 일은 노동과 자유의 역설 관계에 기반을 둔 보편적 자기실현의 윤리로 노동사회-이후의 인간에 대한 질문에 응답한다. 이 응답은 노동사회를 지탱하던 '노동의 인간학' 그리고 노동사회를 비판하면서 출현한 '탈노동의 인간학'의 교차편집을 통해 나온 것이다.

노동의 인간학이란 노동을 인간의 본질로 바라보면서 노동을 통해 인간 그 자체의 완성으로 나아가고자 하는 입장을 말한다. 이때 노동은 그 자체로 숭고한 혹은 바람직한 행위가 된다. 이와 달리 탈노동의 인간학은 인간의 본질을 노동이 아닌 자유로 규정한다. 이 입장에서 볼 때 노동은 인간의 자유를 억압하는 활동일 뿐이다. 이런 '노동의 거부'는 노동사회가 전제하는 '노동의 승리' 곧 노동의 인간학과 외적으로 대립하는 것처럼 보인다. 그러나 내적으로 탈노동의 인간학과 노동의 인간학은 연결되어 있다. 두 입장은 노동과 자유의 이분법적 대립에 근거해 인간의 본질을 파악하기 때문이다. 탈노동의 인간학은 자유를 위해 노동을 폐기하는 대신 노동의 인간학은 노동을 위해 자유를 포기한다. 이런 점에서 두 입장은 거울 이미지다.

'공동자원체계로서의 일'은 바로 이 지점에서 이분법의 두 입장과 다른 노동과 인간의 결합을 모색한다. 그 핵심은 실재하는 노동과 자유의 융합 가능성을 인정하고 그 가능성을 급진화하는 것이다. 이런 입장은 탈노동의 인간학과 노동의 인간학에 이미 내재한 입장을 수정 변형한 것이다. 탈노동의 인간학은 노동과 자유가 융합하는 방향으로 자본주의 내부 노동이 변형해온 과정을 부정하며, 노동의 인간학은 자본주의 노동과 국가 동원 노동이 발생시키는 노동의 소외를 망각하거나 의도적으로 배제한다. 다르게 말하면 노동의 인간학은 노동과 자유의 결합을 과장하고 탈노동의 인간학은 노동과 자유의 역사적 결합 유형을 인정하지 않는다. 두 인간학과는 다른 방향에서 노동과 자유의 융합 가능성을 발견하면서, 하지만 그 역설적인 관계를 확인하고 이를 확장해나가는 기획이 공동자원체계로서의 일이다. 일의 범주는 노동과 자유의 이런 대안적 융합 가능성을 통해 노동을 치환하는 대안 범주로 부상할 수 있다.

임금노동시간 단축 프로젝트는 '공동자원체계로서의 일'에서 필수적인 전제다. 임금노동시간 단축 프로젝트는 노동운동의 역사와 함께해온 오래된 프로젝트이지만, 노동사회의 위기 국면에서 노동 위치의 나눔을 위한 프로젝트로 다시 급부상했다. 이런 노동시간 단축 프로젝트는 단지 현재 발생한 노동 위기에 대한 실현 가능하고 구체적인 해결책이라는 점에서뿐만 아니라 노동사회를 넘어 우리가 나아가기 위한 다음과 같은 두 차원을 동시에 포함한다는 점에서 매우 중요하다. ① 노동에 헌신하는 삶으로부터 노동과 삶의 균형을 위한 기획으로의 전환, ② 노동을 상품으로 바라보는 노동시장의 관점이나 국민경제의 생산요소로서 공적 통제의 대상으로 바라보는 국가의 관점과 구별되는 공동관리자원common pool resources으로서 고용체계라는 관점. 노동시간 단축 프로젝트는 노동 위치를 한 개인이 소유하는 대상으로 바라보는 것이 아니라 다수가 함께 점유할 수 있는 위치로 바라본다. 이 프로젝트는 다수 동료 시민의 상호조정을 통해 제한된 자원인 노동 위치를 분배하는 기획을 노동시장과 결합하고자 한다. 곧 여기엔 완전하지는 않지만, 고용을 동료 시민의 공동이용자원으로 바라보는 관점이 녹아 있다. 이는 고용을 민주정치의 재분배 대상으로 바라볼 가능성을 강화한다.

그러나 노동시간 단축 프로젝트의 한계와 현재 직면한 조건으로 인해 이런 가능성은 전면화되지 않는다. 노동시간 단축 프로젝트는 노동시간의 나눔을 주장하지만, 이 나눔의 방법은 노동시간과 자유시간의 이분법에 근거한다. 노동시간 단축에서 말하는 노동과 삶의 균형은 노동과 여가의 균형 관계로 환원되고 이런 여가의 확보는 노동생산성 향상으로 연결된다는 점에서 정당화된다. 더욱 중요한 점은 노동시간 단축 프로젝트가 이런 이분법에 근거하고 있기 때문에 성별 노동 분업의 문제와 여가시간이 소비시간으로 환원되는 현상에 대해 충분한 대응 전략이 없다는 점이다. 이 두 가지 문제는 모두 노동시간의 단축 모델이 임금노동이기 때문에 발생하는 문제다. 임금노동을 표준 노동 모델로 한 노동시간 단축은 노동시간의 재생산을 위한 성별 노동 분업에 근거를 두는 동시에 노동생산성의 향상과 자본의 효율성 증대 그리고 소비확장이라는 생산주의productivism 패러다임에 종속될 수밖에 없다. 이는 탈생산과 재생산 문제를 포괄해야만 하는 현 노동사회 위기 국면에서 중대한 결함이다.

이와 같은 인식 아래 노동시간 단축 프로젝트의 한계를 넘어 그에 내재한 가능성을 보다 확장하기 위해서는 노동시간의 단축 모델을 임금 노동 모델의 재생산이 아닌 재생산노동 모델 확산의 방향으로 재설정해야 한다. 곧 임금노동 모델의 축소와 재생산노동 모델의 확산이다. 자본의 필요를 충족하는 상품을 생산하는 임금노동과 달리 재생산노동에는 인간의 필요를 반영하고 이를 조직하는 대안적인 요소들이 존재한다. 이에 따라 임금노동의 축소와 재생산노동의 확장은 다음 두 방향을 원칙으로 한다. 재생산노동에 내재해있던 물질적인 부에서 인간적인 부의 창출로의 전환 그리고 노동과 자유를 융합하는 시간의 확장이 바로 그것이다. 인간적인 부란 행복의 창출을 위한 다양한 활동을 말한다. 이 안에는 사랑, 인정, 협동, 자기표현 등의 다양한 활동이 포함된다. 그러나 이 활동을 위한 시간은 노동시간과 자유시간의 이분법이 아닌 노동과 자유의 융합에 기반을 두어야 한다. 다르게 말하면 노동은 물질적인 부의 창출에, 그리고 자유는 인간적인 부의 창출에 할당되어서는 안 된다. 인간적인 부의 창출에 기여하는 방향으로 노동과 자유가 융합되어야 한다.

　단순하게 도식화한다면 [노동 안의 자유]와 [자유 안의 노동]이라는 두 방향에서 우리가 노동과 자유의 관계를 재설정한다는 것을 의미한다. [노동 안의 자유]란 노동과 자유의 융합을 통해 노동시간 안에 자기 결정의 요소를 강화하는 것이다. 이는 낮은 수준에서 노동시간 유연화로부터 출발하지만, 높은 수준에서 노동시간의 자주관리를 향해 나아간다. [자유 안의 노동]이란 자유시간 안에 임금노동과는 다른 노동 유형의 요소를 확장하는 것이다. 노동만이 인간의 필요를 충족하는 유일한 방식은 아니다. 나의 물질적인 필요를 충족하기 위한 작업과 인간의 재생산을 위한 활동은 모두 인간의 필수적인 필요다. 임금 노동의 축소란 바로 이런 작업과 활동의 시간을 확장하는 과정이어야 한다. 따라서 자유시간을 노동 없는 시간으로 규정하는 것은 문제가 있다. 노동시간의 단축은 [자유 안의 노동] 곧 임금노동으로 인해 주변화되거나 소멸했던 다른 대안노동 혹은 일을 위한 조건을 만든다. 그 결과 노동, 재생산, 작업, 활동의 혼합mix을 만든다. 인간의 일을 다원화하여 인간적인 부의 창출을 향해 나아가는 이 과정은 노동시간의 단축이나 자유시간의 증가라는 이분법 도식 안에서 이해될 수 없다. 노동과 자유의 역설적 융합으로 인해 노동과 자유는 종합되어 있기 때문이다. 따라서 노동시간이나 자유시간과는 다른 시간 척도가 필요하며 '좋은 시간'은 그 대안으로 제시할 만한 척도다. 우리의 과제는 '좋은 시간'을 확장하는 것이다.

임금노동시간 단축은 그 필수조건이지만, 상품에서 공동자원체계로 노동을 전환하기 위해서는 임금 기반 생활 체계를 대체할 대안 생활 체계가 필요하다. 불안정 노동의 전면화로 동료 시민의 생활 안전이 보장되지 않는 나쁜 노동사회 경향이 강화되고 있어 이는 더욱 중요한 문제가 되었다. 중요한 점은 대안 소득 체계는 대안 생활 체계의 일부일 뿐 전체는 아니라는 점이다. 임금을 대체할 수 있는 대안 소득의 구성은 그 자체로 중요하지만, 이는 대안 생활 체계의 구성이라는 관점 안에서 고안되고 운영되어야 한다. 만약 대안 생활 체계의 문제를 대안 소득 체계의 문제로 환원하면 소득과 생활체계의 구성이 분리될 가능성이 높을 뿐만 아니라 생활체계의 많은 부분을 차지하는 노동 생활의 재구성을 직접 다룰 수 없다. 이를 위한 핵심적인 이론-실천의 과제는 인간의 필요-충족의 체계를 임금과 분리하고 필요-충족의 자리에 우리 자신의 일을 위치시키는 동료 시민과 새로운 결합 관계를 모색하는 것이다. 곧 노동과 생활을 함께 변형하는 대안 생활 체계의 구성 문제로 접근할 필요가 있다.

'자급' 관점은 대안 생활 체계를 구성할 대안 원리의 원형을 보여준 다. 전통적인 자급 관점은 임금노동의 원리가 전면화하면서 주변화하 거나 소멸했다. 그러나 임금노동의 원리가 위기에 직면하면서 자급 관 점이 다시 부상하고 있다. 중요한 점은 자급 관점의 부상을 자본주의 이전 공동체에서 발견되는 폐쇄적인 필요 충족 방식으로의 회귀로 접 근하지 않는 것이다. 자급 관점에 내재한 대안 원리의 핵심은 상품의 개념과 동학에 내재해 있는 생산자와 소비자의 분할 구도를 넘어서야 한다는 관점이다. 공동자원체계로서의 일은 바로 이 부분에 중요한 기여를 한다. 다른 이의 노동과 일을 통해 나의 필요를 충족하는 형태 가 상품에 내재한 근본적 분할이었다면 공동자원체계로서의 일은 공 동의 필요를 충족하기 위해 동료 시민과 협력해 일과 노동을 조직한 다. 중요한 점은 이때 이루어지는 동료 시민 간의 관계와 자유민주주 의 시민사회의 구성 기반인 시민결사와의 차이를 파악하는 것이다. 자유민주주의 시민사회에서 시민결사란 보편권리인 결사의 권리에 기 반을 둔 자유로운 개인들의 결합이지만, 이 결합은 생산양식과 분리 된 결합일 뿐이다. 그러나 현대 자급 관점에서 볼 때 시민과 생산은 분리되지 않는다. 곧 시민생산자인 우리는 서로에게 동료 시민으로 나 타난다. 공동자원체계로서의 일은 모든 필요를 나의 직접 노동과 일 을 통해 충족하는 체계가 아니라 동등한 시민생산자들의 조정을 통 해 필요를 충족하기 위한 것이다.

우리의 과제는 이런 공동자원체계로서의 일이 대안생활체계를 구성하는 원리로 발전하는 경로를 탐색하되, 현대사회의 분화와 복잡성 증대라는 조건에서 폐쇄적인 전통 공동체의 공동체노동으로 환원되지 않는 방식으로 우리의 자유를 확장할 경로를 찾는 일이다. 공통의 필요 충족을 위한 공동노동이라는 원리로 산출되는 충족자원satisfier은 상품이 아니라 공동의 자원이며 공동자원체계commons로 운영될 가능성이 있다. 공동자원체계를 통해 보장되는 생활 안전체계를 공동자원생활체계commonfare라고 부른다면, 그 생활체계는 공공-공동자원체계, 공동체-공동자원체계, 개방-공동자원체계, 시장-공동자원체계라는 서로 다른 네 영역의 공동자원체계로 구성된다. 동료 시민의 연대와 협력을 통해 공동의 필요를 충족하지만, 그 방식은 상이한 네 원리가 서로를 보완하며 과거 전통 공동체의 폐쇄적 한계를 넘어설 가능성을 열어준다. 동료 시민의 필요를 동료 시민과의 연대와 협력을 통해 충족하는 이런 생산양식을 물질세계의 한계를 인정하는 일정한 조건을 지닌 "제한적 공동자원 기반 동료협력생산"이라고 부르며 이 양식의 확장 정도에 비례해 임금 의존에서 벗어나 연대의 강도만큼 자율적일 수 있다.

공동자원체계로서의 일은 제한적 공동자원 기반 동료협력 생산의 양식을 지닌 ① 시민기본노동 ② 민주적 수행으로서의 재생산 ③ 작업 ④ 자율활동이라는 네 범주로 구성된다. 이 네 범주는 노동의 타율성을 동료 시민에게 민주적 재분배하는 과정일 뿐만 아니라 각 개인과 집단 그리고 전체 사회의 필요를 충족하는 다원적 유형의 일을 그 안에 포함한다. 이런 관점에서 급진민주주의 프로젝트는 임금노동이 아니라 바로 이 네 범주의 '일'과 관계하며 공동자원체계로서 일의 역사적 유기성을 구축하는 방향에 기여하는 민주주의 프로젝트라고 말할 수 있다. 비록 각 범주의 내용이 현실 제도로 구체화할 수 있는 수준으로 발전하지는 못했지만, 이런 통합적이고 유기적인 일에 대한 관점은 기존 임금노동 패러다임에서 다룰 수 없던 노동과 일의 또 다른 차원을 지속해서 탐구하도록 이끌 수 있다. 이는 급진민주주의 프로젝트를 임금노동을 포함하면서도 그로 환원되지 않는 다양한 일의 구성과 등장에 더욱 민감하도록 만든다.

공동자원체계로서 일이라는 문제설정은 전체 사회의 질서를 근본적으로 재구성할 것을 요청한다. 그러나 그 전환의 방식은 이행의 조건을 확보하면서 전체 사회의 질서를 변형해나가는 점진적이고 누적적인 이행과정이어야 한다. '비개혁주의적 개혁'은 이행의 조건을 확보하고 그 조건들을 이행의 전략과 결합하기 위한 전략유형이다. 이행과정의 복잡성과 불확실성으로 인해 단 하나의 이행 경로를 중심으로 계획을 입안하고 이를 현실에 적용하는 방식으로 이행을 이루어낼 수 없다. 변화하는 현실에 적응하면서도 전환의 조건을 열어가는 다원적인 이행 경로의 포트폴리오가 필요하다. 나의 입장에서는 공동자원체계로 일을 재조직하기 위해 역설적으로 동료 시민의 고용보장을 요구하는 경로가 필요하며, 이를 통해 임금노동과 공동자원체계로서의 일의 원리가 중첩된 '시민노동'이라는 새로운 범주를 발굴하고 확장하는 전략이 그 다원적 경로 중 하나일 수 있다. 임금노동 패러다임을 넘기 위해 시민고용 보장의 경로가 필요한 이유는 탈성장 국면이 요구하는 경제축소에 동료 시민의 연대성 강화를 통해 대응하기 위해서다. 시민노동은 상품과 공동자원의 이중 속성을 지닌 중간노동의 범주로 나타난다. 동료 시민의 다원적인 기여를 인정하고 그에 보상하는 이 새로운 유형의 노동 범주를 통해 동료 시민의 의무와 권리를 재분배하는 민주주의 기획을 발전시키고 공동자원생활체계의 조건을 지속해서 강화할 수 있다.

비록 모든 구체적인 과정을 예상할 수 없고 이 과정에 누적적이고 단계적인 도약과 단절의 때가 존재하는 것이 사실이더라도 만약 이 과정이 일정하게 진화한다면 우리는 "노동하는 시민"을 지양하고 "공동자원을 만드는 시민commoning-citizen"이라는 새로운 유형의 동료 시민 모형을 창출할 수 있다. 그 결과 공동지원체계로서의 일을 향한 이행 체계는 자유민주주의가 부여한 시민사회의 내적 분할을 넘어서 나아간다. 노동과 시민이 분할된 자유민주주의의 시민사회와 달리 모든 시민은 공동자원 만들기의 일에 참여하는 생산자이고 이 과정의 협력을 직접 조직하는 동료 시민으로 존재하기 때문이다. 안토니오 그람시는 원자화되고 파편화된 시민 개인들이 동료 시민의 생산자로 전환된 시민사회 이후의 시민 결합 관계를 파악하기 위해 '조절사회società regolata' 개념을 사용한 바 있다. 비록 그람시의 '조절사회' 개념이 내적으로 안정적이지 않은 명칭 수준일지라도 '조절사회'는 노동의 변화가 만드는 시민의 관계 변화를 포착하는 데 매우 유용하다. 이런 관점에서 보면 공동자원체계로서 일은 시민사회의 조절사회로의 전환을 통해 전체 사회의 공동조정을 위한 동료 시민의 민주적 참여를 확장시키는 중심 경로가 된다. 바로 이 부분이 노동의 공동자원체계화를 민주주의의 급진화 프로젝트와 연결해 사유하고 실천할 것을 제안하는 이유다.

책을 내면서

저는 2015년 여름부터 '다중지성의 정원'이란 곳에서 노동 관련 주제로 강의했었습니다. 이 책은 그 세미나를 준비하며 제가 틈틈이 썼던 글에서 출발했습니다. 노동 문제의 심각성은 익히 알았으나, 이를 직접 다루는 글을 쓰겠다는 생각은 솔직히 없었습니다. 언제나 노동을 우회할 수는 없다고 느꼈지만, 항상 지금은 아니라고 생각했던 것 같습니다. 쌍용자동차 노동자들의 연이은 죽음은 감당할 수 없는 현실이었습니다. 하지만 현실의 엄중함을 이겨낼 만한 사유와 공부가 제겐 없었습니다. 고백하자면 책을 마무리한 지금 역시 그렇습니다. 아직도 전 그 죽음에 응답할 방법을 찾고 있지 못합니다.

2015년 봄, 마침 당시 준비하던 또 다른 책을 탈고한 시점이라 새로운 연구를 시작할 조건이 되었습니다. 연구모임 동료들과 협업을 모색하던 중 '노동'이 연구 주제로 부상했습니다. 노동 그 자체를 연구하기 위해서라기보다는 동료들과의 협업을 위해 필요한 공부도 하고, 언제가 될지 몰라도 노동 문제를 다루는 데 필요한 문제의식도 벼를 겸 '다중지성의 정원'에서 노동을 중심으로 다양한 책을 읽고 토론하는 수업을 하게 되었습니다. 아쉽지만 다음 해에 연구모임이 해체되어 당시 동료들과 연구를 지속할 수는 없게 되었습니다. 그래도 개인적으로 연구는 계속 진행했습니다. 핵심 질문은 "노동 문제를 바라보는 급진민주주의의 시각은 무엇일까?"였습니다.

전 지난 10년 동안 '급진민주주의'라는 이름으로 다양한 연구 활동을 해왔습니다. 그러나 그 시간에 걸맞은 성과를 내지는 못했습니다. 무엇보다 '급진민주주의'에 구체적인 내용을 부여하는 데 실패했습니다. 구체적인 현실과 사회변동을 설명하려는 의지보다는 급진주의의 복원과 부활이란 요구가 늘 앞서 있었던 것 같습니다. 그러다 보니 국내 현실에서 발견할 수 없는 열망을 외국 이론의 이해로 대리 충족하는 수인囚人의 연구, 혹은 대학원 은사이신 김동춘 선생님께서 언제나 말씀하시는 중심보다 더욱 중심을 모방하려 애쓰는 주변 식민지 지식생산의 전형을 반복했는지도 모르겠습니다. 언제나 부끄러운 마음이 들었던 이유는 바로 자신의 현실에서, 그 현실과의 교류를 통해 한 걸음 한 걸음 나아가는 지식의 축적을 만들어내고 있지 못하다는 생각 때문이었습니다. 이 문제를 해결하기 위해 학위를 받고 난 이후 늦게나마 한국의 역사와 사회를 다루기 위한 고민을 해왔지만, 여전히 제 책은 장소 없는 텍스트로 떠다니고 있습니다. 그러니 장소에 결박된 어떤 이에게도 유용하지 못할 것이라는 생각을 지우기 쉽지 않습니다.

지난 10년간 프로그램program과는 구별되는 프로젝트project 차원의 중요성을 강조해왔습니다. 하지만 프로그램으로 구체화할 수 없는 급진민주주의 프로젝트의 한계는 분명해 보였습니다. 공동자원체계commons 개념과의 접합을 통해 방향 모색을 하게 된 이유도 여기에 있습니다. 박사학위 논문 이후로 노동, 사회운동, 공동자원체계, 급진민주주의의 관계를 해명하고 이를 심화하는 것은 저의 중요한 연구주제 중 하나였습니다. 노동을 통해 제가 '공동자원체계 기반 급진민주주의'라고 부르는 프로젝트를 구체화해보고 싶었고, 가속화되는 현 노동의 위기에 대해 급진민주주의는 무엇을 할 수 있느냐는 질문에 답해보고 싶었습니다. 이번에도 그 프로젝트에 구체적인 내용을 부여하는 데 실패한다고 하더라도, 단지 조금 더 다른 방식으로 실패했기를 바랄 뿐입니다.

원고를 작성할 때 세운 기본 방향은 한국 노동사회의 역사적 형성 과정을 추적하고, 그 위기 혹은 해체 과정에서 등장하고 있는 새로운 대안의 요소를 포착할 수 있는 분석을 진행해보자는 것이었습니다. 노동사회라는 개념으로 한국 민주주의의 작동 과정을 조금 더 현실감 있게 다루어보자는 고민이었는데, 그러다보니 이 책은 매우 방대한 범위를 다루게 되었습니다. 큰 주제를 잡은 이유는 사실 학문적인 이유라기보다는 개인의 연구 습속 문제라고 할 수 있습니다. 일과 연구를 병행해야 하는 조건이다보니 연구 자체에만 몰입할 수 없었습니다. 그러다 보니 천천히 오랫동안 지속할 수 있는 주제를 찾게 되고, 꼭 그래야 하는 것은 아니지만 큰 주제를 다루게 됩니다. 또 다른 이유가 있다면, 제 개인적인 관점에서 현재 연구가 급진민주주의와 노동의 관계를 묻는 데 필요한 기본 연구의 성격을 갖는다는 점일 것입니다. 한국 노동사회의 역사적 형성 과정과 그 결과는 조금 더 긴 호흡으로 안토니오 그람시의 방법론 관점에서 언젠가 다시 정리해보고 싶습니다.

노동 연구 자체는 제게 매우 중요한 시간이었습니다. 이 글은 책을 읽고 수업을 준비하면서 제게 솟아오른 질문들과 그 질문에 답을 찾기 위한 과정에서 제가 만났던 글들과의 교류의 산물입니다. 그래서 개인적으론 '연구노트'라는 이름을 붙이기도 했습니다. 하지만 그것만은 아닙니다. 기존 노동 관련 연구자들이 축적한 지식 세계를 탐험하는 것만도 제겐 매우 힘들었습니다. 이바지할 만한 고유의 연구가 없는 상황에서, '연구노트'라는 이름 외엔 제가 이 책을 출간하는 이유를 설명할 말이 없었습니다. 이 자리를 빌려 노동 문제에 천착해 오신 많은 선생님과 동료 연구자분들께 감사와 존경의 인사를 드립니다. 물론 이 글엔 또 다른 교류도 녹아 있습니다. 수업 시간에 만났던 분들과의 이야기, 동료들과의 토론, 퇴근한 아내와 나누었던 그 날 직장의 이야기, 간혹 방문했던 또 다른 노동자들의 현장 이야기들입니다. 항상 글로 세상을 배워왔던 저에게, 제 옆에 있는 이들의 이야기는 제일 중요한 자원이기도 합니다.

책을 준비하는 과정에 또 다른 중요한 계기들이 있었습니다. 하나는 2016년 6월부터 일하게 된 '서울혁신센터 사회혁신리서치랩'이었고, 다른 하나는 2017년 11월부터 결합하게 된 '제주대학교 공동자원과 지속가능사회 연구센터'입니다. 사회혁신리서치랩을 통해 매우 낯선 방식의 사고와 실천을 만날 수 있었고, 그동안 표면적으로만 보아 왔던 다양한 대안실험과 운동에 관해 더욱 직접 고민할 수 있는 시간이 되었습니다. 무엇보다 현재 한국지형에서 어느 곳보다도 노동의 미래에 관심을 두고 대안을 모색하기 위해 노력하는 장소에서 다른 동료들과 고민을 나눌 수 있었던 것은 매우 즐거운 일인 동시에 고통스러운 일이었습니다. 비록 때론 감당할 수 없는 연구량과 연구주제 앞에 좌절하기도 했지만, 5명의 동료 이승원, 심은정, 오정민, 김상훈, 박미리와 함께했던 시간을 오랫동안 기억할 것입니다. 특히 이승원 선생님께 깊은 감사를 전하고 싶습니다. 이승원 선생님은 저와 함께 급진 민주주의 프로젝트를 탐구하는 동료 연구자이자, 벗이고 스승입니다.

2015년 여름 출발한 연구는 2016년 여름부터 잠정 중단되었습니다. 직장을 다니기도 했고, 더욱더 급한 일들과 연구과제들에 몰입해야 했기 때문입니다. 일과 연구를 병행하는 것은 매우 힘든 일이었습니다. 어쩌면 이 책을 집필하게 된 또 다른 동기는 일과 연구를 병행하는 과정에서 제가 고민했던 문제들 때문일지도 모릅니다. 그러나 중간에 다른 분들과 책의 내용을 간략하게나마 토론할 기회가 있었습니다. 녹색당 서울시당과 노동당 서울시당이 함께 진행한 '적록포럼'에서 발표했었습니다. 그 이후엔 에너지기후정책연구소에서 같은 내용으로 토론했습니다. 2017년엔 평등사회노동교육원이 진행한 기획강좌의 한 부분으로 연구 내용 중 일부를 소개하고 함께 토론하는 기회를 얻기도 했습니다. 토론의 자리를 마련해주신 김은희, 김상철, 김현우, 한재각, 박장현, 임혜숙 선생님께 감사를 드립니다. 그리고 이종영 선생님께서 작업하셨던 논문들을 보내주셨습니다. 선생님의 엄밀한 개념화 요청을 늘 연구 작업의 척도로 삼고 있지만, 이번에도 그 요청에 응답하지 못한 것 같아 부끄럽습니다. 비록 짧은 시간이었지만, 선생님과의 토론은 언제나 즐겁다고 말씀드리고 싶습니다.

2017년 11월부터 제주대학교로 옮기면서 연구를 다시 계속할 기회가 주어졌습니다. 더구나 제주대학교 공동자원과 지속가능사회 연구센터는 제 글의 핵심 개념이기도 한 공동자원체계를 중점 연구과제로 설정한 연구센터여서, 원고를 다시 처음부터 재검토하며 보완 마무리할 수 있는 최상의 장소였습니다. 덕분에 2017년 대한민국 교육부와 한국연구재단의 지원(NRF-2017S1A3A2067220)을 받아 이 연구를 마칠 수 있었습니다. 무엇보다 숲과 연결된 제주대학교의 작은 길들과 맑은 공기, 그리고 서울에선 볼 수 없었던 저녁 하늘의 별들은 제게 하나의 축복과도 같았습니다. 어쩌면 이 책을 만든 것의 8할은 제주의 바람과 하늘일지도 모릅니다. 최현 선생님과 동료 전임연구자인 정영신, 윤여일, 김자경, 박서현 선생님께 감사를 전합니다. 함께 일하고 있는 고희숙, 이재섭, 구준모, 백진희, 송정희, 신소연, 현미애 선생님께도 감사의 말씀 전합니다. 서영표 선생님께는 따로 글을 남기고 싶습니다. 서영표 선생님을 만난 지 벌써 10년이 넘었습니다. 긴 시간 동안 언제나 선생님과 함께한다는 사실이 기뻤습니다. 무엇보다 항상 삶을 돌아보는 태도를 배우고 있습니다. 더 긴 시간 함께 좋은 꿈을 꾸면 좋겠습니다. 또한 제주도로 옮기며 소원해졌지만, 항상 마음에 두고 있는 '모든 이의 민주주의' 연구소 동료들, 김재민, 박경주, 임연진에게도 감사의 마음을 전합니다.

연구 수준의 빈곤을 고백할 때마다 늘 격려를 해주시는 대학원 지도교수셨고 현재 서울교육을 위해 헌신하고 계시는 조희연 선생님이 떠오릅니다. 2018년은 선생님과 함께 급진민주주의라는 대안 연구 과제를 발전시키기 위해 노력한 지 10년이 되는 해였습니다. 그 안엔 한국 민주주의를 분석하는 대안 시각의 발전도 포함되어 있었습니다. 선생님과 함께 논의했으나 충분하게 발전시키지는 못했던 몇몇 발상들은 이 책 안에도 들어있습니다. 스승이자 동료로서 선생님께서 보여주신 놀라운 열정과 성실함 그리고 무엇보다 끊임없는 격려는 지금의 저를 만든 가장 큰 힘입니다.

부끄럽지만 출판을 결정했습니다. 학술적인 목적이나 시민 교양에 기여해야 한다는 직업윤리 때문만은 아닙니다. 궁색하지만, 이 책이

저와 같이 또 어딘가에서 표류하고 있는 이들을 위한 연대의 기록이 될 수 있을지도 모른다는 기대 때문입니다. 그래서 연구자의 책이라기보다는 대지 그 자체를 잃어버린 이들과 함께 고민하는 표류자의 기록으로 읽히길 원합니다. 두 발을 딛고 설 대지 그 자체를 잃어버린 이들 중 한 명이 바로 저 자신이기 때문입니다. 그 안엔 제2의 삶을 찾아 대지에서 바다로 나온 저의 아내 김영란도 포함됩니다. 자유로운 삶을 늘 동경하면서도 이를 두려워하던 아내가 이제 다른 이들의 나침반을 버리고 자신의 심장이 가리키는 곳으로 걷기 위해 발을 내디디고 있습니다. 방황을 미화할 생각은 없습니다. 고통은 언제나 방황과 함께합니다. 제가 할 수 있는 일은 옆에서 함께 걷는 것입니다. 마지막으로 어려운 상황에서도 출판을 결정해준 나름북스 동료들에게 인사를 전합니다. 나름북스 동료들이 없었다면 저의 첫 번째 책인『밀양 전쟁』뿐만 아니라 이 책도 빛을 보기 어려웠을 것입니다. 언제나 더 많은 이들과 함께 읽으며 좋은 사회로 나아가는 꿈을 꾸는 나름북스 동료들에게 우정과 연대의 인사를 다시 한번 전합니다. 2015년 서울 마포구 희우정로에서 출발한 이 책의 여정이 2019년 제주대학교 안에 있는 작은 집에서 끝나게 되었습니다. 하지만 방황은 끝날 줄 모릅니다.

2019년 봄, 제주에서
장훈교

노동과 '깨어있는 시민' 공통의 대안 프로젝트 찾기

조희연(서울시 교육감)

최근 BTS가 전 세계의 주목을 받고 있다. 한글로 'love yourself'를 노래하고 '작은 것들을 위한 시'를 노래할 때 세계가 열광한다. 이에 나는 기성세대로서 '문화적 충격'을 느꼈다. 그리고 마음속에 묻어두었던, 교육감이 되어 잊었던 화두를 떠올렸다. 한국어로, 한국적 사유에 기초해 세계적인 인문–사회학을 만드는 것은 불가능하냐는 것이다.

신영복 선생의 표현을 빌리지 않더라도 한국은 지식 세계의 변방이다. 스스로 변방이기도 하다. 그러나 경제적으로는 이미 세계의 변방이 아니다. 어떻게 이 변방적 사유를 넘어설 것인가. 변방적 의식에 영어 콤플렉스도 있겠으나 변방과 중심은 사용하는 언어의 문제가 아니다. 단적으로 사유의 깊이다. BTS의 노래가, 그 언어가 보여주는 사유의 깊이가 BTS의 노래와 댄스와 함께 세계를 열광하게 한다고 나는 믿고 있다. 마찬가지로 변방의 사유이지만, 변방–중심, 영어–비영어의 경계를 뛰어넘어 세계적 사유의 결과물을 만드는 노력이 필요하다. 철저히 한국적 개별성, 변방의 특수성에 기반을 두면서도 이른바 '보편성'을 갖는 한국어 사유물을 만드는 것이다.

다행스럽게 최근 학계에서 그런 가능성을 갖는 사유의 결과물들이 나오고 있다. 흥미롭게도 학계 외부에서도 나온다. 이들의 노력과 도전에 반가움과 경의를 표한다. 그런데 지적 사유의 결과물은 그것이 또 어떤 관점에서 쓰이는가의 차이가 있다. 예컨대 여성주의 관점에 설 수도 있고 생태주의 관점일 수도 있으며 마르크스주의적 관점에 설 수도 있다. 예컨대 경제학 내의 (포스트 혹은 네오) 케인스주의적 관점에 설 수도 있을 것이다. 여기 장훈교 박사는 '급진민주주의' 혹은 '민주주의의 급진화'라는 관점에서 이 작업을 진행하고 있다.

급진민주주의는 근대세계의 정치적 기반인 민주주의의 잠재성과 한계, 가능성에 주목하면서 잠재성을 급진적으로 확장해 인간과 사회적 삶의 진보를 추구하는 관점이다. 민주주의를 수단화하지 않고 '과정으로서의 혁명'으로 바라보며, 민주주의를 전제로 민주주의의 급진적 확장을 통해 인간과 사회의 문제를 해결해나가고자 한다. 급진민주주의적 관점에서 볼 때 민주주의는 '1인 1표주의'에 기반을 두어- 비록 작지만- (인)민의 다양한 기본적 권리를 보장하고, (인)민의 주체성과 주인 됨을 제도의 본질로 확인해주며, 그것을 통해 기성체제의 변화 가능성을 제공한다. 하지만, 민주주의는 '1원 1표주의'에 기초한 자본주의와 시장경제에 의해 부단히 제한되고 형식화되고 허구화된다. 그러나 그 긴장을 내장하고 있다는 것이 바로 근대세계의 본질적 성격이고, 그것이 국가사회주의의 붕괴 경로와는 다른 근대체제의 여백과 가능성의 공간을 보장하며, 바로 그것에 의해 근대체제는 변화에 변화를 거듭해왔다. 급진민주주의를 이를 보장하는 다양한 근거를 확인하고 주목하며 이론화하려는 지향을 가지고 있다.

장훈교 선생과 교육감 출마 이전의 나를 포함한 몇몇 젊은 연구자들은 이 급진민주주의적 관점을 한국 현실과 접목해보려 했다(관심이 있는 분은 《급진민주주의리뷰 데모스》 4권, 『투 트랙 민주의』를 참고할수 있겠다). 초기에 급진민주주의의 연구자들은 '제도정치와 운동정치의 관계'에 주목했다. 근대민주주의의 제도적 체계는 통상 제도화된의회정치, 선거정치, 정당정치로 구성되어 있다. 이것이 근대(자본주의)의 정치적 형식이 된다. 그런데 이러한 제도들은 부단히 기성체제 establishment의 형식이 되고 그만큼 내부로부터 포획된다. 이에 반해 제도화된 정치의 '외부'에 있는 다양한 형태의 사회운동, 시민운동, 민중투쟁, 노동운동, 다종다양한 개인의 저항 행동 등은 제도정치를 상대화하며 그것의 경계에 도전하면서 한계의 확장을 요구한다. 그런 점에서 근대민주주의는 제도화된 정치에 오히려 '제도정치와 비제도정치의 역동적 상호작용' 속에 발전하는 것으로 재인식될 수 있다. 급진민주주의가 일차적으로 주목한 것은 이것이었다.

다음으로는 민주주의가 단순히 정치적 차원에 머물지 않고 다양한 수준의 경제적 차원, 사회문화적 차원, 그리고 일상세계의 영역으로 확장되는 것에 주목했다. 1789년 유럽에서 근대민주주의로의 전환점이 된 프랑스혁명은 여성에게 정치적 민주주의를 선사하지 않았다. 그로부터 150년이 지난 다음인 1929년 영국에서 여성에게 참정권이 보장된 것을 반추하면, 민주주의가 부단히 변화 발전하는, 내부로부터 포획되지만 동시에 근대민주주의의 제도적 체계의 변방에 위치한 다수의 약자와 소수자의 저항 행동을 통해 구성적으로 확장해온 것을 볼 수 있다. 현재 한국의 미투 운동에 이르기까지 근대 초기의 민주주의가 때로 사회민주주의, 산업민주주의, 양성평등 민주주의로까지 확장된 것은 바로 민주주의의 급진화 과정이었다.

이제 장훈교 선생은 급진민주주의적 관점에 서면서 이를 노동의 영역으로 확장하려 하고 있다. 그것을 글로벌한 지식 세계에서 주목받고 있는 커먼즈commons(저자의 표현을 빌리면 공동자원체계) 논의와 결합시켜 화두로서의 급진민주주의적 논의를 확장하고 심화한다.

노동사회의 위기와 노동의 미래를 논함에 있어 나는 세 가지를 생각하게 된다. 첫째는 글로벌 신자유주의의 거대한 흐름에서 어떻게 방어적 차원을 뛰어넘어 대안적일 수 있는가이다. 사실 나는 급진민주주의에서 변화의 대상으로 삼는 제도권, 특히 행정 영역에 들어와 있다. 국가행정이나 지방자치행정 역시도 근대(민주주의)체제 일부를 구성한다. 내부화된 나의 자리에서 보니 노동조합운동과 노동운동의 다면적 얼굴이 보인다. 과거 나의 시각에서 노동조합운동은 70년대 동일방직운동처럼 권력의 탄압을 뚫고 험난한 투쟁을 통해 권리 수준을 확장함으로써 사회의 진보적 발전을 추동하는 운동이었다. 80년대에는 이것이 사회를 혁명적으로 변화시키는 급진적 운동의 선도체로 파악되었다. 이제 다른 자리에서, 즉 행정에서 바라보는 노동조합운동의 또 다른 얼굴은 그것이 기본적으로 '조합원의 권리와 이익 방어를 위해 투쟁하는' '이익단체'로서의 성격을 지닌다는 점이다. 혁명적 조직으로서의 노조의 얼굴은 현재 한국 민주주의의 역동성 속에서 자기 권리 확장의 도구로 지배적 얼굴을 가지고 있다. 특히 글로벌 신자유주의의 퇴행적 흐름 속에서 노동은 더욱 방어적으로 이런 성격을 가져가고 있다. 이런 관점에서 볼 때 노동(조합)운동은 단지 조합원의 권리와 이익을 방어하는 조직운동이 아니라, 전 사회구성원의 권리와 이익을 실현하는 대안체제적 운동으로서의 위상을 어떻게— 국가사회주의의 '폐허' 위에서– 가질 것인가 하는 과제에 새롭게 직면해 있다.

여기서 노동 입장에서의 새로운 대안체제의 원리와 상을 상상하고 현실화할 필요가 있다. 노동(조합)운동은 본디 "지배적dominant이 아니라 지도적leading이어야" 한다는 견지에서 볼 때 비록 협악한 글로벌 신자유주의에 맞서 '방어적' 투쟁 중심이지만, 국가사회주의를 뛰어넘는 새로운 사회진보의 비전을 포기해서는 안 된다. 이 과제에 노동과 노동운동에 대한 새로운 관점과 인식 지평이 필요하다. 나는 장훈교 선생의 이 저작이 갖는 의의가 바로 여기에 있다고 생각한다.

다음은 노동 내부의 분화와 노동(조합)운동 여러 부문의 각개약진식 노동이 노동의 파편화로 이어지는 현실을 어떻게 대안적으로 극복할 것인가이다. 여기서 나는 노동(조합)운동 내부의 분화를 주목한다. 통상 우리의 노조 조직률은 20%에 육박하다가 지금은 10%대로 하락했다고 알려져 있다. 그러나 300인 이상 대기업의 노조 조직률은 57%로 60%대에 육박한다. 서구 사민주의 국가에서의 노조 영향력 퇴조를 생각할 때 이는 가히 세계 최고 수준이다. 10%대의 노동조합운동의 열악성이 가져오는 의도치 않은 착시현상이 있다. 근대민주주의가 보장하는 노동(조합)운동의 권리가 가져오는 역설적 현실이다. 신자유주의적 공세를 막아내며 자신의 권리와 이익을 지키는 강력한 대기업 노조와, 노조의 혜택으로부터 소외된 중소기업, 영세기업, 영세자영업자, 비정규직의 갭은 더욱 커지고 있다. 노동의 조직에 가로막힌 기업은 글로벌 경쟁에서 주어지는 애로를 노동시장 신규 진입자, 비정규직, 중소기업 노동자, 자영업자들에게 전가하는 방식으로 작동한다. 이런 결과는 노조 조직을 통해 자신의 이익을 방어할 수 있었던 80

년대 기성세대(혹자는 이를 민주화세대로 표현한다)와 젊은 세대의 '세대 간 갈등'처럼 투사되기도 한다. 어느 교수는 이를 두고 "민주화 세대가 '점유의 정치'와 노동시장의 '위계체제'를 통해 '세대의 권력 자원'을 수립했고, 이로 인해 세대 간 불평등이 증대됐다"고 해석하기도 했다. 그러나 후순위의 약자집단이 권리 옹호와 이익방어 투쟁으로 획득한 결과물로 인해 최대 약자집단과의 갭이 확대되는 것을 후순위 약자의 양보와 투쟁 완화로 이야기하는 것은 대안이 될 수 없다. 오히려 자기 집단의 이익방어를 넘어 새로운 시대적 조건 위에서 최대 약자집단, 후순위 약자집단, 그리고 모든 시민 공통의 권리와 이익을 증진하는 새로운 대안적 패러다임과 비전이 필요한 것이다. 그러기 위해서는 자본의 공세와 이에 대항하는 노동(조합)의 이익방어와 이익확장을 축으로 한 노동대안체제의 상을 새롭게 재구성해야 한다.

　여기서 보수적 전망으로의 회귀가 아닌 진일보한 대안적 경로와 패러다임을 탐색할 필요성이 제기된다. 보수적 전환의 경로에 서면 대기업 노조 '양보론'으로 갈 수 있다. 물론 양보도 필요할 지점이 있다. 그러나 큰 틀에서의 대안적 사회체제의 근간이 되는 대안적 노동체제의 상을 만들 필요가 있다. 장훈교 선생은 최근의 커먼즈(공유자원체제)와 급진민주주의론을 결합시켜 이를 시도하고 있다. 특히 이를 단지 노동만의 급진적 전망이 아니라 노동과 시민의 공통 비전, 노동체제와 대안사회체제의 공통 비전으로 만들 필요가 있다. 돌이켜 보면 1980년대에는 '일반민주주의와 변혁적 민주주의의 접합'이라는 고민이 있었다. 이제 신자유주의를 주도했던 그룹들조차 신자유주의적 질서가 자본주의의 안전한 외피가 되지 못한다고 하는 이 시대에 포스트신자유주의 질서에 대한 새로운 고민이 필요하고, 이에 노동 중심 대안체제에 대한 검토가 필요하다.

마지막으로, 노동대안체제의 새로운 비전에 대한 절박함은 '4차 산업혁명'의 도전에 의해서도 주어진다. 기업과 자본은 이른바 4차 산업혁명이라고 하는 인공지능 혁명, 로봇 혁명, 융합혁명을 통해 노동절약적으로, 그리고 노동과 시민의 감수성과 욕망을 침투·조응하는 형태로 생산과 유통을 혁신하며, 기존의 '공장 대 공장 외부', '필요노동시간 대 잉여노동시간'의 양분 구조를 해체하고 있다. 4차 산업혁명 시대는 고용 확대와 노조를 통한 이익방어를 축으로 하는 근대 노동 전략의 전환을 요구한다.

이미 '고용과 노동의 불일치에 기반을 둔 불완전 고용'이 확장되고 "노동은 더 이상 반드시 고용되지 않으며 고용되더라도 안전이 보장되지" 않는 역설적 상황에 처했다. 어떤 의미에서 기존의 노동사회가 구조적으로 해체되고 있다고 말할 수 있다. 노동민주주의 혹은 산업민주주의, 사회민주주의를 통해 그나마 보장되었던 고용과 안전은 담보되지 않으며 획득되더라도 일부에 국한된다. 이제 새로운 관점에서 전체사회 질서의 재구조화 프로젝트에 대한 이상을 가져야 한다. 저자가 이야기하듯이 이는 '자본주의 노동체제의 발전 국면에서 초래된 유기적인 위기'이기 때문이다. 따라서─ 현재의 정부도 마찬가지인데─ 실업률 축소, 청년고용 확대, 공공부문 확대를 통한 고용 확대 등을 지향하는 '노동과 고용의 재결합' 패러다임이 유효성을 상실했음에 주목하고 대안적 방향으로 나아가야 한다.

최근 주목받는 기본소득론의 경우 노동하는 자와 노동하지 않는 자를 나누는 기존 진보 문법의 전환을 넘어서는 기조로 대안체제론을 구상하고 있다. 이제 대안을 향한 노동학은 노동(조합)의 권리 확대와 이익방어를 넘어 한편에서는 노동자와 시민의 필요와 요구를 충족하는 공유체계, 저자의 표현을 빌린다면 '공동자원생활체계'를 만들 것인가, 그리고 다른 한편에서 기존 노동자계급의 범주를 넘는 고용 외부의 혹은 '착취당할 기회조차 얻지 못한 다양한 존재'들에게 기본적인 생활보장체계— 단순히 공적 부조 지원체계를 넘어— 만들기를 선도할 것인가의 과제를 내포해야 한다. 이 책의 기여가 바로 여기에 있다고 나는 읽었다. 저자는 이를 '노동과 생활의 공동자원체계화'로 정식화하여 우리에게 보여주고 있다. 이 커먼즈 노동학이 기존 노동세계관의 급진(민주주의)적 심화라고 의미 부여하고 싶다. 독자들의 연상을 위해 예시를 한다면, 최근 사무금융노조에서 '우분투 재단'을 만든 것이나 이미 오랫동안 활동하고 있는 '사회적 연대기금' 같은 것들도— 각각의 위상은 다를 수 있고 저자는 동의하지 않을 수 있지만— 노동세계와 생활세계의 공동자원화를 위한 크고 작은 시도라고 생각한다.

장훈교 선생은 『밀양 전쟁』에서 이미 '공동자원생활체계' 개념을 제기한 바 있는데, 이번 저작에서는 이를 체계적으로 심화시키고 있다. 여기서 저자가 제시하는 "'공동자원체계'란 재화의 한 유형이라기보다는 인간의 필요 충족을 보장하는 방식에 대한 새로운 이해를 제공하고, 그 방향으로 나아가는 실천을 추동하기 위한 하나의 시각"임에 전적으로 동의한다.

물론 이 공유자원(생활)체계의 이중성도 주목한다. 왜냐하면 이는 노동이 주도하는 대안적인 체제의 선도적 일부가 될 수도 있지만, 현존하는 신자유주의적 질서의 개혁적 보완물이 되거나 심지어 '신자유주의적 통치성'의 일부로도 편제될 수도 있기 때문이다. 그러나 그 이중성이 일반민주주의와 노동 중심의 변혁적 민주주의의 접점, 나아가 노동자와 시민의 접점을 마련하는 것이며 노동은 이를 더욱 급진화하고 노동 중심 대안체제의 일부로 전유해 나가야 할 것이다. 이 공동자원(생활)체제의 비전이 구체화될 수 있다면 노동자와 '깨어있는 시민'의 공동 프로젝트가 될 수 있을 것이다.

물론 나는 장훈교 선생의 이번 저작이 노동 중심적 시각에서 대안체제를 구상하는 유일한 경로를 제시한다고 생각하지 않는다. 가장 작은 자의 운동을 통해 세상을 더욱 크게 만드는 것이 진보적 가치와 운동의 목표라고 나는 이해한다. 그런 점에서 근대적 민주주의의 확립으로 단결과 파업의 권리를 통해 최대 약자의 지위에서 벗어난 노동자들이 이제 노동시장에 진입조차 못 하는 다양한 사회적 약자를 공통으로 구원하는 새로운 '해방의 프로젝트'를 상상하고 논의하는 데 촉진제 역할을 하기를, 나아가 새로운 노동학을 향한 백가쟁명의 마중물 역할을 이 책이 하기를 소망한다.

먼 길을 함께 떠난 동지들에게

서영표(제주대학교 사회학과 교수)

『런던코뮌』이라는 조금은 '어색한' 제목으로 출간된, 영국 런던의 좌
익적 지방정부에 대한 연구로 박사 과정을 마치고 한국에 돌아온 것
이 2007년 8월이었습니다. 그해 9월부터 영어학과 진영종 선생님과의
개인적 인연으로 성공회대학교에서 교양과 사회학 전공과목을 강의하
게 되었습니다. 장훈교 박사와의 인연은 그렇게 한 학기를 마치고 다
음 해 1월 즈음에 시작되었습니다. 성공회대학교 사회학과 대학원생
들이 중심이 된 세미나에서 발표하면서부터이죠. 어쩌면 한 번의 만남
으로 끝날 수도 있었습니다. 그날 행사를 준비했던 조희연 선생님이
주도적으로 만들고 대학원 석·박사 학생들이 주축이 된 공부모임에
한두 번 참여할 때까지도 우리의 인연이 10년 넘게 지속될 것이라고
는 생각하지 않았습니다. 스스로 마르크스주의자라고 '믿고' 있었기에
줏대 없는 변절자 정도로 생각했던 에르네스토 라클라우Ernesto Laclau와
샹탈 무페Chantal Mouffe가 제창한 '급진민주주의'를 전면에 내세운 연구
모임에 오래 머물 생각이 없기도 했습니다.

　오래된 습관이 만든 편견이 라클라우와 무페라는 이름, 그리고 급
진민주주의라는 개념을 '밀어내고' 있었지만, 박사학위 논문을 쓰면

서 읽었던 자료들과 가졌던 생각들이 그들과 아주 멀리 있지는 않았던 것 같습니다. 오랫동안 함께 사회주의와 좌파정치의 미래를 고민했던 이승원 선생님의 스승이 라클라우이기도 했지요. 라클라우가 몸 담았던 대학에서 공부한 덕분에 그의 지적 후계자 중 한 사람인 데이비드 하워드David Howarth와 생각을 나눌 기회를 얻기도 했습니다. 정확한 날짜는 기억나지 않지만, 저의 박사논문 지도교수였던 테드 벤튼Ted Benton이 논문 내용을 중간 점검하는 자리에 하워드를 초청했었습니다. '우리'와 다른 관점에서 비판적 논평을 들을 필요가 있다고 하셨죠. '우리'와 '그' 사이에 큰 이견은 없었습니다.

이승원 선생님과 저의 질문은 다르지 않았습니다. 다만 그 질문에 답하기 위해 선택한 '생각의 길'이 달랐을 뿐입니다. 라클라우와 무페의 포스트마르크스주의가 이승원 선생님의 길이었고 비환원론적 자연주의에 기반한 생태마르크스주의가 저의 길이었습니다. 서로 다른 사유의 길을 가면서 질문에 답하려 했지만, 도달한 결론이 놀랍게도 유사하다는 것을 깨달았습니다. 물론 생각이 완전히 일치한 것은 아니었지만요. 이견과 공통점에 대해서는 "라클라우가 말한 것과 말하지 않은 것"(《마르크스주의 연구》 13권 1호, 2016)에서 자세히 논의한 바 있습니다.

지금 와서 생각해보면 이승원 선생님과 필자 사이의 관계가 급진민주주의의 실천이었을지도 모릅니다. 저에게 급진민주주의란 협소한 '과학', 객관과 중립으로 스스로의 정치적 내용을 숨긴 실증주의적 과학의 비판에서 출발합니다. 부피를 가지고 굴곡, 겹쳐짐에 의해 울퉁불퉁할 수밖에 없는 현실을 다리미로 눌러 평평하게 만든 후 그 위에 두 점을 찾고 직선으로 연결할 수 있을 때에만 과학적 지식이라고 인정하는 지극히 근대적이고 협소한 과학에 대한 비판 말입니다. 이렇게 정의된 과학이 인정한 지식은 실재에 대한 왜곡일 수밖에 없습니다. 인간이 인간일 수 있는 이유가 언어적 존재이기 때문이지만, 바로 그 언어가 영원히 실재를 오인하게 한다는 것을 인정한다면 이런 이유로 실증주의적 과학관을 비판하는 것은 부당할 수 있습니다. 하지만 협소한 실증주의적 과학관은 그 패러다임 안에서 얻어진 과학이 많든 적든 실재에 대한 오인을 동반한다는 것을 전혀 인정하지 않습니다. 스스로가 설정한 지식의 기준, 즉 평면에서 점을 찾고 직선으로 연결해 선형적 관계를 찾을 수 있는 것 이외의 생각들로부터 '지식'의 자격을 박탈합니다. 오인을 오인이 아닌 것으로 은폐할 방법을 터득한 사람들만이 지식을 말할 수 있는 특권을 갖는 것이죠. 지식은 전문가들의 전유물이 됩니다. 그래서 민주주의의 '급진화'는 협소한 지식의 범위를 확장하는 것이어야 합니다. 중립적이고 객관적이라고 '주장되는' 전문가들의 지식에 의해 비합리적이거나 감정적인 것으로 격하되어 삶의 형식, 내용, 방향을 정하는 중요한 결정에 반영되지 못하는 일상적이고 암물적인tacit 지식들에 목소리를 되돌려 주는 것이 급진민주주의의 핵심인 것입니다.

이승원 선생님과 저 사이의 대화와 논쟁은 우리가 공유하는 매끄럽지 않고 평면적이지 않은 실재에 대한 서로 다른 목소리였을 것입니다. 자각하지 못한 채 급진민주주의를 '연습'하고 있었던 거죠. 조희연 선생님과 장훈교 박사가 중심이 되어 지속된, 급진민주주의 세미나팀이라 불린 공부모임은 이 '연습'을 조금 더 확장해 실천할 공간이 되었습니다. 그리고 이 공부모임이 지속될 수 있던 힘은 조희연 선생님의 유연한 태도와 장훈교 박사의 헌신이었습니다.

한편으로 조희연 선생님의 유연성은 '절충'처럼 느껴지기도 했습니다. 다양한 이론을 받아들여 종합synthesis하려고 부단히 노력하지만, 각각 다른 전통과 맥락을 가진 생각들이 제대로 맞물리지 못한 채 모인 것 같았습니다. 그런데 역설적이게도 절충으로 보일 정도의 느슨한 태도는 공부모임에 참여한 연구자들이 다양한 생각을 날것 그대로 표출하고 교환하는 조건을 만들었습니다. 의도된 것은 아니지만, 공부모임의 지주였던 조희연 선생님의 학문적 태도가 '급진민주주의'와 썩 잘 맞았던 것이죠.

장훈교 박사는 부지런한 연구자였습니다. 아무리 조희연 선생님의 포용력이 크다고 해도 자신의 공부 결과를 '날카로운 비수'라고 생각하는 30대 연구자들의 날선 의식을 가로지르는 연구내용 '공급'은 쉽지 않은 일이었습니다. 장훈교 박사는 말 그대로 지적인 '횡단'을 감행했습니다. 매주 다양한 이론가의 책을 읽고 토론하면서 실체가 분명하지 않던 '급진민주주의'의 윤곽을 찾으려 한 것이죠. 우리 모두 그런 노력에 동참하고 있었지만, 연료를 공급한 장박사의 역할이 없었다면 유지되기 어려운 공동작업이었습니다.

급진민주주의의 윤곽을 찾는 작업은 세 개의 차원에서 진행되었습니다. 많이 혼란스럽고 우왕좌왕했지만, 어쨌든 '우리'는 무엇인가를 찾고 있었습니다. 첫째로 급진민주주의를 일관된 이론 체계로 정의하고자 했습니다. 추상 수준이 높은 정치철학으로서의 급진민주주의를 경험에 가깝게 끌어내려 정치사회학적으로 정립하려 한 것입니다. 물론 구성원 사이의 이견이 좁혀지지 않았고 각자 자신의 이야기를 했지만, 그런 '이야기하기' 자체가 각자의 연구에 방향을 갖게 해주었습니다. 둘째로 정치사회학적인 차원으로 내려온 급진민주주의론을 제도적 차원에서 실현할 길을 찾으려 했습니다. 급진민주주의의 실천이라 불릴 다양한 사례를 찾고 비교하는 공부를 진행했습니다. 한국사회의 진보정당, 노동운동, 시민운동에 관해 많은 이야기를 나누기도 했습니다. 우리의 생각이 추상적인 이론으로 미끄러져 들어가고 있었기에 현실정치와의 끈을 놓지 않으려 고민했습니다.

마지막으로 서구에서 수입된 이론을 한국화하는 작업에 관해 많이 생각했습니다. 가장 어려운 문제였습니다. 우리는 영어 문헌 인용으로 가득한 학술적 글을 읽고 쓰는 관행에 익숙해져 있었습니다. 어쩌면 유행처럼 수입되는 수많은 이론을 읽고 이해하는 것 자체에 압도되어 이론과 실천 사이의 관계를 진지하게 고민할 기회를 얻지 못했던 것일 수도 있습니다. 어쨌든 최소한 이런 상황이 문제라는 것에는 공감했습니다. 해답을 찾지 못했지만, 그리고 각자의 공부에 충분히 반영하지는 못했지만, 머리를 맞대고 고민했습니다.

장훈교 박사는 이론적 수준에서 급진민주주의의 윤곽을 찾기 위해 노력했습니다. 그런 노력의 첫 번째 결실이 박사학위 논문이었습니다. 논문의 제목은 "노동의 자기조절 실현을 위한 노동능력의 공통자원으로 전환에 대한 연구: 공통자원 개념을 통한 안토니오 그람시 조절사회 개념의 재구성"이었습니다. 안토니오 그람시의 실천적 마르크스주의에 천착하면서 로이 바스카의 비판적 실재론을 경유하여 필요 needs 개념을 토대로 한 민주주의 이론을 정립하려 했습니다. 그리고 그것을 갈등이 발생하는 구체적인 장소들에 투영했습니다. 삶과 죽음이 교차하는, 생존을 위한 몸부림들이 존재하는 장소들 '안'에서 이론을 발전시키려는 장박사의 '이론적 실천'이었습니다.

이론적 실천이 한 발 더 나간 것이 그가 출간한 『밀양 전쟁』이었습니다. 장 박사는 종종 자신의 연구에 '장소성'이 없다고 토로했습니다. 그러나 어느새 자신만의 '장소성'을 찾아내고 있었습니다. 학술적 연구를 사람들의 삶 속으로 밀어 넣는 고투의 결과들을 생산한 것이죠. 당연히 이러한 고투는 서구적 이론과 한국 현실 사이의 괴리를 메우는 개입intervention으로서의 이론적 실천의 일환이 되었습니다. 장 박사는 『밀양 전쟁』에서 구체적인 장소를 찾으려는 노력과 함께 급진민주주의의 윤곽을 찾기 위한 연구영역 확장도 시도했습니다. 공동자원 commons에 대한 관심이 그것입니다. 박사학위 논문 제목에서 알 수 있듯이 장 박사는 이미 공동자원에 천착하고 있었습니다. 이제 엘리너 오스트롬에게서 시작된 공동자원에 대한 관심을 받아들이지만, 그가 가지고 있던 제도주의적 한계를 넘어 사회운동론적 함의를 보다 확장해 현실에 적용하려고 했습니다. 『일을 되찾자』라는 제목의 이 책에서 '공동자원체계'라는 개념으로 더욱 정교화되는 새로운 연구주제는 '노동'이라는 매개를 통해 일상에 더욱 가까이 가고 있습니다. 장 박사의 연구가 방대하고 오랜 강의와 글쓰기를 통해 끌어낸 고민의 흔적들이라 여기서 몇 개의 문장으로 정리하는 것은 불가능합니다. 다만 장 박사가 세상에 내놓은 새로운 책이 급진민주주의라는 이름으로 우리가 함께했던 열정 가득한 논쟁의 연속이라는 점만은 확인하고 싶습니다. 이런 확인은 설레는 일이지만, 조금 두렵기도 합니다.

한국의 학문연구 관행은 오랫동안의 깊이 있는 연구를 어렵게 합니다. 계속되는 양적 평가의 압박은 서로 연관성 없는 피상적 연구 주제로 이리저리 옮겨 다니게 합니다. 소위 '정규직'이 되어 그런 압박에 시달리며 공부의 길을 잃고 헤매는 저에게 장 박사의 끈기와 집념은 켜켜이 쌓인 과거의 공부들을 다시 불러내 장 박사의 주장과 대질시키고 싶다는 강렬한 열망을 불러일으킵니다. 그래서 설렙니다. 하지만 두렵기도 합니다. 줏대도 없고 비전도 없는 교육정책 당국자들에 의해 난도질당하고 밑동부터 무너져 내리고 있는 대학에 빌붙어 '생계를 잇는' 내가 과연 장 박사의 문제 제기에 반응할 수 있을까요? 업적 평가 기간이 되면 1년 동안의 학술지 논문 심사까지도 건마다 찾아내 입력하고 증빙서류를 만들어야 하는 비참함의 구렁텅이에서 교수라는 직함이 가져다주는 얄팍한 안락함에 자기 위안하며 감각이 무뎌지고 있는 내가 장 박사와 논쟁할 자격이 있는 것일까요? 이것이 저의 두려움의 출처입니다.

장훈교 박사가 10여 년 전 우리가 비판했던 대상을 닮아가는, 그래서 '꼰대'가 되어가는 저 포함 '앞의' 세대가 아닌 뒤에 오는 청년세대를 향해 이야기했으면 좋겠습니다. 머리로는 알지만, 가슴으로는 느끼지 못하는 '감정의 불구'는 치유되기 어렵습니다. 하지만 이성이라는 굴레에 의해 억압되지 않는 감성의 에너지를 가진 젊은 세대는 감성을 정치적 에너지로 분출할 실천적 '이성'의 발전 가능성이 있습니다. 그들에게 필요한 것은 '치유'가 아니라 '발전'일 뿐입니다. 이제는 대학마저 이러한 발전의 기회를 마련하는 역할을 포기하고 있지만, 아니 그렇기 때문에 급진민주주의 기획은 제도 안으로 한계지어지지 않는 다양한 길에서 젊은 세대를 만나야 합니다. 연구재단의 프로젝트와 형식만 남은 학술대회 발표, 그리고 학술적 논문 출간만으로는 그렇게 할 수 없습니다. 만약 이번 책에 담긴 고민의 흔적이 이렇게 낡고 텅 빈 형식 안으로 빨려 들어가면 급진민주주의는 공허한 메아리로 끝나버릴지도 모릅니다. 이것은 더 큰 두려움입니다.

장 박사와의 인연은 제주에서 이어졌습니다. 자연스럽게 제주라는 장소에 관해 이야기 나눌 기회가 많아졌습니다. 제주 제2공항 건설 반대 근거를 마련하는 연구 작업을 공동으로 진행하기도 했습니다. 그런데 우리가 공유하게 된 제주라는 '장소성'은 '한국적 이론'을 구상하는 새로운 출발점이 될 수도 있을 것 같습니다.

우리 시대의 화두는 잡종성과 다양성, 차이입니다. 급진민주주의의 출발점도 이러한 가치들에 있었습니다. 하지만 잡종성은 차이와 다양성을 들고나온 다양한 포스트주의 패러다임 안에서 실현되기 어렵습니다. 차이와 다양성을 표방했지만, 다양한 포스트주의적 사고는 스스로 발 딛고 있는 서구적 패러다임을 극복하지 못하면서 모든 종류의 비판과 진리 추구 행위를 '독단'으로 몰아가는 현실 회피로 치우쳤습니다. 어쩌면 손쉬운 선택이었을지도 모릅니다. 현실에서 여전히 발생하는 물리적 폭력, 고문과 학대, 불평등과 빈곤, 착취를 회피하고 모든 것을 담론 속의 흐름, 오직 작은 이야기들 속의 정체성 추구로 규정함으로써 스스로가 경계한 환원주의로 치우친 것입니다. 담론적 환원주의discursive reductionism입니다. 이런 입장은 지적 상대주의relativism, 더 나아가 지적 허무주의nihilism를 조장함으로써 서구적인 것을 극복할 대항 담론 출현을 봉쇄하는 효과를 가졌습니다.

서구적 지식이 가지는 패권을 경계하고 한국 지식계의 식민성을 비판하는 담론은 독단론적인 경향을 보여 왔습니다. 식민성을 넘어서는 것이 '우리 것', '아시아적인 것'의 특수성을 찾아내는 것과 동일시된 것이죠. 이런 특수성의 강조는 서구적인 것조차 특수한 것으로 정의하려 하지만, 종국에는 그것이 가지는 보편성의 예외로 '아시아적인 것'을 찾으려 한다는 점에서 여전히 식민성을 벗어나지 못합니다. 더 심각한 문제는 '우리', 또는 '아시아'가 가지는 특수성을 기정사실의 것, 한국과 아시아 사람들이 이미 공유하는 것으로 '강변'함으로써 또 다른 보편성의 신화에 기대는 것입니다. 이러한 태도는 우리 안의 타자를 만들고 그 타자를 억압해야만 유지되는 '보편성'입니다. 더 나아가 '아시아적 가치', '유교자본주의'처럼 한국적이고 아시아적인 것을 특수한 보편으로 표상하는 순간 한국과 아시아의 사회적 갈등과 모순을 들여다볼 비판적 자기반성의 통로는 차단됩니다.

따라서 우리가 만들어야 할 것은 '포스트모더니즘을 넘어서 포스트모더니티'입니다. 포스트모더니즘이 제기한 혼종성 또는 잡종성을 실현하는 동시에 서구적 지식 패러다임을 극복하는 길을 '우리의 현실'에서 찾는 것이죠. 그러나 여기에 멈추지 않고 우리 안의 독단을 경계할 수 있어야 합니다. 학문적 식민성을 넘어서는 동시에 '주변의 주변'으로부터의 시선에서 권력의 중심성을 해체해야 합니다. 그 해체는 곧 우리가 만들어야 할 역사적, 문화적 규범 안에서 옳고 그름의 판정 기준을 포기하지 않는 해체여야 합니다.

맹아적 형태지만, '포스트모더니즘을 넘어선 포스트모더니티'의 실천 시도는 많습니다. 때로는 운동으로, 때로는 선구적인 사상으로, 때로는 예술적 표현으로 많은 사람이 흔적을 남겼고 지금도 남기고 있습니다. 서구 근대화를 베끼기에 여념이 없던 식민지시기와 압축적 근대화 시기에도 그것에 포섭되지 않았던 틈새로부터 많은 아우성과 몸짓들이 있었습니다. 제주는 그런 장소 중 하나입니다.

서구가 제기한 근대성 비판의 완성이 '우리의' 과제가 되기 위해서는 돌파해야 할 관문이 있습니다. 첫째, '단단했던' 서구적 보편성을 허물었던 내부로부터의 지적 반란의 맥락과 계보를 정리해야 합니다. 문화적 상대주의, 탈정상과학을 주장하는 협약주의conventionalism, 포스트모더니즘과 포스트구조주의가 출현한 역사적 배경과 함께 그 한계를 짚는 작업이 수행되어야 합니다. 서구 학계의 포스트모더니즘, 포스트구조주의, 포스트마르크스주의 논쟁뿐만 아니라 한국 지식계에서 그것을 어떻게 수용했는지 돌아봐야 합니다. 둘째, 비서구로부터 제기된 탈식민주의post-colonialism를 '주변의 주변', 즉 하위적subaltern 입장에서의 사회 읽기로 발전시켜야 합니다. 제주는 하위적이지만, 더 정확히는 하위적이기 때문에 서구의 지적 패러다임에 비판적이면서도 그것의 대당으로 강요된 '우리'라는 보편성에도 비판적일 수 있습니다.

서구 지식계가 제기했지만, 결코 완성될 수 없었던 잡종성의 실현, 차이와 다양성을 포용하면서도 우리가 발 딛고 사는 현실에 체계적 비판을 포기하지 않는 비판적 이론의 정립은 급진민주주의의 윤곽을 찾고 내용을 채우는 일입니다.

지금까지 했던 것보다 할 일이 더 많습니다. 목적지가 분명히 보이지 않는 먼 길을 나서기란 불안한 일입니다. 하지만 함께 갈 동반자가 있다는 것은 행복한 일이기도 합니다.

옳은 것과 쉬운 것 중 하나를 선택한다면

이승원(서울대 아시아도시사회센터 전임연구원)

　장훈교 선생님에게서 글을 부탁받고 한참 동안 글쓰기를 시작조차 할 수 없었습니다. 『밀양 전쟁: 공통자원 기반 급진 민주주의 프로젝트』 이후 장훈교 선생님의 두 번째 역작인 『일을 되찾자: 노동과 생활의 공동자원체계화』가 학술영역뿐만 아니라 사회운동영역에서도 대단히 논쟁적이고 큰 의미가 될 거라는 확신 속에서 연대의 글이라는 숟가락을 하나 놓기엔 많은 회한이 스쳤기 때문입니다. 어쩌면 그 이야기가 이 책의 경험적 배경 중 하나일 수 있고, 이 책 속 문자들만으로는 담지 못한 장훈교 선생님의 생각을 어느 정도 드러낼 수 있지 않을까 합니다.

　우선 그 전에 이반 일리치Ivan Illich와 앙드레 고르André Gorz가 떠올랐습니다. 둘은 장훈교 선생님이 좋아하는 학자이고 이 책에서도 여러 번 인용됩니다. 이들은 비슷한 시기 오스트리아에서 태어났지만, 일리치는 사제로서 주로 미국과 라틴아메리카에서, 고르는 언론인으로 프랑스에서 활동했습니다. 이들이 떠오른 이유는 일리치와 고르 모두 무엇보다 '탈성장', '탈상품화', '새로운 노동' 혹은 '일의 회복'을 강력히 주장했기 때문입니다. 모든 공공재가 상품화되고 모든 사람이 상품에 중독되어 있다면, 그래서 강요된 노동의 늪에서 빠져나가지 못한다면, 우리에게 자유도, 사랑도, 우정도 모두 사치에 불과할 것입니다. 일리치가 쓴 글을 인용하며 더 이야기해보겠습니다.

상품이 어느 한계점을 지나 기하급수적으로 생산되면 사람은 무력해진다. 자기 손으로 농사를 지을 수도, 노래를 부를 수도, 집을 지을 힘도 없게 되는 무기력이다. 땀을 흘려야 기쁨을 얻는 인간의 조건이 소수 부자만 누리는 사치스러운 특권이 된다. 케네디 대통령이 '진보를 위한 동맹the Alliance for Progress'을 출범하기 전까지 멕시코의 다른 작은 마을처럼 아카칭고 마을에도 네 개의 악단이 마을 잔치에서 악기를 연주하며 800여 명의 이웃을 즐겁게 했다. 요즘에는 레코드와 라디오가 확성기로 울려 퍼지면서 지역의 예인들이 사라지고 있다. (⋯) 자기 손으로 집을 짓겠다는 사람은 유별난 사람이라고 손가락질받게 되었다. 그런 사람은 대량 생산된 건축 자재를 공급하는 지역의 이해 단체와 협력을 거부하는 사람이기 때문이다. (⋯) 또한 수많은 법 조항이 생겨나 그의 독창성은 오히려 불법으로 규정되고 범죄행위라는 딱지가 붙는다. 이런 사례를 통해 우리는 새로운 상품이 생겨나 전통적인 자급 기술이 쓸모없어질 때 가장 먼저 고통받는 사람은 가난한 사람들이라는 걸 알 수 있다. 직업도 없는 가난한 사람이 고용되지 않은 상태로 할 수 있는 의미 있는 일은 노동시장이 확장되면서 없어져 버렸다. 직장 밖에서도 의미 있는 일을 할 자유가 사라진 것처럼 스스로 선택하는 행위로서 '집을 짓는 일'은 이제 사회 이탈자 아니면 한가한 부자가 누리는 특권이다.

이반 일리치, 『누가 나를 쓸모없게 만드는가』, 2014, 느린걸음, 33~34쪽

일리치는 자본주의 때문에 많은 것이 상품화되고 대량생산되는 과정에서 사람들이 값싼 임금을 대가로 자신의 노동을 강제로 팔아야 하는 착취만이 아니라, 이 과정이 우리를 어떻게 '쓸모없게' 만드는지 말하고 있습니다. 멕시코 아카칭고 마을의 잔치를 책임졌던 악단들은 레코드, 라디오, 확성기로 인해 쓸모없어졌습니다. 제 어릴 적 동네 꼬마들을 흥분시켰던 작은 목마와 회전 유람차를 리어카에 끌고 다니던 사람들도 대형 놀이동산이 등장하면서 사라졌습니다. 오늘날 사람들은 의미 없는 생산을 위해 의미 없는 노동을 강요받고, 이는 개인의 자유를 제한하는 것은 물론 자연환경과 생태계를 파괴하고 있습니다. 상품 구입을 위한 임금노동 대신 필요한 것을 자유롭게 제작해 살아가려 해도 각종 '면허증'과 촘촘한 관련 법규는 이를 불법으로 만들 때가 많습니다. 이제는 화전민이나 달동네 판자촌 주민으로 살 땅도 허락되지 않지만, 설령 공간이 있더라도 이런저런 허가와 규제 때문에 그 안에서 할 수 있는 것이 극히 제한됩니다. 무엇보다 땅이 있고 허가와 규제가 그다지 엄격하지 않다고 해도 필요한 것을 제작하기보다 상품으로 구입하는 것에 익숙할 뿐 스스로 땅을 일구고 집을 지을 기술이 없는 도시 거주민 대부분은 오히려 망연자실할 것입니다.

이것을 거꾸로 생각해 볼 수 있습니다. 우리는 분업화되고 파편화된 임금노동에 익숙한 채 자립할 수 있는 기술과 상상이 부족한 탓에 스스로 땅을 일구거나 자립하려는 시도를 주저합니다. 이런 주저함이 깊을수록 자유로운 행동을 규제하는 권력 관계를 비판하거나 저항하

는 것은 더욱 어려워집니다. 규제와 권력관계가 오히려 윤리와 상식이 돼버립니다. 그러다 보니 이미 국가나 기업 혹은 부자가 소유한 땅과 여러 자원에 대한 그들의 권한, 즉 사유 재산권을 향한 질문은 더욱 불가능하게 여깁니다. 결국 공동자원과 그 체계를 만들 새로운 주체가 없으니 공동자원을 만들기 어렵고, 이것이 없으니 새로운 주체가 탄생하기도 힘들게 됩니다. 이 악순환이 오늘날 신자유주의 사회의 모습이 아닌가 합니다.

이 우울한 디스토피아에서 장훈교 선생님은 포기하지 않고 악순환을 선순환으로 역전시킬 방안을 민주주의의 급진화, 헤게모니, 공동자원이라는 큰 화두 속에서 오래전부터 연구해왔습니다. 그 속에서 그는 부의 독점화, 가난의 대물림, 강요된 노동 등을 극복하기 위한 인간의 자유, 새로운 일, 그리고 자유로운 동료 시민의 협력과 연대를 위한 실천 방안에 관해 차근차근 사유의 폭을 넓혀나갔습니다. 일리치의 담백한 필체나 고르의 저널리스트적 감각과 비교하면 다른 느낌일 수 있겠지만, 장훈교 선생님이 제시하는 '공동자원 생활체계', 그리고 '일의 재구성'은 일리치와 고르의 생각을 오늘날 우리 맥락에서 발전시킨 결과일 수 있으며, 이들과 장훈교 선생님이 중첩되는 부분이기도 합니다.

물론 이 책이 가장 중요하게 다루는 화두인 '공동자원commons'은 분명 동료 시민들의 권리와 해방을 위한 가장 중요한 물적 토대로 사유될 수 있습니다. 반면 이것은 정부와 기업의 배타적 영역을 지키기 위해 일종의 떡고물처럼 관리되는 타협과 통제의 산물로 전락할 수도 있습니다. 이 양면성 때문에 많은 연구자와 사회운동가들이 오늘날 점차 '공동자원'에 주목하는지도 모릅니다. 그래서 공동자원과 관련된 연구에서는 1) 무엇을 자원으로 정의할 것인지, 2) 누가 그 '정의하기 defining'의 주체가 될 것인지, 그리고 3) 공동자원과 주체/사용자 사이에 어떤 규칙을 누가 만들 것인지가 다뤄져야 합니다. 그리고 그 결과는 신자유주의가 처한 정치적 위기를 스스로 관리하는 해법이 될 수도 있고, 신자유주의를 넘어서 자본주의를 급진적으로 재구성하기 위한 가장 중요한 도구가 될 수 있습니다. 그래서 장훈교 선생님의 공동자원(생활)체계를 통한 일을 되찾는 전략은 새로운 주체의 탄생과 새로운 질서의 구축이라는 민주주의의 급진화 과제와 만날 수밖에 없었을 것입니다.

이 책의 출간 소식과 연대사 부탁을 듣고 나서 한동안 장훈교 선생님과 함께 한 많은 장면이 떠올랐습니다. 그중 한 장면은 예외 없이 그와의 첫 만남이었습니다. 저는 잃어버린 퍼즐 한 조각을 우연히 찾듯 장훈교 선생님, 그리고 여러 동료와 조우했습니다. 2008년 박사학위를 받은 후 성공회대학교 사회학과 대학원 수업에서 특강을 한 적이 있습니다. 영국 유학 시절 만난 서영표 선생님이 포스트 마르크스주의와 급진 민주주의론을 발전시킨 에르네스토 라클라우와 샹탈 무페의 이론을 다루는 시간에 저를 초대한 것입니다. 그날 장훈교 선생님을 처음 만났습니다. 운명 같은 하루가 있다면 아마 그 날이었을 것입니다. 두 시간의 특강과 토론이 끝난 후의 자리에 장훈교, 서영표 선생님과 (지금은 동료이고 선생님이라 불러야 하는) 학생들이 함께했습니다. 제가 느낀 기분은 '환대'였습니다. 그 이유는 다음과 같습니다.

제 연구 분야인 포스트 마르크스주의를 발전시킨 라클라우와 무페는 한국 사회에서 오랫동안 이단아 혹은 변절자로 취급받았습니다.

마르크스주의의 중추를 이루는 계급 중심주의와 경제결정론을 어떤 타협도 없이 폐기했음에도 불구하고 자신들을 스스로 여전히 마르크스주의 진영과 함께 하는 좌파 혹은 포스트 '마르크스주의자'라 불렀기 때문입니다. 비록 이들이 자본주의의 구조적 위기와 통치성을 면밀히 비판하고 자본주의를 넘어서는 민주적 사회주의를 주창하고 있었지만, 마르크스주의의 중추를 무너뜨린 일은 마르크스주의자들에게 용납할 수 없는 것으로 해석되곤 했습니다. 한국도 예외는 아니었습니다. 1980년대 말 현실 사회주의 운동과 마르크스주의 이론을 지켜온 동독과 소련이 해체된 직후, 마르크스주의를 신조로 한국 사회 노동운동과 혁명운동을 지키려 했던 많은 좌파 이론가와 활동가들은 노동계급의 당파성을 인정하지 않고 다양한 정체성의 정치적 주체화를 위해 경제결정론을 폐기한, 그리고 우연성과 자유의 영역인 정치의 우위성을 강조한 라클라우와 무페를 환영할 수 없었습니다. 오히려 이들은 기업에 협력하고 정부와 타협하면서 자본주의 시장질서와 대의민주주의 내에서 자신의 정체성과 그 권리를 보장받으려 하는 여러 신사회운동 조직의 체제 순응과 개량화를 라클라우와 무페의 포스트 마르크스주의와 급진 민주주의론이 정당화한다고 보았습니다.

이런 비판과 냉소가 당연했던 시기에 저는 한국을 떠나 영국에서 공부를 시작했고, 이곳에서 이들의 사상을 공부했습니다. 서구중심주의를 넘어 제3세계의 맥락을 통해 마르크스주의, 나아가 서구식 맥락과 관념체계 위에 형성된 정치이론을 재구성하려 한 그들의 시도는 저에게 큰 매력이었고 제 마음속에 품었던 어떤 '해방'의 정념을 표현할 수 있는 언어로 다가왔습니다. 그러나 학문적 수련의 부족함 때문이었겠지만, 한국에 돌아와 그간 연구한 내용을 가지고 생계를 유지해야 할 상황이 되자 겁이 나고 자신감이 떨어졌습니다. 아마도 포스트 마르크스주의는 배신자의 비겁한 학문이라는 비판이 여전히 한국 학계에 팽배하고, 이에 적절히 대응하기엔 이런저런 일로 매우 지쳐 있었기 때문인 것 같습니다.

그래서 서영표 선생님의 특강 요청은 의외였고, 이전의 제 연구 분야 발표 자리에서 느꼈던 것처럼 학생들이 내 연구이론에 어떤 비판을 할지를 염두에 두고 발표했습니다. 그런데 시간이 지나면서 당시 대학원생이던 장훈교 선생님과 동료 학생들에게 이 염두가 필요 없었다는 것을 알게 되었습니다. 그들의 질문은 처절한 삶이 돌파하지 못하는 답답함의 표현이었고 현실을 바꾸려는 의지였습니다. 급진민주주의를 삶과 이론의 무기로 벼르고자 했던 것이었기에 그들의 질문은 한편으로 격려와 위로가 되었고 다른 한편으로 제가 얼마나 편협하고 협소한 개념 세계에 빠져 살아왔는지, 역동적인 현실 현장을 떠난 연구가 얼마나 공허한지 조금이나마 깨닫게 되었습니다. 위로와 깨달음이 따라온 어떤 조우. 이보다 더 큰 환대가 있을까요?

이후 인연이 닿아 저는 성공회대학교 민주주의연구소에서 일하게 되었고 장훈교 선생님과도 자주 만나게 되었습니다. 시간이 지나 조희연, 서영표 선생님 그리고 당시 장훈교 선생님과 함께 대학원 생활을 했던 동료 학생들이 모여 급진민주주의 연구 프로젝트를 중심으로 하는 연구협동조합(준) 데모스를 만들었습니다. 말이 함께 만든 것이지 대부분의 일을 장훈교 선생님이 도맡았습니다. 세미나도 많이 하고 책도 여러 권 냈지만, 결국 몇 년 후 데모스는 해체되고 말았습니다. 이 또한 급진민주주의에 대한 중요한 경험이었습니다. 데모스는 대학과 한국연구재단의 통제를 벗어난 독립 연구자들의 연구 자유를 위한 공동의 기반, 공동자원을 만드는 데 실패했습니다. 가장 중요한 이유 중 하나는 공동자원을 만들기 위해 추가로 부여되는 책임과 비용을 감당하기엔 당시 구성원들이 경제적 기반이 불안정하고 경험이 없어 주저했기 때문이었을 것입니다. 공동자원(생활)체계라는 것이 길게는 지속가능한 사회와 지구를 위한 것이기도 하겠지만, 막상 이것이 절실하게 필요한 사람들은 자기 기반을 빼앗기거나 금지된 사회적 약자, 가난한 자들입니다. 그런데 역설적으로 이들은 가난하기 때문에 함께 나누거나 누릴 공동자원의 작은 조각마저 없는 사람들입니다. 반대로 부자들은 공동자원이 필요하지 않습니다. 공동자원을 어떻게 하면 사영화하고 상품화할 것인가를 더 고민하겠지요. 어쩌면 이 뼈아픈 경험 속에서 저와 장훈교 선생님은 따로, 하지만 같은 고민을 했을지 모릅니다. 가난한 자들이 권리의 기반을 스스로 만드는 것은 어떻게 가능할까? 과연 가능할까?

민주주의를 민주적으로 끊임없이 확장한다는 것, 즉 민주주의를 급진화한다는 것은 기성 민주주의(통치/윤리) 질서에서 차별당하거나 금지된 가치와 주체성들이 이 질서를 넘어 그 본질을 질문하고, 새로운 권리와 주체로 재탄생하고, 그 과정에서 권리와 주체가 수평적으로 참여하는 새로운 민주주의 질서의 재구성일 것입니다. 하지만 이것은 단순한 선언이 아니라 새로운 권리와 주체의 물적 기반, 정책, 법적 제도를 만드는 대단히 어렵고 감각적이며 지치는 과정이기도 합니다. 민주주의의 급진화 프로젝트가 현실에서 많이 좌초되는 이유는 데모스의 사례에서도 알 수 있듯이 권리와 주체의 탄생에 대한 선언이 결국 그 물적 기반, 즉 공동자원의 확보와 구축으로 이어지지 못했기 때문입니다. 아동, 청소년, 여성, 청년실업자, 홈리스, 장애인, 성

소수자들이 단지 '보호받는' 사람들이 아닌 새로운 권리 담론을 스스로 제시하는 새로운 정치적 주체가 되어 기성 정치·법·윤리 질서를 재구성하는 것은 사회적 약자라는 정체성을 스스로 해체해 나가는 것입니다. 이것은 곧 이들 자신의 공동자원을 확보하는 것입니다. 그리고 오늘날 이 공동자원의 확보는 각 공동자원이 얽혀 차별과 불평등을 지우고 다양성과 차이를 인정하면서, 그 복잡성 때문에 오히려 외부 충격을 완화할 수 있는 공동자원체계를 만드는 것으로 이어집니다.

데모스가 해체된 후 저와 장훈교 선생님은 서울시 예산으로 운영된 사회혁신리서치랩에서 함께 일하게 되었습니다. 이 연구소의 설립 목적은 사회혁신 확산을 위한 정책연구였습니다. 사회혁신리서치랩은 저와 장훈교 선생님에게 갑작스레 주어진 공동자원과 같은 것이었습니다. 몇 년을 고민해도 작게나마 만들지도 못하고 실패했던 '데모스'의 기억을 쓰디쓴 교훈 삼아 우리는 이 연구소를 우리와 많은 연구자의 공동자원으로 만들기 위해 노력했습니다. 이 과정에서 장훈교 선생님의 역할은 그야말로 '헌신적'이었습니다. 우리는 사회혁신을 시민 스스로 지역 난제를 해결하기 위한 자유로운 실험 수준에서 도시를 전환하는 민주적 실험의 복합체 수준으로 확장하려 했습니다. 도시전환에 주목한 이유는 불평등을 해결하고 자유와 일을 회복하는 새로운 사회적 관계와 정치구조/거버넌스를 도시 차원에서 사고할 필요가 있다는 전략적 판단 때문이었습니다. 장훈교 선생님은 이 시기에 탈성장, 시민노동, 자립도시, 일, 다중심적이고 협력적인 거버넌스, 도시전환 등 연구 영역을 더욱 넓히면서도 세밀하게 다루기 시작했고 수많은 도시적인 것들을 전환적 차원에서 연결하기 위해 마치 순례자처럼 많은 현장을 찾아다녔습니다.

장훈교 선생님의 성실한 연구 덕에 사회혁신리서치랩은 사회혁신과 도시전환을 연구하는 여러 연구자와 활동가들 사이 작지만 의미 있는 공동자원으로 조금씩 거듭났습니다. 하지만 이 공동자원은 우리 스스로 만든 것이 아니라 서울시가 갑작스레 제공한 것이었다는 한계가 있었고, 결국 한계는 위기가 되었습니다. 서울시는 당시 이런저런 이유로 사회혁신리서치랩의 예산을 절반으로 줄이려 했고, 연구소를 책임졌던 저는 이를 사실상의 폐지안으로 받아들였습니다. 예산은 사라졌고 우리는 5개월이라는 시한부 연구자 인생을 시작했습니다. 폐지가 정해지니 미래를 위한 계획 수립은커녕 다음 해 추진하기로 했던 다양한 도시전환과 사회혁신 실험이 중단되었고, 몇몇 기관에게 위탁된 실험들은 종합적으로 연결되지 않으면서 결과가 불투명해졌습니다. 우리가 만들지 않은 '공동기반처럼 보이는 것'의 한계였습니다. 우리는 남은 5개월과 주어진 예산으로 할 수 있는 것을 고민했고, 장훈교 선생님은 당시 이 분야를 연구하던 제주대학교와 '커먼즈(공동자원) 포럼'을 공동 개최하고 이곳에 동료들을 불러 미래를 위한 네트워크를 만들자고 제안했습니다. 그해 가을 제주 선흘리 동백마을, 강정마을, 이을락에서 우리는 '커먼즈'라는 이름으로 새로운 동료들과 만났고 '커먼즈 네트워크'라는 우정과 믿음의 관계를 탄생시켰습니다.

『일을 되찾자』의 목차와 본문들을 조심스레 읽으며 한편으로 장훈교 선생님이 그간 해온 연구의 흐름을 조금씩 복기했고, 다른 한편으로 행간에 숨어있는 이 책의 경험적 배경을 떠올리게 되었습니다. 그리고 그 배경 한구석에서 제 모습도 발견했습니다. 이 기억 속에서 제가 장훈교 선생님에게 얼마나 큰 도움을 받아 왔는지 새삼 느꼈습니다.

장훈교 선생님이 좋아하는 영화 '해리 포터와 불의 잔'에서 덤블도어 교장은 해리 포터와 학생들에게 "이제 우리는 옳은 것과 쉬운 것 중에서 선택해야만 한다"라고 말합니다. 장훈교 선생님이 무엇을 선택했는지 독자들은 알게 될 것입니다. 그리고 그 선택은 어쩌면 해리 포터보다 더 매력적인 이야기를 현실에 쓰게 되는 시작일 것입니다.

참고문헌

1. 국내문헌

강내희, 1999, "노동 거부와 문화사회의 건설", 《문화과학》 20호, 15-44

＿＿＿＿, 1998, "노동 거부의 사상─진보를 위한 하나의 전망", 《문화과학》 16호, 15-38

강남훈, 2018, "공유자산과 기본소득", 『기본소득형 국토보유세 토론회 자료집』, 국회의원 강병원·김경협·김두관·김현권·설훈·송옥주·유승희·정성호·조정식

강동진, 2015, "재생산의 위기와 재생산의 사회화 전략 모색", 《진보평론》 65호, 86-116

강성태, 2012, 제1장 서론, 『노동법 60년사 연구』, 《고용노동부 정책연구 12-12》, 사단법인 한국노동법학회

강수돌, 2002, 『노사관계와 삶의 질』, 한울아카데미

＿＿＿＿, 2007, "노동사회를 넘기 위한 노동의 실천", 《문화과학》 통권 제52호, 247-275

강연자, 2010, "주40시간 법정노동시간 단축투쟁과 노동운동의 과제: 민주노총은 초과노동 제한하고 실업 감소 투쟁에 앞장서라", 《진보평론》 제46호, 93-131

강이수·신경아·박기남, 2015, 『여성과 일』, 동녘

강정한, 2018, "노동으로서 데이터", URL: https://medium.com/lab2050/%EB%85%B8%EB%8F%99%EC%9C%BC%EB%A1%9C%EC%84%9C-%EB%8D%B0%EC%9D%B4%ED%84%B0-fdc5eb77b6db 검색일: 2018년 12월 26일

고김주희, 2018, 『소득상한제』, 좋은땅

고용노동부, 2008, 『노동행정사 4편 : 노사관계정책』, 고용노동부

구본권, 2015, 『로봇 시대, 인간의 일』, 어크로스

_____, 2004, "독일의 노동시간 단축: 역사와 현황",《FES-Information-Series》2004-1, 1-8

구해근, 2002, 『한국 노동계급의 형성』, 신광영 옮김, 창작과비평

국미애, 2018, "노동시간과 일터의 정치: 유연근무제와 페미니즘", 푸른사상

김경일, 2009, "한국 산업화 시기 노동자 생애와 사건: 기억의 재구성과 노동자 정체성의 형성",《사회와 역사》제85집, 5-52

_____, 2014, 『노동』, 소화

김경필, 2012, "카스텔의 네트워크 사회론 비판: 정보화 발전양식을 중심으로",《사회와 이론》20, 367-399

김낙년, 1999, "1960년대 한국의 공업화와 그 특징", 『1960년대 한국의 공업화와 경제구조』, 백산서당

김대환, 2009, "한국 노동시장의 유연안전화를 위한 정책방안 연구", 2009년 노동부 연구용역 최종보고서, 노동부

김도균, 2018, 『한국 복지자본주의의 역사』, 서울대학교출판문화원

김동춘, 1995, 『한국사회 노동자 연구』, 역사비평사

_____, 1998, "한국 자본주의와 노동, 복지체제",《역사비평》43호, 109-124

_____, 2006, 『(1997년 이후) 한국사회의 성찰: 기업사회로의 변환과 과제』, 길

김만권, 2018, 『열심히 일하지 않아도 괜찮아』, 여문책

김면, 2012, "창의성 촉진을 위한 기업의 조직 환경 개선방안",《한국디자인포럼》제36호, 315-328

김미경, 2012, 『여성노동 시대』, 나눔의집

김미경, 2018, 『감세 국가의 함정』, 후마니타스

김미주, 2000, "성, 숙련, 임금", 『노동과 페미니즘』, 조순경 엮음, 이화여자대학교출판부

김삼수, 1999, "1960년대 한국의 노동정책과 노사관계", 『1960년대 한국의 공업화와 경제구조』, 백산서당

김상준, 2008, "중간경제론: 대안 경제의 논리와 영역",《경제와 사회》통권 제80호, 140-164

김선필, 2013, "제주 지하수의 공공적 관리와 공동자원 개념의 도입: 먹는 샘물용 지하수 증산 논란을 중심으로",《환경사회학연구》17(2), 41-79

_____, 2014, "공유지 복원을 위한 이론적 검토: 르페브르의 공간이론을 통한 공유지 비극 모델의 재해석",《마르크스주의연구》제11권 제3호, 172-200

김성덕, 2010, "제조업의 서비스화 국내외 사례",《과학기술정책》통권 178호, 94-104

김성윤, 2013, "사회적 경제에서 사회적인 것의 문제", 《문화과학》 73호, 110-128

김성중·성제환, 2005, 『한국의 고용정책』, 한국노동연구원

김승택·이상민, 2008, 『근로시간 단축의 효과 분석: 정책 평가와 사업장 혁신 사례 연구』, 한국노동연구원

김승택, 2001, 『근로시간 단축이 국민경제와 사회에 미치는 영향』, 한국노동연구원

김영래·정병영, 2012, "여가 이해의 패러다임 전환: 탈노동중심적 여가이해를 위한 여가와 자유의 내재적 관계 그리고 성찰적 여가", 《관광학연구》 36(4), 13-33

김영선, 2013, 『과로 사회』, 이매진

_____, 2010, "노동시간과 여가시간의 증감 논쟁에 대한 비판", 《노동연구》 제20집, 121-145

김영수, 2002, "노동자계급의 다층적 분화 기제 : 계급적 단결의 저해요인을 중심으로", 《마르크스주의연구》 9호, 39-59

김영신, 2016, "제조업의 서비스화를 통한 산업경쟁력 강화방안", 《KERI 정책제언》 16-01, 1-24

김영희, 2018, "커먼즈적 공유에 관한 고찰", 《법과 사회》 57호, 153-204

김예란, 2015, "디지털 창의노동: 젊은 세대의 노동윤리와 주체성에 관한 한 시각", 《한국언론정보학보》 69호, 71-110

김용달, 2013, "광복 전후 좌·우파 독립운동세력의 국가건설론", 《한국독립운동사연구》 46호, 257-283

김용철, 2013, "보수적 노동정치 지형의 역사적 기원: 일제 식민지배와 미군정 통치의 유산", 《OUGHTOPIA》 2호, 145~184

김용현, 2005, "고용없는 성장(jobless growth), 현실인가?", 《노동정책연구》 5호, 35-62

김원, 2006, 『여공 1970, 그녀들의 反역사』 개정판, 이매진

김유선, 2013, "비정규직 규모와 실태─통계청, '경제활동인구조사 부가조사' 결과", KLSI 이슈페이퍼 2013-03, 한국노동사회연구소

김윤호, 2017, 『팹랩과 팹시티』, 한국학술정보

김은 외, 2017, 『4차 산업혁명과 제조업의 귀환』, 클라우드나인

김을식·이지혜, 2018, "사회참여형 기본소득, 참여소득", 《GRI FOCUS》 Vol.2, 1-4

김자경, 2017, "제주 커먼즈의 경험: 수눌음의 역사와 사회적 경제", 『동아시아의 공동자원: 가능성에서 현실로』, 최현·정영신·윤여일 편집, 진인진

김주환, 2017, 『포획된 저항』, 이매진

김찬호, 2009, 『생애의 발견』, 인물과 사상사

김태오, 2017, "제4차 산업혁명의 견인을 위한 규제패러다임 모색: 한국의 규제패러다임을 중심으로", 《경제규제와 법》 10(2), 140–168

김평호, 2018, "다가오는 인공지능 시대, 한국사회의 담론적 한계 극복을 위하여", 《Future Horizon》, winter 2018, 제35호, 8–13

김호기, 1999, "1970년대 후반기의 사회구조와 사회정책의 변화", 『1970년대 후반기의 정치사회변동』, 백산서당

김현경, 2015, 『사람, 장소, 환대』, 문학과 지성사

김현수, 1999, "우리나라의 산업재해와 산재보상제도", 《진보평론》 제2호, 122–149

김혜경·오숙희·신현옥, 1992, "자본주의적 산업화와 한국가족의 역할 변화: 가사 및 양육 역할의 변화를 중심으로", 《여성과 사회》 3호, 278–314

김혜원, 2009, "고용위기 속의 제3섹터의 역할", 《노동리뷰》 통권 제50호, 1–2

_____, 2009, "제3섹터에서의 고용 창출", 《노동리뷰》 통권 제50호, 5–26

김희강·송형주, 2017, "성·유흥산업으로 유입되는 여성이주: 국제적 재생산노동 분업의 맥락에서", 《젠더와 문화》 10(1), 45–81

김희연·이재광·최석현·최영기, 2013, "복지의 새로운 영역, '사회적 경제'", 《이슈&진단》 100호, 1–25

남기업, 2018, "국토보유세 실행방안", 『기본소득형 국토보유세 토론회 자료집』, 국회의원 강병원·김경협·김두관·김현권·설훈·송옥주·유승희·정성호·조정식

노동부, 2001, 『외국의 근로시간단축 사례집』, 노동부

류정진·전영환·남용현·박창수, 2010, "장애인고용정책 20년, 성과와 과제", 《직업재활연구》 제20호, 35–53

문강형준, 2006, "노동사회 비판과 문화사회의 이론적 지도", 《문화과학》 46호, 137–156

문은미, 2010, "페미니스트 노동 개념의 함의: 성별화된 세계체제 이론의 가능성", 진보평론 제46호, 76–92

박규택, 2017, "Elinor Ostrom의 사회–생태체계와 다중심성에 근거한 지역 중심의 혼합적 전기체계 이해를 위한 개념적 틀", 《한국지역지리학회지》 제23권 제3호, 543–558

박세경, 2010, "미국 국가봉사단 AmeriCorps의 활동 현황", 《보건복지포럼》 169권, 90–99

박영균, 2010, "노동의 신화와 노동의 종말, 그리고 문화혁명", 《진보평론》 제46호, 57–75

박윤수·박우람, 2017, "근로시간 단축이 노동생산성에 미치는 영향", 《KDI 정책포럼》 제267호, 1–7

박제성, 2017, "역자 서문", 『노동법비판』, 알랭 쉬피오 지음, 박제성 옮김, 오래

박준식, 1999, "1960년대의 사회환경과 사회복지정책", 『1960년대의 정치사회변동』, 한국 정신문화연구원

박지혜, 2016, "개방형 혁신을 위한 국내 크라우드소싱의 활용전략", 산업연구원 ISSUE PAPER 2016-412, 산업연구원

박태주, 2012, "현대자동차 주간 연속 2교대제의 합의 내용과 평가", 《노동리뷰》 제92호, 66-78

박태현·이병천, 2016, "'커먼즈'로서 기후시스템과 공공신탁법리―기후변화소송을 소재로", 《법학논총》 40권2호, 275-304

박혁, 2017, "우정의 관계가 지닌 민주주의적 함의에 관한 정치사상적 고찰", 《21세기정치학회보》 27(1), 61-84

박현신, 2011, "행정학에서 시민서비스의 함의", 《국정관리연구》 제6권 제1호, 85-110

박홍주, 2000, "판매직 감정노동의 재평가", 『노동과 페미니즘』, 조순경 엮음, 이화여자대학교출판원

배규식, 2011, "서문", 『장시간 노동과 노동시간 단축[I]: 장시간 노동 실태와 과제』, 배규식·조성제·홍민기 외 지음, 한국노동연구원

배무기, 1991, "한국경제의 전환점", 『한국의 노사관계와 고용』, 경문사

배인연, 2015, "우리나라 집단노동법의 형성 과정과 외국법의 영향", 《노동법포럼》 제16호, 159-224

백영경, 2017, "복지와 커먼즈: 사회 재생산 위기에 대한 공동체 대응의 모색", 『공동자원론, 오늘의 한국사회를 묻다』, 최현·정영신·윤여일 편저, 진인진

백욱인, 2013, "한국 정보자본주의의 전개와 정보자본주의 비판", 《문화과학》 제75호, 23-44

서규선, 2010, "21세기 노동윤리의 변화", 《윤리교육연구》 23권, 271-285

서도식, 2014, "사회적 노동의 규범적 토대", 《철학사상》 52, 233-259

서동진, 2014, "손의 귀환 혹은 유령화된 손: 경제의 탈물질화, 노동의 심미화", 『공공도큐멘트3』, 미디어버스

_____, 2017, "지리멸렬한 기술유토피아: 4차산업혁명이라는 이데올로기", 《창작과 비평》 제45권 제3호(통권 117호), 284-299

서영표, 2011, "우리에게 급진민주주의란 무엇인가?", 《민주주의의 급진화: 급진민주주의 리뷰 No.1》, 연구협동조합 데모스 엮음, 데모스

_____, 2017, 『불만의 도시와 쾌락하는 몸』, 진인진

석원정, 2003, "외국인 노동자에게 노동3권을", 《노동사회》 제76호, 한국노동사회연구소 URL : http://klsi.org/content/%EC%99%B8%EA%B5%AD%EC%9D%B8-

%EB%85%B8%EB%8F%99%EC%9E%90%EC%97%90%EA%B2%8C-%EB%85
%B8%EB%8F%993%EA%B6%8C%EC%9D%84 검색일 : 2018년 3월 1일

손낙구, 2010, "1953년 노동조합법 제정과 단위 노동조합의 조직 변화", 《역사문제연구》
23호, 361-397

손정순, 2005, "이중의 고용: 파견노동과 사내하청", 『위기의 노동』, 최장집 묶음, 후마니타
스, 325-354

송성수, 2017, "산업혁명의 역사적 전개와 4차 산업혁명론의 위상", 《과학기술연구》 17(2),
5-40

송호근, 1991, 『한국의 노동정치와 시장』, 나남

신광영, 1989, "남한과 일본에서 미점령군 노동정책 비교연구", 《경제와 사회》 3호,
179~204

신영민·황규성, 2016, "한국의 노동시간 계층화 연구", 《한국사회정책》 23(3), 17-47

안승택, 2009, "해방 전후 한국농촌의 공동노동과 호락질: 공동노동에서 이탈하는 단독
노동 배후의 공동체 이데올로기와 경제논리", 《비교문화연구》 15(2), 35-77

안정옥, 2002, "문화사회와 탈노동사회: 담론과 현실", 《창작과 비평》 통권 118호, 401-
415

안채린, 2017, 『창의 노동』, 커뮤니케이션북스

안홍순, 2000, "노동시간단축: 그 쟁점과 노동시간의 인간화", 《한국사회정책》 제7집,
109-143

안희탁, 1999, "한국의 복리 후생 제도의 현황과 특징", 《경영논집》 33(4), 342-362

여성과 사회 편집부, 1992, "재생산", 《여성과 사회》, 351-359

오세근, 2014, "'사회적 경제(social economy)'에 내재한 대안 사상적 함의 도출: 신자유주
의 너머의 연대경제와 자율정치 구상을 위한 시론으로서", 《사회사상과 문화》 30
호, 209-256

오제연, 2015, "1976년 경기고등학교 이전과 강남 '8학군'의 탄생", 《역사비평》 113호,
198-233

유병규, 2013, "일자리 창출과 창조경제정책 방향", 《한국경제포럼》 6권, 57-67

유병규·전희식, 2002, "국내 서비스업의 문제점과 육성과제", 현대경제연구원 《VIP
Report》 15-03, 현대경제연구원

유석춘·최우영·왕혜숙, 2005, "유교윤리와 한국 자본주의 정신", 《한국사회학》 39(6),
52-86

유종일, 2011, "민주적 시장경제의 구성 요소와 핵심 과제", 『자유주의는 진보적일 수 있
는가』, 폴리테이아

_____, 2018, "격차 사회? 장벽 사회!", 〈프레시안〉 2018년 6월 11일, 《좋은나라 이슈페이퍼》 URL: http://www.pressian.com/news/article.html?no=199780#09T0 검색일: 2018년 11월 9일

유팔무, 2015, "21세기 한국 사회 재생산 위기와 복지국가 대안 논의", 《경제와 사회》 106, 296-324

_____, 1991, "제4장 금융전산화가 노동운동에 미치는 영향", 한국사회학회 기타간행물, 83-106

유혜경, 2008, "미군정 시기 노동운동과 노동법", 《노동법학》 26호, 253~302

윤애림, 2015, "정부 비정규직 종합대책(안)의 문제점과 대안 : 고용 형태별 대책을 중심으로", 국가인권위원회 《정부 비정규직 종합대책과 노동인권에 관한 토론회》 2015년 2월 16일, 국가인권위원회

윤자경, 2012, "사회재생산과 신자유주의적 세계화: 여성주의 정치경제학 이론적 검토", 《마르크스주의 연구》 9(3), 184-211

윤찬흠·홍백의, 2017, "서울시 마을 활동가 주관성 연구: 공동자원론을 중심으로", 《주관성 연구》 통권 제37호, 29-50

이동수, 2011, "고용 없는 성장에 있어서 기술의 역할", 《사회과학연구》 28호, 167-281

이병천, 2014, 『한국 자본주의 모델』, 책세상

_____, 2017, "공공성, 자치, 사회화, 커먼즈: 공공협치의 투트랙 전략을 향해", 『공동자원론, 오늘의 한국사회를 묻다』, 최현·정영신·윤여일 편저, 진인진

이상의, 2009, "한국전쟁 이후의 노무동원과 노동자 생활", 《한국사연구》 145호, 한국사연구회

이상헌, 2015, 『우리는 조금 불편해져야 한다』, 생각의힘

이상협, 2014, "노동시장 분화에 대한 정치학적 일 고찰: 노동시장 외부자는 어떠한 정치적 존재인가?", 《비교민주주의연구》 10권, 179-207

이성백, 2010, "노동해방 이념의 재구성", 《진보평론》 46호, 38-56

이승원, 2011, "민주주의와 헤게모니: 현대 민주주의의 특징에 관한 이론적 재구성", 《민주주의의 급진화: 급진민주주의 리뷰 No.1》, 연구협동조합 데모스 엮음, 데모스

이영롱·명수민, 2016, 『좋은 노동은 가능한가』, 교육공동체벗

이완범, 2008, "해방 직후 공산주의자들의 혁명단계론", 《정신문화연구》 제31권 제3호 (통권 112호), 5-40

이일영, 2017, "커먼즈와 새로운 체제: 대안을 찾아서", 《창작과 비평》 45(4): 324-350

이임하, 2003, "한국전쟁 전후 동원행정의 반민중성: 군사동원과 노무동원을 중심으로", 《역사연구》 제12호, 역사학연구소

이재승, 2017, "로베르토 웅거의 사회변혁이론", 『민주주의를 넘어』, 로베르토 웅거 지음, 이재승 옮김, 앨피

이재희, 1999, "1970년대 후반기의 경제정책과 산업구조의 변화", 『1970년대 후반기의 정치사회변동』, 백산서당

이종보·조희연, 2003, "한국사회의 '세계화'를 둘러싼 정치적, 사회적 각축과정 연구: 노동시장 유연화와 공공 부문 민영화를 중심으로", 《동향과 전망》 제56호, 195-216

이종선, 2002, "한국 신자유주의적 구조개혁과 노동시장 변화", 《한국사회학》 36(3), 25-45

이종영, 1992, 『욕망에서 연대성으로』, 백의

_____, 2005, 『정치와 반정치』, 새물결

_____, 2010, "노동의 개념", 《진보평론》 2010년 봄 제43호, 메이데이

_____, 2016, 『마음과 세계』, 울력

이주희, 2012, 『고진로 사회권』, 후마니타스

이지영, 2002, 『한국의 남성생계부양자 가족의 위기에 관한 연구』, 서울대학교 사회학과 대학원 석사학위논문, 서울대학교

이진경, 2006, 『미-래의 맑스주의』, 그린비

이철, 2015, "표준 고용 관계의 쇠퇴에 대한 새로운 접근이 필요하다!: 서구에서의 고용체제 전환의 특성과 새로운 규제적 접근의 필요성", 《동향과 이슈》 2015-6, 서울노동권익센터

이충한, 2018, "4차 산업혁명과 민주주의의 미래: 사유의 무능과 통제사회", 《철학논총》 91호, 289-312

이항우, 2017, 『정동 자본주의와 자유노동의 보상』, 한울아카데미

이현옥, 2016, "동아시아 맥락에서의 돌봄레짐 변화와 이주의 여성화: 한국과 대만을 중심으로", 《경제와 사회》 110호, 239-269

이혜숙, 1986, "미군정기 노동운동의 성격과 전개과정", 《현상과 인식》 10호, 72-107

이현지, 2006, "탈현대적 가족여가를 위한 구상", 《동양사회사상》 12호, 동양사회사상학회

이홍재, 2010, 『노동법 제정과 전진한의 역할』, 서울대학교출판문화원

이희영, 2009, "1950년대 여성 노동자와 '공장 노동'의 사회적 의미: 광주 전남방직 구술 사례를 중심으로", 『1950년대 한국 노동자의 생활세계』, 이종구 외 지음, 한울아카데미

이희환, 2018, "인천 공공유산의 파괴와 커먼즈운동의 모색: 애경사, 인천가톨릭회관의 철거와 애관극장의 미래", 《황해문화》 98, 367-375

임동근·김종배, 2015, 『메트로폴리스 서울의 탄생』, 반비

임종영, 2009, "국민교육헌장과 국민생산", 『박정희정권의 지배이데올로기와 저항담론』, 전남대학교 호남학연구원

장경섭, 2011, "개발국가, 복지국가, 위험가족 : 한국 개발자유주의와 사회재생산 위기", 《한국사회정책》 18(3), 63-90

장귀연, 2015, "대안적 노동원리 : 노동으로부터의 해방과 노동을 통한 해방", 《마르크스주의 연구》 12(1), 47-76

장상환, 1999, "한국전쟁과 경제구조의 변화", 『한국전쟁과 사회구조의 변화』, 한국정신문화연구원 편, 백산서당

장용석·김회성·황정윤 외, 2015, 『사회적 혁신 생태계 3.0』, CS컨설팅&미디어

장지연, 2011a, "돌봄 노동의 사회화 유형과 여성 노동권", 《페미니즘 연구》 11(2), 1-47

_____, 2011b, "복지국가에서 노동이란 무엇인가", 《노동리뷰》 80호, 1-2

장진호, 2013, "금융 지구화와 한국 민주주의", 《기억과 전망》 28권, 183-225

장하원, 1999, "1960년대 한국의 개발전략과 산업정책의 형성", 『1960년대 한국의 공업화와 경제구조』, 백산서당

장하준·정승일·이종태, 2012, 『무엇을 선택할 것인가』, 부키

장훈교, 2014, 『밀양 전쟁』, 나름북스

_____, 2015, "좋은 시간 프로젝트: 노동시간과 자유시간의 이분법을 넘어서", 《민주누리》 Vol.3, 59-62

_____, 2016, "사회혁신의 두 얼굴: 자기지배와 자기착취의 경합공간(1)", 《사회혁신의 시선》 2016년 8월호, 사회혁신리서치랩

_____, 2017a, "시민제작도시: 도시의 새로운 자유를 위한 기획", 《사회혁신워크숍》 2호, 사회혁신리서치랩

_____, 2017b, "사회혁신과 게임", 《사회혁신 포커스》 40호, 사회혁신리서치랩

_____, 2017c, "시민노동에 시민임금을", 《사회혁신 포커스》 32호, 사회혁신리서치랩

_____, 2017d, "《TRANSIT》과 전환적 사회혁신", 《사회혁신의 시선》 2017년 4월호, 사회혁신리서치랩

장혜현, 2010, "한국에서의 국가-자본의 노동 유연화 전략과 그 결과", 《한국정치학회보》 44(3), 203-231

전명숙, 2000, "노동시장 유연화 명제에 대한 여성주의적 비판", 『노동과 페미니즘』, 조순경 엮음, 이화여자대학교출판원

정고미라, 2000, "노동 개념 새로 보기: 감정 노동의 이해를 위한 시론", 『노동과 페미니

즘』, 조순경 엮음, 이화여자대학교출판원

정근식·김준, 1995, "어촌마을의 집단적 지향과 공동체 운영의 변화", 《도서문화》 13호, 117-163

정대영·하회탁, 2017, "미래에 먼저 도착한 기업들", 지은이 김은 외, 『4차 산업혁명과 제조업의 귀환』, 클라우드나인

정병걸, 2015, "이론과 실천으로서의 전환: 네덜란드의 전환이론과 전환정책", 《과학기술연구》 15권 1호, 109-143

정영신, 2016, "엘리너 오스트롬의 공동자원론을 넘어서: 자원관리 패러다임에서 커먼즈에 대한 정치생태학 접근으로", 『공동자원의 섬 제주1: 땅, 물, 바람』, 최현, 따이싱성, 정영신 외 지음, 진인진

정이환, 2013, 『한국 고용체제론』, 후마니타스

정이환·전병유, 2004, "동아시아 고용체제의 특성과 변화: 한국, 일본, 대만의 고용안정성, 임금구조, 노동시장 분절성의 비교", 《산업노동연구》 제10권 제2호, 215-252

정태석, 2015, "분산하는 사회운동들과 접합의 정치: '사회적인 것'과 민주주의", 《경제와 사회》 통권 105호, 37-63

정해구, 1989, "미군정과 좌파의 노동운동-정치적 상황과 전평의 운동노선을 중심으로", 《경제와 사회》 2호, 111-142

정현백, 2016, 『주거유토피아를 꿈꾸는 사람들』, 당대

조남경, 2017, "기본소득 전략의 빈곤 비판: 호혜성, 노동윤리, 그리고 통제와 권리", 《사회보장연구》 제33권, 253-269

조돈문, 2011, 『노동계급 형성과 민주노조운동의 사회학』, 후마니타스

조동원, 2013, "정보자본주의에서 이용자주체의 포섭", 《문화과학》 75호, 45-72

조성재, 2005, "하도급구조와 중소기업 노동자의 주변화", 『위기의 노동』, 최장집 묶음, 후마니타스

조순경, 2000, "머리말", 『노동과 페미니즘』, 조순경 엮음, 이화여자대학교출판부

조순경·이숙진, 1995, 『냉전체제와 생산의 정치』, 이화여자대학교출판부

조영미, 2001, "재생산", 《여/성이론》 4호, 315-322

조정환, 2011, 『인지자본주의』, 갈무리

조주현, 2012, "후기 근대와 사회적인 것의 위기 : 아고니즘 정치의 가능성", 《경제와 사회》 95호, 163-189

조호정, 2017, "스마트 서비스", 지은이 김은 외, 『4차 산업혁명과 제조업의 귀환』, 클라우드나인

조흠학, 2010, "한국과 영국의 산업안전보건법 처벌에 관한 비교 연구", 《노동법논총》 18호, 297-371

조흥식, 2015, "사회복지정책 제도의 변화와 전망", 『우리 복지국가의 역사적 변화와 전망』, 김병섭 외 지음, 서울대학교출판원

조희연, 2004, "반공규율사회와 노동자 계급의 구성적 출현", 《당대비평》 제26호, 195-213

조희연·장훈교, 2009, "'민주주의의 외부'와 급진민주주의 전략", 《경제와사회》 통권 제82호, 66-94

조희연, 2011a, "한국적 '급진민주주의론'의 개념적·이론적 재구축을 위한 일 연구 : 자본주의와 사회적 차별질서를 넘어서는 '민주주의적 변혁주의' 탐색", 《민주주의의 급진화: 급진민주주의 리뷰 No.1》, 연구협동조합 데모스 엮음, 데모스

_____, 2011b, "지배, 정치, 헤게모니, 저항, 그리고 '급진적 정치주의': 급진민주주의의 인간론·사회론적 기초에 대한 시론", 《민주주의의 급진화: 급진민주주의 리뷰 No.1》, 연구협동조합 데모스 엮음, 데모스

주은선·김영미, 2012, "사회적 시간체제의 재구축: 노동세계와 생활세계의 변화를 위하여", 《비판사회정책》 34호, 237-289

지은정, 2014, "시민서비스는 자원봉사의 대척점에 있는가? : 미국의 AmeriCorps와 Senior Corps를 중심으로", 《사회복지연구》 45(2), 31-63

지주형, 2011, 『한국 신자유주의의 기원과 형성』, 책세상

차남희, 1981, "한국 경제엘리트의 자본 형성에 관한 분석 : 1953~1960을 중심으로", 《현상과 인식》 제5권, 179-194

차문석, 2001, 『반노동의 유토피아』, 박종철출판사

천주희, 2016, 『우리는 왜 공부할수록 가난해지는가』, 사이행성

최문성·김재우, 2014, "자동차 산업에서의 주도권 이전: 한국의 일본 추격과 미국의 쇠퇴", 『산업의 추격, 추월, 추락』, 21세기북스

최배근, 2003, 『네트워크 사회의 경제학』, 한울아카데미

_____, 2013, 『협력의 경제학』, 집문당

최상진, 2011, 『한국인의 심리학』, 학지사

최선영·장경섭, 2012, "압축산업화시대, 노동계급가족 가부장제의 물질적 모순: 남성생계부양자 노동생애 불안정성의 가족 전이", 《한국사회학》 46호, 203-230

최용호, 1999, "1970년대 전반기의 경제정책과 산업구조의 변화", 『1970년대 전반기의 정치사회변동』, 백산서당

최장집, 1997, 『한국의 노동운동과 국가』, 나남

_____, 2005a, 『민주화 이후의 민주주의』, 후마니타스

_____, 2005b, "사회적 시민권 없는 한국 민주주의", 『위기의 노동』, 최장집 엮음, 후마니타스, 444-487

_____, 2006a, 『민주주의의 민주화』, 박상훈 엮음, 후마니타스

_____, 2006b, "노동 없이 민주주의 발전 어렵다: 「현대노동시장의 정치사회학」, 정이환 저 〈서평〉", 《아세아연구》 제49권 3호,

_____, 2009, 『민중에서 시민으로』, 돌베개

_____, 2012, "민주주의와 자유주의 사이에서", 『자유주의는 진보적일 수 있는가』, 폴리테이아

_____, 2017, 『양손잡이 민주주의』, 후마니타스

최재석, 1985, 『한국인의 사회적 성격』, 개문사

최철웅, 2013, "일상의 금융화와 탈정치화의 정치", 《문화과학》 74호, 284-311.

최호상, 2004, "고용 없는 성장과 대응방안", 《경제교육》 2004년 10월호, 경제교육, 45-54

최현, 2013, "공동자원 개념과 제주의 공동목장: 공동자원으로서의 특징", 《경제와 사회》 통권 제98호, 12-39

_____, 2016, "공동자원이란 무엇인가?", 『공동자원의 섬 제주1: 땅, 물, 바람』, 최현·따이싱성·정영신 외 지음, 진인진

_____, 2017, "한국 공동자원 연구의 현황과 과제", 『공동자원론, 오늘의 한국사회를 묻다』, 최현·정영신·윤여일 편저, 진인진

한국노동안전보건연구소, 2015, 『좋은 교대제는 없다』, 한국노동안전보건연구소

한국안전학회, 2007, 『미래 산업환경에 대응하는 효과적 산업재해예방 체제구축방안 연구』, 노동부

한국정보화진흥원, 2016, "지능화 시대의 새로운 생산3요소: 데이터·AI·알고리즘", 《IT&Future Study》 제4호, 1-27

한동우, 2016, "노동사회로서 복지국가: 비판과 생태주의적 함의", 비판사회정책 제50호, 461-489

_____, 2017, "노동이라는 신화와 생활세계의 탈환", 월간 《복지동향》 제225호, 14-21

한병철, 2013, 『시간의 향기』, 김태환 옮김, 문학과 지성사

한승욱, 2016, 『도시재생산업 활성화를 위한 공공시설물의 지역자산화 연구』, 부산발전연구원 정책연구 2016-12-718, 부산발전연구원

한완선, 2016, 『기업 사회혁신』, 좋은땅

홍덕화, 2018, "생태적 복지 커먼즈의 이상과 현실: 한살림서울의 돌봄사업을 중심으로", 《ECO》 22권 1호, 243-276

황덕순, 2016, "디지털 기반 사업형태 다양화와 고용 형태의 분화", 『기술의 변화와 노동의 미래』(한국노동연구원 개원 28주년 기념세미나 자료집), 한국노동연구원

황병주, 2000, "박정희 시대의 국가와 '민중'", 《당대비평》 가을호, 생각의 나무

황종률, 2010, "노동시장의 유연화와 양극화", 국회예산정책처 《일자리 정책 연구》 제5호, 1-45

황진태, 2016, "발전주의 도시에서 도시 공유재 개념의 이론적/실천적 전망", 《한국도시지리학회지》 제19권 2호, 1-16

희정, 2014, 『노동자, 쓰러지다』, 오월의봄

2. 국외 번역문헌

가이 스탠딩, 2014, 『프레카리아트, 새로운 위험한 계급』, 김태호 옮김, 박종철출판사

_____, 2018, 『기본소득』, 안효상 옮김, 창비

귄터 발라프, 2018, 『버려진 노동』, 이승희 옮김, 나눔의 집

나오미 클라인, 2016, 『이것이 모든 것을 바꾼다』, 이순희 옮김, 열린책들

낸시 프레이저, 2017, "자본과 돌봄의 모순", 문현아 옮김, 《창작과 비평》 45호, 329-353

낸시 폴브레, 2007, 『보이지 않는 가슴』, 윤자영 옮김, 또하나의문화

닉 다이어-위데포드, 2012, "공통적인 것의 유통", 『자본의 코뮤니즘 우리의 코뮤니즘』, 연구공간L 엮음, 난장

다니엘 벨, 2006, 『탈산업사회의 도래』, 김원동·박형신 옮김, 아카넷

다이앤 멀케이, 2017, 『긱 이코노미』, 이지미 옮김, 더난출판사

데이비드 볼리어, 2010, "공유자원 패러다임의 발전사", 『지식의 공유』, 엘리너 오스트롬& 샬럿 헤스 편저, 김민주·송희령 옮김, 타임북스

데이비드 하비, 2005, 『신제국주의』, 최병두 옮김, 한울아카데미

_____, 2014a, 『반란의 도시』, 한상연 옮김, 에이도스

_____, 2014b, 『자본의 17가지 모순』, 황성원 옮김, 동녘

J.K.깁슨-그레이엄, 2013, 『그따위 자본주의는 벌써 끝났다』, 엄은희·이현재 옮김, 알트

데이비드 프레인, 2017, 『일하지 않을 권리』, 장상미 옮김, 동녘

도미니크 슈나페르, 2001, 『노동의 종말에 반하여』, 김교신 옮김, 동문선

독일연방 노동사회부, 2017, 『노동 4.0 백서』(2017년 1월 독일어판 요약 번역), 최재정 옮김, 여시재

드미트리 클라이너, 2014, 『텔레코뮤니스트 선언』, 권범철 옮김, 갈무리

랜들 콜린스, 2014, "중간계급 노동의 종말: 더 이상 탈출구는 없다", 『자본주의는 미래가 있는가』, 성백용 옮김, 창비

레스터 밀브래스, 2001, 『지속가능한 사회』, 이태건·노병철·박지운 옮김, 인간사랑

로버트 디에츠·대니얼 오닐, 2013, 『이만하면 충분하다』, 한동희 옮김, 새잎

로버트 페페렐, 2017, 『포스트휴먼의 조건』, 이선주 옮김, 아카넷

로베르토 웅거, 2012, 『주체의 각성』, 이재승 옮김, 앨피

_____, 2017, 『민주주의를 넘어』, 이재승 옮김, 앨피

리처드 세넷, 2001, 『신자유주의와 인간성의 파괴』, 조용 옮김, 문예출판사

리처드 화이트, 2018, 『자연 기계』, 이두갑·김주희 옮김, 이음

마누엘 카스텔, 2003, 『네트워크 사회의 도래』, 김묵한·박행웅·오은주 올김, 한울아카데미

마르셀 스트루방, 2003, 『노동사회학』, 박주원 옮김, 동문선

마리아로사 달라 코스따, 2017, 『집안의 노동자』, 김현지·이영주 옮김, 갈무리

마리아 미즈, 2014, 『가부장제와 자본주의』, 최재인 옮김, 갈무리

마리아 미즈·베로니카 벤홀트-톰젠, 2013, 『자급의 삶은 가능한가』, 꿈지모 옮김, 동연

마우리치오 라자라토, 2012, 『부채인간』, 허경·양진성 옮김, 메디치미디어

마이클 루이스·팻 코너티, 2016, 『전환의 키워드, 회복력』, 미래가치와 리질리언스 포럼 옮김, 따비

맛떼오 파스퀴넬리, 2013, 『동물혼』, 서창형 옮김, 갈무리

모기 아이이치로우, 2017, "현대총유의 주체를 모색한다: 협동조합의 원칙을 토대로", 『동아시아의 공동자원』, 최현·정영신·윤여일 편저, 진인진

모리오카 고지, 2018, 『죽도록 일하는 사회』, 김경원 옮김, 지식여행

미셸 바우웬스·바실리스 코스타키스, 2018, 『네트워크 사회와 협력경제를 위한 시나리오』, 윤자형·황규한 옮김, 갈무리

미츠마타 가쿠, 2017, "일본 커먼즈론의 확장과 과제: 이론과 현장의 틈으로부터", 『동아시아의 공동자원』, 최현·정영신·윤여일 편저, 진인진

미하이 칙센트미하이, 1999, 『몰입의 즐거움』, 이희재 옮김, 해냄

바르바라 무라카, 2016, 『굿 라이프』, 이명아 옮김, 문예출판사

발레리 줄레조, 2007, 『아파트 공화국』, 길혜연 옮김, 후마니타스

베르나르 스티글레르·아리엘 키루, 2018, 『고용은 끝났다, 일이여 오라』, 권오름 옮김, 문학과지성사

벤저민 클라인 허니컷, 2011, 『8시간 VS 6시간』, 김승진 옮김, 이후

볼프강 슈미트바우어, 2013, 『무력한 조력자』, 채기화 옮김, 궁리

브리짓 슐트, 2015, 『타임 푸어』, 안진이 옮김, 더 퀘스트

비비안트 포레스테, 1997, 『경제적 공포』, 김주경 옮김, 동문선

사스키아 사센, 2016, 『축출 자본주의』, 박슬라 옮김, 글항아리

사토 요시유키, 2014, 『신자유주의와 권력』, 김상운 옮김, 후마니타스

샹탈 무페, 2006, 『민주주의의 역설』, 이행 옮김, 인간사랑

세르주 라투슈, 2015a, 『성장하지 않아도 우리는 행복할까?』, 이상빈 옮김, 민음사

_____, 2015b, 『발전에서 살아남기』, 이상빈 옮김, 민음사

셀리나 토드, 2016, 『민중』, 서영표 옮김, 클

스가 유타카, 2014, "공동자원의 희극 : 인류학이 공동자원론에 기여한 것", 『공동자원론의 도전』, 이노우에 마코토 편저, 최현·정영신·김자경 옮김, 경인문화사

스탠리 아로노비츠 외, 1998, "탈노동 선언(Post—Work Manisfesto)", 이준구 옮김, 《문화과학》 통권 제16호, 125–140

스테파노 자마니·루이지노 브루니, 2015, 『21세기 시민경제학의 탄생』, 제현주 옮김, 북돋움

스티브 존슨, 2012, 『탁월한 아이디어는 어디서 오는가』, 서영조 옮김, 한국경제신문사

스티븐 J. 맥나미·로버너 K. 밀러 주니어, 2015, 『능력주의는 허구다』, 김현정 옮김, 사이

실비아 페데리치, 2013, 『혁명의 영점』, 황성원 옮김, 갈무리

아룬 순다라라잔, 2018, 『4차 산업혁명 시대의 공유경제』, 이은주 옮김, 교보문고

악셀 호네트, 2009, "노동과 인정: 새로운 관계 규정을 위한 시도", 강병호 옮김, 《시민과 세계》 제15호, 391–416

_____, 2016, 『사회주의 재발명』, 문성훈 옮김, 사월의책

_____, 2017, 『비규정성의 고통』, 이행남 옮김, 그린비

알랜 스코트, 1993, "새로운 사회운동과 조합주의 논쟁", 『새로운 사회 운동과 참여민주주의』, 정수복 옮김, 문학과지성사

알랭 쉬피오, 2011, 『프랑스 노동법』, 박제성 옮김, 오래

_____, 2017, 『노동법비판』, 박제성 옮김, 오래

앙드레 고르, 2011, 『프롤레타리아여 안녕』, 이현웅 옮김, 생각의나무

애니 떼보모니, 2002, "비정규직화 및 유연화가 노동자 건강에 미치는 영향", 《비정규직 노동》 11호

앤 윌슨 섀프·다이앤 패설, 2015, 『중독 조직』, 강수돌 옮김, 이후

앤드루 로스, 2016, 『크레디토크라시』, 김의연 외 2명 옮김, 갈무리

앤드류 글린, 2008, 『고삐 풀린 자본주의, 1980년 이후』, 김수행·정상준 옮김, 필맥

앤서니 B. 앳킨슨, 2015, 『불평등을 넘어』, 장경덕 옮김, 글항아리

앤서니 기든스, 1991, 『포스트 모더니티』, 이윤영 옮김, 민영사

야마모토 노부유카, 2014, "지역주의와 공동자원론의 위상", 『공동자원론의 도전』, 이노우에 마코토 편저, 최현·정영신·김자경 옮김, 경인문화사

어슐러 휴즈, 2004, 『싸이버타리아트』, 신기섭 옮김, 갈무리

에리히 프롬, 1999, 『사랑의 기술』, 백문영 옮김, 혜원

_____, 2002, 『인간의 마음』, 황문수 옮김, 문예출판사

에밀 뒤르켐 1998, 『직업윤리와 시민도덕』, 권기돈 옮김, 새물결

에바 페더 커테이, 2016, 『돌봄: 사랑의 노동』, 김희강·나상원 옮김, 박영사

에치오 만치니, 2016, 『모두가 디자인하는 시대』, 조은지 옮김, 안그라픽스

엘리너 오스트롬·샬럿 헤스, 2010, 『지식의 공유』, 김민주·송희령 옮김, 타임북스

엘리너 오스트롬, 2010, 『공유의 비극을 넘어』, 윤홍근·안도경 옮김, 알에이치코리아

오리오 기아리니·파트릭 리트케, 1999, 『노동의 미래』, 김무열 옮김, 동녘

울리히 벡, 1999, 『아름답고 새로운 노동세계』, 홍윤기 옮김, 생각의 나무

_____, 2000, 『지구화의 길』, 거름

윌리 톰슨, 2016, 『노동, 성, 권력』, 우진하 옮김, 문학사상

윌리엄 무가야, 2017, 『비즈니스 블록체인』, 박지훈·류희원 옮김, 한빛미디어

이가라시 다카요시, 2017, "현대총유론", 『동아시아의 공동자원』, 최현·정영신·윤여일 편저, 진인진

이노우에 도모히로, 2017, 『2030 고용 절벽 시대가 온다』, 김정한 옮김, 다온북스

이매뉴얼 월러스틴, 2014, "구조적 위기, 또는 자본주의가 자본가들에게 더 이상 득이 되지 않는 이유", 『자본주의는 미래가 있는가』, 성백용 옮김, 창비

이반 일리치, 2014, 『누가 나를 쓸모없게 만드는가』, 허택 옮김, 느린걸음

이본 배스킨, 2003, 『아름다운 생명의 그물』, 이한음 옮김, 돌베개

이스트번 메자로스, 2017, 『역사적 시간의 도전과 책무』, 전태일을 따르는 민주노동연구소 옮김, 한울

이지치 노리코, 2013, 『일본인학자가 본 제주인의 삶』, 안행순 옮김, 경인문화사

제리 A. 제이콥스·캐슬린 거슨, 2010, 『시간을 묻다』, 국미애, 김창연, 나성은 옮김, 한울아카데미

제임스 리빙스턴, 2018, 『노 모어 워크』, 김철환 옮김, 내인생의책

제임스 퍼거슨, 2017, 『분배정치의 시대』, 조문영 옮김, 여문책

제프리 삭스, 2009, 『커먼 웰스: 붐비는 지구를 위한 경제학』, 이무열 옮김, 21세기북스

조안 C. 트론토, 2014, 『돌봄 민주주의』, 김희강·나상원 옮김, 아포리아

조지 맥로비, 2011, "서문", 『굿 워크』, E. F. 슈마허 지음, 박혜영 옮김, 느린걸음

조지 카펜치스, 2014, "노동의 종말인가, 노예제의 부활인가? 리프킨과 네그리 비판", 『탈정치의 정치학』, 워너 본펠드 엮음, 김의연 옮김, 갈무리

_____, 2018, 『피와 불의 문자들』, 서창현 옮김, 갈무리

존 버드, 2016, 『나에게 일이란 무엇인가?』, 강세희 옮김, 이후

존 우딩·찰스 레벤스타인, 2008, 『노동자 건강의 정치경제학』, 김명희·김용규·김인아 외 6명 옮김, 한울아카데미

지그문트 바우만·카를로 보르도니, 2014, 『위기의 국가』, 안규남 옮김, 동녘

질 리버리, 2016, "포괄적 노동시장을 위한 재규제", 《KLSI Issue Paper》 2016년 제3호, 한국노동사회연구소

찰스 틸리, 2010, 『위기의 민주주의』, 이승협·이주영 옮김, 전략과문화

칼 세데르스트룀·앙드레 스파이서, 2016, 『건강 신드롬』, 조응주 옮김, 민들레

캐런 배커, 2016, 『물 민영화를 넘어』, 이승훈 옮김, 경북대학교 출판부

캐시 오닐, 2017, 『대량살상 수학무기』, 김정혜 옮김, 흐름출판

케이시 윅스, 2010, "요구와 지평으로서의 노동 거부", 『이제 모든 것을 다시 발명해야 한다』, 윤영광·강서진 옮김, 갈무리

_____, 2015, 『우리는 왜 이렇게, 오래, 열심히 일하는가?』, 제현주 옮김, 동녘

케이트 레이워스, 2018, 『도넛 경제학』, 홍기빈 옮김, 학고재

크라이시스 그룹, 2001, "반−노동선언", 《문화과학》 제26호, 107−134

크레이그 캘훈, 2014, "무엇이 지금 자본주의를 위협하는가?", 『자본주의는 미래가 있는가』, 성백용 옮김, 창비

클라우스 슈밥, 2016, 『클라우스 슈밥의 제4차 산업혁명』, 송경진 옮김, 새로운현재

클라이브 해밀턴, 2011, 『성장숭배』, 김홍식 옮김, 바오출판사

토니 다빌라·마크 엡스타인·로버트 셸턴, 2007, 『혁신의 유혹』, 김원호 옮김, 럭스미디어

토마 피케티, 2015, 『21세기 자본』, 장경덕 외 옮김, 이강국 감수, 글항아리

팀 잭슨, 2013, 『성장 없는 번영』, 전광철 옮김, 착한책가게

페데리코 피스토노, 2016, 『로봇에게 일자리를 빼앗겨도 걱정 말아요』, 박영준 옮김, 영림카디널

폴 메이슨, 2017, 『포스트자본주의 새로운 시작』, 안진이 옮김, 더퀘스트

프랑코 베라르디 비포, 2012, 『노동하는 영혼』, 서창현 옮김, 갈무리

피터 라인보우, 2012, 『마그나카르타 선언』, 정남영 옮김, 갈무리

한나 아렌트, 1996, 『인간의 조건』, 이진우 옮김, 한길사

허먼 데일리, 2016, 『성장을 넘어서』, 박형준 옮김, 열린책들

홀거 하이데, 2000, 『노동사회에서 벗어나기』, 강수돌 옮김, 박종철출판사

3. 국외 문헌

Ackerman, Bruce and James Fishkin. 2002, "Deliberation day", The journal of Political Philosophy, Volume 10, Number 2, pp.129–152

Aier, Anungla. 2011, "Women and the commons: engaging with gender justice", Vocabulary of Commons, edited by FES, 167–179

Alcott, Blake. 2013, "Should degrowth embrace the job Guarantee?", Journal of Cleaner Production 38, 56–60

Aligica, Paul D. and Vlad Tarko, 2012, "Polycentricity: From Polanyi to Ostrom, and Beyond", Governance: An International Journal of Policy, Administration and Institutions, Vol. 25, No.2, 237–262

Assadourian, Erik. 2012, "The Path to Degrowth in Overdeveloped Countries", State of the World 2012: Moving toward sustainable prosperity, Worldwatch Institute

Azzellini, Dario. 2016, "Labour as commons: The example of Worker–Recuperated Companies", Critical Sociology, Article first published online: August 7, 2016

Basurto, Xavier and Elinor Ostrom. 2009, "The Core Challenges of Moving Beyond Garret hardin", Journal of Natural Resources Policy Research, Vol. 1, No. 3, 255–259

Bauwens, Michael & Vasilis Niaros. 2018, "Changing societies through urban commons transitions", URL: http://commonstransition.org/changing–societies–through–urban–commons–transitions/ 검색일 : 2018년 5월 23일

Bauwens, Michael. 2017, "A commons transition for the city of Ghent", P2P Foundation, URL :https://blog.p2pfoundation.net/a–commons–transition–plan–for–the–city–of–ghent/2017/09/14 검색일 : 2018년 3월 19일

Beckett, Andy. 2018, "Post–work: the radical idea of a world without jobs", The Guardian. URL: https://www.theguardian.com/news/2018/jan/19/post–work–the–radical–idea–of–a–world–without–jobs 검색일 : 2018년 7월 5일

Benkler, Yochai and Helen Nissenbaum, 2006, "Commons–based Peer Production and Virtue", The Journal of Political Philosophy, Volume 14, Number 4, pp.394–419

Bhaskar, Roy. 1993, Dialectic: The Pulse of Freedom, Verso:London·New York

———. 1994, Plato Etc. : The problems of philosophy and their resolution, Verso:

London · New York

_____. 2002a, *From Science to Emancipation*, Sage Publication: New Delhi/ Thousand Oaks/London

_____. 2002b, *Reflextions on Meta-Reality*, Sage Publication: New Delhi/ Thousand Oaks/London

Biggs, Che and Chris Ryan and John Wiseman. 2010, "Distributed System: A design model for sustainable and resilient infrastructure", the report for the Victorian Eco-innovation Lab and the Mccaughey Centre, March 2010

Bolier, David. 2011, "Commons, Short and Sweet", David Bolier.org 검색일 : 2018년 1월 6일 URL : http://www.bollier.org/commons-short-and-sweet

____. 2016, "State power and commoning: Transcending a problematic relationship", Report on a Deep dive workshop convened by the commons strategies group in cooperation with the Heinrich Böll Foundation. The deep Dive took place at Kloster Lehnin, near Potsdam, Februrary 28-March2, 2016

Bollier, David & Conaty, Pat, 2015, "Democratic money and capital for the commons: Strategies for transforming neoliberal finance through commons-based alternatives", A report on a commons strategies group workshop in cooperation with the Heinrich Böll Foundation, Berlin, Germany September 8-10, 2015

Bond, Patrick. 2008, "Reformist Reforms, Non-Reformist Reforms and Global Justice: Activist, NGO and Intellectual Challenges in the World Social Forum", Societies Without Border 3, pp.4-19

Bresnihan, Patrick. 2016, Transforming the Fisheris: Neoliberalism, Nature, and the Commons, University of Nebraska Press: Linconln and London

Brett M. Frishmann. 2007, "Infrastructure Commons in Economic Perspective", First Monday, volume 12, number 6 (June 2007), URL: http://firstmonday. org/issues/issue12_6/frischmann/index.html

Burkett, Paul. 1999, *Marx and Nature*, St. Martin's Press: New York

Caffentzis, George and Silvia Federici. 2013, "Commons against and beyond capitalism", *Upping the Anti: a journal of Theory and Action*, No. 15, pp.83-97

Caffentzis, George. 2004, "A tale of two conferences: globalization, the crisis of neoliberalism and question of the commons", A paper for the Alter-Globalization Conference August 9, 2004. URL: http://www.commoner. org.uk/wp-content/uploads/2010/12/caffentzis_a-tale-of-twoconferences.pdf 검색일 : 2018년 8월 11일

Commons Strategies Group, 2016, "State power and commoning: Transcending a problematic relationship", written by David Bollier, 1–47

Coote, Anna. 2017, "Building a new social commons: the people, the commons and the public realm", New Economic Foundation, 1–24

Council of Europe, 2013, *Living in dignity in the 21st century : Poverty and inequality in societies of human rights–the paradox of democracy, Council of Europe*

Csoba, Judit. 2015, *Decent Work,* wiener verlag

De Angelis, Massimo. 2017, Omnia Sunt Communia: On the Commons and the transformation to postcapitalism, London: Zedbooks

Devine, Pat and Andy Pearmain, Michael Prior, David Purdy. 2007, 「Feel–bad Britain」, The hegemonics.co.uk URL : http://www.hegemonics.co.uk/docs/ feelbad–britain.pdf 검색일 : 2018년 2월 24일

Devine, Pat. 2002, "Participator planning through negotiated coordination", Science & Society, Vol. 66, No. 1. pp. 72–93

Euler, Johaness and Leslie Gauditz, 2016, "Commos movements: Self–organized (re)production as a social–ecological transformation", URL: https://www. researchgate.net/profile/Johannes_Euler/publication/315677933_Commons_ Movements_Self–organized_reproduction_as_a_social–ecological_ transformation/links/58dabec0a6fdccca1c67577c/Commons–Movements– Self–organized–reproduction–as–a–social–ecological–transformation. pdf?origin=publication_detail 검색일: 2018년 10월 3일

Euler, Johannes. 2015, "Defining the Commons: The social practice of commoning as core determinant". URL: https://dlc.dlib.indiana.edu/dlc/bitstream/ handle/10535/9950/F134_Euler.pdf?sequence=1&isAllowed=y 검색일: 2018 년 8월 24일

Euler, Johannes. 2016, "Commons–creating Society: On the Radical German Commons discourse", Review of Radical Political Economics, Vol.48(1), 93– 110

European Commission, 2007, 'Towards Common Principles of Flexicurity: More and Better Jobs through Flexibility and Security', COM(2007) xxx final.

Fattori, Tommaso. 2013, "commons and commonification of public services", Protecting future generation through commons, edited by Saki Bailey, Gilda Farell and Ugo Mattei, Council of Europe

Federici, Silvia. 2011, "Feminism and the politics of the commons", The commonor, URL : http://www.commoner.org.uk/?p=113 검색일 : 2018년 1월 17일

Fennell, Lee Anne. 2009, "Commons, Anticommons, Semicommons", University of Chicago Public Law&Leagal Theory Working paper No.261, URL: https://chicagounbound.uchicago.edu/law_and_economics/111/ 검색일 : 2018년 8월 13일

Fisher, Mark and Judy Thorne, 2017, "Luxury communism: a conversation between Judy Thorne and Mark Fisher", URL: https://www.academia.edu/36399632/Luxury_communism_a_conversation_between_Judy_Thorne_and_Mark_Fisher 검색일: 2018년 8월 23일

Fitzpatrick, Tony. 2004, "A Post-productivist future of social democracy?", *Social Policy & Society* 3:3, pp. 213-222

_____. 2015, "Social Democracy beyond productivism", Renewal No.15. URL : http://www.renewal.org.uk/articles/social-democracy-beyond-productivism/ 검색일 : 2018년 3월 17일

Foster, John Bellamy. 2017, "The Meaning of Work in a Sustainable Society", Monthly Review, Volume 69, Number 4. URL: https://monthlyreview.org/2017/09/01/the-meaning-of-work-in-a-sustainable-society/ 검색일 : 2018년 6월 27일

Friis, Andrea. 2009, The Emerging Fourth Sector, part of master thesis, NORGES HANDELSHØYSKOLE. http://https://core.ac.uk/download/pdf/52071742.pdf 검색일 : 2018년 7월 28일

Fumagalli, Andrea M. 2015, "Cognitive, Relational(creative) labor and the Precarious Movement for 'Commonfare'", *Creative Capitalism, Multitudinous Creativity: Radicalities and Alterities*, edited by Giuseppe Cocco,Barbara Szaniecki, pp.3-24

Fumaglli, Andrea M. and Stefano Lucarelli. 2015, "Finance, Austerity and Commonfare", *Theory Culture & Society* October 2015

Geels, Frank W. and John Schot, 2007, "Typology of sociotechnical transition pathways", Research Policy 36, pp. 399-417

General Intellect, 2018, "Commonfare or the welfare of the commonwealth", *MoneyLab Reader 2: Overcoming the Hype*, edited by Inte Gloerich, Geert Lovink and Patricia de Vries, Institute of Network Cultures, Amsterdam, 2018, pp. 243-251

Gibson-Graham, J.K; Cameron, Jenny and Healy, Stephen. 2016, "Commoning as a postcapitalist politics." pre—publication of *In Releasing the Commons:* *Rethinking the Futures of the Commons,* edited by Ash Amin and Philip Howell, Chapter 12, Routledge.   (PDF Download Available). Available from: https://www.researchgate.net/publication/299720121_Commoning_as_a_ postcapitalist_politics [accessed Mar 13 2018].

Gorbis, Marina. 2017, "Universal Basic assets: Manifesto and Action plan", Institute for the Future

Gorz, André. 1982, *Farewell to the working class: An Essay on Post—industrial socialism,* translation by Mike Sonescher, Pluto : London

_____. 1985, *Paths to Paradise : on the liberation from work,* Pluto

_____. 1999, *Reclaiming Work : Beyond the Wage—Based Society,* Translated by Chris Turner, Polity Press

Hacker, Jacob S. 2011, "The institutional foundations of middle—class democracy", Priorities for a new political economy: Memos to the Left, which was presented to the Progressive Governance Conference in Oslo on 12013 May, policy network, 33—37

_____. 2013, "How to reinvigorate the centre—left? Predistribution", The Guardian, 12 June 2013, URL: https://www.theguardian.com/ commentisfree/2013/jun/12/reinvigorate—centre—left—predistribution 검색일: 2018년 11월 20일

Hardin, Garret. 1968, "The Tragedy of the Commons", *Science,* New Series, Vol. 162, No. 3859, pp.1243—1248

_____, 1998, Extensions of "The Tragedy of the Commons", Science 01 May 1998: Vol. 280, Issue 5364, pp. 682—683 DOI: 10.1126/science.280.5364.682

Haug, Frigga. 2008, "For a life more just, the four—in—one perspective" in English. a short version of essay on politics by women for a new left, published 2008 by Argument.

Haxeltine, Alex and Pel Bonno, Adina Dumitru, René Kemp, Flor Avelino, Michael Søgaard Jørgensen, Julia Wittmayer, Iris Kunze, Jens Dorland, Tom Bauler, 2017, *Consolidated version of Transformative Social Innovation Theory,* Deliverable no. D3.4, TRANSIT: EU SSH.2013.3.2—1 Grant agreement no 613169

Heinrich Böll Foundation and Commons Strategies Group, Charles Léopold Mayer Foundation and Remix the Commons, 2013, "Economics and the Common(s): From Seed Form to Core Paradigm", 1—80 URL: https://www. boell.de/sites/default/files/ecc_report_final.pdf 검색일 : 2018년 7월 11일

Helfrich, Silke. 2010, "The commons as a common paradigm for social movements and beyond", Commons strategies. URL : http://commonsstrategies.org/the-commons-as-a-common-paradigm-for-social-movements-and-beyond/ 검색일 : 2018년 1월 8일

Hess, Charlotte. 2008, "Mapping the New commons", Presented at "Governing Shared Resources: Connecting Local Experience to Global Challenges;" the 12th Biennial Conference of the International Association for the Study of the Commons, University of Gloucestershire, Cheltenham, England, July 14–18, 2008. 1–74

Hirst, Paul. 1990, "Associational socialism in a pluralist state", *Representative Democracy and Its Limits*, Polity Press

Hirst, Paul. 1994, *Associative Democracy : New forms of economic and social governance*, Polity Press

Humphreys, David. 2014, "From Corporate Social Responsibility to the Democratic Regulation of Transnational Corporations", *Transitions to Sustainability: Theorectical Debate for a Changing Planet*, Edited by David Humphreys and Spencer S. Stobr, Common Ground: Illinois

Jackson, Tim. 2009, *Prospeerity without growth: Economics for a finite planet*, Londeon: Sterling, VA

Kallis, Giorgos and Christian Kerchner, Joan Martinez-Alier, 2012, "The economics of degrowth", *Ecological Economics*, 1–9

Kallis, Giorgos and Michael Kalush, Hugh O.'Flynn, Jack Rossiter, Nicholas Ashford, 2013, "'Friday off': Reducing Working Hours in Europe", Sustainability 2013.5, 1545–1567

Kerr, Gravin. 2016, "'Predistribution', Property-owning democracy and land value taxation", *Politics, Philosophy & Economics*, Vol.15(1), 67–91

Klein, Naomi. 2001, "Reclaiming the Commons", *New Left Review 9*, May–June 2001 : 81–89

Kreiss, Daniel and Megan Finn, Fred Turner, 2011, "The limits of peer production: Some remiders from Max Weber for the network society", *New media & Society* 13(2), 243–259

Lakhani, Karim R. and Jill A. Paneta. 2007, "The principle of Distributed Innovation", *Innovations: Technology, Governance, Globalization* , Summer, Vol. 2, No. 3, pp. 97–112

Large, Martin. 2010, *Common Wealth: For a free, equal, mutual and sustainable society*, Hawthornpress :UK

Lebowitz, Michael. 2015, *The Socialist Imperative: From Gotha to Now*, Monthly Review

Merchant, Brian. 2015, "Fully automated luxury communism", 《The Guardian》, URL: https://www.theguardian.com/sustainable-business/2015/mar/18/fully-automated-luxury-communism-robots-employment 검색일 : 2018년 6월 15일

Meretz, Stefan. 2017, "Peer-commonist produced livelihoods", Keimform.de, URL: http://keimform.de/2017/peer-commonist-produced-livelihoods/ 검색일: 2018년 11월 22일

Midnight Notes (2010) Introduction to the new enclosures. *Midnight Notes* 10:1-9

Murphy, Mary P. 2013, "Translating degrowth into contemporary pollicy challenge: a symbiotic social transformation strategy", *Irish journal of Sociology*, Vol.21, 76-89

Nielsen, Birger Steen and Kurt Aagaard Nielsen, 2016, "Citizen's Initiatives for Democratic Nature Management and Community Development: Reflecting on Danish Experiences", *Commons, Sustainability, Democratization*, Edited by Hans Peter Hansen, Birger Steen Nielsen, Nadarajah Sriskandarajah and Ewa Gunnarsson, Routledge: London and New York, pp. 215-247

O'Neill, Daniel W. 2012, "Measuring process in the degrowth transition to a steady state economy", *Ecological Transition* 84, 221-231

Ostrom, Elinor. 2002, "Type of good and collective action", Paper to be presented on February 22, 2002 at the University of Maryland, Collective Choice Center and IRIS in honor of Mancur Olson. URL: http://dlc.dlib.indiana.edu/dlc/bitstream/handle/10535/8102/Elinor_Type%20of%20Good%20and%20Collective%20Action.pdf?sequence=1 검색일 : 2018년 8월 10일

_____. 2005, *Understanding institutional diversity*, Princeton University Press : Princeton

_____. 2010, "Polycentric systems for coping with collective action and global", *Global Environmental Change*, 20, 550-557

_____. 2012, "Nested externalities and polycentric institutions: must we wait for global solutions to climate change before taking actions at othter scales?", *Econ Theory*, 49, 353-369

Parboteeah, K. Praveen and John B. Cullen, 2003, "Social institutions and Work Centrality: Explorations beyond National culture", *Organization Science*, Vol.14 No.2, 137-148

Pel, Bonno and Tom Bauler, 2014, "The institutionalization of social innovation between transformation and capture", (TRANSIT working paper ; 2), TRANSIT: EU SSH.2013.3.2-1 Grant agreement no. 613169.

P2P Foundation, 2017, "Commons Transition and P2P: a primer", Transnational Institute, 1-52

P.M. 2014, *The Power of Neighborhodd and the commons*, New York: Autonomedia

Powell, Alison (2012) Democratizing production through open source knowledge: from open software to open hardware. Media, Culture & Society, 34 (6). pp. 691-708

Ransome, Paul. 2005, *Work, Consumption and Culture: Affluence and social change in the twenty-first century*, London : SAGE publications

Robertson, James. 1985, Future work : Jobs, Self-employment and leisure after the industrial age, London: Gower/Maurico Temple Smith

Roelich, Katy & Knoeri, Christof. 2015, "Governing the infrastructure commons: lessons for community energy from common pool resource management", SRI papers No. 87(online), First published in 2013 by the Sustainability Research Institute (SRI), pp.1~25

Ronfeldt, David. 2012, "Speculation: Is there an 'assurance commons'? Do societies depend on it? Should there be a U.S. Chamber of commons?", Material for Two Theories: TIMN and STA:C, URL : http://twotheories.blogspot. kr/2012/12/speculation-is-there-assurance-commons.html 검색일 : 2018년 3월 19일

_____. 2016, "A TIMN appraisal of the chamber of commons idea-awaiting the emergence of a +N scetor", Material for Two Theories: TIMN and STA:C, http://twotheories.blogspot.kr/2016/05/a-timn-appraisal-of-chamber-of-commons.html 검색일 : 2018년 3월 19일

Rose, Carol M. 2003, "Romans, roads, and romantic creators: traditions of public property in the information age", Law and Contemporary Problems 66, 89-110

Ruter van der Brugge, 2009, "Transition Dynamics: the case of Dutch water management", URL: http://userpage.fu-berlin.de/ffu/akumwelt/bc2004/ download/van-der-brugge_f.pdf 검색일: 20189년 11월 30일

Scheffran, Jürgen. 2016, "From a climate of complexity to sustainable peace: viability transformatins in the anthropocene", URL: https://www. researchgate.net/publication/325370805_From_a_Climate_of_Complexity_ to_Sustainable_Peace_Viability_Transformations_in_the_Anthropocene 검색

일: 2018년 11월 30일

Schneider, François. 2010, "Multiple Sources, Dimensions, and Strategies of Degrowth", Second international conference on Economic Degrowth for Sustainability and Equity, Barcelona, 27 March 2010, www.degrowth.eu

Sevilla–Buitrago, Alvaro. 2015, "Capitalist Formations of Enclosures: Space and the extinction of the commons", *Antipode* Vol. 47 No. 4, 999–1020

Siefkes, Christian. 2014, "The boom of commons–based peer production", *The Wealth of the Commons*, edited by David Bollier & Silke Helfrich, Levellers Press

Standing, Guy. 2008, "Reviving Egalitarianism in the global transformation: building occupational security", Indian Journal of Human Development, Vol. 2, No.1

_____. 2010, "Understanding the Precariat through Labor and Work", *Developement and Change* 45(5): 963–980, International Institute of Social Studies

Srnicek, Nick and Alex Williams, 2015, *Inventing the Future*, Verso: London and New York

Teli, Maurizio and Marco Radium Sachy, 2015, "Piloting commonfare", *PIE news Project* H2020–ICT2015/687922

Thmpson, Derek. 2015, "A World Without Work", The Atlantic URL:https://www.theatlantic.com/magazine/archive/2015/07/world–without–work/395294/ 검색일 : 2018년 7월 1일

Thompson, Edword P. 2013, "Custom, Law and Common right", *Customs in Common*, Penguin Books

Tucker, Eric. 2007, "Remapping worker citizenship in contemporary ocuupational health and safety regime", International journal of Health Services, Volume 37, Number 1, pp145–170

Wall, Derek. 2014, *Commons in History: Culture, Conflict and Ecology*, MIT press

Wainwright, Hilary. 2013, "Doing away with 'labour': working and caring in a world of commons", Transnational Institute

Walker, Tom. 2013, "Labour as a common–pool resource", Social Network Unionism. 검색일 : 2018년 1월 3일, 출처 :https://snuproject.wordpress.com/2013/05/21/labour–as–a–common–pool–resource–bytom–walker/

Wittmayer, J.M., Backhaus, J., Avelino, F., Pel, B., Strasser , T. and I. Kunze (2015) "Narratives of change: How Social Innovation Initiatives engage with their transformative ambitions", (TRANSIT working paper #4), TRANSIT: EU SSH.2013.3.2−1 Grant agreement no: 613169.

Walsh, Zack. 2018, "Contemplating the more−than−human commons", *The Arrow: A Journal of Wakeful Society, Culture & Politics* 5(1), pp.4~15

Wray, L.Randall;Dantas, Flavia;Fullwiler, Scott; Tcherneva, Pavlina R and Kelton, Stephanie A., 2018, "Public service employment: a path to full employment", Levy Economics Institute of Bard College

Vercellone, Carlo. 2015, "From the Crisis to the 'welfare of the common' as a New Mode of Production", *Theory, Culture & Society*, Vol. 32, pp.85~99

Vivero Pol, Jose Luis, Transition Towards a Food Commons Regime: Re− Commoning Food to Crowd−Feed the World (January 13, 2015). Available at SSRN: https://ssrn.com/abstract=2548928 or http://dx.doi.org/10.2139/ssrn.2548928